JN412221

한국사

50

전시체제와 민족운동

국사편찬위원회

자문위원

김 운 태　　이 만 열　　조 동 걸

편찬위원

도 진 순　　정 재 정　　한 시 준

집필(전시체제와 민족운동)

강 정 숙　　김 경 일　　김 영 희
김 인 덕　　김 호 일　　김 희 곤
신 재 홍　　장 세 윤　　정 태 헌
조 성 운　　최 유 리　　한 시 준
홍 선 표

기획 · 편집

강 영 철　　이 근 택　　고 성 훈
고 숙 화

복간 간행 : 김 용 곤 · 장 득 진

한국사 간행취지

우리 겨레가 앞으로 어떻게 살아갈 것인가 하는 문제는 우리들은 물론 우리와 더불어 살아가는 세계인들의 관심사일 것이다. 이에 대한 해답은 과거에 어떻게 살아왔는가 하는 우리 역사에 대한 인식을 통해 찾을 수 있을 것이라고 생각된다.

본 위원회에서는 이미 1970년대에 『한국사』 25권을 간행하여 해방 이후 한국사의 연구성과를 집대성함으로써 한국사에 대한 인식을 새롭게 한 바 있다. 그 이후 한국사회는 놀라운 성장과 발전을 이루었고 역사학계도 상당한 연구성과를 축적하였다. 이러한 변화에 발맞추어 한국사학계는 새로운 『한국사』 편찬의 필요를 느끼게 되었다.

이에 본 위원회는 일차적으로 한국사 연구지원비를 마련하여 역사학계로 하여금 1980년대 중반까지 연구성과가 미진하다고 생각되는 분야를 연구할 수 있도록 하였다. 이어서 1989년부터 1990년까지의 준비를 거쳐 1991년에는 '신편 한국사 편찬위원회'를 따로 구성하고 총 60권에 달하는 새로운 『한국사』를 편찬하기로 하였다. 그리고 다음과 같은 『한국사』 편찬의 목표를 세웠다.

① 한국의 역사와 문화에 대한 객관적 인식의 토대를 제공할 수 있는 한국사를 편찬한다.

② 민족의 창조적 문화활동과 민족사의 내재적 발전을 드러내는 한국사를 편찬한다.

③ 최근까지의 연구성과를 체계화하고 새로운 영역을 개척함으로써 한국사 연구의 지평을 넓힌다.

④ 한국사 연구와 관련하여 고고학·인류학·사회학·경제학 등 인접학문의 연구성과를 수용하여 한국사 인식의 폭을 넓히는 데 기여한다.

새로운 『한국사』를 펴내면서 우리 모두가 바라는 바는, 민족의 통일에 대비해야 하고 급격히 변화하는 시대상황 속에서, 한국사 연구자의 깊이 있는 연구를 도와주고 독자들의 역사인식을 드높일 수 있는 길잡이 구실을 할 수 있었으면 하는 것이다.

국사편찬위원회 위원장

목 차

Ⅱ. 1930년대 이후의 대중운동

Ⅲ. 1930년대 이후 해외 독립운동

Ⅳ. 대한민국임시정부의 체제정비와 한국광복군의 창설

개 요

I

1930년대에 들어서면서 일제는 대륙침략을 감행하였다. 1929년에 불어닥친 세계경제공황은 일본에게도 적지 않은 영향을 끼쳤고, 이를 타개하기 위한 방안의 하나로 대륙침략을 도발한 것이다. 1931년 9월 '만주사변'을 일으켜 중국 동북지역을 점령한 것이 그 서막이었다. 이후 일제는 1937년 중일전쟁을 도발하여 중국대륙에 대한 침략을 본격화하였다. 일제의 침략은 중국에서 동남아시아 일대로 확대하였고, 1941년에는 미국의 해군기지인 진주만 기습공격을 감행함으로써 마침내 태평양전쟁을 일으켰다.

침략전쟁을 도발한 이후 일제의 한반도에 대한 식민지통치는 전쟁수행이라는 과제에 초점이 맞추어져 있었다. 전쟁에 필요한 물자를 생산하고 인력을 공급하는 병참기지로서의 역할과 이를 위한 정책이 식민통치의 주요한 수단이었다고 할 수 있다. 잘 알려져 있듯이 일제 식민지통치의 본질은 수탈과 민족말살에 있었다. 조선총독부는 이러한 바탕 위에 전시체제를 강조하면서, 전쟁수행을 위한 정책들을 추진하였다.

전시체제하에서 추진된 식민지 정책의 하나는 한국인들의 활동 전반을 철저히 통제한 일이었다. 대륙침략을 위해서는 한국의 안정이 뒷받침되어야 했다. 일제는 한국을 강점한 이후 〈보안법〉·〈치안유지법〉·〈출판법〉 등 각종 법령을 제정하여 한국인들의 활동을 통제하고 있었다. 이것을 더욱 강화시키고, 한국인들의 저항을 사전에 차단시키고자 한 것이다. 만주사변 직후 일본군과 경찰을 크게 증강시킨 것이 그것을 말해준다. 그리고 행동뿐만 아니라 사상에 대해서도 통제를 가하였다. 〈조선사상범보호관찰령〉(1936. 12)이나 〈조선사상범예방구금령〉(1941. 2) 등을 공포한 것이 그것이다. 이는 전쟁 도발에 앞서 한국인 사상범을 사전에 감시하거나 구금하려는 조처였다. 이러한 여러 가지 통제로 인해 한반도는 마치 거대한 감옥처럼 되어 갔다.

전쟁수행에 필요한 물자를 조달하기 위하여 경제적 수탈을 자행하였다. 대륙침략을 감행하면서 일제는 조선의 경제체제를 군수공업 중심으로 재편하고, 군수품을 생산하기 위한 금속·기계·중화학 공업을 육성하는 정책을 추진해 나갔다. 이 과정에서 금·철강·석탄 등 각종 광공업에 대한 개발이 이루어졌다. 군수품 원료를 생산한다는 명목하에 한국의 지하자원을 대규모로 약탈한 것이다.

식량과 물자에 대한 강제 공출도 시행되었다. 일제는 군량확보가 시급해지자 미곡증식계획을 재개하는 한편, 농민들에게는 식량배급제도와 미곡공출제도를 시행하였다. 이로써 농민들은 생산한 쌀을 일제 당국에 강제로 팔고, 식량을 배급받아야 했다. 또한 모든 놋그릇을 비롯하여 금속제의 식기 및 농기구 등 전쟁 물자에 대해 강제 공출이 이루어졌다. 심지어는 교회나 사원의 종까지도 징발하여 무기제작에 사용하였다.

전쟁에 필요한 인력을 강제로 동원하기도 하였다. 중일전쟁을 도발한 후 일제는 '국가총동원법'을 제정하고, 여러 방법으로 한국인들을 동원하고 있었다. 전선이 확대되면서 병력보충을 위해 '지원병제도'와 '징병제도', 그리고 '학도지원병제도'를 실시하여 한국의 청년들을 일본군으로 징집하여 전쟁터로 끌고 갔다. 또 '모집'·'알선'·'징용'이란 이름으로 전시노무에 필요한 인원을 강제동원하였다. 이들은 일본과 사할린 등지로 끌려가 탄광·비행장·군수공장·철도 등의 공사장에서 노예처럼 혹사당하였다. 이들 중에는 공사가 끝난 뒤 군사기밀을 이유로 학살된 경우도 적지 않았다. 그리고 〈여자정신대근무령〉을 만들어 여성들을 강제동원하기도 하였다. 이들은 군수공장에서 일한 경우도 있었지만, 나이 어린 여성들의 상당수는 전선으로 끌려가 군인들을 상대로 한 군위안부 생활을 강요당했다.

경제적·인적 수탈과 더불어 일제는 민족말살을 획책하기도 하였다. 민족말살은 日鮮同祖論이란 논리하에 한국강점 이후부터 지속되었던 것으로, 침략전쟁이 확대되면서 적극적으로 추진되었다. 일제는 무기를 들고 전쟁에 임해야 할 한국인들을 믿을 수 없었고, 후방을 안정시킬 필요도 있었다. 이를 위한 방안이 한국인을 일본인화시키는 것이었고, 그것이 황국신민화 정책으로 추진된 것이다.

일제는 1938년 '국민정신총동원운동'을 전개하면서 擧國一致·堅忍持久·盡忠報國·內鮮一體라는 4대 슬로건을 내걸었다. 이는 침략전쟁에 한국인들을 동원하기 위한 수단이기도 하였지만, 이를 계기로 한국인을 일본의 황국신민으로 만들기 위한 정책들을 적극적으로 추진하기 시작하였다. 제3차와 제4차 〈조선교육령〉을 통해 한국인들의 의식·언어·역사를 완전히 말살하는 교육과정을 만들었다. 그리고 《동아일보》와 《조선일보》를 폐간시켜 언론을 통제하는 한편, '조선어' 사용 금지, 〈황국신민서사〉 암송, 창씨개명, 신사참배 등을 비롯하여, 심지어는 한국인과 일본인의 혼혈을 전제로 한 통혼정책을 추진하기도 하였다.

1931년 만주침략에서부터 1945년 패전하기까지 계속된 일제의 침략전쟁은 한국인들에게 엄청난 고통과 시련을 안겨주었다. 한반도는 대륙침략을 위한 병참기지가 되었고, 일제의 식민지정책이 전쟁수행에 집중되면서, 한국인들은 경제적·인적 수탈과 함께 민족말살의 위기에 처하기도 하였다. 이러한 가운데에서도 일제의 식민지지배를 거부하고, 조국의 독립과 민족의 해방을 쟁취하려는 한국인들의 독립운동은 계속되었다.

Ⅱ

1930년대 국내 독립운동은 대중운동의 형태로 전개되었다. 이는 1920년대의 농민운동·노동운동·학생운동·청년운동·여성운동 등 대중운동이 계승 발전된 것이었지만, 조선공산당의 해체, 광주학생운동, 신간회 해소 등의 영향이 적지 않았다. 특히 1928년 해체된 조선공산당의 재건운동은 대중운동을 확대, 발전시키는 계기가 되었다고 할 수 있다.

조선공산당은 해체 이후 재건운동을 추진하였다. 그 방향은 지식분자들만의 당으로부터 농민·노동자·도시소부르주아지 등 대중에 기초를 둔 전위당을 건설한다는 것이었고, 방법은 농민·노동자·학생들 속으로 들어가 이들을 결집하는 것으로 추진되었다. 그리고 당을 재건하기에 앞서 우선 혁명적 대중조직을 건설한다는 방침이었다. 즉 혁명적 농민조합·노동조합 등 대중조직을 먼저 건설하고, 이들 조직의 활동에 기초해서 당을 재건한다는 것이었다.

이러한 조선공산당의 재건운동과 결합되어 1930년대 전반기 전국 각지에서 농민조합·노동조합·학생조직 등의 대중운동 조직들이 결성되었다. 이들의 조직형태나 운동노선은 1920년대의 대중운동과는 크게 달랐다. 합법적 단체가 아닌 비밀지하조직으로 결성되었다. 그리고 운동노선도 일반적인 소작쟁의나 노동쟁의·동맹휴학 등 종래의 방식에서 벗어나, 주로 식민지 통치기관에 직접 대항하는 정치투쟁을 벌였다. 종래의 경제투쟁 차원을 넘어선 것이다. 이로써 대중운동이 1930년대 국내 독립운동의 일익을 담당하게 되었다.

가장 치열한 양상을 보인 것은 농민운동이었다. 1929년의 세계경제공황으로 인해 농촌경제도 커다란 타격을 받게 되었고, 여기에 일제가 침략전쟁수행을 위해 수탈을 강화하면서 농민층은 어려움에 직면해 있었다. 이러한 가운데 사회주의 운동가들이 농민대중을 조직하고 빈농 출신의 활동가를 양성하면서, 혁명적 농민조합이 전국 각지에서 조직되었다.

농민운동의 주체와 노선에도 커다란 변화가 생겼다. 통상적인 소작쟁의의 경우 농민이나 소작회가 주도해 왔던 데서, 그 주체가 농민조합·농민연맹으로 이행되고 있었다. 운동노선도 종래의 소작료 인하 및 소작권 이동 반대 등 경제적 권익투쟁에서 정치투쟁 중심으로 변화되었다. 소작쟁의의 경우에도 지주만이 아니라 식민지 통치기관과 정면대결을 벌이는 추세였다. 그리고 부역동원 반대, 군수용 물자 강제수매 반대 등 일제의 식민지 수탈정책에 정면으로 맞서기도 하였다. 이를 위해 상설 투쟁기구를 만든다거나 면사무소·주재소·경찰서 등 식민지 통치기관을 공격하는 경우도 많았다. 이러한 변화를 통해 1930년대 농민운동은 종래의 경제적 이익을 위한 투쟁에서 독립운동의 주요한 부문 운동으로 자리잡게 되었다.

노동운동은 기존의 공업중심 지역과 병참기지화 정책에 따라 새로 발달한 공업지대를 중심으로 일어났다. 서울·경기 지역과 함경도 지방이 노동운동의 중심지였고, 신의주·평양·목포·부산 등 전국의 주요 도시에서도 노동운동이 활발하게 전개되었다. 이들 지역의 공장과 노동자들을 중심으로 산업별 노동조합이 결성되고, 이를 통해 전국적 산업별 노동조합을 결성하는 방법으로 혁명적 노동조합이 결성되었다. 그리고 이들 노동조합은 공장과 각종 사업장에서 파업을 지도하는 등의 활동을 전개하였다. 이러한 활동은 '태평양노동조합사건'·'평양적색노동조합사건'·'마산적색노조사건' 등의 경우에서 볼 수 있듯이, 조선공산당 재건운동과 연계된 활동이 많았다.

광주학생운동을 계기로 학생운동도 전국적으로 확산되어 전개되었다. 학생운동은 조직형태나 활동상에서 크게 두 가지였다. 하나는 각종 독서회·반제동맹 등의 비밀지하조직의 학생운동이었다. 이는 학생들의 독자적 운동이라기 보다는 조선공산당 재건운동이나 다른 부문의 사회운동과 관계되어 있었다. 다른 하나는 문화계몽운동을 위주로 한 학생운동이었다. 학생들의 주도하에 문자보급운동과 브나로드(V. Narod) 운동이 전개되었고, 전국 각지에서 야학을 설립하여 교육의 중요한 부분을 담당한 것도 학생들이었다.

근우회 해산 이후 여성운동은 각 부문 운동과 밀접하게 연계되었다. 일제의 침략전쟁과 파쇼체제가 강화되는 상황에서 여성의 독자적인 운동기관이나 운동노선은 별다른 의미를 가질 수 없었다. 이에 따라 여성운동은 농민조합·노동조합을 비롯하여 반제반전운동의 모든 사회운동 부문에서 이루어졌다. 이러한 가운데 종교계를 중심으로 한 여성운동이 전개되었고, 기독교 여성들이 신사참배를 거부하면서 많은 수난을 당하기도 하였다.

1930년대 국내의 독립운동은 대중운동의 형태로 전개되면서 발전적 모습을 보였다. 무엇보다도 농민운동·노동운동·학생운동·청년운동·여성운동 등 사회변혁을 열망하는 사회운동 부문이 독립운동의 성격을 띠어 갔다는 점이다. 이로써 1930년대 독립운동은 그 범주가 확대되고 참여주체가 양적으로 크게 늘어나게 되었다.

Ⅲ

1931년 만주사변과 이를 이은 일제의 대륙침략은 해외 한국독립운동에 커다란 변화를 초래하였다. 가장 큰 변화는 독립운동 근거지가 이동된 것이라 할 수 있다. 일제가 만주를 점령하고 관동군을 배치하여 무력으로 탄압하게 되면서, 만주지역은 독립운동 근거지로서의 기반을 잃어갔다. 그리고 이 지역에서 활동하던 한국독립군·조선혁명군을 비롯한 주요 독립운동 세력이 중국관내로 이동하면서, 독립운동의 중심은 중국관내지역으로 옮겨지게 되었다.

중국관내지역에서는 李奉昌과 尹奉吉 의사의 의거를 계기로 활기를 찾게 되었다. 1920년대 중반 이래 깊은 침체상태에 빠져 있던 임시정부의 존재가 대내외에 새롭게 인식되었고, 중국측이 한국독립운동에 대해 적극적인 지원으로 방향을 잡으면서 한중연합전선이 이루어지게 된 것이다. 이를 바탕으로 중국관내에서의 독립운동 역량이 강화되어 갔다. 그러나 윤봉길 의거를 빌미로 일제가 임시정부에 대해 집중적인 탄압을 가하게 되면서, 임시정부는 상해를 떠나야 했다. 이로 인해 강화된 독립운동 역량은 임시정부로 집중되지 못한 채 분산되었다.

이러한 상황에서 각각의 지역적 기반이나 정치적 이념에 기초한 정당들이 출현하였다. 정당의 조직은 1920년대 중반 이래 전개된 민족유일당운동의 여파로서, 만주지역에서 조선혁명당과 한국독립당이 결성된 것을 비롯하여, 관내지역에서도 기존의 의열단을 비롯하여 상해에서 한국독립당·남경에서 한국혁명당 등이 결성되었다. 그리고 남경의 한국혁명당과 만주에서 이동해 온 한국독립당이 합쳐 새로이 신한독립당을 결성한 경우와 같이, 독립운동 세력이 정당을 중심으로 이합집산을 이루게 되었다.

독립운동의 중심도 정당으로 옮겨지고 있었다. 여러 정당으로 분산된 독립운동 세력들이 역량결집을 위해 통일전선운동을 전개하면서, 임시정부의 존재를 부정하고 정당 중심의 독립운동을 주장하고 나선 것이다. 1932년 결성된 한국대일전선통일동맹은 여러 정당의 통일을 추진하는 과정에서 임시정부 문제를 둘러싸고 대립을 보였고, 1935년 5개 정당이 통일을 이루어 결성한 조선민족혁명당은 임시정부의 해체를 주장하기도 하였다. 임시정부는 金九·宋秉祚 등을 비롯한 인사들이 별도로 한국국민당을 결성하여 옹호함으로써, 정부의 조직과 명칭은 그대로 유지되었다. 그러나 이후 조선민족혁명당을 이탈한 세력이 한국독립당을 재건하고 조선혁명당을 조직하는 등, 정당이 독립운동의 구심점이 되고 있었다.

1937년 중일전쟁을 계기로 중국관내 독립운동 세력은 양대 진영으로 재편되었다. 1937년 8월 미주지역의 단체를 포함하여 우익진영 9개 단체가 임시정부 옹호와 유지를 전제로 연합을 이루어 한국광복운동단체연합회를 결성하였고, 같은해 11월에는 조선민족혁명당을 비롯한 좌익진영의 4개 단체가 조선민족전선연맹을 결성하였다. 중국관내 독립운동 세력이 좌우 양대 진영을 형성한 것이다.

이후 이들을 중심으로 좌우합작운동이 전개되었다. 1939년 5월 김구와 金元鳳이 양대 진영을 대표하여 합작에 합의하고 7당 및 5당 통일회의를 개최하였다. 이는 곧바로 결실을 거두지는 못하였지만, 중경에서 통일을 이루는 밑거름이 되었다. 1942년 조선민족혁명당을 비롯한 좌익진영의 정당들이 임시정부에 참여함으로써, 좌우익 세력들이 임시정부를 중심으로 통일을 이룬 것이다.

정당의 출현과 이를 중심으로 한 통일운동이 전개되면서, 좌우익 세력의 정치적 이념과 독립운동 노선의 차이가 극복되어 갔다. 정당들은 각각의 정치적 이념에 기초하여 정강·정책 등을 제정하고, 이를 통해 독립 후 신국가 건설에 대한 구상을 밝히고 있었다. 여러 차례 통일운동이 추진되는 가운데 이념이나 노선의 차이가 좁혀지게 되었다. 우익진영을 상징하는 한국독립당이나 좌익진영을 대표하는 조선민족혁명당의 이념과 노선이 삼균주의를 중심으로 상호 접근을 이룬 것이다. 이것은 1941년 임시정부의 건국강령으로 집약되어 발표되었고, 좌익세력들이 임시정부에 참여할 수 있는 명분과 근거가 되었다.

한중항일연합전선을 형성한 것도 커다란 변화였다. 만주사변 발발과 더불어 만주지역에서는 한중연합전선이 형성되었다. 만주를 침략한 일제는 한국과 중국의 공동의 적이었다. 남만주에서는 조선혁명군이 북만주에서는 한국독립군이 反滿抗日의 기치를 내세운 중국의 의용군 부대들과 연합군을 편성하여, 일본군과 치열한 항전을 전개하였다. 한국독립군은 1933년 말 관내지역으로 이동하였지만, 조선혁명군 세력은 1938년 총사령 金活石이 체포될 때까지 항일무장투쟁을 지속하고 있었다. 동북항일연군에도 많은 한인들이 중국인들과 함께 활동하였다. 이들은 1936년 재만한인조국광복회를 결성하면서 독자적인 활동기반을 마련하기도 하였고, 보천보전투를 비롯하여 국내진입작전을 전개하기도 하였다.

이봉창·윤봉길 의거 이후 중국정부의 적극적인 지원하에 중국관내지역에서 군사양성과 군대를 편성하여 활동하게 되었다. 金元鳳은 남경에서 조선혁명간부학교를 설립하여 군사간부를 양성하였고, 김구는 蔣介石의 지원을 얻어 낙양군관학교에 한인특별반을 설립·운영하였다. 이렇게 양성한 군사인재들을 중심으로 1938년 호북성 漢口에서 조선민족혁명당이 조선의용대를 조직하였고, 1940년 重慶에서는 임시정부가 한국광복군을 창설하여 중국군과 함께 활동하였다.

Ⅳ

일제의 침략전쟁 확대는 독립운동의 객관적 조건을 유리하게 만들어 갔다. 중일전쟁을 일으키고 진주만을 습격하여 미국과 태평양전쟁을 도발하는 것을 보면서, 독립운동자들은 일제의 패망을 예견하게 되었다. 1940년대에 들어와 조국독립에 대한 가능성과 희망을 갖게 되면서, 독립운동전선에 커다란 변화가 일어났다. 가장 큰 변화는 독립운동 세력이 임시정부로 결집을 이루고, 이를 중심으로 독립운동을 전개하였다는 점이다.

민족주의 세력이 임시정부로의 결집을 선도하였다. 민족주의 세력은 1930년대 중반 이래 한국국민당·한국독립당(재건)·조선혁명당의 3당을 형성하고 있었다. 독자적인 조직과 세력을 유지하며 활동하던 이들 3당은 임시정부의 옹호 유지를 전제로 통합을 추진, 1940년 5월 새로이 한국독립당을 창당하였다. 한국독립당은 3당의 세력이 통일을 이룬 것이었고, 이들이 임시정부를 옹호 유지하는 기초세력이 되었다.

이들을 기초로 하여 임시정부의 조직과 체제가 확대 정비되었다. 기존의 임시정부는 김구의 한국국민당에 의해 유지, 운영되어 왔었다. 여기에 趙素

昻의 한국독립당(재건)과 李靑天의 조선혁명당이 합류함으로써, 임시정부의 인적 기반이 크게 확대되었다. 이를 기반으로 임시의정원 의원을 대폭 증강시켰다. 그리고 헌법을 개정하여 종전의 국무위원회제를 주석제로 전환하였다. 행정부가 강력한 지도력을 행사할 수 있는, 즉 주석이 정부의 행정권을 장악하여 강력한 지도력을 발휘할 수 있는 제도를 마련한 것이다. 그리고 1940년 9월에는 한국광복군을 창설하였다. 이로써 임시정부는 중경에 정착한 후 黨(의정원)·政(임시정부)·軍(광복군)의 체제를 갖추게 되었다.

임시정부가 조직과 체제를 확대 강화한 이후, 좌익진영의 세력들이 임시정부에 참여하였다. 좌익진영은 임시정부에 대해 불관주의노선을 고수하면서, 독자적으로 활동하고 있었다. 그러나 1941년에 들어와 중국측이 임시정부의 국제적 승인문제를 거론하기 시작하였고, 미일간에 태평양전쟁이 발발하는 변화가 일어났다. 이러한 정세변화에 따라 좌익진영의 세력들이 임시정부 참여를 결정하게 되었다. 金星淑의 조선민족해방동맹이 "반일혁명역량을 임시정부로 집중시켜 전민족 총단결을 이루자"며 참여를 선도하였고, 1942년 7월에는 좌익진영의 무장세력인 조선의용대가 광복군에 편입하였다. 그리고 그해 10월에는 조선민족혁명당을 비롯한 좌익진영의 인사들이 의정원 의원에 선출되어 임시의정원 회의에 참석하게 되었다. 중국관내지역에서 활동하고 있던 좌우익 독립운동 세력이 모두 임시정부 산하로 결집을 이룬 것이다.

좌익진영의 인사들은 당과 군에 이어, 정부에도 주요 구성원으로 참여하였다. 1944년 4월 조선민족혁명당의 金奎植과 金元鳳이 부주석과 군무부장에 선출된 것을 비롯하여, 좌익진영의 인사들이 국무위원으로 선임된 것이다. 이로써 임시정부는 좌우익 세력이 참여한 좌우연합정부를 구성하게 되었다. 좌우익 세력이 임시정부를 중심으로 통일을 이루면서, 임시정부는 수립 당시와 같이 민족의 대표기구이자 독립운동 최고기구로서의 위상과 권위를 완전히 되찾았다.

본연의 위상과 역할을 회복한 임시정부는 크게 두 가지 일을 추진하였다. 하나는 국내외 독립운동 단체와의 통일을 추진한 것이다. 당시 독립운동전선에는 중경의 임시정부와 더불어 연안을 중심으로 조선독립동맹과 조선의용군, 그리고 국내에는 조선건국동맹이 활동하고 있었다. 임시정부는 이들과의 통일전선을 모색하였다. 상호 연계를 위해 연락원들이 파견되었고, 조선독립동맹과는 張建相을 파견하여 구체적인 협의단계에까지 이르기도 했다. 그러나 이들의 상호 연계가 성사되기 전에 일제가 항복을 선언하였다.

다른 하나는 연합군과의 공동작전을 추진한 일이다. 임시정부는 태평양전쟁이 발발하자 즉각 일본에 대해 선전포고를 발표하였다. 그리고 군사활동의 방향도 연합군과의 공동작전으로 설정하고 있었다. 연합군과 함께 대일전쟁을 전개함으로써 전후 연합국의 지위를 획득한다는 전략을 세운 것이다. 1943년 8월 인도·버어마전선에 광복군 대원들을 파견하여 영국군과 함께 대일전쟁을 전개하였다. 그리고 미국의 전략첩보기구인 OSS와도 '독수리작전'을 매개로 국내진공작전을 추진하였다. 이는 광복군 대원들에게 특수훈련을 실시하고 이들을 국내에 침투시킨다는 것이었다. 1945년 5월부터 OSS훈련이 실시되었고, 8월 초 제1기생의 훈련이 끝났다. 이들을 국내에 침투시키기 위한 구체적인 작전이 수립되었으나, 실행 직전에 일본의 항복 소식이 전해졌다.

이와 더불어 임시정부는 국내외 독립운동 세력을 연계하여 국내로 진입하려는 거대한 구상을 갖고 있었다. 임시정부 주석 김구가 연안에 있는 조선독립동맹 위원장 金枓奉에게 양측의 무장세력인 한국광복군과 조선의용군을 압록강에서 합류시켜 국내에 진입하는 문제를 제의한 것이 그 하나다. 연해주의 한인무장세력과 연계하려는 시도도 있었다. 김구는 이들과의 연계를 위해 연락원 李忠模를 파견하였다. 그리고 김구는 임시정부가 제주도로 들어가 국내의 국민들과 연계하여 진입하겠으니, 미군이 제주도를 점령해달라는 요청을 미국측에 제의하기도 하였다.

이러한 것들은 제의나 시도에서 그친 일이었다. 그렇다고 해서 그 의도나 구상 자체마저 과소평가해서는 안된다고 생각한다. 적어도 일제의 패망을 예견하면서 중경·연안·연해주의 국외 세력과 국내의 세력을 연계하려는 시도가 있었고, 이들이 상호 연계를 맺어 국내로 진입하려고 하는 원대한 구상이 있었던 것이다.

〈韓詩俊〉

Ⅰ. 전시체제와 민족말살정책

1. 병참기지화정책
2. 국가총동원체제와 민족말살정책
3. 전시수탈정책

Ⅰ. 전시체제와 민족말살정책

1. 병참기지화정책

1) '조선공업화' 정책에서 '병참기지화' 정책으로의 전환

이른바 식민지공업화는 1930년대 전반기의 '조선공업화', 1930년대 후반기 이래의 '병참기지화'[1] 정책 시행기 등 두 단계로 나뉘어진다. 두 단계 모두 일제의 전쟁 도발, 즉 1931년과 1937년의 만주 및 중국대륙 침략과 밀접한 연관을 가지면서도 그 과정이나 내용·성격 면에서 큰 차별성이 있다.

대공황을 전후하여 조선농가가 파탄에 빠지고 민중운동이 급성장한 조선사회를 배경으로 1931년 우가키 가즈시게(宇垣一成)가 총독으로 부임하면서 조선총독부는 지주계급 위주로 이루어졌던 이전까지의 농정과 식민통치 방식의 전환을 모색하게 되었다. 이 과정에서 제기된 '조선공업화' 정책은 일본 자본주의의 독점이 심화되고 중화학공업화로 이전되는 외적 조건과 어우러져 비교적 순조롭게 착수되었는데 그 전개 방식과 특징은 다음과 같다.

첫째, 이 무렵 제국주의 국가들은 대공황을 타개하고 시장 확보를 위해 폐쇄적인 블록경제를 구축하는 정책을 세웠고 일본도 만주 침략을 계기로 '엔 블럭권'의 자급자족전략을 세웠다. '조선공업화' 정책은 조선을 일본-精공업지대, 만주-농업지대를 잇는 양 지역의 교량지대로서 값싸고 풍부한 석탄·전력·노동력 등을 이용한 粗공업지대로 설정하면서 추진되었다.

둘째, 일본에서 공황극복책으로서 모색된 중요산업별 생산·판매 독점체인

---

1) '병참기지'는 '대륙전진병참기지'를 줄인 표현이다. '병참기지화' 정책은 일제가 도발한 전쟁수행을 위한 물자동원책 또는 생산증진책으로서 광공업정책과 군수식량 확보를 위한 식량증산정책·인력동원책 등 여러 범주를 총칭한다.

카르텔 체제를 규정한 〈중요산업통제법〉(1931. 4)이 시행되면서 이에 적응하지 못한 주변부자본의 새로운 출구처가 절실하게 필요했다. 이러한 주변부자본군은 전쟁호황기인 1916년에 장시간 노동과 아동노동의 규제, 노동자 생활보장책 등을 규정한 〈공장법〉 실시를 전후하여 형성되기 시작했는데 특히 〈중요산업통제법〉 시행 이후 적극적으로 활로를 찾는 과정에서 인접지역인 조선이 최적의 투자처로 떠올랐다.

셋째, 새로운 출구처가 절실했던 일본자본을 위해 조선총독부는 〈중요산업통제법〉의 적용 시기를 늦추면서 〈공장법〉을 시행하지 않는 등 적극적인 유인책을 제공했다. 아울러 장진강과 부전강의 전력개발 등을 통한 값싼 전력공급, 공업용지의 저렴한 확보를 위한 지가등귀 억제조치, 보조금・장려비・조사연구비 등의 재정자금을 제공했다. 이렇게 조성된 투자환경은 일본의 주변부자본과 독점자본에게만 매력적이었을 뿐 아니라 조선에서 이미 활동하던 자본에게는 더욱 유리한 조건으로, 조선 내 유산층들에게는 농업 위주의 투자를 분산시키는 조건으로 작용했다.

이처럼 '조선공업화' 정책은 식민통치의 차원에서 조선 내의 필요에 일정하게 부응하는 측면이 있었다. 이와 달리 미나미 지로(南次郞)가 총독으로 부임하면서 착수된 '병참기지화' 정책은 전쟁수행을 위해 '일본제국' 전체의 관점에서 조선경제가 담당할 역할과 방향이 하향적으로 설정되면서 이루어졌다. '대륙전진병참기지'라는 용어는 경성에서 열린 로터리대회 및 日滿실업협회 총회(1938. 5)에서 행한 총독의 연설에서 처음 언급된 것으로 확인된다. 그러나 이러한 성격의 새로운 공업화정책의 윤곽은 일제의 중국침략 이전부터 제기되고 있었다.

즉 미나미 총독 부임 직후에 개최된 '朝鮮産業經濟調査會'(1936. 10)는 '국책상' 그리고 '국방상' 필요한 부문에 대한 공업의 특별한 '진흥책'을 강조했는데 이는 군수(관련) 부문으로 조선이 보유한 자원의 집중적 개발과 동원을 의미한다. 이를 통해 철을 비롯한 지하자원의 개발 및 가공공업과 대체연료로서의 인조석유공업 등이 중요 업종으로 부각되었고 일본자본 유인책으로서 조선에서 시행을 유보했던 〈중요산업통제법〉이 중국 침략을 목전에 둔 1937년 3월부터 시행되었다. 모든 가용 자원을 군수산업에 집중하기 위해 경금속・석유 및 소다・황산암모늄・폭약・공작기계・자동차・철도차량・선박・항공기·피혁 등 중요산업으로 지정된 업종에 초점을 둔 통제경제체제가 시작된 것이다.[2] 이렇게 시작된 군수산업과 관련된 공업화의 첫걸음은 결국 조선사회가 갖고 있던 각종 자원과 생산력을 고갈시키면서 전개되어 해방 후에도 경제건설을 어렵게 만드는 씨앗이 되었다.[3]

일제 말기 공업화의 방향과 성격은 로터리대회 직후에 열린 제1회 산업부장회의(1938. 8)에서 총독이 조선경제를 '平戰兩時'에 '일본의 대륙에 대한 물자공급 거점'인 '병참기지'로 개편하겠다고 밝힌 것에서 규정되었다고 할 수 있다. 즉 중국침략 과정에서 식량·잡화 등 상당량의 군수물자를 보급하고 있던 조선이 향후 일본으로의 "해상수송로를 차단당할 경우에도 조선의 능력만으로 이를 보충할 수 있을 정도로 산업분야를 다각화하고 특히 군수공업 육성에 역점"[4]을 두어야 한다는 것이었다. 결국 '병참기지화' 정책은 일본이 생산력이 훨씬 우월한 미국·영국 등 연합군과의 전쟁을 도발하기 이전부터 몇 년 후에 현실화되고 만 최악의 상황을 염두에 둔 옥쇄작전과 같은 동원책으로 제기된 것이었다.

비슷한 무렵에 열린 '朝鮮總督府時局對策調査會'(1938. 9)에서는 조선경제를 군수공업 중심으로 재편하기 위한 생산력확충안으로서 〈지하자원 개발에 관한 건〉 등 '시국대책' 전반에 걸친 18개 항목에 대해 답신을 정리했다. 이 가운데 군수공업 확충안으로서 1941년까지 기업의 신설이나 증설에 의해 알루미늄·마그네슘·석유·폭약·공작기계·자동차·철도차량·선박·항공기·피혁 등에 대한 구체적인 확충계획 목표를 세웠다. 확충방법으로서 관계법규 정비, 기업부지의 알선, 기술자·숙련공 양성기관의 확충, 자금융통의 원활화, 보조금의 교부, 운수시설의 정비, 동력요금·운임의 경감, 원재료의 공급 알선, 하청공업의 확충 등 노동력 확보에서 중소기업의 하청화 방안까지 제시했다. 이는 일정한 기준을 설정하는 수준이었던 1936년의 '조선산업경제조사회'보다 훨씬 구체적이고 치밀한 것이었다.

---

2) 河合和男·尹明憲, 《植民地期の朝鮮工業》(未來社, 1991), 27~29쪽.

3) 강만길 엮음, 《한국자본주의의 역사》(역사비평사, 2000), 191쪽.

4) 全國經濟調査機關聯合會朝鮮支部 編, 《朝鮮經濟年報》(1939), 399·403쪽. 제1회 산업부장회의는 '병참기지' 정책을 수행하기 위해 각도에 산업부가 설치된 직후 소집되었다.

2) '병참기지화' 정책의 특징

(1) 군수산업으로의 자원 집중

일제 말기의 조선총독부 재무국장이 후일 "일본은 한발한발 임전태세로 끌려 들어가 점차 전쟁목적을 달성하기 위해 모든 것을 주입해야 했다. 그 후 나타난 시정상의 흠이 이 사이에 일본이 범한 오류였음을 솔직히 인정"할[5] 정도로 극심한 수탈과 강제력을 띤 자금·물자·노동력의 집중과 동원 정책은 다음과 같이 전개되었다.

첫째, 자금통제를 위해 1937년 10월부터 조선에 적용된 〈임시자금조정법〉(1937. 10)은 각종 산업을 생산력 확충, 국제수지, 생산능력 등의 기준에 따라 3종(갑·을·병)으로 나누어 자금공급의 우선 순위를 정하고 군수공업 이외의 부문에 대해서는 자금조달을 규제했다. 또 각 금융기관은 기업에 자금을 대부하거나 유가증권의 응모·인수 또는 모집을 할 때 총독의 허가를 받도록 규정했다. 〈은행등자금운용령〉(1940. 12)은 사업설비 자금만 통제대상으로 설정한 〈임시자금조정법〉에서 한 걸음 더 나아가 운전자금까지 통제대상으로 설정하여 철강·석탄·경금속·비철금속·석유 및 그 대용품 등 군수 및 관련 산업에 대한 자금집중을 더욱 높였다.[6]

이를 뒷받침하기 위해 조세증징·강제저축·조선은행권 증발 등 재정금융 기구를 이용한 민간자금 흡수책이 동원되었다. 거듭된 조세증징을 통해 거둔 자금은 직접적인 전비에서부터 전쟁관련 사업비에 이르기까지 다양한 명목으로 지출되었다. 특히 1936~1945년간에 일본의 〈임시군사비특별회계〉로 전출된 금액은 16억여 엔(1945년분 예정액 포함)이나 되었고 여기에 징병제실시 준비비 등 관련지출을 합한 17억여 엔은 조세의 62%나 차지했다. 일제가 태평양전쟁을 도발하는 1941년을 경계로 급증한 전비유출액은 1941~1945년간에 총유출액의 93%가 집중되어 조세에서 차지하는 비율도 73%나 되었고 말

5) 水田直昌 監修, 《總督府時代の財政》(友邦協會, 1974), 8~9쪽.
6) 裵永穆, 《植民地 朝鮮의 通貨金融에 관한 硏究》(서울대 박사학위논문, 1990), 293~301쪽.

기에 이르면 조세의 대부분을 군사비로 전용하고도 모자랄 정도였다.[7]

1936년부터 시행된 강제저축은 직접적 박탈감을 반감시킨다는 점에서 조세보다 효율적인 수탈방식으로서 일제도 '무리'라고 인정할 만큼 '폭력을 띤 수탈'이었다.[8] 저축목표액은 1938년 2억 엔에서 1944년에 23억 엔으로 급증했는데 실적액은 이보다 훨씬 높았고 "1944년 10월까지 극히 순조로운 추세"로[9] 전개되어 추정치에 따른다면 같은 기간 조세액의 3배 이상이나 되는 천문학적 규모였다. 이렇게 동원한 자금은 일본경제 또는 전쟁수행을 위해 일본국공채의 매입, 전쟁관련 업종의 대출자금으로 유용되었다. 특히 각 금융기관과 민간의 구매액이 100억 엔 이상이나 되었던 일본국공채[10]는 해방 후 경제건설을 위해 일본으로부터 상환받아야 할 중요한 자산이었지만 결국 휴지조각으로 전락했다.

일제 말기의 조선은행권 증발은 통제가격체제하에서 물가상승이 억제된 가운데 일본국채를 발권 준비로 이용하여 체제적으로 이루어졌으며 조세나 강제저축 등 직접적인 자금수탈보다 훨씬 대규모적이면서도 인플레이션을 이용하여 교묘하게 운용된 수탈방식이었다. 조선경제가 감당할 수 있는 수준을 넘어 매입된 국채를 보증준비로 한 조선은행권 발행은 1941년부터 일본대장대신이 고시하는 최고발행제로 바뀌었고 특히 1944년 이후 패전 때까지는 국채보증이 발행준비의 거의 모두를 차지할 정도로 남발되었다. 실제로 조선은행권은 1936년 말(2억 1,000만여 엔) 기준으로 9년도 안 지난 1945년 8월 14일(48억 3,900만여 엔)까지 무려 23배나 증발되었다.[11] 일본국채는 일본은행권으로 매입했기 때문에 국채매입량 만큼 일본은행권 통화량을 줄여 일본에서의 인플레이션을 억제한 반면 조선의 인플레이션은 그 이상으로 심각할 수밖에 없었다. 실제로 인위적인 물가억제조치에도 불구하고 생필품의 실

---

7) 정태헌, 〈식민지재정기구를 통한 세출의 용도와 성격〉(《일본의 본질을 다시 묻는다》, 한길사, 1996), 101~105쪽.

8) 水田直昌・土屋喬雄 編述, 〈朝鮮産業の資金形成(第6話)〉(《財政金融政策から見た朝鮮統治とその終局》, 朝鮮史料編纂會, 1962), 104・111쪽.

9) 近藤釰一, 《太平洋戰下の朝鮮》 5(朝鮮史料編纂會, 1964), 101쪽.

10) 〈對日通貨補償要求의 貫徹〉(朝鮮銀行調査部, 《朝鮮經濟年報》 I, 1948), 335쪽.

11) 朝鮮銀行史硏究會 編, 《朝鮮銀行史》(東洋經濟新報社, 1987), 736・847쪽.

거래가격은 수십 배나 뛰었고 암시장 거래가격과 통제가격의 차이도 일본의 2~3배보다 훨씬 높은 6~10배나 되었다.[12]

둘째, 물자통제를 위해 생산·유통·소비를 통제하는 배급체제가 작동되었다. 생필품을 비롯한 물자난으로 내핍이 강요되면서 물자수급의 초점을 군수조달에 둔 통제경제체제가 가동된 것이다. 군수품 생산에 소요되는 원자재의 해외의존도가 높았던 일본은 국제수지 악화에 대한 대책으로 1937년 10월부터 〈수출입품등임시조치법〉(1937. 9)을 조선에도 적용하여 전 산업부문에 걸쳐 거의 모든 물품에 대해 군수생산과 관련이 없는 물자는 물론, 필수원료의 수입까지 제한했다. 그리고 물자부족에서 당연히 발생하게 마련인 물가상승을 인위적으로 막기 위한 조치가 수반되었다. 먼저 〈조선물품 판매가격 취체규칙〉(1938. 10)에 따라 시장가격 체제를 부정하고 물가위원회 지정가격에 의한 상품거래를 강요했다. 또 〈가격 등 통제령〉(1939. 10)을 제정하여 주요 산업물자의 거래를 시행기준일을 따라 '9·18 정지가격'이라고 불리운 '공정가격'에 맞추고 경제경찰에게 암거래의 단속과 처벌권을 부여하면서 통제체제 강화를 꾀했다. 그러나 이러한 통제법령은 오히려 암거래 가격의 상승을 부채질하는 요인으로 작용하여 서민생활을 더욱 힘들게 만들었다.

전쟁의 확대로 군수물자 생산 장려와 생활필수품의 생산과 소비를 억제할 필요성이 더욱 높아짐에 따라 〈생활필수물자통제령〉(1941. 4)과 〈물자통제령〉(1941. 12)이 공포되었다. 〈물자통제령〉은 철강재·전력·식량·목재·생사·금·은을 비롯한 광산물·신탄·의약품과 위생자재·축산물·채소와 과일 등 전쟁물자에서부터 생활필수품에 이르는 물자 전반에 걸쳐 적용되었다. 또 물자의 생산과 가공·수리 등의 제한·금지, 판매 및 양도를 총독이 명령할 수 있도록 규정하여 생활필수품을 포함한 배급제도를 전면적으로 확대 실시하게 되었다.[13] 그리고 쌀을 비롯한 각종 식량에서부터 축산물·임산물·수산물·섬유품·금속품·철기품 등 거의 모든 물자는 공출대상으로 규정되었다.[14] 일단 공출량이 할당되면 생산 여부에 상관없이 암시장에서 높은 가격

12) 정태헌, 《일제의 경제정책과 조선사회》(역사비평사, 1996), 422~425쪽.
13) 허영란, 〈전시체제기(1937~1945) 생활필수품 통제 연구〉(《國史館論叢》 88, 2000), 292~293쪽.

으로라도 구입해서 충당해야 했기 때문에 그 부담은 생존을 위협할 정도였다. 또 산업통제와 물자배급을 일원적으로 관리하기 위해 군수공업 하청기관으로서 원료배급기구인 공업조합중앙회 통제 아래 분산된 중소공업을 묶어 통제의 효율성을 높이기 위해 제정된 것이 〈조선공업조합령〉(1938. 9)이었다.[15] 전황이 나빠지는 1942년에는 〈기업정비령〉(1942. 6)을 제정하여 군수관련 기업도 '비능률적'인 경우 정리대상에 포함시켜 정선된 군수산업에만 설비와 자금을 집중 투여하도록 규정함으로써 전시물자 통제는 일정한 마무리가 이루어진 셈이었다.

셋째, 군수공업에 필요한 노동력 동원은 1938년부터 〈국가총동원법〉(1938. 5)을 조선에 적용하면서 본격적으로 강행되었다. 숙련공과 기술자를 군수공업에 집중시키기 위해 제정된 〈학교졸업자사용제한령〉(1938. 9)은 경성고등공업학교 등 3개교의 기계·전기·채광·야금·요업·조선·항공 등 12개학과의 수료자를 고용할 경우 허가를 받도록 규정했다. 또 〈공장사업소기능자양성령〉(1939. 6)은 노동자 200명 이상을 고용하는 공장은 노동자 수의 6%를 숙련공으로 양성해야 한다는 강제규정까지 설정했다. 나아가 조선총독부는 노동력의 '적정배치'를 직접 관장하기 위해 직업소개·노동력공급·노동자모집 등의 사업을 허가제로 규정한 〈조선직업소개소령〉(1940. 1)을 공포했고 이를 위해 경성·부산·평양 등지에 있는 각 府營 직업소개소를 국영으로 이관하고 1941년까지 대전·광주·청진 등지에 추가로 국영직업소개소를 설치하여 노동력 공급에 주력했다. 1941년에는 〈노무조정령〉을 공포하여 비군사부문의 노동자 고용을 제한하고 군사부문에 고용된 노동자 이동을 일체 금지시켰다. 1943년에는 각 공장·광산마다 군대조직과 유사한 '仕奉隊'를 조직하여 군대식으로 노동자를 통제했고 1944년 2월에는 〈국민징용령〉을 실시함으로써 징용을 '황국신민'의 의무로 규정하고 여성을 포함한 전 조선인에 대

---

14) 조선총독부가 전쟁수행을 위해 동원하여 수탈한 물자의 규모는 정확하게 집계되어 있지 않다. 정부 수립 후 1949년 9월 1일까지의 조사에 근거하여 외무부 정무국이 간행한 《對日賠償請求調書》에 따르면 1937년 이후 물적 피해와 강제 공출에 의한 손해액을 131억여 엔으로 계산했다. 그러나 빠진 품목이 많아 실제 피해액은 이보다 훨씬 큰 규모였다고 추정된다.

15) 裵城浚, 《日帝下 京城지역 工業硏究》(서울대 박사학위논문, 1998), 151쪽.

한 강제동원정책이 시행되었다.[16] 1944년 9월에는 모집·알선을 통한 동원방식을 없애고 총독부 강권에 의한 징용으로 통일시켜 강제동원 방식으로 일원화되었다. 이렇게 해서 동원된 규모는 정확한 실상은 현재 밝혀져 있지 않지만 대략 조선 내 동원 42만 명, 일본·사할린·남양군도 등으로의 동원 150만여 명으로 추정하고 있다. 이 중에는 강제동원의 가장 극악한 형태인 '종군위안부', 즉 '성노예'로 동원된 수만 명의 젊은 여성도 포함되어 있다.

(2) 생산성 감퇴를 수반한 '산업고도화'의 실상

일제가 도발한 전쟁을 뒷받침하기 위한 군수물자 보급지로 규정된 조선경제는 군수부문의 급성장으로 경공업(식료품공업·방직공업), 중화학공업(화학공업·금속공업·기계기구공업)으로 나눈 공장생산의 업종별 구성의 추이에서 이전과 달리 '고도화' 현상을 보였다. 즉 〈표 1〉에서 각년별로 양자의 비중을 보면 1931년(65.8% : 18.3%), 1937년(53.4% : 33.4%), 1939년(44.2% : 43.6%), 1942년(38.7% : 46.9%)에 이르는 동안 1930년대 전반기까지의 경공업 절대 우위에서 1939년을 경계로 중화학공업 우위로 반전되었다. 1930년대 이후 공장(5인 이상 고용)의 생산액(이하 공산액)은 '조선공업화' 정책 시행기간인 1931~1936년간(2.62배)은 물론 '병참기지화' 정책 시행기간인 1936~1942년간(2.59배)에도 급증 추이를 보였다. $[\frac{\text{공산액}}{\text{농산액}}]$ 비율도 1931년(39.1%) 이후 계속 급증하여 1936년(59.6%)에는 절반을 넘었고 1940년(80.1%)과 1941년(89.7%)에는 근접한 수준으로 좁혀졌다.

물론 이 시기의 공업화는 몇 가지 점에서 뚜렷한 한계가 수반된 것이었다. 첫째 1939년에도 가내공업(4인 이하 고용) 생산액이 공산액의 22%를 차지하여[17] 시장장악력이 제한적이었다. 둘째 공산액은 급증했지만 적어도 1941년까지 농산액에 미치지 못했고 공산품 원료로 쓰인 농산액까지 공산액에 포함되었다는 점을 감안하면 실제 비중은 더 떨어진다. 또 이 시기 경제에서

16) 郭健弘, 《日帝下 朝鮮의 戰時 勞動政策 硏究》(고려대 박사학위논문, 1999), 111~116·130~132·144쪽.

17) 《朝鮮經濟統計要覽》(1949), 71쪽. 이 비율은 1935년(35%)에 비해 크게 축소된 것이었다.

간과할 수 없는 물가를 감안하면 공산액의 실제증가율은 명목증가율 보다 크게 떨어진 것이었다. 예를 들어 통제경제 초기인 1936~1939년간의 공산액 증가율(2.03배)은 실제보다 낮게 잡힌 물가상승율(1.64배)에 따르더라도 실질 증가율(1.24배)과 큰 차이를 보였다. 셋째 공산액은 1943년 이후 전황이 일본에게 불리해지고 연합국의 봉쇄정책이 강화되자 수송이 두절되어 원활한 원자재 공급에 제동이 걸리면서 절대액 자체가 감소 추이로 반전되었다. 생산성, 즉 노동생산성과 공장의 평균생산액도 1940년대 들어 격감 추이를 보였다.

〈표 1〉 1930년대 이후 공장(5인 이상 고용) 및 생산액 추이

연도	공장수 (F)	고용 노동자수			공장생산액(만엔)과 주요업종별 비중(%)						평균생산액(엔)		전년비 증가율(%)		
		총인원 (N)	기술자 (S)	S/N (%)	총액 (P)	방직	금속	기계기구	화학	식료품	공장 (P/F)	노동자 (P/N)	P	P/F	P/N
1931	4,613	106,781	3,262	3.1	27,515.1	8.9	5.9	0.8	11.6	56.9	59,647	2,577			
1932	4,643	110,650	3,340	3.0	32,327.1	9.5	6.7	0.7	10.9	59.4	69,625	2,922	17.5	16.7	13.4
1933	4,838	120,320	3,568	3.0	38,482.2	10.1	7.6	0.8	13.5	52.3	79,542	3,198	19.0	14.2	9.5
1934	5,126	138,809	4,171	3.0	48,652.2	10.2	8.5	1.0	14.0	53.3	94,913	3,505	26.4	19.3	9.6
1935	5,635	168,771	4,871	2.9	64,398.7	11.1	3.3	1.0	18.3	50.6	114,283	3,816	32.4	20.4	8.9
1936	5,927	188,250	5,051	2.7	72,031.9	12.5	3.9	1.0	22.6	44.5	121,532	3,826	11.9	6.3	0.3
1937	6,298	207,002	5,592	2.7	96,736.5	12.7	4.7	1.1	27.6	40.7	153,599	4,673	34.3	26.4	22.1
1938	6,624	230,996	7,152	3.1	116,711.5	13.4	7.4	1.8	27.2	38.4	176,195	5,053	20.6	14.7	8.1
1939	6,953	270,439	8,250	3.1	145,983.2	13.2	9.0	3.2	31.4	31.0	209,957	5,398	25.1	19.2	6.8
1940	7,142	294,971	10,406	3.5	164,504.7	14.0	8.8	4.2	39.4	18.5	230,334	5,577	12.7	9.7	3.3
1941	10,889	301,752			172,222.5						158,162	5,707	4.7	-31.3	2.3
1942	12,669	331,181			186,391.2	16.8	11.1	5.7	30.1	21.9	147,124	5,628	8.2	-7.0	-1.4
1943	13,293	362,953			205,000.0	16.8	14.6	5.6	29.3	19.5	154,217	5,648			
1944			6,129		200,000.0										
기간별 증가율 (배)															
1931~36	1.29	1.76	1.55		2.62	3.70	1.76	3.21	5.09	2.05	2.04	1.49			
1936~42	2.14	1.76			2.59	3.47	7.32	14.32	3.46	1.27	1.21	1.47			
1942~43	1.05	1.10													

* 《朝鮮經濟年報》 I (1948), 100쪽 ; 《朝鮮總督府統計年報》(1940), 112~119쪽. 1941년 이후는 《朝鮮經濟統計要覽》(1949), 69~70쪽.

비고 : 1943년, 1944년 생산액은 예정치임. 1944년의 기술자 수는 토목건축 부문(2,347명)을 뺀 인원임.

〈표 1〉에서 공산액 추이를 보면 예정치인 1944년부터 감소경향을 드러냈다. 그러나 1943년의 추정치를 15억여 엔으로 집계한 다른 자료[18]가 전후에 발표되어 훨씬 사실에 가깝다고 본다면, 공산액은 1943년부터 심각한 상태에 빠져 1942~1943년간에 극심한 감소율(−19.5%)을 보였다. 즉 공장생산은 1939년까지 비교적 순조롭게 증가했지만, 이미 1940년부터 자재난에 봉착하여 조업이 연기되거나 예정된 사업 착수가 중지되는 경우가 많아[19] 일제가 독려하는 의도대로 이루어질 수 없었다. 이 때문에 1940년대에는 모든 가용자원을 군수생산에 집중하고 통제 강도를 높였지만 공산액 증가율이 둔화되었고 1943년 경부터 절대액 자체가 감소했다. 1938년에 〈국가총동원법〉과 더불어 시행된 물자동원계획이 1940년부터 중점주의 생산방침으로, 생산력확충계획이 설비확장보다 기존설비를 최대한 활용한 단기적 생산량 극대화방침으로 바뀐 것도 이러한 배경 때문이었다. 바로 이런 와중에서 일제는 1941년 말 미국과의 전쟁까지 도발한 것이다. 전쟁 도발 후 얼마 지나지 않은 1942년 미드웨이해전의 대패 이후 선박 상실이 급증함에 따라 수송력이 두절됨으로써 물자난과 생산력 감소는 더욱 심해질 수밖에 없었다.

각년별 공산액 증가율도 1940년 경부터 격감했는데 1936~1937년간(34.3%)부터 1938~1939년간(25.1%)까지는 대단히 높았지만, 1939~1940년간(12.7%)에 격감한 이후 1940~1941년간(4.7%), 1941~1942년간(8.2%)에는 현격하게 떨어졌다. 1940~1942년간에도 물가상승을 고려하면 사실상 마이너스 성장률에 가까웠고 이후에는 마이너스 성장으로 돌아섰다. 공산액은 대체로 1940년 경부터 실질적으로 또는 절대액 면에서 마이너스 성장의 늪에 빠져 들었다. 다만 1931~1936년간의 증가율(2.62배)에 비해 기간이 짧은 3년간인 1936~1939년간의 증가율(2.03배)이 비교적 높았던 것은 만주침략 이후 신설되기 시작한 공장들이 1937년 경부터 조업에 착수된 경우가 많았고 중국침략 이후 건설된 공장들도 시국의 중대함에 비추어 바로 조업에 들어갔기 때문이다.

18) 大藏省管理局, 《日本人の海外活動に關する歷史的調査》 第6分冊, 19~20쪽.
19) 川合彰武, 《朝鮮工業の現段階》(東洋經濟新報社, 1943), 229~230쪽.

생산액 감소는 생산성의 격감과 밀접한 관련을 가진다. 1936~1942년간에 〔공장수(2.14배)<생산액(2.59배)〕 증가율 관계를 보였지만 단위공장의 생산성, 즉 공장의 평균생산액 증가율(1.21배)은 이전 시기보다 크게 둔화되었다. 각년별 증가율 추이를 보면 1936~1937년간(26.4%) 이후 떨어져 1939~1940년간(9.7%)에 격감한 이후 마이너스로 반전되었는데 1940~1941년간(-31.3%)의 감소율이 특히 컸고 1941~1942년간(-7.0%)의 감소율도 적지 않았다.

노동자수는 1931~1936년간(1.76배)에 이어 1936~1943년간(1.93배)에도 급증했지만 노동생산성, 즉 노동자의 평균생산액은 1940년대에 격감 추이를 보였다. 노동생산성의 각년별 증가율을 보면, 1936~1937년간(22.1%)을 정점으로 1937~1938년간(9.1%)에 격감한 후 1940~1941년간(2.3%)까지 매년 떨어졌으며 1941~1942년간(-1.4%)에 마이너스로 반전되었다.

회사의 납입자본 증가 추이는 1931~1936년간(2.01배)에 비해 1936~1941년간(2.34배)에 크게 늘어났다. 그러나 1934~1935년간(37.0%)부터 1938~1939년간(37.3%)까지, 즉 중국침략을 전후한 시기에 급증했을 뿐 일제가 자금동원에 주력했음에도 불구하고 1940~1941년간(5.4%)에는 격감했다. 자본생산성(공산액/납입자본금 비율)의 각년별 추이를 보면 투자의 효율성도 크게 떨어졌음을 알 수 있다. 즉 납입자본이 급증하는 1934~1935년간(-3.4%)과 1935~1936년간(-8.6%)의 마이너스 성장률은 투자와 공장가동의 시차 때문이기도 하지만 1938~1939년간(-8.9%) 이후에도 계속 마이너스 성장을 보였다. 전시체제에 따른 생산독려 속에서도 생산량이 조선경제가 견딜 수 있는 한계를 넘어 동원한 투자액을 따르지 못하여 투자효율은 현저하게 격감하고 있었다.[20]

이처럼 각 부문의 생산성이 격감하는 와중에서 공장수가 1940년대에도 계속 늘어났다는 것은 사실상 휴폐업 된 경우까지 포함되었기 때문이기도 하려니와 공장가동률이 크게 떨어지고 있던 당시의 현실을 반증한다. 한편 1943년의 공산액 추정치를 15억여 엔으로 집계한 자료에 따르면 1942~1943년간에 공장생산성(-23.3%)과 노동생산성(-26.6%)이 격감했고 이러한 추이

20) 이를 정리하면 아래 표와 같다.

는 일제가 패전할 때까지 더욱 심해져 갔다.

공산액의 업종별 추이와 특징을 살펴보자. 이전까지 가장 비중이 컸던 식료품공업은 1931~1932년간(56.9~59.4%)에만 늘어났을 뿐 이후 다른 업종의 급증으로 계속 감소하다가 1939년에 화학공업에 수위를 내주었고 특히 1940년(18.5%)에 격감하여 1936~1942년간의 증가율(1.27배)도 가장 낮았다. 비료 및 군수원료의 생산이 급증하여 화학공업은 1931~1936년간(5.09배, 11.6~22.6%)에 급증했고 1939년(31.4%)에 최다비중을 차지한 이후 1940년(39.4%)에는 압도적인 업종으로 부상했다. 그러나 기초부문인 산·알칼리공업은 물론 유기화학공업 부문이 거의 없이 약품 및 염료 공업의 대부분을 일본에 의존했다. 방직공업은 1931년(8.9%), 1937년(12.7%), 1942년(16.8%)에 이르는 동안 계속 확대되어 1936~1942년간 증가율(3.47배)도 대단히 높았다. 특히 면방직공업은 '일본권'과의 종속적 분업연관 속에서 중국침략 이후 늘어난 군수요를 충족시키고, 일본이 군수공업에 치중하면서 발생한 필수품 공급의 부족을 보완하는 역할 때문에 크게 성장했다. 이 기간 면방직업의 경영주체는 경성방직 외에는 대부분 일본자본이었는데 면방직업도 1940년대 이후에는 목화 조달이 어려워지면서 정체 또는 축소되는 처지에 놓였다.

금속공업은 1931~1936년간(5.9~3.9%)의 완만한 감소 추이에서 1937년(4.7%) 이후 늘어나 1942년(11.1%)과 추정치인 1943년(14.6%)에 급증했는데

연 도	1931	1932	1933	1934	1935	1936	1937	1938	1939	1940	1941	기간별 증가율(배)	
												1931~36	1936~41
납입자본금(만엔)	35,923	37,525	39,324	43,151	59,128	72,326	93,467	102,814	141,159	160,372	168,954	2.01	2.34
전년비증가율(%)		4.5	4.8	9.7	37.0	22.3	29.2	10.0	37.3	13.6	5.4		
자본생산성	0.77	0.86	0.98	1.13	1.09	1.00	1.04	1.14	1.03	1.03	1.02	1.30	1.02
전년비증가율(%)		12.5	13.6	15.2	-3.4	-8.6	3.9	9.7	-8.9	-0.8	-0.6		

(〈표 1〉, 《朝鮮總督府統計年報》, 각년판).

* 공산액에는 회사가 아닌 소공장 생산액도 포함되지만 추이 파악에 무리는 없다고 생각된다.

1936~1942년간의 증가율(7.32배)도 대단히 높았다. 기계기구공업은 1936~1942년간(14.3배, 1.0~5.7%)에 증가율이 가장 높았지만 비중이 작았고 2~3개 대공장을 제외하면 소규모 수준이었다. 금속·기계기구공업의 비중은 1938년(9.2%)에 비해 1942년(16.8%)에 늘어났지만, 일본의 경우 1938년(41%)에 이미 절대적 비중을 점했고 1940년대에 70%로[21] 급증한 것과 비교하면 미미한 수준이었다. '일본권'의 종속적 고리로 규정된 가운데 선철이나 鋼 등 군수용 광물의 이출과 공출을 뒷받침하기 위한 금속·기계기구공업의 제한적 성장도 생산수단의 생산보다 수리·조립 수준에 머물러 일본으로부터 중공업제품 수입의 급증을 수반했다. 1940년에도 기계기구 자급률은 제조가공용 기계 19.6%, 차량·선박·자동차 및 부속품 등 수송수단에서 29.5%를 차지했을 뿐 나머지는 4~7%의 낮은 수준이었고 공작기계나 철도기관차의 경우는 전무했다.[22]

(3) 군수원료로서 광물의 생산 및 이출 급증

'병참기지화' 정책의 큰 특징은 '鑛業化政策'이라고 부를 수 있을 만큼 광산 개발에 집중되었다는 점이다. 〈표 2〉를 보면 1937년 이후의 광산액(41억 2,700만여 엔)은 식민지 전기간 광산액(48억 9,300만여 엔)의 84%가 집중되었다. 특히 전쟁수행에 필수적인 차량이나 항공기 등 군수품 생산원료로서, 그리고 무역결제대금 확보를 위해 '지상명령'으로 채굴된 원광석이 그대로 일본으로 이출되는 경우가 많았다. 이 시기의 광업은 군수공업, 대일 이출과 밀접한 관련을 가지면서 '성장'했기 때문에 해방 후 미군정이 억제정책을 펴는 배경이 되었고 시장도 사라져 광산 가동이 대부분 정지되는 운명에 처하게 되었다.

1936~1942년간에 광산액 증가율(4.3배)은 공산액 증가율(2.6배)보다 훨씬 높았으며 $\left[\frac{\text{광산액}}{\text{공산액}}\right]$ 비율도 1931년 7.0%에 불과했던 것이 1930년대 후반에 15% 내외로 급증했고 1940년대 초에 20%를 훨씬 넘었으며 추정치이지만 1943년

21) 川合彰武, 앞의 책, 309쪽.

22) 朝鮮銀行調査部, 《朝鮮經濟年報》 I (1948), 101쪽.

과 1944년에는 50%가 넘을 정도로 광산액이 급증했다. 광산경영도 점차 일본자본이 장악해 가는 추이를 보였다. 1937~1944년간에 조선인 광산의 생산량 비중은 금의 경우 25%~10%로 격감했고 동(20%)·아연(5%)·납(10%)의 경우는 변동이 없었지만 나머지 鑛種에서는 형석·흑연 등 일부를 제외하면 모두 일본인 광산에서 생산되었다. 조선인 광구의 비중은 1931년 26%, 1937년 47%, 1945년 31%로 적지 않았지만 영세규모를 벗어나지 못했다. 1937~1945년간에 조선인 광구 비중의 감소와 대조적으로 일본인 광구는 1.84배나 급증했다.[23)]

'병참기지화' 정책의 일환으로서 일제가 광산 개발에 박차를 가한 것은 무엇보다 일본 내에서 생산되는 중요광물의 종류가 적었기 때문이었다. 〈조선중요광물증산령〉(1938. 5) 공포 당시 총독부의 穗積 식산국장은 철·텅스텐·수연·흑연·운모·마그네사이트 등의 광물은 전적으로 조선에 의존하는 수밖에 없다고 토로할 정도였다. 실제로 1944년 '일본권' 안에서 생산된 광산물 중 조선산 비중이 50% 이상을 점하는 광물은 형석·흑연·텅스텐 등 9가지였고 보통선철·알루미늄·아연·철광석·석면·운모·철광석 등은 10% 이상을 차지했다. 중요하고 시급하게 증산해야 할 중요광물은 금·은·동·납·수은·아연·철·텅스텐·니켈·코발트·흑연·석탄·마그네사이트·사금 및 사철 등 25종이었고 조선에서는 이 가운데 금·철강·석탄·경금속(알루미늄·마그네슘), 비철금속(동·납·아연) 등 생산력확충 15품목을 생산하도록 규정되었다. 광업을 군수공업에 종속시킨 〈조선중요광물증산령〉은 '국방상 특히 중요'한 광물 증산을 위해 장려금을 교부하거나 광업자에게 사업설비의 신설·확장·개량 또는 광업권 양도를 명령할 수 있도록 규정했다.[24)]

---

23) 朝鮮銀行調査部, 《朝鮮經濟年報》 I (1948), 86쪽.

24) 全國經濟調査機關聯合會朝鮮支部 編, 《朝鮮經濟年報》(1939), 198~199쪽·(1940), 215~216쪽.

25) 일제 말기의 통계는 불확실한 경우가 많다. 이 표에서는 1943년과 1944년의 광산액이 급증한 것으로 되어 있지만, 1942년 이후 가동광구수와 허가광업자가 격감하는 상황에서(〈표 3〉) 그 가능성은 희박하다. 물론 같은 자료의 다른 통계(Ⅲ-19쪽)를 보면 광업종사자가 1943~1944년간에 51만 4,000여 명~323만여 명으로 급증하여 호당 가족 수를 감안할 때 1944년의 광산노동자가

〈표 2〉 광산액과 이출(대일 수출)액[23]

(만엔)

연도	광산액(T)	이출액(E)	E/T(%)	연 도	광 산 액(T)	이 출 액(E)	E/T(%)
1910	607	72	11.9	1937	14,197	10,601	74.7
1914	852	149	17.5	1940	31,966	30,845	96.5
1916	1,417	623	44.0	1941	36,914	7,140	19.3
1918	3,083	2,648	85.9	1942	44,544	24,265	54.5
1920	2,414	1,627	67.4	1943	101,043	31,084	30.8
1926	2,437	1,249	51.3	1944	110,273	1,604	1.5
1929	2,648	1,923	72.6	1945	31,719		
1930	2,468	1,561	63.2	총 액	489,318(100.0%)	202,101(100.0%)	41.3
				1910~30년	41,750(8.5%) 4.1배	28,709(14.2%)	68.8
1931	1,932	1,293	66.9	1930~36년	34,859(7.1%) 4.2배	24,813(12.3%)	71.2
1936	10,310	9,240	89.6	1936~44년	412,709(84.3%) 10.7배	148,580(73.5%)	36.0

1910~1945년간 총광산액에 대한 종별 비중(%)									
금은광	강철	선철	철강	중석	유연탄	무연탄	아연	석면	소계
21.2	27.7	7.4	3.5	4.6	6.1	6.0	7.3	2.3	86.1

* 朝鮮銀行調査部, 《朝鮮經濟年報》 I (1948), 36쪽.

이처럼 전쟁수행을 위한 생산력 확충의 명분 아래 재정·금융의 집중혜택을 받으면서 '기대 이상의 성적'을 거둔 광업의 비약적인 성장은 결국 조선이 보유한 지하자원이 비생산적으로 소진되었음을 의미한다. 금의 경우를 예로 들어보자. 중국침략과 때를 맞추어 제정된 〈조선산금령〉(1937. 7)은 1936년의 금생산액 20톤을 1942년에 75톤, 즉 '일본권' 산금량의 55%를 조선에서 생산한다는 5개년 계획으로 제정되었다.[26] 군수산업의 기초원료인 철과 원유의 자급도가 낮았고 '일본권' 밖에서 기계류 수입이 급증함에 따라 그에 대한 결제수단으로서 금 증산이 절실했기 때문이었다.[27] 그러나 1943년 이후 원래 목표했던 증산계획기간이 끝나고 연합군의 대외무역봉쇄가 강화되어

65~70만여 명이나 되어 광산액 급증의 가능성을 보여주기도 한다. 그러나 또 다른 통계(I-84쪽)에서의 1944년 광산액(4억 3,400만여 엔)은 이 표(11억여 엔)와 큰 차이가 있다. 이 표에서는 자료의 일관성을 위해 그대로 게재한다.

26) 당시 일본의 금생산량은 10톤 정도였다(水田直昌·土屋喬雄 編述, 〈金融機關の近代的改編とその發達(第5話)〉, 앞의 책, 86쪽).

27) 朝鮮殖産銀行調査部, 〈朝鮮産金業の再檢討〉(《殖銀調査月報》 7, 1938), 28~30쪽.

무역결제자금으로서 금 증산의 필요가 없어졌다. 원래의 증산계획기간인 1937~1942년간의 금생산액은 〈표 2〉에서 같은 기간 광산액(17억여 엔)의 32%나 차지했다.[28] 이윤을 초월하여 채굴된 금은 조선경제의 내실을 채우는 것과 무관한 군수자재를 수입하거나 '기름을 사고 전쟁을 수행'하는데 유용되었으며 일본은행권 발행의 정화준비에 쓰여진 것이다.

〈표 3〉 광구수와 종류별 비중

(%)

연도	총광구수(개)	주요 鑛種別 비중(%)						가동광구수(개)	주요 鑛種別 비중(%)						가동광구율(가동광구수/총광구수 비율, %)							광업出願건수(A)	광업허가건수(B)	B/A(%)
		금은	철	금,은,동,아연	흑연	석탄	사철사금		금은	철	금,은,동,아연	흑연	석탄	사철사금	전체	금은	철	금,은,동,아연	흑연	석탄	사철사금			
1927	2,175	29.1	8.0	21.5	5.4	21.7	4.6	366	35.8	7.7	16.9	9.3	15.6	2.5	16.8	20.7	16.0	13.3	29.1	12.1	9.0			
1931	2,390	37.6	5.9	22.2	6.0	14.8	3.9															1,805	343	19.0
1935	5,596	57.8	2.5	19.7	2.6	6.7	5.5															10,153	1,445	14.2
1936	6,513	58.6	2.2	20.0	2.7	6.1	5.3	3,902	71.1	1.3	7.4	2.3	3.8	7.8	59.9	72.7	34.0	22.1	50.3	37.7	88.9	6,105	1,268	20.8
1937	7,454	58.1	2.1	25.0	2.8	5.8	4.9	4,523	70.1	1.1	9.5	1.8	3.7	7.0	60.7	73.2	33.3	23.2	39.2	38.3	86.8	8,116	1,357	16.7
1938	8,623	56.6	2.0	22.1	2.8	5.4	4.5	5,206	70.4	1.2	11.4	2.1	3.6	6.7	60.4	75.1	37.4	31.1	44.4	40.6	90.6	15,721	1,466	9.3
1939	10,574	55.3	2.2	21.3	2.7	4.6	4.1	6,503	66.4	1.2	14.8	2.2	3.4	5.9	61.5	73.8	32.8	42.9	50.0	45.6	87.8	16,411	2,237	13.6
1940	12,090	53.1	2.0	21.9	3.3	4.4	3.9	7,084	65.4	1.2	16.9	2.3	3.4	5.4	58.6	72.2	34.6	45.2	42.0	45.4	81.1	10,548	1,886	17.9
1941	12,505	51.2	2.0	27.8	3.2	4.4	3.7	7,254	54.2	1.8	26.6	3.0	4.1	3.7	58.0	61.4	53.1	55.6	54.7	54.6	58.7	6,243	1,020	16.3
1942	11,735	51.7	2.2	26.2	3.5	4.5	3.1	6,828	54.2	1.9	25.7	3.4	4.2	2.9	58.1	60.9	50.4	57.0	57.4	53.9	55.5	4,706	372	7.9
1943	12,130	50.1	2.3	26.0	3.7	4.5	3.0															9,798	995	10.2
1945	10,577	32.8	3.1	31.4	7.0	5.7	2.3	733							6.9							1,266	390	30.8
	기간별 증가율(배)							기간별 증가율(배)							기간별 증가율(배)									
1936~41	1.92	1.35	1.70	2.67	2.28	1.40	1.35	1.86	1.42	2.65	6.73	2.48	2.02	0.89										
1941~45	0.85	0.54	1.34	0.96	1.83	1.09	0.52	0.94	0.94	1.01	0.91	1.05	0.96	0.74										

* 《朝鮮經濟年報》 I (1948), 85쪽, Ⅲ, 35쪽 ; 《朝鮮統計年鑑》(1948), 118~121쪽 ; 《朝鮮總督府統計年報》(1940), 110~111쪽. 가행광구수의 마지막 증가율은 1941~1942년간임. 1945년의 가동광구 수는 7월 현재임, 《朝鮮經濟年報》 I (1948), 86쪽.

---

28) 金생산액은 1943년 이후 격감 추이를 보였다.

1937년 이후 금생산액

(만엔)

연도	1937	1938	1939	1940	1941	1942	1943	1944	1945	총액
생산액	7,331	9,271	9,918	9,493	8,273	9,289	5,868	257	230	59,929

* 조선은행 조사부, 《朝鮮經濟年報》 I (1948), 81쪽.

〈표 3〉에서 '병참기지화' 정책 시행 이후 1942년까지 가동광구의 대부분(54~71%)이 금(은)광이었고 합금광을 포함하면 80% 정도나 차지했으며 광업 출원건수와 허가건수의 대부분(80~90%)이 금광 또는 합금광이었다. 금(은)광은 1931년에 출원건수의 76%를 차지한 이후 채산성 있는 광구가 점차 줄어들면서 1940년에는 16%로 격감했다. 대신 이를 메운 합금광(금·은·동·아연광)이 1931년 14%에서 1940년에 64%로 급증했다. 이 기간에 금(은)광이 허가건수의 71~51%로 감소한 반면에 합금광은 17~34%로 급증했다. [$\frac{\text{허가건수}}{\text{출원건수}}$] 비율은 1942년까지 10~20% 정도에 불과했지만 금(은)광의 출원은 해마다 수천건씩, 많을 때에는 1만 4,000여 건(1939년)이나 될 정도로 금(은)을 찾아 떠도는 부류가 대단히 많았다.[29] 금광이 많은 것도 일제의 금증산정책에 부응한 당시의 골드러쉬 추세와 어우러져 다른 광종보다 소규모인 경우가 많았기 때문이었다. 이러한 골드붐은 시간이 지나면서 채산성 있는 광구 탐색에 한계를 드러내 신규허가건수가 1940년(1,886건)부터 줄기 시작하여 특히 1942년(372건)에는 격감 추이를 보였다.

광산은 채굴에 착수했더라도 채산성 문제로 실제의 가동률이 현격하게 떨어지게 마련이다. 실제로 〈표 3〉에서 1920년대에 가동광구율(가동광구/광구총수 비율)은 20%도 안되었다. 그러나 1930년대 중반 이후부터 1941년 사이에는 광구수가 급증했을 뿐 아니라 가동광구율도 60% 안팎으로 급증했다. 그만큼 일제의 독려와 더불어 채산성을 충족시켜줄 수 있는 재정·금융의 혜택이 집중되었음을 뜻한다. 물론 가동광구수의 증가 추이도 곧 한계에 부딪혀 1936~1941년간(3,902개~7,254개, 1.86배)과 달리 태평양전쟁 도발 직후인 1942년(6,828개)에 바로 감소 추이는 반전되었고 1943년 이후 금광이 정리되면서 해방 직전인 1945년 7월(733개)에는 1941년의 1/10로 축소되었고, 1945년 말 총광구 수의 6.9%에 불과할 정도로 광산가동률도 급격하게 떨어졌다.

29) 《朝鮮總督府統計年報》(1940), 108~109쪽.

〈표 4〉 수이출상품의 종류별 비중

	수이출품 총액 (만엔)	수이출품 총액에 대한 각 비중(%)						
		대일이출 비중	대만주 수출비중	농산품	광산품	광산품 중 광물 비중	공산품	공산품 중 섬유제품 비중
1920	19,702.0	86.0		64.1	11.8	(47.6)	6.2	(73.6
1928	36,597.8	91.2	6.9	58.1	4.9	(49.0	15.7	(75.3)
1929	34,566.4	89.7	8.0	61.7	5.4	(52.3)	19.9	(69.4)
1930	26,654.7	90.3	6.9	62.7	5.6	(53.2)	20.1	(75.3)
1931	26,179.8	95.1	4.1	66.3	4.8	(65.5)	18.5	(70.2)
1936	59,331.3	87.3	11.0	55.7	11.1	(70.2)	13.8	(55.3)
1937	68,554.2	83.5	13.4	48.0	14.4	(57.6)	14.4	(59.2)
1938	87,960.6	80.8	16.0	49.2	13.6	(61.2)	11.7	(60.9)
1939	100,679.3	73.2	22.7	31.6	17.5	(93.3)	13.1	(61.4)
1940	94,780.9	78.2	15.5	18.3	26.8	(57.6)	14.8	(61.5)
1941	97,319.8	81.0	13.5					
1942	94,472.2	79.6	15.3					
1943	70,500.7	72.8	19.3					
1944	91,960.2	79.3	16.4					
기간별 증가율(배)								
1928~31	0.72	0.75	0.43	0.82	0.71	0.94	0.84	0.79
1931~36	3.85	2.96	21.03	1.83	13.97	13.50	2.72	2.38
1936~40	1.60	1.43	2.25	0.52	3.85	3.16	1.71	1.90
1936~44	1.55	1.41	2.31	0.63	0.97	1.39	0.05	0.06

* 朝鮮銀行調査部, 《朝鮮經濟年報》 Ⅲ(1948), 43·44·48쪽.

비고 : 1941년 이후는 기타품목의 비중이 높게 잡혀져 있어 품목별 구분이 명확하지 못해 제외했음.

광산액 급증에 따라 수이출품 구성에서도 농산품 비중이 줄고 광산품, 특히 광물의 비중이 높아졌다. 〈표 4〉를 보면 1936~1940년간의 수이출총액 증가율(1.60배)을 이끈 것은 광산물이었다. 광산물의 수이출총액에 대한 비중과 증가율(11.1~26.8%, 3.85배)이 급증한 반면 농산품(55.7~18.3%, 0.52배)은 현격하게 축소되었고 공산품(14.4~14.8%, 1.71배)은 정체된 모습을 보였다. 수이출 광산액 가운데 원광물의 비중은 60% 내외를 차지했다. 〈표 2〉에서 광산액 중 이출 비율은 1910~1936년간(71.2%)에 비해 1937~1942년간(68.8%)에 다소 떨어졌다. 이것은 태평양전쟁을 전후한 1941년부터 해상수송에 차질이 생기면서 조선 내에서 소비되는 광물이 늘어날 수밖에 없는 상황을 반영한다. 수이출액이 1940년대에 감소 추이로 반전된 것도 이 때문이었다. 일본과 만주에 집중된 식민지 무역구조하에서 수이출액 증가율은 '조선공업화' 기간인 1931~1936년(3.85배)에 비해 기간이 훨씬 긴 1936~1944년간(1.55배)에 크게 떨어졌다. 공산액의 경우처럼 수이출액은 특히 1943년에 격감했고 대만주 수출보다 바다를 건너야 하는 대일이출의 정체 또는 감소현상이 두드러졌다. 이처럼 1940년대의 생산력 정체와 감퇴현상은 여러 지표에서 공통적으로 발견된다.

3) '병참기지화' 정책과 조선경제

(1) 성장을 모색하던 조선인 자본가의 한계

식민지공업화를 추동한 일본자본의 조선산업에 대한 지배력은 절대적이었다. 1929~1937년간에 조선인회사의 수는 3.7배, 자본금은 2.3배 증가했지만 90% 이상이 자본금 10만엔 이하의 소회사였다. 공업화 붐 속에서 조선인 : 일본인 회사의 납입자본금 비중은 1931년(10.3 : 83.3%)보다 1937년(12.2 : 83.0%)에 합작회사의 비중이 줄고 조선인 회사의 비중이 다소 확대되기도 했다. 그러나 '병참기지화' 정책에 의한 통제경제가 한창 진행중이던 1942년(8.3 : 88.8%)에는 조선인 회사의 비중이 크게 축소되었다.[30] 특히 자본금 100만엔 이상인 대자본회사의 격차는 더 커서 1940년의 경우 조선인 자본은 6%에 불과했다. 1942년 추계에 의하면 광공업회사의 설비자본 29억여 엔 가운데 일본질소(주)와 같이 일본에 본점을 둔 회사의 투자비율이 74%나 된 반면에, 조선내 회사의 투자비율은 18%에 불과했고 그 가운데 조선인 회사의 비율은 6%에 그쳤다.[31]

조선인 공장의 대부분은 50인 미만의 직공을 둔 영세한 규모였다. 업종별

---

30) 허수열, 〈식민지적 공업화의 특징〉(《공업화의 제유형》 II, 경문사, 1996), 195쪽.
31) 河合和男·尹明憲, 앞의 책, 135쪽.

로는 화학·식료품·요업·방직공업 등에서 두드러졌는데, 화학공업의 경우 정어리에서 魚油를 추출하여 일본질소(주)와 같은 일본회사에 공급하는 하청업이 급증했기 때문이다. 금속정련업, 도금업, 원동기·전기·토건용기기제조업, 법랑철기 제조업 등에도 조선인이 진출하였으나, 증기관·전지·철도차량·시멘트·펄프·맥주제조업, 제당업, 가스업 등 기술력을 요하는 업종에서는 조선인 공장이 전무하였다. 또 방직공업 부문을 제외하면 대자본이 필요한 영역에는 거의 진출하지 못하였고 대부분 생필품이나 일본인 군수회사의 하청 생산을 담당하는 영세공장이었다. 즉 식민지공업화로 조선인 자본가들은 영세한 기술력과 자본으로도 경쟁이 가능한 제한적인 틈새 영역에서 일시적으로나마 성장했지만 기술력과 대자본을 요하는 부문으로 거의 진입하지 못한 상태다. 그만큼 공업화에 따른 기술이전의 수준도 제한적이었다.

〈표 1〉에서 공장수는 1936~1943년간(5,927~13,293개, 2.24배)에 크게 늘어났다. 그러나 전술한 바와 같이 1940년대 이후에는 각종 통제로 사실상 (반)휴업 상태에 있던 공장이 다수 포함 된데다가 가동률이 대단히 떨어졌다는 점을 감안해야 한다. 다른 한편 이처럼 공장수가 많이 늘어난 것은 공장통폐합을 통한 군수산업 집중도가 컸던 일본에 비해, 조선에서는 전쟁수행의 간접적 지원을 위해 중소공업을 활용하여 소비재 필수품 생산을 유지할 필요가 있었던 정책의 차이 때문이기도 했다. 그러나 가중되는 물자난과 1942년 이후에는 영세업체를 주요 대상으로 한 〈기업정비령〉이 시행되어 조선인 업체를 중심으로 한 중소공장은 가동률이 떨어지거나 폐업하는 수밖에 없었다. 즉 중소업체들은 전쟁경기의 틈새시장을 노리면서 명맥을 유지하는 경우도 있었지만 일본독점자본의 군수 하청공장으로 재편성되지 못하면 대부분 도태될 수밖에 없었다. 실제로 조선인자본이 집중된 대표적 업종인 메리야스 제조업의 경우 1단계 기업정비가 종료된 1944년 3월, 이전의 722개에서 174개로 격감했다.

이 시기 조선인 자본가의 존재 양태는 세 부류로 나누어 볼 수 있다.

첫째, 드문 경우였지만 조선비행기공업(주)의 朴興植, 경성방직(주)의 金秊洙처럼 군수산업에 관련을 갖고 '일본권' 내의 분업구조에서 일정한 역할을 수행하면서 일제의 정책적 보호 아래 자본축적과 성장을 꾀했던 자본가군을 들 수 있다. 예속자본가 범주에 속하는 이들은 일제가 도발한 침략전쟁과 흥망을 같이 했다고 할 수 있다. 한 외국 연구자는 물자부족과 전시하 공급자 위주 시장을 기반으로 1933~1945년 사이에 고정자산을 50배 이상 늘인 경성방직에게 품질과 경쟁에서 이겨야 하는 평화시대는 오히려 장애물이었고 식민통치가 준 경제적 기회를 이용하여 1945년 이전에 처음으로 재벌을 형성했다고 평가했다.32)

둘째, 식민지공업화의 붐을 타고 일정한 성장을 보였지만 전시체제가 강화되면서 성장의 기회가 차단되어 타협적으로 투자의 전환을 꾀한 경우를 들 수 있다. 예를 들어 1930년대 중반에 텅스텐 광산을 소유했던 원윤수는 만주 침략 이후 군수광물인 텅스텐 수요의 급증으로 부를 축적할 수 있었지만 1937년 이후 광물채굴에 점차 일본자본이 집중되면서 광산을 판 매각대금으로 지주·요식업자·고리대금업자·고무공업 등으로 다양한 투자처 변신을 꾀했다. 그러나 결국 광업자본가로서의 성장이 차단되어 퇴보의 길을 걸었다.33)

셋째, 대다수 조선인 자본가들의 경우로서 전시통제 속에서 물자난과 자금난이 겹쳐 점차 도태되는 부류를 들 수 있는데 특히 1942년의 〈기업정비령〉은 이들에게 큰 타격을 안겨 주었다. 물자난의 틈새를 타고 소극적 저항의 한 형태라고 볼 수도 있는 암거래로 자본축적을 꾀하는 경우도 있었지만, 이들의 대부분은 기업정비 과정에서 자기 자산을 사실상 빼앗기는 상황에 처했으면서도 별다른 대응을 하지 못했다. 鄭周永이 20대 시절인 1940년에 설립한 자동차 정비공장인 아도서비스의 경우, 〈기업정비령〉으로 1943년 초 일진공작소에 합병당했다. 그는 이를 두고 "말만 합병이지 합병 아닌 흡수였다. 동업자였던 李乙學·김명현씨가 먼저 빠져나가고, 강제 합병된 회사에 아무 의욕도 정열도 없었던 나 역시 곧 손을 떼었다"고 회고했다.34)

1930년대 이후 식민농정의 전환으로 유산층의 자본투자처가 다양화되고,

---

32) Carter J. Eckert, *Offspring of Empire—The Koch'ang Kims and the Colonial Origins of Korean Capitalism 1876~1945*, University of Washington Press, 1991.

33) 정병욱, 《일제하 조선식산은행의 산업금융에 관한 연구》(고려대 박사학위논문, 1998), 226쪽.

34) 정주영, 《이 땅에 태어나서—나의 살아온 이야기》(솔, 1998), 42~43쪽.

일제 침략의 부산물로서 '만주붐'이 조성되는 환경 속에서 조선인 자본가들이 경영하는 공장이나 회사가 늘어나는 것은 당연한 일이었다. 그러나 전시체제로 접어들고 전황이 악화되면서 일본 독점자본이 장악한 시장의 틈새에서 성장과 자본가로서의 생존을 모색했던 이들에게 운신의 폭은 극도로 제한되었다. 이들은 자기들의 이해관계에 직접 영향을 미치는 일제의 정책 운용에 개입할 여지도 능력도 없이 일본 또는 조선총독부가 전쟁 동원의 필요에 따라 결정하는 정책에 일방적으로 순응하는 존재였다. 일제가 패망할 때까지 군수업에 관련을 가지면서 기업을 유지하거나 부를 축적한 극소수의 예를 제외하면 결국 기업정비 단계에 들어와 대부분 도태되거나 현상유지에 급급한 상황에 놓이게 되었다. 한국근대사에서 자본가 그룹은 자신들이 주체가 되어 역사의 전면에서 사회를 이끌어가기보다 민족해방운동을 적대시하면서 일제에 예속되어 부의 축적을 꾀했지만 결국 성공하지 못했고 사회구성원에 대한 사회적 정치적 리더십은 더더욱 가질 수 없었다. 오늘날까지 불식되지 못한 한국 자본가그룹의 천민성·부패성·대외의존성은 이러한 역사적 연원에서 배태된 것이다.

(2) 생산력과 기술 이전의 제약

원료조달과 생산의 자급체제로 구상되었던 '일본권'에 종속된 조선의 무역은 〈표 4〉에서 보듯이 일본과 만주에 집중되었다. 이 때문에 수송체계가 위협을 받는 1940년대에 무역규모가 크게 축소되거나 정체되었다. 1936~1937년간에 수이입액이 13.6%, 수이출액이 15.5% 증가한 이후 1930년대 말까지 증가 추이는 계속되었다. 그러나 수이입액은 1940년까지 늘어나다가 1941년부터 감소하여 1943~1944년간에는 38%나 축소되었다. 수이출액은 이보다 빠른 1940년부터 감소했는데 특히 1942~1943년간에는 25%나 축소되었다. 1940년대 이후의 무역 축소는 전적으로 대일무역, 즉 이출액과 이입액이 격감했기 때문이다.[35)]

'일본권' 무역에 집중되어 값싼 전력과 노동력에 기초한 조선경제는 기계

35) 송규진, 《일제하 조선의 무역정책과 식민지 무역구조》(고려대 박사학위논문, 1998), 136~137쪽.

기구의 대일의존도가 절대적이었다. 철광의 경우에도, 생산의 대부분을 차지하는 선철은 일본으로 이출되어 강철 또는 기계로 제조된 후 조선으로 반입되었다. 이 때문에 급증한 기계류 수이입액은 1931~1936년간(4.9배)에 수이입액에 대한 비중(2.8~6.0%)도 급증했는데 1936~1942년간(3.5배)에는 총수이입액 증가율(1.96배)을 훨씬 능가했고 특히 1940년에는 수이입액 가운데 최다 비중(14.8%)을 차지하기에 이르렀다.

즉 일본의 수이출품이 면직물 등 경공업품에서 기계기구류 등 중공업품 중심으로 바뀌어 갈 때 착수된 식민지공업화는 조선경제의 중화학제품 수요를 촉진시켰고 '병참기지화' 정책은 이를 더욱 심화시켰다. 기술의 축적 보다 원자재 생산과 인력동원에 집중된 공업화는 대일무역적자의 급증을 불러왔다. 1910~1945년간의 무역적자 총액(54억여 엔) 가운데 1937~1945년간의 무역적자액(48억 4,000만여 엔)이 무려 90%나 차지했다.[36] 1944년과 1945년에 무역적자액이 격감한 것은 극심한 생산성 저하와 해상통로 두절에 의해 대일무역이 격감했기 때문이다. 식민지공업화가 진행될수록 조선경제는 재생산구조의 기반이 취약해지고 '일본권'으로의 종속성이 더욱 심해졌다. 특히 '병참기지화' 정책은 경제논리를 넘어 강제동원 방식을 수반하고 조선의 자원을 유실·고갈시키면서 전개되어 해방 후 민족경제 건설 과정에서 평화산업으로 전환하는 데에도 큰 장애요인으로 남게 되었다.

한편 식민지공업화 과정에서 흡수된 노동자들은 미숙련 단순노동에 집중되어 이른바 기술이전의 파급효과도 운위하기 어려웠다. 농촌과 분리되어 공장이나 광산으로 흡수되는 노동력의 범주는 제한적인 수준에 머물렀고 반농반공의 계절노동자가 많아 조선사회의 취업구조가 질적으로 변화된 것도 아니었다. 일본인과 일본자본이 물러간 해방 후 이들이 다시 농촌으로 돌아가야 했을 때, 그 근거가 그대로 유지된 상태였다는 점은 이를 반영한다. 이런 가운데 전 인구 가운데 상업종사자가 7~8%나 차지했고 1930년대 이후 오

36) 1937년 이후의 무역적자액은 아래 표와 같다.

1937년	1939년	1940년	1941년	1942년	1943년	1944년	1945년	합계
17,790만엔	17,632	38,163	58,856	54,604	43,401	5,893	5,207	484,127

* 송규진, 앞의 책, 158~160쪽의 〈표 4-21〉.

히려 증가 추이를 보였다는 것은 통제경제하에서 물자난의 틈새를 타고 유통 부문으로 몰려든 식민지공업화의 기형성 또는 비생산적 경제 운용을 드러내준다.

이러한 추이를 개관해 보면, 1933～1942년간에 공장·광산·토목건축 부문의 노동자는 74만 4,000여 명으로 증가(3.3배)했다.[37] 여기에 교통운수업·자유업 노동자를 감안하면 1942년에는 175만여 명에 이르렀을 것으로 추산된다.[38] 이 가운데 공장노동자는 〈표 1〉을 보면 1936～1943년간(1.93배)에 18만 8,000여 명～36만 3,000여 명으로 늘어났는데 1942년에도 노동자 총수의 21%에 불과했다. 총인구 가운데 공업종사자는 1930년대에 2.5～3.2%에 불과하다가 1942년에야 5.0% 정도를 차지했는데 가내공업 종사자를 제외한 공장노동자의 비중은 더 떨어진다고 볼 수 있다. 광업종사자의 비중은 1939～1942년간(1.2～2.1%)에 급증한 이후 다소 늘어났을 것으로 보인다. 결국 농업종사자(가족 포함) 비중이 1931～1942년(77.9～66.2%)간에 크게 감소하기는 했지만 여전히 인구의 절대적인 비중을 차지하고 있었다.[39]

산업구조의 현상적인 '고도화' 경향에도 불구하고 그 내용을 보면, 〈공장법〉도 적용되지 않는 열악한 노동조건 위에서 빈농 출신의 미숙련 단순노동과 강제동원 방식이나 노동시간을 늘려 절대적 잉여가치 착취에 의존하는 낙후된 구조였다. 이 시기의 산업생산성이 갈수록 떨어진 것은 물자난뿐 아니라 경제외적 강제에 의존한 약탈적 생산방식 때문이기도 했다. 1937년 공장 조

37) 안병직, 〈植民地 朝鮮의 雇傭構造에 관한 研究〉(《近代朝鮮의 經濟構造》, 비봉출판사, 1989), 395쪽.

38) 朝鮮銀行調査部, 《朝鮮經濟年報》 Ⅲ, 19쪽.

39) 1930년대 이후 업종별 종사자(가족 포함) 비율은 아래 표와 같다.

	1931	1936	1939	1940	1941	1942
총인구 (만명)	2,026.3	2,204.8	2,280.1	2,370.9	2,470.4	2,636.1
농업종사자 (%)	77.9	75.0	72.5	70.7	69.2	66.2
광업종사자 (%)			1.2	1.7	2.0	2.1
공업종사자 (%)	2.5	3.2	3.2	3.5	4.4	5.0
상업·교통업종사자 (%)	7.0	7.6	8.4	8.6	8.7	8.8

* 《朝鮮經濟年報》 Ⅲ(1948), 18～19쪽 ; 《朝鮮總督府統計年報》 각년판.
비고 : 상업·교통업종사자는 교통업이 제외된 수치임.

사에 따르면 노동시간이 12시간 이상인 경우가 41%나 되었는데 실제로는 이보다 심했다고 봐야 한다. 1939년에 제정된 〈공장취업시간제한령〉이 하루 12시간 이상 노동을 금지했다는 것은 이러한 살인적 노동이 당시에 일반적인 추세였음을 반영한다. 통제경제의 분위기 속에서 이러한 법령이 제대로 집행되었는가도 의문스럽고 이마저도 전황이 악화됨에 따라 1943년 7월에 폐지되어 오히려 장시간노동이 합법화되는 모습까지 드러냈다.

장시간 노동은 저임금체제를 수반하기 마련이었다. 조선인 미숙련노동자가 받는 평균 90전 정도의 日給으로는 노동력 재생산은 커녕 가족의 부양 또는 생계조차 꾸려갈 수 없었다. 농한기에 광산이나 토목건축업에 계절적으로 취업하는 경우가 많은 것도 이 때문이었고,[40] 이는 저임금체제의 악순환을 불러왔다. 물론 조선인 간에도 미숙련노동자와 숙련노동자의 임금이 2배 정도의 차이를 보였고 조선인 노동자의 평균임금은 일본인의 절반에 불과했다. 이것은 직무상의 차이뿐 아니라 조선인이 승급·승진에 제한을 받았고 일본인에게 별도로 外地근무수당이 지급되었기 때문이다. 임금을 비용으로 지출해야 하는 자본가의 입장을 감안할 때 이러한 임금격차를 민족차별 때문이라고 단순하게 이해할 수는 없다. 오히려 조선경제와 식민지 교육정책에 따라 미숙련 조선인 노동자들이 적체될 수밖에 없던 당시의 현실을 정확하게 반영한다고 할 수 있다.

조선인 기술인력 부족은 경제외적 강제와 '독려'를 당연시하는 전쟁 분위기, 물자난과 어우러져 산업의 생산성을 떨어뜨리는 요인으로 작용했다. $\left[\frac{\text{기술자수}}{\text{총노동자수}}\right]$ 비율은 1937년(2.7%), 1939년(3.1%), 1940년(3.5%)을 지나는 동안 완만하게 늘어났지만 여전히 낮았고 기술자의 대부분도 일본인이었다. 공업화정책에도 불구하고 조선인 기술자가 드물었던 이유 가운데 하나는 기술자 양성과 고급기술 교육을 억제했던 조선총독부의 교육정책이 큰 몫을 차지한다. 실제로 1937년 이전까지 갑종실업학교 이상의 공업계학교는 경성고등공업학교와 경성공업학교 두 개 뿐이었고 민족별 입학쿼터제 때문에 조선인 학생 수는 일본인의 절반에 불과했다. 1930년대 이후 광산 및 토목건축

40) 李憲昶, 《韓國經濟通史》(法文社, 1999), 356쪽.

업, 1937년 이후에는 금속공업과 기계공업 분야에서 기술자 수요가 증가했지만 필요한 기술자를 조선에서 채우지 못한 것도 이 때문이었다. 따라서 기술자의 공급은 1939년 경까지 일본에서 교육받은 일본인으로 충당될 수밖에 없었고 이들의 대부분은 일본인 회사에 고용되었다. 조선인 회사는 필요한 기술자를 공급받기도 어려웠을 뿐 아니라 기술자를 필요로 하는 업종으로 진출하는 데에도 큰 제약이 따를 수밖에 없었다. 기술자를 채용한 36개의 조선인 회사도 대부분 1명만 고용한 정도였고 2명 이상 고용한 조선인 공장은 경성방직・삼양사・충남제사 등 7개 회사에 불과했다.[41]

중화학공업 및 군수공업의 기술인력 수요는 더욱 커지는데 반해 일본인 기술자들이 징병으로 전쟁에 동원되면서 기술자수는 1940~1944년간(10,406~6,129명)에 41%나 격감했다. 1944년의 공장노동자 수를 1943년보다 10% 이상 늘려 잡아 40만여 명으로 추산해도 [$\frac{\text{기술자수}}{\text{총노동자수}}$] 비율은 1.5%에 불과하여 그나마 1940년까지 늘어나던 추이와 달리 격감했다. 이 때문에 총독부의 전통적인 기술자 및 기능공 정책도 일정하게 수정될 수밖에 없었다. 그 공백을 메우는 조치로서 경성광산전문학교와 대동공업전문학교, 그리고 경성제국대학에 이공학부를 설치했다. 또 고등기술학교를 신설 또는 증설하고 갑종 및 을종 실업학교와 직업학교를 만들어 기능공을 배출함과 더불어 직업훈련을 강화했다.

이러한 과정에서 조선인 기술자는 1942~1944년간에 1,215~1,632명으로 늘어났다. 그러나 1942년 조사에서도 공업부문에서 조선인은 여전히 기술자의 18%에 불과했고 노무자의 93%를 차지했다.[42] 즉 일본인이 관리직과 기술직을 독점하고 조선인이 미숙련 단순노무직에 집중된 이원화된 고용구조의 골간은 해방 때까지 큰 변화 없이 유지된 것이다.

4) 한국자본주의사에서의 '병참기지화' 정책

1930년대 후반기의 '병참기지화' 정책은 일제의 중국대륙 침략을 전후하여

---

41) 허수열, 앞의 글, 204~209쪽.
42) 안병직, 앞의 글, 430~431쪽.

조선경제가 물자공급을 위한 '병참기지'로 규정되는 외적 동인을 안고 강압적으로 추진되었다. 이것은 1930년대 전반기의 '조선공업화' 정책이 대공황과 만주침략을 계기로 일본 자본주의의 독점이 심화되고 중화학공업화로 이전되는 외적 조건 외에 기존의 식민통치방식과 지주계급 위주의 농정을 전환할 필요가 있던 내적 조건이 어우러져 전개된 것과 큰 차이가 있었다.

이 기간에 조선경제의 겉모습은 큰 변화를 보였다. 가내공업이 상당 부분을 차지한 가운데 전쟁수행과 직접 관련을 가진 광공업 생산이 급증하여 1939년을 경계로 중화학공업 우위로 반전되어 공업구성의 '고도화' 경향을 띠었다. 또 농업종사자 비중이 여전히 절대적인 비중을 차지했고 가내공업 종사자가 많아 노동력 흡수는 제한되었지만 노동자수와 조선인 공장이 급증했다. 이런 와중에서 '병참기지화' 정책의 추진주체인 일본자본의 독점적 지배력은 더욱 확대되었다. 그러나 조선인 노동력의 미숙련 단순노동 집중, 영세한 기술력과 자본으로 경쟁이 가능한 틈새영역으로 제한된 조선인 자본가, 원활한 원자재 공급의 차단과 경제외적 강제에 의존한 생산독려에서 비롯된 생산성 격감으로 이른바 기술 또는 생산력 이전의 파급효과를 논하기는 어렵다.

즉 '병참기지화' 정책은 조선경제의 재생산구조 형성을 가로막고 '일본권'의 종속적 하부단위로 고착시켜 해방 후 평화산업으로 전환하는데 큰 장애요인으로 작용했다. 화학공업은 약품 및 염료의 대부분을 일본에 의존한 상태였고 광물 이출과 공출을 뒷받침하기 위해 '성장'한 금속·기계공업도 대부분 수리 또는 조립 수준의 소규모공장으로서 생산수단 생산은 여전히 취약했다. 방직공업은 일본이 군수공업에 치중함에 따라 비롯된 필수품 부족을 보완하면서 '일본권'의 종속적 분업연관 속에서 군수품 수요로 꾸준히 확대되었지만 그나마 원료 조달이 어려워진 1940년대에는 축소되었다. 자급체제를 꾀했던 '일본권'과의 교역에 집중된 무역규모도 해상통로의 두절로 1940년대에 정체 또는 축소되었다. 교역품을 보면 곡물·금이나 선철과 같은 원광물 등을 수출하고 주요 기계기구를 수입하는 강한 종속성을 드러내었고 중화학제품 등의 수입액 급증으로 식민지 전기간 무역적자의 90%가 1937년 이후에 집중되었다.

연합군의 '일본권' 봉쇄가 강화되면서 원활한 원자재 공급이 차단되는 등 전황이 악화되어 가자 일제는 설비 확장보다 기존설비의 활용도를 높여 단기적 생산극대화 방침으로 대처했다. 그러나 강제동원과 공출 등 경제외적 강제에 의존한 생산독려는 곧 한계가 드러나 생산성과 생산액의 격감 추이로 반전되었다. 공장생산액은 1943년부터 격감했고 수출액도 1940년대에는 격감 추이를 보였다. 공장수, 회사의 납입자본, 노동자수는 크게 늘어났지만 자본생산성 증가율은 1939년부터, 공장·노동자의 평균생산액 증가율은 각기 1941년과 1942년부터 마이너스로 반전되었다. 이런 상황에서 상업종사자가 증가한 것은 유통부문에서 물자부족의 틈새를 탄 주변부 인력이 몰려드는 식민지공업화의 비생산적 경제 운용과 기형성을 보여준다.

'병참기지화' 정책의 큰 특징은 일본의 대외무역 결제자금으로서 금과 군수품 생산을 위한 광산개발에 집중되었다는 점이다. 재정·금융의 집중혜택을 받은 광산은 대부분 일본자본이 장악하게 된데다가 군수관련 요구로 '급성장'한 결과 해방 후 미군정의 폐쇄정책과 어우러져 대부분 가동이 정지되는 지경에 이르렀다. 식민지 전기간의 광산액 가운데, 1937년 이후에 조선이 보유한 지하자원을 비생산적으로 소진시키면서 84%가 집중되었다. 수이출품 가운데 원광물의 비중이 높은 것도 이 때문이었는데 태평양전쟁을 계기로 조선 내 소비량이 늘어난 것은 해상통로가 두절된 외적 상황에서 비롯되었다.

'병참기지화' 정책이 시행되는 동안 조선사회는 전쟁수행을 위해 폭력적 강제력이 수반된 인력·물자·자금 등 각종 자원의 동원대상으로 규정되었다. 수탈의 정도는 당시의 재정·금융 담당책임자조차 일본이 오류를 범했다고 인정할 정도로 극심했다. 결국 조선사회가 보유 또는 개발한 각종 자원을 고갈시키면서 전개되어 해방 후 경제건설을 더욱 어렵게 만드는 요인이기도 했다.

조선인 노동력은 노동시간에 의존한 절대적 잉여가치 착취에 편승하는 구조와 총독부의 기술교육정책 부재 속에서 미숙련 단순노무직에 집중되었다. 1940년대 이후 일본인 기술자의 징집으로 기술교육과 직업훈련이 강화되었지만 조선인이 단순노무직에 집중되는 이원적 고용구조의 근간은 큰 변화를 보이지 않았다. 이 뿐 아니라 1938년 일본 〈국가총동원법〉의 적용에서 시작되어 1944년 〈국민징용령〉실시에 이르는 과정에서 구조화된 노동력 강제동원체제는 국내외에서 '성노예'를 포함한 200여 만의 조선인을 전쟁터의 노예와 같은 존재로 혹사시켰다.

조세수탈·강제저축·조선은행권 증발 등 식민지화 이전브터 일제의 편의에 맞게 '정비'된 재정금융기구를 통해 동원된 자금은 군수(관련)산업에 집중되었다. 원자재 수입 급증에 따른 국제수지 악화 대책으로서의 수출입 통제, 물자부족에서 비롯된 물가상승에 대한 인위적 억제조치는 암거래 가격만 부채질했다. 또 전쟁물자는 물론 생활필수품까지 포함된 통제와 배급제도, 식량 등 거의 모든 물자를 암시장에서 높은 가격으로라도 구입해서 충당해야 하는 공출정책 등으로 조선인의 생활은 도탄에 빠졌다.

조선인 공장과 회사는 늘어났지만 각종 통제로 (반)휴업 상태인 경우가 포함되어 있고 가동률이 크게 떨어진 상태였다. 영업영역도 영세한 기술력과 자본으로도 경쟁력을 유지할 수 있는 전쟁경기의 틈새 시장으로 제한되었다. 조선에서는 일본과 달리 군수품과 소비재 필수품의 생산 유지를 위해 중소공업의 활용도가 상대적으로 높아 중소공장이 활동할 수 있는 여지가 남아 있었지만 〈기업정비령〉시행을 계기로 이마저도 유지되기 어려웠다. 조선인 자본가는 일제의 정책 운용에 개입할 여지도 능력도 없이 전시동원체제에 절대적으로 종속된 존재였다. 이들은 '일본권'의 군수산업 분업구조에서 자본축적을 꾀했던 몇몇 예속 자본가군, 투자전환을 꾀한 가운데 퇴보의 길을 걷는 자본가군, 물자난과 자금난이 겹쳐 도태되는 대다수 중소자본가군 등으로 구분된다. 이들은 사회를 이끌어가기보다 민족의식을 내버리고 민족해방운동을 적대시하면서 부의 축적을 모색했지만 결국 성공적이지 못했다. 한국근대사에서 사회구성원에 대한 사회적·정치적 리더쉽도 지닐 수 없었던 자본가 그룹의 천민성·부패성·대외의존성은 이러한 역사적 조건에서 배태되었다.

〈鄭泰憲〉

2. 국가총동원체제와 민족말살정책

일제의 조선에 대한 식민지 통치는 경제적 수탈과 민족말살로 전 시기를 일관하고 있었다. 표면적인 통치정책은 일제가 직면하는 구체적인 상황에 따라 약간씩 변형되기도 하였으나, 지엽적인 문제에 불과할 뿐 기본적인 성격은 그대로 유지되었고 점차 강화되어 나아갔다. 이러한 일제 식민통치의 성격은 1937년 중일전쟁 도발, 1938년 〈국가총동원법〉 통과를 계기로 더 한층 강화되는데, 이후 경제 수탈과 민족말살이라는 두 개의 축은 조선 통치를 위한 정책의 기본방향이자 일제의 전쟁수행과 생존을 위한 유일한 방책으로 그 극한의 모습을 보여주고 있었다. 여기서는 〈국가총동원법〉을 확대·적용하면서 조선을 본격적으로 전시동원체제로 전환시켜 나아가는 일제 말기 식민통치의 성격을 주로 국가총동원체제하에서의 정신적 수탈의 문제, 즉 민족말살정책에 초점을 맞추어 그 구체적인 전개과정을 통해 고찰해보고자 한다.

1) 민족말살정책의 전개와 그 성격

흔히 제국주의 국가의 식민정책을 논할 때 정책의 유형을 크게 두 가지로 구분하는 것이 일반적이다. 그 하나는 自主의 유형으로 직접적인 간섭보다는 식민지의 자주적 발전을 표방하는 정책이며, 또 다른 하나는 同化로 식민지 제도와 풍습을 본국과 일체화시키는 정책이다. 일제의 조선통치는 바로 동화의 대표적인 예이다. 조선을 식민지로 영유한 직후부터 일제는 줄곧 조선인의 완전한 일본인화에 가장 큰 비중을 두고 식민지 정책을 전개시켜 나아갔다. 그리고 이러한 원칙은 조선민족의 일제 식민통치에 대한 가장 대표적인 저항운동이었던 3·1운동 직후인 1919년 8월 19일 일본의 다이쇼(大正)천황이 조선인과 일본인을 '천황의 赤子'로서 전혀 차별하지 않고 一視同仁의 입장에서 통치하겠다는 요지의 조서를 발표하면서 이후 조선 통치의 기본입장으로 간주되어 왔다.[1] 그리고 이어 1920년 하라(原敬)수상이 〈朝鮮問題私見〉을 통해 조선에서의 식민지 통치의 원칙으로 동화주의, 즉 '內地延長主義'를 내세우면서[2] 공식화하였다.

그러나 이러한 동화주의에 입각한 식민통치는 우가키 가즈시케(宇垣一成) 총독 시기 '內鮮融和'를 거쳐, 특히 일제의 침략전쟁이 본격화하는 1937년 중일전쟁을 전후하여 '內鮮一體'론이 대두하면서 더욱 강화된 형태로 나타나기 시작하였으며, 이후 모든 식민정책은 조선의 민족과 문화를 말살하는 데 집중되고 있었다. 즉 조선인들의 민족의식을 완전히 파괴시키는 것만이 조선인들의 일제 식민정책에 대한 비판의식을 마비시켜 아무런 저항없이 일제의 침략전쟁에 인적·물적으로 동원시키는 유일한 방법으로 인식되었던 것이다.

'내선일체'론은 1936년 8월 제7대 조선총독으로 부임한 미나미 지로(南次郎)에 의해 조선에서의 통치이념으로 내세워진 것이었다. 내선일체론에서는 조선인들이 완전한 일본인이 되어 진정한 皇國臣民이 되면, 더 나아가 '大東亞共榮圈'의 추진력이 될 수 있음을 강조하고 있는데 여기에는 대륙전진병참기지라는 조선에 대한 군사적·경제적 요구를 이념적으로 뒷받침하려는 의도가 내포되어 있었다. 이는 조선인들로 하여금 일본인과 같은 운명공동체라는 인식을 갖게 하여 저항 없이 전쟁에 참여하도록 하기 위한 목적에 입각한 것이었다.

그러면 내선일체란 어떤 내용과 구조를 갖고 있는 이념인지 잠시 살펴보기로 하겠다. 첫째로 내선일체는 '國體의 本義의 具現'으로 강조되고 있다. 즉 "萬世一系의 천황을 살아 있는 신으로 받들고 萬民輔翼의 臣節을 완수하는 데 힘쓰는 사람 모두가 一視同仁의 皇恩을 입은 황민으로서 추호의 차이가 없다"[3]는 것을 일본 국체의 본질적인 의의로 내세우며 조선인들로 하여금 진정한 황국신민이 되고 더 나아가 '대동아공영권'의 추진력이 될 것을 요구하고 있다.[4]

---

1) 御手洗辰雄, 《南次郎》(1957), 419쪽.
2) 山本有造, 〈日本における植民地統治思想の展開(2)－「六三問題」·「日韓併合」·「文化政治」·「皇民化政策」－〉(《アジア經濟》 32－2, 1991), 37쪽.
3) 朝鮮總督府, 〈極秘 內鮮一體ノ理念及其ノ具現方策要綱〉(《大野文書》 1260, 1941), 1쪽.

두번째로는 내선일체란 '肇國의 정신'이라고 설명하고 있다. 일본의 역사는 先住者와 外來者를 불문하고 모두 무차별의 日本臣民으로 만드는 "부단한 皇國臣民 創成의 역사"[5]라고 단정하고, 그렇기 때문에 내선일체는 필연이고 또 유일한 목표이며, 장래의 목표일 뿐 아니라 과거의 역사가 실증하는 엄연한 사실이라고 주장하고 있다. 그리고 이러한 주장을 뒷받침하기 위해 내선일체를 역사 속의 사실로 증명하기 위한 작업이 역사연구의 미명 아래 끊임없이 이루어지고 있었던 것이다.[6]

내선일체론의 세번째 이념은 세계 대세의 하나로 주장되고 있다. 독일·이탈리아와 더불어 三國同盟을 결성하고 있는 일본이 담당한 임무는 대동아공영권의 건설에 있는데, 그 근본정신은 어디까지나 동양 古來의 사회사상에 근거하고 있다는 것이다.[7] 즉 "작게는 家, 크게는 國으로 나아가는 바로 국가 본위의 정신이며, 그 가운데서도 일본은 一大家族國家로서 天皇과 臣民과의 관계에서 義는 君臣간의, 情은 父子간의 기본으로 이것을 겸하는 것이 그 본질이다"라고 하였다.[8] 그리고 대동아공영권의 기본이념은 萬邦이 각기 자신의 자리를 지키는 국제 공존공영의 사상에 있으므로 "안으로는 내선일체

---

4) 朝鮮總督府, 〈極秘 內鮮一體ノ理念及其ノ具現方策要綱〉(《大野文書》1260, 1941), 2쪽.

5) 위와 같음.

6) 津田剛, 〈內鮮一體論の基本理念〉(《今日の朝鮮問題講座》1, 1939), 11~23쪽.

7) 이와 관련하여 한가지 주목할만한 주장을 소개하면 다음과 같다. 일본이 청일전쟁에 승리한 결과 대만을 식민지로 영유하고 또 동시에 청국이 최후의 屬邦인 조선에 대한 宗屬관계를 소멸당한 이후 동아시아 세계제국의 붕괴과정은 동시에 근대 제국주의에 의한 동아시아 세계제국의 최종적 분할과정과 중복된다는 점이다. 이 때 같은 동아시아 문명권에 속하면서 제국의 外周部에 있었고 자기를 小'中華'제국으로 비교해 왔던 일본이 바로 근대 제국주의의 상속인이 되고 있는데, 이것이 근대 제국주의국으로 성장한 일본의 식민지 지배의 존재방식을 규정하는 특질로서 기능하는 것이 된다는 주장이다. 즉 구제국의 宗屬관계의 繼承帝國 日本의 식민지 지배정책의 특징, 즉 皇民化 정책의 原由를 발견할 수 있다는 것이다. 바로 일제가 내선일체의 이념을 동양 고유의 정신·사회사상에서 찾고 있는 것과 같은 맥락에서 이해할 수 있을 것 같다(大江志乃夫, 〈東アジア新旧帝國の交替〉, 《近代日本と植民地》1, 1992, 11~14쪽).

8) 朝鮮總督府, 〈極秘 內鮮一體ノ理念及其ノ具現方策要綱〉(《大野文書》1260, 1941) 4쪽.

의 결실을 맺고, 밖으로 일본을 盟主로 하는 동양인의 동양을 건설하는 것이 세계평화 확립의 大據點을 건설하는"[9] 것이 된다는 것이다.

네번째로는 내선일체는 필연이므로 이 필연성에 대한 확신을 가질 것을 요구하고 있다.[10] 조선인과 일본인의 사이에는 계통상 및 문화상 고도의 近似性이 있어서 一體化의 여러 조건을 구비하고 있을 뿐만 아니라 과거와 현재에 걸쳐 내선일체가 가능하다는 것을 보여주는 많은 실례가 있다는 것이다. 그러나 일제는 내선일체가 필연적인 사실임을 조선인들로 하여금 믿도록 강요하는 한편에서 내선일체라는 이념, 그 자체로부터 교묘히 빠져나가 그들의 주장에도 불구하고 조선인에 대한 차별을 가능케 하는 근거를 이 가운데에서 논하고 있음을 볼 수 있다.

> 내선일체라고 하면 곧바로 권리·의무의 완전한 同一化를 想起 要望하는 사람이 없지 않다. 그렇지만 내선일체의 근본 전제는 皇國臣民化에 있으며 私心을 버리고 公을 받들며 진정으로 폐하의 民이라는 자각에 철저한 것이 모든 제도상의 일체화의 先決問題이다. 이 근본 전제를 躬行 실천하지 않고 도리어 제도상의 평등을 구하여 그것이 빨리 이루어지지 않는 것을 보고 궁극의 이념을 비방하는 것과 같은 것은 정말로 非皇國臣民的인 태도로서 … (朝鮮總督府, 〈極秘 內鮮一體ノ理念及其ノ具現方策要綱〉, 《大野文書》 1260, 1941, 6쪽).

이와 같이 바로 일제가 표방하는 내선일체의 내용은 황국신민화라는 전제하에서만 가능한 一體化이며, 각종 차별제도도 "특수한 이유에 근거한 것으로서 황민화의 진도에 따라 점차 改變해야 하는 것이지만 현단계에서는 아직 존재의 이유를 잃지 않은 것이 많다는 것"[11]이라고 주장하고 있다. 결국 일제측이 만족할 만한 수준의 황국신민화가 이루어지지 않고는 얼마든지 유예될 수 있는 一體化, 즉 차별의 합리화를 의미하는 것이었다. 필연이라고

---

9) 朝鮮總督府, 〈極秘 內鮮一體ノ理念及其ノ具現方策要綱〉(《大野文書》 1260, 1941), 4~5쪽.

10) 朝鮮總督府, 〈極秘 內鮮一體ノ理念及其ノ具現方策要綱〉(《大野文書》 1260, 1941), 5쪽.

11) 朝鮮總督府, 〈極秘 內鮮一體ノ理念及其ノ實現方策要綱〉(《大野文書》 1268). 구체적인 작성연도는 미상이나 〈內鮮一體ノ理念及其ノ具現方策要綱〉의 내용을 보다 구체화시킨 것으로 보아 비슷한 시기에 작성된 것으로 보인다.

주장하고 있는 내선일체란 사실상 언제까지고 이루어지지 않을 수도 있는 일제의 일방적인 판단에 의존할 수밖에 없는 성질의 것이었다. 더구나 1930년대 중반 이후 조선 내의 민족해방운동이 그 명맥을 유지하기조차 어려워진 상황 속에서 '차별로부터의 탈출'[12] 논리로 내선일체론을 추종하던 많은 친일적인 조선인들이 등장하게 되었고, 이들은 바로 일제에 의해 교묘하게 포장된 차별을 내선일체라는 이름 아래 다시 조선인들에게 유포시키고 있었다.

내선일체론의 이념으로서 끝으로 들고 있는 것이 內鮮文化의 綜合이다. 그러나 그 내용을 자세히 들여다보면 말 그대로의 종합이 아니라 일본 문화의 일방적인 移植을 의미한다는 것을 알 수 있다.

> 半島文化政策의 근본은 일본 문화의 半島에의 移植 培養에 있으며, 일본국민 도덕의 반도에의 浸潤 透徹을 꾀하여 忠君愛國의 숭고한 義理·人情의 機微에 도달하기까지 조선 민중으로 하여금 올바르게 理解 咀嚼시켜 그 성격을 도야시키고 그 情操를 순화함과 동시에 과학·언어·문예·취미·오락 기타 생활 양식의 전반에 걸쳐 일본 문화의 秀美한 것들을 半島에 育生 繁茂시키지 않으면 안된다 … (朝鮮總督府, 〈極秘 內鮮一體ノ理念及其ノ具現方策要綱〉, 《大野文書》 1260, 1941, 7쪽).

즉 일본의 문화를 그대로 조선에 옮겨 놓는 것이 여기서 말하는 종합의 궁극적인 의미이며 단지 조선의 문화는 대륙적인 정조를 지니고 있으므로 섬세 미묘한 섬나라 일본의 문화를 보완하는 데에 필요하다는 인식 정도에 머무르고 있다.[13]

이상과 같은 내용과 구조를 갖고 있는 내선일체론은 일제의 침략전쟁을 효율적으로 수행하기 위한 필요성에 의해 여러 가지 모습으로 윤색되면서 끊임없이 등장하고 있다. 즉 조선인과 일본인, 더 나아가 조선과 일본이 하나라는 논리는 조선인들의 일제 지배정책에 대한 반발과 반항을 희석시키기 위한 목적에 이용되고 있었다. 뿐만아니라 중일전쟁 이후 일제 말기에 전개되고 있는 모든 일제의 정책의 근본이념으로서 조선인들을 물심양면에서 철

12) 宮田節子, 〈「內鮮一體」の構造〉(《朝鮮民衆と「皇民化」政策》, 1985), 148~192쪽.
13) 朝鮮總督府, 〈極秘 內鮮一體ノ理念及其ノ具現方策要綱〉(《大野文書》 1260, 1941), 7쪽.

저한 일본인으로 만드는데 이용되고 있었으며, "내선일체는 단순한 이론이 아니라 신념"[14]이라고까지 절규되고 있었다.

2) 〈국가총동원법〉의 확대와 관제운동의 실시

〈국가총동원법〉이 일본에서 공포된 것은 1938년 4월 1일이었고, 이는 곧 이어 5월 10일 조선에 확대되었다. 〈국가총동원법〉은 전시 국가의 총력을 발휘시키는 것을 목적으로 한 것으로 그에 따라 모든 물자·산업·인원·단체·근로조건·생산·유통구조·출판·문화·교육에 이르기까지 통제·징발·징용할 수 있도록 규정하고 있다.[15] 이에 따라 조선은 국가총동원체제에 편입됨과 동시에 본격적으로 전시수탈의 대상이 되었지만, 법적인 장치만으로 조선인들을 제국주의 침략전쟁에 동원시킬 수는 없는 것이었다. 식민통치를 시작한 이래 조선인들의 저항의식에 대한 불안감을 떨쳐버릴 수 없었던 일제로서는 조선인들의 사상을 어떠한 형태로든 통제하면서 일제에 대한 저항, 전쟁수행에 대한 불만을 무마시키기 위해서는 조선인들을 '황국신민'으로 거듭나게 해야 하는 필요성이 절감되고 있었다.

우선 일제는 중일전쟁 발발 1년 후인 1938년 7월 7일부터 일본에 호응하여 國民精神總動員運動을 시작하였다. 이 운동은 명칭에서 나타나는 것처럼 조선인들의 정신력을 종합하여 일본통치에 순응하도록 하는 목적과 이러한 정신상태가 초긴장 상태를 유지할 수 있도록 조직화하고 훈련을 거듭하는 것을 그 목적으로 하는 것이었다. 그런데 실제 국민정신총동원운동의 목적은 반드시 정신적인 면에서의 총동원에 국한되어 있었던 것은 아니다. 물론 정신적인 면에 많은 중점을 두었던 것은 사실이지만 그 외에 여러 방면에 걸쳐 운동을 추진시켜 나아가고자 하였다. 그 구체적인 내용을 알 수 있는 것이 1938년 9월 22일에 결정된 〈國民精神總動員 朝鮮聯盟 綱領〉이다.[16] 강령

14) 朝鮮總督府, 〈極秘 內鮮一體ノ理念及其ノ具現方策要綱〉(《大野文書》 1260, 1941), 10쪽.

15) 조동걸, 〈日帝末期의 戰時收奪〉(《千寬宇先生還曆紀念 韓國史學論叢》, 정음문화사, 1985), 963쪽.

16) 國民總力朝鮮聯盟 編, 《朝鮮に於ける國民總力運動史》(1945), 90~96쪽.

의 내용을 통해 운동의 목적과 이념을 몇 가지로 나누어 보면, 첫번째가 조선인의 황국신민화를 통한 내선일체화이며, 두번째가 일제의 戰時國策事業에의 협력, 세번째가 조직과 훈련을 통한 전시체제의 확립 등으로 요약할 수 있다. 여기서 보이는 바와 같이 국민정신총동원운동은 〈국가총동원법〉의 원활한 적용을 위하여 조선인들을 조직하고 통제하는 기본작업이었다.

조직면에 있어서도 조선의 국민정신총동원운동은 일본과 달리 처음부터 행정조직과 일원화된 조직체제를 완비하였을 뿐 아니라, 일본보다 앞서 愛國班이라는 말단조직이 만들어졌는데 이는 전 조선인을 빠짐없이 감시하고 전쟁동원을 용이하게 하기 위한 운동의 식민지적 특질을 잘 보여주고 있다. 더구나 지역 조직과 별도로 직장을 단위로 하는 각종 연맹을 통한 조직화를 병행함으로써 조선인들을 이중으로 조직화해 나아가고 있었다.

특히 국민정신총동원운동 실시에 앞서, 그리고 일본보다도 앞서서 1937년 9월부터 조선에서 실시된 '愛國日' 행사와[17] 10월에 제정된 〈皇國臣民誓詞〉[18]는 이러한 운동의 목적, 특히 내선일체화 작업에 필요한 정신적 정지

17) 애국일 행사의 대체적인 내용은 다음과 같다.
① 神社・神祠의 참배(없을 경우에는 생략한다)
② 皇居遙拜
③ 國旗揭揚(간단한 설비라도 상관없다)
④ 國歌齊唱(제창이 곤란한 경우에는 생략한다)
⑤ 講話(매회 할 필요는 없다)
⑥ 皇國臣民의 誓詞 齊誦
⑦ 天皇陛下 萬歲三唱
(國民精神總動員忠淸南道聯盟, 〈愛國日ノ一般實施ニ關スル件〉, 《國民精神總動員聯盟要覽》, 1939, 102쪽).

18) 아동용 〈皇國臣民의 誓詞〉 其 1 : 초등정도의 학교 및 각종 幼少年단체용)
① 私共ハ大日本帝國ノ臣民デアリマス(우리들은 대일본제국의 신민입니다).
② 私共ハ心ヲ合セテ天皇陛下ニ忠義ヲ盡シマス(우리들은 마음을 합하여 천황폐하에게 忠義를 다합니다).
③ 私共ハ忍苦鍛錬シテ立派ナ强イ國民トナリマス(우리들은 인고단련하여 훌륭하고 강한 국민이 되겠습니다).
일반용 〈皇國臣民의 誓詞〉 其 2 : 중등학교 및 동 정도 이상의 학교 및 청년 단체와 동등 이상의 유사단체용)
① 我等ハ皇國臣民ナリ忠誠以テ君國ニ報ゼン(우리는 황국신민이며 충성으로 君國에 보답한다).
② 我等皇國臣民ハ互ニ信愛協力シ以テ團結ヲ固クセン(우리들 황국신민은 서로

작업에 커다란 역할을 하였다.

이상과 같은 정신운동과 병행하여 경제적인 측면에서의 전시협력운동도 강요하였는데 국산품애용, 소비절약, 국채응모, 비상시국민생활기준양식 실행, 군수품 공출, 근로증가 등의 내용이 여기에 해당된다. 그 가운데 대표적인 예로 1938년 8월 결정되어 전 조선인의 생활 구석구석을 통제한 〈非常時生活基準樣式〉을 보면 바로 일제가 강요하고 있었던 戰時下 생활상을 엿보는 것이 가능하다. 그 내용은 의식주의 간단화, 물자의 애용과 소비절약, 허례폐지, 연회제한, 절주절연의 습관 양성, 시간존중, 근로보국정신의 함양, 저축의 장려 등이다. 즉 이러한 기준을 제시하고 조선인들의 생활을 엄격한 규율 속에 통제하려고 하는 의도인 것이다.

일제는 이 운동을 上意下達·下意上達을 위한 관민일체의 운동이라고 선전하고 있었지만,[19] 그 실상은 위로부터의 일방적인 강제의 성격을 벗어나지 못했고, 조선인들의 방관적인 태도로 말미암아 운동은 극히 형식적인 상태를 벗어나지 못하였다.

한편 국민정신총동원운동에 대한 조선인들의 자발적인 참여와 관심이 거의 없는 상황에서 운동의 한계성을 타개하고 마침 일본 내에서 일어나고 있었던 신체제운동의 움직임에 보조를 맞추기 위해 1940년 10월 16일 國民總力運動으로 전환하였다. 일본의 신체제운동이 大正翼贊會라는 명칭으로 진행된 것에 비해 조선에서는 운동의 정치성을 처음부터 배제하기 위한 목적으로 국민총력운동으로 명명함으로써 조선인들의 정치적 관심이 운동의 조직들을 통해 분출되는 것을 극히 경계하고 있었다. 이는 당시 조선인들의 병역의무와 관련하여 나타나고 있었던 참정권 요구 등 정치적 움직임을 사전에 봉쇄하려는 의도를 내포하고 있었다.

국민총력운동은 국민정신총동원운동의 조직과 운동내용을 기본적으로는

信愛 協力하여 단결을 공고히 한다).

③ 我等皇國臣民ハ忍苦鍛錬力ヲ養ヒ以テ皇道ヲ宣揚セン(우리들 황국신민은 忍苦鍛錬力을 길러서 皇道를 선양한다).

(조선총독부, 〈生活ノ刷新ニ關スル件〉, 《朝鮮總督府時局對策調査會諮問案參考書》, 1938, 19~20쪽).

19) 朝鮮總督府 官房文書課, 《諭告·訓示·演述總攬》(1941), 184쪽.

그대로 계승하는 형식을 취하였지만 구체적인 면에서는 몇 가지 다른 특성을 보이고 있었다. 즉 국민총력운동에서는 1930년대를 일관하여 진행되어 오던 農村振興運動을 폐지·통합함으로써 일제의 모든 식민지 정책을 총괄하는 운동으로 등장하게 되었으며, 총독이 조선연맹 총재에 직접 취임함으로써 일제의 통치구조와 운동의 조직을 일체화시켜 나아갔다. 또한 국민정신총동원운동의 본질적인 목적은 계승하면서도 '高度國防國家體制의 確立'[20] 즉 국가총력전을 가능하게 하는 체제의 완성을 보다 강조하고 있었다. 때문에 국민정신총동원운동에 비하여 생산력 확충을 비롯한 공출·증산·저축 등 조선인들에 대한 물질적 수탈을 더욱 강화하였다. 이후 국민총력운동은 1945년 초 '國民義勇隊 中央本部'로 개편되어 조선을 명실상부한 전쟁동원체제로 밀어 넣고 있었다.

3) 교육정책

일제의 민족말살정책은 가장 먼저 조선인, 특히 자라나는 조선의 청소년들에 대한 일본인화 교육으로부터 출발하고 있었다. 일제가 조선을 식민지화하고 1911년 8월 제1차 〈조선교육령〉을 공포한 이후 제4차 〈조선교육령〉에 이르기까지 일제의 식민지 정책을 뒷받침하기 위하여 교육령의 내용 또한 바뀌어 가고 있었다. 그렇지만 그 기본방향은 교육을 통한 조선민족의 말살에 있었고, 제1차 〈조선교육령〉의 '忠良한 제국신민의 육성'이라는 기본목표가 이를 단적으로 표현해 주고 있다. 이후 1922년 2월 공포한 제2차 〈조선교육령〉에서는 앞서 언급한대로 일제의 지배정책이 '내지연장주의'를 표방함에 따라 식민지 교육에 있어서도 이러한 노선을 충실히 반영하는 방향으로 내용을 변화시키고 있었다. 즉 학교 종류 및 수업 연한에 있어 일본과 동일한 학제를 택하고, 內鮮共學을 원칙으로 하였다. 그러나 실제에 있어서는 일본어를 常用하는 사람과 상용하지 않는 사람을 구분하여 학교 교육을 행함으로써 일제가 주장하는 동화주의가 철저한 차별주의에 입각한 것임을 보여주

---

20) 朝鮮總督府 文書課, 《諭告·訓示·演述總攬》 2(1943), 16쪽.

고 있었다.

일제의 교육정책의 성격을 변화시킨 또 한번의 계기를 만든 것이 바로 앞서 언급한 내선일체론의 등장이었고, 조선 민족에 대한 말살책은 더욱 가속화되었다. 미나미 총독의 핵심 브레인으로서 조선인의 황국신민화를 실질적으로 주도하였던 시오하라(鹽原時三郞) 학무국장이 내세운 교육의 〈3대 강령〉(國體明徵·內鮮一體·忍苦鍛鍊)에[21] 입각한 1938년의 제3차 〈조선교육령〉은 시오하라가 만들어 낸 말 그대로[22] '皇國臣民'의 완성을 위한 교육의 기본 방침이었다. 즉 이전 시기의 '충량한 제국신민'이 '황국신민'이라는 용어로 표현됨으로써 새로운 유형의 식민지 교육이념으로 자리잡게 된 것이다.

그리고 제3차 〈조선교육령〉이 갖는 중요한 의미는 그 내용 자체가 육군특별지원병제도의 창설을 앞 둔 군부의 교육시설 개선안을 그대로 수용한 것으로, 〈교육령〉의 목적 가운데 하나가 조선인들을 병력자원화하는 기초작업에 있었다는 것이다.[23] 제3차 〈조선교육령〉에서는 보통학교는 소학교로 고등보통학교는 중학교로, 여자고등보통학교는 고등여학교로 학교 명칭을 고쳐 조선인을 위한 학교와 일본인을 위한 학교의 명칭을 동일하게 하였다. 그리고 교과목·교과과정·교수과목 등은 조선어 이외의 것은 일본과 동일하게 하였는데, 조선어 교과를 종래 필수과목으로부터 선택과목으로 전락시키는 동시에 수업시수를 감축시켰다. 이에 따라 공립학교에서는 대부분 조선어를 가르치지 않게 되었다. 즉 제3차 〈조선교육령〉의 내용은 표면적으로는 조선의 교육제도를 일본과 동일하게 만드는 것으로 보이지만 그 이면에서는 조선의 교육을 일제가 철저하게 장악하고 더 나아가 '황국신민'으로 육성하기 위하여 조선인들의 의식·언어·역사 등을 완전히 말살하는 것을 목적으로 하고 있었던 것이다.

일제는 1941년 3월 〈교육령〉의 일부를 개정하여 〈국민학교규정〉을 공포하고 종래 소학교라는 명칭을 일본과 마찬가지로 국민학교로 바꾸었다. 국민학교라는 명칭이 의미하는 것은 "동아 및 세계에서의 일본의 역사적 사명을

---

21) 정재철, 《日帝의 對韓國 植民地 敎育政策史》(1985), 401쪽.
22) 宮田節子, 〈皇民化政策の構造〉(《朝鮮史硏究會論文集》 29, 1991), 42~43쪽.
23) 〈國民敎育ニ關スル方策(1937년 6월)〉(《舊陸海軍文書(別冊 三)》 No. 678).

감안하여 국민의 기초적 錬成을 완수할 수 있는 교육체제를 확립"한다는 것으로, 바로 일제의 침략전쟁을 뒷받침할 수 있는 국민을 양성해 내는 교육이 그 목표임을 분명히 하고 있는 것이다. 한편 국민학교의 교과과정에서 종래 선택과목으로나마 존속하고 있었던 조선어 과목을 완전히 폐지시켜 조선어의 완전한 말살이라는 목적을 함께 관철하려 하였다. 이어 1942년에는 1946년부터 조선에서 의무교육제도를 시행할 것을 발표하였는데 이것은 1944년부터 조선에서 실시하기로 결정된 징병제의 기반조성을 위한 것이었다. 즉 태평양전쟁을 도발한 일제는 이제 조선에서의 교육의 목표를 조선인의 민족의식을 없애고 이른바 '황국신민'으로 만드는데 그치지 않고, 침략전쟁에 조선의 학생들을 총동원하여 군사체제화하는 것에 두게 된 것이다.

1943년 3월 공포된 제4차 〈조선교육령〉의 내용이 이러한 일제의 의도를 그대로 보여주고 있는데, 교육의 전시체제화를 목적으로 하는 일련의 정책들이 함께 기능함으로써 정상적인 학교기능을 완전히 마비시키기에 이르렀다. 이 시기의 교육은 조선에서 징병제가 실시되는 상황을 반영하여 학교가 군대의 보조기관으로 전락하였고, 이에 따라 전체주의적·군사주의적·국가주의적 교육이 강제되고 있었다. 뿐만아니라 전쟁수행과정에서 드러나고 있던 극심한 노동력 부족 현상을 해소하기 위하여 각급 학교를 노동력 공급원으로 동원함으로써 학생들의 생활전체가 전쟁협력에 강제되고 있는 형편이었다. 제4차 〈조선교육령〉에서는 이제까지 형식상 선택과목으로나마 존속하고 있었던 조선어 교과를 앞서의 초등학교에 이어 중등학교 및 사범학교의 교과과정에서 완전히 배제해 버렸다. 이에 반해 일본어·일본도덕·일본지리 등의 교과는 國民科라고 하는 종합적인 교과로 통일시켜 종전보다 더욱 중시하였다.

이어 전쟁 막바지인 1945년 5월에는 〈전시교육령〉을 공포하여 모든 학생들의 決戰態勢 확립을 외치면서 교직원과 학생들로 하여금 '學徒隊'를 결성하도록 하여 학생들을 곧바로 군대조직화함으로써 이제 교육은 그 의미를 완전히 상실하고 말았다. 즉 민족말살을 궁극적인 목표로 하고 있었던 일제의 조선에 대한 교육정책은 일제 말기의 징병제·학도대 등으로 이어지면서 조선 청소년들을 전쟁에 몰아넣는 것으로 귀결되고 있었다.

4) 언론통제정책

일제가 내선일체론에 입각하여 조선을 통치하는데 있어 구체적인 여러 정책들을 입안하기 위한 기반조성으로 가장 중요시하였던 것이 바로 조선인의 사상과 정보를 완전히 통제해야 한다는 것이었다. 특히 1937년 중일전쟁이 발발한 이후 전쟁이 장기화되는 가운데 전쟁을 둘러싼 많은 유언비어와 아울러 그 속에 내재해 있던 조선인들의 저항의식을[24] 뿌리뽑기 위해서는 조선인들이 접할 수 있는 정보의 원천을 일제가 완전히 장악해야만 했던 것이다. 이러한 판단에 입각하여 등장하고 있는 것이 〈言論機關 統制計劃〉이었다. 특히 이 계획에서 보이는 일제의 언론정책은 1920년대 일제가 표방하였던 '文化政治'를 일제 스스로가 완전히 부정해 가는 과정이었다.

〈언론기관 통제계획〉은 조선인 발행의 신문뿐만 아니라 일본인 발행의 신문도 통제의 대상으로 하고 있었다. 그렇지만 일제가 내세웠던 통제의 사유는 조선인 발행의 신문과 일본인 발행의 신문이 각각 그 성격을 달리 하고 있었다. 일본인이 발행하는 신문에 대한 통제사유의 경우 기본적으로 기사의 내용에 대한 불만은 보이지 않고 있다. 단지 일제가 내세운 통제의 이유로서 중요한 것은 군소신문이 난립하고 있는 상황에서 다시 일본의 유력한 신문들이 조선에 진출함으로써 과열경쟁에 빠져 운영이 곤란해지고 있다는 점과, 전시경제하에서 자재의 공급이 통제될 수밖에 없는 현실을 고려해야 한다는 것이었다. 다시 말해 신문사의 경영합리화를 통한 경쟁력 강화와 물자절약을 의도한 조치였으며, 이를 통해 강력한 신문사를 육성함으로써 일제 당국의 施政方針에 적극 호응하는 일본인에 의한 어용언론의 입지를 강화시키고자 하였다.

한편 조선인 발행 신문의 경우에는 그 목적이 강제 폐간을 통한 말살에 있었다. 즉 표면적으로는 동일한 계획에 의해 언론기관의 정리작업이 실시된 것으로 보이지만 실제 내용에 있어서는 그 목적하는 바가 전혀 다를 뿐 아

24) 宮田節子, 〈朝鮮民衆の日中戰爭觀－「流言蜚語」を通して－〉(앞의 책, 1985), 11~49쪽.

니라, 조선인에 의해 발행되던 조선어 신문의 존재를 완전히 뿌리뽑고자 의도된 정책이었다.

그런데 주목할 만한 것은 언론기관 통제계획에 조선어 신문에 대한 통제안이 별도로 입안되어 있었다는 사실인데,[25] 이는 조선어 신문에 대한 통제가 다른 일본어 신문에 대한 통제와는 다른 차원에서 이루어졌다는 사실을 뒷받침하는 것이다. 그리고 《매일신보》를 제외한 다른 조선어 신문들은 재고의 여지없이 폐간을 결정하는 가운데에서도 《동아일보》와 《조선일보》에 대해서는 그 처리 방안에 있어 여러 각도의 가능성을 상정해 보고 또 그에 따른 여론의 향배에 많은 관심을 보임으로써 이 언론기관 통제계획이 사실상 《동아일보》와 《조선일보》의 처리에 그 초점을 맞추고 있다는 것을 잘 보여주고 있다.

그러면 먼저 조선어 신문 통제안이 대두하게 된 배경을 살펴보기로 하겠다. 일제가 조선어 신문에 대한 통제가 필요한 이유로서 가장 먼저 들고 있는 것은 조선어 신문, 특히 《동아일보》·《조선일보》의 존재가 내선일체, 즉 조선인들을 황국신민화하는데 장애물이 되고 있다는 점이다.[26] 그러나 언론기관 통제계획이 입안되고 실행에 옮겨지던 당시의 소위 '민족지'의 논조는 1920년대에서 1930년대 초반에 이르는 시기와는 전혀 다른 모습을 보여 주고 있었으며, 극단적으로 말해 총독부 기관지와의 구분이 불분명할 정도였다.[27]

즉 1930년대 말에 들어서면서 조선어 신문에 있어서도 상업화가 진행되고 또 점차 신문사가 대기업화하면서 경제적 타격을 받는 것을 두려워했기 때문에 총독부의 정책에 대한 비판적 기사는 감소하고 하고 있었으며, 이러한 경향은 1936년의 '일장기 말소사건' 이후 더욱 두드러졌다.[28] 그리고 이

---

25) 〈極秘. 諺文新聞 統制案〉(《大野文書》 1248, 1939).
이 통제안은 조선어 신문, 특히 《동아일보》와 《조선일보》의 폐간에 관한 것인데 御手洗辰雄에 의해 작성된 것으로 보인다는 견해가 있다(森山戊德, 〈現地新聞と總督政治－《京城日報》について－〉, 《近代日本と植民地》 7, 東京 : 岩波書店, 1993, 30쪽).

26) 〈極秘. 諺文新聞 統制案〉, 2~3쪽.

27) 정진석, 《조선언론사》(1990), 538쪽.

28) 森山戊德, 앞의 글, 24~25쪽.
《동아일보》의 경우 '일장기 말소사건'으로 인한 장기 정간에서 해제된 후 그

와 같이 조선어 신문들의 저항이 눈에 띄게 감소한 반면 일제의 시책에 대해 지지하는 태도조차 보이는 사실에 대해 일제로서도 어느 정도 만족을 보이고 있었는데, 이 시기에는 단지 적극적 협력의 태도가 보이지 않고 기사의 논조에 있어 소극적이나마 민족의식을 암시하는 경우가 있다는 등의 문제가 지적되는 정도였다. 따라서 일제가 말하는 장애물이란 이들 신문에 게재되고 있었던 기사내용이 아니라 조선어 신문 가운데에서도《동아일보》·《조선일보》가 지니고 있던 '민족지'로서의 상징성이라고 보는 것이 타당할 것이다. 즉 일제의 탄압 때문에 표면상으로는 잘 드러나지 않고 있는 민족의식이 언제 이들 '민족지'의 존재를 빌려 폭발할 지 모른다는 우려가 작용하고 있다.

또 다른 통제의 이유로 내세운 것은 일본어 보급의 문제였다. 당시 일제는 내선일체 실현을 위한 방법의 하나로 교육령을 개정하여 1938년 제3차 〈조선교육령〉을 시행하였다. 그 가운데에서 학교 내에서의 조선어 사용을 금하였을 뿐 아니라, 교수용어를 일본어로 한정시키고 조선어 수업시간을 감소시켜 종래 필수과목이던 것을 선택과목으로 하는 등 조선어를 말살하는 동시에 일본어를 보다 철저하게 보급시키려는 의도를 보이고 있었다. 이러한 정책에 따라 신문에 대해서도 신문이 지니고 있는 사회교육의 역할을 중요시하여 가능한 한 조선어 신문을 통제하려 하였으며,[29] 단지 일본어가 완전히 보급되기까지는 상당한 시일이 걸리므로 그 때까지 조선어 신문을 존속시키기는 하되 그 형태는《매일신보》하나만을 남기고 나머지 모든 조선어 신문을 없앤다는 것이었다

일제가 조선어 신문을 통제하려는 이유로서 중요한 것 중의 하나가 바로《매일신보》와 관련된 부분이었다. 앞에서도 잠시 언급한 바와 같이 총독부의 기관지로 어용적 성격을 가지고 있던《매일신보》는 그 발행 부수나 조선인 독자의 확보에 있어《동아일보》·《조선일보》양 신문을 따라가기에는 엄청난

기사 내용을 時局에 잘 맞추고 있다고 일제측도 인정하고 있다(〈諺文新聞統制ノ必要性〉·〈東亞日報廢刊ニ對スル關屋氏ノ質疑要領〉,《大野文書》1248).
'일장기 말소사건'에 따른 장기 정간으로 당시 3대 민족지 가운데 하나였던《朝鮮中央日報》는 약한 재정상태 때문에 그대로 문을 닫고 말았다.

29) 〈極秘 諺文新聞 統制案〉, 3~4쪽.

격차를 보이고 있었는데 이런 상황에 대한 일제의 불만은 상당히 강했다. 즉 조선인들이 《동아일보》·《조선일보》 양 신문을 조선민족 자신들의 신문으로 받아들이고 또 환영하고 있는 분위기에 대한 위구심이었다.30)

이상과 같은 통제계획에 기초하여 일제는 《동아일보》·《조선일보》의 폐간을 실행에 옮겨갔다. 1940년 1월 일제는 《동아일보》·《조선일보》 양 신문사로 하여금 《매일신보》와 통합하여 자진 폐간하도록 종용하였다. 이에 대해 양 신문사는 반대의 뜻을 분명히 하였고, 아울러 일본에 건너가 폐간방침의 부당함을 지적하였다. 그러자 결국 《동아일보》에 대해 소위 '경리부정'사건을 조작하고 더 나아가 독립운동 자금을 전달하려 했다고 하여 신문사 간부 등을 대량으로 구속하는 사태까지 벌어지자 양 신문사는 끝내 1940년 8월 10일자 신문을 끝으로 폐간하고 말았다.

일제 말기에 이르러 《동아일보》·《조선신보》의 성격이 아무리 변질되어 가고 있었다고 해도 양 신문의 폐간이 조선인들에게 미친 심리적 영향은 대단한 것이었다. 일제가 언론기관 통제계획이 조선어 신문뿐만 아니라 일본어 신문도 통제의 대상으로 하고 있다는 사실을 누누이 강조하였음에도 불구하고, 일제 스스로가 이 계획을 보고 있는 조선인들의 여론의 행방에 비상한 관심을 보였다는 사실 자체가 이 계획이 노리고 있었던 '민족지' 탄압의 성격을 가장 분명하게 나타내 주고 있다.

그러나 이 언론기관 통제계획이 지니는 보다 중요한 의미는 이것이 단순한 하나의 언론통제정책으로 끝나는 것이 아니라는 점이다. 당시 일제의 조선에 대한 모든 정책들은 일제의 전쟁수행을 위해 조선과 조선인들을 직접 동원시키려는 의도에 집중되어 있었으며, 이 계획은 그 일련의 기반조성과정 속에 위치하고 있다. 뿐만 아니라 그 가운데에서도 가장 중요한 문제인 사상과 정보의 통제를 의도하고 있다는 점이다. 그리고 사상과 정보의 통제라는 문제는 당시 일제가 조선 통치의 기본이념으로 내세우며 조선인들을 호도하려 하였던 내선일체를 통한 황민화정책의 가장 기본적인 요건이라고 해도 과언이 아닌 것이다.

---

30) 〈極秘 諺文新聞 統制案〉, 2쪽.

5) 조선어 말살정책

조선을 식민지로 만든 이후 일본어의 보급문제는 주도면밀하게 추진되고 있었지만, 앞서 살펴본 바와 같이 교육과정에서 조선어에 대한 교육이 완전히 배제되기 시작한 것은 1938년의 제3차 〈조선교육령〉 이후였다. 내선일체라는 통치이념이 전면에 등장하고 또 조선인들이 병력자원으로 인식되기 시작하면서 일본어 보급은 조선어의 완전한 말살을 의미하기 시작하였다. 당시 조선인들에 대한 일본어 보급률이 1940년 말 현재 15.5%에 머무는 극히 저조한 상황이었고,[31] 특히 농촌의 경우는 10%를 겨우 상회하고 있었다.[32] 이 때문에 일본어의 보급문제는 내선일체 완성을 위한 기본요건인 동시에 징병제를 앞두고 있었던 일제로서는 더 이상 미루어 둘 수 없는 것이었다.

조선어 말살을 위한 일제의 정책은 여러 방향에서 진행되었다. 가장 먼저 들 수 있는 것이 학교로부터 조선어 교육을 완전히 배제시키는 작업이었다. 다음으로는 조선어 신문을 폐간시켜 조선어를 사회로부터 추방하고 있다. 특히 같은 조선어 신문이라 하더라도 총독부의 기관지였던 《매일신보》는 일제의 선전과 여론호도를 위해 남겨 두면서도 민족적인 색채를 띠고 있었던 《동아일보》와 《조선일보》만을 1940년 8월 강제 폐간시킴으로써 언론에 대한 이중적인 태도를 보여주고 있다. 이와 아울러 징병제의 실시가 결정된 1942년에는 당시 일제가 전 행정조직과 일체화시켜 진행하고 있었던 '국민총력운동'의 일환으로 '國語全解·常用運動'을 대대적으로 실시함으로써[33] 전 조선인에 대해 일본어 상용을 강제하였다.[34]

그럼에도 불구하고 조선인에 대한 일본어 보급률은 1943년에 이르러서 겨우 22%에 미치고 있었고,[35] 더구나 징병 적령자에 대한 일본어 보급률 또한

---

31) 조선총독부, 〈第79回 帝國議會說明資料〉(《大野文書》 1236).
32) 朝鮮總督府, 《朝鮮總督府調査月報》, 11－6(1940), 53~54쪽.
33) 大藏省 管理局, 《日本人の海外活動にする歷史的調査(朝鮮 3)》 4(1946), 47쪽.
34) 이명화, 〈朝鮮總督府의 言語同化政策〉(《조선독립운동사》 9, 1995), 13~17쪽.
35) 近藤釼一 編, 〈第85回帝國議會說明資料〉(《太平洋戰下終末期朝鮮の治政》, 1961), 200쪽.

1944년 현재 30%의 수준을 보이고 있었다.[36] 이는 언어의 소멸이 곧 민족의 소멸이라고 인식하여 강하게 반발하고 있었던 조선인들의 저항의식을 그대로 반영하고 있는 것이며, 1930년대 활발하게 진행되고 있었던 '朝鮮學'의 연구성과와 그 가운데에서도 조선어에 대한 깊은 관심에서 나타나고 있는 언어를 중심으로 한 민족주의 사상의 영향이 이 시기 조선에서의 일본어 보급을 어렵게 한 가장 큰 이유였다. 이처럼 조선어에 대한 말살정책이 일제의 의도대로 진행되지 못하자 조선인들의 민족주의 사상에 대한 탄압으로 나타난 대표적인 예가 1942년 '咸興學生事件'의 조작으로 비롯된 '朝鮮語學會事件'이었다.

일본어 사용을 강제하기 위한 방법으로는 각급 학교의 학생들이 교내에서는 일본어를 사용하면서도 학교 밖으로 나가면 일본어를 전혀 쓰지 않는 현실을 개선하고 이들 학생들을 통하여 일본어 상용을 각 가정으로 확대시키기 위하여, 학생들에 대한 조선어 사용 단속이 한층 강화되고 있었다.[37] 그리고 관공서, 각종 단체, 상점 등의 직원들에게 집무시간 중 반드시 일본어를 쓰도록 하고 있는데, 만일 이러한 방침을 어기는 경우에는 많은 액수의 과태료를 징수하는 등의 제재방법을 사용하여 일본어를 반드시 사용하도록 요구하였다. 또 직원들에 대해 일본어 사용을 강요하는데 그치지 않고 조선어를 사용하는 사람에게는 절대 응대나 거래도 하지 말 것을 정하고 있으며, 더 나아가 전화로 조선어를 사용하는 경우에는 전화를 중간에 끊어 버리도록 요구하기까지 하였다. 따라서 일본어를 사용하지 않고는 일상생활 자체가 불가능한 분위기를 만들어 나아가고 있었다. 그리고 이러한 방법을 통해 '싸움이나 잠꼬대까지도 國語로' 하는[38] 상태를 만들어 내고자 하였던 것이다. 아울러 일본어 상용을 도모하는 동시에 조선어 사용을 억제하기 위한 조치들이 취해지고 있었는데 조선어를 사용한 출판물·영화·연극·방송·레코드 등을 가능한 한 억제하고, 그 대신 쉬운 일본어를 사용하여 대체하도록 하였다.

---

36) 조선총독부, 〈極秘 朝鮮人徵集ニ關スル具體的硏究〉(《大野文書》 1279−5, 1942).
37) 咸鏡北道 淸津府, 〈昭和 17년 5월 府尹郡守會議 諮問答申書〉.
38) 八木信雄, 〈徵兵制度施行の意義〉(《朝鮮》 326, 1942), 47쪽.

6) 창씨개명

創氏改名은 1939년 11월에 공포되어 1940년 2월 11일부터 실시된 制令 제19호 〈조선민사령 중 개정의 건〉과 제령 20호 〈조선인의 氏名에 관한 건〉에 의해 이루어진 것으로, 전자에서는 조선인에게 종래의 '姓' 대신에 일본의 가족법상의 제도인 '氏'를 새로이 만든다고 하는 '창씨'의 내용을, 후자에서는 새로이 만들어진 '씨'와 종래의 '名'에 대해 '정당한 사유가 있을 때에는' 그 변경을 허가한다고 하는 '改氏·改名'의 내용을 규정하고 있다.[39]

그러면 조선의 '성'과 일본의 '씨'의 차이점이 어디에 있는지 잠시 살펴보겠다. 우선 일본의 '씨'는 한 사람이 속하는 '家(동일 호적의 가족집단)'의 명칭이다. 즉 '씨'는 '가'라고 하는 친족집단의 칭호이기 때문에 남계혈통은 물론 모계혈통과도 관련이 없다. 따라서 혼인이나 養子 등의 이유로 호적을 이동하여 소속하는 '가'가 바뀌면 그에 따라 당연히 '씨'도 바뀌게 되는 것이다. 이처럼 일본의 '씨'는 개인을 '가'가 포괄함으로써 천황이 일본 모든 가족의 宗家가 되는[40] 일본 특유의 천황을 정점으로 하는 가족주의로 확대되고 있고, 또 더 나아가 전체주의적인 성격으로 발전되고 있는 것이다. 반면에 조선에는 일본과는 달리 조상에 대한 제사를 중심으로 하는 남계 혈족집단인 '宗'이 있다. 그리고 이 남계 혈족집단을 식별하는 표시가 두 가지 있는데, 그 하나가 남계 혈연계통을 표시하는 '성'이고 다른 하나가 시조의 발상지를 나타내는 '本'이다. 이 두 가지 표시 즉 '본'과 '성'을 넓은 의미의 '성'이라고 하며, 언급한 바와 같이 기본적으로 남계혈통의 표시로서 개인에게 붙는 것이기 때문에 혼인이나 기타 호적의 변경에도 불구하고 일생 동안 변하지 않는 것이다. 이처럼 개인을 중심으로 하는 개인주의적인 성격이 혈족·씨족·민족의 개념으로 연결되면서 확대되어 나아가는 것이다.[41]

---

39) 여기서의 '정당한 사유'라는 것은 조선식의 명칭으로부터 일본식의 명칭으로 바꾸는 것을 의미한다.

40) 권태억, 〈近代化·同化·植民地遺産〉(《朝鮮史硏究》 108, 2000), 121쪽.

41) 宮田節子·金英達·梁泰昊, 《創氏改名》(東京 ; 明石書店, 1992), 47~50쪽.

때문에 조선인의 창씨개명은 내선일체론에 입각하여 단순히 '성'을 '씨'로 바꾸고 조선인의 이름을 일본식으로 고치는 가족제도의 동화정책·호칭의 동화정책에 머무는 것이 아니라 조선인들이 가장 중시하는 혈통의 관념을 상대적인 것으로 격하시키고, 더 나아가 혈족·씨족·민족의 관념까지 말살하려는 의도를 내포하고 있었다. 더구나 창씨개명이 시작된 시기에서도 보이는 바와 같이 조선에서 징병제가 실시되었을 경우 소위 '천황의 군대'의 일체성과 동질성에 혼란이 오지 않도록 조선식의 이름을 일본식으로 바꾸려는 목적도 함께 작용하고 있었다.[42]

일제가 행정조직과 학교, 그리고 '국민정신총동원운동'의 조직, 그리고 친일적인 조선의 지식인들을 총망라하여 대대적인 선전과 창씨개명 신청을 강요한 결과 8월 10일 현재 호적 총수의 7할 9분 3리에 달하는 사람들이 창씨개명을 하였다. 창씨개명에 대해 일제는 절대 강제하지 않는다고 선전하고 있었지만, 신청기간이 마감된 8월 11일 이후에는 제령 제19호 부칙 제3항에 따라 종래의 '성'을 그대로 '씨'로 하여 일방적으로 호적정리를 하였다. 때문에 나머지 일제에 저항하여 '창씨' 신청을 끝까지 하지 않았던 조선인들의 경우에도 호적을 갖고 있는 한 모두 일제에 의해 '창씨'가 되어 버린 결과가 되었다.

그러나 일제가 '내선일체'의 구현으로 강조하고 있었던 창씨개명 작업도 조선인에 대한 철저한 차별 속에서 이루어진 민족해체작업이었다. 일제는 일본식의 '씨'와 이름을 조선인에게 강요하는 한편에서는 조선인들이 쓸 수 없는 '씨'를 정해 놓고 한번에 조선인이라는 것을 알아볼 수 있는 이름을 장려하고 있었다. 즉 '내선일체'라는 미명 아래 하급의 일본인들을 만들어 내고자 한 것이 일제 동화정책의 본질이었다.[43] 조선민족을 완전히 말살시키기는 하되 이들을 일본인과 평등한 구조 속에 편입시킬 수는 없다는 발상이 기저에 깔려 있었던 것이다.

---

42) 宮田節子・金英達・梁泰昊, 위의 책, 39~40쪽.

43) 조선인들에게 창씨개명을 허용하는 일제의 정책에 대한 일본 내부의 반발도 매우 심했다(〈朝鮮同胞ニ傳來ノ名字許與反對ノ件ニ付イテノ請願書〉, 《大野文書》 1275, 1940).

7) 신도 강요

일제의 민족말살정책은 일본의 神道를 강요함으로써 조선인들의 종교마저도 부정하였는데, 그 구체적인 형태가 神社參拜의 강요로 나타나고 있었다. 조선을 식민지로 만든 이후 1925년 朝鮮神宮을 비롯하여 꾸준히 신사를 건립하고 참배를 강요해 왔던 일제는 대륙침략전쟁이 본격화하면서 조선인들의 정신을 통제하는 방법 가운데 하나로 신사보급정책에 박차를 가하기 시작하였다.

특히 1936년 8월 조선총독부령 제76호로 〈改正神社規則〉을 공포하면서 일거에 새로이 57개의 신사를 건립하였다. 이후 1938년 9월 시국대책조사위원회가 개최되면서 일제의 신사정책은 1面 1神社・神祠主義로 확대되어[44] 1925년에 231개였던 神社・神祠의 수가 1945년에 이르면 1,141개로 급증하고 있는 것을 볼 수 있다.[45] 그러한 가운데 신사가 설치되지 못한 지역에서는 신사의 대체 기능을 할 수 있도록 神宮大麻의 배포, 神棚의 설치, 궁성요배, 〈황국신민서사〉 제창 등을 강제하였다.[46] 또 '내선일체의 王都' 부여에 부여신궁을 건립하여 내선일체의 정신적 전당으로 만드는[47] 계획을 세워 1939년 6월 완공하였다. 일제는 국민총력운동의 조직을 총동원하여 地域・職役을 망라한 국민운동의 형태로 신사참배를 대대적으로 강요하였는데 朝鮮神宮 참배자 수만 1942년 260만 명을 기록하고 있었다.

일제는 일본민족이 우주 창조의 신인 아마테라스 오오미카미(天照大神)의 嫡子이며 일본 천황은 그 神孫으로 살아 있는 現人神이라고 설명하면서 이것을 皇道 이데올로기로 강조하고 조선인들에게 이 신도사상 이외의 일체

---

44) 山口公一, 〈戰時期 朝鮮總督府の神社政策〉(《朝鮮史研究會論文集》 36, 1998), 202쪽.
45) 손정목, 〈朝鮮總督府의 神社普及・神社參拜 强要政策硏究〉(《韓國史硏究》 58, 1987), 120~121쪽.
46) 山口公一, 앞의 글, 207쪽.
47) 손정목, 〈日帝下 扶餘神宮 造營과 소위 扶餘神都建設〉(《韓國學報》 49, 1987), 128쪽.

다른 종교를 인정하지 않았다.[48] 그러나 이미 수천 년의 문화・사상・종교 유산을 갖고 있던 조선인의 입장에서 볼 때는 신도란 雜神을 숭배하는 유사 종교에 불과한 것이었으며,[49] 신사참배 또한 일제의 폭력에 못이긴 형식적인 의례에 불과한 것이었다. 그렇지만 일제의 입장에서는 이러한 방법에 의존해서라도 정신동원을 하지 않고서는 조선에서 총동원체제를 유지해 나아갈 수 없는 실정이었음을[50] 반증하는 것이기도 하다.

일본 신도는 이외에도 역사인식을 왜곡시켜 식민사관을 만드는데 커다란 영향을 미쳤다.[51] '皇國史觀'에 의해 일본의 역사를 과장・날조한 일제는 이에 그치지 않고, 조선 역사를 비하시키면서 일제에 의한 식민지배의 정당성을 확보하고자 하였다.

8) 결혼정책

민족말살정책은 조선인과 일본인간의 결혼을 장려하는 결혼정책에서 그 극단적인 모습을 보여주고 있다. 미나미 총독이 내선일체의 궁극적인 모습으로 내세웠던 "形도 心도 血도 肉도 모두 일체가 되지 않으면 안된다"라는 조선민족말살의 의도를 그대로 관철시키는 것이다. 따라서 미나미는 조선인과 일본인간의 통혼을 내선일체를 구현하는 중요한 요소로 인식하게 되었다. 더구나 확대일로를 걷고 있던 일제의 침략전쟁을 수행하기 위해서는 조선 내부로부터 분출될 수 있는 저항을 뿌리째 뽑고, 일본인과 같은 운명 공동체라는 인식을 갖게 하기 위한 정신면에서의 정지작업이 필수적이었다. 그리고 이처럼 일본화된 정신이 가장 자연스럽게 발현되는 것을 조선인과 일본인간의 결혼을 통한 혼혈에서 찾고자 한 것이었다.

중일전쟁이 발발한 이듬해인 1938년 9월에 열린 '조선총독부 시국대책조사

48) 손인수, 〈일제 식민지교육정책의 성격〉(《일제하의 교육이념과 그 운동》, 한국정신문화연구소, 1986), 91쪽.
49) 石剛, 《植民地支配と日本語》(東京：三元社, 1992), 22쪽.
50) 山口公一, 앞의 글, 208쪽.
51) 김승태, 〈日本 神道의 침투와 1910・1920년대의 「神社問題」〉(《조선사론》 16, 1987), 292쪽.

회'에서는 '내선일체'를 완성하기 위한 여러 시책 가운데 "內鮮人의 통혼을 장려할 적당한 조치를 강구할 것"[52]이라는 내용이 포함되어 이후 결혼정책이 보다 강도있게 진행될 것임을 보여주고 있었다. 이 '시국대책조사회'에서 통혼의 문제가 언급된 이후 조선인과 일본인 사이의 혼인은 그 수에 있어 급증세를 보여주고 있을 뿐 아니라 뒤에서 설명하겠지만 내용 면에서도 상당한 변화를 보이고 있다.

이러한 통혼정책에 또 하나 중요한 轉機를 가져 온 것은 1940년 2월 시행된 〈朝鮮民事令〉의 제3차 개정, 즉 '創氏改名'으로 알려져 있는 법률 개정이었다. 이는 〈조선민사령〉 제2차 개정 당시 형식만을 도입했던 일본의 호적과 '家'의 제도를 그 실질적인 내용의 면까지도 조선에 적용하고자 한 것이었다. 그래서 종래 조선의 '姓'에 대신하여 '家'의 칭호인 '氏'를 조선인에게도 붙여서 호칭질서와 가족제도의 기본단위를 '家'로 만들었다. 또한 婿養子와 異姓養子 제도를 신설하였는데,[53] 특히 조선의 '異姓不養'의 원칙을 무너뜨리고 異姓養子를 인정함으로써 부계혈통의 계승을 중심으로 하는 조선의 가족제도는 그 근저로부터 부정되기에 이르렀다. 이 〈조선민사령〉의 제3차 개정에 대해 일제는 "內鮮通婚 및 內鮮緣組에 관하여 남아 있는 유일한 장벽을 철폐하여 內地人 남자가 조선인의 養子로서 그 家에 들어갈 수 있도록 한 것"[54]이라고 평가하고 있다. 즉 조선인과 일본인 사이의 혼인과 양자관계를 통해 양 민족의 혼혈을 촉진하기 위한 목적이 있었던 것이다. 또한 일본식 가족제도의 도입은 일본인들의 조선인과의 통혼을 활성화하는데 큰 역할을 하게 되었다.

뿐만 아니라 조선인과 일본인간의 통혼이 갖는 목적과 의미가 구체적으로 거론되면서 강조되기 시작하였다. 즉 '내선일체'를 완성하기 위한 목적과 함께 "혈액의 융합을 촉진시키는 것은 그 우수한 내지인의 피로써 조선 동포의 황국신민화에 박차를 가하는 것"[55]이라는 민족적 우월감과 제국의식에

52) 朝鮮總督府, 《朝鮮總督府時局對策調査會諮問答申書》(1938) 참조.
53) 宮田節子・金英達・梁泰昊, 앞의 책, 52쪽.
54) 野村調太郎, 〈朝鮮家族制度の推移〉(《朝鮮》 296, 1940), 21쪽.
55) 朝鮮總督府, 《朝鮮統理と皇民化の進展》(1943).

입각한 식민지 동화의 원칙이 강조되고 있었다. 아울러 '내선일체'를 인구정책의 면에서 완성시키기 위하여 조선에 거주하는 일본인의 증가책, 조선인의 일본 移住에 대한 규제책과 함께 조선인과 일본인간의 혼인의 장려가 중점적으로 거론되었다.[56] 즉 조선에 거주하는 일본인의 증가와 정착을 위해서는 조선인과의 통혼 또한 중요한 역할을 할 것으로 기대하고 있었다. 이는 조선인과 일본인간의 통혼의 문제가 이전 시기에 비해 보다 구체적이면서도 절실한 필요에 의해 인식되고 정책으로 구체화되었음을 보여주는 것이다.

일제가 통혼정책을 통해 의도한 가장 큰 목적은 조선인의 동화, 즉 민족말살이었으며, 이를 가정과 가족구조의 일본화로부터 시작하고자 한 것이었다. 그러기 위해서는 가정의 중심인 여성의 일본인화가 가장 급선무였다. 그럼에도 불구하고 조선인 여자들은 낮은 취학률로 말미암아 일본식으로 사회화할 수 있는 기회가 거의 없었다. 조선인 여자의 일본인화가 이처럼 난관에 부딪치게 되자 일제는 지금까지 조선인 여자가 차지하고 있었던 가족구조 속에서의 위치와 지위를 일본인 여자로 대체시키는 것에 의해 조선인의 일본인화, 조선인의 말살을 완성하고자 했던 것이다. 일제 말기에 이르러 조선인 남자와 일본인 여자간의 통혼을 가장 장려하고 또 그 결과로 숫자가 급증하고 있는 것은 바로 이러한 맥락에서였다. 일제는 내선일체의 완성을 위해서는 장래 일본인 여자가 주도하는 가정에서 그들에 의해 아이들의 가정교육이 이루어져야 하며, 더 나아가 조선인의 가정생활을 그 속에서부터 일본화하려는 목적으로 식민지 동화와 민족말살에서의 일본인 여성의 역할을 주목하고 있었던 것이다.

일제는 이처럼 결합된 통혼의 경우 매우 원만한 가정을 운영하고 있다고 선전하고 있었지만, 그 실상을 보면 결혼에 대한 이혼의 비율이 조선의 평균 비율을 거의 두 배 이상 상회하고 있다. 또한 당시 공식적인 통계에 나타나고 있는 혼인관계 외에 내연의 관계에 있었던 경우, 그리고 다수였던 것으로 추측되는 중혼관계까지도 포함해서 생각해 본다면 이혼율은 이보다 훨씬 높았을 것이다. 통혼이 내포하고 있는 갈등의 요인은 배우자 당사자간의 애정

56) 朝鮮總督府, 〈極秘 內鮮一體ノ理念及其ノ實現方策要綱〉(《大野文書》 1268, 1941).

문제뿐만 아니라, 양 민족 사이의 문화와 풍습의 차이, 세대간의 갈등 등이 민족감정과 얽혀 나타남으로써 매우 복잡한 양상을 띠고 있었다. 더구나 조선인이 갖고 있는 동화에 대한 강한 거부감과, 일본인이 갖고 있는 조선인에 대한 차별의식까지 복합되어 나타나고 있었던 것이다.

일제의 통혼정책은 민족말살을 위한 또 하나의 방법이었다. 그런데 통혼정책이 다른 민족 말살책과 다른 것은 性을 매개로 하고 있다는 점이다. 때문에 한 개인의 가장 사적인 영역을 정책적으로 이용하는 데에서 오는 많은 문제점을 처음부터 내포하고 있었다. 또한 일제가 의도하는 통혼정책의 궁극적인 목적이 조선인의 일본인화였기 때문에 일본인화에 뒤쳐지고 걸림돌이 되는 부분들은 도태될 수밖에 없었다. 이런 구조 속에서 희생된 것이 조선인 여자들이었다. 결국 조선인 여자들의 가정 내에서의 역할에 회의적이었던 일제는 그 자리를 일본인 여자들로 대신하고자 하였고, 조선인 여자들을 부족한 노동력의 대체수단으로, 또 군대 위안부와 같은 성적 노리개로 이용할 수 있는 인식이 가능해진 것이다.

性을 통한 민족말살정책이었던 통혼정책의 가장 커다란 희생자는 이처럼 조선인 여자들이었다. 그렇지만 또 한가지 짚고 넘어가야 할 부분은 통혼정책의 또 하나의 피해자로서 일본인 여자들의 존재이다. 조선에서뿐만 아니라 일본 내에서도 통혼이 적극적으로 장려되면서 자신의 의사와 상관없이 조선인 남자들과 혼인할 수밖에 없었던 일본인 여자들이 다수 생겨나고 있었던 것이다. 이처럼 결국 통혼정책은 식민지인으로서 조선인이 겪어야 했던 민족적인 갈등뿐만 아니라, 전통적인 가부장적 전통이 거의 그대로 답습되고 있었던 가족제도를 그 대상으로 하고 있었다는 점에서 조선여성의 희생과 왜곡을 가져올 수밖에 없었다.

9) 징병제와 참정권

1938년 시작된 육군특별지원병제도와 1944년부터 실시된 징병제는 모두 조선인들을 병력으로 전쟁에 동원하기 위한 제도라는 점에서는 공통점을 갖고 있지만, 구체적인 실시목적과 그 가운데 나타나고 있는 일제의 의도는 차

이를 보이고 있었다. 절박해진 병력부족을 해소하기 위해 도입되었던 징병제와는 달리, 지원병제도의 경우는 일제의 침략전쟁 확대와 장기화에 따른 병력 부족을 해소한다는 목적과 함께 조선인들에게 황국의식을 주입하기 위한 의도 아래 실시되었다.

즉 지원병제도를 통해 조선인의 일본인화의 바로미터로 사용하는 한편, 조선에서 완전한 의무교육을 실시하는 단계가 되어야만 비로소 조선인들을 안심하고 병력자원으로 쓸 수 있다는 생각이었다. 따라서 조선에 대한 병역의무의 부과, 즉 징병제의 실시는 50년 정도 적어도 20~30년 후의 일로 상정하고 있었으며,[57] 지원병제도가 징병제의 전제가 아님을 강조하고 있었다.[58] 그리고 지원병의 자격요건을 엄격히 적용함으로써 사실상 일제가 병력으로 필요로 하는 조선인의 황민화 상태의 상징으로 제시하고 있었다.

그러나 일제의 이러한 계획은 1941년 태평양전쟁의 발발로 커다란 차질을 가져오게 되었다. 일제가 필요로 하는 병력의 규모가 평균 200만 내지 250만에 이르는데 반해 일본 민족만으로 병력을 충당할 경우 적정규모는 120만에 불과한 상황이 된 것이었다.[59] 게다가 계속되는 일본 내의 출생률 저하는 병력의 부족과 더불어 노동력의 부족까지 초래하게 되었다. 그 결과 일제는 外地民族의 활용에 착안을 하게 되었고, 그 일차적인 대상이 된 것이 조선인들이었으며 조선에 징병제가 실시되게 되었다.

지원병제도와는 달리 모든 조선청년들을 대상으로 하고 있는 징병제의 실시는 조선인들의 완전한 일본인화, 일본정신의 주입 없이는 불가능한 것이었다. 하지만 전쟁의 확대 속에 병력부족을 해소해야 하는 필요에 몰린 일제로서는 그러한 조건을 검증할 만한 여력이 없었다.

일제의 당초 의도와는 달리 징병제가 그 전제조건이었던 의무교육이 구체적인 계획도 입안되기 전에 갑작스럽게 도입되게 되자 일제로서는 징병제의 준비작업으로 청년특별연성소를 통해 징병 대상자들에 대한 빠짐 없는 교육

57) 〈朝鮮人志願兵制度ニ關スル意見〉(《舊陸海軍文書》 No. 678, 別冊 二).

58) 朝鮮總督府, 〈朝鮮人志願兵制度施行ニ關スル樞密院ニ於ケル想定質問及答辯資料〉(《大野文書》 1276-2, 1938).

59) 陸軍省兵務課, 〈大東亞戰爭ニ伴フ我カ人的國力ノ檢討〉(1942). 高崎隆治 編, 《十五年戰爭極秘資料集》 1(1977).

을 실시하였다. 교육의 내용은 일본어, 일본식 생활의 수련 등으로 일제가 30여 년 추진해 왔던 동화정책이 아무런 효과가 없었음을 적나라하게 보여 주고 있었다. 특히 일제가 조선 통치를 시작한 이후 태어나 일제에 의한 교육 속에 자라난 청년들의 의식상태에 대해서도 신뢰를 보낼 수 없었다는 것은 일제의 내선일체론이 조선인들에게 아무런 설득력을 갖고 있지 못했다는 것을 반증하는 것이기도 하였다.

여기서 중요성을 갖고 등장한 것이 바로 조선인들의 생명을 전쟁에 몰아넣는 징병제에 대한 선전·계몽이었고, 그 주된 논리 역시 내선일체론이었다. 즉 조선인의 내선일체화 작업이 완성되어 비로소 숭고한 병역의 의무가 부여되었다는 논리를 내세움으로써, 병력의 부족을 조선인의 징집을 통해 보충하려 한다는 일제의 본래의 의도를 교묘히 감추고 있었다.[60] 지금까지 조선인에 대한 차별의 이유로 설명되고 있었던 民度의 차이와 황민화 정도가 미흡하다는 점등은 이제 자취를 감추게 되었다.

징병제의 실시와 더불어 중요성을 갖게 된 것이 조선인들의 참정권 문제였다. 조선인들이 일본인들과 마찬가지로 병역의 의무를 지게 되자 1930년대 전반 이후 소강상태를 보이던 조선 민족개량주의자들 사이의 참정권 논의가 다시 재연하게 되었다. 즉 血稅를 납부하는 데에 대한 반대급부로서 조선인들의 정치참여가 확대되어야 한다는 것이었다. 이에 대해 일제는 지금까지 조선인들의 참정권 요구에 대해 극히 제한적이고 형식적인 지방자치제의 도입으로 일관하고 있었던 대응방식을 지원병제도를 실시한 직후인 1939년 경부터 변화시키고 있었다.[61]

참정권 문제의 해결을 지방자치제의 확대라는 방식으로 계속해 나아갈 경우 이것이 조선지방의회의 설립으로 이어지고 나아가 조선의 자치령화와 독립으로까지 이어질 가능성이 있다는 우려가 나오고 있었던 것이다. 이에 대해 일제는 조선의 식민지 지배를 영속화하기 위해서는 더 이상의 자치제 확대는 위험하다는 판단 아래 지금까지 캐스팅 보트를 쥘 수도 있다는 이유로

60) 〈朝鮮同胞ニ對スル徵兵制施行準備決定ニ伴フ措置狀況竝其ノ反響〉(《大野文書》 1262, 1942).

61) 朝鮮總督府內務局, 〈極秘 制度改正ニ關スル諸資料〉(《大野文書》 1256, 1939).

금기시되어 왔던 조선인 의원의 일본의회의 중의원 참여를 허용하는 방향으로 참정권 문제를 해결하였다.

그러나 그 선거방식은 국세 15원 이상 납세자를 선거권자로 하는 엄격한 제한선거였기 때문에 전 조선인의 2.3%만이 선거권을 갖는 것이었고, 그 가운데 29%는 일본인이 점하고 있었다. 즉 극히 일부의 친일적인 조선인들에게만 선거권을 부여하고 이들이 뽑은 몇몇(23명) 조선인들을 일본의회에 참여시키는 방법을 통해 일제의 지배구조 속에 편입시킴으로써 민족분할통치를 실현하려는 의도였던 것이다. 그러면서도 조선인들에 대해서는 징병제의 실시로 확인한 조선인들의 내선일체화의 결과를 일본의회 참여라는 제도를 통해 완성시켰다는 논리로 선전해 가고 있었다. 바로 내선일체의 구체적인 표현으로 참정권 문제를 해결해 줌으로써 같은 논리를 내세워 조선인을 전쟁에 동원하고자 했던 징병제의 실시를 가능하게 할 수밖에 없었던 것이다.

이처럼 일제는 징병제와 참정권 문제를 내선일체의 구현이라는 같은 논리로 조선인들에게 설명하고 있었지만, 징병제 실시에 적극적이었던 일본 군부와 정부는 참정권 문제에는 상당히 부정적이었다. 오히려 조선총독부가 참정권 해결을 적극 추진하고 있었다. 이것은 조선인들을 정치적 차별 상태에 방치해 놓고는 전쟁에 동원하기 어렵다는 현실적인 판단에 입각하여 징병을 위한 명분과 분위기 조성을 위해 의도적으로 참정권 문제를 표면화시키고 이를 해결하고자 한 것으로 보인다. 즉 징병의 명분으로 이용하고 있었던 내선일체의 논리를 어떤 구체화된 모습으로든 보여주지 않고는 징병을 성공적으로 완수할 수 없다는 일종의 강박관념 속에서 이 문제에 임하고 있었던 것으로 보인다.

그러나 여기에 이용된 내선일체의 논리는 전 조선인의 생명을 대상으로 하는 징병제와 엄격한 제한선거로 전 조선인의 2%에도 못 미치는 경제적 상위 계층을 대상으로 하는 참정권을 함께 포괄하기에는 설득력을 갖기 어려운 것이었다.

이상으로 일제의 민족말살정책을 특히 1937년을 전후한 내선일체론의 등장과 1938년 국가총동원체제의 확립 시기로부터 살펴보았다. 민족말살정책은 위에서 살펴본 국민정신총동원운동과 국민총력운동 등의 관제운동·교육정책・언론통제・조선어 말살・창씨개명・神道 강요・결혼정책・징병제와 참정권 문제 등을 포함하여 전방위에서 강요되고 있었다. 일제가 내세운 조선인의 동화란 결국 조선인들이 조선민족으로 생활하는 것 자체를 부정하는 철저한 민족파괴작업이었고, 이것은 조선인을 하급 일본인으로 만드는 것을 목적으로 하는 차별성을 그 근간으로 하고 있었다.

지금까지의 일제 민족말살정책에 대한 연구들은 각각의 정책에 대한 실상 폭로를 위주로 하여 상당히 감정적인 면으로 흐르는 경향이 있었다. 하지만 이러한 감정적 대응으로는 일제의 정책 이면에 자리잡고 있는 지배이념과 그 메카니즘을 간파하기란 쉽지 않다. 때문에 각 시기마다 일제에 의해 주장되었던 지배이념이 정책에 어떻게 구체적으로 반영되고 관철되고 있는지, 그리고 그것이 의도하는 궁극적인 목적이 어디에 있었는지 일관성 있고 체계적인 연구가 필요하다고 생각한다.

〈崔由利〉

3. 전시수탈정책

1) 전시동원체제의 구축

일제는 1940년 10월 소위 고도국방국가건설의 완성이란 기치 아래 국민총력운동을 성립시켰다. '고도국방국가'란 국민, 국가의 모든 요소가 국방력을 최고도로 발휘할 수 있도록 조직되고 통제되는 국가체제이다.[1] 이 체제는 기존 체제의 자유주의・개인주의적 요소를 척결하고 전체주의 이념와 천황

1) 전시체제란 1937년 중일전쟁 이후 국가운영의 원리와 재생산 구조가 전쟁수행을 위해 재편된 것이다. 식민지 조선인의 노동력・정신・물자를 전면적으로 동원하기 위해, 일제는 이전보다 강력한 관제조직을 활용하여 전시동원체제를 구축했다. 이 절에서는 전시체제 아래 조선인의 노동력과 생산물을 수탈하는데 기간적인 역할을 했던 국민총력운동, 이 운동의 말단조직으로 개개인의 일상까지 침투하여 동원체제를 부식하는데 결정적으로 작용한 부락연맹에 대해 먼저 간략히 소개하고자 한다.

중심주의를 전면에 내걸고 재편되기 때문에 소위 신체제라고 하였다. 모든 인적·물적 자원이 전쟁수행을 위해 동원되는 만큼, 사회 전반을 전체주의 이념으로 규제해야 했다. 國民總力運動(이하 총력운동)은 소위 신체제를 조선 사회에 구축하기 위한 관제조직이었다. 일제는 조선사회를 전시체제로 통제하는데 당시 일본사회보다 용이한 점이 있었다고 했다.[2)]

첫째, 강력한 행정력을 들었다. 식민지 통치 아래 조선총독을 중심으로 행정조직의 통제력이 강고하여, 행정은 고유한 권한과 영역을 넘어 광범한 권능을 가졌다는 것이다.

둘째, 기존 통제조직을 적극적으로 활용하였다고 한다. 일제는 새로운 정세에 직면하여 별도의 기구를 만들면 종래 기구와 마찰이 생기고 원활하게 운영되지 않을 수 있고, 새로 구한 사람이 통치목적에 따라 일하도록 하는 데도 시간이 많이 걸리는 문제가 있다고 보았다. 그런데 기존조직을 활용하면 이런 문제는 없다는 것이다.

셋째, 법규통제를 가능한 한 피했다고 하였다. 총독에게 이미 모든 권한이 집중되어 있기 때문에, 법을 적용하지 않아도 통제를 강행할 수 있는 조직이 마련되어 있다는 것이다. 법에 입각한 통제는 상황변화에 따라 법을 계속 개정해야 하는 어려움이 있다는 것이다. 그리고 민간의 '자치통제'를 유도하고 활용했다.

전쟁에 필요한 막대한 인력과 물자를 동원하자면, 자연히 강한 행정력과 강제력이 발동하게 되었다. 총력운동은 날로 확대되는 전시동원을 행정력을 앞세워 강제로 추진할 때 수반되는 마찰을 완화시키면서 그 목적을 관철시키기 위해 등장했다. 총력운동은 기존 관제조직인 國民精神總動員運動(이하 정동운동)과 농촌진흥운동의 조직과 활동을 흡수 통합한 것으로, 공익우선과 직역봉공의 구호 아래 전체주의 이념을 사회·경제의 운영원리로 확산시켰다. 즉 총력운동은 경제의 재생산구조를 전쟁동원에 맞게 재편하고, 조선인

2) 常設戰時經濟懇話會 편, 《조선경제통제문답》(동양경제신보사 경성지국, 1941), 27~38쪽.
全國經濟調查機關聯合會 朝鮮支部 편, 《朝鮮經濟年報(1941·1942년판)》(개조사, 1943), 11쪽.

의 참여를 끌어내기 위한 정신과 사상을 통제하는 중핵체였다.[3] 총력운동은 '사상의 통일', '국민총훈련', '생산력확충'이란 핵심적인 방침을 조선민중에게 부식하고 관철하는데 역량을 집중하였다. 즉 천황중심 전체주의로 전시동원의 협력을 이끌어내는 전제조건으로 '사상의 통일', 노동력 동원의 사전 정지작업이며 실제 동원이 이루어지는 '국민총훈련', 이 두 가지를 바탕으로 전쟁에 필요한 물자를 증산하는 '생산력확충'에 조선민중을 편입시키려고 했다.

총력운동은 총독부의 외곽단체로서 식민지 권력이 개개인의 삶 속에 침투하여 인적·물적 자원의 '供出'[4]을 획책하는데, 결정적인 역할을 하였다. 일제는 조선민중에 대한 전시동원이 심화될수록, 총력운동의 기구에 민간인의 참여를 늘려 총력운동이 관제운동이 아니라 '자발적인' '국민운동'이 되도록 의도했다.

총력운동의 역할이 총독정치를 지원하여 전시동원체제를 사회 말단에까지 구축하는 것이므로, 그 조직은 행정조직과 일체가 되었다. 총독과 정무총감은 총력운동의 중앙기구인 조선연맹의 총재와 부총재를 겸임했고, 행정계통에 따라 조직된 지방연맹의 장은 지방행정의 장이 맡았다.

총력운동이 이전의 관제조직을 활용하여 재조직되었지만, 그 말단기구는 이전의 정동운동의 그것보다 한층 정치하게 확립되었다. 총력운동은 국가지상주의와 전체주의가 다른 가치와 이념보다 우월한 상황에서, 어떠한 이탈자도 허용되지 않았다. 가입대상이 '조선의 모든 단체 및 개인'으로 되어, 표면상 자유의사에 따라 가입할 수 있었던 정동운동과 달리 가입에 대한 강제성이 확대되었다. 또 일제는 각 개인의 능력을 파악하여 인적·물적 자원수요에 대처하기 위해, 부락연맹과 그 하부조직인 애국반을 통해, 戶의 대표와 그 가족원(개인)까지 파악하고 통제할 수 있는 일원적인 계통조직을 구축했다.

---

3) 이하 김영희, 〈국민총력운동의 전개와 농촌통제정책〉(《한국독립운동사연구》 14, 2000) 참조.

4) 供出이란 전시체제 아래 통제경제의 산물로, 생산자로부터 물자를 강제로 출하시키는 것이다. 일제는 전시체제기 극단적인 천황중심주의로 개인의 권리를 배제한 채, 의무만 부과하면서 인격과 인명을 매우 경시했다. 이 점은 일제가 '노무공출'이라고 하여, 노동력도 물자의 하나와 같이 취급하던 사실에서 일단을 알 수 있다.

이에 따라 전시동원정책은 총독부의 지시에 따라 도연맹→부・군・도연맹→읍・면연맹을 거쳐 "정・동・리부락연맹→애국반→대표애국반원(戶대표)→애국반원(개인, 가족원)"으로 이어지는 총력운동의 조직체계를 따라 관철될 수 있게 되었다.

총력운동은 1944년 2월 현재 도연맹 13개, 부・군・도연맹 241개, 읍・면연맹 2,324개, 정・동・리부락연맹 6만 3,025개, 애국반 37만 3,750개, 애국반에 편입된 호대표 반원수 457만 9,162명을 포섭하고 있었다. 1943년 현재 일본인과 외국인까지 포함하여 전국 호수는 487만 8,901호인데, 戶의 대표 457만 9,162명이 총력운동에 포섭되었기 때문에, 전국 호수의 약 93.8%와 그 아래 편입된 개개인이 관의 통제권에 놓여 있었다. 외형상 당시 조선에 거주하는 인구의 거의 대부분이 동원체제에 편입되었다.

일제는 전시부담이 개개인에게 부과되는 만큼 직접 조선민중과의 대립 마찰을 최소화하기 위해 중간 매체를 적극적으로 활용했다. 부락연맹은 촌락단위로 농민의 물적・정신적 생활 전부를 통제하고, 통제된 생활 전부를 전시동원체제에 협력시키기 위한 것이다. 따라서 부락연맹은 지방행정의 최말단기구로 공인되어, 농산물 생산력확충과 노무동원정책의 실행단위였다. 전시정책은 행정계통과 총력연맹을 통해 하달되는데, 면행정까지 내려온 정책은 기본적으로 부락연맹을 단위로 할당되었다. 애국반 역시 총력운동의 최하부조직이면서, 대체로 부락연맹 아래 구체적인 정책 실행을 담보하는 매체였다.

일제는 부락연맹을 중심으로 농민통제를 달성하기 위해, 부락연맹의 역할과 기능을 꾸준히 강화시켰다. 부락연맹의 책임자인 이사장의 역할이 중요했기 때문에, 區長의 수를 늘려 부락연맹마다 구장을 배치해갔다. 부락연맹이사장으로서 구장의 처우개선이 진전되면서 촌락에서 구장의 권위는 강화되었다. 종래 촌락에서 직접 현물로 주던 구장의 수당을, 면에서 호별세로 거두어 구장에서 지급함으로써, 구장에 대한 관의 지배력을 높였다. 구장의 수당은 계속 증액되었으며, 구장에게 지방 관직에 참여할 기회를 부여하기도 하고 때로는 '거물구장'까지 배치하면서, 구장을 통해 농민에 대한 지배력을 강화하려고 했다. 이렇게 면의 직접 지배 아래 놓인 부락연맹은 촌락의 농산물증산과 공동작업 등을 주도하면서, 농민들의 주된 생활권을 통제할 수 있었고, 특히 배급행정의 말단에 위치하여 배급배제, 즉 생활권 박탈을 위협하면서 농민들을 규제하고 장악하고 있었다. 특히 이 점은 표면적으로 전시체제에 농민들이 편입되는 모습을 띠게 했다.

2) 농업증산정책과 농산물 수탈

(1) 조선증미계획의 전개 과정과 그 결과

1930년대 초 농업공황을 계기로 일제는 조선미가 일본의 농업을 압박한다고 하여, 1934년 산미증식계획을 중단시켰으나, 中日戰爭의 발발로 조선미의 증산계획을 다시 모색했다. 당시 일본의 연간 미곡소비량은 8,000만 석인데, 연평균 생산량은 약 6,300~6,400만 석이어서, 조선과 대만의 약 1,400~1,500만 석을 이입하여 소비량을 충당하고 있었다. 또 일본과 조선에서 군수생산력확충 중심의 산업이 팽창하면서 미곡수요가 증대할 전망이었고, 조선미의 만주·북중국 등지 수출도 중일전쟁 후 격증하고 있었다(1938년 35만 9,000석, 1939년 9월 말 현재 83만 7,600석).[5]

식량 수급의 대비책으로 1939년 조선과 일본에서 증미계획이 실시되었다. 1939년 조선의 증미계획은 3개년 계획으로 주로 경종법 개선으로 120만 석을 증산하려는 것이었다. 그러나 대한해로 미곡생산량은 1,453만 석에 불과하여 전년도 생산량보다 1,000만 석이 감소하였다. 남부지방 8개 도의 경작예정면적 중 58%(70.9만 정보)가 7할 이상 감소·수확전무 혹은 경작불능의 상태에 빠졌고, 평년 생산량의 54%(916만 석)가 감소되었으며, 이재농가는 미작농가의 60%(118만 호)에 달했다. 특히 이재농가가 전라북도는 95%, 경상북도는 80%에 이르렀다. 총독부가 인정한 要구조농가는 미작농가의 40%였다.[6]

1938년 전체 논 면적 173만 9,187정보 중에서 관개시설이 없는 천수답은 52만 2,373정보, 전체의 30%를 차지하였다. '관개답' 121만 6,814정보(70%) 중에도 수리안전답 83만 894정보(47.8%), 수리불안전답 38만 5,920정보(22.2%)가

5) 嶋元勸, 《食糧政策再建と朝鮮》(경성일보사, 1939), 34쪽.
全國經濟調査機關聯合會 朝鮮支部 編, 《朝鮮經濟年報》(1941·1942년판), 65쪽.

6) 조선총독부 사정국 사회과, 《昭和十四年旱害誌》(1943), 63·90쪽.

있었다.[7] 약 83만 정보가 수리안전답인데 반해, 천수답과 수리시설이 있으나 불안전한 논을 합쳐 약 90만 정보, 전체 약 52%가 한해에 취약한 상태였다. 이런 수리불안전답이 존재하는 한, 경종법 개선만으로는 증미계획을 달성할 수 없었다. 1939년 한해는 수리안전이 뒷받침되지 않는 상황에서 진행된 경종법 개선을 무효로 만들었고, 관개개선을 포함한 토지개량사업의 중요성을 다시 대두시켰다. 또한 천수답을 포함한 수리불안전답은 강우만 기다리다 비가 오면, 단기간에 많은 노동력을 동원해서 모내기를 해야 했다. 따라서 수리문제는 증산만이 아니라 농촌노동력을 공광업 방면으로 공출하려는 노무동원계획과 관련해서도 해결되어야 했다.

일제는 1939년에 실시하던 계획을 계승하여 구체적이고 장기적인 조선증미계획(이하 증미계획)을 1940년부터 실시하였다. 증미계획은 6개년 동안 680만 석을 증산하여 총생산량 3,005만 석을 확보하려는 것으로 경종법 개선으로 511만 석(75.1%), 토지개량사업으로 169만 석(25%)을 증산하려고 했다. 1920년대 산미증식계획에서 경종법 개선의 중점은 판매비료의 투하와 종자개량사업의 장려였으나, 이번에는 이외 모든 방안이 검토・활용되었다. 실행단위는 부락연맹 및 그에 준하는 단체로 하고, 공동 못자리 설치, 병충해 방제, 신품종 육성, 판매비료 시비법 개선, 深耕과 秋耕의 장려, 적기작업, 자급비료 증산, 촌락공동작업 장려 등 다양한 내용을 포괄하였다. 이를 실천하려면 노동력이 이전보다 많이 소요되어야 했다.

1939년 증미계획이 수리시설이 뒷받침되지 않아 실패로 돌아간 경험에 비추어, 이번에는 토지개량사업을 소극적이나마 추진했다. 1920년대 토지개량사업은 개간・개척・지목변경 등으로 논의 면적을 적극 확장해왔다. 그러나 이 때는 급속한 증산의 효과를 거두어야 하고 자재부족으로 제약을 받았기 때문에, 기존 논의 수리시설개선에 중점을 두고, 새로 논의 면적을 확장하는 사업은 수리시설개선과 동시에 실시하는 것이 유리한 곳으로 한정했다.[8]

1940~1941년 토지개량사업의 실적은 관개개선 2만 7,000정보, 경지정리

7) 남조선과도정부편, 《조선통계연감(1943년판)》(1948), 46~47쪽.
8) 조선총독부 농림국, 《朝鮮の農業》(1942), 290~295쪽.

6,000정보, 암거배수 2,000정보, 소규모사업 4,000정보 등이었다. 미곡수확량은 1940년의 경우 2,152만 석으로 1939년보다 약 700만 석 증가하였지만, 평년 수확량 2,300~2,400만 석과 비교하면 저조한 실적이었으며, 1941년에는 2,488만 석으로 평년작을 약간 웃돌았다.

1942년에는 太平洋戰爭이 시작됨에 따라 증미계획이 장기적인 계획으로 확충되어(이하 갱신증미계획), 1951년까지 사업을 전개하여 1953년까지 완료하기로 했다. 토지개량사업은 1942년 이후 10개 년간 시행면적 57만 7,000정보를 새로 설정하고, 1943년에는 300정보 이상의 대지구 관개개선사업과 간척사업을 대행하는 조선농지개발영단을 설립하기도 하였다. 갱신증미계획의 증산량은 1,138만 3,000석인데, 경종법개선으로 518만 7,000석, 토지개량사업으로 619만 6,000석을 확보한다는 것이었다. 토지개량사업에 의한 미곡증산의 비율이 이전 증미계획의 25%보다 54.4%로 대폭 상향조정되었다.

갱신증미계획의 실적을 보면, 조선농지개발영단이 담당하기로 한 토지개량사업 31만 6,000정보에 대해, 착수면적은 1945년까지 9만 정브에 그쳤다.[9] 수리불안전답의 해소가 증미의 절대적인 조건인데, 토지개량사업의 부진은 증미계획 실패의 큰 원인이 되었다. 1942년 이후 계속된 한발로 미곡수확량은 1942년 1,568만 석, 1943년 1,871만 석, 1944년 1,660만 석으로 증산은 커녕 평년작(2,300만 석)의 70%에도 못 미치는 실정이었다. 1942년의 한수해는 1939년 한해에 못지 않게 농민들에게 큰 피해를 끼쳤는데, 이 때는 식량공출의 강화로 농가의 고통이 더욱 가중되었다. 1939년과 1942년 한수해 피해 호수를 비교하면, 구조호수는 1939년 10만 7,051명에서 1942년 31만 2,512명, 구조인원은 22만 5,772명에서 75만 1,885명으로 크게 증가하였다.[10] 피해 정도를 숫자만으로 비교할 수는 없지만, 1942년 한수해 피해 농가도 1939년과 마찬가지로 총독부의 노무공출의 대상이 되었다. 1942년부터 관알선 노무동원이 전개되었다.

일제는 1943년 말, 농업생산책임제(1944년)를 앞두고, 천수답 해소에 중점

9) 최유리, 〈일제말기 조선증미계획에 대한 연구〉(《한국사연구》 61·62, 1988), 387~389쪽.

10) 樋口雄一, 《戰時下朝鮮の農民生活誌》(사회평론사, 1998), 219쪽.

을 두고 토지개량사업계획을 발표했다. 직접 자재를 거의 사용하지 않고 간단한 공사방법으로 1944년 모내기까지 확실히 완성할 전망이 있는 小溜池·井戶·洑 등을 급속히 축조하여, 전국에 10만 정보의 수리시설을 갖추기로 하였다. 또 경지확장을 위해 開烟 2,000정보, 野溪개수·경지보전사업 8,100정보, 소하천보수·황폐지복구사업 4,100정보를 실시하기로 했다. 이 사업을 위해, 대규모 노동력을 동원하는 '전국적인 일대국민운동'을 전개하기로 했다.[11] 1944년 조선인 노무동원 중 근로보국대 192만 5,000명을 포함한 '도내동원' 245만 4,000명은 이러한 토지개량사업의 실시와도 연관지어 볼 수 있다.

〈표 1〉 경지 면적의 추이

(단위 : 정보)

	논	밭	화 전	계
1937	1,736,368	2,769,876	437,525	4,943,369
1938	1,750,844	2,764,833	442,044	4,957,721
1939	1,762,774	2,763,983	431,750	4,958,507
1940	1,770,395	2,740,763	423,072	4,934,230
1941	1,769,572	2,719,964	399,014	4,888,550
1942	1,767,344	2,707,982	374,247	4,849,573
1943	1,704,257	2,878,051	–	4,582,308

* 《조선경제통계요람》, 1949, 12쪽.
비고 : 소수점 반올림.

또한 주요식량 밭작물인 맥류·잡곡 등을 급속히 증산하기 위해, 휴한지의 이용, 면작 등의 맥간작 장려, 경작방식의 개선 등으로 신규경작면적 3만 정보, 과수원·桑園의 간작 등으로 1만 정보, 답이작의 신규면적 2만 3,000정보를 확보하기로 했다. 특히 상습적으로 한해를 입는 논 5,000정보를 밭작물로 전환하기로 했다.[12] 〈표 1〉에서 보듯이 전체 경지면적은 1940년부터 줄기 시작하는데, 이는 중공업의 발달로 인한 부지증대도 큰 원인이었다. 논의 면

11) 〈第二次食糧增産對策決す〉(《朝鮮》, 1943. 12), 74쪽.
12) 위와 같음.

적은 1941년부터 줄곧 감소하였고, 밭은 1940년부터 감소하다가 1943년부터 증가하였다. 이는 부분적으로 전개된 경지확장이 밭의 면적을 중심으로 진행되거나, 수리불안전답의 밭으로 전환 등도 그 원인이었다.

일제는 미곡 등 농산물의 증산이 여의치 않은 가운데, 필요량을 확보하기 위해 1943년 공출사전할당제를 실시하였고, 사전할당제를 효과적으로 실시하기 위해 각 농가의 생산책임량을 결정하는 농업생산책임제를 1944년부터 실시하였다. 농업생산책임제는 미·맥·잡곡 등 필수농산물 13개 품목에 대해 촌락별 책임생산 수량을 할당하여 부과하는 조치였다. 13개 품목을 증산하다 보면, 경작면적이 경합하는 현상을 초래할 수 있는데,[13] 이를 방지하기 위해 단위 면적당 생산량의 증가와 천수답을 밭으로 전환하여 경지의 활용도를 높이는 방안도 함께 제시되었다. 할당생산의 책임자는 지주이며, 농민은 촌락연대로 책임수량을 경작하도록 되었다. 1944년 미곡생산책임은 경작예정면적 162만 2,000여 정보에 증수량 160만 석을 포함하여 2,600만 석의 획득을 목표로 하였다.[14]

종래 판매비료의 투입량 증가는 품종개량의 보급과 함께 미곡의 생산량을 확대하는 데 주된 요소였다. 그러나 판매비료의 소비량은 1938년 24만 5,079톤을 최대로 이후 감소하였다. 〈표 2〉와 같이 1944년 질소비료의 소비량은 7만 8,000톤으로 1939년 12만 6,360톤의 약 62%에 불과하였다. 대신 자급비료의 소비량을 증가시키려고 했다. 그러나 원료인 짚이 가마니 등 藁工品의 중요자원이 되었고 양곡 공출이 벼로 진행되었기 때문에, 자급비료의 원료부족으로 퇴비제조도 어려운 형편이었다. 또 1941미곡년도 이후 공출강화로 영농을 기피하는 풍조가 만연하여, 경지의 일부 반환 혹은 농경태업이 우려될 수준이었다. 1944년 실제 미곡 경작면적은 132만 2,000정보에 불과하였고, 생산량도 평년작에서 700~800만 석이나 감소하여 1,660만 6,000석에 그쳤다.[15]

---

13) 久間健一, 《朝鮮農政の課題》(成美堂書店, 1943), 382쪽.
14) 〈농업생산책임제실시요강〉(《朝鮮》, 1944. 5), 5쪽.
15) 村上勝彦·富田晶子·橋谷弘·竝木眞人, 〈植民地期朝鮮社會經濟の統計的研究〉(1)(《東京經大學會誌》 136, 1984), 13쪽.
〈농업생산책임제실시요강〉(《朝鮮》, 1944. 5), 5쪽.

〈표 2〉 판매비료의 소비량

(단위 : 톤)

	질 소	인 산	가 리
1939	126,360(757)	50,344(302)	6,446(39)
1940	115,542(694)	49,225(296)	5,376(32)
1941	108,159(655)	40,832(247)	3,804(23)
1942	108,159(655)	19,679(120)	3,183(19)
1943	68,545(525)	10,042(61)	–
1944	78,000(472)	7,000(42)	–

*《조선경제통계요람》, 1949, 31쪽.
비고: ( )는 경지 1반당 소비량

1945년도 증미목표는 2,940만 석이었으나 심각한 생산조건의 저하로 계획을 변경하였다. 10만 정보를 밭으로 전환하고, 미곡경작면적 149만 1,569정보에, 생산책임량을 2,360만 석으로 조정하였다. 또 자급비료의 사용량을 확대하기 위해 농업책임생산 품목 중에서 새로 퇴비를 추가하고, 대신 소·말·돼지·면양을 삭제하였다. 논의 밭으로 전환, 퇴비의 증산도 모두 촌락 공동책임으로 이루어지도록 하였다.16)

농기구의 부족, 비료의 절대량 부족 등을 보충하기 위해서는 더욱 많은 노동력이 소요될 수밖에 없었다. 생산여건으로 보아 많은 노동력이 필요하지만 현실적으로 노동력은 농외로 유출되고 있었다. 따라서 뒤의 〈표 3〉에서 보듯이 1941년 이후 계속 감소하는 수확량이나마 확보하기 위해서는 전적으로 농촌에 남아 있던 노동력의 강도 높은 혹사에 의존할 수밖에 없었다.

(2) 부락생산확충계획과 농촌재편성계획의 내용

가. 부락생산확충계획의 실시와 그 내용

총력운동은 농업생산력확충(농산물 증산)을 위해 1940년 12월 5일 농촌생

16) 近藤釰一 편, 《太平洋戰下の朝鮮》 4(우방협회, 1963), 6·22·123쪽.
일제가 패망하는 1945년에는 기후가 순조롭고 강우량도 많아 천수답도 모내기를 할 수 있었기 때문에, 10만 정보의 밭 전환은 이루어지지 않았고, 미곡생산량도 약 2400만 석 정도를 획득하였다고 한다(石塚峻, 《朝鮮における米穀政策の變遷》, 우방협회, 1983, 55쪽).
大藏省 管理局, 〈조선편〉(《日本人の海外活動に關する歷史的調査》), 61쪽.

산보국지도방침을 발표하고 농업보국운동을 전개하였다. 농업보국운동은 공익우선, 국가본위의 경영원리를 농촌 말단에까지 부식하여 농산물에 대한 계획증산을 달성하려는 조치였다. 이에 농업보국운동은 종래 농촌진흥운동을 흡수하여, 농가갱생계획은 部落生産擴充計劃(이하 部落計劃)으로 대체되었다.

부락계획은 전시계획경제에서 농업 부문 생산확충계획으로, 촌락 단위로 3개년을 1기로 1941년부터 1943년까지 실시하기로 되었다. 이 계획에 따르면 농가의 개별적인 영농이란 있을 수 없고 위로부터의 일방적인 생산통제를 받기 때문에, 해당 촌락이 적절한 산지가 아닐지라도 어떠한 농산물이 전쟁수행상 필요할 경우, 이를 생산해야 했다. 따라서 부락계획은 '일종의 경작강제'였다.[17] 농민들은 공익우선, 생업보국이란 구호 아래 생산이 통제되었다.

부락계획의 실시구역은 부락연맹의 구역과 일치하도록 되었고, 그 실행기관은 부락연맹이었다. 당시 농산촌 7만 4,000여 촌락 중에서 부락계획이 수립된 촌락은 1942년 1월 현재 7만 611개로, 전체의 약 97%이고, 계획 수립 농가는 282만 2,824호로,[18] 1941년 말 전체 농가 호수 307만 900호의[19] 약 92%에 이르고 있어 전국 농촌과 농민이 거의 부락계획에 포섭되었다. 증산계획이 총독부→도→부・군・도→읍・면→촌락→농가로 할당되면, 농민들은 할당 목표를 달성하기 위해 부락연맹의 상회를 열어 '합의'와 부락연맹원 사이의 '공려'를 통해 증산에 동원되었다. 식민지권력은 위로부터의 일방적인 경작강제를 상회를 통해 농민들의 '협의'・'합의'를 유도하고, 공동작업으로 열악한 생산조건을 미봉하거나 이탈자를 방지하면서, 농가경제의 향상과는 전혀 유리된 증산책을 강행하였다.

---

17) 久間健一, 앞의 책, 380~381쪽. 〈임시농지등관리령〉(1941년 2월)에 따라 총독과 도지사는 필요하다고 인정될 경우, 농작물의 종류, 지역, 기타 사항을 지정하여 경작을 제한하거나 금지하거나 명령할 수 있었다. 그리고 이 규정을 근거로 1942년 4월 〈조선농지작부통제규칙〉을 공포하였다.

18) 조선총독부 농림국 농정과, 《朝鮮に於ける部落生産擴充計劃實施概要》(1942), 1~2쪽.

19) 조선은행조사부, 《朝鮮經濟年報》(1948년판), Ⅲ-25쪽.

당시 전개되고 있던 조선증미계획을 비롯한 농산물증산계획은 부락계획이 실시되면서, 이에 통합되어 추진되었다. 1941년 이래 5개년의 식량전작물증산계획이 맥류를 중심으로 전개되었고, 감저증산장려계획이 1939년 이래 5개년간, 면화증산계획이 1933년 이래 10년간 1942년까지 추진되는 등 중요작물의 증산계획이 실행되고 있었다. 이런 증산계획은 시국의 요청에 따라 응급적, 횡렬적으로 수립되어 체계적이지 못한 점이 있었다. 따라서 일제는 부락연맹을 동원하여 이전부터 수립한 '중요농림산물증산계획'을 부락계획에서 조정하여 종합적으로 실시하려고 했다.[20] 총력운동의 등장 이후 농산물의 증산계획은 촌락 단위로 부락연맹이 중심이 되어 집단적으로 강행되었다. 농민들의 생산활동은 "국가가 있음으로써 농촌이요 농촌이 있음으로써 농민이다"[21]는 전체주의와 국가지상주의로 통제되고 있었다.

일제는 부락계획을 강행하기 위해서 당시 농기구·비료 등 생산조건의 악화를 공작지·공동농기구·공동작업 등의 촌락공동시설로 보완한다는 방침을 세웠고, 각지에서는 촌락공동시설이 확충되고 있었다.

당시 계획생산과 생산통제의 실상을 가마니짜기를 통해 살펴보자. 공출되는 농산물 포장용 혹은 군용, 수출용 가마니의 수요가 확대되고 있었다. 경기도 이천군 부발면은 1941년 3월 10일 각 동리 구장과 촌락 간부에게 가마니공출 할당을 다음과 같이 했다.[22]

① 3월 10일부터 3월 말일까지를 군용 가마니 생산주간으로 함.
② 각 농가에서 생산한 책임수량은 매호당 130매.
③ 각 동리별 책임수량에 대해 구장 등이 책임.
④ 출하는 전반기 3월 22일, 후반기 4월 3일에 나누어 함.
⑤ 각 농가가 현재 소유한 원료 짚은 호불호간 전부 강제적으로 가마니짜기 원료로 제공할 것.
⑥ 만일 각 농가에 이상에 위반자가 있으면 그 사정 여하를 불문하고 非國民으로 인정하고 엄벌주의로 처단함.

---

20) 久間健一, 앞의 책, 380쪽.
《朝鮮經濟年報》(1941·1942년판), 76쪽.
21) 《每日新報》, 1943년 1월 19일, 〈우리道의 生産擴充〉.
22) 《夫鉢邑 高白里 尹氏家 소장 근대문서》, no. 32, 〈軍用叺 공출에 관한 건〉.

⑦ 각 촌락에서 회합을 열어 주지 전달할 것.

부발면은 20개 촌락, 866호에게 11만 2,580매의 가마니 공출을 할당했다. 1개 촌락의 할당량은 1호당 130매씩 일률적으로 할당된 수량에 따라 결정되었다. 면장은 다량 공출을 '황국신민의 의무'로 감수할 것을 촉구하면서, 수량 생산을 위해 각 농가가 소유한 원료 짚에 대한 '강제 지공'을 명령하고, 위반자에 대해서는 '비국민'이라 매도하면서 할당을 관철시키고 있었다. 이렇게 일률적으로 책임량을 할당하는 과정에서, 가마니짜기가 불가능한 데도 강제로 할당되어 구입해서 납부해야 하는 처지에서, 공정가격 32전인 것을 50전에 구입해야 하는 상황도 야기되었다.[23] 또 위로부터 할당된 양을 채우기 위해, 부여군 홍산면 북촌리 애국반장 宋村信吉은 자기 반의 상인 등에도 이를 할당하고, 현물을 공판장 입구에서 신원불명한 자에게 구입하여 할당량을 채웠다.[24] 가마니짜기 할당을 거부하는 경우를 보면 ① 가마니 가격이 저렴하기 때문에 일일노동을 하고 대신 가마니를 구입해서 공출하는 것이 낫다는 것, ② 가마니짜기 경험이 없는 데다가 능률이 오르지 않고, 또한 채산이 맞지 않기 때문 등이었다. 이로써 해당 농산물의 생산이 적절한지 여부도 가리지 않고 일률적으로 부과되는 생산명령의 일단을 볼 수 있다.

부락계획으로 대표되는 전시농업정책은 위로부터 생산을 통제하여 실행 가능성을 고려하지 않고 농민들을 압박한 경우가 많았다. 전쟁수행에 필요한 증산이라도 개인의 경제적 측면에서 거부될 수도 있었다. 그러나 이럴 경우, 일제는 공익우선 논리와 '비국민'이란 도덕적 규제로 억압하고 있었다. 일제는 생산통제를 강화하기 위해 농산물 증산정책을, 지역에 따라서는 촌락 단위에서 애국반 단위로 통제의 범위를 줄이기도 했으며,[25] 더 나아가 농업생산책임제를 실시하였다.

---

23) 法務局 刑事課, 〈業界竝一般民衆ノ聲〉(《情報週刊展望》 9, 정부기록보존소 소장문서, 1941, no. 256), 779쪽.
24) 法務局 刑事課, 〈供出叺ノ價格超過買入〉(《經濟治安日報》 51, 정부기록보존소 소장문서, 1942, no. 195), 316쪽.
25) 김영희, 《1930·1940년대 일제의 농촌통제정책에 관한 연구》(숙명여대 박사학위논문, 1996), 239~240쪽.

나. 농촌재편성계획의 추진과 그 내용

농산물 증산정책은 부락계획을 계기로 계획화되었고, 조선 농촌은 증산의 가능성이 컸으나 영세하고 분산된 경영형태와 생산조건의 악화 등으로, 그 가능성이 제한받고 있었다. 또 농촌에 부과된 노동력의 공출도 농업체제의 정비, 즉 농촌재편성을 압박하였다. 농촌재편성 문제는 중일전쟁 이후 전시체제에 돌입하면서 여러 차례 제기되었다. 이 문제가 집약적으로 제기된 것은 태평양전쟁 발발 이후였다. 1942년 6월 부임한 고이소(小磯)총독은 농촌재편성을 농업정책의 중점과제로 설정했다.

총독부는 농촌재편성에 대비하여 농촌체제의 정비계획을 각 도에 시달하고, 각 도·군·읍면에 농촌대책위원회를 설치하였다. 농촌재편성의 기초자료를 얻기 위해 전라북도 옥구군과 경기도 장단군의 두 개 모범부락의 경지면적, 전업 및 겸업, 반당 수확량, 소작료, 공동작업, 설비, 임금수입 등 농촌실태를 조사했다. 또 각 도로 하여금 농지의 배분, 노동력 실태 등을 조사하고, 耕地圖를 작성하게 하였다.[26] 농촌실태조사를 통해 얻은 자료는 기존 부락계획을 위해 조사했던 〈부락개황조사서〉, 〈개별계획서〉와 대조하여 농업경영의 적정규모를 지역별로 설정하고, 적정 경영규모에 입각하여 농촌노무동원계획, 출입경작지의 정리계획, 경지적정배분계획, 자작농지창정계획, 개척민송출계획, 광공업노무동원계획, 공동시설확충계획 등 당면한 중요문제를 계획하려고 했다.[27]

1943년 농촌재편성정책에 소요되는 예산이 책정되고, 정책 수립의 참모기관으로 정무총감을 위원장으로 朝鮮總督府農業計劃委員會가 설치되었다. 조선농업계획위원회의 農村再編策審議會 제1차 회의가 1월 12일부터 개최되었고, 같은 해 7월 재편성정책의 골격인 〈조선농업계획요강〉이 발표되었다.[28] 그 중요내용을 검토해 보면 다음과 같다.

첫째, 皇國農民道의 확립이다. 황국농민도란 "농가로 하여금 여하한 곤란

---

26) 정연태, 《일제의 한국 농지정책(1905~1945)》(서울대 박사학위논문, 1994), 271~272쪽.

27) 〈半島農村の臨戰態勢整備〉(《朝鮮農會報》, 1941. 9), 80쪽.

28) 〈조선경제개황〉(《식은조사월보》, 1943. 9).

도 극히 이를 극복하여" 증산에 매진하고 "鄕閭를 들어 황국에 목숨을 받친다는 기풍"을 지니는 것을 의미했다. 이런 의식을 주입시키기 위해 종래 실시해 온 농민도장·농촌중견부인양성소·농업보국정신대·嚮導농가를 확충 강화하려고 했다.

둘째, 적정 규모의 농가경영 방안으로 임야 중에서 농경적지를 적극적으로 개발하고, 수리불안전한 논을 개량하여 농경지를 확대하도록 했다. 또한 영세하고 분산된 농업경영을 정리하고 일정 지역을 중심으로 경작지를 확보하도록 하였다.

1938년 말 1정보 미만의 영세농가는 전 농가의 63%였고, 남부지방의 논농사지대는 77.8%에 이르고 있었다. 또 1호당 경영면적이 1정보 미만이면서, 전답이 7~9개소에 분산되어 있는 등, 당시 농지는 극히 세분되어 있었다. 일제는 이런 영세농과 농지의 분산이 노동력의 낭비와 공동작업의 추진에 방해가 되어 농업생산력 증대와 노동력 공출을 억제하고 있다고 보았다. 이에 영세농가의 경영규모 적정화를 위해 자작농지설정사업을 다소 확대하여, 1943년부터 금융조합이 실시하는 사업을 종전의 소규모 분산적 방식에서 대규모 집단적 방식으로 전환하기도 했다. 또 북선개척사업은 북부 지방의 화전을 이 지역 화전민에게 대부하여 자작농으로 만드는 동시에 남부지방의 영세농을 이주시키려는 정책으로 1938~1945년간 1만 호의 이주를 목표로 실시하고 있었다.[29]

만주이주사업은 영세농 해소와 만주 침략정책의 일환으로 전개되어, 1937년 1차 5개년 계획으로 매년 1만 호씩 송출할 예정이었는데, 대한해를 당한 1939년 1만 526호를 포함하여 1941년까지 2만 6,807호를 이주시켰다. 1942년부터 실시된 2차 5개년 계획도 매년 1만 호씩 송출하려고 하였으며, 1942년 2,100호, 1943년 2,000호, 1944년 3,000호, 1945년 1,800호로 총 8,900호가 만주로 알선·송출되었다. 농업노동자를 비롯하여 5반 이하의 영세농이 송출 농가의 대부분을 차지했다.[30] 만주이주사업은 2차 계획부터 分村계획의 일환으로 시행되었다. 과잉인구의 지역 농민을 집단적으로 이주시켰고, 이들의 농

29) 정연태, 앞의 책, 273~275쪽.
30) 樋口雄一, 앞의 책, 130~136쪽.

지를 기존 농민에게 재분배하여 적정 규모를 유지시킨다는 것이다.[31] 적정 규모의 경영과 관련하여 소작관계의 적정화 방안도 제시되었다. 1939년 12월 〈소작료통제령〉의 공포로 지주의 자의적 수탈을 제한하는 조치가 시행되고 있었다. 다소 완화된 경영규모와 소작조건으로 경영의 안정과 생산력의 증대를 거두어 공출을 강화하려는 것이었다.

셋째, 농촌노동력을 공광업 방면으로 동원하고, 부족한 노동력을 공동작업과 부인노동력의 확충 강화 등으로 조정한다는 것이다.

넷째, 촌락 단위 협동사업을 확충하여 농업생산의 기반을 공고히 하도록 했다. 창고·공동수익지·농용림지 등 영농에 관한 촌락공동시설, 농지의 개발보전과 개량, 신규경작지개발 등에 촌락의 공동작업 및 관리가 모색되었다. 일제는 열악한 생산조건 속에서 농산물 증산과 그 공출을 확대하기 위해, 농가의 생활권으로서 '촌락의 체제'를 강화하고자 했다.

다섯째, 지주의 활동 촉진이다. 1942년 현재 부재지주의 소유면적은 약 80만 정보로, 당시 소작지 총면적 252만 정보의 31.7%에 달하였다.[32] 일제는 재촌지주와 달리 부재지주가 농촌사회의 불안과 증산에 장애가 된다고 보고, 이들에 대한 통제를 시도하였다. 종래 지주소작관계를 악화시켜 왔던 마름을 배제하고 지주가 소작인과 직접 접촉하여 생산을 지도하도록 하였고, 지주가 직접 나설 수 없으면, 수리조합이나 기술자를 대신 배치시키는 등 지주의 자세 변화를 촉구했다.[33] 〈소작료통제령〉과 〈임시농지등관리령〉으로 지주의 농업경영을 통제하고, 농업생산책임제에서 지주의 생산책임이 명시되었다. 또한 전체주의 이념에 따라 이 때 토지의 소유권에도 奉仕의 관념이 들어가, 토지는 국가목적을 달성하기 위한 수단이었다.[34] 따라서 지주는 일본 천황을 대신하여 토지를 맡아 생산하여 국가에 바쳐야 할 임무를 강요받았다.

농촌재편성정책은 토지와 노동력의 재분배로 식민지권력이 요구하는 계획

31) 정연태, 앞의 책, 276쪽.
32) 정연태, 위의 책, 278쪽.
조선은행조사부, 《조선경제연보》 Ⅲ(1948), 25쪽.
33) 인정식, 〈부재지주론〉(《조광》, 1944. 4), 21쪽.
34) 岩田龍雄, 〈農業勞働力に關する若干の考察〉(《조선노무》 4-2, 1944. 3), 4쪽.

증산을 담당할 수 있도록 "건전하고 農道에 철저한 농가"를 단위로 농촌을 구성시킬 것을 목표로 하였다.[35] 위에서 살펴본 내용들은 모두 공권력이 강력하게 개입해야 달성될 수 있는 것이다. 농촌재편성은 부락계획으로 구축된 계획생산체제를 기반으로, '국가의지의 침투를 지상명령'으로 농촌과 농가경영을 '통제경제순응형'으로 개편하려는 것이었다.[36]

만주이주사업, 북선개척사업, 노무동원계획의 대상이 주로 영세농의 이탈로 이루어지면서, 기존 농업방식에 변화의 가능성이 생겼다. 농가 호수는 1935년 306만 6,439호(전체 호수의 74.0%)에서 1939년 302만 3,133호(70.4%), 1941년 307만 1,000호(67.4%), 1942년 305만 3,446호(63.8%), 1943년 304만 6,001호로 감소하였다. 농가호수는 1941~1943년 사이에 25만 호가 감소했다. 그리고 1941~1943년 사이에 자작농이 전체 농가의 19.9%에서 17.6%로 감소한데 반해, 자소작농은 23.6%에서 27.8%로 증가하고 소작농은 53.6%에서 48.3%으로 감소하는 현상이 나타났다.[37] 이러한 변화는 영세농 중심의 농외 유출이 큰 원인이었다. 1944년 농업생산책임제 아래 '분산경지의 정리' 결정은 이런 농가들이 떠난 뒤 남겨진 경지도 포함하여 세분된 경지를 재조정하려는 정책의 일단이었다.

전시체제하 특히 1941~1943년 사이에 농촌인구의 급격한 이동은 종래의 농민층 하강분해와 달리 상향분해의 가능성을 제공하였다. 영세농가의 농외 배출로 인한 생산성 향상의 조건이 부분적으로 형성되었지만, 생산조건 악화와 전시체제 모순의 심화는 경작면적의 감소, 생산량 저하를 초래하였다.

(3) 미곡공출의 전개 과정과 농가경제의 파탄

가. 전시체제 아래 식량수급사정의 변화

〈표 3〉에서 보듯이 1937년은 미곡 대풍작으로 최고생산량 2,600만여 석을 얻었고, 1938년 2,400만 석을 거둔 후, 1939년에는 대한해로 급격히 감소하여 1,400만 석을 생산하는데 그쳤다. 조선미의 일본 이출량은 1938미곡년도(1937년 12월~1938년 11월) 1,000만 석을 돌파한 뒤, 1939미곡년도 690만 석, 1940

---

35) 大熊良一, 〈朝鮮農村再編成の諸問題〉(《朝鮮》, 1942. 11), 45쪽.

36) 朝鮮銀行京城總裁席調査課, 《朝鮮農村の再編成について》(1942, '例言'), 37쪽.

37) 조선은행조사부, 《조선경제연보》 Ⅲ, 25쪽.

미곡년도 약 600만 석으로 격감하였다. 1939년의 대감소는 전시하 식량문제를 본격적으로 검토하는 계기가 되었다.

조선내 미곡소비는 1937년까지는 1,200~1,300만 석 정도에서, 1938년 이후 급속히 증가하여 1942년 1,800만 석에 이르렀다. 소비증가의 주된 이유는 전시공업화의 결과로 공장·광산노동자의 증가에 따른 소비의 증가에 기인하였다.

〈표 3〉 조선의 미곡수급상황

(단위 : 천석)

내역 / 미곡년도	공급량		수요량	
	생산량	수이입량	수이출량	소비량
1937	19,411	200	7,202	12,579
1938	26,797	44	10,997	15,784
1939	24,139	308	6,895	17,646
1940	14,356	372	601	13,982
1941	21,527	213	4,232	17,345
1942	24,886	73	6,273	18,613
1943	15,687	897	1,303	15,306
1944	18,719	20	4,121	14,597
1945	16,052	—	1,756	14,295

* 近藤釰一 편, 《太平洋戰下の朝鮮》 4, 88~90쪽 ; 조선은행조사부, 《조선경제연보》 Ⅲ, 28쪽.

일제는 증미계획 등 일련의 농업생산력의 확충에 노력했지만, 미곡생산량은 〈표 4〉와 같이 1941년 이후 감소하였다. 미곡 감소에 직면한 일제는 "가장 확실하고 효과있는 식량대책은 소비규정과 배급기구의 편성"에 중점을 두는 것이라고 하며,[38] 식량의 출하(공출), 유통(집하 및 배급), 소비과정에 적극 개입하여 필요량을 확보하고자 했다.

나. 미곡공출의 전개 과정

가) 식량의 '국가관리제' 준비단계와 공출(1940~1942미곡년도)

전시체제 아래 미곡공출은 1939년 대한해의 영향으로 수이출 미곡에 대한

38) 《朝鮮經濟年報》(1941·1942년판), 249쪽.

조치에서 시작되었다. 일제는 그해 12월 27일 〈조선미곡배급조정령〉과 그에 기초한 〈미곡배급통제에 관한 건〉에[39] 따라 1940미곡년도 이후 1943미곡년도까지 생산자에게 강제 공출을 명령하였다. 1940미곡년도 식량대책(이하 '1940대책')은 미곡공출과 관련하여 과잉지역의 과잉미가 통제의 대상이지만 그 전량이 아니라 일부였다. '1940대책'은 한해대책의 일환으로 임시적 성격을 띠어, 통제력은 극히 제한적이었다.

1941미곡년도부터는 수이출 미곡만이 아니라 조선내 소비에 대해서도 공출하면서 본격적인 공출제도가 실시되었다. 1940년 미곡생산량은 2,150만 석으로 1939년에 비해 약 700만 석이 늘었으나, 일본은 800만 석이 감소하였다. 1940년 이전 5개년을 평균하면 377만 석이 감소한 셈이지만, 일본의 식량 악화로 '1941대책'은 "최대한 미곡을 일본에 이출함"을 목적으로 실시되었다.[40] '1941대책'에서는 '과잉지역의 과잉수량의 전부'가 총독부의 통제대상이었다. 총독부는 1인당 소비량을 동일하게 간주하고, 각 도별 1년간 소비량을 결정한 후, 과잉도의 과잉미를 관리하여 부족도에 공급하거나 이출과 특수수요에 충당하도록 했다. 각 도는 총독부의 공출명령을 받으면 해당 수량을 과잉군에, 과잉군은 과잉면에 할당하였다. 또 부족도에서도 과잉군, 과잉면에 대해 과잉도와 같은 방법으로 공출을 할당하였다.

1939년에 설립되어 공출과 배급을 담당하던 조선미곡시장주식회사와 도식량배급조합은 '1941대책'에서 개편·강화되었다. 도식량배급조합은 해소되고 총독부의 자금알선과 손실 보상, 도지사의 강력한 감독 아래 도양곡배급조합(도배)이 조직되었다. 양곡의 매상은 도배에서 일원적으로 이루어졌다. 도배는 총독부의 명령에 따라 수이출분은 조선미곡시장주식회사에 매각하고, 다

---

39) 〈조선미곡배급조정령〉에 따라, 미곡업을 허가제로 하여 업자의 난립·경쟁으로 인한 배급의 불원활과 가격의 무통제를 방지하고, 총독은 긴급조치 등 필요할 때 미곡의 집하와 배급을 명령할 수 있게 되었다. 〈미곡배급통제에 관한 건〉에서 총독과 도지사는 판매 목적을 갖고 소유하고 있는 미곡을 최고판매가격으로 강제적으로 판매시킬 수 있도록 했고, 배급통제상 특히 필요할 때는 미곡의 이동 혹은 판매에 관해서도 필요한 명령을 할 수 있게 했다(岩田龍雄·金子永徽, 〈戰時下朝鮮に於ける米穀政策の展開〉 상, 《식은조사월보》, 1943. 9, 13~14쪽).

40) 《朝鮮經濟年報》(1941·1942년판), 266쪽.

른 도에 보낼 것은 부족도의 도배에게 매각하게 되었다. 도지사가 도내 수급을 위해 도배에게 매상시킨 것과 과잉도에서 매수한 미곡은 도배→府・郡・島배급조합→소매업자→일반소비자에게 배급되었다.[41] 기구의 정비로 집하에서 배급기구 말단에까지 종래의 중매인・지방미곡상・정미업자와 같은 상업조직은 배제되어 자유거래의 여지가 극히 축소되었다. 기존의 미곡업자들은 도배급조합 혹은 부・군・도배급조합의 조합원으로 편입되거나, 혹은 일정하게 구전을 받는 소매상으로 존속하거나, 아니면 배급조합에 예속된 賃搗業者의 지위로 전락하였다.[42]

통제미 이외의 나머지 미곡은 통제미 할당량의 공출이 완료되기까지는 자유시장에 출하하는 것이 금지되었다. '1941대책'부터 '조선식량정책이 고도로 통제되는 계기'를 마련하여[43] 본격적인 미곡공출이 시작되었다.

'1942대책'에서는 통제미의 개념을 분명히 하고,[44] 전년도와 마찬가지로 통제의 대상을 '과잉지역의 과잉미 전량'으로 하면서 통제의 정도는 매우 엄격하게 되었다. 첫째 전년도에는 통제미의 공출이 끝나면 통제미 이외의 미곡(부동미)을 자유로 판매할 수 있었으나, 1942미곡년도부터는 자유거래가 금지되었다. 대신 부동미도 판매를 원하면 통제미에 준하여 매상할 수 있게 되었다. 이로써 지주와 농민은 자기소유의 미곡을 자유로이 처분할 권리를 사실상 완전히 상실하게 되었다. 둘째 공출미에 대한 장려금 지급과 그에 기초한 이중미가제(공출미가와 소비자미가)가 실시되었다. 또 장려금은 생산장려금(1석당 약 3円)과 출하장려금(1석당 약 1円)으로 구분되어, 공출미가는 생산자미가와 지주미가로 나누어져서, 사실상 삼중미가제가 시행되었다.

중앙과 지방의 집하 매상 및 배급기구를 일원화하기 위해, 중앙에는 조선미곡시장주식회사를 개조하여 조선양곡주식회사를 두고, 도에는 도양곡주식

---

41) 石塚峻, 《朝鮮における米穀政策の變遷》, 36~37쪽.

42) 岩田龍雄・金子永徽, 〈戰時下朝鮮に於ける米穀政策の展開(하)〉(《식은조사월보》, 1943. 10), 3쪽.
《朝鮮經濟年報》(1941・1942년판), 262~264쪽.

43) 《朝鮮經濟年報》(1941・1942년판), 90・96쪽.

44) ① 조선총독부 통제미 : 수이출미・軍공출미・道間조작미(각 도 범위를 넘어선 미곡 융통), ② 道통제미(각 도내 과부족을 융통함), ③ 浮動米(통제의 대상에서 제외된 미곡).

회사를 설립하기도 했다. 조선양곡주식회사의 설립은 계획에 그쳤고, 조선미곡주식회사는 도양곡주식회사에 일정하게 출자를 하면서 중앙기관으로서의 역할을 모색했다. 이는 종래 각 도간의 미곡반출을 꺼리는 '블럭화' 경향을 완화하려는 조치의 일단이었다. 도양곡주식회사의 설립으로 종래 도양곡배급조합에 참여했던 지주와 미곡상은 더 이상 독립적인 미곡업자의 성격을 완전히 상실되고, 단순한 출자자나 회사의 역원이 되는데 그쳤다.45)

'1942대책'으로 통제미 이외의 부동미까지 자유판매가 금지되고, 도양곡주식회사의 등장으로 기존의 미곡업자의 독립성이 인정되지 않았기 때문에, 미곡의 자유시장은 완전히 부정되었다.

나) 식량의 전면적인 '국가관리제' 실시와 공출(1943~1945미곡년도)

1942년의 한수해의 영향으로 1943미곡년도의 식량대책은 미곡뿐 아니라 잡곡에 대해서도 광범하게 통제되었다. 1943미곡년도 식량대책을 보면 첫째, 처음으로 소위 '자가보유미제도'가 도입되었다. 생산량에서 경작자와 지주의 자가소비량 및 소요종자량을 뺀 나머지에 대해 공출명령이 내려지는 것이다. 또 이전까지 '과잉지역'의 '과잉수량'을 대상으로 하는 통제의 원칙은 모든 지역의 '전농민의 과잉수량'을 대상으로 확대・발전되었다.46)

둘째, 종래 자유 판매되었던 碎米・屑米와 같은 불량쌀 등을 포함하여 미곡이라고 불려지는 것은 모두 통제되었다. 또 맥류・잡곡 등이 광범하게 통제되어, 미곡중심의 식량대책에서 잡곡을 더하는 종합적인 식량대책으로 전환되었다.47)

셋째, 종래 공출시기를 11월~다음해 7월까지로 하였던 것을, 이번에는 11월에서 다음해 2월까지 전량 매입하게 되었다. 이전에는 미곡의 평균출하를 위해 매상 월별로 달리했던 생산장려금도 시기에 관계없이 벼 1석당 1원 50전으로 일률적으로 지급하도록 되었다. 공출시기를 앞당겨 철저하게 전량을 공출하려는 의도였다.

45) 전강수, 〈전시체제하 조선에 있어서의 미곡정책에 관한 연구-유통통제를 중심으로-〉(《경제사학》 14, 1990), 104~105・108쪽.
46) 전강수, 위의 글, 113쪽.
47) 岩田龍雄・金子永徽, 앞의 글(하), 9쪽.

넷째, 촌락이 공출의 단위가 되는 촌락책임공출제가 도입되었다. 공출은 개별 농가의 책임이 아니라 촌락 전체의 연대책임이었다. 촌락책임공출은 촌락내 농가 사이의 '자치적인' 통제로 공출을 유도하여, 할당된 공출미를 확보하려는 것이다. 또한 이는 식민지 권력기관에 대한 공출 불만을 촌락민 사이의 갈등으로 전환시키려는 일제의 고도한 농민통제의 수단이었다.

다섯째, 집하 배급의 유통에 대한 일원적 통제가 한층 진전되었다. 도양곡주식회사에서 매상한 총독부 통제미는 모두 조선미곡시장주식회사에 매각하도록 되었으며, 이 회사는 수이출입분만 아니라 조선내의 부족도에 대한 배급까지 담당하게 되었다. 이로써 조선미곡주식회사는 도양곡주식회사의 중앙기관으로서의 역할을 어느 정도 할 수 있었다.[48] '1943대책'으로 종래 통제미의 집하와 매상이 도 차원에서 종결되었던 것과 달리, 비록 총독부 통제미에 한한 것이라고 하더라도, 중앙과 지방 사이의 통제의 일원화가 크게 진전되었다. 식량의 '국가관리제' 실시 조건이 한층 확립되었다.

1943년 8월 〈조선식량관리령〉(이하 식량관리령)이 공포되어, 국가가 직접 모든 통제미의 매상과 매도를 담당하게 되었다. 공출명령을 받은 농가의 수량은 조선식량영단을 거쳐서 총독부에 집중되고, 총독부에 집중된 미곡은 조선총독이 수립하는 일정한 식량배급계획에 기초하여 다시 식량영단을 거쳐서 배급되게 되었다. 식량영단은 조선미곡주식회사와 13개 도양곡주식회사를 발전적으로 해소하고 성립된 것으로, "(국가의) 정책 요구대로 사업을 경영하는" 국가대행기관이었다.[49] 식량영단은 각 도에 지부를 두고 총독부와 일체가 되어 총독부를 대표하여 활동하였다. 중앙과 지방을 일원화하는 식량영단을 통해 미곡의 국가관리체제가 성립되었다.

〈식량관리령〉 아래 통제대상은 미맥류를 포함하여 주요 식량 전부(잡곡·전분·곡분·감저 및 가공된 면류와 빵 등 포함)였다. 1944년 농업생산책임제는 〈식량관리령〉 아래 주요 식량에 대한 공출 강화를 뒷받침하는 증산책이었다. 또 전농민(지주포함)은 자신의 소유미 중 일정량 즉, '자가소비량을 제외한 전량'을 공출해야 할 법적 의무를 지게 되었다. 할당량을 기관에 매도하지 않을

---

48) 전강수, 앞의 글, 114~115쪽.

49) 山內敏彦 외, 《朝鮮經濟統制法全書》(大洋出版社, 1945), 559쪽.

때는 체형 혹은 벌금형의 처벌로 공출을 강제했다.[50]

공출수량은 총독부에서 도, 도에서 부·군·도, 부·군·도에서 읍·면에 할당하면, 읍·면에서는 읍·면내 거주하는 경작자의 수확량과 가족수에 기초하여 '촌락을 통해 할당'하였다.[51] 촌락단위 공출할당은 1942년 10월 19일 발표된 '1943미곡년도식량대책'에 따라 이미 실시되고 있었는데, 〈식량관리령〉으로 법적 뒷받침을 받게 되었다. 〈식량관리령〉의 특징은 종래 실시해온 식량대책을 법적으로 확인하고 국가관리의 방향에 따라 이를 강화하는데 있었다. 일제가 행정력을 동원하여 정책을 관철시키고, 나중에 법령을 정비하는 과정을 여기서 확인할 수 있다.

〈표 4〉 미곡공출의 실적

(단위 : 천석)

	생산량 a	할당량 b	공출량 c	농가보유량	1인당 보유량	c/a(%)
1941	25,527(100)	–	9,208(100)	12,319(100)	0.725(100)	42.8
1942	24,886(97)	–	11,255(122)	13,631(111)	0.795(110)	45.2
1943	15,687(61)	9,119	8,750(95)	6,937(56)	0.401(55)	55.8
1944	18,719(73)	11,956	11,957(130)	6,762(55)	0.393(54)	63.9
1945	16,052(63)	10,541	9,634(105)	6,418(52)	0.373(51)	60.0

* 전강수, 〈전시체제하 조선에 있어서의 미곡정책에 관한 연구－유통통제를 중심으로－〉(《경제사학》 14, 1990), 132쪽.

비고 : 연도는 미곡년도, 1인당 보유량의 단위는 석.

공출제가 본격적으로 실시되는 1941미곡년도 이후 공출의 실적을 보면 〈표 4〉, 전체적으로 생산량에 대한 공출량의 비율이 증가하고 있었다. 1943·1944미곡년도의 공출비율이 크게 상승하고 있었다. 1943미곡년도는 촌락공출책임제가 실시되고, 1944미곡년도부터는 공출사전할당과 〈식량관리령〉이 실시된 결과, 생산량 대 공출량은 이전의 40~50%에서 약 64%로 크게 증가하였고, 할당량을 100% 공출하는 실적을 올렸다.

1944년산 미곡은 사전할당제를 뒷받침하여 생산책임제가 실시되었다. 또

50) 조선식량영단, 《朝鮮食糧營團槪況》(1944), 1·5쪽.

51) 조선식량영단, 《朝鮮食糧營團槪況》, 2쪽.

공출할당량의 90%, 100%를 넘는 실적을 올린 촌락에 대해서는 장려금과 보장금을 지급하기로 하고, 촌락내의 배분은 각 농가의 초과공출량에 따라 지급되도록 했다.[52] 그러나 실제로 사전할당량이 과다하게 책정되어 있었기 때문에 장려금과 보장금을 받는다는 것은 극히 어려웠을 것으로 본다. 1944년 미곡의 생산책임량 2,600만 석에 대해 실제 수확량은 1,600만 석에 그쳤지만, 생산량의 60%가 공출되었다. 〈식량관리령〉 실시 이후 공출의 증가와 함께 농가보유량은 더욱 감소하여 생산량의 50%대에 그쳤으며 농민들의 식량곤란은 그만큼 심각할 수밖에 없었다.

다. 말단 촌락의 공출 실태와 농가 경영의 파탄

공출의 강화는 소비억제를 야기하였다. 소비통제는 1939년 대한해를 겪으면서 농촌에서 실시되었고, 도시는 1940년 5월부터 경성을 중심으로 배급통제가 실시되었다. 그리고 '1941대책'에서는 총독부가 1인당 연간 소비량을 정해 각 도에 소비수량을 지시하면, 도, 읍·면은 월별 양곡소비량을 정하고 이를 매월 현재량과 대비하여 양곡의 소비를 통제했다. 節米를 위해 총독부, 각 도 이하 기관은 국민정신총동원연맹과 긴밀한 연락을 취하고, 지방에서는 절미장려위원회를 관민으로 구성하여 대용식과 혼식 등 소비규정의 철저화를 도모하였다.

1941미곡년도부터 공출이 본격적으로 실시되면서, 1940년 11~12월에 많은 혼란이 야기되었다. "자유경제로부터 단절된 농민은 도배의 매상에 의혹 … 대금지불의 지연과 강제저축, 검사의 엄밀에 우려 … 생활비의 핍박" 등으로 암거래와 현물은닉으로 자기보존을 강구했다.[53] 또 같은 해 작황이 부진한 일본으로 '최대한 미곡'을 이출하기 위해, 1인당 1일 소비량 2합 3작을 2합 1작으로 낮추어, 1941년 4월부터 7개월간 확보한 수량을 보내기로 하고, 추가공출을 하였다. 그러나 이 무렵 벌써 농가의 양식이 떨어졌는데도, 일제는 가택수사까지 강행했다. 농민은 "이후 공출이라고 하면, 수량의 여하에 불구하고 절대로 이를 배격하는 풍조"가 생겼고, 영농기피로 대응했다.[54]

52) 石塚峻, 앞의 책, 57쪽.

53) 《朝鮮經濟年報》(1941·1942년판), 258쪽.

1942미곡년도에는 종래의 대용식과 혼식의 장려는 물론, '식량 자체의 감축'까지도 감수할 것을 요구하고 있어, 식량사정은 질적·양적으로도 열악할 수밖에 없었다. 1943미곡년도는 공출시기를 앞당겨 지주를 포함한 모든 농민의 자가소비량 이외 전량을 공출하도록 했는데, 공출의 엄격한 시행만큼 소비는 감소할 수밖에 없었다.

모든 농가의 자가소비량 이외 전량을 짧아진 공출기간 안에 공출시키기 위해, 일제는 농가의 생활권인 촌락 자체를 통제하는 조치를 취해, 부락연맹 이사장의 책임 아래 촌락 단위 공출책임제를 실시했다. 부락연맹마다 이사장은 도→군→면을 통해 촌락에 할당된 일정량을 직접 호별 할당을 하거나, 각 애국반에 할당하면 각 애국반에서 호별 할당을 하였다. 이사장은 직접 혹은 애국반장을 통해 애국반원들을 동원하여 할당량을 이사장 또는 애국반장의 마당이나 소재 촌락의 일정한 장소로 집결시켰다. 그리고 공동탈곡과 조제가 끝나면, 공출미곡은 현장에서 바로 매상장소로 운반되어 도양곡주식회사로 인도되었다. 군면 직원·경찰·농회 직원 등으로 구성된 독려반은 공출 전에 선전과 독려를 위해 마을에 오거나 공출 당일 참석하기도 했다. 또한 공출성적을 올리기 위해 면포·고무화 등 생필품의 배급과 연계시키기도 했다.[55] 1943미곡년도에는 할당한 공출량을 완전히 거두기 위해, 총독부는 공출성적이 우수한 군·읍·면·촌락에 대해 면포·양말·타올 등 생활필수품, 비료와 농기구 등 영농상 필요한 물자, 생선류 등을 특배 혹은 우선 배급하기로 했다.[56] 이로써 공출과 배급의 연계는 전국적으로 보편적인 현상이 되었다. 이로써 1943미곡년도는 생산량 1,568만 석으로 전년도보다 900만 석 가량이 격감했는데도 불구하고, 생산량의 55.8%를 공출할 수 있었다.

농민들의 공출에 대한 불만과 저항의 원인은 여러 가지가 있었지만, 그 중에서 생산량을 초월한 과도한 할당량을 지적할 수 있다. 권력기관이 계산한 수확예상량과 실제수확량 사이에는 막대한 차이가 발생했다. 관리들

---

54) 大藏省 管理局, 《日本人の海外活動に關する歷史的調査》, 52쪽.
55) 法務局 刑事課, 《現下食糧事情ヲ繞ル治安對策》(정부기록보존소 소장문서 no. 194, 1942), 534~536·546~548·619·627~629쪽.
56) 岩田龍雄·金子永徽, 앞의 글(하), 10쪽.

의 '탁상 숫자 조사'와 '행정 기술의 졸열', '업무 성과의 부풀리기' 등이 원인이 되어, 과도하게 할당이 되었다. 장흥군의 경우, 1942년 보리 수확은 전년에 비해 2할이 감소했는데도 공출량은 이전보다 9배가 넘는 경우까지 야기했다.[57]

이런 과도한 할당은 당연히 공출 부진으로 이어졌으며, 일제는 할당량을 채우기 위해 군면 직원과 특히 경찰을 앞장 세워 무리하게 공출을 강행했다. 황해도 경찰부는 1942년 8월 관할 경찰서에 공출독려에 참가할 것과 예정수량의 확보와 관련된 지침을 하달하였다. 면 단위 주재소는 경찰서에서 지원나온 경찰에게 주재소를 맡기고, 지방 실정에 밝은 주재소 순사들이 촌락별로 공출확보에 나섰다. 경찰은 이전부터 '청결일' 행사라고 하여 각 집안의 대청소 상황을 검사하였지만, 이면으로는 그 집안의 구석구석을 살피면서 때로는 은신처가 될만한 곳 혹은 양식 보관 장소 등을 파악하고 있었다. 따라서 경찰의 활동이 강한 지역은 성적이 다른 지역보다 좋았는데, "공출사무에서 절대 경찰원조가 없어서는 도저히 중책을 수행하는 것은 불가능"하다고 할 정도로, 공권력을 앞세워 폭력적 공출이 강행되었다.[58] 자가소비량을 제외한 전량을 공출시킨다고 하지만, 실제로는 자가소비량까지 공출당하는 사태도 적지 않았다. 또 즉시배급을 약속하고 전량을 공출시키는 경우도 있었다.

무리한 공출 강행에 따른 농민들의 대응 양상은 다음과 같았다.

첫째, 공출 기피이다. 탈곡 제조하여 미리 먹어버리거나, 집안 혹은 산중 마을 밖으로 은닉하여 공출을 기피하는 경우이다. 이런 대응은 당시 매우 보편적인 현상이었다. 행정기관과 경찰이 연합하여 부족한 할당량을 채우는 과정에서, 때로는 이미 책임량을 완수했는데도 다시 가택수색을 당하고 추가로 공출당하는 경우도 빈발했다. 이런 경우는 反官 감정을 크게 자극했다. 공출을 완료했든 못했든 관의 압력을 받고 시달리는 것이 마찬가지가 되자, 농민들은 끝까지 기피하다가 "얼마간 공출을 하여, 책임을 면하는 것이 득책"이라는 처세술까지 터득하게 되었다.[59]

57) 法務局 刑事課, 《現下食糧事情ヲ繞ル治安對策》, 308・309・432・450쪽.
58) 法務局 刑事課, 《現下食糧事情ヲ繞ル治安對策》, 186・190・221쪽.

둘째, 怠業 혹은 경작지 감소이다. "만약 풍년이어도 전부 공출하지 않으면 안되기 때문에 소지하는 미곡은 결국 똑같다"고 하듯이, 애써 노력해도 자신에게는 잘해야 자가소비량만 떨어지는 실정에서 생산의욕은 감퇴될 수밖에 없었다. 또 "자신의 필요 이외의 농지를 경작할 필요가 없기 때문에 자신이 필요한 만큼만 농업하면 좋(다)"며 소작 경지를 줄이는 경향도 많았다.[60]

셋째, 離農이다. 1942년 경북 농가 호수 34만 호 중, 17만 7,000호는 5반보 미만의 영세농이고, 그 중 6,500호는 노동 겸 농업에 종사하고 있었다. 이들은 식량통제 아래 배급에 의존할 수밖에 없는 처지에서 식량부족으로 때로는 소작을 그만두고 이농하는 계층이기도 했다.[61] 이런 상황에서 "관내 알선되고 있는 노무자의 공출"에 "소작인 등이 당국에 탄원하는 자가 할당수의 3~4배"에 달하는 사태까지 벌어졌다.[62]

넷째, 공출에 대한 정면 저항이다. 경찰을 비롯한 행정기관의 무리한 공출 실행에 대해 당국자도 "이제까지 상당히 강제적으로 착취한 실상에 있음"을 인정할 정도였다.[63] 이런 공출에 대해 농민들은 직접적인 행동에 나서기도 했다. 경남 울산군에서는 생산자·소비자를 가릴 것 없이 소지한 양식까지 우선 공출시킨다는 방침 아래 매상을 강행하자, 주민 300명(남자 100, 여자 200)은 면사무소에 가서 양식의 배급을 교섭했고, 면장과 경찰관은 "새로운 事案의 발생이 예상"되자 서둘러 배급을 알선하여 해산시켰다.[64] 함북 명천군 하고면 반산동 농민 약 60명은 구장·자위단장을 중심으로 식량문제를 토의한 뒤, 전원이 면사무소에 가서 식량을 요구하였다. 관할 명천서에서는 사태를 중시하고, 현장에서 高粱 3포대를 특배하여 사태를 진정시켰다고 한다.[65]

당시 식민지 권력기관은 식량공출로 인한 치안불안을 크게 우려했고, 도·

59) 法務局 刑事課, 《現下食糧事情ヲ繞ル治安對策》, 357쪽.
60) 法務局 刑事課, 《現下食糧事情ヲ繞ル治安對策》, 135·222쪽.
61) 法務局 刑事課, 《現下食糧事情ヲ繞ル治安對策》, 360쪽.
62) 法務局 刑事課, 《現下食糧事情ヲ繞ル治安對策》, 231쪽.
63) 法務局 刑事課, 《現下食糧事情ヲ繞ル治安對策》, 345쪽.
64) 〈緊急食糧對策實施ノ反響〉(《經濟治安日報》 50, 1942), 301쪽.
65) 法務局 刑事課, 《現下食糧事情ヲ繞ル治安對策》, 161쪽.

군면·경찰·헌병까지 사찰과 감독, 순시를 할 뿐 아니라, 사복원을 밀파하거나 혹은 호구조사 등 기회가 있을 때마다 민심의 동향을 파악하는데 분주했다. 일선 경찰서와 주재소를 통해 도 경찰부와 경무국, 지방법원 등 상급기관에는 우려할만한 치안상황에 대한 보고가 계속되었다. 위와 같이 농민의 정면 저항 움직임을 조기에 해결하려고 시도하기도 했지만, 다른 경우는 저항자에게 신체적 가혹행위까지 가하기도 했다. 또 〈식량관리령〉의 공포로 공출거부자에 대한 처벌이 합법화되었다.

공출 미곡의 공정가격은 평균생산비에도 미치지 못하였고, 일반 필수품의 구입가격 등과 비교해도 저렴했다. 공출미의 실질매상가격이 현미 1석당 1943~1944년 각각 56원, 61.9원인데, 평균생산비는 60.6원, 69.5원이었다.[66] 또 물가지수와 현미 평균가격의 지수를 비교하면, 1941년 6월 도매물가지수 171.04에 대해 현미 가격지수는 135.95이다.[67] 농민들은 자가소비량까지 포함된 미곡을 생산비에도 못미치는 가격으로 공출당하였다. 또 탈곡하지 않은 벼를 싼가격으로 공출하고, 이후 배급가격은 공출가격보다 상당히 비싸 농민의 불평을 크게 샀다. 예를 들어, 탈곡하지 않은 粗麥 1가마니를 직접 탈곡하면 정맥 2두 4승을 얻는데, 이를 공출하고 받은 대가로 배급 정맥을 구입하면 1두 4승에 불과했다.[68] 또한 일제는 공출 대가가 바로 시중에 풀려 인플레이션 야기를 방지한다는 명목으로 전액 지급하지 않고 강제로 원천저축을 강행했다. 1941년의 경우 미곡 공출대금의 13.5%가 강제 저축되었고 1942, 1943년에는 그 비율이 각각 14%, 26.6%로 증가하였다.[69] 이로써 전시체제하 미곡공출제의 수탈성은 분명하게 드러났다.

일제는 제국 전체의 식량정책에서 볼 때, "조선미는 생산과 수요의 탄력성이 크다"고 했다.[70] 조선미의 탄력성은 증산과 소비 감소로 담보되었다. 1943미곡년도에서는 연령별·노동종류별 미곡의 차등배급제를 실시하여 소

66) 전강수, 《식민지 조선의 미곡정책에 관한 연구》(서울대 박사학위논문, 1993), 200쪽.
67) 岩田龍雄·金子永徽, 앞의 글(하), 12쪽.
68) 法務局 刑事課, 《現下食糧事情ヲ繞ル治安對策》, 11쪽.
69) 조선금융조합연합회, 《國民貯蓄造成運動に關する資料》 5(1945), 100쪽.
70) 《朝鮮經濟年報》(1941·1942년판), 247쪽.

비통제를 엄격히 강화하기도 했다. 또 미곡의 소비를 대체할 수 있는 잡곡의 중요성이 커졌다. 1940년 7월 〈잡곡등배급통제규칙〉의 공포로 맥류 등도 통제대상이 되었다. 만주의 잡곡은 조선미 이출량을 강화하면서 그 대체 양곡으로 수입되었으나 수송상의 문제 등으로 여의치 않았다.

〈표 5〉 맥류 공출상황

(단위 : 천석)

내역 / 연도	생 산 량	할당량	공출량	농가보유량	생산량에 대한 비율	
					공출실적	농가보유
1940	9,236(100)	1,650	1,415(100)	7,821	15.3%	84.7%
1941	8,565(92.7)	2,674	1,699(120)	6,866	19.8	80.2
1942	7,305(79.1)	2,853	1,529(108)	5,976	18.2	81.8
1943	6,323(68.5)	1,638	1,593(113)	4,730	25.2	74.8
1944	8,142(88.2)	3,221	3,076(217)	5,066	37.8	62.2

* 《조선경제통계요람》, 37쪽.

〈표 5〉를 보면, 맥류 생산량이 1940년 923만 6,000석(100)에서 1944년에는 814만 2,000석(88.2)으로 100만 석 이상 감소하였는데 반하여, 공출할당량은 165만 석에서 322만 1,000석으로, 실제 공출량 역시 141만 5,000석에서 307만 6,000석으로 2배 이상으로 증가하였다. 이에 따라 생산량에 대한 공출량의 비율은 15.3%에서 37.8%로 증가하는데 반하여 농가 보유량은 84.7%에서 62.2%로 감소되는 현상을 나타냈다. 그리고 미곡의 1인당 소비량은 〈표 4〉와 같이 1941년 0.725석에서 1945년 0.373석으로 50%가 감소했고, 미곡과 잡곡을 합친 1인당 소비량은 1941년 1,439석에서 1944년 1,073석으로 줄었다.[71]

식량부족으로 공장과 작업장에서 노동자의 능률 저하의 문제가 크게 대두되었고, 도시의 배급 사정도 갈수록 악화되었다. 농가의 경우는 식량을 생산한다는 이유로 원칙적으로 배급이 금지되어, 식량사정이 더욱 악화되었다. 1942미곡년도부터는 자유거래가 완전히 금지된 점도 식량악화를 한

71) 조선은행조사부, 《조선경제연보》 Ⅲ, 28쪽.

층 심화시켰다. 경북 상주군 사벌면은 호수 1,926호의 대부분이 농가인데, 비농가의 식량과 기타 용도로 배급을 실시하자, 배급을 받으려고 집합한 자가 약 500명이었다. 대부분 농가인데 전체 호수의 1/4이 배급을 요청하는 현실은 전시농업정책의 파탄을 증명하는 것이다. 500명 중 331명에게 배급되었다.[72)]

종래부터 춘궁기를 넘길 대책으로 초근목피가 구황식물로 취급되어 왔다. 이 시기 총독부는 농민들에게 이것을 주식으로 할 것을 조직적으로 권장하는 등 전시식량정책의 하나로서 초근목피의 광범한 활용을 지도하였다.[73)] 해초·山野草·樹實 등을 대용식으로 만들기 위해, 道의 통제 아래 아동·부녀자 등이 조직적으로 동원되어 채취하였다.[74)] 1942년 명천지방은 농가 총 호수 14,430호 중 초근목피를 '주식'으로 하는 경우가 1,646호, 즉 1할 이상에 달하였다.[75)] 가까이에서 초근목피를 구할 수 있다는 점도 공출을 강화시켰던 요인이었다. 이렇게 초근목피를 식용하면서 독이 있는 풀을 먹고 그것을 해독하기 위해, 소를 잡아먹어야 하는 사태까지 벌어졌다. 또 영농비료로 배포된 대두박을 죽에 섞어 식용하는 경향조차 늘어났다.

3) 노동력 동원정책과 노동력 수탈

(1) 노동력의 수요 증대와 노동력 조사

중일전쟁 발발 이래 조선은 소위 대륙병참기지로서 군수 생산력확충 중심의 산업이 발전하여 노동자의 수요도 급증하고 있었다. 여기에 1939년부터 실시되는 일본의 노무동원계획으로 조선인 노동자의 요구는 해마다 증가하였다.

총독부는 국내외 수요에 대처하기 위해, 1940년부터 노무동원계획을 수립했다. 1940년 9월 말 현재 조선내 노무동원계획이 있는 산업을 보면, 군수 1

---

72) 法務局 刑事課, 《現下食糧事情ヲ繞ル治安對策》, 359쪽.
73) 井垣圭復, 《救荒指南》(本草榮養硏究所, 1943).
74) 近藤釼一 편, 《太平洋戰下終末期朝鮮の治政》(1961), 92쪽.
75) 法務局 刑事課, 《現下食糧事情ヲ繞ル治安對策》, 479쪽.

만 명, 생산력확충 35만 명, 수출 12만 명, 운수통신업 35만 명, 토목건축업 28만 명, 생활필수품 및 생산력확충 부대산업 16만 명으로 총 127만 명(남자 115만 명, 여자 12만 명)이었다. 그리고 이들 산업부문에 대한 1940년과 1941년 노동자 신규수급계획은 〈표 6〉과 같이 각각 42만 5,000명, 42만 명이었다. 국내 군수 생산력확충 방면 등에 약 30만 명, 일본 등지로 13만 정도가 필요했다. 또 공급 방면에서 농촌에서 동원할 수 있는 비율이 전체 중, 약 59%·66%를 차지하고 있다.[76] 농촌에서 동원되는 이들은 기술이 없고 숙련되지 않았기 때문에 단순하지만 고된 육체 작업에 배치되었다.

〈표 6〉 1940·1941년도 노동자 신규수급계획

내역 \ 연도		1940	1941
수 요	군수 생산확충, 그 부대산업	148,000명	167,000명
	위의 감소보충요원	150,000	123,000
	일본·사할린 등지	97,000	100,000
	만주개척민	30,000	30,000
	소 계	425,000	420,000
공 급	신규학교졸업자	57,000(13)	81,000(19)
	농촌에서 공출	250,000(59)	277,000(66)
	도시에서 공출, 물자동원관계 등의 이직자	118,000(28)	54,000(13)
	일본으로부터 이주자		8,000(2)
	소 계	425,000(100%)	420,000(100%)

* 〈제77회 제국의회설명자료〉, 《大野綠一郎文書》 no. 1226.

한 자료에 따르면 자연 증가하는 인구수는 연평균 36만 명이며, 그 중 생산인구의 자연증가는 10만여 명이라고 한다.[77] 이에 따르면 위와 같은 국내외

76) 권병탁은 해외로 강제 동원되었다가 귀국한 사람 중에서 414명을 무작위로 표본 조사한 결과, 동원 당시 85.5%가 농업에 종사하고 있었다고 보고하였다(권병탁, 《한국경제사》, 박영사, 1984, 457쪽).

77) 조선은행조사부, 《大戰下の半島經濟》(1944), 26쪽.

신규노동력 40만 명을 확보하기 위해서는, 기존 인구구성을 재편해야 했다.

일제는 조선인 노동력의 수급원으로 다음을 검토했다.[78] 첫째 직업별 인구의 분배로 무업자, 급하지 않은 부분의 직업종사자, 농업종사자 등에서 각 직업별로 적당하다고 인정되는 일정 비율에 따라 공출가능인구를 산정했다. 〈표 6〉의 '도시에서 … 이직자'가 공급인원의 28%·13%를 차지하는 점은 이 직업별 인구의 분배방식에 근거한 것이다. 1944년부터 본격적으로 전개된 기업정비도 노동력 동원의 수단이었다.

둘째, 농촌재편성의 차원에서, 각 지방별로 농가 1호당 이상경지면적을 상정하고, 이에 기초하여 전국 이상농가 수를 산출하여, 현재 농가 호수에서 이상농가 수를 뺀 나머지를 과잉호수로 측정하여 다른 산업으로 돌리는 방법이다.

셋째, 총독부는 1938년 이래 매년도 상당한 예산으로 노무자원조사를 실시하고 있었는데, 그 방법은 전국 각 동리에 대개 노무자원조사원 1명을 두고, 일정한 경지면적 미만의 경작에 종사하는 소작농과 농업노동자를 실지조사하여, 일정한 표준에 따라 출가가능자수과 출가희망자를 파악하고 있었다.

일제는 도시와 농촌인구를 대상으로 동원가능한 인원을 조사하는 한편, 노동력의 양과 질·소재를 정확히 파악하여 노동력 수탈의 기초자료로 이용하기 위해, 〈국가총동원법〉 제21조에 근거하여 직업능력을 조사하고 등록을 강제시켰다. 1939년 1월 공포된 〈국민직업능력신고령〉은 16~50세 미만의 일정한 기능자를 등록대상으로 하였는데, 1941년 6월 개정으로 모든 직업에 종사하는 자로 적용대상이 확대되었다. 또한 1941년 10월 청장년국민등록제의 실시로 기능의 유무와 상관없이 16~40세 미만의 남자는 등록이 의무화되었다. 그리고 1944년 2월 〈국민직업능력신고령〉의 개정으로 기능자등록제와 청장년국민제가 통합되어 국민등록제가 되었고, 등록범위는 12~50세 남자로 확대되었다.[79] 등록된 기술자와 국민등록자의 현황을 보면, 기술자(기능자)

78) 조선총독부 사정국 노무과, 〈朝鮮の勞務に就て〉(《朝鮮勞務》 3-2·3, 1943. 8), 12쪽.

79) 안병직, 〈'국민직업능력신고령'자료의 분석〉(안병직·中村哲 공 편저, 《근대조

는 1939년 18만 7,559명, 1940년 24만 1,259명, 1941년 31만 4,053명, 1942년 36만 9,503명, 1943년 39만 4,093명, 1944년 5월에는 40만 5,067명으로 5년 동안 2.2배가 증가하였다. 또 1943년 9월 현재 등록된 남자 청장년은 일본인까지 포함하여 319만 4,969명이며, 1944년 등록예상수는 687만 5,545명이었다.[80] 1944년에는 기능자와 청장년 등록제가 통합되고 등록대상도 확대되어 기술자 40만 명과 함께 청장년 약 680만 명이 등록될 예정이었다.

국민직업능력신고제가 노동력에 대한 개별적 조사라면 1941년 4월 〈노동기술통계조사령〉은 노동력에 대한 종합적이고 통계적인 조사로, 사업주를 단위로 전국 노동자의 인원과 이동상황을 명확히 파악하기 위한 것이다. 노동기술통계조사는 1941년 8월부터 1944년 6월까지 4회에 걸쳐 실시되었고, 그 결과는 노동력 동원과 임금통제의 근거자료로 활용되었다.[81] 또 1942년 3월 1~10일 사이에 만 18~19세의 청년을 대상으로 체력검사가 전국 일제히 개시되었다.[82] 일제는 이렇게 노동력 조사를 통해 노무동원의 기초자료를 준비했다.

당시 농촌이 '노동력 저수지'인 만큼, 일제는 농촌 과잉노동력의 소재와 인원을 조사했는데 그중 1940년 3월부터 실시한 '노무자원조사'를 보면 다음과 같다. 1936년도의 각 도 경지면적을 이상면적으로 나누어 이상호수를 산출하고, 이것을 1939년도 현재 호수와 비교하여 과잉호수를 파악한 것이다. 이 결과에 따르면 1939년 농가 호수 305만 호의 1/3에 해당하는 102만 호가 과잉호수였다. 남자 24만 2,316명, 여자 2만 767명, 합계 26간 3,083명의 출가(전업)희망자수도 조사했다. 이 조사에 대해 당시 경남북도의 도지사는 '사실이상의 숫자'라고 지적했듯이 정확한 숫치는 아니었지만,[83] 일제는 이런 조사 내용을 노무동원의 기본자료로 삼았다.

선 공업화의 연구》, 일조각, 1993).

김성례 · 강정숙 · 서현주, 〈일제말기 노동력 수탈정책－법령을 중심으로〉(《일제식민지정책연구논문집》, 광복50주년기념사업회, 1995), 8~11쪽.

80) 近藤釼一 편, 《太平洋戰下の朝鮮》 4, 175~177쪽.

81) 곽건홍, 《일제하 조선의 전시 노동정책 연구》(고려대 박사학위논문, 1998), 58쪽.

82) 국사편찬위원회, 《日帝侵略下韓國三十六年史》 13(1978), 64쪽.

83) 海野福壽, 〈朝鮮の勞務動員〉(《近代日本と植民地》 5, 岩波書店, 1993), 114쪽.

(2) 노동력 동원의 방식과 규모

가. 모집·관알선·징용

일본정부는 군수산업의 노동력 수요 급증과 병력동원에 따른 노동력부족 현상을 타개하기 위해, 1939년부터 노무동원계획을 수립하였다. 이 계획 중의 하나가 조선인 노동자의 '이입'과 생산현장에 대한 배치였다. 총독부는 국내외 노동력 수요에 대처하기 위해 노동력의 동원방식을 모집·관알선·징용 등으로 강화하였다.

첫째, '모집'은 1910년 이래 일본의 탄광, 댐공사 등에 필요한 조선인 노동자를 동원하는 방식이었다. 1939년 7월 일본정부는 조선인 8만 5,000명의 '공급목표'를 포함한 1939년도 노무동원계획을 결정하였다. 이로써 전시체제 '모집' 방식의 노무동원이 개시되었다. 모집수속은 우선 후생성으로부터 고용인가를 받은 사업주가 조선총독부의 모집허가를 받아, 지정된 지역에서 할당수를 모집하여 집단 도항시키는 것이다. 노무고용자·고용조건·모집지역·모집기간·수송방법 등 모두가 후생성, 조선총독부와 그 하부기관의 계획과 통제 아래 이루어졌다.

1939년 대한해의 구제사업으로 총독부는 이재민 중 5만 1,176명을 조선내 토목건축공사, 광산 방면의 노동자로 취업을 알선하고 또 일본 2만 2,608명, 만주개척민 849호를 알선, 이주시켰다.[84] 1939년 일본으로 모집방식의 동원이 이루어졌던 배경에는 이재농민을 포함한 영세농이 존재하였다.

둘째, '관알선'이다. 총독부는 국내외 노동력 수요 급증에 대한 동원력을 높이기 위해, 국가권력의 조직적인 개입이 필요하자, 1934년부터 수행해 오던 관알선을 재정비했다. 1940년 12월 〈조선직업소개소령〉에 따라 부·읍·면 행정기관은 직업소개사업에 종사할 수 있게 되었고,[85] 또 같은 해 10월 총력운동의 실시로 지방연맹의 조직망이 구축되어, 필요한 노동력을 동원할 수 있는 제도장치가 보완되었다. 1941년 6월 조선노무협회가 총독부 산하에

84) 《朝鮮經濟年報》(1941·1942년판), 62쪽.
조선총독부 사정국 사회과, 《昭和十四年旱害誌》, 181~182쪽.

85) 허수열, 〈조선인 노동력의 강제동원의 실태-조선내에서의 강제동원정책의 전개를 중심으로-〉(차기벽 엮음, 《일제의 한국 식민통치》, 정음사, 1985), 320쪽.

설치되어 동원사무가 일원화되고 강화되었다. 노무동원기구가 보강되어 가자, 총독부는 1941년 3월 〈조선인노무자 내지이입알선요강〉을 공포하고 1942년 2월 '관알선' 방식에 따라 일본으로 노무동원을 실시하였다.

일본내 알선수속은 일본에서 고용인가를 받은 사업주가 제출한 알선신청에 대해 총독부는 사정 승인한 인원을 도별로 할당하고, 할당받은 도는 군과 직업소개소를 통해 면에 인원을 할당하여 조달하는 것이다.[86] 조선내 알선수속은 사업주가 노동자사용계획서를 11월 말일까지 사업지를 관할하는 도에 제출하면, 도는 이에 의거하여 '所要勞動力數調書'를 작성하고, 이 조서와 '노무자원조사'의 결과에 의거하여 '도내노무조정계획'을 수립 후, 이를 12월 20일까지 총독부에 보고하도록 되었다. 총독부에서는 각 도의 노무조정 계획서를 수합하여 '본부노무조정계획'을 수립하여 다음해 1월 20일까지 각 도에 시달한다. 도는 부·군을 통해 읍·면에 할당하고, 읍·면은 '出稼(轉業)희망자' 및 '출가(전업)가능자' 명부를 작성하여 두었다가, 국민총력읍면연맹 및 부락연맹의 협력을 받아 노동자를 공출하는데, 이 때 경찰과 긴밀히 연락하여 원활히 공출하도록 되었다.[87]

이같이 식민지 행정기구를 축으로 노동력 조달기구의 계통화·일원화는 할당인원에 대한 실행율을 높이기 위한 것이다. 조선인 노동자의 일본 이입계획수는 1939년 8만 5,000명, 1940년 8만 8,000명, 1941년 8만 1,000명에서 관알선이 시작되는 1942에는 12만 명으로 크게 늘었으며, 실제 이입수도 1941년 5만 3,482명에서 1942년 9만 6,010명으로 계획수에 대한 이입실수의 비율도 66%에서 80%로 증가하였다.[88]

셋째, 〈징용령〉은 1939년 7월 공포되어 1944년까지 다섯 차례 개정되었다.

---

86) 〈勞務動員實施計劃ニ依ル朝鮮人勞務者ノ內地移入斡旋要綱〉(《復命書綴》, 정부기록보존소 소장문서 no. 88-12).

87) 조선총독부, 《朝鮮總督府勞動者斡旋要綱竝ニ同細則》(1941), 《復命書綴》소수. 각 도에서도 관알선의 내부지침이 마련되었다. 경상남도의 경우, 공출할 수 있는 노동자를 경찰과 함께 부락연맹마다 그 명부를 작성한 뒤, 읍·면은 할당이 있을 때마다 명부에 따라 노무자를 선출하여 조달하고 있었다(경상남도 노무과, 《勞動關係法令集》, 1944 ; 樋口雄一, 《戰時下朝鮮の農民生活誌》, 247~249쪽).

88) 海野福壽, 〈朝鮮の勞務動員〉, 106쪽.

1943년 개정 이전에는 특별히 사유가 있는 경우를 제외하고 인원 모집의 보충적 방법으로 필요한 경우에만 발동하도록 되었는데, 1943년 개정으로, "국가의 요청에 기초하여 제국신민으로 하여금 긴요한 총동원업무에 종사시킬 필요가 있는 경우"는 자유모집으로 소요인원의 확보 여부와 관계없이 〈징용령〉을 발동할 수 있게 되었다.[89] 징용은 국가권력으로 노무를 일방적으로 명령하고, 피용자는 그 의사와 관계없이 노무에 복무해야 하며, 징용을 거부할 때는 처벌을 감수해야 했다. 징용은 "일정수의 인원을 반드시 채우지 않으면 안되며, 징용에 의존"한다고 하듯이[90] 다른 동원방식보다 가장 강력한 동원력을 발휘하여 동원계획을 완전히 달성하기 위해 실시되었다. 다나카(田中) 정무총감 스스로 밝혔듯이 관알선도 본인의 의사를 무시한 '강제공출'인[91] 점에서는 징용과 같지만, 법적 제재가 뒷받침되지 않은 차이가 있었다. 따라서 징용이 실시되면서 일부를 제외하고 다른 방식보다 징용으로만 노무동원을 도모하려는 경향이 나타나게 되었다.[92]

조선에서는 징용은 1941년 군요원에 한해 실시되었다. 근로보국대와 같은 광범한 동원수단이 있고, 조선민중의 반발이란 정치적 이유도 고려하여 전면적인 실시는 1944년 2월 이후부터였다. 우선 공장·광산의 현원징용이 있었고, 8월부터 일반노무자의 징용이 시작되었다.

나. 근로보국대

모집·알선·징용이 주로 정규 노동력을 조달하는데 사용되었다면, 근로보국대는 정규 노동력을 보완하기 위한 수단이며 주로 국내 동원을 목적으로 한다. 근로보국대는 1938년 6월 정무총감이 〈학생생도의 근로봉사작업실시에 관한 건〉이란 통첩을 발표하면서 시작되었다. 학생들이 근로보국대에 편입되어 생산활동에 동원되면서, 각 도에서도 일반인을 대상으로 근로보국대를 조직하였다. 이 때는 국민정신총동원운동의 전개와 맞물려 정신동원 즉 황민화운동의 성격이 강했고, 노동력 활용은 다소 이차적인 성격을 띠었다. 그러나

89) 山内敏彦 외, 《朝鮮經濟統制法全書》, 463쪽.
90) 大藏省 管理局, 《日本人の海外活動に關する歷史的調査》, 72쪽.
91) 국사편찬위원회, 《日帝侵略下韓國三十六年史》 13, 644쪽.
92) 大藏省 管理局, 《日本人の海外活動に關する歷史的調査》, 68~69·72쪽.

1939년 후반부터 토목·건축노동력이 부족한 형세를 보이면서 근로보국대는 노동력 동원방식으로 대두되었다. 1940년 근로보국대의 출동인원은 경기도 3만 2,446명, 충청북도 3,561명, 전라남도 6만 4,078명, 경상북도 1만 6,583명, 황해도 6만 7,797명, 평안남도 1만 7,380명, 평안북도 25만 6,480명, 강원도 11만 6,362명, 함경남도 1,054명, 함경북도 7만 6,740명, 합계 65만 2,481명이었고, 이외 경남에서도 일부 근로보국대의 활동이 있었다.[93] 1940년의 출동실적과 그해 말 총력운동의 전개는 근로보국대의 결성에 하나의 전기가 되었다.

원칙적으로 모든 개인이 편입된 총력운동은 전시동원정책의 실천기구였다. 총력연맹은 1941년 9월 21일~11월 20일까지 國民皆勞運動을 전개했는데, 이를 계기로 총력운동의 실천조직으로서 근로보국대가 전국적으로 결성되었다. 개로운동은 현재 생업에 종사하는 사람 또 무업자 등을 포함하여 노동능력이 있는 사람들에게 노동을 통한 '報國'을 주입시키면서, 노무동원을 대비하기 위한 것이었다. 이 기간에 모든 사람은 소속된 애국반 단위의 근로작업에 참여해야 하고, 연령 14~40세의 남자, 14~25세의 미혼 여자는 근로보국대를 조직하도록 되었다. 총력연맹은 〈근로보국대 조직요강〉을 하부연맹을 통해 하달했다.

'요강'에 따르면, 애국반에서는 위의 해당 연령의 반원을 선정하여, 정동리부락연맹단위로 근로보국대를 조직하되, 남자부와 여자부를 두었다. 정동리부락연맹단위 근로보국대가 모여 부·읍·면 단위 근로보국대를 조직하였다. 임무는 ① 물자공출, 물자증산, 군사상 혹은 국가적으로 필요한 토목건축 및 운반작업 등 국가적 봉사작업, ② 도로·교량의 건설 및 수리, 하천의 수리, 황무지 개척 등 공공적 봉사작업, ③ 노무인적자원의 보급 등이었다.[94] 근로보국대는 규율 있는 단체활동으로 ①·②의 임무를 수행하여 예비 훈련을 한 뒤 '노무인적자원의 보급'이라 하여 관알선·징용으로 동원될 수 있는 정지작업의 역할을 했다.

1941년 11월 〈청장년국민등록제〉의 시행으로 16~40세의 남자가 등록되어

93) 宮孝一, 〈朝鮮の皆勞運動〉(《朝鮮勞務》, 1941. 1), 15~16쪽.
94) 〈제77회 제국의회설명자료〉(《大野綠一郎文書》, no. 1226).

근로보국대로 조직할 수 있는 인원이 파악되었다. 그리고 일제는 국민개로운동으로 전국적으로 봉사적인 개념의 노동운동을 일으켜 근로보국대 결성의 분위기를 조성한 뒤, 11월 21일 〈국민근로협력령〉을 공포하였다. 노동가능 인원이 조사 파악된 상황에서, 이 협력령으로 근로보국대의 조직과 활동이 법적인 뒷받침을 받고 전국적으로 제도화될 수 있게 되었다. 국민개로운동과 〈국민근로협력령〉의 공포로 노무동원계획은 이제 '국민동원계획'으로 전환되었다. 부족한 노동력을 모집하여 배치하는 정도가 아니라, 누구나 '자기 전체 능력'을 사업장과 작업장을 통해 '국가에 바치는' '근로의 국가본위성' 즉 소위 '황국근로관'에 입각한 국민동원이 시작된 것이다.

이상과 같이 국민동원계획 아래 청장년 남자를 동원할 준비공작이 어느 정도 진행된 상태에서, 1941년 12월 〈노무조정령〉이 시행되고, 1942년 2월 관알선의 노무동원이 시작되었다. 총독부는 할당한 노동력을 말단 부락연맹을 통해 조달받아 필요한 곳에 강권으로 편제할 수 있게 되었다.

한편 〈국민근로협력령〉은 1941년 12월부터 일본에서는 실행되었지만, 조선에서는 1943년까지 미루어졌다. 전국적으로 개인의 일상에까지 침투한 총력운동의 지휘 아래 근로보국대를 동원하여 노동력을 충족할 수 있었던 것도 한 원인이었다. 그 사이 전라북도는 1942년 4월 〈근로보국협력령〉의 발동에 대비하여, "금후 여하한 난관에 부딪쳐도 할당 전량의 공출에 유감없기를 기(한다)"는 방침에 따라 기존 근로보국대의 강화와 별도의 근로보국특별대를 편성하는 조치를 취했다.[95]

전라북도는 1941년 4월 〈농촌노동력조정요강〉에 따라 조직된 공동작업반이 활동하고 있는 가운데, 1941년 7월 통첩으로 국민총력근로보국대를 조직했다. 이에 근로보국대는 공동작업반 단위로 결성되어 한 부락연맹에 몇 개의 근로보국대가 있고, 60세 연령자까지 편입되어 그 활동이 원활하지 못했다. 이런 문제를 시정하고 근로보국대를 강화하기 위한 조치로 1942년 4월 〈근로보국대강화철저방침〉이 나왔다. 그 내용을 보면, 첫째 근로보국대는 항구적 조직이 되어야 하므로 국민개로운동 강조기간 등과 같은 특별한

95) 全羅北道, 《勤勞報國隊强化方針》(1942, 《復命書綴》에 소수).

기간만이 아니라, 연간 지속적으로 대원의 훈련과 근로작업을 실시한다. 둘째 농촌 부락연맹에서는 공동작업반과 분리하여 부락연맹 근로보국대를 조직하되, 연령은 남자 40세 미만, 여자 25세 미만을 준수하도록 했다. 정동리부락연맹 근로보국대장은 근로보국대원의 명부를 작성하고 그 일부는 읍면연맹근로보국대장이 보관하도록 했다. 셋째 도 혹은 부·군에서 근로보국대를 동원시킬 필요가 있을 때는 부군국민총력연맹에 근로보국대의 출동을 지시하고, 부군연맹은 읍면근로보국대장에게 출동을 명령하게 되었다. 그리고 읍·면은 명부에 기초하여 정동리부락연맹 근로보국대를 출동시킨다는 것이다. 출동기간은 30일 이내였다.

새로 결성되는 근로보국특별대는 첫째 국가의 중요업무에 동원시킬 수 있는 체제를 정비하기 위해 근로보국대원 중에 선발하여 조직하는 것이다. 둘째 특별대는 매년 총독부와 전라북도의 노무동원계획에 따라 대원·인원을 각 부·군에 지시하여 조직하도록 했다. 셋째 특별대는 거주지를 떠나 다른 지역에서 노무에 종사할 수 있는 사람이어야 하며, "농촌에서 가급적 소작지 5반 미만 혹은 소작지를 갖지 않는 자" 중에서 선정하도록 되었다. 즉 근로보국특별대는 관알선 나아가 징용으로 동원될 수 있도록 준비되는 조직이었다. 따라서 특별대원은 함부로 향촌을 떠나서는 안되고, 특별대원 중에 동원계획에 따라 외지로 떠난 인원은 바로 보충되도록 하여, 특별대는 별도로 관리되고 있었다. 넷째 근로보국특별대는 몇 개의 정동리부락연맹 근로보국대에서 선발된 대원으로, 부·읍·면 단위로 조직되며, 특별대장은 부읍면연맹 근로보국대장이었다.

전라북도는 근로보국대를 강화하고 특별대를 조직, 관리하면서 특별대원 중에서 관알선 등의 수요에 대비하고 있었다. 경상남도 역시 1941년 8월 근로보국대를 조직하고, 이와 별도로 특별보국대를 두고 도내 중요사업의 노무수급에 조달하고 있었다.[96] 경상남도는 부락연맹마다 명부를 갖추고 상급기관의 알선 수요에 대응하고 있었음을 이미 지적했다. 경남도 전북과 마찬가지로 근로보국대와 특별대로써 관알선을 준비하고 있었음을 알 수 있다.

96) 경상남도 사회과, 〈勞務美談〉(《조선노무》, 1942. 2), 95쪽.

1943년 들어 과달카날전투와 솔로몬군도의 패전으로 수세에 몰린 일제는 '결전단계'의 군수 생산확충의 급속한 증강을 위해 10월 〈생산증강노무대책강화요강〉을 발표했다. 여기서 ① 공장·사업장의 손쉬운 작업은 주로 근로보국대의 노무로 충족하고, ② 동원인원은 1년간, 국내 전체 호수의 2할을 목표로 할 것 등이 지시되었다. 근로보국대는 그 동원규모과 기간에서 이전보다 한층 확대되었다. 또 같은 해 11월 위의 〈생산증강노무대책강화요강〉에 대응하여 〈국민근로협력령〉을 전면적으로 발동하기 위해 〈국민근로협력령실시요강〉이 제정·공포되었다.97)

'요강'에 따르면, 도지사는 부윤·군수에게 부·읍·면마다 국민총력부읍면·정동리부락연맹, 국민총력 각종연맹, 청소년단체, 부인단체, 동업자조합 기타 조직에서 협력령에 따라 협력할 수 있는 인원을 조사하여 파악한 인원을 총독에게 보고하도록 되었다. 또 도지사는 부윤·군수를 거쳐 보국대의 협력을 받으려는 사업주의 신청서와 도내 수급상황 등을 총독에게 보고하여 허락을 받게 되었다. 협력령에 의해 조직되는 보국대는 1941년과 달리 국민총력부읍면연맹·정동리부락연맹 이외 협력가능인원이 조사되었던 다른 단체에도 설치할 수 있게 되었다. 보국대의 조직을 전면적으로 활용하려는 일제는 1943년 말 그 조직기반과 동원인원·기간을 대폭 확대시켰다. 또한 이전에 대장과 부대장만 완장을 찼던 것과 달리, 대원들은 국민근로보국대표를 교부받고 출동시는 완장 등을 차도록 하여, 대원들에게 소속감과 긴장감을 갖게 하였다. 임무도 국가적 봉사, 공공적 봉사작업이라고 하지 않고, "군수산업, 생산력확충계획 및 동 부대산업·운수통신업·토목건축업·농림수산업"이라고 하여, 노무동원계획의 대상이 되었던 모든 부문을 명확하게 제시하였다. 당시 급박한 정세 아래 증산의 절박함을 드러낸 것이라고 볼 수 있다.

근로보국대를 통한 노동력 동원체제가 전국적으로 확대되는 가운데, 1944년 6월 각 부락연맹에 勤勞動員會가 설치되어 부락연맹이사장과 애국반장이 해당 구역내 군과 면의 징용사무를 지원하는 방침이 채택되었다. 정부락연맹

97) 〈노무관계법령통첩〉(《조선노무》 3-6, 1943. 12), 55~59쪽.

에 설치된 근로위원회는 정부락연맹이사장이 회장을 맡고, 애국반장이 추천한 사람 중에서 6명 이내로 위원을 구성하였다. 근로사상보급과 근로동원에 대해 부윤과 읍면장에 협력하는 기구였다. 위원들은 부·읍·면에서 전달된 징용기피자와 이탈자의 명단에 따라 이들을 색출하거나 기피자가 소속된 애국반과 부락연맹의 연대책임으로 다른 대체 인력을 징용시키는 역할을 맡고 있었다. 이러한 가혹한 연대책임으로 기피자의 '자수'를 끌어냈다.[98]

이상에서 보았듯이 1941년 이후 근로보국대가 단계별로 전면적으로 편성 동원되었고, 보국대원의 일부가 전북과 같이 특별대를 통해 관알선 등에 대비하고 있었기 때문에, 〈징용령〉이 조선에서는 1944년 8월부터 실시되었던 것이다. 또 1945년 3월에는 이제까지 노동동원과 관련된 법령을 〈국민근로동원령〉으로 통합하여 노동통제를 군대식으로 바꾸었다.

다. 동원의 규모

1939~1945년까지 전시체제기 조선인의 노무동원의 규도는 일제의 패망 직후 자료 파기 등으로 현재 정확한 인원을 알 수 없다. 〈표 7〉에서 조선총독부와 각 도의 권력기관에 강제적으로 동원한 인원을 보면, 1945년 '도내동원'을 빼고, 480만 1,753명이다. 1944년부터 근로보국대의 전면적인 동원을 계획했던 만큼 1945년 8월까지 '도내 동원' 인원은 적어도 1944년의 50% 정도는 될 것으로 보아 약 120만 명으로 간주할 수 있다.

또 일본으로 강제동원된 인원은 〈표 8〉과 같이 자료마다 차이가 크다. 우선 1944~1945년에 일본으로 징용된 인원은 각각 20만 1,189명, 9,786명이다.[99] 이 징용자료와 일관성을 기하기 위해, 〈표 8〉의 통계자료 ⑤에 따라 일본으로 강제 동원된 인원을 1945년 3월 현재 72만 4,727명으로 간주한다. 1944년 28만 6,472명, 1945년 1만 622명에는 징용 인원이 포함되었다고 본다. 왜냐면 앞에서 지적했듯이 징용이 실시되면서 노무동원방식으로 징용을 선호하던 경향을 감안하면, 1944~1945년에 일본으로 동원된 인원수(⑤)에는 징

98) 김영희, 앞의 책, 231~232쪽.

99) 大藏省 管理局, 《日本人の海外活動に關する歷史的調査》, 69쪽. 1945년의 징용자수는 의문스러운 점이 있다.

용이 포함된 것으로 볼 수 있기 때문이다.

〈표 7〉 조선내 강제동원 노동자수

	관 알 선	도내동원	징 용	합 계
1939	45,289명	113,096		158,385
1940	61,527	170,644		232,171
1941	46,887	313,731		360,618
1942	49,039	333,976	90	383,105
1943	58,924	685,733	648	745,305
1944	76,617	2,454,724 (886,612)	19,655 (153,850)	2,550,996 (2,704,846)
1945	44,263	—	23,286 (106,295)	67,549 (90,835)
합계	382,546	4,071,904	43,679 (303,624)	4,498,129 (4,801,753)

* 大藏省管理局, 《日本人の海外活動に關する歷史的調査》, 68~69・71~72쪽.

비고 : 도내동원의 1944년에 두 가지 수치가 있는데, 88만 6,612명은 전체 인원의 일부 수치로 보임. 징용의 ( )는 현용징용.

〈표 8〉 일본으로 동원된 노무자에 관한 통계자료

자료 \ 연도	1939	1940	1941	1942	1943	1944	1945.3	계
①제86회 〈제국의회설명자료〉	53,120	59,398	67,098	119,851	128,350	228,320	—	—
②후생국노동국통계	38,700	54,944	53,492	112,007	122,237	280,304	6,000	667,684
③《고등외사월보》 제51호(1944)	—	81,119	126,092	248,521	300,654	—	—	—
④《조선경제통계요람》	38,800	54,954	53,952	112,320	149,730	379,747	329,889	1,128,392
⑤《日本人の海外活動に關する歷史的調査》(대장성 관리국)	53,120	59,398	67,098	119,721	128,296	286,472	10,622	724,727

* 조동걸, 〈일제말기의 전시수탈〉, 《천관우선생환력기념한국사학논총》(정음문화사, 1985 ; 《한국민족주의의 발전과 독립운동사연구》, 지식산업사, 1993), 144쪽.

1944년 현재 조선내 동원인원 480만 명, 일본쪽 72만 5,000명, 군요원 14만 5,000명을[100] 합치면, 약 567만 명이다. 여기에 1945년 조선의 '도내동원'의 잠정 숫치 120만 명을 더하면 약 687만 명이다. 위의 일본측 자료에서 기초해 보면, 1939~1945년 동안 조선과 일본 등지에 동원된 조선인 노무동원은 약 687만 명이다. 여기에는 징병·군위안부·여자근로정신대·학도근로대 등은 제외되었다. 이 중에서 조선내의 규모는 1945년 '도내동원'의 잠정 숫치를 포함하여 약 600만 명이다.[101] 그리고 일본으로 강제동원된 규모는 대장성관리국의 자료에 의하면, 군요원수 6만 9,997명과 ⑤의 72만 4,727 명을 합하여 79만 4,724명 약 80만 명이다. 또 '징용과 알선을 포함한' 일본 후생성자료에 의한《조선경제통계요람》에 따르면, 1945년 3월까지 112만 8,032명과 군요원수 6만 9,997명을 더하여 119만 8,029명 약 120만 명이다. 즉 일본으로 동원된 규모는 관변자료에 의해서 적어도 80만에서 120만 명인데, 실제는 이보다 많을 것이며 대체로 150만 명에 접근해 있다.[102]

1944년 당시 남자 인구 1,263만 4,865명 중 15~49세의 남자의 비중은 43.5%이므로 약 549만 6,166명이었다.[103] 조선과 일본 등지로 동원된 약 687만 명은 중복해서 동원된 사람과 일부의 여성을 포함하면서, 농촌인구를 중심으로 전국의 청장년 남자를 대상으로 동원된 인원수이다. 또 이 시기 경북지방의 피징용자의 연령구성을 보면, 16~40세가 전체 93.5%로,[104] 기간적

100) 大藏省 管理局,《日本人の海外活動に關する歷史的調査》, 71쪽. 조선 3만 3,891명, 일본 6만 9,997, 만주 등지 4만 306명.

101) 박경식은 1945년 도내동원수를 빼고, 1939~1945년까지 조선내 강제동원된 노동자수를 480만 명으로 보고 있다(박경식,《일본제국주의의 조선지배》, 청아출판사, 1986, 360쪽).
강성은 역시 480만 명으로 보고 있다(康成銀, 〈戰時下日本帝國主義の朝鮮農村勞動力收奪政策〉,《역사평론》355, 1979, 26쪽).

102) 조선내외 강제동원수에 대한 연구자간의 차이는 김민영,《일제의 조선인 노동력 수탈 연구》(한울아카데미, 1995), 77~78쪽.
일본으로 강제동원 인원과 관련하여 박경식 150만 명, 강성은 152만 명, 조선인강제연행진상조사단 150만 명(《조선인강제연행강제노동기록》, 일본현대사출판회, 1974)이라고 보고되어 있다.

103) 이만열·김영희, 〈1930·1940년대 조선 여성의 존재 양태〉(《국사관논총》89, 2000), 286·289쪽.

104) 海野福壽, 〈朝鮮の勞務動員〉(《近代日本と植民地》5, 岩波書店, 1993), 125쪽.

청장년 남자들이 동원의 대상이었음을 알 수 있다.

(3) 농촌노동력의 동원 실태

가. 이농 배경과 현상

조선인 노동력의 동원은 도시·농촌을 막론하고 이루어졌으나, 일제는 '농촌의 확실한 부담에 의한 동원'을 표방하여,105) 농촌 노동력이 주된 동원의 대상이었다. 1938년 현재, 1정보 미만의 농가는 181만 5,000호로 전체 농가 286만 9,000호의 63%를, 5반 미만은 110만 2,000호로 전체 38%를 각각 차지하고 있었다. 소작농은 151만 1,000호(전체 농가의 53%)인데, 이 중에서 1정보 미만은 104만 3,000호로 69%, 5반보 미만은 65만 3,000호로 43%를 차지하고 있었다.106)

소작농들은 자가경영 경작지의 수입만으로 살 수 없어,107) 농번기에도 임금수입에 의존하는 경우가 많았다. 즉 농번기에 일일노동자·雇只로 자기 노동력을 부유한 농가에 제공하고 그 수입으로 생계를 보조하고 있었다. 이런 농가는 항상 자기 농사의 적기를 놓치기 때문에 식민지권력이 볼 때 경영의 영세성과 함께 작황부진으로 농산물 증대정책을 제약하는 존재였다.108) 또 영세농과 농업노동자는 전시체제 아래 생산조건의 악화로 종래 넓은 경작지를 가졌던 농가가 경영규모를 줄일 때, 임노동 수입이 감소하여 더욱 생존이 위태로운 처지였다. 따라서 이들은 스스로 다른 생활조건과 일자리를 찾아 또는 정책적으로 공광업 부문의 노동자로 농촌을 떠나게 되었다.

앞에서 살펴본 1940년 노무자원조사의 결과, 농촌 과잉인구 102만 호는 1정보 미만의 영세농과 소작농을 중심으로 파악된 것이다. 그 중에서도 5반 미만의 영세농, 경작지가 없는 농업노동자는 공출의 우선 대상이었다.

105) 近藤釰一 편, 《太平洋戰下の朝鮮》 5, 180쪽.

106) 조선총독부 농림국, 《朝鮮農地關係彙報》 1(1939), 90~91쪽.

107) 소작농 중에는 생활곤란으로 임노동에 종사하는 경우는 1930년 현재 37%를 차지했다(조선총독부 농림국, 《朝鮮ニ於ケル小作ニ關スル參考事項摘要》, 1934, 70쪽).

108) 岩田龍雄, 〈農業勞働力に關する若干の考察〉(《조선노무》 4-2, 1944. 3), 30쪽.

이 점은 "농촌에서 가급적 소작지 5반 미만 혹은 소작지를 갖지 않는 자"라는 자격조건을 명시하고 선발했던 전북의 근로보국특별대에서 알 수 있다. 또 중일전쟁 이전 평남 용강군 城峴里에는 머슴 21명이 있었는데 1942년 경 모두 광공업지대로 나가고, 남부지방의 유민 3명이 머슴으로 들어왔다고 한다.[109]

다음은 식량 공출 등이 원인이 되어 농촌을 떠난 실태를 조사한 것이다. 〈표 9-1〉은 광주지방법원 검사정이 법부국장, 고등법원검사정, 대구복심법원검사장에게, 〈표 9-2〉는 해주지방법원검사정이 고등법원검사장에게, 각각 관내 식량대책에 따른 이농 실태를 보고한 것이다.[110] 이농자의 1호당 면적은 전남은 약 1반보, 황해도는 9.8반보였다. 전남은 이농자의 경지규모가 극히 적어 농업노동자에 가까운 극빈농이었다. 황해도는 전남보다 경영조건이 나아 1호당 0.98정보였고, 자작지를 1.2정보 보유한 계층도 있지만, 0.4반을 소유한 농업노동자에 가까운 사람들이 있었다. 이러한 이농 계층이 노무동원계획에 따른 통제의 대상이었다.

〈표 9-1〉 전라남도의 이농상황

(1942년 7월 중)

전출지 \ 인원 등	호 수	가 족 수	이농자의 경지 면적		
			자 작	소 작	계(1호당)
공장 방면	12호	31명		3반	3반(0.25반)
광산 방면	8	32		27	27(3.40)
기타 노동	79	318		57	57(0.72)
도내 다른 지역	43	130		21	21(0.49)
도 외	19	39		46	46(2.40)
만주 등지	2	13		8	8(4.00)
일 본					
계	163	603		162	162(0.99)

109) 桐生一雄, 〈朝鮮農業に於ける共同勞働の再編成に就て〉(《朝鮮實業》, 1942. 8), 25쪽.

110) 法務局 刑事課, 《現下食糧事情ヲ繞ル治安對策》, 241·433쪽.

〈표 9-2〉 황해도의 이농상황

(1942년 9월 1일~중순)

인원 등 / 전출지	호 수	가 족 수	이농자의 경지 면적		
			자 작	소 작	계(1호당)
공장 방면					
광산 방면	10	39		116반	116(11.6반)
기타 노동	5	14	2반	25	27(5.4)
도내 다른 지역	1	4	12		12(12.0)
도 외	4	14		16	16(4.0)
만주 등지					
일 본					
기 타	1	2		15	15(15.0)
계	19	603	14	172	186(9.8)

나. 농촌노동력의 조직화와 수탈

전시체제 아래 조선 농촌은 "공업을 위한 노동력공급의 지반"이었다. 농업인구는 1930년과 1940년 사이에 1,585만 3,000명→1,672만 4,000명으로 약 5% 증가한데 비해, 농업노동력은 766만 5,000명→668만 5,000명으로 약 8.7%가 감소하고 있었다.[111] 농촌에서 대량의 노동력이 유출되자, 일제는 기존 노동력을 재편한 공동노동의 활용, 신규노동력 특히 여성노동력의 동원 등으로 대체하고자 했다. 종래 農社·農廳·農契 등의 명칭을 가진 두레와 같은 공동노동은 일제하 농촌의 사회분화, 비농업자와 겸업자의 증가, 노동교환의 기회 증대, 농업기술의 변화 등으로 줄어들고 있었다. 그러나 1930년대 초 농촌진흥운동을 전후하여 공동노동이 정책적으로 실시되었다. 일제는 재배방법 습득 등의 농사개량, 노동력의 효과적 이용뿐만 아니라 농민들에 대한 집단규율과 통제성을 확보하기 위한 훈련으로 공동노동·공동작업을 실시해왔다.

111) 印貞植, 《朝鮮農村再編成の硏究》(인문사, 1943), 158쪽.
小林英夫, 《大東亞共榮圈の形成と崩壞》(御茶の水書房, 1975), 490쪽.
반면에 노동자수(5인 이상 공장)는 1936년 18만 8,250명에서 1940년 29만 4,971명, 1943년 36만 2,953명으로 각각 56%, 92% 증가하고 있었다(《조선경제통계요람》, 70쪽).

공동노동은 전시체제 아래 노동력 대책으로 본격적으로 확대·강화되었다. 전통적인 공동노동은 과잉인구를 전제로 개별노동의 훈련과 촌락 단위 공동적 연대성의 배양 차원에서 진행되었다면, 이제는 노동력 부족에 대처하는 수단으로 전면적으로 대두되었다.112)

1941년 4월 1일부터 전국 촌락에서 일제히 실시된 부락생산확충계획과 때를 같이 하여 총독부는 4월 2일 〈농촌노동력조정요강〉을 발표하였다.113) 그 내용은 첫째, 근로보국정신을 앙양 강화하는 것이다. 개인적인 수입증대와 노동 이해를 배격하고, 근로를 통한 '報國', 즉 노동의 국가성을 강조하였다. 일제는 이런 보국정신에 따라 노동시간의 연장, 노동능률의 향상, 무위도식자의 배제를 이끌어 내어, 노동강화 즉 노동력을 수탈하려고 했다.

둘째, 전 가족의 철저한 근로를 강조했다. 노동능력을 가진 모든 가족의 노동 참여로 年雇·季節雇를 가급적 배제시키도록 했다. 즉 연고·계절고와 같은 농업노동자를 농촌에서 배출시켜 공광업노동자로 흡수하려는 의도였다. 이들이 차지했던 작업량은 자가노동력의 강화와 다음의 공동작업반의 편성으로 대체하려고 했다.

셋째, 공동작업의 확충이다. 촌락 안의 노동력을 공동작업반으로 편성하여 작업을 하면, 이전과 같이 일시에 노동력을 확보하려는 경쟁을 없애며 적기 작업을 이룰 수 있다는 것이다. 임노동자의 배제와 가족노동의 완전 소화, 공동작업반의 이용으로 증산을 달성하기 위해서 경지와 경작권의 재분배도 강조되었다.

넷째, 농촌노동력의 감소에 대처하기 위해, 여성노동력의 동원과 강화를 강조하였다. 농촌여성의 노동력을 강화시키기 위해, 동원의 장해요소를 해결하는 몇 가지 방안이 제시되었다. 가사공동시설로 농번기 탁아소의 운영, 농번기 공동취사 혹은 도시락 지참 그리고 여성의 노동력을 절감하기 위한 색의장려 등이 장려되었다. 공동작업반이 단순히 노동력의 활용만 아니라 계획성과 규율훈련을 목적으로 한만큼, 부인작업반도 이런 의도가 있었다. 또 부

112) 姜鋌澤, 〈朝鮮に於ける共同勞働の組織とその史的變遷〉(《農業經濟硏究》 17-4, 1941), 43·45·48쪽.

113) 〈農村勞動力調整要綱成る〉(《조선》, 1941. 4), 109~110쪽.

락연맹부인부 단위로 부인공동작포를 두어 농사기술의 습득과 본격적인 공동작업의 예비적 훈련을 도모했다.

다섯째, 이 요강에 기초하여 농촌노동력조정에 관한 조사와 계획은 필요한 촌락을 지정하여 2월과 8월 실시하도록 했다. 이 조사와 계획에 따라 봄·가을 농번기 공동작업반이 결성되었던 것이다.

〈농촌노동력조정요강〉에 따라 공동작업반이 1941년 봄 농번기부터 결성되었다. 개인적인 노동력 이동은 통제되고, 편성된 공동작업반에 따르도록 되어[114] 공동작업반에 참여하지 않으면 농작업의 적기를 놓칠 우려가 있었다. 공동작업반이 촌락내 농작업을 통제하게 되자, 개별 농가는 이에 참여하지 않을 수 없는 사정도 있었을 것이다. 일제는 1941년 4월 말까지 전 농촌의 부락연맹 아래 애국반을 단위로 40만 개의 공동작업반을 구성하여 약 400만 명을 동원하도록 지시하였다.[115] 실제 공동작업반이 편성된 상황을 〈표 10〉에서 보면, 남자작업반이 편성된 촌락 3만 5,164개를 비롯하여, 여자작업반은 2만 9,867개 촌락, 남녀작업반은 1만 1,304개 촌락, 학생·아동작업반은 4,077개 촌락으로, 총 8만 412개 촌락에 여러 종류의 공동작업반이 조직되었다. 촌락당 작업반 수는 3개이므로 전국적으로 24만 1,000개의 공동작업반이 결성되고, 1개 반 작업인원이 21명이므로 506만 명이 동원된 셈이다. 학생·아동작업반을 제외하면, 남자는 10만 5,492개 반·221만 명, 여자는 8만 9,601개 반·161만 명, 남녀공동반의 남녀 인원은 3만 3,912개 반·78만 명이었다. 따라서 남자반·여자반·남녀반에 각각 참여한 인원을 합하면 약 460만 명이다. 남녀반이 남자반과 여자반이 작업한 뒤, 이후 다시 부분적으로 편성되어 중복될 가능성을 제외해도 약 382만 명으로 거의 400만 명의 동원계획을 달성했다고 본다.[116]

---

114) 石井辰美, 〈昭和十七年春期農繁期勞務調整に關して〉(《조선노무》, 1942. 2), 41쪽.

115) 《매일신보》, 1941년 4월 16일.

116) 당시 신문자료에는 8만 412개 반, 160만 8,240명이 동원되었다(《매일신보》, 1942년 4월 7일, 〈농번기의 노무조사〉)고 하는데, 이는 작업반이 편성된 촌락 수 8만 412개를 작업반 수로 보고, 1개 반 20명을 기준으로 계산된 것이다. 뒤에 백록부락의 경우에서 보듯이 공동작업반이 결성된 촌락과 공동작업반의 숫자는 다르다.

〈표 10〉 1941년 봄 농촌노무조정 상황

구 분	작업반편성 촌락(학교)수	촌락(학교) 당 작업반수	1개 반 작업인원수	평균 작업기간	총면적에 대한 작업비율
남자작업반	35,164개	3개	21명	11일	30%
여자작업반	29,867	3	18	10	15
남녀작업반	11,304	3	23	10	13
학생 · 아동작업반	4,077	5	49	5	3
계	80,412	3	21	10	61

* 石井辰美, 〈昭和十七年春期農繁期勞務調整に關して〉, 43쪽.

1941년 봄, 공동작업반으로 전국 논의 61% 모내기를 마쳤으며, 1943년도 계획에서는 80%를 예정하였다.117) 강원도의 경우 1940년 봄 4만 9,835명을 동원하여 전체 면적 8만 6,000정보 중 1만 272정보의 모내기를 했는데, 1941년에는 여성노동력으로 거의 전체 면적의 모내기를 할 계획을 세우고 있었다. 도내 여성인구 60만 명 중 30만 명으로 추정되는 작업 가능자를 동원하여, 1인당 1일 0.4반씩 모내기를 하도록 하여 1일 1만 2,000정보를 연 7일간 노동시켜 8만 4,000정보의 작업을 마칠 수 있다는 것이다.118) 강원도는 여성노동력을 부락생산확충의 최대 추진력으로 활용하고자 했는데, 이는 다른 도에서도 거의 비슷한 양상이었다.

공동경작반의 작업과정을 보면, 경기도에서는 각 부락연맹의 이사장과 기타 간부들이 공동작업계획에 따라 작업의 분담과 그 실행방법, 축우의 공동사역법 등을 협의하였다. 또 퇴비장 개조는 공동경작을 훈련하는 일환으로 진행되었다. 부락연맹 내 작업반은 아침 종소리를 신호로 일정한 장소에 집합하여 부락연맹이사장의 통제 아래 '국민의례'를 한 뒤, 각 반장이 班旗를 앞세우고 작업장으로 출동하였다. 반장은 작업이 종료하면 작업상황을 평가하고, 반원의 출근, 작업상황을 장부에 기재해 두었다가 임금 청산에 이용하였다. 또 노동력이 남는 촌락은 이동반을 편성하여 노동력이 부족한 촌락으

117) 康成銀, 앞의 글, 29쪽.
118) 《매일신보》, 1941년 6월 27일, 〈生擴엔 全家근로〉 · 7월 20일, 〈부녀자 30만 명, 적기이앙에 출동〉.

로 출동시켰다.[119]

경기도 이천군 고백리 백록부락연맹은 1941년 6월 5일 "농번기의 적기 작업을 철저히 하여, 증수의 실적을 올려, 부락생산확충계획이 유종의 미를 거두도록 우리 농림민의 직역봉공의 정성을 다할 것"을 목적으로, 〈부락연맹공동작업반규약〉 아래 공동작업반을 편성하였다. 작업반은 작업능력을 가진 남녀 전부로 조직하되, 반으로 나누어 남자반(1반)·여자반(2반)이 구성되었다. 작업반은 위의 목적을 달성하기 위해, 耕牛의 공동사역, 농번기 공동작업, 탁아소 개설을 실시하도록 되었다. 또한 부락연맹이사장은 1·2반 모두를 지휘통제하고, 각 작업반장은 자기 반을 지휘·규율하면서 작업과 그 관련 사무를 통제·지도하도록 되었다. 부락연맹이사장은 필요에 따라 각 반장을 소집하여 작업에 관한 제반사항을 타합할 수 있었다. 그리고 작업반규약을 위반할 때는 '반에서 제명'한다고 규정하였다. 즉 농번기 모든 사람이 참여하는 작업반에서 제명되면, 작업 시기를 놓치거나 작업이 원활하지 못하여 작황부진을 초래할 수 있었다. 따라서 작업반은 백록부락연맹에서 보듯이 이사장의 책임 아래 농민과 작업을 통제하는 강력한 수단이었다. 백록부락연맹은 반원이 서명·날인한 공동작업반원 명부를 작성하였는데, 제1반 남자반은 15명(10대 1명, 20대 5명, 30대 3명, 40대 3명, 50대 2명, 불명 1명)으로 10대에서 50대까지 동원되고 있었다. 제2반인 여자반은 14명이었다.[120]

한편 편성규모와 동원인원의 수치상의 성과와 달리, 공동작업반은 노동의 자유성·개별성을 상당히 제약하고 있어, 실제 작업과정에서 문제가 들어났다. 공동노동·공동작업의 대상은 모내기·김매기·보리베기 등 주요 작업만이 아니라 병충해 제거·묘판 설치 및 부업 등으로 확대되었다. 상품화폐경제가 심화되는 가운데, 촌락내 공동적 결합은 약화되고 복잡한 이해관계로 대립·불일치가 발생하고 있었다. 이 때 편성된 공동작업반에는 유력자의 불참과 비협조, 공동작업반의 참여로 오히려 책임감이 저하되는 현상도 나타나기도 했다. 종래는 공동노동·공동식사·농악이 삼위일체가 되어 노동이 유희화되었던 데 반해, 농악기는 공출 등으로 없어지고 노동력의 절감 등을 이

119) 石井辰美, 〈昭和十七年春期農繁期勞務調整に關して〉, 57쪽.
120) 《夫鉢邑 高白里 尹氏家 소장 근대문서》, no. 31.

유로 도시락을 지참하여 공동취사·공동식사를 통해 형성되던 공동체적 연대감이 크게 상실되고 있었다.121) 이렇게 전시체제 아래 정책적으로 실시되던 공동작업에 많은 문제점이 있었으나, 때로는 '20명 내외'로 편성한 공동작업의 능률성에, 합리성과 효율성을 앞세운 정책에 농민들은 그 '과학적 착취'에 혀를 내두르고, "경제적인데 안할 이유가 없지 않은가"라는 반응을 보이면서 식민지체제에 편입되는 양상도 보이고 있었다. 또 여성노동력의 강화로 때로는 한 달 반 걸리던 작업이 20일만에 끝낼 수 있어, "부인노동력이 나와서 농촌수확량이 불어났다"고 평가할 정도였다.122)

한편 농촌노동력은 지속적으로 감소하여, 1940년에 668만 5,000여 명에서 1944년에는 436만 4,000여 명으로 4년간 약 35%나 줄었고,123) 1941년 미곡 경작면적 164만 5,000정보, 생산량 2,488만 5,000석을 경계로 1942~1944년 계속 작황부진과 경지면적이 감소하였다. 이에 일제는 1943년 2월 농촌노동력의 확보 방안으로 '농업노무조사'를 실시하기로 했다. 농가소재 노동력, 농업소요 노동력, 가사소요노동량, 노동력의 과부족, 과부족인원을 조사대상으로 하였다.124) 이 조사는 노동력의 동원 가능성을 철저하게 파악하여 공동작업 등의 비중을 확대시키는데 사용될 가능성이 컸다. 그리고 농업실천원과 농업요원을 배치하여 부족한 노동력과 침체된 농업 분위기를 만회하려고 했다.

1943년 6월 설치된 농업증산실천원은 농민도장 및 농업보습학교를 수료한 자, 육군병 특별지원자훈련소의 훈련을 마친 자 등 일제의 정책에 순응할 수 있는 30세 미만 청장년을 촌락 당 1명씩 총 7만 명을 지정하였다. 이들의 임무는 "황국농민도를 실천하고, 농업증산의 안내인이 되어 자가 경영의 개선에 노력하고, 솔선수범하여 증산에 헌신"하는 것이다.125) 실천원은 농업증산

121) 위의 부발면에서는 1938년 5월 현재 '품앗이' 등의 공동노동에 전부 도시락을 지참하도록 하고, 위약자는 위약금까지 징수할 수 있도록 규정했다(《夫鉢邑 高白里 尹氏家 소장 근대문서》 no. 36, 〈晝食溫飯廢止의 件〉).

122) 김영희, 〈일제말기 향촌 儒生의 '日記'에 반영된 현실인식과 사회상〉(《한국근현대사연구》 14, 2000), 115쪽.

123) 小林英夫, 앞의 책, 490쪽.

124) 국사편찬위원회, 《日帝侵略下韓國三十六年史》 13, 585쪽.

125) 《매일신보》, 1943년 6월 17일, 〈7만 명의 실천원, 전선 농촌에 배치〉.

과 공출, 농가의 지도에서 중심적 역할을 하도록 되어, 1944년에는 7만 5,000명으로 증가하였다.[126] 이와는 별도로 황해도는 '행정의 말단'으로서 촌락의 조직을 강화하여 증산에 동원하고자 촌락내 17~30세 청장년으로, 부락연맹을 중심으로 농업추진대를 결성하였다. 부락연맹에 소대를 두며 각 애국반에는 분대, 읍면에 중대, 군에 대대, 도에 본부를 두게 되었다.[127] 통제력이 부족한 농민을 군대적 조직으로 훈련하여 '상사의 명령지시'를 준수하도록 하여 농업증산을 달성하려는 것이다.[128] 황해도의 농업추진대가 일정하게 성과를 거두자, 총독부는 이런 조직을 전국적으로 확대하고자 연구하였는데,[129] 이는 1944년 4월 농업생산책임제 아래 농업증산대의 실시로 나타났다.

1944년 8월 징용제가 실시되면서 농촌 노동력의 부족은 더욱 심화되었다. 이에 일제는 최소 한도의 농업 노동력을 확보하기 위해 농업요원제도를 실시하였다.[130] 9월에 발표된 〈농업요원설치요강〉을 보면, 요원 지정의 범위는 순농가의 농업경영자, 평균 수확보다 3할 이상을 증수한 농가와 그 가족, 농업증산실천원, 행정기관과 농장 등의 기술지도원이었다. 농업요원은 부윤·군수의 신청에 따라 도지사가 총독부와 협의하여 인원을 정하여 지정하며, 요원대장을 마련하고 이들을 관리하도록 되었다. 전국에 설치된 농업요원은 약 165만 명 정도인 것으로 보인다. 일제는 농촌의 핵심인력인 농업요원과 함께 농업실천원을 기본적으로 징용에서 제외시키면서[131] 전시농업정책을 부지하려고 했다. 1944년 7월 농업생산책임제가 실시되면서, 촌락 혹은 애국반을 단위로 종래의 공동작업반과 달리 군대조직으로 농업증산대가 결성되었다.

총독부는 미곡과 맥류 등과 같은 농산물의 감소가 계속되자, 중요 농산물의 급속한 증산을 확보하기 위해, 1945년 2월 증산에 관한 심의수립기관인

---

126) 大藏省 管理局, 《日本人の海外活動に關する歷史的調査》, 65쪽.
1944년에는 이들 실천원 7만 8,000여 명을 추가배치하기로 결정하여 총14만 8,000여 명으로 1촌락에 2명씩을 배치할 계획을 가지고 있었다(《매일신보》, 1944년 7월 10일, 〈농업증산실천에, 신예 7만 동원〉).
127) 《매일신보》, 1944년 1월 22일, 〈도군읍면부락단위로, 농업추진대를 결성〉.
128) 西山芳一, 〈本道の農業推進隊に就て〉(《조선행정》 23-11, 1944. 11), 24~36쪽.
129) 《매일신보》, 1944년 4월 27일, 〈농민들 전가족이, 증산추진대로 진군〉.
130) 大藏省 管理局, 《日本人の海外活動に關する歷史的調査》, 64~65쪽.
131) 《每日新報》, 1944년 7월 6일, 〈증산전의 농업요원, 징용서 제외를 결정〉.

전시농업증산본부를 총독부와 각 도에 설치하기로 하였다. 이어 전시비상조치로서 〈농촌근로동원대책요강〉을 결정하여, 공동작업반과 농촌여성의 작업을 강화하고, 농기구 등의 공동이용과 노동력·축력의 집단이동, 군대식 농업생산조직인 농업증산대의 출동을 강조했다. 주목할 점은 광공업 부분 노동자의 동원, 도시인의 동원 등으로 광공업 부분의 노동력을 농산물 증산에 투입하려고 한 점이다.[132] 1944년 약 192만 명의 근로보국대가 농업생산부문보다 '급속한 증강'이 요청되는 군수 생산력확충에 동원되어, 농업과 군수방면 사이에 노동력의 '조절을 고려할 겨를'이 없었던 것과 대조되었다.[133] 이런 사실들은 식량을 비롯한 농산물의 확보가 절박한 상황이었다는 점과, 그만큼 농촌과 도시의 인구 전체가 전시체제 아래 생산력확충을 위해 혹사당하고 있음을 반증한다. 1944년 초 남부지방 촌락조사에 따르면 남성 생산연령층(16~45세)은 전체 남성 인구의 31.4%, 여성 생산연령층은 35.7%를 보여 남성 노동력이 크게 감소하고 있었다.[134] 농촌 노동력의 악화와 연동되어 경작면적과 생산력은 계속 줄고 있었으나, 그나마 생산을 얻을 수 있었던 것은, 농촌에 남아 있던 남성의 부담 강화, 연소자와 여성의 노동강화의 결과였다.

〈金英喜〉

132) 국사편찬위원회, 《日帝侵略下韓國三十六年史》 13, 812쪽.
133) 大藏省 管理局, 《日本人の海外活動に關する歷史的調査》, 72쪽.
134) 康成銀, 앞의 글, 37~44쪽.

Ⅱ. 1930년대 이후의 대중운동

1. 농민운동
2. 노동운동
3. 여성운동
4. 청년운동
5. 학생운동

Ⅱ. 1930년대 이후의 대중운동

1. 농민운동

1930년대 이후 국내에서 전개된 농민운동은 크게 농민조합운동과 천도교의 조선농민사운동, 그리고 기독교회를 중심으로 전개된 농촌사업 등으로 나누어 볼 수 있다. 이들 운동은 운동의 지향점이 달랐기 때문에 그 운동방법도 역시 다를 수밖에 없었다. 이는 곧 1930년대 이후 농민운동은 다양한 운동노선과 다양한 방법으로 전개되었다는 것을 의미한다. 그러나 최근의 연구경향을 보면 이 시기 농민운동은 농민조합운동에 대한 연구가 주류를 이루었다.[1] 따라서 이 시기 농민운동을 종합적으로 이해하기 위해서는 천도교의 조선농민사운동[2]이나 기독교회의 농촌사업[3]과 같은 개량적인 농민운동도 살

---

1) 농민조합운동에 대한 대표적인 연구는 다음과 같다.
지수걸, 《일제하 농민조합운동연구》(역사비평사, 1993).
이준식, 《농촌사회 변동과 농민운동》(민영사, 1993).
조성운, 《일제하 영동지방 농민운동연구》(동국대 박사학위논문, 1998).
강정숙, 〈일제하 안동지방의 농민운동에 대한 연구〉(《한국 근대 농촌사회와 농민운동》, 열음사, 1988).
김점숙, 〈1920~1930년대 영동지역 사회운동》(《역사와 현실》 9, 1993).

2) 조선농민사에 대한 대표적인 연구로는 다음과 같다.
오익제, 〈한국농협운동의 선구－조선농민사와 농민공생조합운동－〉(《한국사상》 5, 1962).
조동걸, 《일제하 한국농민운동사》(한길사, 1979).
지수걸, 〈조선농민사의 단체성격에 관한 연구〉(《역사학보》 106, 1985)
박지태, 〈조선농민사의 조직과 활동〉(《한국민족운동사연구》 19, 1998).

3) 기독교회의 농촌사업에 관한 대표적인 연구로는 다음과 같다.
민경배, 〈한국기독교의 농촌사회운동〉(《동방학지》 38, 1983).
장규식, 〈1920~1930년대 YMCA 농촌사업의 전개와 그 성격〉(《한국기독교와 역사》 4, 한국기독교역사연구소, 1995).
한규무, 《일제하 한국기독교 농촌운동》(한국기독교역사연구소, 1997).

펴보는 것이 중요하다 할 수 있다.

이렇게 함으로써 농민조합운동을 제외한 조선농민사운동과 기독교회의 농촌사업 내용에 대해 구체적이고 객관적인 평가가 이루어질 수 있고, 그에 따라 '민족주의계열'의 농민운동의 실체를 파악함으로써 개량적인 농민운동의 공과를 확인할 수 있고, 더 나아가 사회주의계열의 농민운동에 대한 평가를 더욱 뚜렷하게 할 수 있을 것이다.

이러한 목적하에서 본고에서는 1930년대 이후의 농민운동을 사회주의계열의 농민조합운동과 개량적인 농민운동으로서 종교계통(민족주의 우파)의 천도교의 조선농민사운동, 기독교회의 농촌사업을 중심으로 살펴보고자 한다. 이를 위해 본고에서는 1930년대 조선사회의 사회경제적인 조건을 살펴봄으로써 이러한 조건이 농민운동에 어떠한 영향을 끼쳤는가를 확인하고자 한다. 그리고 이러한 조건하에서 여러 형태로 전개되는 농민운동의 구체적인 양상을 살펴보려고 한다. 다만 1930년대 중반 이후의 농민운동에 대해서는 간략하게 서술할 수밖에 없다는 점을 미리 밝혀두고자 한다. 왜냐하면 이 시기 농민운동에 대한 연구는 거의 이루어지지 않았을 뿐만 아니라 실제로 이 시기에는 농민운동을 비롯한 민족운동 혹은 사회운동이 거의 이루어지지 못했기 때문이다. 즉 일제는 1931년의 만주침략, 1937년의 중일전쟁, 1941년 태평양전쟁으로 전선을 확대하였고, 이 과정에서 국내에서의 민족운동은 일제의 철저한 탄압 속에서 이루어질 수가 없었던 것이다.

1) 1930년대 초반 농촌사회의 변화

(1) 식민지 지배정책과 농촌사회의 변동

1929년 세계적인 규모의 경제공황이 발생하자 제국주의 열강은 심각한 체제의 위기에 직면하게 되었다. 특히 부존자원이 부족하고 식민지도 많지 않던 후발 제국주의 일본은 이러한 체제의 위기를 쉽게 타개할 수 없었다. 그리하여 일본 제국주의는 공황의 피해를 식민지 조선에 전가하는 한편, 군국주의를 채택하여 한반도를 병참기지화하기 위한 시책을 실시하였다. 즉 '제2

의 內地' 혹은 '內地의 大陸分身'[4]으로서의 조선에 1929년 부전강 발전소의 송전을 시초로 개시되었던 소위 '근대산업'은 만주사변을 일으키고, 중일전쟁·태평양전쟁으로 확대되면서 군수품 보급기지로서 조선의 역할은 더욱 증대하였다. 그리하여 도로의 개수, 철도의 부설과 같은 교통로를 정비하였으며 연안항로 및 항만을 정비하였다. 특히 조선에 대한 일제의 이와 같은 정책의 변화는 단순히 조선을 '병참기지'에 국한하는 것이 아니라 "朝鮮半島 그 자체가 日滿支블럭을 연결하는 紐帶인 것으로서 소위 '대륙루트' 그 자체라는 인식에 기반"[5]하는 것이었다. 이와 같이 일제의 식민지 조선에 대한 지배정책이 변화하게 된 원인은 첫째, 일본 독점자본은 국내의 과잉자본의 투자지를 필요로 했는데 당시 조선에서는 어떠한 제약도 없이 저렴한 식민지 노동력을 무제한적으로 착취할 수 있었다. 둘째, 조선에는 일본 공업의 군사적 재편성을 위한 공업원료와 군수원료 자원이 풍부하였다. 셋째, 지리적으로 보아 대륙병참기지로서의 중요성을 가지므로 그에 따른 공업화의 필요성이 높아졌다. 넷째 조선에는 〈중요산업통제법〉이 적용되지 않아 경제통제에 대한 자본의 도피처로 조선이 인식되었다.[6] 이러한 결과 일제는 조선에 대한 공업화정책을 추진하였고 그에 따라 1930년 흥남조선질소비료공장이 설립되었다. 이로 인하여 조선의 기존 산업구조는 심각한 타격을 입었으며, 이후 1933년부터는 새로운 산업구조로의 변화를 보였다.[7] 이와 같은 새로운 산업구조로의 변화, 즉 광산의 개발, 발전소의 건설, 도로와 철도의 부설, 항만의 개수 등은 새로운 일자리를 창출하여 한반도의 북부지방에 타 지방민의 유입을 초래하여 농촌사회의 변화를 초래하였다. 그러나 이러한 '근대화'는 농촌과 농민의 철저한 희생을 바탕으로 한 것이었다. 이미 농촌으로부터 구축당한 농민층은 생존을 위하여 한반도의 북부지방과 북만주를 향해 이동하고 있었기 때문이다.

---

4) 全國經濟調査機關聯合會 朝鮮支部 編, 《朝鮮經濟年報》(昭和15年版, 改造社), 107쪽.
5) 위와 같음.
6) 小林英夫, 〈1930年代 朝鮮'工業化'政策의 展開過程〉(《朝鮮史硏究會論文集》 3, 1967 ; 사계절편집부 편, 《한국근대경제사연구》, 사계절, 1984에 수록).
7) 허수열, 〈일제하 조선의 산업구조〉(《국사관논총》 36, 1992), 278쪽.

한편 일제는 ① 조선 내의 수요 증가에 대비하고, ② 농가경제의 성장으로 반도 경제의 향상을 도모하고, ③ 아울러 제국의 식량문제를 해결할 목적[8]으로 산미증식계획을 실시하였다. 그러나 산미증식계획의 궁극적인 목적은 일본 제국주의의 지속적인 성장을 위한 저임금 구조를 유지하기 위해 만성적인 식량부족문제를 해결하는데 있었다고 보아야 할 것이다. 이를 위해 일제는 종래의 우량 품종의 보급, 자급 비료의 증시, 경종법의 개선에만 그치지 않고 대규모의 관개개선 등 토지개량을 통하여 그 목적을 달성하고자 하였다. 그리하여 일제는 일부 지주층을 이용하여 수리조합을 설치하여 쌀을 증산하고자 하였다. 이에 대하여 한 보고서는 "토지개량에 관한 주요 사업은 수리시설을 하는 것이기 때문에 산미증식계획은 바로 수리조합의 확충계획이었다."[9]고 하였다. 예를 들면 1926년부터 1934년까지 설치된 수리조합은 192개였는데, 그 결과 자작농과 중소지주의 토지 상실과 함께 소작료의 고율화 현상이 더욱 가속화하였고 수리조합반대운동은 이런 이유에서 비롯되었다는 것이 통설이다.[10]

(2) 농촌사회 내부의 계급관계의 변화

일제의 식민지 지배정책의 결과 조선의 농촌 사회는 많은 변화를 겪게 되었다. 그 중에서 농민들의 현실생활에 가장 큰 영향을 끼친 것이라 하면 농민층의 경제생활이 매우 악화되었다는 점이라 할 수 있다. 이는 곧 농민층이 일제와 지주를 상대로 투쟁할 수 있는 조건이 성숙되었음을 의미한다. 따라서 1930년대 농민운동은 이러한 농민들의 경제상태를 근간으로 하는 것이었다.

이미 대공황기에 조선의 농촌과 농민의 상태는 이전 시기에 비하여 극도

---

8) 朝鮮總督府 編, 《朝鮮産米增殖計劃要領》(1922), 5쪽.

9) 淸水健二郎, 《朝鮮ノ農業ト水利組合ニオケル》(1938), 21쪽.

10) 西條晃, 〈1920年代朝鮮における水利組合反對運動〉(《朝鮮史硏究會論文集》 8, 1971).
박수현, 〈식민지시대 수리조합반대운동－1920～1934년을 중심으로－〉(《중앙사론》 7, 1991).
서승갑, 〈일제하 수리조합 구역내 증수량의 분배와 농민운동－임익·익옥수리조합을 중심으로－〉(《사학연구》 41, 한국사학회, 1990).

로 악화되어 있었다. 즉 1930년 현재 춘궁 상태에 있는 농가호수는 자작농 18%, 자작 겸 소작농 38%, 소작농 68%[11]로서 당시 농민층은 이미 기아상태에 처해 있었다. 이를 다음의 〈표 1〉을 통해서도 확인할 수 있다.

〈표 1〉 조선농회 조사 농가 수지 상황(1932)

(단위 : 원)

종 별	농가총소득	가 계 비	부 족 액
자 작	679.819	701.689	21.870
자 소 작	392.987	473.077	80.090
소 작	297.999	327.607	29.608
평 균	456.935	500.790	43.855

* 《동아일보》, 1932년 11월 27일 ; 김현숙, 〈일제하 민간협동조합운동에 관한 연구〉(《일제하의 사회운동》, 문학과 지성사, 1987), 203쪽에서 재인용.

위의 〈표 1〉에서 보면 자작·자작겸 소작·소작을 불문하고 모든 농가는 적자를 내고 있다. 이는 모든 농민층이 확대재생산이 불가능한 상태에서 몰락하고 있음을 보여준다. 그리하여 다음의 〈표 2〉에서 확인하듯이 농민층은 하강분해하고 있는 것이다.

〈표 2〉 농민층의 분해상황

연 도	지 주	자 작	자작겸소작	소 작
1926	3.8	19.1	32.5	43.3
1928	3.7	18.3	32.0	44.9
1930	3.6	17.6	31.0	46.5
1931	3.6	17.0	29.6	47.4
1932	3.6	16.3	25.3	52.8
1933	−	17.1	24.7	51.9
1934	−	17.0	24.0	51.9

* 조선농회, 《조선농업발달사》, 발달편, 부록 제3표에서 작성.

11) 朝鮮總督府, 《朝鮮ノ小作慣行》(下) 續編, 120~121쪽.

이와 같은 사실에 대하여 당시의 한 신문은 다음과 같이 지적하고 있다.

> 일본인과 조선인의 비례로 보면 조선인은 매년 지주는 자작으로 화하고 자작은 자작겸 소작으로 화하고 자작겸 소작은 순소작으로 화하는 반면에 일본인은 매년 소작은 자작으로 화하고 자작은 지주로 화하여 매년 농가호수가 증가하는 까닭에 조선인의 생활상태는 나날이 퇴보하여 살 수 없어 男負女戴로 정든 고향을 등지고 북만주로 향하게 되었다(《동아일보》, 1928년 8월 1일).

또한 농산물 가격은 농업공황의 여파로 폭락하였다. 이를 다음의 〈표 3〉에서 확인할 수 있다.

〈표 3〉 주요 농산물의 가격표

	1926년	1931년
멥쌀(1석)	31.59	14.74
콩(1석)	16.95	9.47
고치(10관)	84.23	18.37

* 朝鮮農會, 《朝鮮農業發達史》 發達編(1944), 부록.

이와 같은 상황을 극복하기 위하여 농민은 각종의 부업품을 시장에 내다 팔아야 하는 지경에까지 이르렀으나 일제는 이미 공동판매, 미가조절 등의 독점가격정책으로 시장을 장악하고 있었다. 이리하여 농민의 몰락은 더욱 가속화되었다. 이에 따라 농민층은 급격하게 빈농층 및 농업노동자로 전락할 수밖에 없었다. 이는 농촌 사회의 경제적 모순이 극에 달했다는 사실을 증명한다.

이상과 같은 농민층의 분해현상은 전래의 농촌 사회에서의 관습이 붕괴되는 계기가 된다. 즉 전래의 농촌 사회는 지주와 씨족 집단을 비롯한 공동체적인 조직이 지배적이었음에 비하여 이제는 일제와 친일화한 지주층에 대한 농민층의 대결구도가 한층 명확해진 것이다.

(3) 소작쟁의의 격증

1930년대 초반 조선의 농촌 사회는 지주소작관계를 중심으로 급속히 변화하였다. 그리하여 농민층의 몰락은 더욱 가속화하였고 이에 따라 농민층의 일제와 지주에 대한 투쟁의식은 더욱 강화되었다. 이러한 결과 농민층의 소작쟁의는 급증하였다. 이 시기 소작쟁의의 연도별 증감현황은 다음 〈표 4〉와 같다.

〈표 4〉 소작쟁의의 연도별 증감 현황

(1921~1939년)

연 도	발 생 건 수	동원인원수	사건당인원수
1921	27	2,967	110
1922	24	3,539	148
1923	176	9,060	52
1924	164	6,929	42
1925	11	2,646	241
1926	17	2,118	125
1927	22	3,285	149
1928	30	3,572	119
1929	36	2,620	73
1930	92	10,037	108
1931	57	5,486	96
1932	51	2,910	57
1933	66	2,492	38
1934	106	4,113	39
1935	71	2,795	39
1936	56	3,462	62
1937	24	2,234	93
1938	30	1,338	45
1939	24	969	40
합 계	1,085	72,572	

* 조선총독부 경무국편, 《최근 조선의 치안상황》 1938년판, 97~99쪽 ; 〈1940년도 조선내 노동쟁의 및 소작쟁의에 관한 조사〉(《사상휘보》 22, 1940), 14~15쪽 ; 지수걸, 《일제하 농민조합운동연구》(역사비평사, 1993), 44쪽에서 재인용.

이를 다시 원인별로 보면 다음의 〈표 5〉와 같다.

〈표 5〉 소작쟁의의 원인별 비교표

(1920~1933년)

연도 \ 원인	소작권의 취소 및 이동	소작료 증액반대	기 타	계
1920	1	6	8	15
1921	4	9	14	27
1922	8	5	11	24
1923	117	30	29	176
1924	126	22	16	164
1925	1	5	5	11
1926	4	4	9	17
1927	11	1	10	22
1928	21	3	6	30
1929	15	7	14	36
1930	29	42	22	93
1931	17	27	13	57
1932	26	8	17	51
1933	36	18	12	66
계	416	187	186	789

* 朝鮮總督府警務局, 《朝鮮の治安狀況》(1933년판), 108쪽 ; 並木眞人 외 엮음, 《1930년대 민족해방운동》(거름, 1984)에 수록.

위의 〈표 4〉와 〈표 5〉를 통해 볼 때 1930년을 고비로 소작쟁의가 증가하고 있음을 알 수 있고 그 원인은 주로 소작권의 이동과 소작료의 인상에 있음을 확인할 수 있다. 이러한 농민층의 요구는 그들의 생존권과 직결되는 것이었다. 따라서 이와 같은 농민층의 투쟁은 자연발생적인 성격이 강하였다. 그리하여 일제의 분석에서도 쟁의의 수단이 종래(1920년대 중반 경까지)에는 대개 온건했다. 그러나 1920년대 후반 경부터는 "사회주의 운동의 발전과 함께 사회주의자들이 각지에서 농민단체를 설치하여 이를 좌익적으로 지도·조종하고 쟁의에 관여하여 계급의식을 선동하므로 쟁의도 점차 첨예화하기"[12)]

12) 朝鮮總督府 警務局, 《朝鮮の治安狀況》(1933), 105쪽(並木眞人외 엮음, 《1930년대 민족해방운동》에 소수).

에 이르렀다. 이는 사회주의가 농민운동에 적극적인 활동을 전개하였다는 것을 의미한다. 사실 사회주의가 농민운동에 영향을 끼치기 시작한 시기는 대략 1923~1924년 경부터라 할 수 있다. 3·1운동 이후 조직되기 시작한 청년단체는 1920년 251개, 1921년 446개, 1922년 488개로 급증하였고, 이들 단체는 실력양성론을 기반으로 하였다. 그러나 1923년 무렵에는 사회주의의 영향을 받기 시작하여 1924년 무렵에는 사회주의가 조직적으로 수용되고 있다. 그리하여 1923년에는 청년단체의 수가 549개, 1924년에는 702개로 급증하였다.[13] 예를 들어 단천의 하자회, 영흥의 삭풍회, 정평의 제로회, 홍원의 이럿타회, 양양의 양양신청년동맹, 고성의 변성청년회 등 각지에서 지역사회의 운동을 주도하던 청년단체들이 그것이다. 이와 같이 1923~1924년 경에 청년단체의 수가 급증한 것은 조선청년총동맹의 조직과 관련이 깊다. 서울청년회와 신흥청년동맹 등 청년운동의 주도권을 장악하고자 하였던 조직들이 지방에 자신의 세력을 부식시키는 과정에서 많은 청년단체가 조직되었기 때문이다. 이리하여 지방에 조직된 청년단체들은 사회주의의 영향을 받게 되었다. 결국 지방이 농촌 사회인 까닭에 이들은 농촌 청년대중을 상대로 활동을 전개하였으므로 농촌 사회와 농민운동에 대해 무관심할 수 없었다. 그리하여 농촌 사회와 농민운동에 대하여 지방의 청년단체들은 관심을 가지고 활동을 하였던 것이다. 이리하여 농민운동에도 사회주의가 영향을 끼치게 되었다.[14]

2) 농민조합운동과 개량적 농민운동의 전개

(1) 농민조합운동

일제하 농민운동이 본격화되는 시기는 1920년대 초반이었다. 1920년 조선노동공제회가 조직되고 1924년에는 조선노농총동맹이 조직되었다. 1925년에

13) 朝鮮總督府 警務局, 〈各種 結社累年 盛衰表〉(《朝鮮の治安狀況》, 1930), 202쪽.
14) 예를 들어 양양지역의 경우에는 1924년 조직된 양양신청년동맹의 지도자인 오일영·김대봉·최용대의 활동과 농민운동의 활동이 매우 관련이 깊게 나타난다. 이는 양양지역뿐만이 아니라 농민조합이 조직된 대부분의 지역에서 나타나는 공통적인 현상이다(조성운, 〈일제하 양양지역의 혁명적 농민조합운동〉, 《한국민족운동사연구》 18, 1998) 참조.

는 화요회계열을 중심으로 조선공산당이 조직되었고, 1927년에는 조선노농총동맹이 조선노동총동맹과 조선농민총동맹으로 분립되어 노농운동의 전기를 이루었다. 그러나 최소한 1922년 조선노동공제회가 〈소작인이여 단결하라〉라는 성명을 발표할 때까지 노동문제와 농민문제를 정확히 이해하고 있지는 못하였다. 즉 1920년대 중반까지 무산자와 농민층에 대한 엄밀한 개념이 확립되지 않아 '무산'이라는 개념은 농민에게도 무비판적으로 적용되었다. 이러한 상황은 위에서 본 〈소작인이여 단결하라〉라는 성명을 조선노동공제회에서 발표하고 있는 것으로 보아도 알 수 있다. 한편 1920년대 초반에는 전국 각지에서 소작인조합·소작인상조회 등 소작인단체가 등장하였고 1926년 무안농민연합회가 무안농민조합으로 변경하면서 농민조합이 탄생하였다. 이후 농민조합은 합법적인 수단과 방법으로 농민층의 일상이익을 옹호, 획득하는 활동을 전개하였으나, 일제의 탄압으로 성과를 보지 못하게 되었다. 이리하여 1930년대 초반에 합법적인 농민조합이 이른바 혁명적 농민조합으로 전화되고 있는 것이다.

1930년대 농민조합운동[15]이 전개되었던 지역은 80개의 군·도 지역으로 추정된다.[16] 이는 전국 220개의 군·도 중 약 36%에 해당하는 지역이다. 지역적으로는 주로 함경도·강원도·경상도 등 주로 한반도의 동쪽지방을 중심으로 전개되었고, 평안도·황해도·경기도 등의 서쪽지방에서는 그 활동이 미미했다. 이러한 지역적인 분포는 사회주의의 전파경로와 밀접한 관계가 있다고 생각된다. 한반도의 동쪽지방은 일본의 오사카(大阪)로부터 러시아의 블라디보스톡에까지 이르는 국제항로가 개설되어 사회주의가 쉽게 전파될 수 있었다. 그리고 일제의 병참기지화정책이 추진되면서 노동자층이 비교적 이른 시기에 형성된 지역이기도 하였다. 또한 함경도는 러시아와 국경을 마주

---

15) 농민조합은 1926년 무안농민연합회가 무안농민조합으로 개편된 이후 전국 각지에서 조직되었다. 그리고 1920년대 말 무렵부터 이른바 '혁명적'으로 전화하였다고 한다. 그리하여 대부분의 연구자들은 이 시기 이후의 농민조합운동을 이전 시기와 비교하여 '혁명적' 농민조합운동이라 하였다. 그러나 필자는 '혁명적'으로 전화한 이후에도 농민조합의 활동이 이전 시기와 크게 다르지 않기 때문에 불가피한 경우를 제외하고는 '혁명적'이라는 수식어를 사용하지 않고 '농민조합운동'이라 칭하도록 한다.

16) 지수걸, 앞의 책(1993), 167쪽.

하는 지역이었으므로 사회주의가 비교적 빠르게 침투할 수 있는 지역이었다. 이리하여 한반도의 동쪽지방을 중심으로 농민조합운동이 전개될 수 있었다. 특히 1928년 코민테른의 〈12월테제〉는 농민운동에 결정적인 영향을 끼쳤다. 즉 〈12월테제〉 이후 기존의 운동조직을 계급적으로 재편하고자 하는 움직임이 나타나기 시작하였고 이러한 움직임이 본격화되는 시기는 대략 1930년 말이었다. 이 시기는 청년동맹과 신간회 등 합법적인 단체들을 해소하고 반합법적이고 계급적인 대중조직을 건설하려는 운동노선이 관철되어 각 지역에서 농민조합과 노동조합이 조직되었다. 따라서 각 지역 단위로 조직되어 있던 계급・계층조직은 농민조합의 하나의 부서로 통합되어 농민조합은 명실공히 지역 단위의 운동 지도부가 되었다.[17)]

한편 1930년대 초반에는 합법적 농조가 혁명적으로 전화되는 지역이 있는 반면에 농조가 신설되는 지역도 있었다. 합법농조→혁명적 농조로의 전환을 보여주는 대표적인 농조로는 양양농민조합이 있다. 양양농민조합이 혁명적으로 전환된 시기는 1931년 3월의 제5회 정기대회라 생각된다. 이 대회에서 채택된 슬로건이 혁명적 농민조합의 일반적인 특징을 보여주고 있기 때문이다.[18)] 또한 이 시기 양양농민조합의 造山支部 제4년 제1회 대회에서 행한 최용복과 최연집의 연설을 통해서도 확인된다.[19)]

① 우리들은 일체의 계급적 노력을 총집중시켜 계급운동을 확대, 강화해야 하기 때문에 규율적인 전술하에서 실천적 운동을 개시하여 투쟁적으로 조직하

17) 지수걸, 위의 책 참조.
이준식, 앞의 책(1993).
18) 제5회 정기대회에서 채택된 구호는 다음과 같다(高等法院檢事局 思想部, 〈襄陽農民組合事件判決文〉, 《思想月報》 4-6).
1. 일체의 채무계약의 무효를 주장한다.
1. 잡세를 철폐하라.
1. 토지는 농민(에게)
1. 노동자의 단결을 강고히 하자.
1. 우리가 버려야 할 것은 철쇄이며 우리가 얻어야 할 것은 사회이다.
1. 현계급(단계)은 부르주아 민주주의의 전취과정에 있다.
1. 만국의 무산자여 단결하라.
19) 高等法院檢事局 思想部, 〈襄陽農民組合事件判決文〉(《思想月報》 4-6).

고, 산업별 조합을 조직하여 농촌 청소년은 농민조합의 청소년부로, 노동 청소년은 노동청소년부로 전화시켜 노농청소년의 독자적인 의식과 ××적(혁명의 의미) 계급투쟁을 지도, 전개시켜 관념적 운동을 배제 ….

② 현하 조선의 노동조합은 천도교도로 조직된 조선농민사와 같은 개량주의 즉 당면 이익인 소작조건의 유(지) 개선을 목적으로 ×××하므로 무산계급의 확대, 강화와 계급적 농민운동은 ××(혁명)적 진출에 ×××하므로 우리들은 그들의 ××(정체)를 무산계급, 농민 대중에게 폭로하고 우리들에게는 농민계급·빈민·노동자의 이익을 대표하는 노총·농촌(농민)동맹이 있으므로 그들 반동단체의 박멸운동을 일으켜야 한다는 취지를 설명, 제안하고 전 조선농민조합에 경고문을 발송하고 전국적으로 성명서를 발표하여 농민조합 본부에 건의할 것.

이외에도 대부분의 합법적 농민조합이 혁명적으로 전환하였거나 수진농민조합[20]과 같이 그 과정에서 일제에 검거되었다. 일제의 분석에 따르면 농민조합이 혁명적으로 전환되는 것은 대개 조선공산당 재건운동의 관련자, 사회운동의 방향전환에 영향을 받은 지방의 토박이 공산주의자, 기존의 합법적 농민조합운동의 주체들에 의하여 이루어졌다고 한다.[21] 그러나 일제의 이와 같은 유형구분은 유효성이 그리 크지 않은 것으로 생각된다. 이 시기 농민조합의 활동을 어느 하나의 유형으로 판단할 만큼 그 활동이 단순한 것이 아니었으며 어떠한 경우라 하더라도 조선공산당의 재건과 무관하지 않기 때문이다.[22]

이와 같이 1930년대에 접어들면서 농민조합은 혁명적으로 전환을 하는데, 이 시기 농민조합의 특징을 가장 잘 보여주는 것이 '빈농우위의 원칙', '투쟁을 통한 조직관', '계급·계층별 부서의 설치'라 할 수 있다. '빈농우위의 원칙'이란 "종래 농민운동의 주도권을 장악하고 있던 지주나 부농층을 대신하여 빈농층이나 노동자계급이 농민운동의 주도권을 장악하고 나아가 이들 새로운 지도층이 빈농적 이해관계(궁극적으로는 토지혁명)를 중심으로 농민대중

20) 수진농민조합에 대해서는 조성운, 〈日帝下 水原地域의 農民組合運動〉(《東國歷史敎育》 5, 1995) 참조.

21) 朝鮮總督府 警務局 編, 《最近に於ける朝鮮治安狀況》(1933년판), 47~48쪽.

22) 조성운, 앞의 책(1998), 183쪽.

의 이해관계를 실현하기 위해 농민들을 조직하고 투쟁한다는 원칙"[23]이다. 일제시기 명천농민조합에서 발표한 한 문건에 따르면 부농층에서는 지도자를 선출해서는 안된다고 하였다.[24] 이러한 '빈농우위의 원칙'은 대부분의 농조가 이를 강령 또는 투쟁방침 등에 명시하였다. 즉 단천농조는 단천농민동맹을 혁명적으로 전환하면서 "순무산농민 혹은 최하층 빈농을 조직의 본위"[25]로 할 것을 천명하였으며, 삼척지역의 핵심적인 활동가인 심부윤이 작성한 〈운동계획서〉에서도 "우선 빈농층의 참된 투쟁분자만을 선출하여 계급적으로 교양시켜서 농민조합의 좌익 프랙션적인 임무를 수행하지 않으면 안된다"[26]고 하였다. 또한 전남운동협의회 역시 "농민운동을 노동운동의 지도하에 두고 완전한 블록을 결성하도록 할 것. 농민운동은 빈농·소농·중농의 성질에 의해 각기 지도방침을 달리하되 농민운동의 중심은 빈농으로 할 것"[27]을 결정하였다. 울진농민조합의 〈창립선언문〉에서도 "울진에 산재한 빈농민 제군", 혹은 "혁명적 빈농민 제군"이라 하였다.[28] 김해농민조합은 청년부를 "빈농을 망라한 조직"[29]으로 규정하였다. 이와 같이 '빈농우위의 원칙'은 각 단위 농조에서 대부분 채택하였던 것으로 생각된다.[30]

그러나 농조운동의 전개 과정에 이 원칙이 명확히 지켜졌는가에 대해서는 의문이 있다. 왜냐하면 영동지방의 농민운동을 분석한 한 연구[31]에서는 농민조합운동의 지도층의 성격분석을 통하여 농조운동의 주체들이 '빈농우위의 원칙'을 선언적인 차원에서 이해하고 있다고 주장하고 있기 때문이다.[32] 이

---

23) 이준식, 〈세계대공황기 혁명적 농민조합운동의 계급·계층적 성격〉(《역사와 현실》 11), 155쪽.
24) 농조[명천]좌익출판부, 〈농민조합 재건운동과 농민문제〉(신주백 편저, 《1930년대 민족해방운동론연구》 I, 새길, 1989), 266쪽.
25) 咸興地方法院, 〈端川農民組合協議會事件〉(《思想月報》 3-8), 21~22쪽.
26) 沈富潤, 〈運動計劃書〉(三陟警察署, 《重要犯罪報告》, 江保司 제357호).
27) 《조선일보》, 1931년 3월 20일.
28) 〈蔚珍農民組合創立宣言文〉(蔚珍警察署, 《重要犯罪報告》, 江保司 제393호).
29) 《조선일보》, 1931년 3월 20일.
30) 이준식, 앞의 글.
지수걸, 앞의 책.
31) 조성운, 앞의 글 참조.
32) 조성운, 위의 글, 170~177쪽.

에 따르면 운동의 지도층은 대부분 부농 혹은 지주출신이었다는 것이다. 이를 〈표 6〉에서 알 수 있다.

〈표 6〉 영동지방 농민조합의 지도층 일람표

지역	지도층
통천	오계윤(고저사립통명학교 졸업), 박재순(중동학교1년 중퇴, 휘문고보 3년 중퇴)
고성	황창갑(함흥고보 졸업)
강릉	강익선(강릉농업학교, 수원농림학교), 강덕선(강릉농업학교 중퇴), 권인갑(화북대학 중퇴), 조규필, 최선규
삼척	정건화(배재고보 중퇴), 심부윤(부산상업학교 중퇴, 평양숭신학교 중퇴), 김덕환(서당, 보통학교), 황운대(서당, 제동학교)
양양	김병환, 오용영, 최우집, 김동기, 강환식(강릉농업학교, 중동학교), 추교철
울진	이우정(중앙고보 중퇴), 윤두현(서당), 주진황(소학교), 주맹석(제동학교), 전영경(서당), 남왈성(서당, 제동학교), 진기열(이리농업학교 중퇴), 최재소(서당, 보통학교), 최학소(중동고보 중퇴), 남왈기(서당), 황택용

* 조성운, 《일제하 영동지방 농민운동연구》(동국대 박사학위논문, 1998), 170쪽.

그런데 여기에서 문제되는 것은 농조운동의 지도층이 아닌 일반구성원이 어떠한 생각을 가지고 운동에 참여했는가 하는 점이다. 운동의 지도층이 사회주의라는 사상을 토대로 운동을 전개하였음은 잘 알려진 사실이다. 그러나 일반구성원들도 사회주의라는 사상을 토대로 운동을 전개했다고 보기에는 무리가 있다. 즉 운동의 지도층과 일반 구성원 사이에는 사상적인 간극이 존재했다고 보여진다. 예를 들어 울진지역에서는 농민조합운동이 일제에 검거된 이후 1941년 暢幽契가 조직되어 지역사회의 운동을 전개하였다. 그리고 창유계에 참여했던 주진욱·임시헌·남경랑·남원수·최학소·전원강·남석순 등은 울진농민조합사건에 관련되어 일제에 검거되었던 인물들이었다. 이들 중 최학소는 사회주의자로 보이며 울진농조의 지도부에 있었던 인물이었고, 나머지 인물들은 일반 구성원이었다. 그런데 창유계[33]는 남원수를 중경임시정부에 파견하고자 한 것으로 보아 이들은 중경임정과 조직적인 관계를

33) 창유계사건에 대해서는 朱禮得, 《抗日鬪爭虐殺事件眞相》(手稿本), 참조.

맺기 위하여 노력하였음을 알 수 있다. 이로 보아 창유계는 민족주의적인 성향의 단체라 할 수 있다. 이는 곧 이 시기에 전개된 농민조합운동의 지도층과 일반 구성원 사이에는 사상적인 간극이 존재했을 가능성이 있다는 것을 시사해준다고 할 수 있다. 이 점에 대해서는 양산경찰서 습격사건[34]의 주도자 중의 한 사람인 金外得의 증언도 참조가 된다. 김외득은 자신의 "양산경찰서의 습격은 (양산농민조합)소년부의 金章浩와 나, 둘이서 주동하였습니다. … 다만 장호는 金龍浩의 동생이므로 지시를 받았을지도 모르나 나는 없습니다"[35]고 하였다. 사회주의자였던 김장호의 지시를 받았을 것으로 추정되는 김용호와 함께 양산경찰서를 습격했다는 것이다. 이는 결국 지도부와 일반 구성원 사이에 사상적인 간극이 있었다는 사실을 다시 한번 보여주고 있다.

다음으로 1930년대 농민조합의 활동을 보도록 하자. 이 시기 농민조합의 활동은 ① 합법농조의 혁명적 농조로의 전환을 위한 투쟁시기(1930~1931), ② 혁명적 농조의 재건설기(1932~1937), ③ 인민전선전술의 수용 이후의 농민운동기(1937~)로 구분할 수 있다.[36] ①의 시기에는 우선 합법적 농조의 혁명적 전환이 전국적인 규모로 이루어졌다. 이에 따라 토지혁명이나 노농소비에트의 건설 등 혁명적인 구호가 표방되었다. 그리고 경제투쟁 역시 단순히 일상이익을 획득하기 위한 투쟁에서 이를 정치투쟁과 목적의식적으로 결합시키려는 노력도 있었다. 더욱이 투쟁의 방법에서도 비합법투쟁을 마다하지 않았다. 또한 조선농민사나 전 조선농민사에 대한 비타협적인 투쟁을 강조하였다. ②의 시기에서는 ①의 시기에서 나타난 조직상의 문제점, 즉 운동의 대중성을 확보하기 위한 방법으로서 아래에서 위로의 조직방침이 채택되었다. 이에 따라 야학·독서회 등을 조직하여 활동하였으며, 더 나아가 일제의 농촌진흥회나 관변청년단체에 혁명적 반대파를 조직하여 침투하기도 하였다. 예를 들면 삼척지역에서는 농촌진흥회·소비조합·명덕청년회 등의 관변단체에 프랙션을 구축하였다. 또한 이 시기에는 양산농조가 수행한 양산경찰서

---

34) 양산농민조합사건에 대해서는 조성운, 〈日帝下 慶南 梁山地域의 革命的 農民組合運動〉(《芝邨金甲周敎授華甲紀念史學論叢》, 1994) 참조.

35) 〈金外得과의 면담〉, 1991년 8월 19일, 자택.

36) 지수걸, 앞의 책, 398~401쪽.

습격사건, 삼척농조가 수행한 근덕면사무소 습격사건 등과 같이 대중폭동을 통한 농민대중의 조직화사업이 전개되었다. 그리고 삼척지역에서는 운동자금의 확보를 위한 금광습격사건도 발생하였다. 이러한 투쟁과정에서 농민조합은 사회주의적인 이념을 중심으로 하면서도 전래의 공동체적인 지배질서를 운동에 이용하기도 하였다. 예를 들면 양양의 조산리, 삼척의 쇄운리, 울진의 정림리 등은 각기 강릉 최씨, 연일 정씨, 의령 남씨의 집성촌이었다. 그런데 이들 지역의 운동의 중심인물은 지주 혹은 종손들로서 자신들의 출신지역에 상당한 영향력을 행사하는 사람들이었다. 한편 이러한 투쟁과정을 통하여 각 지역에서는 농민출신의 토박이 활동가들이 배출되기 시작하였다. 이는 지역사회에서 농민층이 운동의 중심세력으로 성장하고 있음을 보여준다. 그러나 이들이 지역 사회의 중심적인 인물로 성장하기 이전에 이미 일제는 중일전쟁・태평양전쟁을 일으켜 조선을 전시체제에 편입시킴으로써 이들이 더 이상 성장할 수 있는 기회를 봉쇄하였다.

한편 1937년 중일전쟁을 즈음하여 인민전선전술방침이 수용되기 시작하였다. 인민전선전술은 1937년 코민테른 제7회 대회에서 채택된 운동노선으로써 지금까지의 계급대 계급전술을 폐기하고 일제에 반대하는 모든 반제국주의세력을 망라하여 전민족적인 역량을 반제국주의투쟁의 전선으로 집중하여 민족해방운동을 강화하자는 내용을 중심으로 한다. 이 노선은 李載裕・李觀述・朴憲永 등의 경성그룹, 李舟河 등의 원산그룹, 한봉적 등의 정평그룹, 최소복 등의 왜관그룹이 이 방침을 수용했으나 농민운동의 전국적인 지도기관이 부재하였으므로 이 방침은 농민조합운동의 노선에 큰 변화를 가져오지는 못하였다.

(2) 개량적 농민운동

가. 조선농민사운동

朝鮮農民社는 1925년 8월 17일 崔麟이 이끌던 천도교 신파의 천도교청년당 임시총회에서 소년 및 농민을 계몽하여 집단생활의식을 훈련하기 위하여 소년・농민단체를 조직[37]하기로 한 결정에 의하여 1925년 10월 29일 창립[38]

37) 趙基栞,《天道敎靑年黨小史》(1935), 40쪽(《東學思想資料集》3, 1979에 소수).
38) 朴思稷,〈朝鮮農民社 創立 第5回 紀念을 마즈면서〉(《農民》1-6, 1930), 2쪽.

된 일제시기 대표적인 개량주의적 농민단체였다. 이는 천도교 신파가 몰락하는 농민들을 도움으로써 천도교에서 이탈하는 교인들을 지키고 또 한편으로는 자치의 실현을 염두에 두고 천도교청년당 산하에 농민조직을 만들어 이를 통하여 농민을 견인하고[39] 각계 각층의 비천도교인을 망라해서 다양한 세력을 확보하고자 했기 때문이었다.[40] 창립 당시 중앙간부 13명 중 천도교인은 金起田·李敦化·趙起栞·朴思稷·李晟煥·崔斗善 등 6명이었으며 나머지는 金俊淵 등 기자 5명, 기타 2명이었다.[41] 이들 중 천도교인들은 천도교에서 전개하였던 신문화운동의 중심적인 인물들이었다.[42] 이로 보아 조선농민사는 창립 당시부터 천도교의 독자적인 농민운동단체는 아니었다. 그러나 1928년 4월 6일 제1차 조선농민사 전조선대표대회에서 선정된 중앙이사는 천도교계가 21명 중 14명을 차지하여 압도적인 다수를 차지하게 되었다. 그리고 1929년 4월 조선농민사 제2회 전체대회에서 조선농민사를 천도교청년당 농민부 산하에 두기로 하고 이듬해인 1930년 4월 조선농민사 제3차 전체대회에서 천도교청년당 농민부 산하에 직속시켰다. 이러한 과정에서 창립 당시부터 조선농민사의 중추적인 역할을 하던 이성환을 비롯한 비청년당 계열의 인물들은 조선농민사를 탈퇴하여 전조선농민사를 조직하였다.

이와 같이 조직되고 변천되는 과정에서 조선농민사의 활동을 살펴보자. 이를 위하여 우선 조선농민사의 지방부 조직에 대해 살펴보아야 한다. 조선농민사의 지방부 조직은 천도교청년당 지방부 조직이 집중되었던 평안도·황해도·함경도의 북부지방에 집중되고 있다. 그리고 남부지방의 경우도 천도교청년당이 조직된 지역에 조선농민사 지방부가 조직되고 있다. 또한 천도교청년당의 간부들이 조선농민사에서도 주도적인 역할을 하였다. 이들 2개 단체의 조직이 중복되는 지역만 보더라도 59개 지역에 달한다.[43] 이로 보아 천도교와 조선농민사의 농민운동론은 사실상 같다고 할 수 있다. 따라서 조선농민사의 활동은 천도교의 농민운동론에 의해 지도되었다. 천도교청년당 농

39) 曺圭泰, 《1920年代 天道敎의 文化運動硏究》(서강대 박사학위논문, 1998), 160쪽.
40) 지수걸, 〈朝鮮農民社 團體性格에 관한 硏究〉(《歷史學報》 106), 179쪽.
41) 박지태, 〈朝鮮農民社의 組織과 活動〉(《한국민족운동사연구》 19), 282쪽.
42) 천도교의 신문화운동에 대해서는 曺圭泰, 앞의 책 참조.
43) 박지태, 앞의 글, 301쪽.

민부의 활동요항은 ① 문자계몽과 사상계몽으로써 그의 의식적 각성을 촉진하는 동시에 그들을 봉건적 및 근대적인 모든 압박에서 풀어내기에 힘쓸 것, ② 우선 간단한 농민학교, 기타의 교학실시를 통하여 농업기술 및 농업경영방법의 향상을 촉진할 것, ③ 소비 및 생산조합을 조직하여 농민생활의 당면이익을 꾀할 것, ④ 경작자로서의 경작권 보장을 얻기에 힘쓸 것 등이었다.[44] 이를 위해 조선농민사는 농촌계몽운동과 일상이익 획득운동을 중심으로 운동을 전개하였다.

조선농민사는 창립 초기부터 농민에 대한 계몽활동의 일환으로 농민야학의 설립, 농민강좌의 개설, 농촌순회강연회의 개최, 농민학교 등의 설립을 주장하였다.[45] 실제로 조선농민사는 317개의 농민야학을 운영했던 것으로 보인다.[46] 또한 농민의 교양과 조직적 단결을 목적으로 《朝鮮農民》을 발행하여 농민에 대한 계몽활동에 주력하였다. 그런데 당시 《조선농민》은 조선농민사뿐만 아니라 농민조합의 교양자료로도 이용되었던 것으로 생각된다. 실제로 울진농민조합의 검거 당시 일제에 압수된 잡지 목록 가운데는 《조선농민》이 들어 있으며,[47] 삼척농민조합을 조직하기 전 삼척지역 농민운동을 주도하던 三雲修成會에서도 전조선농민사가 발행한 《農民讀本》을 교양자료로 사용했다고 한다.[48]

다음으로 일상이익 획득운동에 대해 알아보자. 조선농민사의 일상이익 획득운동은 1920년대에는 斡旋部의 활동을 통해서, 1930년대에는 農民共生組合을 통해서 이루어졌다. 먼저 알선부는 일반농민의 편리와 이익을 꾀하는 동시에 조선농민사의 유지, 발달을 계획[49]하기 위하여 운영되었다. 그리고 1구

44) 박지태, 위의 글, 303~304쪽.
45) 李晟煥, 〈第2次 全鮮代表大會를 召集하면서－考慮는 愼重히! 執行은 勇敢히－〉(《朝鮮農民》 5－3, 1929), 10~13쪽.
46) 《朝鮮農民》 3－12(1927), 15~24쪽 ; 같은 책 4－2·3(1928), 20~21쪽 ; 같은 책 4－8(1928), 34~41쪽.
47) 조성운, 〈日帝下 江原道 蔚珍地域의 革命的 農民組合運動〉(《素軒南都泳博士古稀紀念史學論叢》, 1993), 813쪽.
48) 〈金永起의 증언〉(1916년 11월 8일생. 동해시 송정동 847. 1998년 10월 11일) 김영기는 삼척군 이도리의 야학에서 교사로서 농촌 아동들을 교육했다고 한다.
49) 〈朝鮮農民社斡旋部附則〉(《朝鮮農民》 2－10, 1926).

좌를 20원으로 하여 1명이 최대 100구좌까지 출자할 수 있도록 하였다.[50] 이는 곧 일반 농민들이 알선부의 활동에 적극적으로 참여할 수 없게 되는 원인이 되었다. 즉 1구좌 20원의 출자금은 당시 농민들의 생활형편으로는 힘들었기 때문이다. 따라서 알선부의 활동에 참여할 수 있었던 계층은 일정 규모 이상의 재산소유자만이 가능하였다. 이는 조선농민사 알선부의 활동이 중농 이상을 대상으로 이루어졌음을 의미한다. 그러나 조선농민사의 사원을 대상으로 한 조사가 아니라 해방 직후 북한에서 천도교 청우당원의 성분을 분석한 한 연구에 따르면 덕천에서는 빈농이 차지하는 비율이 87.1%에 해당하고 있다. 이로 보아 북한지역의 조선농민사원들도 역시 빈농이 대부분이었을 것으로 추정된다. 그러함에도 불구하고 알선부의 활동이 중농 이상층을 대상으로 한 것은 아마도 천도교 청년당의 주요 간부들이 중농 혹은 소부르주아지 출신이었기 때문이라 생각된다.[51] 따라서 알선부의 활동은 부진할 수밖에 없었다.

그리하여 1929년 이후 군농민사 알선부에서 직영의 형태로 각종의 상회를 운영하고 소비조합으로의 확대, 발전을 꾀하였다. 또한 1931년 4월에는 조선농민사 본부의 결의로 기존의 알선부를 농민공생조합으로 변경하면서 군농민사의 알선부도 농민공생조합으로 명칭이 바뀌면서 그 활동이 활발해졌다. 공생조합은 1구좌 1원씩, 1인 50구좌 이하로 출자금을 제한하였다. 이렇게 함으로써 농민공생조합원은 납입할 수 있는 출자금이 현실적인 수준으로 인하되었다. 이 농민공생조합은 "농민대중의 상호부조를 원리르 한 경제운영체로서 농민대중의 단결된 힘에 의해 경제적 당면 이익의 획득을 도모"하는 것을 목적으로 하였다.[52] 여기에서 경제적 당면이익이란 ① 중간상인에게 이윤의 착취를 받지 않고, ② 현 사회의 경제제도의 결함을 고치려하는 것이었다.[53] 이리하여 출자금·차입금·의연금·적립금 등을 통해 자금을 마련하고 농촌 일용품을 공동구매하여 분배하거나 판매하는 소비부 사업, 농업창고와

---

50) 위와 같음.
51) 이에 대해서는 조규태, 앞의 책, 78~86쪽.
52) 승관하, 〈農民共生組合의 理論과 實際를 論함〉(《農民》 2-7, 1931), 7쪽.
53) 위와 같음.

생산공장을 경영하고 생산물을 위탁 또는 공동판매하는 생산부 사업, 농사에 필요한 자금을 빌려주는 신용부 사업, 비싼 농구를 구입하여 공동 사용하는 이용부 사업, 의원·이발소·목욕탕 등을 설치하여 조합원들에게 편의를 주는 위생부 사업을 운영하였다.[54] 그러나 소비부·생산부·신용부·이용부·위생부의 5개의 부서 중에서 현실적으로 활동이 가능하였던 것은 소비부와 생산부였다. 따라서 농민공생조합은 소비부와 생산부를 중심으로 활동하였다. 공생조합이 취급한 물품의 종류는 알선부와 크게 차이가 있지는 않았으나 지역별로 단위조합을 운영함으로써 지역간의 차이에 따른 필요한 물품의 구입·판매에 효율성을 제고할 수 있었다.[55] 한편 공생조합의 수와 조합원의 수는 다음의 〈표 7〉과 같다.

〈표 7〉 공생조합의 수 및 조합원의 수

	공생조합 수	조합원 수	출전(《農民》)
1931년 1월	113		3권 1호, 51쪽
1932년 6월	181	27,962	3권 9호, 43쪽
1933년 8월	153	53,100	4권 8호, 42쪽
1933년 9월	180	50,000	4권 10호, 30쪽

* 김현숙, 〈일제하 민간협동조합운동에 관한 연구〉(《일제하의사회운동》, 문학과 지성사, 1987), 261쪽.

조선농민사는 공동경작계를 조직하여 공동경작을 통해 이상농촌을 건설하고 농민을 구제하고자 하였다.[56] 이는 군공생조합과 관련이 있었다. 즉 공동경작계는 군공생조합에 가입하는 것이 정관에 규정되어 있었고,[57] 조합원은

54) 飛田雄一, 〈朝鮮農民社〉(《日帝下の朝鮮農民運動》, 未來社, 1991), 28~29쪽.

55) 박지태, 앞의 글, 293쪽.

56) 金炳淳, 〈當面問題 ABC〉(《農民》 21, 1932), 6쪽.

57) 農民社共同耕作契定款은 〈農民新聞〉(《農民》 38, 1933), 53쪽. 정관의 내용은 다음과 같다. 제1조 본 계는 ××리동농민사공동경작계라 칭함. 제2조 본 계는 ××리동농민사 경제부 사업으로 사와 사원의 경제적 이익을 도모함. 제3조 본 계는 ××리동농민사 구역 내에 거주하는 사원으로서 조직함. 제4조 본 리동사원으로서 경영하는 공동작업은 모두 원칙으로 본 정관에 기준함. 제5조 본 계는 군농민공생조합에 가입함.

리동농민사의 구역 내에 거주하는 사원으로 구성되었기 때문이다. 조선농민사에서 공동경작을 처음으로 실시한 시기는 1927·1928년 무렵부터라고 한다.[58] 공동경작을 실시한 이유는 농업공황으로 농민의 생활이 어려워지고 신용의 결여와 높은 이자율 때문에 은행대출도 어려워진 상황에서 공동경작으로 마련된 자금을 리동농민사 내의 빈농민에게 상대적으로 저렴한 장리로 대출함으로써 리동농민사 내의 빈농의 삶을 돕는데 있었다.[59]

나. 기독교 농촌운동

기독교회는 1920년대 중반부터 1930년대 중반 경까지 약 10여 년에 걸쳐 농촌운동을 전개하였다. 기독교회의 농촌운동이 전개된 이유는 사회주의사상의 만연과 사회주의자들의 반기독교운동 때문이었다.[60] 즉 사회주의 활동가들이 농촌사회에서 영향력을 점차 확대해가는 과정에서 기독교의 농민과 농촌사회에 대한 영향력은 점차 답보 혹은 쇠퇴의 길에 있었던 것이다. 이리하여 종교적 혹은 사상적으로 사회주의자들에 대응할 필요성이 제기되었던 것이다. 당시 기독교의 개신교 교파로는 장로교·감리교·성결교·침례교·구세군 등이 있었으나 농촌운동을 전개한 교파는 장로교와 감리교의 교인들로 구성된 YMCA와 YWCA 정도였다.[61] YMCA는 1923년부터 이미 '농촌사업'을 준비하기 시작하였다. YMCA의 총무였던 申興雨는 1923년 겨울 서울 근교의 자마장·부곡리에서 3개월 동안 농민과 함께 생활하면서 그들의 실정·관습·가족·생활·교육·심리 등을 조사하였다. 이어 그는 '농촌사업'에 대한 구체적인 논의 중 사회적 단결을 위한 농촌사업에 대해 "청년들이 작

---

58) 夜星淑, 〈後天生活의 物的 基礎는 共作契〉(《新人間》 79, 1934), 14쪽.

59) 조규태, 앞의 책, 181쪽.

60) 이에 대해서는 다음의 글들이 참고된다.
강인규, 〈1920年代 反基督敎運動을 통해 본 基督敎〉(《韓國基督敎史硏究》 9, 1986).
이준식, 〈일제 침략기 기독교 지식인의 대외인식과 반기독교운동에 관한 연구〉(《역사와 현실》 10, 1993).
김권정, 〈일제하 사회주의자들의 반기독교운동에 관한 연구〉(《숭실사학》 10, 1997).
한규무, 앞의 책.

61) 한규무, 위의 책, 17쪽.

성하여 가지고 야학도 조직하고 공동으로 사고 팔 수 있는 협동조합도 만들어서 운영하고 서로 상부상조하는 공제조합도 만들어서 자기네 문제를 자기네 공동의 힘과 노력으로 해결하고 향상시키게 하는 운동"[62]이라 설명하였다. 이후 YMCA는 국제 YMCA의 협조를 얻어 농촌사업에 착수하게 되었고 이에 따라 1925년 2월에 농촌부를 설치하였다. 농촌부 설치 이후 YMCA는 문맹퇴치활동, 언론과 출판을 통한 농민계몽활동, 농사강습회의 개최 등의 활동을 하였다. 이외에도 기독교회는 농민단체의 조직과 협동조합의 운영, 공동경작의 보급, 농업학교와 농촌지도자 양성기관의 설립 등의 활동을 하였다. 이외에도 장로교회 농촌부와 감리교회의 농촌부가 1928년 8월 설치되는 등 교단별로도 농촌부가 설치되어 농촌사업을 시작하고 있다.

기독교회의 문맹퇴치활동은 기독교 농촌운동에서 가장 먼저 시행한 사업이었다. 이 시기 기독교가 운영하거나 관계했던 교육기관은 야학·서당·글방·강습소·하기 아동성경학교 등이었다. 이는 별다른 투자 없이 교회건물을 사용할 수 있었고 교인 중에서 교사 선임이 가능하였기 때문이다. 그리하여 1928년에는 개신교회가 경영하던 야학의 수가 808개에 이르게 되었다.[63] 특이한 점은 기독교에서 운영하던 야학은 여자야학의 수가 일반 야학의 수보다 많았다는 점이다.[64] 그리고 교육의 내용은 성경·한글·일어·산술·주산·작문·한문 등이었으며 김제의 월봉리 교회야학에서는 농사실습도 병행했던 것으로 보아 농사강습도 실시했던 것으로 생각된다.[65] 한편 YMCA의 경우에는 조선국문·산술·한자·농업 상식적 용어·간이숫자·위생·간이법률·농리 등을[66] 가르쳤다. 따라서 기독교회의 야학에서 교육한 것은 주로 일상생활에 도움이 되는 내용들이었다.

다음으로 1920~1939년간 기독교회에서 간행한 신문·잡지의 수는 약 80여 종에 이른다.[67] 특히 1929년~1932년 사이에는 이와 같은 출판물이나 단

62) 전택부, 《한국기독교청년회운동사》(정음사, 1978), 334쪽.
63) 한규무, 앞의 책, 107쪽, 〈표 3-1〉 참조.
64) 노영택, 〈日帝下의 女子夜學〉(《史學志》 9), 100쪽.
65) 《기독신보》, 1929년 2월 13일.
66) 《청년》, 1925년 4월, 13쪽·1926년 1월, 43쪽·1926년 5월, 43쪽.
67) 이만열, 〈基督敎와 出版文化〉(《한국기독교문화운동사》), 410~423쪽에 실린

행본을 통해 덴마크(Denmark)의 농촌에 대한 소개를 중점적으로 하였다. 이는 기독교회가 추구한 농촌사업이 어떠한 성격인가를 단적으로 보여준다. 이들이 덴마크의 농촌을 모델로 삼은 이유는 첫째, 조선과 비교해 크게 다를 것이 없던 덴마크가 세계적 이상국이 되었다는 인식이다.[68] 그리하여 洪秉璇은 덴마크의 성공의 경험을 조선에 적용하고자 국민고등학교의 설립을 꾀하였던 것이다.[69] 둘째 덴마크는 루터교가 국교였던 개신교 국가였다. 이 점은 개신교신자들의 호감을 사는 것이었다. 이리하여 이들은 1928년 예루살렘 국제선교협의회에 참여한 것을 계기로 덴마크의 농촌을 시찰하고 있는 것이다.

다음으로 기독교회에서 전개한 활동으로 중요한 것은 협동조합활동이다. 협동조합 가운데서도 특히 기독교회가 중요시했던 것은 산업신용조합이다. 이들이 신용조합에 보다 관심을 가지게 된 것은 당시 기독교회가 조선의 현실을 어떻게 파악하고 있었는가 하는 점과 밀접한 관계가 있다. 즉 당시의 기독교 지식인인 신흥우는 농촌 피폐의 원인으로 현재의 자본주의 경제제도 속에서 농공간의 부등가교환, 교환과정에 매개한 상업이윤의 착취, 고리대 자본의 착취, 소작인의 소작료로 인한 이중의 부담 등을 지적하고 있다. 그리고 이를 극복하기 위한 방안으로 조합조직의 전제조건인 협동과 신용만 있으면 농촌은 회생할 수 있다고 보았다.[70] 이리하여 1929년 장로교 총회 농촌부에서 공동구매, 공동판매를 목적으로 중앙신용조합을 설립하고 각 노회[71]와 각 교회에까지 신용조합의 조직을 유도하였다.[72] 이외에도 기독교회가 전개했던 농촌사업에는 소비조합의 조직에 주력한 유재기의 활동, 엡윗청년회나 면려청년회 등 청년단체 내에 조직된 농촌부나 산업부의 활동, 농우회·농무회·진흥회 등의 단체에서 전개했던 공동경작 활동 등도 있다. 특히 공동경작활동은 앞

일람표.

68) 이순기, 〈朝鮮의 現狀과 覺者의 使命〉(《청년》, 1926), 10쪽.

69) 홍병선, 《정말과 정말농민》, 1~2쪽.

70) 申興雨, 〈物的生活에 우리 要求〉(《청년》, 1926), 7~10쪽.

71) 장로교에서 입법·사법의 역할을 담당하는 중추적 기관, 감리교의 연회, 성결교회 등의 지방회 기구와 비슷하다. 노회는 같은 지역에 속한 목사와 장로로 구성되는데, 한국장로교회에는 지역노회와 이북에서 옮겨온 무지역노회(피난노회)가 있다.

72) 《기독신보》, 1930년 7월 16일, 〈長老敎總會 農村部 發起 中央信用組合〉.

에서 본 천도교의 공생조합의 활동과 상당히 유사하다는 점에서 식민지시기 개량주의적 농민운동의 연구에서 주목해야 할 것으로 생각된다.

3) 1930년대 이후 농민운동의 성격

우리는 1930년대 이후의 농민운동을 농민조합운동과 천도교의 조선농민사 운동, 기독교회의 농촌사업을 중심으로 살펴보았다. 이를 정리하면 다음과 같다.

일제하 농민운동은 1920년대 초반 소작쟁의를 시작으로 점차 이념적·조직적으로 발전을 하였다. 이 과정은 농민운동의 발전과정이자 동시에 국내에서의 민족해방운동의 발전과정이기도 하였다. 일제하 농민운동은 크게 보아 두 부류로 나눌 수 있다. 하나는 사회주의계열의 농민조합운동이고, 다른 하나는 천도교계통의 조선농민사운동이나 기독교계통의 농촌사업 등 개량주의적인 농민운동이다. 이 두 부류의 운동이 가지는 가장 근본적인 차이는 운동이 지향하는 궁극적인 목적이 무엇인가 하는 점에 있다고 볼 수 있다. 농민조합운동은 일제의 타도와 함께 사회주의를 건설하자는 목적을 가지고 있다면 개량주의적인 농민운동은 당면의 현실문제 해결에 목적을 두고 있다고 할 수 있다.

코민테른은 〈12월테제〉와 〈9월테제〉를 통하여 기존의 운동을 검토하고 앞으로의 운동방향을 지시하였다. 그리하여 농민조합운동은 1930년대 초반 청년동맹·신간회 등 합법적인 단체를 해소하고 반합법적이고 계급적인 대중조직을 건설하고자 하는 운동노선이 관철되면서 혁명적으로 전환되었다. 따라서 지역 단위로 조직되어 있던 계급·계층조직은 농민조합의 하나의 부서로 통합되어 농민조합은 명실공히 지역 단위의 운동지도부가 되었다. 그러나 혁명적으로 전환한 이후에도 농민조합의 활동은 큰 차이가 없었다. 즉 정치투쟁 일변도의 활동은 사실상 불가능하였던 것이다. 일반적으로 농민조합이 혁명적으로 전환하는 과정에서 보이는 특징은 토지혁명, 노농소비에트 건설, 소비에트 러시아 사수 등 혁명적 강령 또는 슬로건의 표방 여부, 청년부(위원회)·농업노동자 등 계급·계층별 독자부서의 설치 여부, 혁명적 반대파(농조 내부의 좌익을 중심으로 한 독서회 등 핵심 그룹의 조직)의 결성 여부, 전

조선농민사 및 조선농민사의 박멸 혹은 비판 여부, 신간회 및 청총의 해소결의 여부를 기준으로 한다.[73] 그리고 혁명적으로 전환한 이후에는 삼림조합·일선행정기관·경찰서·면사무소 등에 대한 폭력행사의 방식으로 운동방향이 전개되거나 그 과정에서 지도부의 분열경향이 있으며, 운동은 빈농적 성격을 띤다고 한다. 이러한 경향 때문에 농민조합운동은 좌편향적 성격이 있다는 평가를 받기도 한다.[74] 그러나 일부 지역에서는 경제투쟁을 통해 농민층의 일상이익을 획득하는 과정에서 농민층에 대중성을 확보하고 이를 통해 민족해방이라는 정치적 요구를 실현하고자 하였다. 그러나 이러한 운동방침은 운동의 실천과정에서 현실과 괴리되는 현상이 나타났다. 운동방침 상으로는 경제투쟁에 기초하여 정치투쟁을 전개할 것을 표방했지만 실제로는 정치투쟁의 기반이 되는 경제투쟁조차도 전개할 수 없었던 것이다. 이러한 현상이 나타나는 원인은 1930년대 이후 일제의 통치정책이 이른바 민족말살정책으로 변하면서 합법공간이 극도로 축소되어 통상적인 민주주의적 요구마저도 부정당했던 시대적 배경 때문이라 할 것이다.

한편 농민조합의 지도부는 대개 지역사회의 전통적인 향반출신들이거나 지주 혹은 부농·엘리트라 불리던 인물들이었다. 그런데 농민조합의 지도부는 '빈농우위의 원칙'을 표방하였다. 이는 앞에서 언급한 바와 같이 농민조합운동의 주체들이 '빈농우위의 원칙'을 '선언적'인 차원에서 이해하고 있었다는 것을 의미한다. 즉 '빈농우위의 원칙'이 배제하고자 하였던 것은 합법주의적 지도부나 개량주의적인 노선이었지 非貧農 전체를 의미하는 것은 아니었다.[75] 또한 농민조합은 합법투쟁과 비합법투쟁을 결합하여 투쟁하고자 하였으며 이러한 투쟁과정에서 조선공산당의 재건을 목적으로 하기도 하였다. 이외에도 이들은 기관지 및 출판물을 통하여 또는 독서회·야학 등을 통하여

---

73) 지수걸, 앞의 책, 155~156쪽.

74) 그러나 양양지역의 경우에는 오히려 농민의 일상적인 이익을 옹호·획득하고자 하는 움직임이 표면적으로는 더욱 적극적으로 이루어졌다. 다만 조합원에 대한 교양의 내용은 혁명적인 성격이 강화되고 있다. 이로 보아 양양지역의 활동가들은 이웃인 강릉·통천·삼척·울진지역의 사례를 통해 운동을 보다 유연하게 전개하였다는 것을 알 수 있다.

75) 이준식, 〈세계대공황기 혁명적 농민조합의 계급·계층적 성격〉(한국역사연구회 편, 《역사와 현실》 11, 역사비평사, 1994), 138쪽.

농민층에 대한 교양활동에 주력하였다. 그리고 기념일투쟁을 통해 농민층을 동원하고 농민조합을 조직하고자 하였다. 이는 곧 '투쟁을 통한 조직방침'을 실천에 옮긴 것이라 생각된다.

한편 천도교와 기독교회가 중심이 되어 실시한 개량적 농민운동은 당면의 경제적 이익을 획득하고자 하는 점에 중점을 두고 운동을 전개하였다. 즉 천도교의 조선농민사운동과 기독교회의 농촌사업은 3·1운동과 그 실천과정에서 국내에서의 독립운동을 주도하면서 절감한 항일운동의 장벽을 극복하기 위한 방안으로서 채택된 점에서 공통적인 성격이 있다.

먼저 조선농민사는 천도교의 전위조직인 천도교 청년당과 사회운동을 전개하던 인물들이 조직한 농민운동단체였다. 이후 성장과정에서 조선농민사는 천도교 청년당의 인적·물적 지원하에 활동을 전개하게 되었으며, 1930년 전조선대표대회를 통하여 이를 합법적인 관계로 확립하였다. 이를 통하여 조선농민사는 조선의 독립을 목표로 설정하였다. 그러나 현실적으로 조선 내에서 독립운동을 직접 전개할 수 없다는 인식 때문에 자치운동을 당면의 목표로 설정하였다. 이리하여 조선농민사는 농민자주촌의 건설을 통해 자치운동을 실천하였다. 이는 곧 농민의 일상이익 획득운동이라는 조선농민사의 운동논리로 이어진다. 즉 조선의 자치를 실현하기 위해서는 농민을 하나로 결집해야 하는 것이고 이를 위한 방법으로 농민의 일상이익을 옹호·획득하는 것이 중요하기 때문이었다. 이를 위하여 조선농민사는 야학·강연회·출판물 등을 통한 농민대중의 교양활동에 주력하였다. 그리고 알선부와 공생조합을 통해 이를 실천하고자 하였다.

한편 이러한 운동노선은 천도교에서만 보이는 것이 아니라 기독교회의 농촌사업에서도 보인다고 할 수 있다. 기독교회 역시 농민층의 일상이익을 옹호, 획득하는 것을 운동의 주요한 노선으로 하였다. 즉 기독교회의 농촌사업은 농사개량·부업장려·협동조합의 설립·관련 서적의 출판 등 다양한 방면에서 운동을 전개하였다. 그리고 야학·서당·하기 아동성경학교 등을 통하여 문맹퇴치활동을 전개하였다. 이러한 활동은 천도교의 조선농민사의 활동과 큰 차이가 없어 보인다. 이는 곧 천도교와 기독교회가 추구했던 농민운동의 목표가 당면의 일상이익을 옹호하고 획득하고자 했던 것이기 때문이다.

즉 민족의 해방이라는 민족적 과제에 충실하지 못했다는 평가를 받기도 하는 것이다. 바로 이 점에서 조선농민사와 기독교회의 농촌사업이 개량적인 운동으로 자리매김되기도 한다. 그리고 더 나아가 일제가 1930년대 초반 실시하는 농촌진흥운동의 내용과 매우 흡사하며 실제로 농촌진흥운동에 순응한 경우도 있다.

다른 한편 각지에서 다양하게 전개되던 개량적인 농민운동을 포함하여 농민운동은 1930년대 중반 이후 거의 발생하지 않았다. 이는 일제의 대륙침략이 본격화되고 민족말살정책이 시행되는 전시체제 속에서 이루어진 일이었다. 다만 이 시기에는 일제의 농산물 강제공출, 노동력의 강제 동원, 군수 농작물의 강제 재배만이 있을 뿐이었다. 이로 보아 표면적으로 이 시기는 농민운동의 침체기임에는 분명하다. 그러나 이 시기가 중요한 이유는 해방 직전의 시대적인 분위기 속에서 농민운동의 역량이 지역사회에서 어떠한 형태로 생존했는가 혹은 해방 이후 단시간 내에 각 지역에서 인민위원회와 농민조합과 같은 조직이 어떻게 조직될 수 있었는가를 확인할 수 있는 시기이기도 하다. 따라서 이 시기의 농촌사회와 농민운동의 역량 및 조직에 관한 실증적인 연구가 요구된다고 할 것이다.

〈趙成雲〉

2. 노동운동

일제하 노동운동에서 1930년대는 이전 시기와는 다른 몇 가지 발전경향을 드러내고 있다. 노동조합의 조직에서 보면 1920년대에 직업별 노동조합이 우세했다고 한다면 이 시기 노동조합 조직운동은 산업별 노동조합의 건설이 주류를 이루었다. 합법과 비합법이라는 차원에서 보자면 1920년대에 조성되었던 이른바 문화정치 아래에서는 일정 범위 안에서 합법성을 부여받은 공개적인 노동조합들이 주로 조직되고 활동하였으나, 이 시기로 들어오면 합법영역에서 활동하기 위해서는 식민지의 권력이나 기업의 요구와 타협할 수밖에 없었던 반면에 대부분의 노동조합 조직은 비합법의 비밀결사 형태로 지하에서 활동하였다.

투쟁 형태라는 점에서 보면 대중적 차원에서라고 하더라도 노동자들의 운동이 단순한 파업의 형태를 넘어서서 종종 시위나 폭력의 양상을 띠었던 것도 이 시기 노동운동의 또 다른 특성이었다. 1920년대 전반기의 노동운동에서 예컨대 기업주의 온정에 호소한다든지, 식민권력의 중재에 의존한다든지 하는 현상과 비교한다면 이러한 양상 역시 커다란 변화임에 틀림없을 것이다. 이와 아울러 주류 노동운동과 밀접한 관련을 가지고 있었던 정통 마르크스주의 이념은 여전히 강력한 영향력을 행사하고 있었지만, 노동운동에서 민족차별에 반대한다거나 일본제국주의와 전쟁에 반대하는 구호와 투쟁들이 보다 현저하고 또 빈번하게 나타났다. 즉 1930년대의 노동운동은 이전 시기에 비해 보다 심화되고 고조되는 양상을 보였으며, 1945년의 해방에 이르기까지 이러한 성격은 기본적으로 변하지 않았다. 비록 형태는 다르다고 할지라도 흔히 인식되어 왔던 것과는 달리 1940년대 이후 전시동원체제 아래에서도 노동자들은 지속적으로 자신들의 요구를 제기하고, 또 그것을 실현하기 위하여 투쟁하였던 것이다.

이 글은 먼저 노동조합 조직의 변화를 산업별 노동조합과 혁명적 노동운동의 두 가지로 제시하고 각각에 대하여 구체적으로 검토한다. 이어서 살펴볼 개량주의와 어용노동조합은 혁명적 노동조합운동과 밀접한 관련을 가지면서 서로 대치되는 흐름을 이루고 있다. 이 부분에 대한 논의는 이 시기 노동운동의 또 다른 단면을 드러내는 것으로 주목할 필요가 있을 것이다. 마지막으로 노동자들의 대중적 파업을 중심으로 한 노동운동의 전개에 대해서는 1937~1938년을 경계로 본격적인 전시동원체제로 이행하는 시기 이전과 이후로 각각 나누어 그 전개 양상을 구체적으로 검토하고자 하였다.

1) 노동조합의 조직과 산업별 노조로의 이행

1920년대 후반기 이후 노동운동에서 나타났던 중요한 흐름의 하나는 기존의 직업별 노조를 산업별 노조로 바꾸거나, 새로이 산업에 따라 노동조합들을 조직하려는 시도였다. 세계 노동운동사에서 나타났던 노동조합 조직 발전의 일반적 경향이 직업별 노조에서 산업별 노조로 이행하여 왔듯이, 일제하 노동조합 조직도 짧은 시기에 압축적으로 이러한 발전과정을 경험하였다. 산업별 노조로의 조직문제는 일찍이 1927년 8월 조선노농총동맹이 노동과 농민의 양 동맹으로 분리하기로 결정한 방침을 통해 공식적으로 제시되었다. 그것을 조직형태로 구체화한 것은 1928년 6월 서울의 인쇄출판업 노동자들이었는데, 이후 1930~1931년으로 넘어가면서 전국 각지 노동단체들을 통해 시도되었다.

그렇다고 하여 산업별 노조로의 조직방침이 어느 곳에서나 일률적으로 적용된 것은 아니었다. 그것은 대도시와 지방의 중소도시, 그리고 업종과 산업에 따라 다양한 편차를 지니고 있었다. 일반적으로 말하면 산업별 노조로의 이행은 대도시에서 먼저 추진되어 지방의 중소도시들로 파급되어 갔으며, 같은 지역에서도 인쇄출판업과 같이 선진적 산업부문이 주도하고 다른 부문이 따라가는 식으로 진행되었다. 그런데 지방의 중소도시, 또는 대도시라고 하더라도 영세 업종에서와 같이 산업별 조직이 어려운 경우에는 일정 지역내의 공장들을 한데 묶은 조직방식이 고안되었다. 그리고 이 경우의 노동조합은 대부분 그 지역의 이름 다음에 합동노조라는 명칭을 공통적으로 사용하거나 또는 단순히 지역의 명칭만을 따는 경우도 적지 않았다.

산업별 노조로의 이행이 노동조합의 조직에 가져온 주요한 변화들 중에서 가장 먼저 들어야 할 것은 이전의 추상적이고 일반적인 강령이나 구호보다는 생산현장에 보다 접근하는 구체적이고 상세한 강령이나 목적들을 노동조합들이 표방하게 되었다는 사실일 것이다. 예컨대 1920년대 노동조합들이 노동계급의 해방이나 계급의식의 고양과 같이 상대적으로 급진적이고 관념적인 목표를 추구하였다고 한다면 이제는 보다 실제적이고 생산현장에 적합한 요구들이 제기되었던 것이다. 그렇다고 하여 이 시기 노동조합들이 순수한 경제투쟁만을 지향했던 것은 물론 아니었다. 민족차별에 대한 반대나 8시간 노동제, 동일노동에 대한 동일임금, 유년노동금지와 부인노동자의 출산에 대한 임금지급, 단결권 등의 획득, 언론·출판·집회·결사의 자유 획득에서 보듯이 이전 시기와 비슷하게 정치투쟁적 성격을 지니는 요구들을 제기하였기 때문이다.

산업별 노조로의 이행에 따라 나타난 또다른 현상으로는 노동운동의 전략과 조직방침이 변화하면서 공장과 기업 중심의 운동을 지향하였다는 사실을 들 수 있을 것이다. 1920년대의 노동운동이 공장보다는 흔히 가두에서 전개되었다고 평가되어 왔듯이, 노동조합이 노동자와 공장을 중심으로 활동하지 못했다는 반성은 산업별 조직운동이 제기된 배경의 하나를 이루고 있었다. 이에 따라 산업별 노조에서는 공장반을 조직하여 노동조합의 활동과 조직의 중심을 공장과 기업으로 옮기려고 노력하였다. 이와 같이 지역내의 각 공장에 공장반을 두어 노동조합의 분회를 조직하고, 이를 바탕으로 지역내에 산업에 따른 노조의 지회를 설치한 다음, 이를 전국적으로 통일한다는 것이 산업별 노조의 조직방침이었다.

산업별 노조로의 재편과정에서 나타났던 또다른 조직적 변화로는 노동조합들에서 부인부나 청소년부·실업부 등의 전문부를 설치하여, 미숙련 노동자의 대다수를 이루는 여성이나 청년·소년 혹은 실업자들을 단일 조직으로 묶기 위한 조직적 차원에서의 노력을 시도했다는 사실을 들 수 있다. 여성이나 소년·청년·실업자 등을 포괄하는 전문 부서는 1929년에 들어오면서 서울과 평양을 중심으로 한 주요 노동조합들에서 설치되기 시작하였다. 청소년부나 부인부·실업부와 같은 부서의 설치는 1920년대 후반의 세계공황과 1930년대의 군수산업 중심의 '중화학공업화'를 배경으로 부인노동자와 유소년노동자가 주축이 된 미숙련노동자 및 실업노동자의 수가 증대되었던 상황에서 이들 노동자 층을 포괄하는 단일한 조직을 결성하려는 의도에서 추진된 것이었다.

이 시기 제기된 산업별 노동조합 건설이 원래 독점 단계의 자본주의에서 생산기술의 고도화와 대규모 생산의 일반화에 따라 공장내의 분업과 아울러 사회적 분업이 진전되면서 미숙련·반숙련 노동자가 생산에서 중요한 비중을 차지함에 따라 동일 산업부문에서 직능이나 직업의 특수성에 따른 이해관계의 상이성을 극복하여 동일 산업부문의 모든 노동자를 하나의 조합으로 조직함으로써 자본가에 대한 효율적인 투쟁을 전개하려는 것이었다고 한다면, 식민지 조선에서도 일정한 형태로 이러한 상황이 출현하고 있었다. 즉 1929년 세계공황을 계기로 1930년대 이후 일본 독점자본이 대거 조선에 진출하였으며, 특히 군수산업 부문을 중심으로 노동자의 양적·질적 성장이 급속하게 진행되었다. 이와 아울러 1930년대 이후 식민지에서 자본주의의 발전과 더불어 이른바 산업합리화 정책의 진전으로 숙련노동의 쇠퇴와 여성 및 아동노동자가 주력을 이루는 미숙련 노동자의 증대가 일정 정도 진행되었으며, 실업 노동자의 수 또한 급격하게 증대되었다. 이에 따라 노동자층 내부에서 다양하게 분화된 이들 노동자들을 노동조합으로 끌어들이기 위한 일환으로 전문부서들이 설치되었던 것이다.

산업별 노조로의 이행에 따른 조직상의 변화와 노력들에도 불구하고, 위로부터의 주도에 의해 추진되었던 산업별 노조운동이 과연 당시의 노동자 상황과 노동운동의 발전에 비추어 볼 때 적합한 방식이었는가 하는 문제는 여전히 남는다. 식민지에서 공황의 진전과 자본주의의 일정한 발전에 따른 미숙련노동자와 실업노동자들의 증대 등은 산업별 노조 건설운동의 정당성을 입증하는 객관적 조건으로서 고려될 수 있을 것이다. 그러나 당시 식민지 상황에서 자본주의 발전 정도를 고려해 볼 때 이러한 운동노선의 사회경제적 기반은 아직 충분히 성숙되어 있지 않았던 것으로 볼 수 있다. 특히 1930년대 후반 이후에 군수산업 부문과 관련되어 발전하기 시작한 일부 산업을 제외한다면 이 시기 산업 부문이 산업별 노조의 당위성을 수용할 수 있을 정도로 발전된 양상을 보이고 있었는가에 의문을 제기해 볼 수 있을 것이다.

이러한 점에서 보자면 이 시기 산업별 노조로의 이행은 사회경제적 근거가 전혀 없다고 할 수는 없겠지만 그보다는 오히려 정치적 이유가 훨씬 강했다. 원래 산업별 노조는 파업과 함께 등장했고 단체교섭과 단체행동은 산업별 노조와 함께 생겨난 것이며, 나아가서 산업별 노조의 발전에는 정치사회적 전망과의 결합이 중요시된다는 점에서,[1] 당시 노동운동가들은 경제적 근거들 못지 않게 정치적 이유에 주목하고자 하였다. 국내에서는 자신의 지

1) 한국사회연구소, 《노동조합조직연구》(백산서당, 1989), 19·49~50쪽.

지세력이나 동조계급을 확보할 수 없었던 상황에서 이 시기의 노동운동가들은 흔히 코민테른(Comintern) 등의 국제적 원조나 지도에 의존하는 경향이 있었다. 이러한 점에서 일제하의 노동운동은 세계적 차원에서의 혁명운동의 한 고리로 전개되었으며 산업별 노동운동 역시 그러한 맥락에서 제기된 측면이 강했다.

이에 따라 이 시기의 산업별 노조 건설운동은 궁극적으로 전국적 차원에서의 단일조직을 결성하여 전국적 연대와 단결을 기반으로 한 투쟁을 지향하였다. 이러한 방침은 1928년의 코민테른 제6회 대회 이후 개최된 집행위원회 정치서기국의 〈조선문제에 대한 결의〉(이른바 〈12월테제〉)를 배경으로 조선의 공산주의자들이 채택한 조직방침의 변화와 밀접한 관련을 가지고 있다. 즉 조선공산당의 재조직은 소부르주아적 지식인과 학생들을 중심으로 하던 종래의 조직방식을 지양하고 노동자와 빈농을 중심으로 특히 공장과 노동조합에서 볼쉐비키적 대중적 기초를 만들어야 한다는 방침에 입각하여 전국 각지에서 합법·비합법의 노조를 결성하기 위하여 집중적으로 노력하였던 것이다. 이 시기 산업별 노조를 결성하기 위한 운동은 비록 그 성과는 미미했더라도 지속적으로 시도된 전국적 단일조직 건설운동이라는 점에서 해방 이후 산업별 노조 건설의 기초를 마련하였다고 볼 수 있다. 합법적 노동단체에서의 이러한 시도들에 이어 이 과제는 이른바 비합법 영역으로 옮아가게 되었다.

2) 혁명적 노동조합운동

산업별 노조로의 이행 이후 특히 1930년대를 중심으로 한 전시체제 아래에서의 파시스트 노동정책을 배경으로 노동운동은 합법에서 비합법의 형태로 이행하였다. 물론 1920년대의 노동운동이 합법의 형태를 띠었다고 해서 노동자들에 대한 언론과 출판·결사·집회의 자유가 보장되었다고 볼 수는 없다. 그럼에도 불구하고 1930년대 이후 이른바 전시체제로의 이행을 배경으로 식민권력의 탄압이 가속화되면서, 노동자들의 파업은 말할 것도 없고 합법 노동운동 단체들이 존속할 수 있는 영역 자체가 불가능하게 되었다. 이러한 배경에서 노동운동은 이제 비합법의 방식에 의한 이른바 지하활동으로 들어가게 되었던 것이다. 혁명적 노동조합운동은 흔히 이 비합법 시기 노동운동의 주류를 일컫는 것으로 이해되어 왔다.

다른 한편 혁명적 노동조합 운동은 그에 맞서는 비혁명적 노동운동, 즉 이른바 개량주의적 경향에 반대하는 노동운동으로 해석될 수 있다. 이러한 맥락에서의 혁명적 노동운동은 기존 합법영역에서의 노동조합이 개량주의적이었다고 비판하고 이른바 계급 대 계급 전술로 요약되는 혁명적 노선에 따라[2] 어용노조는 말할 것도 없고 합법영역에 존속하였던 모든 노동단체들을 개량주의나 중간파라고 하여 배격하고 이들을 제국주의와 파시즘으로 완전히 기울어 버린 것으로 파악하였다. 당시 국제 노동운동의 좌편향을 반영하고 있었던 이 방침은 1930년대 후반의 이른바 인민전선전술이 제기되어 극복될 때까지 노동운동에 부정적 영향을 미쳤다.

혁명적 노동조합운동은 세계적 차원에서의 사회주의 운동과 국제 노동운동의 일환으로 전개된 것이었다. 거슬러 올라가면 이 운동은 코민테른에서 〈12월테제〉를 채택한 이래 사회운동의 강력한 흐름을 이루었던 볼쉐비키적 전위당의 재건설에 대한 요구에 부응하고자 하는 것이었다. 이어서 프로핀테른(Profintern)에서는 1930년 9월에 〈조선의 혁명적 노동조합운동의 임무에 관한 테제〉(이른바 〈9월테제〉)를, 그리고 이듬해인 1931년 10월에 상해의 汎태평양노동조합 비서부에서는 〈조선의 범태평양 노동조합 비서브 지지자에 대한

---

2) 코민테른 7차 대회 이전의 국제공산주의 운동은 사회민주주의를 파시즘으로 규정하고 식민지·반식민지 국가에서의 민족부르주아지를 제국주의의 앞잡이로 판단하여 노동자 계급은 이들 사회민주주의자들과 민족부르주아지에 대하여 계급 대 계급의 입장에서 투쟁해야 한다는 주장에 의해 지배되었다. 이에 따라 노동운동에서도 기존의 노동조합, 또는 노동조합이 건설되지 않은 공장에서 이들 기존의 조합에 반대하는 혁명적 반대파만을 중심으로 기존 조직과는 별개로 조직을 건설해야 한다는 이른바 이중조합주의(dual trade unionism)적 경향이 우세하게 되었다. 즉 혁명적 노동조합은 조직구성의 원칙상 노동자의 가장 광범한 층까지 포괄하는 대중조직이라기 보다는 노동자대중에서 혁명적 반대파만을 독자적으로 결집하는 전위적 노동자 조직으로 이해되었던 것이다(김 준, 〈일제하 노동운동의 방향전환에 관한 연구〉, 《일제하의 사회운동》, 문학과지성사, 1987, 39~40쪽 ; 윤여덕, 《한국초기 노동운동연구》, 일조각, 1991, 191~192쪽).

동 비서부의 회신>(이른바 〈10월서신〉)을 발표하였다. 이와 같이 이 운동은 코민테른이나 프로핀테른, 또는 태평양노동조합의 직접적 지도를 받거나, 중국공산당 공작위원회, 또는 일본의 전협 계열 등의 지원에서 보듯이 러시아와 중국·일본 등과 같은 동아시아 지역의 다양한 국제 노동운동 조직이나 사회주의 세력과의 연계 아래 국제적 성격을 띠고서 전개된 것이었다.

혁명적 노동조합 운동은 대략적으로 보아 두 개의 시기로 구분할 수 있다. 첫번째는 1928년 〈12월테제〉의 발표 이후 1931년 무렵까지로, 전국적 차원에서의 당재건을 목표로 운동이 전개된 시기이다.[3] 이 시기에 노동운동가들은 전국 각지의 몇몇 주요 도시에 거점을 설정하여 상층에서 이를 연결하는 방식으로 조직의 결성을 꾀하였다. 즉각적으로 당의 재건을 선포하거나 당재건 준비조직의 지도 아래 당세포나 공청(공산주의 청년동맹)의 세포를 건설하려는 경향이 우세한 가운데, 혁명적 대중조직의 건설이 공공연하게 표방되었지만 실제적 성과는 미미하였다. 따라서 공장내에서 대중적 기반은 거의 없거나 전반적으로 미약하였으며, 접근이 상대적으로 용이한 학생이나 인텔리를 중심으로 한 반제동맹과 같은 형태가 보다 선호되었다. 이에 따라 주요한 활동 내용도 각 공장 내에서의 활동보다는 학교나 가두를 중심으로 토론회·독서회 등을 통한 의식화와 운동자의 획득, 선전선동을 위한 격문과 삐라 살포 등이 대부분을 차지하였다.

1931년 이후 본격적으로 전개된 혁명적 노동조합운동은 이러한 운동양상에 대한 비판을 중심으로 그것의 한계를 극복하는 방향에서 진행되면서 이 시기 후반에 이르기까지 지속적으로 전개되었다. 이 단계에 이르면 전국적

---

3) 1980년대 후반에는 두 시기의 운동을 엄격하게 구분하여 전반기의 당재건운동을 국내 공산주의자들의 주도에 의한 것으로 파악하고 이들의 운동이 파벌적이었다고 보아 부정적으로 평가하는 반면에, 다음 시기의 혁명적 노동조합 운동은 이와는 달리 기층의 노동대중에 의해 전개되었다는 점에서 적극적으로 평가하려는 견해가 우세하였다(대표적인 주장으로 이재화, 《한국근대민족해방운동사》Ⅰ, 백산서당, 1988, 166쪽). 그러나 두 시기의 운동이 비합법 공간에서 일련의 연속성을 가지고 전개되었으며, 이러한 점에서 실제 운동양상에서 두 시기는 밀접하게 연관되어 있다. 이후의 연구들에서 두 시기의 운동을 당재건운동의 발전이라는 연속선 안에서 파악하려는 경향을 보였던 것은 이러한 맥락에서 이해된다(한국역사연구회 1930년대 연구반, 《일제하 사회주의운동사》, 한길사, 1991).

차원에서의 당재건은 당장 달성할 수 있는 과제라기 보다는 다음 단계의 과제로 간주되었다. 당면의 목표는 일정 지역내의 공장과 대경영을 기반으로 먼저 대중적 조직기반을 확립하는 것으로 설정되었다. 일정 지역에서 공장 내에 먼저 대중적 기반을 확보하는데 주력한 다음, 이를 기반으로 장기적인 관점에서 당의 재건을 전망한다는 것이었다. 이에 따라 활동내용도 대중적 파업투쟁의 조직과 지도, 이를 위한 운동방침이나 강령, 전술전략의 수립 및 노동대중의 교양 증대와 계급의식의 고양 등으로 강조점이 이행되었다.

조직방식을 보면 혁명적 노동조합 역시 산업별 조직방식을 채택하였다. 코민테른 〈12월테제〉 이후 노동·농민 조합을 중심으로 광범위한 반제 인민대중의 역량을 단일조직으로 결집한다는 방침에 입각하여, 산업별 노조에 이들을 포섭하기 위한 청년부나 부인부 등의 전문부를 설치하였으며, 합법 운동 시기의 산업별 노조운동에서와 마찬가지로 공장 중심의 활동을 강화하려고 하였다.[4] 구체적인 조직방침을 보면 각 공장이나 작업장에 3~5명으로 공장반이나 직장그룹(세포)을 조직하고 이를 공장별 노조 분회로 조직하여 산업별로 통제하는 한편, 각 산업별 조합의 지부는 지역적으로 지부(지방)→도→중앙(전국)의 협의회를 아래로부터 위로 조직한 다음 이를 통일하여 전국적 조직을 결성한다는 방침에 입각하고 있었다. 이와 아울러 혁명적 노동조합의 주위에 노동자대중을 결집시키기 위한 방침의 하나로써, 공장대표자회의·공장위원회·투쟁위원회·파업위원회 등의 다양한 하부조직들을 건설하고자 했다.[5]

---

4) 이러한 맥락에서 북한학계의 김인걸은 "활동의 중심을 공장과 기업소로!"라는 당시 혁명적 노조운동의 당면 구호는 노조활동을 비합법으로 전환하는데 결정적으로 중요한 문제의 하나가 해결되기 시작했다는 것을 의미한다고 평가하였다. 이 지적에서와 같이 비합법운동에서 활동의 중심이 공장으로 옮겨진 것은 사실이었지만, 합법공간에서 공장 중심의 활동이 전개되었다는 사실을 인식하는 것도 이에 못지 않게 중요하다(김인걸, 《1920년대 맑스-레닌주의의 보급과 노동운동의 발전》, 조선노동당출판사, 1964 ; 일송정, 역사신서 3, 1989, 132쪽).

5) 이들 조직의 위상과 성격에 대한 구체적인 논의로는 최규진, 〈'코뮤니스트 그룹'과 태평양노동조합 계열의 노동운동방침〉(《역사연구》 5, 역사학연구소, 1996), 130쪽 이하를 참조할 것. 최규진은 공장위원회 건설이 특정한 시기와 국가에 적합한 공장위원회의 조직방침을 식민지 상황에 그대로 옮기려 했다

혁명적 노동조합운동은 1930년대 노동운동의 중심이 되는 위치를 차지하고 있었음에도 불구하고 식민지 시기의 노동운동에서 반드시 긍정적인 영향을 미친 것은 아니었다. 혁명적 노동조합 운동이 표방하는 노동조합 조직이 실제로 실현된 경우는 거의 없었으며 대부분 조직결성의 준비단계에서 좌절되었다. 물론 혁명적 노동조합은 체포와 구금·고문·학살 등을 통한 일제의 가혹한 탄압과 아울러 일제의 노련한 스파이 정책에 직면하여 자신의 입지를 마련해야 했다. 코민테른으로 대표되는 국제적 혁명역량의 지원은 비효율성과 아울러 보기에 따라서는 치명적이라고 할 수 있는 한계를 설정하였다.

가장 커다란 어려움은 운동의 내부에서 왔다. 무엇보다도 혁명적 노동운동은 이 시기 국제 혁명운동의 좌편향을 비판하고 극복할 수 있을 정도의 내재적 역량을 가지지 못하였다. 노동운동가들의 세대교체는 1920년대 전반에서 후반으로 넘어가는 시기에도 있었지만 1920년대에 노동운동자들의 상당수가 이 시기에 대규모의 빠른 속도로 노동운동의 대열에서 탈락하였다.[6] 이는 노동운동에서 인텔리와 쁘띠 부르주아적 요소가 배제되고 노동계급적 요소가 보다 강화된 것을 의미한다고 할 수도 있겠지만, 당시 조성된 국면에서 비합법운동은 곧 생명을 내건다는 것을 의미하였으며 많은 운동가들이 오욕을 무릅쓰고 강요된 일상생활을 택하였다. 이에 따라 혁명적 노동조합운동은 고립분산적이고 수공업적인 양상을 띤 운동으로 내몰리게 되었던 것이다. 그런가하면 이전에 혁명운동에 종사하던 과거의 사회주의자나 공산주의자

는 점에서 오류가 있었다는 사실을 지적하고 있다.

6) 이 시기의 대표적 혁명적 노동조합운동의 하나인 이른바 태평양노동조합운동 계열에 참가한 노동자들의 연령을 분석한 연구에 따르면, 나이를 확인할 수 있는 검거자들 68명 중에서 25세 미만의 젊은 운동자는 53명으로 전체의 78%를 차지하였으며, 35세 이상의 노동자들은 전혀 없었다. 즉 혁명적 노동조합운동은 1920년대의 운동경험을 갖지 못한 새로운 운동세대에 의해 주도되었다고 할 수 있는 것이다(김윤정, 〈1930년대 초 범태평양노동조합 계열의 혁명적 노동조합운동〉, 《역사연구》 6, 역사학연구소, 1997, 151~153쪽). 또한 이 시기 함흥형무소의 조사에 따르면 1928년부터 1933년 3월 사이의 5년 동안 사상범으로 투옥된 1,100명의 연령 분포에서 21~25세의 인원이 685명으로 전체의 62.2%를 차지하였으며, 다음이 26~30세의 219명(19.9%), 20세 이하가 124명(11.3%)의 순이었다(《사상월보》 3-1 ; 최규진, 위의 글, 149쪽에서 재인용).

들 중의 일부는 반동적 노조간부와 마찬가지로 일제에 매수되어 타락의 길로 접어들었다. 운동과정에 참여하고 있었던 노동자들 안에도 다양한 조류들이 있었다. 일제의 가혹한 탄압하에서 투쟁을 회피하고 직장을 떠나는 경향이 있었는가 하면, 순전한 경제투쟁에 노동운동의 영역을 한정시키자는 주장도 나타났다. 이와 같이 '패배주의'적이고 '개량주의적' 흐름이 확산될수록 현장에 남아 있는 노동운동자들은 경직된 반응을 보였으며, 이에 따라 그들이 관념적 영웅주의나 급진주의 노선으로 이끌릴 가능성이 상존하고 있었던 것이다.

이에 따라 이 운동은 의도하지 않았던 결과들 중의 하나로 노동대중으로부터 분리되어 식민지하에서 민족해방운동의 과제를 효과적으로 추구하는데도 실패하고 말았다. 이러한 결과에도 불구하고 혁명적 노동조합운동이 그 조직적 기반을 노동대중에 뿌리내리기 위한 목적의식적 노력을 지속적으로 경주하였다는 사실을 부인할 수는 없을 것이다. 당시의 운동자들은 아래로부터의 통일전선에 입각하여 혁명적 노동조합을 건설함과 아울러 소부르주아 인텔리 및 학생층에서 벗어나 생산현장의 노동대중에 의한 조직적 기반을 구축하고자 하였으며, 합법운동과 비합법운동의 결합에 노력하였는가 하면 좌경적 방침을 교조적으로 고수하려는 경향과도 결별하고자 하였던 것이다.

비합법의 지하조직 형태로 지속되었다는 점에서 혁명적 노동조합운동의 규모나 조직의 범위를 정확하게 아는 것은 유감스럽게도 거의 불가능하다. 일제의 발표에 따르면 1931년부터 1935년 사이에 혁명적 노동조합운동으로 검거된 건수는 70여 건에 달하고 투옥된 운동자의 수만 하더라도 1,759명에 이르고 있는 것으로 보고되고 있다.[7] 이 시기의 혁명적 노동조합운동을 대표하는 것으로는 함남의 흥남 일대를 중심으로 1930년 말부터 1935년까지 4차에 걸쳐 전개된 이른바 태평양노동조합운동,[8] 서울을 중심으로 1933년에

7) 윤여덕, 앞의 책, 201쪽.
8) 이 운동에 관한 기존의 연구들에서 대표적인 것으로는 다음과 같다.
김윤환, 《한국노동운동사》 I(청사, 1981), 277~281쪽.
최규진, 앞의 글.
김윤정, 앞의 글.
이와 아울러 이소가야 스에지의 수기는 이른바 제2차 테러 사건에 관련된 저자 자신의 운동체험을 기술한 흥미있는 자료이다(이소가야 스에지, 《わが青春

서 1936년에 걸친 李載裕 그룹의 운동,[9] 원산지방을 중심으로 1936년에서 1938년 사이에 활동한 혁명적 노동조합운동[10] 등을 들 수 있을 것이다. 이밖에도 평양·인천·청진·흥남·신의주·여수·목포·마산·부산 등의 지역과 겸이포제철소·광산·항만 등지에서 조직적 활동이 있었다.[11]

3) 개량주의와 어용 노동조합

1920~1930년대의 세계노동운동사는 혁명적 조류에 맞서 개량주의와 기회주의가 첨예하게 대립했던 시기였다. 이에 따라 이미 언급했듯이 국제 노동

の朝鮮》, 影書房, 1984 ; 김계일 옮김, 《우리 청춘의 조선 : 일제하 노동운동의 기록》, 사계절, 1988 참조).

9) 이에 관한 초기의 연구로서는 김윤환, 위의 책, 283~287쪽의 서술이 있으나 내용이 간략하고 다소의 부정확한 서술을 내포하고 있다. 본격적인 연구들의 대부분은 1990년대 전반기에 나왔는데 그것들은 다음과 같다.
변은진, 〈1930년대 경성지역 혁명적 노동조합 연구〉(한국역사연구회 1930년대 연구반, 《일제말 조선사회와 민족해방운동》, 일송정, 1991).
안태정, 〈자주적 공산주의자 이재유의 혁명노선과 '좌익전선운동'〉(《역사비평》 14, 역사문제연구소, 1991).
이애숙 〈이재유그룹의 당재건운동(1933-36년)〉(한국역사연구회 1930년대 연구반, 《일제하 사회주의 운동사》, 한길사, 1991).
김경일, 《이재유연구-1930년대 서울의 혁명적 노동운동》(창작과 비평사, 1993).

10) 이 운동에 관한 대표적인 연구는 다음과 같다.
안태정, 〈1930년대 원산지역의 혁명적 노동운동(1930~1938)〉(한국역사연구회, 《역사와 현실》 2, 한울, 1989).
임경석, 〈원산지역의 혁명적 노동조합운동(1936~1938년)〉(한국역사연구회 1930년대 연구반, 위의 책).

11) 위의 개별 연구들 이외에도 혁명적 노동조합운동의 주요 사례들은 고준석, 《朝鮮革命運動史 2-コミンテルンと朝鮮共産黨》(社會評論社, 1983), 183쪽 이하에서 언급하고 있다. 김윤환(앞의 책, 277~292쪽)은 각각의 사례들을 함경도와 평안도·전라도·경상도 및 서울 지방을 중심으로 비교적 상세히 소개하고 있다. 그러나 윤여덕이 적절하게 지적했듯이 혁명적 노동조합 운동의 구체적인 활동과정을 일제에 의해 검거된 사건을 중심으로 접근하여 재생하는 것은 기본적인 한계가 있다. 일제 관헌의 자료를 그대로 받아들일 경우 혁명적 노동조합운동의 실상이 재현되기는커녕 의도하지 않은 과장과 축소의 함정에 빠질 수 있기 때문이다. 이러한 점에서 윤여덕은 혁명적 노동조합의 구체적 실상을 파악하는데 사건 중심으로 접근하는 것은 별다른 도움이 되지 않는다고 하면서, 혁명적 노동조합의 조직노선과 투쟁노선에 초점을 맞춰 분석하고 있다(윤여덕, 앞의 책, 202쪽 이하 참조).

운동은 좌편향으로 흘렀으며, 이는 일제하 노동운동에 직접적으로 영향력을 행사하고 있었던 코민테른과 프로핀테른에서 결의한 조선문제에 대한 테제들에도 반영되었다. 예컨대 이미 언급한 코민테른의 〈12월테제〉는 민족개량주의가 성장하는 추세에 주목하여 그들의 냉담성과 우유부단성을 폭로하는 한편 부르주아 민족주의자들에 대하여 더욱 정열적으로 투쟁해야 한다고 주장하였다. 1930년 프로핀테른의 〈9월테제〉에서는 노동운동 내부에서 자신의 위치를 강화하려는 민족개량주의적 부르주아지의 끊임없는 노력이 있어 왔다는 사실을 지적하면서 이들 개량주의적 지도자의 기회주의적이면서 배반자적인 전술을 계통적으로 폭로해야 한다고 주장하였다. 마찬가지로 이듬해 1931년 범태평양노동조합의 〈10월서신〉도 민족부르주아지는 순종적인 민족개량주의적, 타협적 조합을 조직하고 있다고 하면서 개량주의자들의 반역적 정체를 대중 앞에 폭로해야 한다는 사실을 지적하였다.

국제기구들의 이러한 주장은 국내의 노동운동에 대한 평가에도 일정한 형태로 반영되었다. 예컨대 위의 〈9월테제〉는 조선노동총동맹을 민족개량주의적 지도부가 주도하는 단체로 규정하였으며, 〈10월서신〉 역시 조선노총이 민족부르주아지의 앞잡이인 개량주의자들에 의해 지도되고 있다고 주장하였다. 이와 아울러 1929년의 원산총파업이나 1930년의 신흥탄광 노동자 파업, 평양고무공장 노동자들의 총파업에서 보인 지역 노조들의 지도양상 역시 개량주의적이었다고 평가되었다. 뿐만 아니라 이러한 평가는 해방 이후 특히 북한학계나 남한과 일본학계의 일부로 이어졌으며,[12] 이러한 맥락에서 강현욱은 1930년대 이후 노동운동에서 나타났던 개량주의의 구체적 사례들을 열거하고 있다.[13]

1920년대 후반 미증유의 세계공황이 식민지에 파급되었던 사실을 배경으로 폭발적으로 분출되었던 노동대중의 생활상의 요구와 의식의 고양은 기존

12) 윤여덕, 위의 책.
小林英夫, 〈1930年代　前半期の朝鮮勞働運動について－平壤ゴム工場勞働者のゼネストを中心にして〉(《조선사연구회논문집》 6, 조선사연구회, 1969 ; 《1930년대 민족해방운동》, 거름).

13) 강현욱, 《항일무장투쟁시기 로동운동》(조선로동당 출판사, 1964 ; 《일제하 조선노동운동사》, 일송정, 1989), 192～193쪽.

의 일부 노동조합 지도자들에게서 나타났던 타협적이고 기회주의적 성향과 배치되는 측면이 있었다. 합법적 노동조합의 일부 지도자들은 일제의 억압 아래에서도 여전히 합법성만을 고수하였으며, 노동자들의 파업투쟁에 대하여는 공장주 및 경찰과 함께 협의나 강제조정, 또는 탄원 등에만 의존함으로써 폭발적으로 고양되고 있던 노동자들의 '혁명적 진출'을 애써 외면한 것도 사실이었다. 합법적 노동조합의 일부 지도자들이 노동자들의 의식의 고양과 투쟁성의 강화라는 대중적 추세에 따라가지 못하는 '개량주의적 속성'을 적나라하게 노출했던 것이다.

이러한 점에서 1930년대 이후의 노동운동은 혁명적 노동조합의 건설이 주류를 차지하였으며 이에 따라 불행하게도 합법영역에서의 운동 일반이 공공연하게 개량주의로 매도되는 일정한 분위기가 조성되었다. 그러나 해방 이후의 연구들에서 그러하듯이 합법 영역에서의 운동 일반이 전체적으로 개량주의적 속성을 보였다고 평가하는 것은 지나친 견해이다. 우선 염두에 두어야 할 것은 당시의 노동운동자들이 개량주의적 노동조합 안에서의 활동을 무시하거나 경시한 것은 결코 아니었다는 사실이다. 적어도 이론적 차원에서는 노동운동자들이 개량주의 조합 안에서의 활동에 의미를 부여하면서, 합법운동과 비합법운동, 공개활동과 비밀활동의 유기적 결합을 강조했기 때문이다.[14)]

비합법운동에 종사하였던 많은 노동운동가들은 개량주의적 조합 안에서의 활동에 많은 역량을 경주하였으며, 이는 곧 좌선회한 국제 노동운동의 이중조합주의를 극복하는 과정이기도 하였다. 당시 조성된 상황과 운동의 역량에 비추어 볼 때 개량주의적 조합 안에 들어가 "노동대중을 전취"하는 것은 결과적으로 구호 차원에 그치고 말았다고 볼 수도 있겠지만, 이러한 점에서 볼

---

14) 1930년대 전반 당재건 운동에 착수하였던 이른바 화요파 공산주의자인 김단야나 박헌영 등이 작성한 노동조합방침에서는, "비록 적색노동조합이라 하더라도 우리는 똑같은 산업 부문 안에 있는 개량주의 노동조합 바깥에서 어떤 비밀노동조합을 만드는 것이어서는 안된다. 이 같은 경우에는 개량주의 조합 안에 혁명적 반대파 그룹을 만들어서 혁명적 정치로 노동자들을 획득하고 대중적 토대를 가진 적색노동조합을 형성하는 길을 준비해야 한다"고 주장하였다(러시아현대사문서보관연구센터, 〈Letter to the Communist in Korea〉, 문서군 495, 목록 135, 문서철 183, 1932 ; 최규진, 앞의 글, 129·130쪽에서 재인용).

때 적어도 개량주의와 혁명적 노동조합을 이분화하여 대립적으로 파악할 수만은 없을 것이다. 일제의 가혹한 탄압 아래에서 생명을 걸고 노동운동을 해야 했던 상황에서 합법운동은 개량주의로, 비합법운동은 혁명운동으로 양분화되어 인식되는 상황이 불가피하게 조성되었다고는 하지만, 투쟁적이고 혁명적인 노동운동가들과 노동자들은 이 시기에도 여전히 합법 노동단체들에서 활동하고 있었으며, 전국 주요 도시의 노동단체들은 1930년대에 들어와서도 여전히 지역 노동운동의 구심점으로서의 역할을 하였다.

즉 개량주의로 일컬을 수 있는 노동조합에도 여러 가지 다양한 조류들이 있었으며, 그것은 지역 내에서 노동조합의 역할과 운동역량, 일제의 매수와 탄압에 대한 대응양식 등에 따른 편차를 가지고 있었다. 이러한 맥락에서 개량주의 노동조합과 때로는 구별되면서도 때로는 중복되어 이해되는 개념으로 어용노조가 있다.[15] 어용노조는 개량적 노동단체의 최저변에 위치하면서 자본이나 권력에 의한 매수가 노골적이고 직접적이라는 점에서 조합으로서의 자율성을 가지지 못한다. 노동자의 자주적 대중조직이라는 기본규범에 미달하기 때문에 노동자의 단체라기 보다는 노조간부, 또는 경우에 따라서는 기업가나 일제의 조직이라고도 할 수 있다. 개량주의적 노조에서도 그러한 성향을 일부 찾아 볼 수 있었지만, 노동조합의 어용적 성격은 대중적 기반이 없는 조합내의 상층 지도부에 한정된 경우가 대부분이라는 점에서 정치적 국면과 운동상황의 변동에 따라 변화할 수도 있었다. 실제르 부산의 노우회나 대구의 대구노동회 또는 원산의 함남노동회와 같은 사례들에서 보듯이[16] 어용노조에 속한 노동자들은 조합의 민주화와 자주화를 위한 투쟁을 지속적으로 전개하여 왔다.

개량주의와 어용 노동조합은 주로 운송이나 운반에 종사하는 일용노동 중

15) 1920년대 초중반에는 '異流團體' 혹은 1930년대 이후에는 '파시스트 단체' 등으로 일컬어 졌던 '반동단체' 일반이 그것인바, 일제가 전시체제로 이행한 시기인 1930년대의 파시스트 조직은 그만 두고라도 1920년대의 합법공간에서 이류단체나 반동단체의 문제가 얼마나 심각한 것이었는가는 노동총동맹을 비롯한 노동단체들에서 이에 관한 결의사항을 빈번히 채택하였던 사실을 보더라도 쉽게 알 수 있을 것이다.

16) 김경일, 《일제하 노동운동사》(창작과 비평사, 1992), 283~303쪽.

심의 비공장 노동자들에 의해 조직되었다. 이 점은 숙련공 중심의 공장노동자가 중심이 되었던 서구 노동사에서의 개량주의적 노동조합과는 좋은 대조를 이룬다. 이와 같이 운수·운반 중심의 노동자들 사이에서 어용노조가 유의미했던 이유로는 이 범주의 노동자들이 산업 발전의 식민지적 특성으로 말미암아 노동계급에서 높은 비중을 차지하고 있었던 반면에 공장노동자는 경인지역과 함경도를 중심으로 한 지역에 편재되어 있었다는 식민지 노동력 구성의 특수성을 먼저 고려해야 할 것이다. 이와 관련하여 둘째로는 일본인 대공장의 노동자들이 공식적인 조직을 거의 갖지 못하고 대자본의 노동통제 아래 개별적으로 예속되어 있었던 반면에, 운수·운반 노동자들은 자본과의 교섭을 위한 편의에서 혹은 노동과정상의 특성으로 말미암아 공식적인 조직을 유지하고 있는 경우가 대부분이었기 때문이다. 또한 특히 1930년대 이후 전시체제로 이행하면서 전시물자의 원활한 수송을 위해 이들 항만하역이나 하물운반 노동자들을 통제해야 할 필요가 보다 증대되었다. 일제의 어용 노동정책이 특히 이 부문의 노동자들에 집중되어 있었던 것은 이러한 맥락에서 이해된다. 어용노조의 정치적 의미와 비중은 이 부문의 노동자들에게서 전형적으로 나타났다고 할 수 있는 것이다.

어용 노동조합은 노동자 상층인 십장, 감독뿐만 아니라 지주나 중소상인, 전직 관리나 경찰관, 지식인 등과 아울러 부랑자·遊蕩兒·한량 또는 전향자들에 의해 주도되었는데[17] 이들은 거의 전부가 조선인들이었다. 따라서 이를 통하여 일제는 하층 노동대중들 사이에 광범위하게 형성되어 있었던 민족해방에 대한 열망을 잠재우고 그 역량을 분산시킬 수 있었다. 과도한 착취의 몫 중에서 극히 일부를 조합의 간부나 십장 등에게 떼어 줌으로써 조선인들 사이에서의 민족적 분열과 반목을 의도적으로, 때로는 은밀하게 조장하였던 것이다. 식민지 분할통치라는 일제의 의도가 여기에서도 관철되었다고 할 수

17) 1930년의 한 운동가는 포괄적인 의미에서 개량주의의 토대와 구성요소로 ① 노동조합 상층에 있는 기술노동자·십장·중간배(소개인)들, ② 노동계급의 대열을 분열시키기 위한 각종 단체(함남노동회·대구노동회 등)와 지식인들, ③ 일제의 백색 테러 경찰 정책과 관제 노동조합 등의 세 가지를 제시하였다(함우석, 〈조선좌익노동조합의 조직적 제문제〉, 《태평양노동자》 9·10, 1930, 36~37쪽).

있다. 생존권 자체를 위협하는 노동에 대한 가혹한 착취에 의해 어용노조의 상층 지도부에 대한 노동력 재생산조건의 차별화가 가능하였는데, 일본식 노무구조의 봉건적이고 위계적인 복잡한 청부제도 등이 그것을 보다 철저하고 또 용이하게 하였다. 이들 조합을 통하여 노동의 분열과 경쟁을 조장함으로써 임금의 지속적인 하락과 아울러 순종적인 노동력을 안정적으로 획득할 수 있었으며, 나아가서 식민지에서 자본축적이 보다 용이하고 또 효율적으로 될 수 있었다.

전통적인 온정주의적 조직이 '근대적' 조직과 결합함으로써 지배와 통제라는 일방적 관계에서 성립하였던 개량주의적, 어용 노동조합은 반봉건적 유제의 온존과 더불어 1920년대 전반기까지 일정한 세력기반을 가지고 있었지만, 1920년대 중반 이후 노동운동의 전반적 고양에 따라 상당 부분 그 존립근거를 상실하고 매우 제한된 영향력만을 행사하였다. 1930년대 이후 전시체제로 이행하면서 제국주의 세력의 활동을 위한 객관적 기반이 확대됨에 따라 그 영향력은 다시 증대되었는데, 그 범위는 혁명적 노동조합운동과 길항관계를 이루는 것이었다. 그리고 부산이나 원산의 사례들에서 보듯이 노동대중의 강력한 투쟁경험이 있었던 지역에서, 혹은 30년대 전반기 혁명적 노동조합운동에서 보듯이 운동이 강렬한 시기에, 다시 말하자면 식민체제에 대한 위협이 보다 심각한 국면에서 그것이 출현할 수 있는 가능성이 보다 많았다고 할 수 있다.

4) 노동운동의 전개

(1) 1930년대의 노동운동

1930년대 초 세계대공황이 식민지에 엄습하면서 조선에서도 공업생산이 위축되는 한편, 〈회사령〉의 철폐를 계기로 발흥했던 소규모 공장을 중심으로 '자연도태' 현상이 발생하여 곳곳에서 휴폐업 공장이 속출했다. '산업합리화'를 명분으로 한 자본측의 정리해고방침에 따라 실업자가 대량 양산되었다. 여기에 물가상승이 잇달아 임금저하현상을 가져왔으며, 이것은 결국 민중 생활의 불안정을 야기했다. 이에 따른 노동자들의 불만과 이에 대한 저항이 이 시기 노동운동을 고양시켰던 객관적 배경이 되었다. 이와 아울러 1929년의 원산총파업을 비롯하여 1930년의 신흥탄광 노동자들의 집단투쟁과 평양 지역 고무공장 노동자들의 총파업 등에서 보듯이 투쟁을 통한 경험의 축적에 따라 노동자들의 주체적 역량은 급격히 강화되었다.

다음의 〈표 1〉에서 보듯이 노동자들의 파업건수는 1929년에 100여 건을 보이던 것에서 1930년에는 160건으로 급격히 상승하였으며 1931년에는 식민지 시기에 가장 많은 200여 건을 기록하여 1930년대 후반에 이르기까지 높은 건수를 유지하였다. 파업에 참가한 인원을 보면 1930년에 가장 많은 19,000여 명을 비롯하여 1931년에 17,000여 명을 기록하였다. 1932년부터는 점차 감소하여 1935년에 이르기까지 12,000~15,000명 선을 유지하다가 1936년 이후에는 8,000명대로 대폭 떨어져서 1920년대 후반과 비슷한 참가 양상을 보였다. 1930년대 중반을 기점으로 파업 건수가 급격히 줄어든 것은 공황기라는 상황이 파업을 발생시키는 계기를 제공했지만, 동시에 자본의 공세가 강해지면서 파업 과정에서 노동자의 소극성을 강화시키는 조건으로 작용하였기 때문이다.

〈표 1〉 1929~1937년 동맹파업의 추이

연도	건수	참가 인원				원 인			결 과			
		조선인	일본인	중국인	계	임금	대우	기타	성공	실패	타협	미해결
1929	102	7,412	49	832	8,293	57	10	35	24	44	34	
1930	160	17,192	172	1,608	18,972	89	26	45	41	63	56	
1931	205	16,854	131	129	17,114	141	16	48	34	100	71	
1932	152	14,170	591	63	14,824	99	14	39	30	69	53	
1933	176	13,599	213	23	13,835	118	26	32	37	74	65	
1934	199	12,941	86	71	13,098	134	16	49	57	86	56	
1935	170	12,062	101	24	12,187	107	25	38	47	72	51	
1936	138	8,100	145	1	8,246	86	13	39	34	32	72	
1937	99	8,706	291	90	9,148	55	7	37	25	36	37	1

* 朝鮮總督府 警務局, 《最近における朝鮮治安狀況》(1933), 143~144쪽 ; 조선총독부, 〈勞務ノ調整ニ關スル件〉(《朝鮮總督府時局對策調査會諮問案參考書》, 1938).

좀더 구체적으로 파업의 발생 건수를 서울과 평양 및 부산의 3대 도시에 한정해서 살펴보면(〈표 2〉 참조), 1925년과 1926년의 두 해 및 1930년부터 1935년에 이르는 시기에 파업이 집중적으로 발생했다는 사실을 확인할 수 있다. 표에서 알 수 있듯이 1930년대 전반기는 일제시대 전반에 걸쳐 가장 많은 파업 건수가 기록되었는데, 1930~1935년 사이에 일어난 파업은 177건으로 식민지 시기 전체 378건의 거의 절반에 해당하는 46.8%를 차지한다. 특히 1930년부터 1933년에 걸치는 시기에 파업은 절정에 이르렀는데, 이 4개년 동안에 일어난 파업은 130건으로 전체의 1/3을 약간 넘는 34.4%를 기록하였다.

〈표 2〉 3대 도시에서 시기별 파업 발생건수

지역 \ 연도	20	21	22	23	24	25	26	27	28	29	30	31	32	33	34	35	36	37	38	39	40	계
서 울	7	6	7	20	9	14	10	7	12	5	16	11	8	13	15	9	5	6	2	4	0	186
평 양	0	0	0	3	1	9	12	3	4	7	14	13	5	19	5	9	2	1	2	2	0	111
부 산	0	4	5	2	1	2	2	0	4	10	11	8	6	6	3	6	2	4	3	0	2	81
계	7	10	12	25	11	25	24	10	20	22	41	32	19	38	23	24	9	11	7	6	2	378

* 김경일, 《일제하 노동운동사》(창작과 비평사), 1992, 310~312쪽에서 작성.

다음에 위의 〈표 1〉에서 원인별로 보면 1930년대 전반기의 노동자 파업은 생활조건의 악화나 임금인하를 반대하는 방어적인 성격의 파업이 많았으나 그것이 매우 격렬한 성격을 지니고 전개되었다는 사실이 주목된다. 방어적 성격의 파업이 빈발하게 일어났던 것은 불황으로 인한 피해를 노동자에게 전가하려는 자본측의 시도를 반영하는 것이지만, 노동자들 역시 불황으로 인한 생활고로 인해 그만큼 절박하게 투쟁할 수밖에 없었던 사실을 보이고 있다. 이러한 파업투쟁의 완강성은 파업의 지속일수가 길어졌을 뿐만 아니라 또한 집요하게 반복적으로 전개되는 파업투쟁이 증가되었던 것에서도 입증될 수 있다.[18] 그러나 1930년대 이후가 되면 오히려 노동자들의 요구는 점차 임금인상과 노동시간 단축을 요구하는 등 적극적 성격으로 변화해 가는 경향을 보인다.

---

18) 강현욱, 앞의 책, 126쪽.

다음에는 파업의 결과를 살펴보기로 하자. 1920년대부터 1930년대 전반기에 걸쳐 파업결과를 분석한 김윤환의 연구에 따르면 요구조건이 거절되는 건수의 비율은 점차 높아지고 반대로 관철되는 건수의 비율은 점차 낮아지는 경향을 보였다.[19] 1930년대만을 놓고 보면 1930년대 전반기에는 성공한 파업보다는 요구조건이 받아들여지지 않은 사례가 더 많았는데, 후반기로 가면서 실패한 파업에 비하여 요구조건이 관철되는 사례가 상대적으로 늘어나는 경향을 보였다. 방어적인 성격이라고는 하더라도 파업이 완강하게 전개될수록 노자 사이에 타협할 여지가 없었기 때문에 요구조건이 받아들여지지 않은 상태로 종결되었던 반면에, 노동운동이 상대적으로 수세에 몰린 30년대 중후반에는 오히려 이와는 다른 양상이 나타났던 것이다.

지역별로 보면 1920년대 후반부터 그러한 경향이 나타났지만 북부 지방에서 파업이 집중적으로 발생하였다. 일제하의 3대 파업으로 알려진 1929년의 원산총파업을 비롯하여, 1930년의 신흥탄광파업과 평양고무노동자들의 파업이 이 지역에 집중되어 있었던 것에서 보듯이, 이 지역에서 파업은 그것의 지속성과 완강성, 그리고 투쟁전술 등에서 두드러진 점이 있었다. 서울을 중심으로 한 경기 지방에서의 파업발생 건수 또한 적어도 1930년대 중반에 이르기까지는 전체 발생 건수에서 20% 내외의 비율을 보였지만, 후반기에 이르러 10% 이하로 그 비중이 감소하였다. 전반적으로 보면 1930년대 후반으로 갈수록 파업발생 건수가 감소할 뿐만 아니라 파업 1건당 참가 인원수 역시 감소하는 경향을 보였다. 지역별로는 북부지방의 파업 1건당 참가 인원수가 100명 이상으로 다른 지역에 비해 상대적으로 많았던 것은 중화학공업지대로서 이 지역의 특성을 반영하는 것이지만, 다른 지역과 마찬가지로 후반기로 가면서는 50명 내외로 떨어지고 있었던 사실에 주목해야 할 것이다.

다음에 다소 불완전한 통계이기는 하더라도 직업별 파업동향에 대해서는

19) 1921~1924년 사이에 거절된 건수는 전체 파업건수의 5.0%, 관철된 건수는 32.7%였는데, 1925~1929년 사이의 후반기에는 거절이 17.1%로 늘고 관철은 30.8%로 줄었다. 그런데 다시 1930~1933년 사이에는 거절이 27.4%로 대폭 늘어난 반면에 관철은 20.5%로 축소되었다(김윤환, 앞의 책, 249~252쪽).

다음의 〈표 3〉에서 보듯이 1930년부터 1935년의 6개년에 걸친 자료가 나와 있다. 표에서 보듯이 거의 모든 직업 부문에서 노동자들이 동맹파업에 망라되었다는 사실을 알 수 있는데, 전체적으로 보면 방직이나 정미·고무 등의 공장노동자가 대략 40%, 인부나 짐꾼, 또는 토목건축 노동자와 같은 비공장노동자가 60% 정도의 비중을 차지하고 있다. 공장노동에서는 잡공장을 제외한다면 방직·제사 노동자들이 가장 활발한 투쟁양상을 보인 것으로 나타나지만, 이 시기 동맹파업에 적극적으로 참여하였던 고무공장 노동자들이 1930년부터 1933년에 이르기까지 전혀 통계에 잡히지 않았던 사실을 고려해야 할 것이다. 비공장노동자의 직업범주에서는 인부나 짐꾼과 같은 자유노동자들이 가장 활발한 참여양상을 보였고 토목·건축 노동자들이 뒤를 이었다.

〈표 3〉 직업별 파업 발생 건수

(1930~1935)

연도		방직 제사 직공	제분 정미 직공	잡공장 직공	고무 공장 직공	인부 및 짐꾼	광부	인력 거꾼	양복 직공	우편 신문 배달	직물 공장 직공	토목	목공	기타	계
1930	건수	19	10	44		33	8		2	2		24	2	16	160
	인원	3,707	2,182	5,173		2,613	1,113		158	13		2,988	31	994	18,972
1931	건수	16	17	44		40	8		2	2		52		22	203
	인원	1,487	1,340	2,401		2,787	333		37	22		7,331		1,376	17,114
1932	건수	13	4	30		34	10		1	3		32	2	23	152
	인원	2,999	344	2,141		2,729	1,286		18	36		3,742	121	1,408	14,824
1933	건수	13	7	24	30	57	13	1		2		2	8	19	176
	인원	3,077	203	1,419	2,022	3,970	760	114		16		262	359	633	12,835
1934	건수	13	13	37	9	46	22		1	1		31	3	23	199
	인원	1,805	570	1,978	449	2,551	1,462		11	23		3,128	177	944	13,098
1935	건수	10	6	25	12	20	30	9			8	29	4	17	170
	인원	1,650	226	1,818	1,433	1,296	2,031	82			394	2,288	143	697	12,058

* 朝鮮總督府 警務局, 《最近における朝鮮治安狀況》(1936), 171~172쪽.

다음의 〈표 4〉는 서울과 평양·부산의 3대 도시에서 1920년부터 1940년 사이에 발생한 파업을 필자가 산업별로 정리한 것이다. 이 표를 보면 위의 직업별 동향과는 다소 다른 경향을 보이는데 우선 공장노동자의 파업 참가 비율이 이른바 비공장 노동자의 그것에 비해 보다 높은 수치를 보이고 있다.[20] 구체적인 내역을 보면 공장노동자에서는 방직·제사 등이 중심이 되는 섬유업이 가장 많은 발생 건수를 보이고 있는 것은 위의 〈표 3〉에서의 동향과 일치하고 있다. 고무업이 중심이 되었던 화학 부문이 그 다음을 차지하였는데, 〈표 3〉에서는 없었던 인쇄출판업 노동자들 또한 활발한 투쟁 양상을 보였다. 다음에 비공장 노동자를 보면 〈표 3〉(인부 및 짐꾼)에서와 마찬가지로 일용노동이 가장 많은 발생 건수를 기록하였던 반면에, 토목·건축 노동자들은 대도시라는 특성을 반영하여 미미한 발생 건수를 보이고 있다. 대신에 상업 및 서비스 부문의 노동자들이 활발한 참여양상을 보였다.

〈표 4〉 3대 도시에서 산업별 파업 발생건수

(1920~1940)

산별 / 지역	섬유	화학	운수통신	인쇄출판	피복신발	일용	상업및서비스	제재및목제품	금속	요업	식료	토목건축	가스전기	기타	계
서 울	48	17	26	33	21	11	6	4	9	5	2	1	0	3	186
평 양	23	28	9	5	6	11	13	6	1	1	5	1	1	1	111
부 산	23	20	12	4	4	2	2	2	1	4	3	2	0	2	81
계	94	65	47	42	31	24	21	12	11	10	10	4	1	6	378

* 김경일, 《일제하 노동운동사》(창작과 비평사), 1992, 314~315·557~563쪽에서 작성.

1930년대 전반기 노동쟁의의 특징으로는 노동자 대중에 의하여 노동단체 내의 개량주의자들을 반대·배격하는 투쟁이 광범하게 전개되어 왔다는 사실이 흔히 지적되어 왔다.[21] 식민지에서의 경제공황과 일제의 대륙침략을 배경으로 노동자들에 대한 착취가 강화되고 노동운동에 대한 공세가 전면화되는 가운데, 그에 대항하는 노동자들의 파업투쟁이 비합법 영역에서 혁명적 노동운동가들의 지도를 매개로 한층 고조되었다. 이와 관련하여 예컨대 1930

---

20) 공장 노동자는 섬유·화학·인쇄출판·제재 및 목제품·금속·요업·식료·가스·전기 부분을 합한 245명으로 전체 378명의 64.8%를 차지하고 있다. 앞의 표와는 달리 공장 노동자의 참가 비중이 높게 나타난 것은 대도시 지역이라는 특성을 반영하고 있기 때문인 것으로 보인다.

21) 강현욱, 앞의 책, 126~128·191~193쪽.
윤여덕, 앞의 책, 137·193~197쪽.

년의 신흥탄광 노동자 파업이나 평양 고무공장 노동자의 파업 사례들에서 보듯이 노동자들에 의한 대규모의 폭력적 진출이 두드러지게 나타났던 것도 이 시기의 또다른 특징이었다. 또한 이미 언급하였듯이 파업의 규모와 범위가 다른 시기에 비해 대폭 확대되었으며, 같은 지역이나 동일 산업 부문에서의 연대투쟁이 광범하게 전개되었다.

이와 아울러 일제에 반대하는 노동운동의 정치적 성격에 대해서는 1920년대 후반 이래 이미 두드러진 현상으로 여러 연구들에서 지적되어 왔거니와, 노동조합 조직결성의 자유나 일제 경찰의 간섭에 대한 반대, 또는 노동자에 대한 민족차별을 거부하는 요구들이 이 시기에 빈번하게 제기되었던 사실에서 보듯이 노동운동의 정치적 성격은 더욱 강화되어 갔다. 이 시기의 주요 파업으로는 1930년 1월의 부산 조선방직공장 노동자 파업,[22] 같은 해 5월의 신흥탄광 노동자 파업,[23] 이어서 8월에 있었던 평양 고무공장 노동자 파업,[24] 1933년 7월의 부산 고무공장 노동자의 연대파업,[25] 그리고 1934년 10월과

---

22) 이 파업에 대해서는 일제하에 강창호, 〈조선방직주식회사 2,200명의 대파업〉(《문예전선》 7-3, 1930 ; 배성찬 편역, 《식민지시대 사회운동론 연구》, 1987)에 의한 보고가 있다.
해방 이후의 연구들로는 다음과 같다.
김인걸, 앞의 책, 109~111쪽.
김윤환, 앞의 책, 253~256쪽.
윤여덕, 위의 책, 137~139쪽.

23) 이 파업에 관해서는 한영해, 〈1930년 신흥 탄광 로동자들의 전투적 폭동에 대하여〉(《력사과학》 4, 1956 ; 김경일 편, 《북한학계의 1920·1930년대 노농운동 연구》, 창작과 비평사, 1989) 205~234쪽이 가장 체계적이고 자세한 내용을 제공하고 있다.
이밖에 연구는 다음과 같다.
김인걸, 위의 책, 112~116쪽.
김윤환, 위의 책, 256~259쪽.

24) 이에 관한 연구논문들은 다음과 같다.
송지영, 〈1930년 평양 고무 공장 로동자들의 총파업〉(《력사과학》 5, 1959 ; 김경일 편, 위의 책) 235~253쪽.
김경일, 〈일제하 고무노동자의 상태와 노동운동〉(《일제하의 사회운동》, 한국사회사연구회논문집 9, 문학과 지성사, 1987), 107~120쪽.
김인걸, 위의 책, 116~122쪽.
김윤환, 위의 책, 259~265쪽.

25) 이 파업에 대한 연구는 다음과 같다.

1935년 7월에 두 차례에 걸쳐 전개되었던 홍남제련소와 1935년 7월의 진남포 제련소 노동자 파업[26] 등을 들 수 있다.

다음에 1930년대 후반기로 넘어 가면서 노동운동은 전반기와는 다른 양상을 보이는데, 예컨대 앞에서 언급한 파업의 결과나 노동쟁의의 건당 참가인원의 변화를 통해서도 이를 살펴 볼 수 있을 것이다. 이 시기 후반의 이러한 변화는 전시체제로의 이행에 따라 일제의 노동정책이 한편으로는 기존의 강압 위주로부터 상대적으로 유화적 태도를 취하면서, 다른 한편으로는 노동에 대한 통제를 더욱 강화하였던 사정을 반영하는 것으로 볼 수 있을 것이다. 그런데 후반기의 구체적인 파업양상에 대해서는 남한과 북한학계에서 다소의 미묘한 차이를 보이고 있다. 남한학계에서는 이 시기 노동자 파업이 전시체제라는 점을 고려한다면 상당한 내용을 가진 것이었다고 다소 유보적으로 평가하거나,[27] 이 시기에 대한 자세한 언급을 생략하고 곧바로 1940년대의 본격적인 전시체제로 넘어가는 것과 대조적으로, 북한학계에서는 이 시기 노동자들의 파업은 파업투쟁 건수와 참가자 수에서 볼 때 이전의 다른 어느 시기보다도 가장 활발하였다고 평가하고 있다.[28]

강현욱, 앞의 책, 176~179쪽.
김윤환, 위의 책, 269~271쪽.
김경일, 위의 글, 120~132쪽.

26) 이들 파업에 관한 기존의 연구들은 다음과 같다.
강현욱, 앞의 책, 181~182·184~190쪽.
사회과학원 력사연구소 편, 《력사사전》 Ⅱ(1971), 1064~1065쪽.
한국노동조합총연맹, 《한국노동조합운동사》(1979), 207~209쪽.
姜在彦 編, 《朝鮮における日窒コンツェルン》(동경, 不二出版, 1985), 305~306쪽.
김경일, 〈1930년대 일본인 독점 기업에서 노동자 상태와 노동운동〉(《한국의 노동문제와 노동운동》, 한국사회사연구회논문집 30, 문학과 지성사, 1991), 69~79쪽.

27) 김윤환, 앞의 책, 326쪽.

28) 기준으로 잡고 있는 연도가 서로 다르기 때문에 직접적인 비교는 불가능하지만, 예컨대 김윤환(위의 책, 326쪽)은 1937년부터 1940년까지의 4개년 동안 430건의 쟁의가 발생하였으며 24,967명의 노동자가 이에 참가하였다고 밝히고 있다. 이와 대조적으로 강현욱(앞의 책, 235쪽)은 1930년대 후반기에는 1939년을 제외하고도 4년 동안 939건의 파업에 72,455명의 노동자가 참가하였다고 하는데, 이는 그가 제시하는 1930년대 전반기 4년 동안의 678건의 파업과 53,944명의 노동자수보다 오히려 많은 수치이다. 전자는 조선총독

이에 따라 예컨대 1936년의 노동자 파업은 대소규모의 운수 부문 노동자들의 연속적인 진출에서 시작되어, 각지 항만과 광산을 비롯한 대규모 기업소 노동자들의 진출이 점차 강화되었고, 1937년에는 노동자 대중의 파업투쟁과 함께 태업이 급속히 발전하면서 동일 부분이나 동일 지역을 중심으로 투쟁의 연대성이 강화되었으며, 1938년에는 해주와 평양을 사례로 주요 공장과 기업들에서 노동자들의 혁명적 진출과 아울러 반전·반제 운동으로서의 성격이 강화되었다고 주장되었던 것이다.[29]

(2) 종전기의 노동운동

1930년대 말 이후 한국사회는 이른바 일제의 본격적인 전시동원체제로 편입되면서 노동력의 강제동원과 노동능률의 극대화를 위한 극심한 통제와 억압을 경험하였다. 이에 따라 흔히 이 시기의 노동운동은 '침체기' 또는 '암흑기'로 묘사되어 왔다. 전시동원과 전쟁수행을 목적으로 한 전반적 억압이 가중되었던 상황에서 이 시기 노동운동이 상대적으로 부진하였다고 평가해 온 것이지만, 관점에 따라서는 전쟁과 제국주의에 반대하는 노동자들의 투쟁이 이전과는 다른 양상을 띠고 전개되었다고 볼 수도 있을 것이다.[30] 공식적인

부 경무국의 자료로서 해방 후인 1949년에 간행된 《조선경제통계요람》(조선경제사)에서 인용한 것이고 후자는 구체적인 전거를 밝히지 않았기 때문에 어느 쪽의 진술이 실제에 접근한 것인지의 여부는 명확하게 말할 수 없을 것이다. 그러나 북한학계의 연구가 김일성을 중심으로 한 만주에서의 항일무장투쟁의 영향력을 부각시키려고 하는 의도를 내보이고 있는 반면에 남한학계의 연구들에서 1930년대 후반에 대한 서술이 다소 과소평가되고 있는 것은 분명해 보인다.

29) 강현욱, 위의 책, 221~233쪽.

30) 1930년대 후반에 대해서도 그러했지만 이 시기 노동자들의 파업투쟁에 대해서도 북한학계와 남한학계에서 미묘한 대조를 보이고 있다. 일반적으로 이 시기 노동운동에 관해서는 북한학계의 연구들에서 풍부한 내용을 제공하는 반면에 남한학계의 연구들은 상대적으로 소략하게 다루고 있다. 운동내용의 평가에서도 후자가 이 시기를 침체기 내지는 잠복기로 규정하는 반면에, 전자는 제국주의에 반대하는 반전투쟁이 전반적으로 고조되어 간 것으로 묘사하고 있다. 북한학계에서 이 시기에 대한 적극적 평가는 이 시기 전개된 노동운동의 상당 부분이 북한지역에서 전개되었다는 사실을 배경으로 참가자들의 증언이나 현지 조사자료를 비롯한 다양한 자료들을 동원하여 운동내용을 복원할 수 있었다는 사실과 아울러 이미 언급했듯이 김일성이 주도한 항일무장투

통계 자료를 보면(〈표 5〉 참조), 중일전쟁 직후인 1938년 파업에 참가한 노동자수는 6,929명이었으며, 이듬해인 1938년에는 10,128명으로 증대되었다. 규모로 보아 이 수치는 1920년대 후반을 능가하는 것이었다. 그럼에도 불구하고 1940년 이후에 파업 건수와 참가인원은 1940년을 경계로 급격하게 감소했다.[31] 1942년 이후의 통계는 공식자료로 남아 있지 않지만, 일제의 군수산업 기반이 집중되어 있었던 북부 지방을 중심으로 한 노동대중의 반제·반전 투쟁은 지속적으로 전개되었다.

〈표 5〉 1938~1941년 동맹파업의 추이

연 도	건 수	참가 인원	원 인			결 과		
			임금	대우	기타	성공	실패	타협
1938	90	6,929						
1939	146	10,128						
1940	96	4,045	75	5	16	33	22	41
1941	56	1,799	38	2	16	15	16	25

* 朝鮮總督府 警務局,《最近における朝鮮治安狀況》(1933), 143~144쪽 ; 조선총독부, 〈勞務ノ調整ニ關スル件〉(《朝鮮總督府時局對策調査會諮問案參考書》, 1938) ; 朝鮮總督府 警務局,《第79回帝國議會說明資料》(1941년 12월).

비고 : 1941년은 9월까지의 통계임

현상적으로 보면 이 시기 노동자들의 파업의 대부분은 앞 시기와 마찬가지로 임금인상의 요구나 체불임금의 지불을 요구하는 것이었다. 전시체제하

쟁의 영향력을 부각시키려는 동기가 작용하고 있는 것으로 보인다. 반면 남한 학계의 연구들의 대부분은 일제가 발간한 공식자료들을 기초로 이 시기 노동운동을 서술하고 있다는 점에서 그 부분에서의 편향을 일정한 형태로 반영하고 있다. 특별한 언급이 없는 한 이하의 서술은 북한학계의 연구(강현욱, 위의 책, 228~240·246~263쪽)에 의존하였다.

31) 일제의 공식기록과 해방 이후 남한 학계의 연구들은 대체로 보아 이 의견을 따르고 있다. 그러나 북한학계에서는 1940년에 1월부터 8월까지의 기간만 하여도 623건의 노동자 파업이 일어났으며, 49,000여 명의 노동자들이 참가하였다고 한다(강현욱, 위의 책, 233·235쪽). 이는 위의 〈표 5〉의 96건, 4,000여 명이라는 수치와는 커다란 차이를 보이는데, 이러한 점에서 그는 당시《동아일보》의 기사를 인용하면서 "1930년대 후반기 우리 나라 노동자 파업은 1939년부터 급속한 증가를 보여주고 있다"고 주장하였다.

에서 인플레이션의 진행, 생필품 가격의 폭등과 결핍에 따라 노동자들의 생활은 더욱 악화되었으며, 이러한 점에서 노동자들은 생존권을 확보하기 위한 투쟁을 전개하였던 것이다. 비록 요구조건이 이전 시기와 마찬가지로 임금인상이나 대우개선이었다고 하더라도, 동일한 외형적 표현의 기저에는 일제 식민통치의 전복과 그를 위한 일제의 무장해제, 강제 군사복무와 군사교육에 대한 반대 및 식민지의 경제적 수탈에 반대하는 요구가 깔려 있었다고 보아야 할 것이다. 파업의 또다른 원인으로는 앞 시기와 비슷하게 작업과정에서 발생하는 일본인 감독의 폭행과 욕설 등 비인간적인 처우와 민족차별 등을 들 수 있겠지만, 낮은 임금으로 인한 빈곤의 만연과 생존권의 위협은 이 시기 노동자들이 극심한 억압 아래에서도 저항할 수밖에 없게 만든 주요한 원인이었다. 파업의 지속기간을 살펴보면 길어야 1주일 내외이고 대체로 2~3일 정도의 짧은 기간밖에 지속되지 못하였다. 또한 파업에 참가한 평균 인원수를 보더라도 대체로 100명 내외로 예컨대 1930년대 전반기에 비해 상대적으로 적은 인원이 참가하였다.

이처럼 전시동원체제 아래에서 노동자들은 전쟁에 반대하는 구호를 공개적이고 전면적으로 제기할 수는 없었다. 그럼에도 불구하고 노동자들은 일제 침략전쟁의 본질을 폭로하면서 그에 반대하는 파업과 시위·폭동 등의 공개적 진출을 시도하였다. 이러한 점에서 노동자들의 파업은 이 시기에 특징적으로 나타났던 태업이나 집단탈주·기계파괴 등과 함께 노동대중의 침략전쟁에 반대하는 분위기를 반영하고 있었으며 다분히 반일·반전적 성격을 지향하고 있었다. 그리고 이러한 투쟁은 일제의 군수물자 생산에 심대한 타격을 주었으며 침략전쟁의 수행에 크나큰 차질을 초래하였다. '군수생산력'을 파괴하는 것이 일본의 전투력에 영향을 미치고 일본을 패전으로 몰아가는 것으로 인식하고, 공장과 광산에 대한 교란활동을 전개하였던 것이다.[32)]

이 시기에 일어난 주요한 파업으로는 먼저 1938년 1월 허주 시내의 시멘트공장을 비롯한 중요 공장과 기업에서 일어난 노동자들의 파업을 들 수 있

---

32) 변은진, 〈日帝末 조선인 노동자층의 전쟁 및 '軍需生產力'에 대한 인식과 저항 -서울지역 노동자를 중심으로-〉(《鄉土서울》 57, 1997), 224~225쪽.

다. 이 파업은 동일 부문 노동자들의 진출에 적지 않은 영향을 미쳐 3월에는 또한 청진 부두노동자들의 파업이 있었으며, 5월에는 봉산 마동 시멘트공장 노동자들이 인근 지역의 농민들과 함께 공동의 투쟁을 전개하였다. 곧이어 같은 달 5월에는 평북 厚昌광산 노동자들이 5·1절 파업시위를 벌였으며, 부산 동래의 스미도모(住友)광산 노동자들 또한 파업투쟁을 전개하였다. 6월에는 인천 부두 노동자 1,200명이 임금인상을 요구하며 동맹파업을 단행하였다. 7월에는 평양제사공장 여성 노동자들이 공장주의 가혹한 착취와 민족적 차별대우에 불만을 품고 임금을 제때 지불할 것과 합숙시설의 개선, 일본인과 조선인 사이의 식사 차별대우 철폐, 일본인 악질 감독의 축출과 여성 노동자에 대한 성희롱 반대, 그리고 일요일의 휴식 보장 등의 요구조건을 제시하고 태업에 들어갔다. 12월에는 대구 각 직조공장에서 290여 명의 노동자들이 파업에 들어갔다.

1939년과 1940년에 일제의 폭압이 미증유로 강화된 조건 아래 전국의 주요 공장지대들에서는 반제·반전적인 노동자 파업과 태업이 연속적으로 전개되었다. 1939년 1월 평양의 군화제조 노동자들이 임금인상을 요구하며 동맹파업을 단행한 것을 비롯하여 3월에는 100여 명의 신의주 자동차 운전수들이 파업에 들어갔으며, 함흥 본궁 화학공장에서는 삐라 살포 사건이 발생하였다. 6월에는 인천 日本車輛工場 철공부 노동자들과 신의주 펄프공장 노동자들이, 8월에는 150여 명의 평양 동우고무공장 노동자와 평북 후창광산의 노동자들이, 그리고 10월에는 경성고무공업소 여성노동자 200여 명이 임금인상과 대우개선을 요구조건으로 내걸고 파업에 참가하는 등 파업과 태업투쟁이 지속적으로 전개되었다.

1940년에 들어 와서는 1월에 경남 마산의 조면공장에서 노동자들이 임금인상을 요구하면서 파업에 돌입하였으며, 2월에는 충남 靑陽의 美良광업소에서 200여 명의 광부들이 청부제에 반대하여, 그리고 4월에는 전북 長水의 일본 고주파 明德광산과 소화전기공업 장수광업소 광부들과 日華제유 목포공장의 노동자들이 임금인상을 요구하는 파업에 들어갔다. 5월에는 평북 碧潼의 일본광업 發銀광산 광부들과 목포 조선면화회사 노동자들이, 이어서 6월에는 경남 부산에서 大森건구제조공장 노동자들과 전남 海南의 소화광업 해남광산 300여 명의 노동자들이, 이어서 7월에는 충남 靑陽의 中外광업 九峯광업소 광부들과 충북 永同의 黃鶴金山 광부들이, 그리고 8월에는 부산의 피복회사 직공들이 파업에 참가하였다. 10월에는 인천 부두노동자들이 임금인상을 요구하면서 공업용 석탄 하륙작업을 중지하는 집단적 파업투쟁을 전개함으로써 서울 지역 각 군수공장들의 전시 군수품 생산에 타격을 주었다. 이듬해 1941년 2월에는 평북의 후창광산 광부들과 아울러 3월에 경남 부산의 조선釣針공장 노동자들이 잔업수당의 증액을 요구하고 파업에 들어갔으며, 이어서 같은 달에 황해도 新溪의 조선석유광업회사의 광부들이 임금지불을 요구하면서 파업을 단행하였다.[33]

1940년대에 들어오면서 전국 각지의 노동자들은 일제의 전시정책을 파탄시키기 위한 각종 형태의 반일·반전 운동에 적극적으로 참여하였다. 예컨대 1940년부터 1943년 사이 문평제련소 노동자들은 여러 가지 방법으로 일제의 전시 생산을 파탄시키는 투쟁을 전개하였다. 노동자들은 여러 차례에 걸쳐 은밀한 방법으로 태업을 진행함으로써 제련소의 전시 생산을 지속적인 방식으로 저하시켰다.[34] 특히 1941년 5월 중순부터 노동자들은 임금인상과 대우개선 등의 요구조건을 제기하여 개별적으로 또는 소규모로 태업을 진행하였다. 같은 해 봄에는 종연방직 신의주 직포공장 노동자들이 일제의 차별대우에 격분하여 집단적인 태업을 단행하였다. 1942년 5월에는 동방광산 東山갱 광부들이 일제의 전시 징용정책과 임금체불 및 차별대우에 반대하여 치열한 투쟁을 전개하였다. 가혹한 노동조건과 저렴한 기아임금에 오랫동안 불만을 품어 오던 400여 명의 노동자들은 악질 감독이 노동자들을 구타한 것을 계기로 취업을 거부하는 한편 광산 사무실과 선광장을 비롯한 시설물들을 파괴하여 버렸다. 노동자들의 폭동적 진출은 이후 광산이 한 달간 휴업상태에 있을 정도로 타격을 주었다.

33) 朝鮮總督府 警務局, 《第79回帝國議會說明資料》(1941).
34) 이에 따라 문평제련소의 기본 생산지표였던 粗銅은 1940년의 1,925톤으로부터 1941년에는 1,302톤으로, 1942년에는 1,101톤, 그리고 1943년에는 1,017톤으로 감소되었다고 한다.

이와 같이 공사 방해나 방화·폭발·시설과 기계의 파괴 등은 반일·반전투쟁의 성격을 띠고서 광범하게 전개되었다. 1943년 여름 회령광산에서는 탄광 인입선 폭파사건이 일어났으며 연이어 탄광 역구내에서 마초 160톤이 완전히 소각되는 사건이 발생하였다. 남포제련소 노동자들도 생산량을 감소시키기 위한 기계파괴운동을 전개하였으며 이원광산 노동자들은 광산의 기계와 설비를 파괴하는 운동에 가담하였다. 또한 같은 해 여름 부산의 조선중공업 주식회사에서 공장 6동과 주택 9채가 소각되었고, 9월에는 조선항공회사에서 화재가 발생하여 비행기 1대, 글라이더 2대, 오토바이 1대가 소각되었는가 하면 평남 선천에서는 帝國섬유 아마공장이 소각되어 버렸다. 이어서 12월에는 군수용 석탄을 생산하던 강원도 삼척탄광에서 화재가 발생하였으며, 군수공장인 일진축산 청주공장이 소각되어 버린 사건도 있었다. 특히 본궁 화학공장에서는 1942~1944년 사이 여러 차례에 걸쳐 가스탱크가 폭발한 사건이 발생하였으며 1944년 온성탄광 노동자들이 방화한 저탄장은 거의 1년 동안 계속 불타 올라 이로 인하여 4만여 톤의 석탄이 재가 되었다. 노동자들의 이러한 은밀하고도 지속적인 투쟁은 일제의 전시생산과 전시경제에 심각한 타격을 주었다.

이와 아울러 노동자들 사이에서는 일제의 패망이 가까워졌다는 정세판단 아래 결정적 시기에 무장봉기를 계획하고 이를 실행에 옮기고자 하였다. 일제의 비밀경찰 문건에 의하면 평양철공 노동자들은 1941년 1월에 비밀리에 자체 철공소를 설치하고 무기를 제작하여 결정적 시기의 반일 무장폭동을 계획하였으며 함북 계림탄광의 노동자들도 비밀 근거지를 두고 무장투쟁을 통한 반일투쟁을 전개하였다. 경남 진주에서는 노동자와 학생들이 가까운 시일에 민족해방 전쟁이 도래할 것이라고 보고 항일유격대에 호응, 궐기하기 위하여 만주로 갈 것을 계획하고 투쟁하였다. 현재까지 알려진 극히 한정된 자료에 의하더라도 반일 무장폭동의 준비는 부산이나 공주 등 각지에서 진행되었다. 이와 같이 항일무장투쟁에 노동대중이 직접 참가하려는 움직임은 1943년 이후에도 지속적으로 전개되었다.

물론 이 시기 반일 무장투쟁을 준비하고 계획하는 양상이 북한학계에서 주장하는 것처럼 전국 각지의 혁명적 노동자들을 비롯하여 농민과 청년·학생들을 포함한 "광범한 인민대중 속에서 진행되었고, 따라서 대세의 움직임으로 되었다"고 볼 수만은 없을 것이다. 전반적으로 보면 그것은 다분히 북부 조선을 중심으로 한 특정 지역이나 노동자층의 일정 범주에 제한되어 있었다. 그럼에도 불구하고 서울과 평양 등지의 전기 부문 노동자들의 반일결사와 일제의 강제징병에 반대하는 투쟁, 함남 북청 양복직공들의 무장봉기에 대한 참여 결의, 평양 병기창 노동자들의 반일투쟁 삐라 살포 등의 사례들에서 보듯이 전국 각 지역에서 무장폭동에 호응하거나 그것에 대비하려는 준비들이 진행되었다는 사실 역시 주목되어야 할 것이다. 1943년부터 1944년에 걸쳐 청진지구에서 전개된 혁명적 노동자들의 투쟁은 이러한 지향을 단적으로 보여주는 전형적 사례를 제공한다.[35)]

전시동원체제의 억압이 더욱 가중되어 가는 가운데 전국 각지에서 노동자들의 투쟁은 1943년 이후에 들어오면서 더욱 완강하고 다양한 형태로 지속되었다. 예컨대 1943년 여름에 나진의 부두노동자들은 일제의 민족적 탄압과 차별대우에 반대하여 파업을 단행하는 등 반일·반전 투쟁을 전개하였으며, 청진의 부두 노동자들도 여러 형태의 태업을 조직하여 일제의 전시 수송에 막대한 피해를 주었다. 또한 일제의 주요 군수공장의 하나였던 성진 고주파공장 운반노동자들은 1943년 6월과 1944년 6월 두 차례에 걸쳐 임금인상을 요구하는 파업을 단행하였으며 청주 화학공장에서도 파업과 태업들이 빈번하게 전개되었다. 그런가하면 함흥 편창제사의 여성노동자들은 1942년 7월과 1943년 9월 등 두 차례에 걸쳐 단식투쟁을 통하여 일제의 전시 생산에 타격을 주었다.

흥남 비료공장을 비롯한 흥남의 공장들에서도 파업과 태업투쟁이 계속되었다. 당시 대표적인 군수산업지대였던 흥남에는 수백 명에 달하는 정사복 경찰과 헌병, 스파이들이 거미줄처럼 깔려서 노동자들의 일상생활을 감시하였고, '요시찰인'으로 등록된 혁명적 노동자들의 뒤에는 늘 경찰과 밀정이 그림자처럼 따라다녔다. 이러한 상황에서 노동자들이 이전과 같이 대규모의 공

35) 구체적인 내용에 대해서는 강현욱, 앞의 책, 259~263쪽.

개적인 파업을 전개하는 것은 불가능하였다. 이에 따라 작은 규모의 투쟁형식들이 선호되었으며 선동이나 태업과 같은 다른 방법들을 통하여 일제에 대항하고자 하였다. 예컨대 비료공장의 인산 부문의 보크사이트 직장 노동자들은 3개월이면 할 수 있는 제품의 생산을 고의적으로 1년 이상 연장시켰을 뿐만 아니라 그것도 변색된 오제품을 생산하였다. 또한 군수품 생산에서 중요한 자리를 차지하고 있던 황린 제조 부문에서는 노동자들의 태업 및 작업방해 활동으로 인하여 1943년에 시험생산까지 한 제품이 해방될 때까지 전혀 생산되지 못하였다.

본궁의 화학공장에서도 비슷한 양상의 투쟁이 전개되었다. 특히 이 공장의 노동자들은 일본 제국주의자들의 민족적 멸시에 반대하는 투쟁을 여러 차례에 걸쳐 전개하였다. 카바이트 직장 노동자들이 조선인 노동자에 대한 일본인의 모욕에 격분하여 집단적인 투쟁을 전개한 것을 비롯하여 징용반대투쟁, 악질 일본인과 그에 야합하였던 조선인들에 대한 불의의 습격 등을 주도하였다. 이러한 투쟁은 본궁 요업공장에서도 있었다. 1943년 이래 이들은 요업공정에서 중심을 이루는 승강기를 파괴하여 버렸으며 제품원료의 배합률을 고의로 어겨 제품의 질을 약화시켰다. 또한 목조공장 노동자들은 목형을 오작 시공함으로써 제품생산에 타격을 주었으며, 1944년 9월에는 일본인이 조선인 노동자를 구타한 것을 계기로 공장 시설들을 파괴하여 버렸다. 1944년 봄에는 운곡광산에서 노동자들 파업을 조직하여 일제의 전시생산에 커다란 타격을 주었다. 같은 해 6월에는 朝日경금속 주식회사 기양공장 노동자 수천 명이 일제의 민족적 멸시에 반대하는 투쟁을 전개하였다.

한편 1930년대 후반기 이후 주요 건설공사장이나 항만, 군수공장 등에서는 강제로 동원되어 온 노동자들이 탈주하는 현상이 빈번하게 일어나고 있었다. 그것은 전시체제의 극심한 억압 아래서 표출될 수밖에 없었던 노동자들에 의한 저항의 또 다른 형식이었다. 1940년대에 들어오면서 노동자들의 이러한 집단적 탈주투쟁은 더욱 격화되어 보편적인 양상을 띠고 전개되었다. 예컨대 일제의 중요 군수산업지대인 함남에서 각 군수 시설 공사장·철도 공사장 등에 강제로 끌려온 '알선 인부'들 중 60%가 도주하여 버렸다고 한다. 조선총독부의 보고자료는 이 문제의 심각성을 다음과 같이 지적하고 있다.

> 전력증강을 위한 중점적 노무활용 대책에 따라 중요 공장·광산·사업장 등에 대한 관알선·징용·근로보국대 기타에 의한 노무의 수요는 더욱이 긴급을 요하게 된 실정인데, 鮮內外를 통한 노무 수요의 漸高에 따르는 이의 송출은 더욱더 곤란하게 되고 있다. 즉 최근의 노무송출 강화에 따라 주요 노무공급원인 농촌에서는 식량공출의 강화와 아울러 기타 시국의 중압 대문에 실생활이 궁핍화하고 있으므로 노무 송출에 대한 기피적 경향이 농후하다. 뿐만 아니라 이와 관련하여 反官的 기운도 높아졌다. 노무 송출에 대한 집단 기피, 수송 도중의 도망, 노무 관계 관공리에 대한 폭행·협박 사범 기타 비협력적 내지 반관적 특수사건이 상당히 다발하고 있어 치안상으로도 엄중한 경계를 요하고 있다(近藤釖一 編,《太平洋戰下の朝鮮》, 1961, 55~56쪽).

이와 같이 강제 노무동원에 대한 노동자들의 저항은 빈번한 탈주나 결근으로 표출되었다. 일제의 공식자료를 보더라도 1940년대 초 광산노동자의 노동이동률은 월평균 약 11%였다. 광산에 따라 상당한 편차가 있었다고는 하더라도, 월평균 노동이동률이 무려 50%에 이르는 경우도 있었다. 조선총독부 사정국 노무과의 조사에 따르면 1942년 조선의 공장 및 광산에서 노동자 이동율은 공장에서는 평균 7.5%, 광산의 경우가 10.2%였으며, 출근율은 공장의 경우가 매일 평균 80%, 광산에서는 75%에 지나지 않을 정도로 낮았다.[36]

이와 같이 노동자들의 높은 이동율과 낮은 출근율은 대륙침략을 수행하기 위한 일제의 군수생산에 심각한 장애를 초래하였다. 조선총독부가 제86회 일본제국의회에 제출한 예산설명자료의 보고에 의하면 조선 광부의 1인당 채탄량은 1942년도에 연평균 101톤에서 이듬해인 1943년에는 95톤으로 저하되었다. 공장 노동자의 경우를 보더라도 1936년 불변 가격을 100으로 할 때 노동자들의 1인당 생산액은 1938년에 96, 1941년에는 81, 1943년에는 74로 급격히 저하하고 있었다.[37] 이러한 맥락에서 일제는 공장과 광산노동자의 높은 노동이동률과 낮은 근속기간, 출근율 등을 군수생산력 증강을 가로막는 주요 요인으로 지목하고, 법령 등의 제정을 통한 규제와 아울러 강제노동을 강압

36) 김윤환, 앞의 책, 328~329쪽.
37) 김윤환, 위의 책, 327~328쪽.

적으로 추진하였지만, 일제가 패전하는 1945년까지 높은 노동이동율을 낮추어 생산성을 증대시키는 데에는 실패했던 것이다.

노동이동형태로 표출된 노동자의 '저항'은 비록 적극적인 형태는 아니었지만, 생산현장에서 노동통제효과를 상쇄시키는 주요한 요소였다. 탈주나 결근 등의 노동이동률이 높았던 것은 열악한 노동조건과 노동통제에 대한 노동자의 개인적·집단적 저항이 그만큼 격렬했던 것을 의미했다. 이러한 무단도주·결근 등이 발생한 주요한 원인은 결국 일본이 조선에서 행한 '인간 사냥'식의 노동력 강제 동원정책에 이미 내재되어 있었으며, '감옥'으로 일컬어졌던 생산현장의 작업환경에도 그 원인이 있었다. 실질임금의 감소와 노동시간의 연장, 노동재해의 격증, '병영화'된 노동통제, 그리고 만성화된 빈곤과 식량의 부족에 따라 노동자들은 생산현장으로의 영구적 이탈(개인적·집단적 탈주)이나 일시적 도피(결근)를 시도했던 것이다.

일제하의 노동운동은 역사가 짧음에도 불구하고 비교적 급속한 발전과정을 밟아 왔다. 노동조합의 조직형태를 보더라도, 지역내의 각종 직업을 가진 노동자들을 망라한 지역별 노동조합에서 동일 직업을 가진 노동자들을 대상으로 한 직업별 노동조합으로, 그리고 동일 산업 부문의 노동자들을 조직한 산업별 노동조합으로 짧은 시기 내에 빠른 속도로 발전하였다. 서구 노동운동사에서 이러한 변화가 백 년 이상의 오랜 기간에 걸쳐 진행되었던 사실을 고려하면 일제하의 노동운동은 비교적 단기간에 압축적인 변화를 경험하였던 것이다.

서구 노동사와의 비교적인 관점에서 보자면 일제하 노동운동의 중심은 서구의 사례에서처럼 장인이나 직인층에 있지 않았다. 오히려 대부분의 노동자들은 운수·운반, 토목·건축 등의 부문에서 일용노동형태로 고용되었으며, 1930년대 이후에 비로소 공장노동자가 의미있는 비중을 차지하게 되었다. 이미 보았듯이 숙련공 중심의 공장노동자가 중심이 되었던 서구에서의 개량주의적 노동조합과는 달리, 식민지에서 개량주의와 어용 노동조합이 주로 운송이나 운반에 종사하는 일용노동 중심의 비공장 노동자들에 의해 조직되었던 것은 이러한 맥락에서 이해되는 것이다.

노동운동의 이념이라는 측면에서 보면 1930년대 이후의 노동운동에서 마르크스-레닌주의는 1920년대 중·후반 이래 비교적 일관되게 지속적인 영향력을 미쳐왔다. 물론 사회민주주의나 무정부주의와 같은 사조들이 전혀 기반이 없었던 것은 아니지만 서구의 노동운동에서 찾아 볼 수 있는 정도의 영향력은 미치지 못하였다. 1930년대 이후 개량주의에 반대하는 혁명적 노동조합운동은 이 시기 노동운동의 주류를 이루었으며, 그것의 전통은 1945년 이후의 이른바 해방정국의 노동운동에 깊은 영향을 미쳤다. 노동운동에서 단일한 이념의 지배는 한편으로는 강력한 응집력을 제공하고 운동의 지속성을 보장하기도 하였지만, 다른 한편으로는 운동의 유연성을 확보한다거나 비판·견제를 통한 발전의 가능성을 차단하였으며, 비록 점차 극복되는 양상을 보였다고는 하더라도 노동운동의 내부에서 심각한 파벌투쟁의 양상을 노출하였다.

이러한 현상은 특히 이 시기의 노동운동에서 지식인들이 차지하는 역할이 컸다는 사실과 관련되어 있었다. 일반적으로 노동운동이 발전하는 초기에는 지식인의 역할이 중요한 의미를 가지는 것이 보통이지만, 일제하의 노동운동이 민족해방운동의 일환으로 전개되었다는 점에서 특히 지식인들이 일정한 비중을 차지할 수밖에 없는 사정이 있었다. 그러나 1920년대 후반 1930년대 전반기로 이행하면서 이른바 합법영역에서의 노동운동이 활발하게 전개되면서 노동운동에서 노동자들의 주체적 역량이 점차 강화되는 경향을 보였다. 1930년대 이후 혁명적 조류가 노동운동의 주류를 이루게 되는 시점에서는 대중적 파업들이 전반적으로 억압됨에 따라 지하활동을 통한 지식인과 마르크스주의자들의 역할이 상대적으로 강화되는 경향을 보이기도 하였다. 그러나 한편으로는 노동현장에서 노동자들의 의식이 고양되어 가는 가운데, 다른 한편으로는 가혹한 탄압을 배경으로 지식인들이 점차 탈락함에 따라 노동운동에서 지식인들의 역할은 간접적이고 부차적인 성격으로 점차 변화하였다.

또한 이 시기 노동운동은 일제의 식민지배에 반대하고 민족 독립을 궁극적 목표로 하는 민족해방운동의 일환으로서의 성격을 지향하였다. 조선인에 대한 부당한 대우나 민족별 차별임금에 반대하는 노동자들의 투쟁에서 보듯이 식민지 상황에서 노동운동은 민족문제에 대한 관심이나 민족차별에 대한 반대를 기본적으로 내포하고 있었다. 1930년대 후반 이후에 노동자들의 저항은 반일·반전 운동의 형태로 지속되었으며, 1940년대 이후 전쟁에 반대하는 구호를 공개적이고 전면적으로 제기할 수 없었던 상황에서도 노동자들은 일제의 침략전쟁의 본질을 폭로하면서 그에 반대하는 파업과 시위·폭동 등의 공개적 진출을 시도하였다. 이 시기 노동자들의 요구는 비록 그것이 단순한 임금인상이나 대우개선 등이라고 하더라도, 일제 식민통치의 전복과 그를 위한 일제의 무장해제, 강제 군사복무와 군사교육에 대한 반대 및 식민지의 경제적 수탈에 반대하는 요구가 깔려 있었다.

마지막으로 이 시기 노동운동은 국제주의적 연계와 영향 아래서 전개되었다. 이 시기 노동운동의 주류가 단일한 이념에 의해 지배되었던 사실을 배경으로, 일본과 러시아로부터 사회주의 이념의 도입은 노동운동에 강력한 영향을 미쳤으며, 1930년대 후반 이후의 이른바 비합법운동기에는 코민테른이나 프로핀테른, 태평양노동조합, 또는 중국이나 일본의 당조직들과 밀접한 연계를 가지고 노동운동이 전개되었다. 일제하 노동운동에서 나타났던 이러한 국제주의적 지향은 한편으로는 일제하의 노동운동을 세계적 차원에서 노동운동의 일환으로 설정함으로써 노동계급의 국제연대와 공동의 관심을 추구하는데 기여하였지만, 다른 한편으로는 노동문제와 관련한 식민지 차원에서의 문제제기와 해결방식을 고안하는데 실패함으로써 노동운동의 토착화라는 과제를 소홀히 하고 말았다.

지금까지 살펴 본 바와 같이 일제하의 노동운동은 일제에 의한 식민지적 착취와 종속에 반대하는 경제적 성격과 아울러 민족차별에 반대하고 반일민족해방을 지향하는 정치적 지향을 가지고 있었다. 초기에 지식인이나 민족운동가들의 원조와 영향 아래에서 성립하였던 이 시기의 노동운동은 점차 노동자들 스스로의 역량에 의한 주체적 운동으로 발전하였다. 1945년의 해방 이후 일제의 억압에서 벗어나 합법적인 노동운동을 전개할 수 있는 기반이 마련되면서 이 시기 노동운동은 해방 이후의 노동운동에 지속적으로 영향을 미쳤다. 노동자들의 경제적 이익과 생활보호를 주요 내용으로 하는 경제적 임무와 아울러 식민주의에 대항하기 위한 정치적 지향은 해방 이후에는 노동 영역에서 민주적인 권리들과 아울러 사회 일반의 민주주의를 확립하기 위한 운동으로 계승되었다.

〈金炅一〉

3. 여성운동

1) 1930년대 여성운동사 기술의 관점

역사연구는 과거와 현재의 관계맺기이다. 역사연구는 곧 과거는 아니므로 늘 알게 모르게 재해석되지 않을 수 없다. 특히 여성사·여성운동사 만큼 현재의 시각이 많이 반영되는 것도 없다. 연구자에 의한 이 관계맺기는 현재 상황에서 비롯된 요구(시각)에 중심을 둘 것인가 아니면 당시 상황이라는 것을 염두에 두면서 재해석할 것인가의 사이에서 아슬한 줄다리기를 하게 된다. 이 글에서는 이 시대가 낳은 새로운 관점, 새로운 역사 쓰기를 주창하는 여성사·양성사(젠더사)의 시각을 수용하면서도 당시 우리 민족, 여성들이 처한 상황이란 것을 충분히 고려하면서 여성운동을 기술하고자 한다.

여성운동은 여성들이 여성해방이념을 갖고 여성문제를 해결하는 조직적 활동을 일컫는다. 여성운동은 자본주의 출현과 거의 시기를 같이 하며, 자본주의하 여성운동은 자본주의 사회구조로 말미암아 발생하는 여성문제의 해결을 목적으로 한다. 그런데 한국의 여성운동은 일제 강점화 과정에서 시작되었다. 이것은 여성운동의 주체 형성이나 여성해방이념이 제대로 정립되기 전에 전민족적 과제가 덮어씌워진 것이어서 처음부터 지난한 과제를 안고 출발하였다. 특히 1930년대 이후는 전시체제로의 진행 속에서 일상의 삶 자체가 일제의 통제와 폭압 속에 있었고 이 속에서 자유롭고 자율적인 공개적 활동이란 애초부터 봉쇄되어 있다시피 하였다. 이러한 상황은 여성운동에도 큰 영향을 미쳤다.

여성운동이 크게 진전된 국가에서는 일반적으로 여성 독자적 요구를 실현하기 위해서 여성 독자적 조직체계를 갖는다. 그러나 여성운동은 꼭 독자적인 여성단체가 전제되어야만 하는 것은 아니다. 여성운동이 미숙한 국가나 또 전쟁과 같은 특수 상황에서는 여성 고유의 문제해결을 위한 여성운동은 후퇴침체하고 활동가들은 아예 권력의 요구에 복종해 버리기조차 한다. 이러한 역사적 경험 속에서 볼 때 여성해방의 전망과 이념을 갖고 있는 민족운동이나 사회운동의 각 부분운동, 즉 노동운동·농민운동·청년운동 등에서의 여성조직 활동도 여성운동의 범주 속에 포함된다.

1930년대 여성운동의 주된 흐름이 독자적인 단일 여성단체를 갖지 않고 진행되었다는 점에서 1920년대나 이후 시기의 여성운동과 큰 차이를 보인다. 한국의 짧은 여성운동 역사의 미숙성과 일제 전시체제란 두가지 난관을 해쳐나가야 했던 조건 속에서 여성노동자·여성농민이 운동의 최전선에 서서 그들의 주체적 요구를 제기하였던 점과 여성지식인들이 여성노동자·여성농민 속으로 들어가 결합해 나간 점은 1930년대 여성운동에서 주목할 사실이다.

또 서술상의 문제로 지적할 점은 제한적이나마 다양한 언론물이 허용되던 1920년대와 1930년대 이후는 다르다는 것이다. 1930년대 이후는 광범한 대중투쟁으로 드러나 기사화되거나, 비합법적 혁명운동의 경우는 역설적으로 운동가들이 검거되어야 검거기사나 재판과정의 기록을 통해서 운동의 내용이나 규모의 일단을 볼 수 있다. 분단된 현실은 더욱 당시 상황 파악을 하기 어렵게 하였다. 이러한 점에서 이 시기의 여성운동의 전체적 모습이 상대적으로 소략하고 파편적이며 여성 주체의 직접적인 목소리를 들을 수 있는 기회가 거의 없었다는 한계를 지적해 두고자 한다.

2) 1930년대 여성운동 변화의 기폭제로서의 근우회 해소

槿友會 해소는 단순한 사건은 아니었다. 독립적인 여성단체의 불안한 독자적 발전의 노력이 민족해방 혹은 계급해방운동 속으로 흡수, 수렴되어진 것이었다. 당시 이러한 흐름에 저항이 없었던 것은 아니었지만,[1] 당시 주된 세력은 아무래도 사회주의운동의 국제노선에 따라야 한다고 느끼고 있었던 층

이었다. 근우회 해소가 정식으로 결정되지 않은 상황에서 해소에 대한 조직적 반대대응은 거의 보이지 않은 채 여성노동자·농민의 대중적 요구와 투쟁은 거세져 가고 조직적 운동은 근우회 해소론에 입각하여 전개되기 시작하였다.

1930년대 이후 여성운동의 이해를 위해 근우회 해소 시점의 상황과 해소론을 간단히 살펴보자. 근우회 활동은 초기에는 조직정비와 더불어 선전계몽활동에 노력하였다. 1929·1930년 활동이 본궤도에 오르자 구체적인 여성의 요구를 제시해 냄으로써 미조직 여성의 조직과 여성운동방향을 선도하였다. 그리고 조직을 다지고 근우회의 이념을 선전하기 위해 본부 간부들은 지방순회 강연을 하고 《근우》를 발간하였으며, 지회에서는 야학을 설치하고 운동가 양성을 위한 부인강좌를 개설하였다. 그리고 노동·농민 여성의 조직화에 노력하여 노동부반을 설치하였다.

지회는 각 지역여성을 조직해 낼 수 있다는 점에서 중요한 역할을 하였다. 그리고 지회는 정치문제를 다루어 일제의 탄압을 받는 경우가 많았는데, 지회는 단순히 본부의 운동방침을 따라가는 것이 아니라 본부에 요구하여 勞農部를 설치하게 하고 여성노동자 관련 결의사항들을 요구하는 등 근우회를 발전시키는 핵심적인 역할을 하였다. 성진지회는 노동부인의 조직과 借家人同盟의 조직, 무산아동 보호활동을 벌이는 등 대중에 뿌리를 내릴 수 있는 사업을 펼쳤다. 이외에도 지역에 따라 다르지만 동래와 홍원 지회 등에서 여성노동자와 여성농민 문제를 제기하고 지역의 노농운동에 참가하였다.

근우회는 여학생운동 지원활동에도 공을 들였다. 아직 민중 속에서 여성지도자가 나오지 않았던 상태에서 여학생들은 각 부분운동에서 선진적인 역할을 하는 경우가 많았기 때문이다. 근우회가 여학생운동을 지원한 대표적 예로는 1930년 1월 광주학생운동을 지원하여 벌인 서울 여학생 시위가 있었다.

그러나 이 시위에서 許貞淑·朴次貞 등 근우회의 사회주의계 인물들이 연

---

1) 金貞媛, 〈현단계 여성운동을 여시아관〉(《批判》 1, 1931. 5), 92~94쪽. 김정원은 청진지회 대표로 1930년 근우회 중앙집행위원이었다. 아직 존재의의를 상실한 것은 아니므로 그대로 존속하면서 노농부녀운동을 중심으로 나아가자는 의견이었다.

루 검거됨으로써 근우회는 보수적 입장을 지닌 측이 실권을 쥐게 되었다. 1930년 12월 확대집행위원회에서는 근우회의 운동방침을 수정하여 계몽운동에 매진키로 하여 노농부를 폐지하고 대중성을 갖출 수 있는 중요한 조직체인 반 조직을 규약에서 삭제하였다.

근우회의 우경화는 당시 新幹會·朝鮮青年總同盟 등에서의 대중운동에 대한 반성과 방향전환 논의와 더불어 해소론을 야기하였다. 당시 제기되었던 근우회 해소론을 정리하면 첫째 근우회는 소부르주아적이고 투쟁성을 상실한 개량주의적 단체이므로 즉각 해소하고 그 역량을 노농운동 강화에 돌려야 하며, 둘째 성별 조직은 계급역량을 분할시킨다는 것이었다. 근우회 본부에서는 해소논의를 위한 전국대회를 시도하였으나 유회되어 유야무야 되고 말았다.

근우회 해소는 당시 전체 사회주의운동의 방향전환과 같은 구도 속에 있었고, 한편으로는 실제로 당시 민족개량주의의 대두, 민족내 계급갈등의 격화 등의 상황에도 불구하고 조직방식이 분출하는 민중여성운동을 감당하지 못한 데서 비롯되었다. 그러나 해소 이후의 운동방향을 충분한 논의도 못한 채, 다른 조직체들의 해소 움직임에 주체적으로 대응하지 못하고 해소하고 말았다는 것은 중대한 실책이었다. 여성대중의 기반을 확대한다는 것은 바람직한 방향이었지만 노동조합이나 농민조합으로 조직되기 어려운 계층에 대한 고려도 거의 없이 해소하였던 것은 여성운동의 역량강화에 큰 손실을 가져왔다. 지도역량이 크게 부족한 여성운동이기 때문에 특히 그러하였다.

사회주의운동의 흐름 내에서 반제동맹 같은 민족부르주아지나 중간계급을 위한 조직구성이 없었던 것은 아니었다. 그러나 1920년대 말 1930년대 초의 좌경적 운동방침은 여성들이 일상적 생활 속에서 활동을 한다는 것을 거의 불가능하게 하였다. 이후 여성지식인층의 활동은 아예 운동전선으로 뛰어들지 않으면 1910년대와 유사하게 직업부인의 친목활동이나 YWCA(Young Women's Christian Association, 기독교 여자청년회), 천도교 여성단체 등의 종교단체와 학교 등의 활동영역에 갇히게 되다시피 하였다. 이것은 자신의 사회적 지위를 포기하지 않고 가능한 방향으로의 활동선택 방법이었지만, 또 일제의 체제내적 회유의 늪에 빠지는 것이기도 하였다. 합법과 비합법 공간의 적절한 활용이나 결합을 통한 다양한 운동방식의 부재가 이 시기 여성운동이 계급중심적 운동으로만 치닫고 다양한 여성을 운동선으로 끌어내는 여성운동을 펴 내지 못한 중요한 이유였다.

3) 1930년대 전반기 여성운동

1920년대 말에 이르면 일제는 만성적 불황과 자국내 민중운동의 격화, 조선과 대만 등지의 민족해방투쟁의 고양으로 위기에 직면하였다. 1929년 공황을 계기로 한층 더 악화되었다. 일제는 이러한 위기를 중국침략을 통해 극복하고자 하여 병참기지로서의 조선에 대한 수탈을 가혹하게 하는 한편, 조선에 대한 파쇼통치를 한층 더 강화해갔다. 일제는 고조되는 민족해방운동을 탄압하기 위하여 군대·경찰제도뿐만 아니라 재향군인단체·소방단·청년단 등의 탄압보조기구를 정비, 강화했다. 또 1928년에는 〈치안유지법〉을 고쳐 운동가들을 검거하였고 집회·강연회 등을 금지시켜 각종 사회운동·사상단체를 해체 내지 무력화시켰다.

이러한 상황 속에서 신간회와 근우회 해소가 본격화되고 신간회·근우회에 모여 있던 역량들이 공산당재건운동과 혁명적 노동조합운동, 혁명적 농민조합운동으로 재배치되면서 여성부를 설치하는 형태로 구체화되었다.

(1) 여성노동운동

일제시기 여성공장노동자들의 대부분은 방직·제사·고무·정미업에 종사하였다. 1920년대 여성노동자의 투쟁양상을 보면, 처음 열악한 노동조건에 대항하여 도망·탈주라는 소극적 저항을 비롯하여 직접 조건을 향상시키기 위한 투쟁으로 나아가기 시작하였다. 이때 가장 많았던 것이 임금인상, 임금인하 반대 등의 생존권적 차원의 투쟁이었다. 그리고 여성에 대한 성적 폭력, 즉 일본인 남성감독에 의한 폭행·구타·희롱·강간 등에 반대하는 투쟁도 많았다. 이러한 대중적 투쟁 속에 여성노동운동이 활성화되고 여성단체의 노동운동에 대한 관심이 나타나면서 노동운동단체 내에서도 여성문제에 대한 관심이 고조되기 시작했다. 여성들이 주도한 노동쟁의에서도 임금문제가 가장 기본적이었지만 봉건허례타파, 인신매매금지, 공창금지, 미성년남녀의 결혼금지, 여성 청소년에 대한 차별철폐와 같은 여성 일반의 요구와 '동일노동 동일임금 지불', '유년 및 부인의 야간작업 · 갱내 위험작업 금지' 등 여성노동자의 특수 요구를 당면 요구로 제시하고 있었다. 이것은 여성노동문제에 대한 즉자적 인식에서 벗어나 차츰 근본적인 여성문제를 인식하고 있었음을 보여준다. 그러나 노동단체 내에서 여성노동문제를 제기하고 여성노동자의 조직화를 구체적으로 논의하는 구조, 즉 여성부의 출현까지 나아간 경우는 거의 없었다.

1930년대에도 여성공장노동자의 수는 지속적으로 증가하였다. 1930년대에도 여성노동자가 집중되어 있었던 것은 방적 · 고무 · 식료품공업이었다. 1931년 말 방적공업에서 전체 노동자(10인 이상 공장) 중 여성노동자의 비율은 20.7%(동일업종 전체에서 78.8%), 전체 여성노동자의 59.0%, 방적여공 중 15세 이하 유년여공은 24.2%였다. 고무공업으로 대표되는 화학공업에서는 4.5%(29.6%) · 12.9% · 1.4%, 식료품 공업에서는 7.8%(30.0%) · 22.1% · 5.1%였다. 이 자료에 의하면 전체 공장노동자 중 여성노동자는 35.6%였다.[2)]

1930년대 일제의 혹독한 탄압과 감시 속에서도 여성노동자의 대중투쟁과 여성노동자의 조직화 등을 통해서 여성노동운동은 일단의 변화와 발전이 있었다. 여성노동자들의 자발적 투쟁은 물론 1920년대의 여학생과 여성운동가들이 노동현장 속으로 들어갔으며 노동운동에서도 여성노동자 조직이 노동운동의 발전에서 중요하다는 인식을 강하게 가지게 되었다. 미조직 여성공장노동자를 노동조합으로 조직하는 데 최대한의 노력을 기울여야 한다는 점이 강조되었다. 그리고 모든 노동조직에 반드시 여성운동을 위한 특별한 부문과 조직자의 설치, 그 구체적 조직형태로서 노동조합 내에 여성부의 설치가 제안되었다. 여성부의 설치는 산업별 노동조합으로의 개편과 함께 추진되었다. 산업별 노동조합으로 개편이 가능한 노동조합은 기존 노동조합을 개편하여 여성부 · 청년부를 설치했다. 산업별로 개편이 불가능한 지역합동노동조합은 조합 내에 청년부 · 여성부를 두어 미조직 노동자를 흡수하고 계급역량을 강

2) 高橋龜吉, 《現代朝鮮經濟論》(千倉書房, 1935), 420쪽 자료로 작성.

화시키는 방향으로 전개되었다.

이러한 혁명적 노동조합운동은 많은 경우 당재건운동과 깊은 관련을 가지면서 진행되었다. 이 때문에 혁명적 노동조합조직운동은 노동자계급의 일상적 이익을 대변할 뿐 아니라 조선혁명에 부과된 정치적 임무까지 수행하려는 성격을 가지고 있었다.

이러한 문제인식은 전북의 공산당재건설준비위원회에서 작성한 정치테제에서 잘 볼 수 있다. 즉 '성적 차별의 철폐, 결혼법 및 종족법 개정에 의한 법률상 · 경제상 남녀의 절대평등, 일체의 봉건적 결혼반대 및 결혼자유, 봉건적 가족제도 및 억압으로부터의 부녀해방, 남녀의 교육기회 균등, 부녀특수교육 철폐, 남녀교육의 동일대우' 등의 일반 민주주의 요구와 함께 여성노동자의 특수 요구, 즉 '부인의 야간 및 특별위험부문 노동금지 · 산전산후 각 8주간 휴양 및 휴양기간의 임금전액지불제도 확립, 부인노등에 대한 특별입법보호 및 시설획득과 사회적 기능으로서의 모성 승인, 산모 및 유아에 대한 특별한 사회적 휴양시설 · 공공탁아소 및 조산원의 완전설치' 등 '모성보호와 동일노동 동일임금에 관한 규정'을 명문화했다. 한편 이에 대해서는 노동자의 특수적 요구에 관한 항목에서도 "부인 · 청년 · 성인을 불문하고 동일한 노동에 대한 동일한 임금의 지불"이라고 규정하였다. 이러한 인식은 1920년대 여성운동의 성과와 이후 운동방향을 잘 보여주는 것이다.

조직과정은 대체로 공장반-공장분회-(산업별) 지역적 노동조합-전선적인 산업별 노동조합의 건설과정을 밟는 것이었다. 그리고 농민조합과 반제조직 등 다른 부분 운동조직과 결합하여 민족해방운동의 핵으로서의 당을 재건해 갔다. 이것은 일정한 한 방향으로 체계적으로 나간 것은 아니었다. 많은 경우가 하향적 조직형태를 크게 벗어나지 못하였지만 노동자 · 농민을 구체적으로 조직해 나가면서 조직을 강고하게 한다는 인식은 공유하고 있었다. 여성노동자에 대한 조직사업은 여성부를 설치하여 여성노동자를 혁명적 노동조합으로 묶어 세우는 방침을 취하고 있었다. 앞서 말한 전북의 공산당재건설준비위원회를 비롯하여 朝鮮左翼勞動組合 全國評議會組織準備會 등 대부분의 조직에서 부인부 설치를 규정하고 있다.

조선좌익노동조합 전국평의회조직준비회(1931년 3월 24일 결성)는 "자본주의 발달에 따라 각 공장에는 청년 및 부인직공이 점차 증가함으로써 그들 노동자를 계급적으로 훈련할 필요상 좌익노조 밑에 청년부 및 부인부를 설치할 것"[3]이라고 보았다. 따라서 청년부 및 부인부를 설치하여 청년부는 조직부, 부인부는 쟁의부에 각각 소속시켜 활동하게 했고 부인부장에 정종명, 부인부원에 김상만을 임명했다. 그 외에 赤色勞動組合準備會·新義州工場勞動組合·大邱勞動者協議會準備會 등에서도 여성부를 두고 있었다. 여성노동자에 대한 조직사업은 여성노동자들이 몰려 있는 섬유공업과 고무공업 등의 경공업지역에서 집중적으로 시행되었다.

조직사업은 일반적으로 기관지를 비롯한 출판물을 통해서 조직원을 획득했다. 기관지는 조직을 사상적으로 통일하고 계급의식을 고취하는 데 매우 중요했기 때문에 기관지 발행은 1930년대 많은 비중을 차지했다. 활동가들은 기관지 외에 소책자·번역물·팜플렛·격문을 통해 선전선동활동을 수행하거나 일부 산업별 공장단위에서 공장신문을 발간하거나 발간을 계획했다. 독서회를 통해 계급의식을 고취하여 조직원을 확보했고, 강좌를 개설하는 경우도 있었다.

이렇게 해서 조직화된 노동자들은 학습과 토론, 정세파악 등을 통해 사상적·이론적 교육을 받았다. 이러한 교육에는 주로 비합법적 서적과 출판물(기관지·팜플렛)이 중요한 교육수단이었지만 합법적인 신문과 잡지·소설 등도 이용되었다. 학습·교육하는 방식은 책임지도자 1명과 노동자 2~3명 정도가 1주일에 1~3회 정도 모여서 토론하는 방식으로 진행되었고 장기간의 합숙방식도 자주 이용되었다.

활동가들이 훈련방법 중 가장 중시한 것은 파업과 기타 실천과정 등 대중적 투쟁을 통한 의식의 고양과 단련이었다. 그들은 기념일 등을 기해 대중적인 선전선동을 위한 격문을 제작하여 직접 공장·학교·공원·극장 등 대중이 많이 모이는 곳에 배포해 훈련의 기회로 삼았고 파업투쟁을 통해 선진노동자를 단련시켜 나갔다.

위와 같은 방식의 활동은 權榮台 등이 중심이 된 조직활동[4]에 잘 드러난

3) 김준엽·김창순 편, 《한국공산주의운동사》 자료편 Ⅱ(고려대 아세아문제연구소, 1980), 555쪽.

다. 이 사건은 권영태·李載裕(이 당시는 미체포)·이현상 등이 관여되었다. 여성들은 李順今·許均·李景仙·李元鳳 등 여학생운동과 여성운동단체에서 활동하던 이들이었다. 권영태는 1932년 12월 경 서울 지역을 중심으로 혁명적 노동조합을 조직하려고 할 때 노동자와 결합하고 있던 바로 이러한 활동가들과 연결되었다.

당시 이순금[5]은 1933년 조선직물회사 인견공장에 취업하였고, 이원봉[6]은 1934년 1월 경 경성 오리엔탈 고무공장에 취업하면서, 경성고무공장 여공 金福女·全順德과 연계하여 활동하였고, 허균(허마니아)[7]은 1933년 7월 서울 고무회사공장·대륙고무공장 여공으로 공장내 그룹을 만들었다. 이외 이재유는 조선견직회사공장의 李晶淑·李貞賢 등과 연결하여 卞洪大 등과 함께 산업별 노동조합으로 조직해 나가고자 하였다. 그리고 이 조직에서는 고무산업부문에 조직원을 배치하여 고무산업 《공장신문》을 발간하고 기관지 《프롤레타리아》를 창간하는 등 활발한 출판활동을 벌였다. 이렇게 발간한 기관지·팜플렛 등을 조직원들인 여성노동자들에게 배포했다. 또한 메이데이(May Day) 격문 약 1,000부를 인쇄하여 여성노동자들로 하여금 공장지대에 배포하였다. 이들은 서울고무·종연방적 제사공장 파업 등에도 관련되어 있었다.

이 시기 혁명적 노동조합이 관련된 파업투쟁은 상당히 많았을 것으로 생각되는데 확인되는 것 몇 개만 들면, 부산 조선방직의 파업을 배후에서 지도한 '衆樂會', 대전 군시제사공업파업(1932년 11월)에 관여한 '忠南前衛隊', 1931년 3월의 丸大고무공장 파업에는 慶南赤色勞動者敎育協議會, 1933년 4월 栗田고무공장 파업은 산업별 노동조합 釜山建設協議會 등이 각기 관련되어 있었다.

이외에도 다양한 계열의 활동가들에 의해 여성노동자를 의식화, 조직화하고 대중투쟁을 지도·선전·선동하였다. 이러한 여성조직의 활동가들은 근우

4) 조선총독부 고등법원 검사국 사상부, 《사상휘보》 제4호(1935년 9월 ; 고려서림 영인본, 1988), 54~96쪽. 당시 깊게 관여한 이재유는 1936년 12월에 체포되었다(《사상휘보》, 제16호, 1938년 9월, 263~274쪽). 이외 김경일, 《이재유 연구》(창작과비평사, 1993).

5) 이순금은 경성학생RS협의회와 반제동맹에 관련되었고 李觀述의 누이동생이다.

6) 學生前衛同盟사건에 관련되어 1930년 5월 검거당했다가 출옥하였다.

7) 허균은 근우회 京東지부원이며 中央青年同盟 북구지부 집행위원이었다.

회 등 기존 여성단체의 활동가도 소수 있었지만 학생운동을 통해서 단련된 여학생 출신이나 여성노동자들이 두드러지게 나타난다. 여성지식인층 활동가들은 1920년대 운동가들과는 상당한 차이가 있었다. 1920년대 말 1930년대 초 학내에서 독서회활동을 통해 의식화되고 동맹휴업 등의 투쟁경험을 통해 단련된 그들은 학교를 졸업한 후 대중 속으로 투신하여 혁명적 노동운동에 종사하였다. 그들은 여성노동자들을 조직화, 지도하는 데 중요한 역할을 담당했다. 이러한 활동을 한 결과 혁명적 노동조합의 최하부 조직인 반과 여성노동자그룹이 결성되었다. 노동자 출신의 활동가들은 투쟁이나 여러 활동 속에서 커 온 1930년대 여성노동자운동의 핵이었다. 이들의 지속적인 활동은 노동자운동을 더욱 강인하게 이끌었고 또 다른 활동가들을 키워낼 수 있었다. 이것은 당재건운동이나 혁명적 노동조합운동이 자주 탄압으로 와해되었지만 같은 공장, 같은 지역의 계속적인 파업투쟁 등의 노동자운동이 지속된 것은 바로 이러한 노동자출신 활동가들의 영향력이었다.

혁명적 노동조합운동은 과거운동의 오류와 한계, 즉 파벌성의 문제와 대중과의 결합문제에 대한 치열한 반성을 통해 대중 속에서 파벌문제를 극복하고 상향식 조직 건설과정을 구체화하려고 노력했다. 이러한 과정을 통해 대중과의 결합이 양적·질적으로 확대되면서 많은 부분이 전적으로 극복되었고 노동자 계급을 중심으로 운동의 선진부대가 공고하게 자리잡아 나갔다.

그러나 1930년대 활동가들은 아래로부터의 통일전선만을 기본방침으로 삼고 있었기 때문에 소수의 노동자만의 조직되어 운동기반이 축소되거나 혹은 여전히 상층 조직체를 구성하고 하부단위조직으로 나아가서 노동자나 농민대중과의 결합이 약한 경우도 있었다. 1920년대와 달리 합법적 공간은 거의 없는 상태에서 비합법적으로 전개되었기 때문에 혁명적 노동조합은 전국적 분포를 보이고 있었다. 하지만 대부분 각각 고립적으로 운동이 전개되었기 때문에 일제의 탄압 아래 쉽게 파괴되버리는 경우가 많았다.

한편 여성노동자들의 파업투쟁도 치열하게 전개되었다. 1930년대 전반기 방직·제사·고무공장에서 일어난 파업은 1,058건, 참가인원 77,578명으로 파업 건수나, 참가인원에서 1920년대에 비해 현저하게 증가하였다. 비록 1930년대 전반기 중화학공업이 북부지방을 중심으로 성장함에 따라 노동운동의 중심은 점차 중공업 남성노동자로 옮겨지고 있었지만 여성노동자의 파업투쟁은 여전히 노동운동에서 중요한 위치를 점하고 있었다.

여성노동자들은 1930년 부산 조선방직·평양고무공장 총파업을 통해 폭발적인 힘을 분출시키면서 그들의 특수 요구를 명확히 제기하기 시작했다. 특히 여성노동자의 요구가 잘 드러난 것이 1930년 8월에 일어난 평양지역 고무공장 총파업이었다.

1930년 8월에는 평양의 10개 고무공장의 1,800여 명의 노동자들이 총파업에 들어갔다. 경제불황을 구실로 평양의 고무공장 자본가들이 담합하여 임금 1할 인하를 결의하자 "임금인하 반대, 해고 반대" 등 19개 조건을 내걸고 평양고무직공조합은 파업을 결정했다. 이것은 평양지역 전 고무노동자의 총파업으로 발전하였다. 파업의 확대는 고무공업에 국한되지 않았고 다른 업종에서도 지원을 받아 평양의 山十製絲공장·연초공장·전매국 등에서 지원투쟁 등 연대투쟁을 벌였다. 서울·부산 등지에서도 동정금·격문이 답지하였다.

사태가 커지자 신간회 평양지회에서는 崔允鈺, 平壤勞動連盟에서는 金裕昌을 전권위원으로 선정해서 조정에 나섰고 평양고무직공대회에서는 전권위원 12인을 선출해서 쟁의해결을 위임했다. 한편 파업노동자들의 투쟁기세가 약화되었다고 생각한 일제 경찰은 스스로 조정에 나서 공장주측의 타협안보다 불리한 조건으로 승인을 강요했다. 결국 파업지도부는 일제 경찰의 조정안을 통과시켰고 8월 20일 개최된 대회에서 기만적 '협정'에 대한 파업노동자들의 분노는 폭발하였다. 노동자들은 조정안의 파기를 요구하고 12명의 전권위원을 불신임하고 노동자 출신의 새로운 투쟁지도부를 선출했다.

개량주의적·기회주의적 조합지도부를 구축하고 경찰조정안을 거부하는 상황에서 임석 경관이 이러한 움직임의 지도자 姜德三을 검거하고 대회를 탄압하자 자본가들을 반대하는 투쟁은 일제 경찰과의 직접적인 충돌로 넘어갔고 이것은 정치적인 투쟁으로 발전했다. 더욱이 8월 23일 이후 일부 공장주들이 노동자의 요구조건을 전부 승인하고 조업을 개시하려는 기색을 보이자 일제 경찰은 "노동자가 승리해서는 안된다"고 하면서 공장주에게 승리를 보장해줄 것을 약속하고 강압적 수단으로 노동자의 파업을 탄압했다. 일제의 탄압강화, 기계공 정급직공의 복업, 고무공장의 조업개시를 계기로 투쟁지도부는 8월 23일 이후 공장습격, 폭동투쟁으로 전환하였다.

8월 29일까지 공장습격 횟수는 16회, 습격참가자는 5,000여 명이나 되었으며 8월 26일까지 검속 당한 인원은 63명이었다. 공장습격과 폭동투쟁에서 여성노동자들의 활약은 눈부셨다. 8월 23일 300여 명의 노동자가 정창 고무공장을 습격하여 무장경찰대와 충돌을 일으켜 여성노동자 7명이 검거되었다. 8월 25일에는 남녀별로 결사대를 조직하였고 여성노동자 50여 명은 밤 11시에 세창공장을 습격하였고 같은 시간에 남녀노동자 30여 명은 동양고무공장을 습격했다. 8월 26일에는 여성노동자 300여 명이 대대를 편성하여 평양·동양·평안 등의 공장을 습격하여 여성노동자 27명이 구속되었고 많은 여성노동자들이 경찰에 구타당했다.

노동자들이 점차 복직하고 신직공 모집이 늘어나 파업단의 조직적 행동이 어렵게 되자 평양고무직공조합은 9월 4일 파업단의 해체식을 거행하고자 했으나 금지당하고 자유취업선언과 함께 200여 명의 해고자를 내고 23일 만에 파업은 종결되었다.

평양고무공장총파업은 자본가들의 단결과 노동자의 자체분열로 실패했지만 직업별 노동조합의 한계에 대한 인식, 개량주의적 노동조합의 배격, 새로운 조직형태의 모색이라는 당시 노동운동의 일반적 과제를 명확히 보여주었다.

평양고무공장 총파업에서 여성노동자들의 활약은 괄목할만한 것이었다. 총파업에 참가한 노동자 중 3분의 2 정도가 여성노동자였던 점에서 알 수 있듯이 여성노동자, 특히 기혼 여성노동자의 투쟁력은 매우 높았다. 고무공업은 본래 여성노동자가 많았기 때문에 여성노동자를 조직하는 문제는 운동의 발전에 아주 중요한 문제였고, 따라서 파업이 일어나기 전에 평양고무직공조합은 여자유급상무 채용건을 발의하고 있었다. 게다가 1931년 5월 평양노동연맹에서는 부인·청년부 확립의 건을 제기하고 부인부장으로 강덕삼 등을 배치하고 있는 것에서도 여성노동자를 조직화하는 문제를 노동운동의 관건을 이루는 중요한 문제로 인식하고 있음을 알 수 있다.

1931년 다시 평양의 平元고무에서 5월 17일 "임금인하 반대, 검사원 축출" 등을 조건으로 여성노동자 47명이 파업을 단행했다. 평양고무공업동업회에 가입하지 않은 평원공장에서 임금인하를 시도하자 다른 자본가들은 이에 동조하며 은밀히 지원하는 한편, 이에 맞선 노동자들은 직종조합을 통한 대응책을 강구함으로써 자본가와 노동자 사이에 전선이 뚜렷이 형성되었다. 고무직종조합에서 5월 22·23일 소집한 직공대회에는 여성노동자 100여 명이 모였고 평원고무공장 여성노동자 김취선이 의장으로 등단했다. 여성노동자들은 공장을 점령하고 단식동맹을 조직하는가 하면 그 중 1명인 姜周龍은 을밀대 옥상에 올라가 "무산자의 단결과 고용주측의 무리를 타매하는" 연설을 했다가 9시간만에 끌려 내려와 검속되기도 했다.

여성노동자의 완강한 투쟁이 계속되는 가운데 인근공장에서 동정파업이 일어나고 조선노동평양연맹을 비롯한 각 사회단체·노동단체가 적극 원조를 결의하자 공장측은 여성노동자 49명 전부를 해고하고 노동자 18명을 새로 모집하였다. 이에 파업노동자들은 작업개시를 막기 위해 새로 모집한 노동자들이 전차를 타고 가려고 하자 일제히 전찻길 위에 엎드려 전차를 정지시켰고 자동차를 타고 돌아가려고 하자 신작로 위에 드러누웠고 심지어 오물을 끼얹는 등 격렬한 투쟁을 전개하였다.

파업노동자들은 또한 모집노동자들에게 파업단의 비참한 상황을 호소하고 그들을 파업단 본부까지 동행해서 "우리는 2,300동무 대중을 위해 단식까지 하며 싸우는데 너희는 어째서 굴욕적 조건으로 일하는가"라고 하여 같은 노동자로서 연대를 호소했다. 검속된 강주룡은 80여 시간 단식투쟁을 하다가 6월 1일 석방되자 집으로 돌아가지 않고 선교리 파업단본부로 동료들에게 업혀가 단식을 계속하면서 해고 여성노동자들을 지휘했다.

고무직공조합 집행위원회는 이 평원공장 파업을 평양지역의 고무공장 노동자 모두에 관련된 중대문제라고 인식하고 6월 7일 백선행기념관에서 고무공업노동자 2,300여 명을 소집하여 '공동단식투쟁준비단체대회'를 개최하고 공동전선을 취하기로 결정했다. 노동자측의 완강한 투쟁이 진행되는 한편, 자본가측과 협상도 진행되고 있었다. 노동자들은 신직공에게 종전 임금을 지불하라고 하여 임금인하를 취소시킨 후 2단계로 희생자를 1명도 내지 않도록 회사측에 요구하였다. 회사측에서는 임금인하 철회와 파업노동자와 모집노동자의 비례채용을 제안했지만 파업노동자들은 이 타협안을 거부했고 경찰은 파업단의 대표들을 구속했다. 파업단 대표가 구속되고 여성노동자들이 생활난에 허덕이게 되는 한편, 당시 평양지역에 살포된 격문으로 인하여 검거선풍이 일어나자 파업단의 기세는 급격히 약화되고 파업은 마침내 종결되고 말았다. 강주룡은 평원고무공장파업을 배후조종한 鄭達憲[8]과 함께 체포되었다가 신경쇠약으로 보석 출옥 중 1932년 6월 13일 사망했다.

파업은 20여 명의 희생자를 내고 끝났으나 그 후 노동자 본위의 생산조합 설립운동으로 연결되었다. 1931년 12월 평양고무공장에서 해고된 여성노동자들은 노동자본위의 주를 모아 자본금 2만원을 조달하여 생산조합 평화고무공장을 세웠다. 이 공장은 생산기관의 사회화, 노동생활의 합리화, 이윤분배의 균등화를 목표로 전국 각지의 소비조합·협동조합을 주주로 모집하는 등 판로 확보에 노력했다. 그러나 공장이 세워진 지 일년쯤 되는 1932년 12월에 이르러 자금난과 함께 조합원과 조합장 사이에 분규가 일어나 공장은 다른 고무공장에 매도되었다.[9]

평양고무공장 파업에서 여성노동자의 투쟁력은 다른 어느 곳보다 양적·질적인 면에서도 고양되어 있었다. 이들은 파업운동자대회에서 능동적으로 발언을 했고 공장습격에서도 적극적으로 참가했다. 평양고무공장파업은 이와 같은 여성노동자의 투쟁력의 고양을 기반으로 해서 임금인하 반대라고 하는 경제적 요구를 내걸고 일어났다. 특히 이들의 요구 중 주목되는 것은 '산전산후 3주간 휴양 및 생활보장, 수유시간 자유' 등 모성보호에 대한 요구를 했다는 점이다. 모성보호는 기혼 여성노동자의 노동권을 확보하기 위해서는 가장 중요한 요구였고, 고무공업은 기혼여성이 많다는 점에서 동일노동 동일임금 요구와 함께 파업의 주요한 요구사항으로 제기되기 시작하였다.

이외에도 1931년 5월 28일 17개 요구조건을 내걸고 동맹파업한 경성방직

---

8) 정달헌은 1930년 9월에 조선에 들어와 李舟河와 1931년 4월 하순에 평양노동연맹좌익위원회를 조직하고 산업별 노동조합을 조직하기 위해 근우회 평양지부 서기였던 조영옥과 함께 평원고무공장과 정창고무공장에서 반조직에 착수하고 각 고무공장 여성노동자의 파업을 선도했다. 대표적인 여성노동자 투쟁가인 강주룡도 이러한 외부 조직선과 연결되어 있었다는 점은 당시 꽤 많은 노동자 대중투쟁이 직간접으로 당재건운동 및 노동조합조직운동과 연결되어 있었음을 짐작케 한다.

9) 한국여성연구회 여성사분과(유해정), 《한국여성사》 근대편(풀빛, 1992), 250~255쪽.

주식회사 남녀노동자 350명은 '여성노동자에 대한 수유 자유와 남녀소년노동자에게 동일한 노동에 동일한 임금지불'을 요구했다. 1931년 6월 5일 임금인하에 반대하고 파업한 인천 역무정미소에서는 '여직공 임금차별 반대, 여직공 수유시간 제정' 등을, 6월 10일 임금인상을 요구하고 파업한 인천 직야정미소에서는 '여성직공 임금을 남자와 같이 줄 것'을 요구했다. 동일노동 동일임금의 문제도 모성보호만큼이나 여성노동자에겐 중요한 문제였다. 이처럼 투쟁력의 고양을 기반으로 해서 여성노동자의 특수 요구, 즉 모성보호와 동일노동 동일임금의 요구는 파업투쟁에서 명확히 제시되기 시작했다.

(2) 여성농민운동

전체 경제활동인구의 8할 이상이 농민이었고, 그 반이 여성농민이었다. 가족단위의 농업생산노동에 종사하였던 여성농민은 생산물에 대한 관리권이나 처분권을 갖지 못하였다. 게다가 가부장적 요소가 강고하게 남아 있던 농촌에서 여성들 특히 빈농층 여성은 농업생산의 주체로서 노동비중이 컸다. 이러한 여성농민 앞에는 가부장제와 소작제 두 가지 해결과제가 있었다.

1920년대 초 이후 소작인단체가 조직되어 활동하였지만 여성농민들은 농민운동에 공감했어도 농촌의 봉건적 인습과 여성들의 소극성에 의해 조직활동은 거의 불가능하였다. 예외적으로 농민단체 내에서 직접 활동한 여성농민들은 대부분 사회의식이 높은 과부나 중년 이상의 여성들이었다. 일반 여성농민들은 남편이나 남성 가구원이 운동에 몰두할 동안 집안의 대소사와 노동을 더욱 많이 담당하고 있었다. 그런데 1920년대 중후반기가 되면 암태부인회같이 여성단체가 주체적으로 소작쟁의 참가, 지원하는 경우도 있었다. 그리고 근우회 지회나 1920년대 후반부터 나타나는 청년동맹의 여성부에서 여성농민의 의식을 제고하여 조직하려는 노력이 부분적으로 기울여졌다.

한편 조직을 기반하지 않은 여성농민의 대중적 진출도 활발하였다. 당시 농민운동의 주요 내용은 소작권옹호, 일제에게 침탈당한 토지소유권 및 이용권의 쟁취, 수리조합과 같은 일제 수탈기구에 대한 투쟁 등의 생존권운동이었다. 그외에도 여성농민들은 일제의 가혹한 탄압으로 숱한 검거자들이 속출할 때 가족·이웃·동료로서 구원활동을 벌이고 구속자 석방운동을 벌였다.

그러나 여성농민의 투쟁은 일회성으로 끝나버리는 경우가 많았다. 당시 많은 농민대중을 포용하고 있었던 사회주의적 농민단체에서는 여성을 운동의 주체로서 적극적으로 인식하고 여성농민의 특수 요구까지 운동의 목표로 삼는 데 이르지는 못하였다.

이에 반해 농촌에 자기활동의 기반을 두고 있었던 민족주의측, 특히 종교단체들은 1920년대 후반부터 여성농민들을 적극 조직해 가기 시작하였다. 이들 단체의 성립은 다분히 사회주의를 의식한 결과이긴 하였지만 사회주의계에 비해 여성농민들의 생활실상을 비교적 생생히 이해하였다. 특히 朝鮮農民社의 《조선농민》에선 남성농민의 보수성과 가부장성에 대한 절절한 문제제기도 있었다. 그리고 천도교의 경우 지방 포단위에 여성부를 두는 등 여성농민에 대한 조직에도 주의를 기울였다. 그러나 조선농민사나 기독교계 활동은 목적 지체를 포교에 두고 여성농민문제의 근본적 해결방법을 제시하지 못한 채 문맹퇴치, 가정경영에 필요한 지식획득이나 개인적 차원에서의 경제 자립, 봉건적 인습타파, 의복개량 등 계몽적·개량적 방법만을 제시할 뿐이었다.

1930년대 여성농민운동은 이러한 운동의 경험 위에 전개되었다. 1930~1931년 신간회·근우회·조선청년총동맹 해소를 둘러싼 논쟁을 통해 계급적 성향이 불분명한 이들 조직을 해소하고 계급운동진영으로 모이자는 입장이 제출되었다. 이에 따라 농민운동에서는 빈농을 중심으로 여성은 부녀부로, 청년은 청년부로 편제하여 농민조합에 배치하자는 주장이 제기되었다. 이것은 지역적으로 함경도에 그 전형이 집중적으로 나타난다.

1920년대와 달리 1930년대는 운동방침에서나 실제 활동에서도 농민조합에서의 여성부서 설치는 꽤 일반적이었다. 그런데 여성부서의 설치는 조직위상에 따라 차이가 있어 조선공산당 재건운동에서 설치되는 경우는 적고 또 농민조합이라고 해도 혁명적 농민조합을 조직하는 초창기에는 없었다. 그러나 이 시기에 들어와서는 일제의 폭압으로 합법적인 활동공간은 매우 좁아지지만 혁명적 농민조합운동에서 여성농민의 진출이 크게 눈에 띈다. 이것은 농민조합 내에 여성부의 설치와 관련되는 현상이다. 여성농민의 요구를 수용하고 여성농민을 조직하고자 하는 적극적인 관심은 여성농민이 활발한 활동으로 말미암은 것이지만 한편으로 이것은 의식적인 조직 설치와 여성농민에 대한 관심이 높아진 결과이기도 하였다.

함남 정평군을 통해 1930년대 초 지방운동단체의 변화양상을 간단히 살펴보자. 정평은 북부지방이 일반적으로 그러했던 것처럼 농민운동단체가 일찍 조직된 것은 아니었다. 1926년 경 사회주의적 청년단체가 결성된 이후 이것이 모체가 되어 1927년 定平農友會가 결성되고 1928년 2월에 朝鮮農民總同盟 定平農民同盟으로 개편되었다. 이때 정책으로 일반 민주주의와 농민에 관한 조항과 더불어 '조혼 및 강제 결혼 폐지', '인신매매의 사실상 폐지', '여자천시관념철폐' 등의 조항이 채택되었다. 1930년 6월 정평농민조합으로 바뀌고부터는 조직적인 차원에서도 여성에 대한 구체적 관심이 반영되어 농민조합에 청년부·부인부·소년부를 두어 정평청년동맹·定平女性同友會·신상여성동맹 등의 맹원을 농민조합으로 흡수한다는 방침을 취하였다. 행동강령에서는 여성관계내용으로 '동일노동에 대한 동일임금 지불', '부인과 청소년에 대한 봉건적 억압 타파', '청년부·부인부·농업노동부·소년부의 설치 촉진' 등이 제시되었다.

그리하여 1930년 조합원의 대검거 직전 정평농민조합의 군 단위조직의 부서는 집행위원장·서기·상무집행위원·쟁의부·조직부·소비조합부·부인위원회·청년부 등으로 구성되어 있었다. 정평의 부인위원회는 부장과 부원이 모두 남자이고 상무집행위원들이 겸임하고 있었는데, 부인위원회가 설치된 것이 독특하다.[10]

이같이 일반적으로 군 단위로 이루어진 1930년대 혁명적 농민운동은 군 단위에 지도부가, 면에 지부, 리동에 반과 같은 조직체계를 갖춘 것이 대부분이다. 여기에 부서가 설치되었는데, 조직부·선전부·쟁의부·구원부 등의 기능별 부서와 부녀부(부인부·부녀대책부 등 이름은 다양하다)·장년부·청년부·소년부·농업노동자부·화전부와 같은 계급계층별 부서가 같이 설치되었다. 정평 이외에 여성부서는 영흥·단천·홍원·문천·울진·성진·경성·온성 등의 혁명적 농민조합에서도 설치되었다.

그런데 부서 설치는 지방에 따라 달라 군 단위에만 설치되거나, 면·동리

---

10) 박경식 편, 〈정평농민조합검거개황 및 판결문〉(《조선문제자료총서》 6), 485~549쪽

까지 설치되기도 하였다. 또 가장 기본적인 반의 인원도 비합법적 상황에 적합한 3~7명 정도인 경우, 20~30명의 대단위인 경우 등이 있었다. 부서가 반 단위까지 설치되고 반 인원이 당시 비합법활동에 걸맞게 소수로 구성된 곳은 영흥과 문천 등이었다. 1932년 영흥 2차농민조합은 3명의 반위원회에 소작부·노농부·청년부·부인부가 설치되었고, 1934년 문천농민조합준비위원회는 각 리에 3명을 단위로 한 장년반·부인반·청년반·소년반 등을 조직하고 리준비위원회를 조직하였다.

부녀부가 군 단위에 설치된 경우보다 여성농민과 좀더 접촉면이 큰 반 단위까지 부녀부나 부녀반이 설치된 경우는 운영이나 여성농민의 조직정도에서 다른 모습을 보여주었을 것으로 보인다. 반 단위까지 조직되면 조직·교육 등에 여성농민의 특수 요구가 잘 반영될 수 있기 때문이다. 여성부는 정책연구나 교육을 담당했고 다른 부서와 달리 각 단위위원회 활동에 조응하여 부녀간의 종적 연결로 여성에 관한 활동방침을 설정하고 시행할 수 있었다. 그러나 이때 혁명적 농민조합이 반합법·비합법 상태에 있었으므로 독자부서로서 얼마나 활발한 활동을 할 수 있었는지는 의문이다.

여성농민에 대한 문제인식과 활동방침 및 활동내용을 살펴보자. 여성문제 인식이나 활동방침이 집약되어 표현된 것이 강령이다. 혁명적 농민조합의 강령에 여성문제가 언급되는 것은 이 시기 일반적인 경향이었는데, 특히 1931년 영흥농민조합, 1932년 경 전북동맹, 명천 등에서는 부인에 대한 강령이 따로 설정되었다. 특히 격렬한 운동을 펼쳤던 명천 지방에서는 투쟁강령이 그 목적에 따라 투쟁강령, 정치투쟁강령, 소작농·일반농민·농업노동자 행동강령, 청년부·소년부·부인부 행동강령 등으로 세분되어 있었다. 이때 슬로건으로 제기되었던 것은 1920년대 전반보다 더욱 포괄적인 농민의 요구로서 소작조건의 문제만이 아니라 일제 농정에 관련된 누에고치·목화 등의 공판제, 수리조합·농회·삼림조합·화전농 문제 등 광범위한 것이었다. 이것은 각 지역마다의 농업조건에 따라 조금씩 달랐지만 여성노동의 비중이 컸던 밭작물과 관련된 내용이 많았다. 여기에 여성관계사항으로 인신매매 등 봉건적 인습 철폐, 여성을 억압하는 일체의 악법 폐지 등이 일반적으로 제기되었고 점차 명천처럼 '국고부담의 탁아소와 무료산파원의 설치, 조혼제 금지와 강제결혼과 인신매매의 철폐, 농촌여성들에 대한 정치·사회적 차별대우의 철폐, 여성을 위한 야학 설치, 일제 어용단체인 여자청년단·부인단 등의 즉각적 해체'와 같은 구체적 구호로 발전되어 나갔다.

1934년 9월 경부터 1936년 10월 경까지 활동한 城津農民組合再建委員會에서는 여성문제에 대해서 아래와 같이 인식하고 운동방침을 세우고 있었다.

> 一. 현재 여성에 대해서는 남존여비·현모양처주의·삼종지도·칠거지악·매매혼제도 등 정치·경제·문화 방면에서 자유는 전혀 구속되어 있다. 이 특수한 불평 등을 격발하기 위해 교양훈련지도를 한다.
> 一. 결혼문제에 대해서는 강제결혼반대, 결혼자유획득, 당사자간의 의견을 존중해야 할 것이다. (그러나) 혁명이 될 때까지 결혼을 기다린다는 식의 말을 해서는 안되고 혼기가 오면 부모와 봉건적 타협을 이용하여 결혼할 것.
> 一. 여성접촉문제에서는 청년시대는 정력적이기 때문에 남녀 일인씩의 접촉은 절대로 하면 안되고 만일 주의운동 중 사랑에 빠지면 전연 안되므로 이 의미에서 남 1인에 여 2인(여 1인에 남 2인)식으로 주의를 요해야 한다.
> (《사상휘보》, 제10호, 1937, 35쪽).

이렇듯 아주 세심하게 여성조직원의 행동까지 거론하면서 여성들에 대한 조직활동을 적극적으로 해나갔다. 처음에는 이전부터 활동하던 이들을 재조직하고 또 명천의 방침처럼 농민조합의 간부는 우선 자신의 부인이나 딸·동생의 의식을 깨치게 하고 이들로 하여금 마을 부녀자에게 결혼의 자유, 여성해방을 말하도록 하여 여성들을 동지로 획득하는 것이 손쉬운 방법이었을 것이다. 그러나 점차 독서회나 야학·연극·강연회나 1930년대 혁명적 농민조합들의 대부분에서 특징적으로 나타나는 출판활동을 통해서 여성들을 조직해 갔다.

부녀자나 소년소녀를 위한 야학활동은 가장 일반적 형태이고 활발하였는데 여기서 여성들은 문자해독뿐만 아니라 혁명이론, 혁명가에 대한 학습, 시위방법, 경찰관 혹은 관청습격 등을 연습하였다. 그리고 여성들은《부인론》(정평)·《조합부인강좌뉴스》(영흥)와 같은 책이나 '부인의 권리'(경성)·'근로하는 부녀'(북청)라는 연제의 강연 등을 통해 여성문제에 대해서도 인식의 기회를 넓혀 갔다.

연극도 적극 활용되었다. 함남 함주에서는 1938년 일반 부녀자에 대한 공산주의 선전방법으로 프로연극에 의한 것이 가장 효과적이라고 보고 '아리랑 고개를 넘어간다'·'자유를 찾아서' 등의 연극을 통해 일제를 타도하고 공산주의 사회를 건설해야 하는 이유를 설명하고 사상을 고취하도록 하였다.

1930년대 활동에서 출판활동은 내부 조직원들의 사상적 통일을 기하고 교육자료도 제공할 수 있었기 때문에 가장 주목할 만한 활동 중의 하나였다. 그러나 등사기나 기타 출판에 소요되는 물품까지 일제의 통제·감시가 극심하여 매우 구하기 어려운 상태였고 감시의 눈을 피해 동굴이나 산중천막·폐광·지하 아지트 등에서 출판물을 펴내었다. 그리고 이때는 비합법 시기였기 때문에 출판물 반포 범위가 종류에 따라 세분되어 조직성원 교육용이나 내부회람용은 철저히 보안을 유지하려고 노력하여 조직성원용 출판물과 일반에게 배포되는 선전물은 비교적 엄격히 구분되고 있었다. 농민조합의 일반 출판물에는 '부녀란' 같은 것을 따로 설정하여 일상적으로 투고를 받았으며 여성들을 위해 명천에서는 〈부녀동지〉, 영흥의 〈부인동무〉, 문천은 〈무산부인〉 등의 이름으로 팸플릿이 간행되었다. 영흥농민조합에서 1932년 경에 간행된 〈부인동무〉란 팸플릿에는 다음과 같은 내용이 적혀 있었다. "전조선 프로여성동포들이여! 조용히 가정생활에 일생을 희생하지 말고 신사회 건설에 진실로 전투부대가 되어 우리의 적 제국주의놈들을 모두 타살하자", "그러면 우리들이 당연히 해야 할 사업은 말할 필요도 없이 모순된 제국주의 사회를 타도하고 계급 없는 소비에트사회를 건설하는데 있다. 프로부인이여, 우리 전위투쟁 혁명사업의 역군이 되라", "우리는 제국주의를 타도하고 소비에트 사회를 건설하자."

이러한 노력의 결과 여성농민들의 진출은 매우 활발해졌다. 이것은 여성들의 검거자수를 보아도 알 수 있다. 1931년 영흥농민데모사건으로 10월 23일까지 검거된 농민 350여 명 중 여성이 22명이었고 1935년 명천좌익농민조합의 2차검거 때 피검된 여성들은 27명에 달하였다. 그리고 1932년 정평농민조합재건위원회에서는 120여 명의 여성들이 각종 활동에 참가하였다. 이들은 그 이전에 근우회나 소년회·청년회 등에 소속되어 활동하다가 재편된 혁명적 농민조합에 참가한 경우도 있었으나, 대부분 야학이나 각종의 농민조합활동에 의해 1930년대 전후 새로이 운동전선에 뛰어들었다.

그것은 농민조합활동을 하던 여성들의 연령별 구성에서 잘 알 수 있다. 매우 한정적인 자료이지만 정평의 사례를 통해 살펴보자. 정평은 1930년 말 조합원수 4,147명 중 여성은 290명(7.0%)이었고 이들의 연령별 분포는 20세 이하 153명 52.8%(남자는 881명, 남자조합원 중의 비율이 22.8%), 25세 이하 72명 24.8%(남 1,223명, 31.7%), 30세 이하 44명 15.2%(남 870명, 22.6%), 35세 이하 15명 5.2%(남607명, 15.7%), 35세 이상 6명 2.1%(남 275명, 7.1%)였다.[11] 연령으로 보아 여성들의 조합활동은 50% 이상이 청소년층이 중심이 되고 있었음을 알 수 있는데 이것은 남성들의 비중보다 더 높은 것이다. 이와 같이 청소년과 청년층이 중심이 된 것은 계속되었지만, 농민운동에서 희생자 가족에 대한 구원활동을 매우 중요하게 여기고 또 구원활동을 통해 조직확대도 주목하게 됨에 따라 여성들의 연령에도 변화가 있었을 것으로 보인다.

여성들이 농민운동에서 지도자급으로 활동한 경우도 눈에 띈다. 1938년 2월에 검거된 梁鳳順과 李仁順의 경우가 그 예라 하겠다.[12] 이미 원산·홍남 등지에서 노동운동 등의 활동으로 일제의 검거대상이었던 양봉순과 함주군 농회의 양잠교사를 하던 이인순은 함주에서 韓寅誠·李景允 등과 독서회·陵前농민조합 등에서 중심적인 활동을 하였고, 여성농민에 대한 교육 및 조직에 노력하였다. 그러나 대부분의 여성들은 나이가 어린 경우가 많고 활동경험이 적기 때문에 지도적 인물이 적었다. 대부분의 일반 여성조합원들은 교육·구원·출판 등의 조직내 일상적인 활동을 하는 한편 여성에 대해 감시가 약하다는 점을 이용하여 농민조합 간부간의 연락과 각종 선전물의 운반 배포, 일제 경찰이나 스파이들의 감시 역할을 맡는 경우가 많았다.

그리고 하나 주목할 것은 함북 穩城의 경우인데 온성은 1934년 중국공산당 東滿特委 汪淸縣 東北人民革命軍과 상호연결되어 중공당 발행문서를 조직원들 사이에서 돌려보기도 하는 등 중국 운동에 꽤 큰 영향을 받고 있었다. 그런데 인민혁명군의 재정상태가 좋지 않아서 온성 결사원들에게서 일정 금액을 거두기로 하였다. 이때 남자는 1원 20전, 여자는 60전을 징수하였

11) 박경식 편, 〈정평농민조합검거개황 및 판결문〉(《조선문제자료총서》 6), 498쪽.
12) 《사상휘보》 제21호(1939년 12월), 259쪽.

다.[13] 여성조직원에게서 거둔 금액은 남자의 반이었다. 이것은 당시 여성들의 경제상태를 고려한 배려이고 이러한 것은 활동전반에서 여성들이 활동하는 데 질곡이 되는 것을 제거·약화시키는데 꽤 세심한 노력이 있었음을 추측케 한다.

여성농민들은 조직원은 아니더라도 가족으로서 운동에 참가하는 경우도 많았다. 1930년 端川森林組合 반대투쟁이나 1931년 대동군의 미림수리조합지역 소작인회에서 벌인 수세·지세 등의 공과금 지주부담을 위한 투쟁과 같은 대중투쟁에도 여성가족원들의 참가는 일반적이었다. 정평 지방에서 검속된 조합간부가 사망했을 때에도 여성가족원들이 운동을 전개해 가는 데 구심점이 되었으며, 1932년 경남 梁山농민조합에서는 검속된 조합간부의 탈환투쟁을 검속자의 가족들, 특히 부인이나 어머니들이 같이 싸우다가 1명의 여성이 경찰에게 목숨을 잃기까지 하였다.

당시 일본인 여성조차도 정치적 활동이 법률적으로 허용되지 않았고 조선여성에 대해서는 일제 강점하 조선남성에게 주어진 알량한 권리까지 부정되었던 상태였다. 이 때문에 여성들은 농민조합활동을 하였어도 남자들과는 달리 아주 구체적인 활동근거가 있거나 지도적 인물이 아닐 경우에는 혹독한 고문을 당하였어도 실형을 받는 여성들은 그리 많지 않았다. 남편과 같이 활동했을 때 남편이, 다른 남성 가족원과 같이 했었다면 남성가족원이 대표로 형을 받는 경우가 많았다.

1928년부터 1936년까지 〈치안유지법〉 위반자 219명의 여성에 대한 일제측 조사[14]를 통해 이때 활동한 인물들에 대해 살펴보도록 하자. 조사자 219명 중 기소된 인원은 46명이었고, 173명은 기소유예 처분을 받았다. 직업별로 보면 무직자 112명, 학생 41명, 노동자 37명, 전문직(교사·산파·보모·간호사·사무원 등) 15명, 농업 12명, 기타 2명이었다. 여기서 직업이 농업으로 분류된 사람은 12명에 지나지 않으나 무직자로 처리된 112명 중에는 농민으로 분류할 수 있는 사람도 적지 않을 것으로 보인다. 이들의 교육정도는 무교육자 17명(8%), 초등정도의 교육 93명(43%), 중등정도 104명(47%), 고등정도 5

13) 《사상휘보》 제9호(1936년 12월), 238쪽.
14) 《사상휘보》 제11호(1937년 6월), 52~63쪽.

명(2%)이었고 사회운동 경력은 92명이 있었다. 이들의 연령별 분포는 17세 이하가 21명, 18~20세 93명, 20~25세 87명, 26~30세 14명, 31~34세 3명, 36~40세 1명이었다. 이들이 활동하게 된 동기는 대부분 사회주의자와의 교류나 권유, 좌익문헌의 탐독이 기본적이었고, 생활난이나 결혼제도에 대한 불만, 여성에 대한 남성의 편견 등 사회구조의 문제를 직접 경험한 데서 비롯된 경우도 적지 않았다.

위에서도 볼 수 있듯이 여성이 각종 사회운동에 참가하여 〈치안유지법〉으로 실형을 받는 경우는 9년 동안 46명 이하에 불과하였다. 그러나 대신 여성들의 운동참가를 훼방하는 일제의 방법은 일반대중이나 부형·남편에게 농민조합활동은 하는 여성들은 "성도덕이 문란하다", "붉은 색에 물들면 결혼상대가 없다"는 등의 악질적 선전을 퍼뜨리는 것이었다. 하지만 앞서 본 성진농민조합처럼 대부분의 농민조합들은 규율을 강화하여 조직원의 남녀관계를 매우 조심스럽게 다루고 있었다. 그런데도 일제는 여성이 참가한 운동마다 악랄한 선전을 빼놓지 않았다. 여성운동가들이 봉건적 정조관념에 얽매이지 않고 비교적 자유로운 경향이 없는 것은 아니었으나 일제가 노린 것은 가족들이 여성을 감시·감독하여 운동에 참가하지 못하도록 하는 것이다. 더 나아가 일제는 직접적으로 부형들을 선전회유하여 자위단 같은 괴뢰조직을 만들어 운동을 감시·보고하는 스파이 노릇까지 하도록 강요하였다.

민족개량주의계의 농민운동은 1920년대에는 비록 농민과 노동자의 차이점을 말살시켜 농민의 계급분화를 애매하게 하여 노동자계급의 헤게모니를 부정하였다. 이 때문에 농민이 조선혁명의 지도권을 장악해야 한다는 사회주의 계열로부터 호된 비판을 받고는 있었지만, 민족개량주의계열도 부분적으로 농민권익옹호를 위한 활동을 하였고 이때까지는 일제에 대한 소극적인 저항의식이 있었다.

그러나 1930년대에 가면 그들의 개량적 시도는 농촌진흥운동에서의 개량적 구호, 예를 들면 문맹퇴치·금주·금연·절약·저축·미신타파 등의 구호와 일치되었다. 즉 사회주의운동에 대해서는 무자비하게 탄압하고 민족개량주의운동은 지지 후원하여 민족분열을 꾀하던 일제와 타협하여 그 비호 하에 왕성하게 자기 사업을 펼쳐갔다. 여기서는 민족개량주의의 대표적 예로 천도교와 기독교를 중심으로 살펴보겠다.

천도교는 1920년대 구파 여성동맹과 신파 내수단으로 분립되어 있던 것이 구파 여성들의 검거, 세력약화 및 천도교 전체의 통합움직임 등에 의해 1931년 3월 천도교 내성단으로 통합되었다. 조직체계가 잘 서 있던 천도교는 각 지방의 활동내용이 기본적으로 큰 차이가 없는데 그 중 활동이 꽤 활발하였던 곳이 귀성군이었다. 평북 귀성군 천도교 내성단에서는 1931년 4월 독특한 토의가 있었다. 즉 "포덕사・종리사・종법사를 여자로 선출하도록 각 기관 대표에게 요구할 것"이란 내용이었다. 포교활동에서 여성을 대표로 낼 수 있도록 하자는 여성들의 주장은 기독교에서 여성목사・장로가 될 수 있는 여자 치리권 획득을 요구했던 것과 같다. 이러한 점은 여성들의 활동이나 여성의 자각이 크게 높아지고 있었음을 보여준다. 그러나 활동내용은 미신타파・문맹퇴치・농촌여성야학 개최・독서운동・색의장려 등 다른 지역과 별다른 바가 없었다. 이것은 천도교측의 농촌문제의식, 계급적 기반, 정치적 성향 자체에서 비롯하는 것이었다. 천도교에서는 농촌피폐의 원인을 농민의 무지와 나태로 보고 문제해결을 위해서는 공동경작・부업장려・생활개선・화폐지출 억제・공동저축 등을 해야 한다고 보고 있었다. 이러한 까닭에 여성농민들의 활동도 민족문제나 계급문제에는 거의 접근조차 하지 못한 것이다.

천도교 여성단체는 신구파의 분열로 다시 1932년 말 내성단도 나눠지면서 단세도 약화되었다. 1936년 4월 경 천도교 신파의 경우 85개의 단과 5,000여 명의 단원을 가지고 있었다. 이것은 합동 전보다 적은 수였다. 그리고 일제의 통제로 1939년 자진해산하였다.[15]

기독교에서는 여성농민문제를 어떻게 인식하고 활동하였는가. 기독교여성들도 교단의 전체적 입장에서 벗어나지 못했는데 1932년 조선예수교연합공의회에서 채택한 〈사회신조〉의 내용은 다음과 같았다.

> 우리는 하나님을 아버지로, 인류를 형제로 믿으며, 기독을 통하여 제시된 하

---

15) 김응조, 《천도교여성회 70년사》(천도교 여성회본부, 1984), 122쪽.
조규태, 〈천도교 내수단과 여성운동〉(박용옥편, 《여성 ; 역사와 현재》, 국학자료원, 2001), 298쪽에서 재인용.

나님의 사랑과 정의와 평화를 사회의 기초적 이상으로 생각하는 동시에 일체의 유물교육, 유물사상, 계급적 투쟁, 혁명수단에 의한 사회개조와 반동적 탄압에 반대하고, 나아가서 기독교 전도와 교육 및 사회사업을 확장하여 기독 속죄의 은사를 받고 갱생된 인격자로 사회의 중견이 되어 사회조직체 중에 기독정신이 활약케 하고, 모든 재산은 신에게서 받은 수탁물로 알아 신과 인간을 위하여 공헌할 것을 믿는 자이다(최민지, 〈민족의 고난과 기독교 여성운동〉, 한국기독교 백주년기념사업협의회 여성분과위원회 편, 《여성 깰지어다 일어날 지어다 노래할 지어다》, 대한기독교출판사, 1985).

이러한 입장은 당시 기독교의 일반적·사상적 경향을 확연히 드러내는 것이며 이후 활동의 내용을 규정한 것이었다. 이러한 점은 여성농민에 대한 활동에서도 드러난다. 1934년 감리교회 농촌부녀지도자수양소 활동에서도 나타난다. 신촌 연희전문학교 근처 신촌농민수양소에 있던 농촌부녀지도자수양소의 목적은 "배워 알고 미신 버리고 쓸데없는 예식·형식을 버려 경제적 여유 도모하고 아름답고 재미있고 간단하게 살고자 함"에 두어져 있었다. 강사는 金活蘭·黃愛德·홍애시덕·申興雨·朴仁德 등이었고 과정은 1개월 정도에 수양강좌·가정강좌·농촌상식강좌·요리·재봉·세탁·염색·육아·가정위생·역사·지리·동요·유희·가정부업 등이었다. 이것으로도 알 수 있듯이 기독교계의 농촌여성에 대한 활동은 천도교와 마찬가지로 기본적으로 지식보급·산업진흥·절약·저축생활장려를 벗어나지 못했다.

일제는 경제공황의 영향과 그 피해를 조선민중에게로 전가하여 농민의 피폐는 일반의 상상을 넘은 상태였다. 양식있는 많은 식자들은 농촌 피폐의 책임이 일제에게 있음을 공공연히 지적하고 있었다. 그리고 한쪽에서는 격렬한 민족해방운동이 전개되고 있었다. 그러나 천도교와 더불어 기독교측에서는 일제의 농촌진흥운동에서 내세운 방침과 똑같은 입장에서 농촌문제를 풀자고 하였다. 게다가 기독교 농촌운동가로 명성이 있던 박인덕은 《신동아》의 1933년 하기계몽운동에 대한 이동좌담회에서 경찰의 금지·허가지연으로 활동이 중지되는 사례가 많은 데에 대하여, "효과를 보는 것이 상책이며 방법여하는 선택할 것이 아닙니다. 진흥회나 교회를 통하는 것이 퍽 용이한 모양입니다"라고 말하였다. 이러한 공개적 발언은 일제의 농촌진흥운동도 이용하면 활동의 효과를 올릴 수 있다는 것을 표명한 것이다. 그런데 그 활동의 목적은 과연 무엇이었을까. 이때 사회주의계에서도 진흥회를 농민들과 접촉할 수 있는 장으로 주목하여 실제로 이 장을 이용한 예가 많았다. 그러나 일제는 사회주의계열에 대해선 매우 경계하고 탄압하였다.

결국 기독교 농촌활동가들은 농민·여성농민교육과 활동의 목적이 전도와 계몽이라는 차원에 있었기 때문에 이 단계에선 일제와 크게 마찰이 없어도 활동할 수 있었던 것이다. 그리고 일제의 정책과 크게 배치되는 바가 없었으므로 조직적으로 일제가 체제내로 포섭하여 독자적 활동의 필요성이 부정되어도 일제와 맞설 아무런 이유가 없었고 또 실제 거의 아무런 저항이 없었다. 그리하여 1937년에 가면 일제의 압력과 보수주의자들에 의해 총회 농촌부가 폐지되고 자율적인 사회운동이란 완전히 사라져 버렸다. 민족적 색채가 남아 있는 소수와 폐쇄적 기독교 교리를 존중하는 파를 제외하고는 완전히 일제에게 굴복하여 일제의 정신총동원연맹이나 총력연맹 등에 편제되어 민중들을 기만하고 일제에 협조하였다.

뚜렷한 사상적 경향을 띠지 않은 부녀회·부인회 등 이름의 여성단체들이 1920년대 후반, 1930년대 초 각지에서 무수히 생겨났다. 이러한 조직들은 결국 저축·공동경작·탁아소 운영 등의 시도를 통해 경제적 궁핍에서 조금이나마 벗어나려는 데 목적을 두고 있었다. 이러한 자율적 활동은 일제의 정책의도를 실현시켜줄 뿐 여성해방과 관련된 의식이나 활동으로 나아가는데 까지 이르지는 못하였다.

부인들의 자발적인 활동이 이 시기 일제의 체제내화 공작에 말려 들어간 사례는 무수하다. 그 중 1928년 조직된 전남 순천 월계리 부녀회도 그 전형적인 예라 하겠다. 활동 자체는 여느 부인회와 마찬가지로 공동경작·양잠 등 공동작업과 색의장려·야학활동이 주된 것이었다. 그런데 관청과 연결되면서 부녀회란 이름이 진흥회로 바뀌고, 모범진흥회로 지정되었으며 총독부로부터 사업보조금을 받는 단체가 되어 본격적으로 농촌진흥운동에 참가하였다.

조직되지 않은 여성농민들은 군청·공립보통학교·마을내 농촌진흥회, 민족개량주의자들이 경영하는 야학에서라도 배움에 대한 갈증을 채우려 하였다. 그러나 이러한 야학은 실로 일제의 지배이데올로기를 효과적으로 유포시키기 위해 마련된 장이어서 여성들의 민족, 계급정신을 마비시키려 하였기 때문에 이를 통해 봉건적 가족주의나 봉건적 사고에서 벗어나기란 어려운 일이었다. 일제가 혁명적 농민조합운동에 참가한 여성들에 대하여 악선전을 한 것도 결국 부모의 딸 단속을 강화하라는 방향으로 귀결되는 것이고 여성들을 봉건적 가족 이데올로기인 효녀·효부·열녀라는 규범으로 덮어씌워 일제 지배 하에 두고자 한 것이다. 실제 유교진흥회나 기타 단체에서 주로 하던 효부·열녀 표창이 1930년대 이후에는 직접 일제 관청 주도하에 이루어지는 경우가 많았던 것은 이를 반증하는 것이다.

(3) 잠녀(해녀)투쟁

1930년대 여성운동 중에 주목해 볼 것 하나가 1932년 1월 제주도 잠녀투쟁이다. 이것은 일제시기에 일어났던 최대의 여성투쟁이었다. 생산자로서 자신들의 정당한 경제적 요구를 쟁취하기 위해 수천 명의 잠녀들이 일제히 일어났다.

1920년대 제주도의 사회운동은 대부분 북부해안 지방을 중심으로 이루어졌고 남부해안은 모슬포를 제외하고는 그리 활발하지 않았다. 제주도는 공동체적 기반이 강하다는 특수요인으로 1920년대는 무정부주의운동이 꽤 활발하였으나 점차 약화되었다. 1930년대로 들어서면서 제주도도 일부지역이 아니라 제주도 전역에서 사회운동이 활발하게 전개되었다.

잠녀들의 투쟁은 공동판매 때 해산물 가격사정, 등급검사, 기타 해녀조합의 부정으로 인한 문제로 이미 1920년대부터 계속되었다. 1920년 잠녀보호 등을 이유로 만들어진 잠녀조합이 관제조합으로 되고 잠녀의 이익 대신 해산물을 싸게 사려는 일본인 무역상이나 해조회사의 이익을 대변하고 공판부정이나 자금횡령 등이 횡행하였다. 그런데 1930년대에 들어와서는 1930년 9월투쟁, 1930년 11월 제주도 해녀조합에 대한 격문 살포 등의 움직임을 비롯하여 점점 더 구체적이고 대규모 투쟁으로 나아갔다. 1932년 1월의 잠녀투쟁은 그 중 가장 조직적이고 대규모적인 투쟁이었다.

1930년 9월의 잠녀투쟁은 정의면 성산포산 석화채를 조합서기가 경쟁입찰 가격보다 낮은 가격으로 잠녀에게서 매수하려던 것이 원인이 되어 일어났다.

천여 명의 잠녀들은 해산물 수매가인상 및 수매시 부정행위에 대해 반대투쟁을 벌였다. 이 투쟁은 당시 제주도의 사회운동가들을 자극하였다. 그들은 1930년 11월에는 해녀조합에 대한 격문을 뿌리는 등 잠녀운동에 관심을 크게 갖게 되었다. 그러한 가운데서도 해녀조합은 해산물 수매가격을 인하하고 등급을 부당하게 산정하는 행위를 계속하였다. 1931년 구좌면 하도리에서는 생복과 감탯재 판매에서 생복은 지정매수인이 매수를 거절하고 조합에서 처치를 해주지 않아 다 썩고, 감탯재는 지정등급변경, 지정가격 인하로 판매가 중지되어 손해가 막심하였다. 이에 잠녀들의 분노는 극도에 달하였고 1931년 말부터 하도리의 잠녀들이 중심이 되어 투쟁이 시작되었다. 이 사건이 발생한 구좌면은 정의면과 더불어 제주도 잠녀가 집중(1932년 3,381명으로 전 도의 약 42%)되어 있는 곳이었다. 그전부터 해녀어업조합에 대해 불만을 품어왔던 잠녀들은 이 때문에 격노하여 일차로 항의문을 발송하였다. 그러나 조합에서 아무런 반응이 없자 잠녀들은 해녀조합의 정체를 폭로하고 요구조건을 관철하자는 입장에서 구좌면 세화장날을 기해 드디어 대중적 시위운동을 벌이기로 하였다.

1월 7일 정오부터 300여 명의 잠녀가 그들의 생산도구인 호미와 비창을 들고 어깨에는 양식보자기를 메고 하도리에서부터 세화시장까지 시위행렬을 하였다. 세화주재소의 저지를 뚫고 부근 리에서 모여든 잠녀들은 이 행렬에 합세하여 장을 보러 온 수천 군중들에게 해녀조합의 문제를 폭로하고 끝까지 싸워 승리할 것을 다짐하였다. 부근의 마을민들도 이들에 합세하여 해녀조합본부를 습격하려고 행진했다. 이에 위협을 느낀 세화주재소는 중재를 자청하였고 잠녀들은 주재소에 쇄도하여 현장에서 대표를 뽑고 그들과 협상에 임하여 잠녀들의 요구에 대한 책임있는 답변을 요구하였다. 그들의 요구가 관철되지 않자 시위대는 다시 행렬을 지어 평대리 해녀조합 지부사무소에 가 면장 겸 조합지부장의 책임으로 해결해 줄 것을 요청하여 승낙을 얻어냄으로써 시위대는 일단 해산하였다.

그러나 해녀조합은 아무런 조치도 취하지 않고 12일에 1932년도의 해산물 중 포패류에 대한 지정판매를 한다는 광고문을 널리 붙였다. 이에 자극받은 잠녀들은 이번을 기해 일체의 지정판매를 절대로 반대하자는 의견이 드높아져 각 리 연합투쟁을 벌이기로 비밀리에 계획하였다. 각 리에서 잠녀회의가 열려 잠녀가 가장 많았던 구좌면·정의면을 중심으로 제주도 동부가 술렁이기 시작하였다. 지정판매일인 12일은 세화장날이었고 마침 제주도사 겸 제주해녀조합장이 구좌면을 통과할 예정임을 알아내고 잠녀들은 구좌면의 하도리·세화리·종달리·연평리, 정의면의 오조리·시흥리의 6기 리에서 해녀조합에 대한 일대시위를 하고 도사와 직접 담판을 계획하였다.

1월 12일이 되어 종달리·오조리 잠녀 약 300명, 하도리 300여 명, 세화리 40여 명, 시흥리와 연평리 300여 명이 동남북으로 모여들어 호미와 비창을 휘두르며 만세로 서로 호응하면서 세화장을 점령하였다. 잠녀들은 대표를 뽑아 각 리 공동 7개 요구조건과 하도리측의 11개 요구조건을 들고 곧 해결해 달라고 요구하였다. 주위의 잠녀들은 연방 "속히 해결하라"고 노호하였다. 그리하여 도사로부터 5일내 요구대로 해결하겠다는 약속을 얻어냈다. 잠녀들은 그 자리에서 5일 이내 완전한 해결이 없으면 더한층 맹렬히 투쟁할 것을 결의하고 해산하였다. 이때 잠녀들이 요구한 내용은 아래와 같다.

① 일체의 지정판매 절대반대.
② 일체의 계약 보증금은 생산자가 보관.
③ 미성년과 40세 이상 해녀 조합비 면제.
④ 병, 기타로 인하여 입어 못한 자에게 조합비 면제.
⑤ 출가중 무료급여.
⑥ 총대는 리별로 공선.
⑦ 조합재정공개.
⑧ 계약 무시하고 상인 옹호한 마쓰다 서기 즉시 면직.
⑨ 위선적 우량조합원 표창 철폐.
⑩ 악덕상인에게 금후상권을 절대불허.
⑪ 가격등급은 지정한 대로 할 것.
(《조선일보》, 1932년 1월 14~24일).

이상과 같이 요구조건에서 가장 기본적인 내용은 해녀조합의 운영권을 확보하는 데 있었다. 그러나 이러한 잠녀들의 정당하고도 절실한 요구에 대한 제주도사의 약속에도 불구하고 잠녀시위 이후 일제가 답한 것은 주동인물에 대한 일대 검거였다. 해녀조합이 잠녀들의 요구에 아무런 성의도 보이지 않은 상태에서 1월 24일 아침 주모자로 파악된 잠녀 20여 명과 그 외 청년들 수십 명이 검속되었다. 이에 분노한 잠녀들과 동민들은 검거자 탈환투쟁을 벌였다. 그리고 26일에도 800여 명의 잠녀들이 무장경관대와 충돌하는 등 투쟁이 계속되었으나 다수의 검거자를 내고 점차 소강상태로 접어들었다.

이 사건으로 다수 검속되었으나 곧 많은 이들이 풀려나고 최종적으로 검거된 사람들은 잠녀 3명이었고, 그 외는 모두 제주도 조선공산당 재건조직(일명 제주도 야체이카) 관계자들이었다. 일제는 이 조직이 잠녀시위운동을 배후 지도했다고 여기고 이들 비밀조직에 대해서 철저히 탄압하였다. 그러나 잠녀들의 요구는 부분적이나마 받아들이지 않을 수 없어 지정판매제는 폐지하고 경쟁입찰에 의한 공동판매를 부활했으며, 부정한 조합서기 및 지정상인을 10년간 조합에 관계하지 못하게 하고, 50세 이상의 잠녀와 미성년자에게는 출가시 조합에 내는 수수료를 면제하였다.

1932년 잠녀투쟁은 일제 시기에 일어났던 어민투쟁 중 최대의 것이었으며 최대의 여성투쟁이었다. 이렇게 잠녀들이 치열하게 운동을 전개할 수 있었던 것은 무엇 때문이었을까. 일차적으로 잠녀들은 경제적으로 자립하고 있었다는 점이다. 일제나 봉건적 남성들에 의하여 잠녀들을 남성종속하에 두고자 한 시도는 끊이지 않았다. 그러나 남편과 가정경제를 같이 꾸려나가고 있었다 하더라도 스스로 노동하여 얻은 수입이 분명하였고 경제적 기여도가 컸던 만큼 가장권이 상대적으로 약할 수밖에 없었다. 이것은 그만큼 여성들이 사회적으로 독립된 인간으로 활동하였다는 것과 통한다.

그리고 잠녀들은 노동을 통해, 또 노동의 결과물인 해산물의 처리과정에서 해녀조합·상인들의 농간을 직접 분명하게 인식할 수 있었기 때문에 더욱 강력하게 투쟁에 임할 수 있었다. 게다가 잠녀들은 야학이나 조직활동을 통해 일제 강점하 조선문제에 관한 과학적 인식을 습득하고 깨달을 수 있는 기회가 적지 않았다. 그리고 일본 오사카에서 노동운동을 하다가 1934년 검거된 겸홍옥 같은 이는 원래 제주도 잠녀였고 "해녀들의 적화에 전심"하였다는 기사[16]처럼 여성운동가들의 의도적 노력도 꽤 다각적으로 있었다.

4) 1930년대 후반 이후 여성운동과 여성지식인

(1) 1930년대 후반 이후 노동운동

1937년 7월 중일전쟁 발발 이후 일제 말기 파쇼체제가 강화되고 일제의 대외 침략전쟁 정책이 본격화됨에 따라 조선에서는 파시즘과 제국주의 전쟁에 반대하는 투쟁이 절실한 과제로 등장하게 되었다. 따라서 활동가들은 당면 정세를 파시즘이 급진적으로 대두하는 정세로 규정하고 변화된 상황에 맞추어 전술방침도 변경되어야 한다고 보았다. 그들은 과거 자신의 대중활동이 노동자층에만 국한되어 있어 반파쇼·반제투쟁에 동원할 수 있고 동원하지 않으면 안되는 광범한 반일대중에 대한 활동을 도외시하는 결과를 빚었다고 자기비판하였다.

이러한 정세의 변화는 종래 견지해오던 '계급 대 계급' 전술의 재검토 필요성을 전면화하였고 반제통일전선 전술의 적용을 불가피한 것으로 만들었다. 1935년 코민테른(Comintern) 제7차 대회에서 채택된 반파쇼인민전선·반제민족통일전선은 1930년대 중엽 이후 국내외 대중운동의 실천과정 속에서 일정한 불철저성을 내재하면서도 점차적으로 수용되어갔다.

반제민족통일전선 전술이 수용되면서 여성들에 대한 조직노선은 바뀌었다. 1930년대 전반기 여성운동이 계급운동 중심으로 전환되면서 여성들은 혁명적 노동조합 여성부, 혁명적 농민조합 여성부를 중심으로 조직되었다. 그러나 이러한 조직방식으로는 광범한 반일적인 여성대중을 포괄할 수 없었다. 따라서 1930년대 후반 이 전술을 수용한 측은 반일민족통일전선과 이해를 같이하는 모든 반일여성들을 포섭하는 반일부인회 등을 조직하였다.

여성노동자들에 대한 조직사업은 경성콩그룹활동에 잘 나타나 있다. 1939년 이관술·金丹冶 등이 결성한 경성콩그룹은 인텔리·학생·노동자들을 상당히 광범하게 조직하였다. 이들은 조직부와 기관지부를 설치하여 조직활동과 선전활동을 전개하였으며 각계각층의 대중을 획득하기 위하여 인민전선

---

16) 《부산일보》, 1934년 4월 21일.

부를 비롯한 노동조합부・가두부・학생부・일본유학생부 등 계급계층별 조직부서를 편성하였다. 지방으로는 함남・함북・경상도 등지의 주요 산업중심지에 지방조직책임자를 배치하였다.

여성노동자 조직활동은 특히 태창직물회사와 경성방직에서 있었다. 1939년 10월까지 태창직물회사 등을 중심으로 조복례・민인숙・박옥련 등 여성노동자들을 조직해 소규모의 강좌반을 편성하여 약 1년간 노동자 팜플렛과 기관지 등으로 교육사업과 구원사업을 실시했다. 이 여성노동자들을 중심으로 해당공장의 적노반을 조직했다.

또한 각 산업별로 우수한 노동자 활동가들을 타지역의 산업별 주요 공장으로 파견하는 경우도 있었다. 1939년 5월 경 강경자는 함흥으로 파견되어 질소회사에 운동의 토대를 마련하였고, 노복례는 영등포 방면의 공장 책임자로 파견되었다. 또한 부산 등지로 여성노동자 운동가들을 파견하여 조직・교육활동 등에 종사시켰다. 경성콩그룹은 1940년 12월, 1941년 10~12월 두 차례에 걸친 대탄압을 당하면서 완전히 지하로 들어갔다.

그리고 이 시기 노동자의 파업투쟁은 1936년 138건, 1937년 99건, 1938년 90건, 참가자수는 8,248명, 9,146명, 6,292명으로 1930년대 전반기와 비교하면 현저하게 감소했다. 그러나 1930년대 후반기 노동자 투쟁에는 태업・집단도주 등의 새로운 투쟁전술이 출현한 것을 고려할 때 전시체제라는 조건 속에서 파업투쟁이 어느 정도 소강상태에 빠지기는 했지만 형태를 달리하면서 꾸준히 지속되었다.

이 시기 여성노동자들이 일으킨 중요한 파업투쟁만 들어 보아도 1936년 8월 대전 군시제사공장 여성노동자 500여 명의 파업, 인천 방직공장 1,500여 명의 파업, 1937년 1월 28일 부산 방직공장의 태업투쟁, 3월 부산고무공장 파업, 11월에는 부산 복전양말공장, 1938년 1월 해주 고전정미소의 파업, 충북 군시제사공장 청주공장의 파업, 3월 원산경성공업합자회사, 7월 평양 제사공장, 12월 대구직물공장 등의 파업투쟁이 있었다.

그중 1938년 7월에 일어난 평양 제사공장 여성노동자들의 파업은 집단탈주라는 새로운 투쟁형태를 보였다. 평양 제사공장 노동자들은 임금을 제때에 지불할 것, 합숙조건을 개선할 것, 일본인과 조선인간의 식사 차별대우를 철폐할 것, 일본인 악질감독을 축출하고 조선인 여성노동자에 대한 희롱을 엄금할 것, 일요일에는 휴식을 보장할 것 등의 요구조건을 제시하고 태업투쟁을 전개하였다. 그러나 자본가는 요구조건을 받아들이려 하지 않았고 노동자들을 강제로 취업시키려고 했기 때문에 이에 격분한 여성노동자들은 짐보따리를 싸들고 평양역을 향하여 집단적인 탈주를 개시하였다. 사태가 이에 이르자 일본인 기업주도 할 수 없이 요구조건의 일부를 승인하였다.

이 시기 노동단체들과 그 지도자들은 일제의 가혹한 탄압하에서 자체의 준비정도와 실정에 따라 다양한 투쟁방법을 선택하여 일제와 자본가들에게 큰 타격을 주었다. 노동자들은 투쟁형태에서 직접적인 파업 외에 태업·집단탈주 등을 전개하였다. 또한 일본 제국주의의 강제 노동력 동원 등 전시노동력 수탈을 위한 파쇼적 노동정책에 대항하여 집단적 탈주·이산 등의 투쟁을 전개하였다. 일제는 1938년 후반기에 들어오면서 군수물자 결핍을 느끼기 시작하여 군수생산과 군수시설 확장에 급급하여 국민총동원의 표방하에 집단적 노력동원을 강요했다. 이리하여 군수시설 건설장·공장·기업소에서 전시강제동원에 반대하여 집단적으로 탈주하는 현상이 나타나기 시작하였다. 노동자의 집단도주현상은 1940년대 전반기에 이르러 보편적인 현상이 되었다. 도주와 이산은 파쇼체제하 노동자 투쟁의 한 형태로서 개별 자본가에 대한 파업투쟁과는 달리 일본제국주의의 통치기구 전반에 대한 투쟁이라는 성격을 띠는 것이었다.

또한 이 시기 노동운동에는 반일·반전 투쟁의 성격이 강화되었다. 노동자는 임금인상·대우개선 외 8시간 노동제의 실시를 요구하였그 전시 강제 노동력동원에 반대했다. 이러한 투쟁은 일제의 군수물자생산에 큰 타격을 주었으며 침략전쟁의 수행에도 늘 심대한 타격을 주었다. 노동자 계급의 반일반전투쟁에 화재·폭발·기계파괴 등의 투쟁형태가 많이 적용되었다. 함흥 평창좌익노동조합 분회 기관지《우리동무》에서 가혹한 노동조건·기아임금·국방헌금 등 일제의 수탈정책을 폭로함과 동시에 제2차 세계대전 절대반대, 반소전쟁 절대반대, 중국혁명 적극지지 등 혁명적인 구호를 제기하고 노동자들의 진출을 고무하였다.[17] 이러한 일단의 조직적 운동은 노동자들의 직간접으로 결합되어 강인하게 전개되었다.

(2) 1930년대 후반기 이후 국내 여성농민조직운동과 조국광복회운동

1930년대 후반 국내외 정세변화와 더불어 운동경험의 축적과 코민테른의 방침이 맞물려가면서 반일인민전선론에 입각한 민족해방운동에 큰 변화가 일어났다. 이것은 곧 여성농민운동에도 그대로 반영되었다. 그런데 아래에서 언급할 조국광복회는 정리된 선언과 강령 등이 있어 조국광복회가 영향을 미친 지역의 운동내용은 어느 정도 예측할 수 있으나, 정평·홍원·영흥·문천·왜관 등 국내 각 지역에서는 개별분산적으로 인민전선이론을 수용하였고 공개적·대중적 활동이 아니었기 때문에 일제측 단편적인 자료를 통하여 당시 활동을 살펴 볼 수 있을 뿐이다.

홍원에서는 1939년 3월 홍원농민조합재건위원회가 조직되었다. 여기서 채택한 행동강령 및 운동방침에서는 반전투쟁, 일제의 후방을 교란하기 위한 무장폭동을 대비한 전투조직화, 합법·반합법의 민활한 활동, 반동단체 즉 농촌진흥회·반공단·국민정신총동원연맹·애국부인회·국방부인회 등에 침투하여 분쇄 혹은 좌경화에 노력하여 이용, 반제조직의 결성, 구원사업 강화 등을 내걸고 있었다. 당시 세계전쟁 발발 위기하에 중일전쟁이 터지고 일본파시즘체제가 강화되고 있던 상황에서 포괄적인 운동방향은 국내외가 유사하였다.

그러나 운동의 구체적 내용에서 국내조직들은 1930년대 전반기의 운동경향에서 매우 많은 영향을 받았다. 그것은 토지강령에서 가장 잘 나타난다. 홍원에서의 토지강령은 "① 일본제국주의와 토착지주·공공단체·사원 등이 소유하는 토지를 무상몰수하여 노력농민에게 평균 분배하라, ② 고리대적 성질을 띤 일체의 부채를 무효로 하라, ③ 다각적 세제를 철폐하여 단일누진과세를 실시하라, ④ 반동적 성질을 띤 상업자본을 철폐하고 농민에게 이익을 줄 사업을 경영하라, ⑤ 수리조합을 소비에트 소유로 하고 그 관리를 노력농민에게 달라, ⑥ 부등가 교환을 철폐하여 등가교환을 실시하라, ⑦ 삼림령을 폐지하라"[18]는 것이었다. 여기서 특히 주목할 것은 ①의 '토착지주 토지의

17) 한국여성연구회 여성사분과편, 앞의 책, 256~261쪽.

18) 《사상휘보》 제23호(1940년 6월), 57쪽.

무상몰수'라는 부분인데 이것은 1930년대 전반기 농민운동의 일반적 방침이고, 인민전선 전술방침을 따른 조국광복회에서 제시한 '친일분자의 토지몰수'와는 통일전선의 범위에서 현격한 차이가 있는 것이다. 홍원에서는 우량한 부농까지 동맹의 범위 내에 들어오지만 조국광복회는 반일지주까지 연대의 범위 내에 들어오기 때문이다.

그러면 이 시기 여성에 관한 방침은 어떠했는가. 정평에서는 1936년 경부터 1939년 4월 경까지 정평농조 재건 지도기관의 활동이 있었는데 이때 활동방침은 "일반농촌은 봉건적 관념이 강해 농촌 독자의 운동은 선전성이 결핍하므로 금후는 도시를 중심으로 하여 노동자·농민의 제휴에 의해 운동을 전개할 것. 필요에 따라 부녀자 동지도 도시로 파견 훈련할 것. 정평농조 책임 韓秉珣은 남녀청년을 획득하여 그들을 청진 嚴允植 아래로 보내 엄윤식은 그들을 훈련할 것" 등이었다.

여기서 보듯이 여성에 대한 구체적 언급이 등장하고 실제로 여성들을 조직하고 교육하는 데 그 이전보다 훨씬 관심을 증가시키고 있었다. 그리하여 직접 노동운동을 하기 위해, 혹은 농민운동을 위한 훈련과정으로 청진에 파견된 사람들 중에 실제 여성들도 포함되었다. 그리고 이러한 방법으로 노농운동을 연결하려는 시도는 비단 정평에 국한된 것은 아니었다. 이미 1934년 진해·부산에서도 도시주변의 농촌처녀들을 교육하여 여공으로 들어가 공장에서 활동하게 하려는 시도가 있었다.

또 구속된 동지희생자 및 그 가족에 대하여서도 많은 관심을 보였다. 다른 활동경비를 절약해가며 복역중인 동지들을 격려하고 남은 가족들에 대해 위로하였다. 이러한 노력은 직접적으로 이들에게 큰 힘이 되었으며 또한 일제의 끈질긴 회유공작에도 넘어가지 않고 운동선에서 멀어지지 않도록 하여 여성들의 협력을 끌어내는 데 도움이 되었다.

국내 민족해방운동은 1928년 조선공산당 궤멸, 당해산 이후 중앙당 결성이 이루어지지 않아 통일적 지침이 없었던 상태였다. 이에 반해 만주에서는 조선인을 다수 포괄한 동북인민혁명군이 1936년 동북항일연군으로 개편되면서 더욱 많은 반일세력을 규합하였고 상시적으로 민족해방운동을 위한 정치노선을 조직적으로 수행할 수 있게 되었다. 특히 在滿韓人祖國光復會가 1936년 6

월 조직되면서 직접 조선의 광복을 목적으로 한 활동을 할 수 있게 되었다.[19)]

조국광복회는 선언에서 "전민족의 계급·성별·지위·당파·연령·종교 등의 차별을 불문하고 백의동포는 일치단결 궐기하여 구적 일본놈들과 싸워 조국을 광복시킬 것"이라 하여 전반적 기조를 반일세력의 총집중, 대중성 확보에 두었다. 그리고 10대 강령에서 특히 주목할 것은 제7항 "양반·상민 기타의 불평등을 배제하고 남녀·민족·종교 등 차별없는 인류적 평등과 부녀의 사회상의 대우를 제의하며 여자의 인격을 존중할 것"이라고 하여 일제로부터 완전한 독립과 남녀의 완전한 평등이란 과제가 명시되었다.

그리고 일제에 의하면 조국광복회의 부녀조직과 활동방침은 "조국광복회 영도하에 부녀부를 결성하며 이에 항일의식을 주입하여 무장대 출동시 정신적 위안과 물질적 원조를 하게 할 것"에 두어졌다고 한다. 이러한 관심 속에 국내조직을 위해 만주에서 파견된 정치공작대 13명 중 박록금·황금옥 등 6명이 여성이었다.[20)]

그런데 실제 여성농민들 속에서 조직을 한다는 것은 꽤 어려운 일이었다. 여성 스스로가 봉건적 사고에 물들어 있는 경우가 많았고 게다가 주위의 분위기도 역시 여성의 사회적 활동을 막는 장애 요인이었다. 이러한 상태에서 특히 외부 파견원이 직접 조직한다는 것은 무리였으므로 이미 연결을 갖고 있던 다양한 끈을 통해 조직사업에 접근하였다. 그리하여 이때도 우선 조직의 책임자나 회원의 어머니·아내·누이들을 의식화하고 그들을 중심으로 마을의 여성들을 운동에 참가하도록 하였다. 야학을 조직하여 여성들을 계몽각성시키고 여러 방식으로 혁명사상으로 무장시키기 위한 사업을 벌이고 여기에 조선인민혁명군 원호사업 등 실천사업을 통해 단련시키고 그 과정을 통해 운동핵심들을 키워냈다.

그리하여 여성들은 유격대 활동에 참가하여 군사활동과 함께 대중에 대한 선전사업·재봉·간호·취사 등의 일을 하였다. 유격대에 참가하지 않은 여성들은 일상적인 활동과 더불어 물자조달을 위해 행상을 하거나 필요품을 만들어 지원하고, 삼엄한 경비와 통제 속에서 적의 정세를 파악·보고하고

---

19) 《사상휘보》 제14호(1938년 3월), 53~77쪽.

20) 〈혜산사건에 관한 함경남도 경찰부의 전말서〉, 20~25쪽

길 안내, 부상자 치료 등 구원활동과 조선혁명군의 신변보호·숙식보장 등 군사활동을 보장하기 위한 여러 활동을 벌였다.

(3) 여성운동가들의 결단과 여성지식인들의 일제체제로의 굴복

이 시기 국내운동은 일제의 혹독한 탄압으로 지하로 잠입해 들어가고 활동의 범위가 축소되어 갔다. 그러자 1930년대 초중반 무렵부터 허정숙·金命時·박차정·朴鎭洪 등의 활동가들은 중국으로 건너가 일제와 무장투쟁을 하였다.

근우회 활동을 하던 박차정은 1930년 1월 서울의 여학생시위사건과 관련되어 구속되었다가 석방된 이후 중국 망명길에 올라 혁명교관학교 여자부 교관, 婦女服務團 단장 등을 맡아 민족해방운동, 항일전에 참가하다가 1944년 부상의 후유증으로 사망하였다. 허정숙은 1920년대 여성운동의 핵심적 역할을 하다가 서울 여학생시위의 주모자로서 검거되어 출옥한 후 1930년대 중반 중국으로 가서 한국민족혁명당·조선청년전위동맹·화북조선혁명군정학교 등에서 활동하였다.[21] 국내외에서 활동하였던 김명시는 1932년 국내에서 노동운동을 하다가 검거되어 7년형을 받았다. 출옥 후 중국으로 탈출하여 해방 직전 조선의용군 제1선 적구부대 '여자부대'를 지휘하고 조선독립동맹 천진분맹 책임자로 있었다.[22] 박진홍은 1931년 6월 동덕여고보 동맹휴학사건의 주모자였다. 그는 각종 혁명 노조활동 등으로 수차례의 투옥, 10여 년의 감옥살이를 겪고 온갖 탄압과 감시에서 벗어나 민족해방운동을 계속하기 위해 1944년 중국 연안으로 떠났다.[23] 이들은 민족해방운동조직에서 활동하면서 대일본전선에서 무장투쟁을 하기도 하였다. 이외에도 중국에는 항일운동가들의 어머니·아내·딸로서 시작하여 여성조직을 이끌고 민족해방운동을 펼친 많은 여성들이 있었다.

---

21) 서형실, 〈허정숙－근우회에서 독립동맹투쟁으로〉(《역사비평》, 역사비평사, 1992년 겨울호), 278～287쪽.

22) 남화숙, 〈'여장군' 김명시의 생애〉(여성사연구회 편, 《여성》 2, 창작사, 1988), 337～355쪽

23) 오미일, 〈박진홍－비밀지하투쟁의 세포로 활약〉(《역사비평》, 1992년 겨울호), 288～295쪽.

한편으로는 국내에 남아서 일제의 탄압에 굴복하고 타협한 지도급 여성들도 있었다. 1937년 이후 이들은 각종 단체에서 간부로 활동하며 시국강연·가두선전·글·방송·위문공연 등 온갖 방법으로 일제 침략정책을 미화하고 내선일체·황민화시책을 선전하며 일반여성이나 여학생들에게 어머니나 딸·동생으로서 징병·징용·학병동원에 순응하고 나아가 일제 정책의 선전자가 될 것을 촉구하였다. 나아가 여성에게는 정신대동원·노력동원·가정내 절약과 저축에 적극 협조할 것을 강조하는 등 일제 정책의 선전대로서 활동하였다.

여기에는 교육계 여성들이 다수를 차지하였다. 이것은 학교교육의 양면적 문제를 잘 보여주는 대목이다. 교육 자체가 이미 절대적인 가치중립이라는 것이 불가능한 것이지만 학교란 기관이 존속하기 위해 원래 교육목적조차 위배되는 교육을 함에도 불구하고 유형의 학교의 존재에 발목잡혔다. 또한 이미 사유화되기 시작한 교육기관의 존속을 위해 자의반 타의반으로 각종 민족말살정책을 편 일제 정책 침투의 통로로서 교육기관이 활용되고 교육계 여성 개인들은 일제의 꼭두각시 혹은 선전대가 되어 과거 그들이 구호로 내세우던 여성교육·민족교육의 진정한 과제는 하나씩 버려갔다.

이러한 지식인 여성들의 친일활동이 대중에게 미친 영향은 매우 컸다. 그들 대부분이 1920년대 사회운동에 참가하였던 까닭에 일제에 대해 노골적인 친일행위는 민중에게 분노와 실망을 가져다 주기에 충분하였다.

1940년대에 들어와 일제는 조선을 확실한 침략전쟁의 기지로 만들기 위해 민족해방운동을 탄압하였고 이를 위해 온갖 방법을 다 동원하였다. 각종 악법을 발표하고 운동경험을 가진 사람들에 대한 예비구금, 민족해방운동에 대한 철저한 보도통제 등을 자행하였다. 민족개량주의자들의 노골적인 친일화, 좌익측 일부의 전향으로 전과 같은 조직적이고 대중적인 활동은 전개되지 않았지만 그래도 민중들의 반일투쟁은 계속되었다.

국내뿐 아니라 만주·중국본토·일본 등지와 연계를 가지면서 운동하려는 노력도 있었다. 농민들은 일제의 가혹한 농산물 강제공출, 강제동원, 각종 전시부담을 반대하며 소작권이동과 소작료 문제를 둘러싸고 투쟁이 줄기차게 계속되었다. 그리하여 징용·징병·보국대·여자정신대 동원에 반대하여 일제 관헌과 충돌하거나 도망치는 사태가 벌어졌다. 수확물을 은닉하고 공출이나 농사일을 기피하거나 태업하는 경우가 일상적인 형태로 나타났다. 그리고 어려운 시절의 일반적인 현상으로 낙서·유언비어·유사종교가 난무하였다. 이런 것들의 내용은 터무니없는 경우도 많지만 일제의 멸망, 조선독립의 내용을 포함하고 있어 당시 민중들의 염원을 잘 반영하고 있었다. 운동가들은 민중의 이러한 염원을 민족해방운동의 구체적인 힘으로 이끌어내고자 하였다.

〈姜貞淑〉

4. 청년운동

1) 조선청년총동맹의 결성과 와해

3·1운동으로 우리 민족의 항일열이 고조되어 가고 각 분야에 걸쳐 민족운동이 활발히 전개되고 있을 때 민족실력양성을 목적으로 하는 각종의 단체가 결성되고 활동함으로써 전민족적 항일운동이 국내에서 크게 발흥되었다.

청년·여성·소년 등 각계 각층의 사회운동이 활발히 일어나고 농민·노동·물산장려운동 등 경제투쟁을 통하여 민족경제자립을 달성하려는 민족경제운동이 국내 각 지역에서 크게 일어났다.

이 때 청년들은 지덕체 함양과 생활개선·구습타파·근검저축·금주·단연을 통한 소비절약을 목적으로 각지에 청년중심의 단체가 결성되어 민족운동의 새로운 방향을 제시하였다.

그러나 이들 청년운동이 분산적으로 일어남으로써 효율적인 성과를 나타내지 못하자 이를 체계적으로 조직화하려는 움직임이 일어났다. 張德秀·鄭魯湜·金喆壽 등이 전국에 분산되어 조직된 청년단체를 통합하여 체계화·일선화 시키고 전국적인 조직을 통하여 청년단체를 통합, 독립운동에서 하나의 또다른 큰 세력으로 발전시키고자 하였다.

그리하여 1920년 12월 116개 단체 대표 120명이 참가하여 서울기독교청년회관에서 朝鮮青年聯合會를 창립하였다. 이후 청년운동이 크게 발흥되고 전국 각지에 청년단체가 많이 조직되어 1924년 전국에 488개의 청년단체가 결성되어 청년운동의 전성기를 맞이하였다.[1]

그러나 당시 사회주의사상이 우리 민족운동계에 파급되었고 이들에 의하여 서울청년회가 결성되었다. 이들이 연합회 내의 민족주의 세력을 축출하고 청년운동의 주도권을 장악하려 함으로써 청년운동계는 민족·사회주의 양 계열로 분열되어 상호대립과 갈등을 초래하였다. 서울청년회는 연합회의 활동 강령을 "역사적 진화의 필연인 신사회건설을 목표로 하여 돌진한다. 또 계급적 자각과 단결로써 무산대중 해방운동의 전위임을 기한다"고 개정하여 청년운동의 목표를 사회주의 노선에 부합시켰다.[2] 그리고 그 이듬해 全朝鮮靑年黨大會를 서울에서 개최하여 자기들의 의사를 반영시키고자 하였다. 그러나 이 대회가 일제 당국에 의하여 금지됨으로써 좌절되었으니, 이것이 우리 청년운동에 치명적 타격을 입혔다.

또한 사회주의 계열은 북풍회계·화요계·토요계 등으로 분열되어 상호대립과 갈등을 나타냄으로써 청년운동은 커다란 혼란에 빠져 버렸고 이에 청년운동의 통일과 단합을 요청하는 사회적 여론이 크게 일어났다.

1924년 북풍회계가 중심이 되어 조선청년총동맹을 결성하였는데 이에 가맹한 단체가 224개 단체가 되었다. 이 조선청년총동맹은 "대중본위의 신사회의 건설, 조선민족해방운동의 선구가 될 것임을 기약"한다는 강령을 내걸고 청년운동의 중심기관으로 자리잡았다.[3] 그러나 이 총동맹은 일제 당국이 창립대회에 이어 개최하려던 임시총회를 금지하였을 뿐만 아니라 총동맹의 일체의 집회를 금지함으로써 총동맹의 역할을 원활히 수행할 수 없었을 뿐만 아니라 활동도 할 수 없었다.

더욱이 조선공산당사건으로 두 차례에 걸쳐 총동맹의 간부 다수가 일경에 체포, 구속됨으로써 총동맹도 그 역할을 제대로 수행할 수 없었다.

1926년 正友會 선언과 1927년 민족유일당으로서 新幹會가 발족되자 조선청년총동맹도 이와 같은 시대조류의 변화에 적응하여 행동강령과 조직을 전

1) 朝鮮總督府 警務局 編, 《最近における朝鮮治安狀狀況》(昭和 8년), 30쪽.
2) 김준엽·김창순, 《한국공산주의운동사》 2(아세아문제연구소, 1969), 114쪽.
3) 朝鮮總督府 警務局 編, 《最近における朝鮮治安狀狀況》(昭和 8년).

환하였다. 즉 종래의 무산계급의 청년운동을 전민족적 청년운동으로 강령을 바꾸고 조직도 크게 개편하였다.[4)]

지방의 청년단체를 단일화시켜 府와 郡에 단일청년동맹으로 개편하고 각 면에는 지부를 두고, 각 리에는 반을 두어 체계적 조직을 갖추었으며, 道에는 도 연맹을 결성하여 전북·전남·경남·황해·평북·평남·강원·함북에도 연맹을 조직하였다. 그리고 서울청년회와 신흥청년동맹을 해체하고 각 청년단체 중에 총동맹에 가입하지 않은 단체는 해체하도록 노력하였다. 그러나 이러한 총동맹의 처사에 반대하는 단체들이 성명을 발표하고 오히려 총동맹의 해소를 주장하기도 하였다.[5)]

1931년 조선청년총동맹에 가입한 단체가 147개였는데 지방청년동맹은 135 단체로서 지방청년동맹으로 개편되지 않은 단체는 12개 단체에 지나지 않았다.[6)]

조선청년총동맹이 결성된 후 일제의 탄압과 감시가 더욱 가중되었고 1931년 민족유일당인 신간회가 해소를 결의함에 따라 총동맹의 역할도 쇠락하여 해소론이 나오는 등 청년운동을 쇠퇴기에 접어들게 되었다.

2) 일제의 청년운동 탄압

1920년대 청년운동이 활성화되자, 일제는 이 청년운동이 항일운동으로서의 성격을 가졌다고 판단하여 청년단체의 집회를 금지하였으며 청년단체의 활동을 엄중히 감시, 탄압하여 청년운동을 공산주의운동과 동일시하고 지도자를 체포, 투옥하기를 일삼았다. 또한 대륙침략전쟁을 목전에 둔 일제는 우리의 청년운동을 저지하고 대륙침략의 인적자원 확보를 도모하여 1929년 10월 〈청년훈련소 규정〉을 제정하여 각 부·군·읍·면에 청년훈련소를 설립케 하였다.

이 청년훈련소는 '청년의 심신단련'·'국민으로서의 자질향상'의 목적하에

4) 국사편찬위원회, 《한민족독립운동사》 9(1991), 227~230쪽.
5) 국사편찬위원회, 《한민족독립운동사》 9, 231쪽.
6) 朝鮮總督府 警務局 編, 《最近における朝鮮治安狀狀況》.
국사편찬위원회편, 《한국독립운동사》 5, 226쪽.

설립되었는데, 16세 이상의 남자를 입소케 하여 4년간 훈련을 받도록 하였다. 그리고 이 훈련소의 교육과목은 수신 및 공민과·교련·보통과·직업과로 나누어 수신 및 공민과는 100시간, 교련은 400시간, 보통과는 200시간, 직업과는 100시간으로 하였다. 그리고 교련은 각개교련, 부대교련, 진중교련, 기신호, 거리측정, 군사강화 등으로 군대훈련소와 같은 군사교육을 받도록 하였으며, 1930년대에 전국 각 리에 청년훈련소가 설치되어 수많은 청년들을 교육받도록 하였다.[7] 이것은 두말할 것 없이 우리의 청소년을 침략전쟁의 인적자원으로 확보하고자 하는 것이며 일제가 대륙침략전쟁을 일으키기 1년 이전에 이미 그 준비를 하였음을 알 수 있다. 뿐만 아니라 1920년대에 급격히 성장한 우리 민족의 청년운동을 근본적으로 좌절시키려 하였음이 잘 나타나고 있다.

1933년부터 농촌진흥운동을 대대적으로 추진한 일제는 권력기구를 총동원하여 농촌조직을 본격적으로 개편하였다. 즉 일제는 우리 민족의 실력양성운동으로 전개되었던 청년·여성·소년운동 등 모든 사회경제적 민족운동을 종식시키고, 한국을 일제의 대륙침략전쟁의 병참기지로 만들고, 또 침략전쟁에 협력하는 한국인을 육성하기 위한 정책을 추진하였다. 그리하여 각 부락단위로 농촌진흥회 식산계·청년단·부인회를 결성하고 종래 우리 민족의 조직을 일제의 관변조직으로 바꾸어 나갔으며 우리 민족의 자생적 조직을 음양으로 탄압하여 그 활동을 저지하였다.[8] 일제는 이와 같은 관변조직의 목적을 근검저축·소비절약·생활개선·금주·단연 등 종래 우리 민족의 실력양성운동과 같은 목적을 내세워 우리 민족을 현혹시켰으나 이는 어디까지나 우리 민족을 기만하는 것이었다. 일제의 조직목적이 대륙침략전쟁에 한반도를 유용한 병참기지로 만들기 위한 것에 있는 반면, 우리 민족의 목적은 민족경제자립을 기하여 일제로부터 주권을 쟁취하고자하는 항일민족운동의 일환으로 전개되어 그 목표하는 바가 정반대였던 것이다. 따라서 1930년대 중반 우리 민족의 실력양성운동은 침체되지 않을 수 없었다. 더욱이 중일전쟁이 개전된 이후 일제는 소위 〈국가총동원령〉을 제정·공포하여 전시체제

7) 《朝鮮總督府官報》, 1929년 10월 1일.
8) 신재홍, 《항일독립운동연구》(신서원, 1999), 318~319쪽.

로 바꾸면서 우리 민족에 대한 탄압을 가중시켜 나갔다. 1938년 〈국민정신총동원령〉을 제정하여 농촌진흥운동에서 결성되었던 각종 사회조직을 총동원운동의 말단 기구로 흡수하여 통제함으로써 우리의 민족운동은 더 이상 추진할 수 없게 되었다.

청년조직에 대해서도 일제는 중일전쟁 개전 이후 청년단체를 총독부가 직접 관리하기 위하여 각 도·부·군 단위로 연합청년단을 조직하도록 하였으며 이에 대하여 일제의 행정관리로 하여금 직접 통제, 관리하도록 하여 청년단체를 일제의 침략전쟁도구로 만들었다.

1938년 1월 총독부가 전국에 설치한 청년단은 4,000여 단체로 확대되었으며 단원은 15만 명에 달하였다.[9] 그리고 청년단의 관리를 더욱 조직적으로 엄격히 하기 위하여 각 지방의 청년단 관리를 담당한 직원과 학교직원을 소집하여 지도자 강습회를 개최하였을 뿐만 아니라 일본군 20사단과 협동하여 도별로 청년훈련 지도자 강습회를 개최하여 효율적인 청년단 통제를 기하였다. 이 강습회의 일정을 보면 평남·평북은 3월 11일부터 16일까지 77연대와, 황해·경기도는 3월 21일부터 26일까지 78연대와, 충남·충북과 전북은 3월 14일부터 19일까지 79연대와, 경남·경북과 전남은 3월 9일부터 14일까지 80연대와 협동하여 강습회를 개최키로 하였다.[10]

뿐만 아니라 총독부는 종래의 실습학교와 청년훈련소를 통합하여 청년학교를 전국에 17,000여 교를 설립케 하고 생도 230만 명을 수용하도록 하였으며 청년학교 입학을 의무제로 만듦으로써 우리 민족의 청년층을 침략전쟁에 이용할 인적자원으로 확보시켜 나갔다.[11]

1930년대 청년운동은 이상과 같이 일제의 대륙침략전쟁이 발발한 이후 일제의 탄압으로 침체일로에 빠져 그 활동이 1920년대에 비하여 크게 빈약하지 않을 수 없었다. 그리하여 청년단체의 수도 급감하고 기존의 단체들이 강제해소 또는 자연 해소되는 경향을 보이고 있다. 1930년에서 1934년까지 조선청년총동맹의 지방조직인 지방청년동맹을 제외하고 이 시기에 조직된 청년단

9) 《동아일보》, 1938년 1월 12일.
10) 《동아일보》, 1938년 1월 17·18일.
11) 《동아일보》, 1938년 1월 21일.

체는 다음과 같다.12)

단체명	설립장소	설립년월일	목적사업
중강진청년협회	평북 중간진	1930. 3. 20	농촌진흥·문맹퇴치
노동청년회	평북 강동	6. 10	
한강엡웟청년회	경기 고양 한지	7. 1	
승호청년회	평남 평양	8. 1	
입석청년회	평남 안주	28	
방현청년회	평북 구성	10. 27	
아산조기단	충남 아산	11. 1	체력증진·저축장려·토산품애용
청송청년회	평북 안주	19	도박금지
지덕청년회	평남 맹산	12. 04	도로청결·근검저축
一八청년회	평북 연변 연산	1931. 1. 1	문맹퇴치·풍속개량
서종청년수양단	황해 봉산	3. 23	
영종청년회	경기 개풍 흥교	4. 4	
청년면려회	황해 곡산	5. 25	
노동청년회	평남 강동 지리	6. 10	농촌진흥·문맹퇴치
별하청년수양회	평북 강계 별하	7.	
지덕청년회	평북 맹산	8.	
서산청년단	평북 귀성	10. 5	
창주청년단	평북 구성	11.	
보성청년회	평북 강동	1932. 1.	야학운영
신촌청년회	경기 포천	2. 12	금주·단연
인제청년회	강원 인제	2.	금주·단연
삼가근로청년회	경남 합천	23	
청년문우회	경남 동래	7. 29	
성북청년단	경기 포천 군내	9. 10	생활안정·공동경작·조기작업·야학운영
기독교청년면려회	전남 강진	17	
일신회	충북 보은 속리	10. 1	생활개선·근검저축·상부상조
신광청년회	경북 영일	10.	
경성청년회	서울	11. 4	

12) 《동아일보》, 1930~1934년.

고려청년회	경기 개성		24	공동경작・야학운영
풍덕청년단	강원 양양 대포	1933. 2.	1	농업강습
가평청년단	경기 가평	8.	8	농업진흥
암면청년회	경기 시흥 암면	9.	6	
무극청년단	충북 음성 금왕	12.	1	
중앙청년단	충북 충주		9	체력단련・생활개선 사회봉사
이천청년단	경기 이천		13	
학봉청년단	강원 이천 학봉		〃	
서평양청년회	평남 평양		23	반민구제
청년홍풍회	황해 평산	1934. 1.	24	지식발전
농촌생활개선회	경남 진해 대저		26	색의장려・금연・ 인조견사용억제・소비절약
협동청년회	평북 강동 송석	2.		
선명청년단	평북 운산	3.		
서호청년회	황해 재령 서호	5.	10	지식함양・체육장려 농촌진흥
함흥기독교청년회	함남 홍남			금주・단연
사평청년회	황해 신천	5.	8	금주・단연
불교청년동맹	경남 진주		15	야학운영

〈申載洪〉

5. 학생운동

1) 군국파쇼 일제의 통치정책과 민족운동의 변화

(1) 군국파쇼 일제의 통치정책

1930년대에 들어오면서 국내의 학생운동을 비롯한 민족운동은 일제의 탄압으로 타격을 받았으며 더구나 1931년 5월 신간회가 해소됨으로써 자체분열과 노선의 변화가 가중되어 겉으로는 침체의 늪에 빠진 것과 같았다.

일본제국주의는 1920년대 말기 군부 파시스트의 쿠데타 음모가 진행되어

1932년 군부내각이 등장하였고, 1937년에는 군부 파시스트 독재가 보다 강화되었다.[1] 일제는 세계공황으로 물가의 하락, 임금인하, 쌀값의 폭락, 실업자의 증가 등 국민경제가 위기에 처하자 독점재벌과 결탁하여 그 부담을 농민·노동자·중소기업에 전가하기에 급급하였으며 더구나 식민지 조선을 '경기순환의 완충장치'로 이용,[2] 그 부담을 한국인에게 가중시켰다. 또한 이들은 중국에 대한 침략전쟁으로 난국을 타개하고자 했다. 그리하여 1920년대 말 중국혁명에 간섭하면서 1927년 만주침략방침을 세우고 1928년에는 만주군벌 張作霖을 포살시켰다. 이어서 1931년 7월에는 關東軍의 임전체제를 갖추도록 하고 동시에 '萬寶山事件'을 이용, 만몽문제를 무력적으로 해결할 것을 결정하였다. 같은해 9월 18일 '柳條溝사건'을 계기로 만주침략을 개시, 만주를 점령하였다. 나아가 1937년에는 중국을 침략, 중일전쟁을 일으키고 '大東亞共榮圈'을 부르짖으면서 1941년 미국 하와이 진주만을 공격, 태평양전쟁을 일으켜 독일·이탈리아와 함께 제2차 세계대전을 야기시켰던 것이다.[3]

이와 같이 일제는 전쟁을 수행키 위한 인적·물적 자원을 한국에서 약탈하여 한국은 문자그대로 '병참기지'[4]로 전락하고 말았다.

1931년 6월 제6대 조선총독으로 부임한 전 육군대신 우가키 가즈시케(宇垣一成)는 시정방침으로 ① 조선은 제국(일본)의 일부로 사상계의 혼탁과 경제계의 피폐를 일신 타개, 재건의 중요함을 인식할 것, ② 內鮮人을 불문하여 혼화융합 일체일원이 되어 용맹심을 분기하고 풍부한 천부의 자원개척에 노력할 것, ③ 종래 시설의 개변을 필요로 할 때는 신중하게 심의 조사한 후 실행할 것, ④ 현재의 시세와 상황에 순응하고 공론허식을 배제할 것, ⑤ 이상과 신념을 갖고 실생활에 임하되 물심양면으로 생활안정의 도모를 첫째 목표로 삼을 것, ⑥ 이상의 취지로 기강의 진작, 민심의 작흥, 민의의 창달 및 과거에 우려하였던 내선융화의 촉진을 도모한다[5]고 하였다.

조선총독부에서는 1932년 본국의 '농촌진흥운동'과 보조를 맞추어 '농촌진

---

1) 遠山·今井·藤原 共著, 《昭和史》 新版(岩波書店, 1967), 91~92·135~136쪽.
2) 朴慶植, 《日本帝國主義의 朝鮮支配》(청아, 1986), 333쪽.
3) 遠山·今井·藤原 共著, 앞의 책, 207쪽.
4) 朴慶植, 앞의 책, 335쪽.
5) 朝鮮總督府, 《施政二十五年史》(1935), 668쪽.

흥운동=자력갱생운동'을 전개, 파쇼체제에 적합한 한국지배정책의 재편성을 추진하였다. 즉 그들은 이 운동을 '기아선상을 헤매고 있는 조선농민을 구제하고 해외로의 유망을 저지하여 농민생활을 안정시키는 것'[6]이라고 하였으나 실은 민족주의·공산주의 사상과 그 운동을 박멸·전향시켜 내선일체화를 추진시키고자 한 것이며 나아가 한국농민의 노동력을 대륙침략정책에 동원·이용하려고 한 것이었다.

1936년 8월 총독에 부임한 미나미 지로(南次郎)는 1937년 제2차 도지사회의에서 국체명징·선만일여·교학진작·농공병진·서정쇄신의 5대정강을 발표하였다. 이와 같은 방침 아래 이 시기에는 보다 철저하게 한민족을 말살하고 황민화정책을 적극 추진시켜 나갔다. 즉 일본군국주의는 대륙침략의 군수병참기지로 한국을 고정화시켜 북한지역은 중공업지대로, 남한지역은 경공업과 군량공급기지로 만든 전시체제로 바꾸었다.[7] 1937년 총독부는 一面 1神社의 설치를 추진하고 신사참배를 강요, 각 직장별, 단체별로 강지 동원하여 신사참배를 의무적으로 실시하였다. 그러면서 한 걸음 나아가 황성遙拜도 강요하였고 〈皇國臣民誓詞〉를 그 동안 각 직장 및 학교, 개인별 집회 때마다 심지어 영화관에서도 이를 제창하도록 강요하였다.[8]

1938년 일제는 지원병제도를 마련하여 징병제를 준비하는 한편, 국체명징·내선일체·인고단련의 3대 강령 아래 〈朝鮮敎育令〉을 개정하였다. 즉 학교의 명칭, 교육의 내용 등을 일본인학교와 동일하게 하고 한국어사용을 금지시켰다. 한 걸음 나아가 한국인을 일본인으로 만들기 위하여 1940년 '創氏改名制度'를 실시하였다. 창씨하지 않은 한국인에게는 각급 학교의 입학·진학 거부, 관리채용 거부, 비국민 무뢰인으로 단정, 식량 기타 물자배급대상에서의 제외 등 온갖 방법으로 창씨를 강요하였다.

여기에 만족치 않은 일제는 한국에만 적용되는 각종 악법을 제정·공포하였다. 즉 1936년 12월 〈朝鮮思想犯保護觀察令〉을 제정·공포하여 소위 요시찰

---

6) 〈各道農村振興指導主任者打合に於ける總督口演要旨〉, 昭和 9년 11월 10일, 117쪽.
7) 森田芳夫, 《朝鮮終戰の記錄》(巖南堂書店, 1979), 19쪽.
8) 中塚明, 《近代日本と朝鮮》 新版(三省堂, 1977), 166쪽.

인으로 지목되는 항일독립운동가들의 동태를 항상 예의 주도하게 파악하고 사상운동전력자의 집합체로 '朝鮮思想報國聯盟'을 1938년에 결성하였으며, 1941년 3월 다시 〈思想犯豫備拘禁令〉을 공포·시행하고 '國民總力聯盟'·'臨戰報國團'이란 친일적 단체를 조직하여 황국신민화운동에 앞장세우기도 하였다.[9)]

1938년 7월 황민화운동을 위하여 조직한 國民精神總動員朝鮮聯盟을 1940년 10월 國民總力朝鮮聯盟으로 개편하여 종래의 농어촌진흥운동을 비롯한 각 분야의 운동을 강제적으로 일원화한 총력운동을 진행시켰다.[10)] 이는 물심양면으로 국가주의적 사상위주의 전체주의적 체제의 강화를 목적하였던 것이다. 이로부터 신사참배, 〈황국신민서사〉낭독, 창씨개명 등의 정신적 강요와 함께 근로봉사가 가일층 심해지기 시작하였던 것이다.

일제는 한국인에 대한 인적동원은 징병과 징용을 통해서 실시하였다. 1942년 5월 도조내각은 한국에서 징병제를 실시하기로 결정하고 1944년부터 징집한다고 공포하였다. 1938년 이후 이미 지원병이란 명목하에 청년들을 입대시켜 1941년까지 1만여 명을 전선으로 보냈고 지원병훈련소를 몇 개소에 설치하고 있었던 상황 속에서 조선총독으로 부임한 고이소 쿠니아키(小磯國昭)는 부임하자마자 징병제도시행준비위원회를 설치하는 것을 첫 임무로 삼았다. 그는 같은해 10월 〈朝鮮青年特別錬成令〉을 공포하여 17세에서 21세의 한국청년들에 대한 군사훈련을 같은해 12월 1일부터 실시하도록 하였다.[11)] 그리하여 전국에 741개소의 연성소가 설치되었고, 다음 해인 43년에는 1,922개소로 증가되었다. 한편 관·공·사립중등학교 이상의 교육기관에는 현역군인이 배치되어 병영화가 자행되었다.

또한 조선총독부에서는 징병제실시에 대한 선전을 위해 국민총력조선연맹의 조직을 이용하여 각처의 신궁에서 봉고제를 지내게 한 다음 담화·좌담·방송을 통하여 선전에 열을 올렸다. 그리하여 1943년 3월 징병제가 공포되고 같은해 8월 1일부터 시행되어 10월 1일에 전국적으로 해당자 26만 6,643명의 명단이 작성되고 1944년 9월 1일 이후 군에 입대하도록 하였다.[12)]

---

9) 森田芳夫, 앞의 책, 18~20쪽.
10) 鈴木武雄, 《朝鮮の決戰態勢》(1942), 11쪽.
11) 《朝鮮總督府官報》, 1942년 10월 1일, 號外.

한편 1943년 10월 20일 학병제가 실시되니 전문학교 이상의 학생 중 징집 적령자 및 지원자는 전형에 합격한 것으로 하여 훈련과정을 거치지 않고 즉시 현역에 편입케 하였다.[13)]

징병과 함께 한국인에게 가장 가혹한 피해를 준 것이 징용이란 노무동원이었다. 징용은 1938년부터 부분적으로 한국인에게 적용, 시행되어왔으나 1940년 이후 태평양전쟁시기에 본격적으로 동원되었다. 전쟁에 출정하는 일본인을 대신한 노력동원과 군활동의 보조에 한국인 노동자를 투입시켰던 것이다. 1943년에 〈생산증강・노무강화대책요강〉에 의하여 전시동원체제에 돌입하면서 강제동원은 더욱 가열하였고 1944년 4월부터 〈학도동원실시요강〉에 의하여 국민학교 4학년 이상의 어린 학생들까지 노무동원에 투입되었던 것이다.[14)]

1944년 7월 도조내각이 무너지고 고이소내각이 성립되면서 제9대 조선총독으로 부임한 아베 노부유키(阿部信行)는 징병・징용 및 근로보국대의 기피자 색출에 혈안이 되고 심지어 부임 1개월만에 〈女子挺身隊勤務令〉을 공포하기도 하였다. 만12세 이상 40세 미만 여성에게 〈정신근무명령서〉가 발부되었고 불응시에는 〈국가총동원법〉에 의하여 징역형이 가해졌다. 동원된 한국여성들은 일본 군수공장이나 남양군도 최전선까지 투입되었고 일부 여성들은 군위안부로 전락시켜 천인공노할 파렴치한 행동을 자행하였다.

1945년 7월에는 조선총독부에 국민의용대조선총사령부를 설치하고 一億玉碎의 구호 아래 최후까지 미・영 등 연합국에 대항하겠다는 결전태세에 임했다. 그리하여 전국을 병영화하여 애국반을 단위로 한 대대・중대・소대의 지역대, 학교와 각 직장은 학도대・지역대가 조직되었다.

한편 군국일제는 황민화민족말살정책에 저촉되고 침략전쟁에 반대하는 세력을 탄압하기 위한 갖은 악법을 만들어 한국의 독립운동가와 단체들을 위협하였다. 이미 1936년 〈朝鮮思想犯保護觀察令〉을 공포한 뒤 1941년에는 〈사상범예비구속령〉을 발포, 조금만 의심이 가면 마음대로 우리 민족을 예비구속하였던 것이다. 또한 언론・결사도 탄압, 1940년 8월 《동아일보》・《조선일

12) 吳世昌, 〈日帝末期의 植民地政策〉(《한국사》 22, 國史編纂委員會, 1976), 437쪽.
13) 〈陸軍省令第48號 陸軍特別志願兵臨時採用規則〉, 1943년 10월 20일.
14) 《每日新報》, 1944년 3월 20일.

보》를 폐간시켰고 1941년에는 진단학회를 비롯한 모든 학술단체까지 폐쇄시켰다.

(2) 민족운동의 변화

1930년대 국내에서의 민족운동 중 두드러진 항일운동은 1936년의 日章旗抹消抗爭, 1937년 修養同友會의 항쟁, 1935년 이후 신사참배거부항쟁 등을 꼽을 수 있다.

1936년 8월 독일의 수도 베를린(Berlin)에서 개최된 제11회 올림픽대회에 일본 마라톤선수로 참가한 養正高普의 孫基禎과 南昇龍이 각각 1위와 3위로 입상하여 한국인의 기개를 전세계에 떨친 쾌사가 있었다. 그리하여 당시의 우승소식을 전하는 과정에서 《동아일보》가 8월 25일 석간에 손기정의 유니폼 가슴에 새겨진 일장기를 지우고 사진을 게재하였다. 총독부는 이를 문제삼아 화가 李象範을 비롯하여 사진부기자 白雲善, 운동부기자 李吉用, 편집부기자 林炳哲, 사장 宋鎭禹, 주필 金俊淵, 편집국장 薛義植, 사회부장 玄鎭健, 사진과장 申樂均, 《신동아》 책임자 崔承萬 등 11명을 검거하고 8월 27일부로 《동아일보》를 정간 처분하였다.[15]

일제 당국은 앞에서 서술한 11명을 포함한 50여 명을 40여 일간 문초를 한 후 주모자 이길용·현진건·최승만·신낙균·서영호 등 5명에게서 다시는 언론기관에 관여하지 않겠다는 서약을 받고 모두 석방시켰다. 《동아일보》 자체 내에서도 사건의 책임을 지고 사장 송진우, 주필 김준연, 편집국장 설의식이 사임하고 부사장 張德秀도 도미 중 귀국하여 사임하였다.

일장기말소항쟁은 우리 민족이 갖고 있었던 일제에 대한 민족적 감정의 폭발로 의도적이고 계획적인 것이 아니라 자연발생적 의식의 행동화였던 것이다.

1937년 6월 6일 종로서 형사대가 수양동우회 이사장 朱耀翰을 비롯한 동

---

15) 東亞日報社, 《東亞日報社史》 1(1987), 136쪽.
趙芝薰, 〈韓國民族運動史〉(《韓國文化史大系》 I 民族·國家, 高麗大 民族文化研究所, 1964), 814쪽.
國史編纂委員會, 《韓國獨立運動史》 5(資料篇), 14쪽.

회간부들의 가택을 급습하여 李光洙 · 金允經 · 朴賢煥 · 金鍾悳 · 趙炳玉 · 李允宰 · 申允局(一名 申鉉謨) · 李大偉 · 韓昇寅 · 許龍成 등 11명을 체포 · 검거하였다. 이를 계기로 비밀에 부쳐졌던 수양동우회의 조직과 활동이 세상에 알려지게 되었다.

수양동우회는 1914년 5월 도미중이던 安昌浩가 샌프란시스코(San Francisco)에서 조직한 興士團의 한국지부였다.[16] 즉 1922년 서울에서 박현환 · 이광수 등 11명이 수양동맹회를 결성하였고,[17] 같은 해 평양에서 金東元 등이 同友俱樂部를 조직하여 양 단체가 1926년 수양동우회로 통합하였다. 그 뒤 미국의 홍사단본부, 상해홍사단원동위원부 및 수양동우회간에 규약개정에 성공, 1929년 홍사단과 수양동우회를 통일하여 회명을 同友會로 결정하고 회원증원에 노력, 82명의 중견회원을 확보하였다. 이어서 동우회는 1931년 2월 중앙위원회를 열고 회세확대강화를 위한 4개년 계획을 수립하였으나 1933년 안창호가 일경에게 체포됨에 따라 실행이 어렵게 되었다. 일제는 1937년 6월 동회간부들에 대한 일제검거에 나섰다. 1937년 6월 12일~13일 양일간 재경성기독교청년면려회에서 금주운동실행을 계획하고 같은해 5월 11일 전국 35개 지부에 '멸망에 함한 민족을 구출하는 기독교인의 역할' 운운한 인쇄물을 발송하였다. 이것이 일경에게 발각되어 동회조선연합회서기 李良燮이 구속되고 그를 취조한 결과, 그 배후에 李容卨 · 鄭仁果 · 이대위 · 주요한 · 柳瀅基 등이 관계되었다는 것을 알아내고 동우회에 대한 탄압에 나섰던 것이다. 결국 동우회 회원들의 항쟁은 日帝의 간악한 탄압과 술책에도 불구하고 그들의 신념을 끝까지 지키면서 민족의 의지를 과시한 민족운동의 한 형태였다.

1930년대 일제와 대항하여 싸운 민족운동의 한 형태는 기독교인들의 신사참배 거부운동이었다. 조선총독부는 한국인의 일본인화를 위한 방편으로 신사참배를 강요하였다. 1920년대까지는 신사와 종교를 구분하여 신사참배는 강제성을 띠지 않았다. 그러나 1930년대에 들어오면서 한국인에게 신사참배를 강요하였다.

1935년 평남도청회의실에서 개최된 중등학교장회의에서 도지사가 평양신

16) 國史編纂委員會, 《韓國獨立運動史》 5(資料篇), 320쪽.
17) 朝鮮總督府 警務局, 《第七十三回帝國會議說明資料》, 113쪽.

사참배를 강력히 지시하자 崇實專門學校교장 맥큔(George S. McCune)과 崇義女學校교장 스눅(Miss V. L. Snook)이 끝까지 반대하였다. 이에 도지사는 60일간의 시한을 두고 태도를 바꾸지 않으면 교육자의 자격을 박탈하겠다고 경고하였다.[18] 그러나 맥큔은 이에 굴하지 않고 평양의 선교부실행위원회와 선교사들에게 이와 같은 사실을 알리는 한편 평양시내 27명의 한국인 목사를 소집, 사태를 논의하여 신사참배거부를 결의하였다.

60일이 지나자 맥큔은 도지사에게 신사참배거부서신을 보냈고 도지사는 맥큔과 스눅 두 교장의 자격을 박탈하였다. 1938년까지 신사참배를 거부하였다는 이유로 장로교 계통의 사립학교 18개교가 폐교당하였으며,[19] 1939년 황국신민화운동이 본격적으로 실시됨에 따라 신사참배거부로 구속, 처형된 기독교도수만도 324명에 이르렀다.[20]

1940년 일제는 소위 '基督敎反戰工作事件'을 조작하여 신사참배에 협력하지 않은 사람은 모두 비국민으로 단정하고 기독교의 지도자급 인사들을 체포하기 시작하였다. 15명의 선교사와 한국인 목사 다수가 검거되었으니, 이 때 검거된 인사로는 朱基徹·崔鳳奭·崔尙林 목사·朴寬俊 장로·朴義欽 전도사 등이 포함되었다. 주기철 목사는 신사참배를 끝까지 거부하다가 옥사당하였다.[21]

1940년대 들어오면서 일제와 맞선 대표적 항일투쟁으로 1942년 조선어학회의 항쟁을 들 수 있다.

조선어학회는 1921년 조선어연구를 목적하고 조직된 조선어연구회의 후신이었다. 이 회에서는 1929년 조선어사전편찬위를 만들고 사전편찬에 착수하였다.[22] 그리하여 1933년 〈한글맞춤법통일안〉, 1940년에는 〈외래어표기법〉 등을 통일하여 발표하는 등 한글의 연구와 보급에 활발하게 활동하고 있었다. 그러나 일제는 황민화정책과 민족문화말살정책에 위배되는 조선어학회의 활

---

18) 郭安全, 《韓國敎會史》(大韓基督敎書會, 1961), 177쪽.
朝鮮總督府 警務局, 《最近に於ける朝鮮治安狀況》(1938), 389쪽.
《東亞日報》, 1935년 11월 24일.

19) 吳天錫, 《韓國新敎育史》(現代敎育叢書出版社, 1964), 322쪽.

20) 坪江汕二, 《韓國民族獨立運動秘史》 增補改訂(高麗書林, 1986), 58쪽.

21) 趙芝薰, 앞의 글, 819~820쪽.

22) 李熙昇, 〈國語를 지킨 罪로 ~朝鮮語學會事件〉(《韓國現代史》 5, 新丘文化社, 1969), 335~412쪽.

동을 수수방관할 리 없었으니 드디어 1942년 '조선어학회사건'을 조작하여 이를 탄압하기에 이르렀다.

사건의 발단은 1942년 8월 조선어학회에서 《조선어사전》을 편찬 중이던 丁泰鎭이 함흥 영생여학교사건으로 함흥경찰서에 증인으로 갔다가 구속되면서부터이다. 그 뒤 같은 해 10월 조선어학회 회원인 李允宰·崔鉉培·鄭寅承·李熙昇·張志暎·金允經·李克魯·韓澄·李重華·李錫麟·權承昱 등 11명이 체포되고 이어서 金法麟·李秉岐 등이 구속되어 이 사건으로 구속된 자가 29명, 증인으로 심문 받은 이가 50명에 이르렀다.[23]

조선어학회는 일제의 악랄하고 가혹한 탄압에도 굴복하지 않고《조선어사전》편찬 등 우리말연구를 통한 민족혼을 끝까지 수호했던 민족문화단체이며 애국독립단체였다. 또한 이 회의 회원들은 민족독립운동가로서의 사명을 다했던 것이다.

2) 1930년대 학생운동

(1) 문화계몽운동

1930년대 파쇼 일본군국주의에 대항하여 전개되었던 민족운동은 다양한 전략·전술에 의하여 추진되었다. 이 시기 항일학생운동도 민족말살정책과 병참기지화에 맞서 민족의 실력양성과 민족각성을 위한 문화계몽운동, 교내에서의 동맹휴학, 교내외에서의 비밀결사를 통하여 민족운동으로서의 성격을 분명히 하였다. 문화계몽을 통한 학생들의 항일운동은 농민·노동야학의 교사로서의 활동과 문맹퇴치를 위한 한글보급운동을 들 수 있다.

농민·노동야학[24]은 우리의 주권이 일본제국주의에 의하여 침탈되는 과정

---

23) 趙芝薰, 앞의 글, 817쪽.

24) 夜學의 명칭은 다양하였으니 ① 설립단체명에 따라 '南原青年夜學會'·'開城商友會夜學會'·'龍山敎會夜學', ② 소재지명에 따라 '北一面夜學'·'三浪津夜學', ③ 장소에 따라 '市場壽學'·'驛前夜學'·'農村夜學', ④ 교과목에 따라 '朝鮮文講習夜學會'·'元山英語夜學'·'天安商業夜學', ⑤ 피교육자의 신분·연령·성별에 따라 '勞動夜學'·'農民夜學'·'無産者夜學'·'店員夜學'·'女子夜學'·'衡平夜學'·'青年夜學'·'兒童夜學' 등으로 불렀다. 여기에서는 農民·勞動夜學으로

에서 교육구국운동의 일환으로 20세기 초부터 전국적으로 설치된 비공식교육기관이었다. 우리 나라 야학의 기원은 1906년 함남 함흥군 주서면 신중리의 普成夜學이 4명의 교사에 남학생 40명, 여학생 20명으로 성립되면서부터이다.[25]

농민·노동야학이 본격적으로 발전하기 시작한 것은 3·1운동 이후 1920년대 농민·노동운동이 활발하게 전개되면서부터이다. 이 시기는 러시아혁명과 피압박민족들의 해방투쟁이 전개되던 때였고 근로대중이 민족해방운동에 참여키 위해서는 사립학교나 서당으로는 불가능하고 새로운 대중적 교육기관이 필요하다고 인식되었다. 또 현실적으로도 일제가 세운 공립보통학교의 수용능력의 제한, 학비의 부담이 과중했으므로 시설이나 규모가 빈약하더라도 근로대중에게 맞는 초등교육기관이 필요했기 때문이다.[26]

〈표 1〉 일제하 야학설립상황

년 도	야학 설립수	년 도	야학 설립수	년 도	야학 설립수
1920	66	1927	277	1934	43
1921	210	1928	156	1935	67
1922	190	1929	112	1936	22
1923	204	1930	120	1937	18
1924	134	1931	156	1938	32
1925	271	1932	72	1939	17
1926	292	1933	74	1940	6

* 東亞日報社, 《東亞日報索引》에서 발췌.

위의 〈표 1〉에서 볼 때 1931년을 고비로 야학은 그 수가 현저하게 감소하였다. 그것은 파쇼 일본군국주의가 대한통치정책에 따라 야학을 탄압, 폐쇄

命名하기로 한다(盧榮澤, 《日帝下民衆敎育運動史》, 探求堂, 1979, 130쪽).

25) 현재까지 夜學의 始初를 1907년 '馬山勞務夜學'을 들고 있으나(姜東鎭, 〈日帝支配下의 勞動夜學〉, 《歷史學報》 46, 1976 ; 盧榮澤, 《日帝下民衆敎育運動史》, 探求堂, 1979), 《朝鮮農民》(1927년 12월호) 등의 내용을 참고로 1906년으로 보아야 할 것이다(金鍾美, 〈日帝支配下의 民衆敎育에 관한 一硏究〉, 中央大 敎育大學院 碩士學位論文, 1989).

26) 李光麟, 〈民族敎育〉(《한국사》 22, 國史編纂委員會, 1976), 87~88쪽.

시켰기 때문이었다.

농민·노동야학의 설립자는 지방유지, 농민·노동·청년단체, 종교기관 등이었고 운영경비는 설립자의 기부금, 유지의 동정금, 학생의 월사금, 노동을 통한 이익금, 동리의 찬조금으로 충당하여 오히려 학생들에게 교과서나 학용품을 무료로 공급하면서 운영하였다. 교원들도 무보수로 봉사하였으며 교원의 대부분은 지방유지청년과 보통학교 이상에 재학하고 있던 학생층으로 이루어져 있었다.[27] 한편 야학에서 가르쳤던 교과목은 문맹퇴치에 역점을 두어 한글 및 실용적 교과인 산술·주산 등과 민족의식을 고취하기 위한 한국 역사·지리 등 그 내용이 다양하였다. 교재로는 《농민독본》·《농촌산술》·《최근농잠법》 등이 대표적이었다.

1920~1930년대의 농민·노동운동이 대중운동으로서 상설교육기관을 통한 민족운동이라면 학생들의 하기방학을 이용하여 조선일보사와 동아일보사가 주최한 문자보급운동은 문맹퇴치의 교육·문화운동으로서의 연례행사형태의 대중운동이었다.[28]

한글보급을 위한 문맹퇴치운동은 먼저 조선일보사에서 시작했다. 1929년 6월 여름방학을 맞이해서 조선일보사는 "아는 것이 힘, 배워야 산다"라는 구호를 내걸고 귀향학생문자보급운동을 일으켰던 것이다. 학생들은 이에 호응하여 첫해에 참가한 학생수가 409명, 이들의 노력에 의하여 문맹을 퇴치한 수는 2,849명에 이르렀다. 그러나 이 숫자는 409명의 학생 중 91명만이 보고한 숫자이므로 실제 한글을 깨우친 수는 10,000명이 넘을 것으로 추산할 수 있다.[29] 더욱이 신문사에서는 학생들이 활동을 마치고 9월에 상경하면 학생 중 한글보급에 성적이 우수한 자에게는 학자금을 보조하는 포상제도를 마련하여 열심히 문자보급운동을 일으켰으니, 1934년 일제의 금지조치로 중단하기까지 큰 성과를 거두었다.

문자보급운동에는 참가학교 125개교, 참가학생수 4,917명, 특별반 161명, 합

27) 보통학교 이상 학교에 재학하고 있었던 학생들이 교사로 된 경우는 다음 자료에서 볼 수 있다.
《東亞日報》, 1924년 12월 10일·1925년 9월 1일·1926년 1월 27일.

28) 李光麟, 앞의 글, 92쪽.

29) 鄭世鉉, 《抗日學生民族運動史硏究》(一志社, 1975), 464쪽.

계 총 참가학생수 5,078명이었다. 6년에 걸쳐 실시된 조선일보사 주최 문자보급운동에 대하여 총독부 당국자가 수수방관할 리 없었다. 당시 총독부 학무국장이던 와타나베(渡邊)는 "사업취지는 찬성하나 학생통제는 학교에서 할 일"이라 하여 간섭을 표명하였고 경기도지사 마스모토(松本)는 "개인교수는 무방하나 강습회는 불허한다"고 관내 각 경찰서와 중등학교에 통첩을 보내서 방해공작을 하였다. 이에 따라 각지에서 활동하던 학생문자보급반은 제약을 받았으니 그 예로 전북 부안에서는 집회허가를 해주지 않아 중지되었고, 원산 명성학원의 반원들은 매를 맞아가면서 집집마다 교재인 《한글원본》을 나누어주었으며, 인천 송현리 반원들은 부녀자들이 글을 깨우치기 위하여 보급반을 찾아왔지만 허가지연으로 학생이 감소되었다고 중앙에 보고하였던 것이다.[30]

동아일보사에서도 1931년 7월 '학생 하기 브나로드(V. Narod)운동'을 주최, 1934년까지 4회에 걸쳐 전국농촌을 상대로 문화계몽사업을 벌였다. 이 신문사에서는 1928년 4월 1일 창간 8주년 기념일을 기해 문맹타파운동을 전개할 계획을 세웠으나 총독부의 제지로 햇볕을 보지 못하였다.[31] 그러나 조선일보사가 학생을 내세워 문자보급운동을 활발하게 추진시켜 나가자 이 신문사에서도 학생 중심의 브나로드운동을 실천에 옮겼던 것이다.

'브나로드(B Hapoд)'란 러시아어로 '민중 속으로'의 뜻이다.[32] 이 브나로드운동은 19세기 러시아의 지식층이 농민 속으로 파고들어 그들을 상대로 벌인 계몽운동이었다. 그러나 이 신문사의 브나로드운동은 러시아에서 전개된 운동과는 관련 없이 순전히 그 어의만 차용하였다. 즉 2,000만 한민족의 8할에 가까운 1,600만의 문맹자를 대상으로 문맹타파와 한글보급을 중심으로 농민위생지식을 알려주는데 그 목적을 둔 민중운동의 성격을 띠고 있었다.

제1회 '학생 하기 브나로드운동'은 3대로 나누어 학생계몽대·학생연설대·학생기자대로 구성하고 경비는 원칙적으로 대원 각자가 부담하였다.[33] 제1대인 학생계몽대는 중학교 4·5학년생에 한하여 참가시켰다. 그 활동내용

30) 朴晟義, 〈日帝下의 言語·文字政策〉(《日帝의 文化侵奪史》, 民衆書館, 1970), 291~293쪽.
31) 東亞日報社, 《東亞日報社史》 1(1987), 292~295쪽.
32) 東亞日報社, 위의 책, 336쪽.
33) 《東亞日報》, 1931년 7월 16일.

은 ① 조선문 강습, ② 수학 강습을 1주일 이상 교육시키는 것이었다. 이 때 사용된 교재는 李允宰 편, 《한글공부》와 백남규 편, 《일용계산법》으로 신문사에서 배부하였다. 대상지는 각자의 향리나 인접지로 한정하여 1개 처에 2인 이상 협력하여 교수하도록 하였다. 또한 활동한 내용을 성적으로 고사하여 시상도 할 예정이었다. 제2대인 학생연설대는 전문학교생에 한정하여 ① 위생강연, ② 학술강연으로 구분하고 위생강연회에는 幻燈과 활동사진 상영, 학술강연회에는 음악이나 무용을 상연해도 무방하도록 규정하였다. 강연장소는 각자의 향리나 인접지로 하고 한 곳에 2인 이상의 협동을 종용하였으며 신문사의 지·분국에서 후원하도록 하였다. 제3대인 학생기자대는 전문·중학상급생에 한정하여 ① 기행일기, ② 척서풍경, ③ 고향통신, ④ 생활체험의 수기를 제출토록 하여 우수작은 지상에 발표하고 시상하기로 하였다. 한편 학교교원·서당선생·동리유지·일반 지식청년 등 지방사회유지 중에서 이 운동 참가희망자를 위하여 별동대를 두기도 하였다.[34]

4번에 걸쳐 실시한 학생 브나로드운동을 도표로 작성하면 다음과 같다.

〈표 2〉 학생 브나로드운동 상황

종목 \ 회수		제1회	제2회	제3회	제4회
대원수		423	2,734	1,506	1,094
강습지		142	592	315	271
금지		11	69	67	33
중지		–	10	17	26
강습생 수	계	9,492	41,153	27,352	20,601
	남	5,426	22,324	14,354	12,323
	여	4,066	18,829	12,998	8,278
강습생 평균 수		67	69	86	76
강습일자		연 2,289	8,182	6,304	3,962
평균		18	14	20	15

* 《東亞日報》, 1934년 9월 19일.

34) 東亞日報社, 앞의 책, 336~338쪽.

1931년부터 1934년까지 4회에 걸쳐 동아일보사 주최 '학생 브나로드운동'은 약 10만 명의 문맹자를 퇴치시켰던 것이다. 이는 우리 민족 전체 문맹자의 수에 비하면 미미한 것이지만 짧은 기간에 그것도 학생들의 노력에 의하여 문맹을 깨우칠 수 있다는 가능성을 보여준 것은 민족운동사상 하나의 획기적인 성과라 할 수 있다. 일제 당국은 민족운동의 일환이라는 의구심 속에서 갖은 방법으로 금지·중지를 자행하다가 1935년 5회부터는 전면금지라는 조처를 내려 이 운동은 좌절되고 말았다.

(2) 동맹휴학

1930년대의 동맹휴학에 대하여 일제는 1929년 광주를 기점으로 한 전국학생운동이 종식된 후 약 1년간은 태풍이 지나간 뒤의 적막과 같다고 비교하였다. 그러면서 1929년 소위 코민테른(Comintern) 〈12월테제〉 등의 영향으로 민족운동이 비합법적, 잠행적으로, 신간회나 청년동맹과 같은 기성단체의 해산 등에 따라 학생운동도 변화가 초래되었다고 하였다.[35] 이 시기의 일제는 동맹휴학의 원인을 다음 〈표 3〉과 같이 분석하였다.

〈표 3〉 1930년대 동맹휴학의 원인

원인 / 연도	교사의 처우에 대한 불만	실습혐의	불량학생의 선동	교수급 시험방법에 대한 불만	품행불량 교사배척	수업료 인하요구	기 타	계
1931	21	8	15	6	15	7	30	102
1932	13	2	5	4	4	1	4	23
1933	11	4	1	2	10	–	10	38
1934	12	11	6	4	4	–	2	39
1935	15	5	3	4	2	–	7	36
계	102	33	38	39	39	36	36	248

* 朝鮮總督府 警務局, 《高等警察報》 5, 46쪽.

1931년부터 1935년의 5년간에 총 248건의 동맹휴교가 발생하였다. 그 원인

35) 朝鮮總督府 警務局, 《高等警察報》 5, 44쪽.

중 숫자상으로는 제1위가 교사처우에 대한 불만이었으나 그보다는 민족운동의 색채가 농후한 불량학생의 선동, 교수 및 시험방법에 대한 불만, 기타 등 합계가 103건으로 1930년대에도 학생운동은 민족운동의 주류를 형성하고 있었음을 말하여 준다.

아울러 1934년 39건의 동맹휴학 중에서 28건, 1935년 36건 중 18건이 초등학교에서 일어나고 있으며, 관공립과 사립학교의 맹휴건수는 다음의 〈표 4〉와 같다.

〈표 4〉 1930년대 관공립·사립학교별 맹휴건수

연도 / 학교별	1931	1932	1933	1934	1935	계
관공립	74	24	24	33	18	173
사립	28	9	14	6	18	75
계	102	33	38	39	36	248

* 朝鮮總督府 警務局, 《高等警察報》 5, 47쪽.

관공립학교의 맹휴건수가 사립학교보다 훨씬 많은 것은 총독부 당국이 계속 관공립학교를 개설하여 학교수가 증가한 결과라고 보아야겠다.

1930년대 동맹휴학의 구체적 실상을 규명하기 위하여 당시 언론에 보도된 맹휴를 보면 1931년의 경우 49건으로 이중 교장·교사 배척이 22건, 수업료 인하 내지 철폐가 19건, 식민지교육 반대가 9건, 언론·결사의 자유 및 학우회허용 요구가 8건, 조선어 및 역사교육 요구가 3건, 기타 학내문제·학생복교문제 등이다.

이해 동맹휴학의 두드러진 특색은 수업료문제였다. 1929년 세계경제공황의 여파가 당시 식민지인 한국농촌에도 밀려와 절량농가가 속출, 자녀들을 학교에 보낼 수 없는 비참한 환경에 직면하고 있었음을 말해주고 있는 것이다. 1931년 3월 30일 충남 당진군 합덕공립보통학교 아동보호자총회에서는 수업료 전폐를 결의하고 당진공립보통학교평의원에게 격려문[36]을 보내어 수업료

36) 《東亞日報》, 1931년 4월 17일. 격려문 내용은 다음과 같다.
"現下敎育機關의 不備와 민중의 窮困은 250만여 명의 학령아동 중 7할 이상

폐지의 주장을 요구하고 있었다. 이 같은 현상은 전국적이어서 1932년 전라도평의회에서는 교육비를 심의하면서 다음과 같이 항의도 하였다.

① 보통학교의 一面一校制가 완성된다 해도 한국인 3할밖에 수용하지 못한다. 또한 매년 16개교씩 신설하던 것을 금년에는 7개교만 책정하였으니 한국인 교육은 안중에도 없는 것이다.
② 보통학교 수업료가 과중한 까닭으로 중도퇴학자가 격증하니 반감하든가 폐지하여야 할 것.
③ 일본인 소학교에 비하여 제반시설이 불충분함을 적발하는 동시에 기설보통학교의 학년연장과 아울러 그 내용을 충실히 하여야 할 것.
④ 수업료의 징수는 교사가 담당하여 사제간의 감정을 소격케 하여 교육상 지장이 적지 않으니 읍·면에서 취급케 할 것.
(《東亞日報》, 1932년 3월 15일).

당시 한국교육의 참상의 한 예로 1932년 강원도 이천군을 들어보면 학령아동수가 22,165명이었으나 군내 5개 보통학교 정원 263명에 입학지원자는 129명에 불과하였다.[37] 이와 함께 1930년대 대표적인 동맹휴교의 실례를 들면 다음과 같다.

1931년 1월 26일 대구상업학교 한인학생들은 일인학생과 충돌한 후 7개조의 요구서를 제출하고 동맹휴교를 단행하였는바 그 요구서는 다음과 같다.

① 삭제.
② 폭행학생의 수괴, 若林·田中 등 4명을 퇴학처분할 것.
③ 폭행을 수수방관하는 古澤·明久保 두 선생을 사면 혹은 전임의 처분을 할 것.
④ 입학수리는 조선인, 일본인이 각 반수로 하는 것을 철폐시키고 시험성적순

을 算하는 190만여 명이란 막대한 未就學兒童으로 하여금 겨우 취학된 50만여 명 중에도 營養不足된 아동 3,000여 명과 中途退學生 6, 7만 명을 내고 말았다. 따라서 우리 唐津에도 수업료 체납과 중도퇴학생이 놀랄 만한 수에 달하였다. 이에 이러한 慘況을 목격한 우리 合德公立普通學校兒童保護者會는 궐기하여 수업료 폐지를 절규한다. 학교비 증감의 권위와 현명한 비판력을 가지신 評議員이시여 의식적으로 보아 부당한 지출을 삭감하고 단호히 수업료 폐지함을 격려함."

37) 《東亞日報》, 1932년 3월 24일.

서대로 할 일.
⑤ 조선인 선생을 더 채용하고 조선문 참고서와 리화학재료 등을 더 비치할 일.
(《東亞日報》, 1931년 1월 28일).

1931년 5월 16일 함흥고등보통학교 1학년생은 다음과 같은 5개 조건을 교장에게 제출하고 동맹휴학하였다.

1. 희생자의 복교.
1. 경제공황에 따라 수업료를 철폐.
1. ○○교육제도 절대 반대.
1. 학교에 경찰간섭 절대 반대.
1. 학우회자치권 약탈 절대 반대.
(《東亞日報》, 1931년 5월 21일).

이는 이해 4월 14일 동교 2·3·4학년이 일본인교사의 배척을 요구하며 맹휴의 움직임이 있자 학교당국이 등교를 제지하고 주동자 35명은 퇴학, 27명은 무기정학에 처하자 이날을 기하여 맹휴에 돌입하게 되었던 것이다. 이 맹휴는 더욱 확대되어 5월 21일에는 함흥고보 3년생 50여 명과 함흥상업학교생 30여 명이 연합하여 함흥시내에서 격문을 살포하고 赤旗를 흔들면서 가두시위까지 감행하였다.[38]

1931년 6월 23일 전남 장성군 서삼공립보통학교 4학년 23명은 다음과 같은 조건을 학교당국에 요구하고 맹휴하였다.

1. 조선어 시간을 증가해 줄 일.
1. 체조시간에 스파이크화로 때리지 말 것.
1. 실습시간을 단축해 줄 일.
1. 시간중에 때리지 말 일.
1. 점심시간에 자유를 줄 것.
1. 월사금을 반감하되 실습에서 나오는 금액으로 충당할 것.
1. 교장은 매일 출근할 것.
(《東亞日報》, 1931년 7월 2일).

---

38) 《東亞日報》, 1931년 4월 17일, 5월 7·22일.

1931년 10월 26일 해주고등보통학교 3·4학년을 비롯하여 전교생이 다음과 같은 요구조건을 제출하고 맹휴에 들어갔다.

1) ○○교육 반대.
   ① 봉건적 강제교육 반대, ② 교과서 자유 선택, ③ 종교선전 반대
2) 학생인격 존중.
   ① 교우회자치 획득, ② 언론집회 자유, ③ 연구기구 개방
3) 학비절약.
   ① 수업료 4할감, ② 교과서 구입 자유, ③ 강제여행 반대
4) 통신에 관한 건.
   ① 가정통학 자유, ② 성적표 모교발송 반대
5) 선생 배척 : 교장 등 6인.
6) 희생자 반대.
   (《東亞日報》, 1931년 10월 28일).

이에 대하여 해주경찰서에서는 학생 70여 명을 검거하였으며 학교 당국은 280명을 무기정학에 처하였다.[39] 그 뒤 주동학생 河有元 등 4명은 집행유예 3년을 언도받았다.[40]

1935년 7월 4일 춘천고등보통학교 3·4·5학년생들은 한국어 시간의 연장, 강압적인 교사 배척을 내세워 맹휴를 하자,[41] 학교당국은 주동학생 7명에게 무기정학, 4명을 유기정학, 9명에게는 근신처벌을 주었다.

(3) 비밀결사

1928년 제1차 학생전위동맹조직 후 사회주의 학생세력이 민족주의 학생세력을 압도하고 학생운동을 이끌어나가면서 1930년대에 접어들면서도 그 세력은 꺾이지 않았다. 그리하여 1929년 광주를 기점으로 전국학생들의 운동에 있어서 독서회 등 비밀결사를 통하여 전국적인 학생운동으로 확산시키는데 있어서 사회주의 세력의 작용이 컸으며[42] 1931년 신간회 해소에 있어서도

---

39) 《東亞日報》, 1931년 10월 29일.
40) 《東亞日報》, 1932년 3월 28일.
41) 《東亞日報》, 1935년 7월 5·7·17일.
42) 朝鮮總督府 警務局, 《光州抗日學生事件資料》 極秘文書(風媒社, 1979), 248쪽.

이들 세력은 “기존단체를 해소하여 신진용을 확립한다”는 기치 아래 신간회 해산 1개월 전인 같은해 4월에 신간회학생부를 해소시켰다.[43] 이후 학생운동은 좌·우세력으로 갈라져 각기 다른 사상에 입각하여 민족운동을 전개하였다. 좌파세력은 전술한 바와 같이 1928년 코민테른 제6회 대회에 있어서 동양부에 조선문제위원회가 조직되고 여기서 이른바 조선문제에 관한 〈12월테제〉를 발표하였는데, 그것은 이후 국내 사회주의 세력이 성전과 같이 받들었던 것이다. 이 테제는 과거 운동이 민족적 소부르주아지(Bourgeoisie) 및 인텔리겐챠(Intelligentsia)를 중심으로 혁명적 프롤레타리아(Proletariat)인 노동자·농민을 기초로 하지 않은 오류를 지적하고 지금부터는 공장노동자를 제일로 다음은 빈농인 소작인, 자작겸 소작인을 획득하여 운동을 이끌어가야 한다는 것이다. 이에 따라 민족주의·사회주의 양파가 합동하여 민족유일당을 표방하였던 신간회를 비롯하여 각 사회단체의 해소론이 대두되었다. 드디어 1931년 5월 15일 사회주의파가 민족주의파를 압도하고 신간회의 해소를 결의하였고 다른 단체도 마찬가지 상태로 해산되었던 것이다.[44] 이에 따라 신간회 학생부도 신간회와 같은 전철을 밟았다고 할 수 있다.

신간회학생부가 조직된 지 5년여에 그 모체인 신간회와 함께 해산된 것은 국내에 있어서 학생운동의 통일이 와해되었음을 의미하며 다시 민족주의·사회주의 양세력에 의한 학생운동으로 변모되었음을 시사하는 것이다. 학생세력은 양분되었지만 이 시기 학생운동의 목표인 독립운동을 전개하는 데에는 하등의 변화가 없었다. 단지 그 방법이 합법적이었느냐 비합법적이었느냐에 따라 온건과 강경으로 나타났다고 보아야 하겠다.[45]

‘조선학생회’를 비롯한 민족주의 학생들은 학술계몽·문화운동 등에 경주하여 학술강습회·야학강습회를 개최하고 1930년대에 들어와서 조선일보사·동아일보사가 주최하는 문자계몽운동과 브나로드운동에 적극 가담하여 문맹퇴치와 민족의식의 고취, 농촌계몽운동에 앞장섰으며 교내에서는 비밀결사·독서회·동맹휴학을 통하여 황민화교육정책에 대항하였다.

---

43) 坪紅汕二, 앞의 책, 163쪽.
44) 朝鮮總督府 警務局,《高等警察報》5, 51~52쪽.
45) 金鎬逸, 〈日帝下 學生團體의 組織과 活動〉(《史學硏究》22, 1973).

'조선학생과학연구회'를 비롯한 사회주의계 학생들은 노동운동·농민운동 등에서 전개한 노동쟁의·소작쟁의 등과 함께 강경한 방향의 비밀결사·동맹휴학 등을 이끌어나갔다. 즉 시위운동·학교습격·격문철시·단식맹휴·교실점령 등 과감한 투쟁을 전개하면서 표면적인 요구조건은 수업료철폐문제, 신교의 자유에 대한 문제, 교육제도에 관한 문제를 내걸었으나[46] 궁극적으로는 한국독립을 성취시키는 데 있었다. 그러므로 1930년대 학생운동의 특징은 동맹휴학이 1931년을 고비로 그 수가 현저하게 줄어드는 대신 비밀결사는 오히려 증가되고 있는 현상이었다.[47]

한편 광주학생운동 후 서울을 중심한 부근지역의 학생운동은 크든 작든간에 조선학생과학연구회와 관계를 맺고 있었으며,[48] 이로 말미암아 조선학생과학연구회에 대한 일제 당국의 엄중한 감시와 탄압은 가속화되었다. 1933년 회원 500여 명[49]을 포용하고 있던 동회는 회 자체로서의 운영이 어렵다고 판단되어 기존 조선학생회로 합류하고 말았다.

신간회학생부의 해체, 조선학생과학연구회의 조선학생회로의 합류는 표면적으로 학생계가 다시 단일조직체로서 환원된 것 같았지만 실제에 있어서는 일제의 탄압에 의하여 공개적인 학생운동은 위축, 좌절되고 말았다.

그리하여 1930년대 학생운동은 조직적이고 합법적인 단체에 의한 활동은 당시 여건하에서는 어렵게 되고 학교단위의 동맹휴학이라던가 소수정예화된 학생들에 의한 지하조직인 비밀결사에 의존할 수밖에 없었다.

1930년대 비밀결사는 독서회·적색구원회·반제동맹 등의 명칭으로 조직되었는데, 그 수는 정확하게 파악하기 어렵지만 일제경찰에 발각된 수에 의하면 1928년에 6건, 1929년에 5건, 1930년에 4건, 1931년에 6건이던 것이 1932년에는 22건, 1933년에는 24건으로 늘어나고 있다. 이는 비밀결사가 1930년대 학생운동의 주류를 형성하고 있음을 알려주는 것이다.

1931년 6건, 136명이던 학생사상범이 1932년에 22건, 414명으로 늘어난 것

---

46) 中川矩方,《思想犯罪搜查提要》(新光閣, 1934), 337~338쪽.

47) 朝鮮總督府 警務局,《高等警察報》5, 52쪽.

48) 中川矩方, 앞의 책, 338쪽.

49) 위와 같음. 朝鮮學生科學硏究會의 정확한 회원수는 다른 문헌에 나타나지 않고 이 책의 기록으로 보아 1933년에 가장 많은 회원을 가지고 있었던 것 같다.

은 일제의 만주침략 전후 급격히 반전사상이 일어난 때문이었으며, 경성제국대학 한일학생들이 城內反帝部를 조직하여 반전격문을 빈번히 살포하여 반전기운을 일으켰고, 각 지방학생의 반전행동이 점차 성하였기 때문이라고 분석하였다. 이 같은 상황은 〈표 5〉에서 나타난 것과 같이 1933년까지 지속되다가 그 후부터는 차츰 약화되고 있는 모습을 볼 수 있다.

〈표 5〉 학생사상범죄 사건상황

	경기	충북	충남	전북	전남	경북	경남	황해	평남	평북	강원	함남	함북	계
1931 건수	1	–	–	–	–	1	2	–	1	–	–	1	–	6
인원	50	–	–	–	–	21	30	–	11	–	–	24	–	136
1932 건수	7	1	1	2	1	1	2	1	2	2	1	1	–	22
인원	108	2	23	86	4	37	11	28	24	33	4	54	–	414
1933 건수	7	1	–	3	1	2	3	2	–	1	4	1	–	24
인원	63	4	–	31	–	28	62	32	–	11	66	5	–	302
1934 건수	3	–	–	–	3	–	1	–	1	–	–	–	–	8
인원	7	–	–	–	13	–	2	–	7	–	–	–	–	29
1935 건수	1	–	–	–	1	1	–	–	–	–	–	1	1	5
인원	89	–	–	–	12	15	–	–	–	–	–	33	3	152
계 건수	19	2	1	5	5	5	5	3	4	3	5	4	1	65
인원	317	6	23	117	29	101	105	60	42	44	70	116	3	1,033

* 朝鮮總督府 警務局, 《高等警察報》 5, 52~53쪽.

지금까지 소개한 학생비밀결사는 일제 당국에 적발되어 세상에 알려지게 된 단체들이다. 그러므로 문자 그대로 지하에서 비밀리에 조직되어 활동하였던 관계로 발각되지 않은 단체가 더 많았다.

일제 당국에 발각되어 검거된 1930년대 대표적인 비밀단체를 구체적으로 살펴보면 1931년 경성제국대학을 비롯한 5개 학교가 관계된 경성제국대학 반제부, 평양고등보통학교의 독서회, 함북 함흥고등보통학교를 비롯한 함흥 각급학교에 의한 학생공동위원회, 경남 동래고등보통학교의 반전운동, 1932년 황해 사리원농업학교의 독서회, 충남 예산농업학교의 독서회, 1933년 서울 중앙고등보통학교의 반제동맹의 활동을 들 수 있다.

경성제대 반제부는 1929년 경부터 성대 예과 한국인 학생들간에 비밀결사의 성격을 가진 독서회가 있었다. 이 회가 1931년 3월 경부터 성대학부 법과 중심의 반제부로 발전적 조직체가 되었다. 같은해 4월 법과생 愼弦重은 일본인학우 이치가와 아사히코(市川朝彦)·曺圭讚 등과 모임을 갖고 성대 1·2·3학년에 재학중인 독서회 소속 학생들을 포섭하여 반제부를 결성하기로 합의하였다. 그 뒤 이들은 신현중의 집에 모여 다시 확인하고 반제부의 하부조직으로 경성치과의전·제2고보·경신학교·법학전문·기독교청년학관의 학생들을 끌어들여 반제경성도시학생협의회를 구성하였다. 한편 신현중은 총독부 급사 李亨遠 등으로 하여금 적우회를 만들어 출판노동조합을 지도하면서 《성대독서회뉴스》·《반제학생신문》, 기타 반전을 위한 격문을 인쇄하도록 하였다.[50] 이 같은 활동 중 일제 당국에게 발각된 연루자 50명 중 19명이 1932년 7월 공판에 회부되었는데, 그 명단은 다음과 같다.[51]

성 명	학과 및 직업	나 이	형 량
신현중	法科	23	징역 3년
崔翔奎	〃	24	집행유예 3년
高晶玉	文科	21	〃
崔基晟	法科	22	〃
平野而吉	〃	21	〃
市川朝彦	〃	20	〃
姜若秀	齒科專門	22	〃
曺圭讚	성대의학부	24	〃
朴勝珉	第二高普	21	〃
金重龜	〃	19	〃
柳榮京	〃	20	〃
洪必善	城大豫科	25	〃
車啓榮	總督府給仕	20	〃
李亨遠	〃	19	〃
安福山	朝鮮日報社	19	〃
閔泰奎	東一銀行給仕	17	〃
具範植	天日醫院給仕	20	〃

50) 朝鮮總督府 警務局, 《高等警察用語辭典》(1933), 171쪽.

51) 《東亞日報》, 1932년 8월 16일·11월 25일.

평양고등보통학교의 독서회는 1931년 4월 25일 3년생 邊光植을 대표로 金在善·金斗七·金鳳燮·車榮錫·金相賢·金日權·車斗讚·張德燦·金鳳天 등이 조직하였다. 이들은 회합이 있을 때마다 각각 35전씩 갹출하여 선전활동비에 쓰고 같은해 8월 1일에도 반전격문을 인쇄·배포하였다. 이 일은 일경들에게 발각되어 구속되었다. 평양고보학생들은 이들의 석방을 요구하고 전교생 600여 명이 같은해 11월 11일 항일동맹휴교를 감행하기도 하였다.52)

함남 함흥에서는 함흥고등보통학교·농업학교·상업학교·영생고보·영생여고보 등의 학생대표들이 1931년에 학생공동위원회를 결성, 다음해 6월 15일 대대적인 학생반전운동을 전개하려고 계획하였으나 일경에게 발각되어 영생고보생 78명, 영생여고생 4명, 함흥고보생 6명, 농업학교생 2명 등이 구속되었다.53)

동래고등보통학교의 반전운동은 1931년 7월 초부터 金命突·李致雨·權東洙·金應燦·盧尙道·金永哲·梁泰穆·梁德守 등이 비밀회합을 갖고 회의를 거듭한 끝에 같은달 중순 적기회를 조직, 임원에 이치우(出版)·김명돌(財政)·권동수(組織宣傳)를 선출하고 첫 사업으로《적색뉴스》를 발간하였다. 그 뒤 9월 초 회의 이름을 '반제전위동맹'으로 고쳤으며 김명돌은 별도로 가칭 '스포츠단'을 조직하였는바 이것이 동래고보 학생사회과학연구회였다. 이들은 같은해 12월 25일 반전격문 1,300매를 인쇄하여 1932년 1월 1일 부산지구헌병대와 주요공장지대에 이를 살포하였다. 이 활동으로 일경에 구속되어 주모자들은 2년 6개월의 언도를 받게 되었다.54)

1932년 황해도 사리원농업학교 독서회는 이 학교 1·2·3·4학년 20여 명이 연초부터 반전을 목표로 독서회를 조직하여 활동하던 중 같은해 6월 일경에게 발각되어 회원이 구속되어 주모자 張漢模 등 4명은 예심에 회부되고 나머지는 기소유예처분을 받았다.55)

예산농업학교의 독서회는 이 학교 졸업생과 재학생이 반제반전을 목표로

52)《東亞日報》, 1931년 11월 12·13·22일.
53) 朝鮮總督府 警務局,《最近に於ける朝鮮治安狀況》(昭和 8년), 103쪽.
《東亞日報》, 1932년 6월 15일.
54)《東亞日報》, 1932년 5월 29일, 9월 11·15일.
55)《東亞日報》, 1932년 5월 1·4일, 6월 14일, 7월 2일, 12월 4일, 1933년 2월 10일.

조직하여 활동 중 1932년 12월 일경에게 발각되어 약 30여 명이 검거되었다.[56] 이 독서회는 이 지역 농촌청소년들에게 큰 영향을 주었으며 그만큼 지역사회에서 가장 큰 사건으로 인정되었다.

1933년 중앙고등보통학교 반제동맹은 중앙학교의 항일학생운동의 연결선상에서 이루어진 비밀결사였다.[57] 즉 1929년 광주학생운동의 영향으로 1930년 동맹휴교를 일으켰으며 1933년 10월에도 맹휴가 발생하였는데, 이 때 3년생 韓東正 등이 중앙반제동맹을 조직, 교내외에서 맹휴를 주도하였다. 1935년 2월 다시 동맹휴교가 일어나 102명의 학생이 검거되고 동시에 반제동맹도 발각, 30여 명의 학생이 별도로 취조를 받게 되었다. 그리하여 한동정 등 8명이 주모자로 예심에 회부되었다.

이상과 같이 비밀결사는 각급 학교에 조직되어 교내에서는 동맹휴학 등을 주도하고 밖으로는 파쇼 군국주의 일본에 대항하는 다방면에 걸친 민족운동을 전개하였다.

3) 태평양전쟁하의 학생운동

(1) 비밀결사 흑백당의 활동

1940년대 학생들의 항일운동은 동맹휴학이나 집단시위운동의 방법보다는 비밀결사를 통하여 실력행사를 도모코자 한데 그 특징이 있다. 또한 1930년대에 활발하게 전개되었던 사회주의 이념보다는 민족주의 색채가 농후한 학생항일운동이 발전되었다.[58] 그 대표적인 항일학생운동을 들어본다면, ① 대구사범학교 학생들의 문예부·연구회·茶革黨의 항일운동,[59] ② 함흥중학·영생중학·영생여고·함흥농업·함흥사범학생들의 함흥학생결사의 항일운동,[60] ③

---

56) 《東亞日報》, 1932년 12월 20·25·28일, 1933년 1월 7·22일, 3월 29일, 4월 23일.

57) 《東亞日報》, 1930년 11월 18·23·29일, 1931년 2월 28일, 1933년 11월 8일, 1935년 2월 22일, 3월 26일, 5월 4·14일.

58) 趙東杰, 〈총론〉(《獨立有功者功勳錄》 6 學生運動·文化運動, 국가보훈처, 1988), 57쪽.

59) 國史編纂委員會, 《韓國獨立運動史》 Ⅴ, 資料篇(1969), 339~365쪽.

광주서중학생의 무등회를 통한 항일운동,[61] ④ 경복중학 졸업생을 중심으로 한 黑白黨의 항일운동,[62] ⑤ 동래중 학생의 조선독립당의 항일운동,[63] ⑥ 경기중학 학생의 高麗會·槐會의 항일운동[64] 등이다.

이처럼 비밀결사들은 민족의 독립, 황민화교육반대, 친일파처단 등을 목적으로 조직되어 활동한 민족주의적 성격이 농후한 단체였다. 이 중에서 가장 대표적인 비밀결사는 흑백당이라 할 수 있다. 흑백당은 1942년 4월 5일 경성광산전문학교생 朱樂元(경복중학 17회 졸업생)의 집인 봉래동에서 경복중학교 17회 졸업생인 李賢相을 비롯한 7명과 중앙학교 졸업생 南相甲 등 8명이 비밀리에 창당한 항일결사였다.[65]

이 당이 조직되기까지는 1939년 경복중학교 3학년에 재학하고 있던 이현상·張宜燦·洪建杓·成益煥·崔高·明義宅·주낙원 등이 항일민족운동에 일신을 바치겠다는 뜻이 모아지면서부터이다. 이들은 시간만 나면 학교 뒷동산 숲 속에 모여 좁게는 일본인교사들의 민족차별적이고 모욕적인 언행에 울혈을 터뜨리기도 하고, 넓게는 일제의 식민지 노예교육을 비판하고 국제정세에 대해서도 서로 의견을 교환하기도 하였다. 특히 이현상으로부터 중국 중경에 있는 대한민국임시정부의 움직임과 광복군의 활약, 미국을 비롯한 해외민족운동가들의 동태를 들으면서 일제에 대한 적개심과 민족운동을 통하여 일제 군부파쇼를 무너뜨리겠다는 학생으로서의 정의감과 애국심을 갖게 되었다. 이현상이 해외소식에 밝았던 것은 그의 부친 李承浩 때문이었다. 이승호는 독립운동가로 재동에서 한약방을 경영하면서 민족운동가들과 교제를 맺고 있었다.

한편 이들 학생들에게 민족의식과 민족정신을 불러 넣어준 것은 이 학교에 있었던 한국인교사 金鍾武였다. 김교사는 경성제국대학 법문학부를 졸업

---

60) 鄭世鉉, 앞의 책, 519~525쪽.
61) 光州學生獨立運動同志會 編, 《光州學生獨立運動史》(國際文化社, 1974), 705~706쪽.
62) 金鎬逸, 〈1940년대 항일학생운동연구〉(《中央史論》 7, 1991).
63) 釜山市, 《釜山略史》(1968), 302~303쪽.
64) 京畿高等學校, 《京畿70年史》(1970), 163~168쪽.
65) 朱樂元, 〈日帝末 黑白黨 事件의 顚末〉(《新東亞》, 1978년 2월호).

하고 경복중학교에 부임하여 동양사와 한문을 담당하였다. 그는 수업시간 중 교실 밖을 살피면서 학생들에게 우리 나라의 역사를 낮은 목소리로 들려주곤 하였다.66)

이들 경복중학생들은 다른 학교인 경성사범학교의 金盛權·李慶春, 중앙학교의 남상갑, 경기중학교의 金昌欽 등과 관계를 맺으면서 독서회를 통하여 동지로서의 신의를 다졌다. 1941년 경복중학교를 졸업하고 전문학교에 진학한 이들은 1942년 4월 5일 10시 주낙원의 사랑방에 모여 우선 모임의 명칭 결정에 들어가 노예상태인 암흑에서 벗어나 자유를 찾을 때까지 투쟁한다는 의미가 내포되어있는 흑백당을 당명으로 결정하고, 이어서 선언문과 강령, 부서를 결정하였으니 그 내용은 다음과 같았다.67)

〈선언문(요지)〉

삼천리 금수강산에 단군의 후손으로 태어난 우리들은 조국이 악독한 일제의 잔인 무도한 질곡 속에서 瀕死之境에 이른 현실을 차마 눈뜨고 볼 수 없어 여기 조국과 민족을 구하고자 흑백당을 조직한다. 우리는 조국이 광복을 되찾는 그 날까지 우리의 몸과 마음을 다바쳐 모든 방법을 다하여 일제와 투쟁할 것을 삼천만 동포 앞에 엄숙히 선언한다.

강 령

一. 본 당원은 조국광복을 위해 身命을 바칠 것을 맹서한다.
一. 본 당원은 본당의 조직·이념·행동에 관한 사항을 절대 비밀로 한다.
一. 본 당원은 자기의 맡은바 책임을 전력을 다해 완수한다.

부 서

고문 : 한용운·안재홍·김성수
당수 : 이현상, 부당수 : 장의찬, 섭외조직책 : 주낙원·성익환, 행동책 : 명의택·홍건표, 자금책 : 최고·남상갑, 중앙집행위원 : 창당 참석자 전원(8명)

이처럼 조직된 흑백당은 민족주의 노선을 견지하면서 당원모집에 나서는

66) 洪建杓, 〈흑백당사건〉(사본, 1964).
67) 朱樂元, 앞의 글.

한편 실천계획과 행동목표를 첫째 일본인 주택가 방화와 일본인 살해, 둘째 친일파 처단으로 결정하였다. 첫번째 계획을 실천하기 위하여, 연합국이 반드시 서울을 폭격할 것이고 폭격이 시작되면 혼란한 틈을 이용하여 일본인이 밀집해 있는 旭町(중구 남산동 일대)에 방화하여 일본인들을 살해하려 하였다. 두번째 계획은 민족반역자인 친일파 명단을 작성하고 친일파 중 우선 처단하려고 한 인물을 이광수(香山光郎)·하산무(夏山茂)·이승우(梧村昇雨)·최린(佳山麟) 등으로 정하고 이들의 주거지와 동태를 면밀히 조사하고 있었다.[68]

흑백당 중앙집행위원 8명은 조직확대를 위하여 당원 포섭에 나서서 7명의 당원을 확보, 전체 인원이 15명으로 증가되었다. 조직확대에 힘쓰면서 전기한 실천계획을 추진하기 위하여 일본인 집단거류지에 방화를 하려면 휘발유가 필요하다는 것을 알고 행동책인 명의택이 필요한 만큼의 휘발유를 마련하여 자기 집에 은닉하였다. 다음으로 친일민족반역자를 처단하기 위하여 무기구입에 나서 모교인 경복중학교 무기고에서 이현상·홍건표가 3·8식 소총 2자루와 실탄을 훔쳐 삼청동 숲에 감추어 두었다.[69]

그러나 흑백당의 실천계획에 따른 행동이 옮겨지기도 전에 일부 당원이 체포되면서 모든 계획은 수포로 돌아갔다. 1942년 10월 경 보성전문생 김창흠이 충북 괴산경찰서에 체포당하면서 흑백당의 전모가 발각되었기 때문이다.[70] 김창흠에 이어 홍건표가 체포당하고 전당원이 수사선상에 오르게 됨에 따라 나머지 당원들은 국내활동이 어려운 것을 인식하고 국외로 탈출, 중경 임시정부로 가서 광복군에 입대, 항일독립운동을 전개할 것을 결의하고 중국으로 망명길에 올랐다.[71] 이들은 한만국경을 넘어 만주의 新民에 도착한 인원이 10명이었다. 여기서 임정이 있는 중경을 목표로 북경을 거쳐 가려고 하였으나 이들을 추격한 일경에 의하여 모두 체포당하였다. 그리하여 국내에서 체포된 김창흠·홍건표·남상갑과 함께 종로경찰서에서 신문을 받고, 1944년 4월 대전검사국으로 송치되고 대전지방법원에서 판결을 받았으니 그 형량은

---

68) 洪建杓, 〈흑백당사건〉(사본, 1964).

69) 金球鉉, 〈犯罪鑑識〉 20(黑白黨事件), (《중앙일보》, 〈남기고 싶은 이야기들〉 1,120, 1974년 8월 23일).

70) 金球鉉, 위의 글.

71) 朱樂元, 앞의 글.

징역 8년 이현상·정의찬, 징역 7년 홍건표·명의택, 징역 단기 5년 장기 7년 주낙원·성익환, 징역 5년 최고·남상갑·전희숙, 징역 3년 김성근·이경춘·이병림으로, 1945년 8·15 해방이 될 때까지 대전형무소에서 복역하였다.[72)]

(2) 부산2상·동래중학의 군사훈련 반대항쟁

일본제국주의가 한국을 병탄한 후 궁극적으로는 한국민족을 皇民化시키기 위해 온갖 방법과 수단을 동원하여 우리 민족을 지배했다. 교육의 측면에서 살펴본다면 4차의 〈교육령〉을 개정하면서 황민화정책을 추진시켰다. 즉 1910년대 헌병경찰에 의한 무단통치기에는 1911년 제1차 〈조선교육령〉을 공포하여 동화교육을 실시하였고, 1920년대 소위 문화정치 시기에는 1922년 제2차 〈조선교육령〉을 공포, 내선일체의 교육을 강조하였다. 1930년대에 들어서는 한반도를 병참기지화하면서 1938년 제3차 〈조선교육령〉을 개정했다. 이 시기에는 황민화교육에 박차를 가하여 창씨개명·신사참배를 강요하였고, 1940년대 태평양전쟁시기에는 제4차 〈조선교육령〉을 1943년에 개정하여 전쟁에 대비한 결전교육을 실시하였다.[73)] 더욱이 1940년대 결전교육은 군국주의 국가로서 일본제국주의의 군사능력의 배양수단이었고 그 실천의 원천이었다. 錬成과 학도동원을 근간으로 한 제4차 교육령체제는 한국의 학생들에게 군사교육을 강화하고 그들을 전쟁에 투입시키는 제도적 장치였다. 그리하여 조선총독부 학무국내에 연성과를 설치, 각급학교 졸업자와 학생들을 상대로 연성을 실시하였다. 연성은 '錬磨育成'의 뜻으로 한국민족을 완전한 천황의 신민으로 개조하는 것이었다. 이 시기 학교는 군대의 하청기관으로 일본어 교육과 군사교련의 場이었으며, 졸업생에게도 군사예비훈련을 실시키 위하여 연성수업소·청년특별연성소 등을 설치하여 운영하였던 것이다.[74)]

한편 학도동원체제화에 박차를 가하여 조선총독부는 1941년부터 고등교육기관의 수업연한 단축실시로부터 1943년 〈학도전시동원체제확립요강〉을 통

---

72) 國家報勳處, 〈學生運動·文化運動〉(《獨立有功者功勳錄》 6, 1988), 411~412쪽, 이현상조.

73) 鈴木敬夫, 《朝鮮植民地統治法の硏究》(北海道大學圖書刊行會, 1989), 250쪽.

74) 朴慶植, 앞의 책, 374~375쪽.

하여 근로동원의 강화를 확립하였다. 이 때부터 교육의 장인 학교는 노동력 공급의 장으로 변하였고, 근로동원이라는 명목으로 중등교육기관・고등교육기관의 학생들을 산업시설에 투입하여 육체노동을 시켰다. 한편 1943년 징병제를 실시, 징병적령제출자가 25만 4,753명이었고 1944년 제1회 징병검사를 받은 청년이 20만 6,057명이나 되었다. 더욱이 일제는 1943년 소위 〈朝鮮人學徒陸軍特別志願兵制度〉를 공포하여 강제로 한국인 학생을 전선에 투입시켰던 것이다.75)

이러한 일제에 대항하여 한국학생들은 황민화교육 반대, 식민지정책 반대, 근로동원 반대, 학병거부 등 다방면에 걸쳐 항일민족운동을 전개하였다. 이 시기 학생들의 항일운동은 동맹휴학이나 집단시위운동보다는 비밀결사를 통하여 폭력으로 일제를 응징하려고 한 실력행사에 그 특징이 있었으며, 또한 1920~1930년대 활발하게 전개되었던 사회주의 계통의 운동보다 민족주의 이념을 가진 항일학생운동이 발전되었으며, 그 성과가 두드러지기도 하였다. 이 시기 대표적인 항일학생운동은 1940년 부산지역에서 일어난 브산2상과 동래중학생이 전개한 군사훈련반대시위항쟁(일명 노다이사건)과 1942년 비밀결사 흑백당의 활동, 1944년 평양사단 및 대구 24부대의 학병의거라 할 수 있다.

1940년 11월 21・22일 양일간 경남지방의 중등학교를 동・서군으로 나누어 동군은 부산 제2상업학교・부산중학교・부산 제1상업학교이고, 서군은 동래중학교・마산중학교・진주농업학교・진주중학교로 편성하여 배속장교인 일본군 육군대좌 노다이(乃台)의 지휘 아래 김해 방면에서 모의전투훈련을 했다.76)

이 때 노다이대좌는 민족적 차별감정을 노골적으로 드러내 일본인학교 학생들은 평지에서 훈련을 받게 하고 한국인 학생들은 산간지대로 우회시켜 과로로 지치게 만들었다. 이로 인하여 종합평가에서 일본인 학생들이 좋은 평가를 받게되었다. 이어서 같은달 23일 거행된 국방경기대회에서도 당연히 우승교로 지목되던 동래중학과 부산2상업학교를 탈락시키고 부산중학을 우승케 만들었다. 이에 격분한 부산2상・동래중학생들이 폐회식에 우승의 부당

75) 金鎬逸, 앞의 글(1991).

76) 金義煥, 〈日帝下 釜山의 學生抗日獨立運動〉(《尹炳奭敎授華甲紀念韓國近代史論叢》, 1990).

을 지적하고 시위에 돌입했다. 양교생 1,000여 명은 구덕산운동장에서 출발하여 악대를 앞세우고 시가행진에 돌입했다. 학생들은 당시 금지되었던 우리 가요인 황성옛터·아리랑·양산도·도라지타령 등을 고창하고 "조선독립만세", "일본놈 죽여라", "너희들은 일본으로 돌아가라"라는 구호를 외쳤다.[77] 양교의 시위대열은 부용동 흑교를 거쳐 부승동 4거리에서 부산제2상업학교생들은 대청동을 거쳐 중앙동으로 향하고, 동래중학생들은 광복동을 거쳐 중앙동으로 행진, 중앙동에서 합류한 다음 하급생들은 어두워지자 귀가시키고 양교의 4·5학년 약 400여 명이 하오 8시 30분 경 부산터널 입구 오른편에 있었던 노다이 관사에 도착, 터널입구 공사장의 자갈돌을 들고 "노다이 나오너라", "노다이 죽인다"라고 외치면서 관사에 돌을 던져 유리창을 모두 깨트리고 노다이가 없는 것을 확인하고 물러나 9시 경 모두 해산하였다.[78]

그러나 부산 일본헌병대에서는 27일 오후 10시부터 시위에 참가한 학생 검거에 나서서 다음날까지 200여 명의 학생을 체포하고 이들 중 주모자급 학생 15명을 검사국으로 송치했다. 부산지방법원 제1심을 거쳐 대구복심법원의 제2심에서 징역 8개월의 언도를 받고 11명이 옥고를 치렀다. 한편 부산2상과 동래중학의 학교 당국은 이 사건에 관련된 학생들에 대하여 부산2상은 퇴학 12명, 정학 10명, 견책 10명을, 동래중학도 퇴학 9명, 정학 34명을 징계했다.[79]

부산2상과 동래중학의 한국인 학생들의 거사는 부정과 불의에 분기하여 일본제국주의에 항거한 항일투쟁사의 또 하나의 의거였다.

(3) 학병거부항쟁

일제는 제2차 세계대전에서 승리하기 위하여 소위 大東亞共榮이라는 미명 아래 자국인뿐만 아니라 식민지 한국인, 괴뢰 만주국의 만주인·몽고인·중국인까지 이 전쟁에 동원시키고 군수물자를 강탈했다. 특히 한반도를 그들의 대륙침략기지로 만들어 북한지방은 중공업지대로, 남한지역은 경공업 및 식

77) 釜山學生事件正史編輯委員會, 《釜山學生事件正史》(1967), 8쪽.
78) 東萊高等學校19期同期會, 《望月回想錄》(1990), 197~217쪽.
79) 釜山學生事件正史編輯委員會, 앞의 책, 8쪽.

량생산기지화하여 전쟁수행에 이바지하게 했다.[80]

일제는 한국인에 대한 인적 동원을 징병과 징용을 통해 실시하였다. 즉 1943년 5월 징병제실시를 결정하고 1944년부터 징집한다고 공포하였다. 이미 1938년 이후 지원병이라는 명목하에 청년들을 군에 입대시켜 1941년까지 1만여 명을 전선으로 내몰았던 것이다. 한편 1943년 10월 일제는 소위 〈조선인 학도육군특별지원병제도〉를 공포하고 한국인 학생들을 전장으로 내몰려고 하였다. 이 학도지원병은 표면적으로는 자의에 의한 지원이라고 했으나 일제 당국은 학교에 대하여 지원특례를 주는 수법으로 강요하였다. 총독부 기관지 《매일신보》를 통하여 국내 지도자들의 〈학병권유문〉을 게재하고 심지어 최남선 등을 파견, 일본에 유학하고 있던 유학생들에게도 학병지원 권유 강연행각을 자행했다.[81] 이러한 일제의 학병지원제에 대하여 한국 학생들은 학병거부운동을 전국적으로 전개했으나 군경을 동원한 강력한 제동 앞에 굴복하지 않을 수 없었다. 1943년 11월 20일까지 조선인 학도지원병의 지원마감에 따라 학병적격자 7,200명의 명단이 작성되고, 이중에서 1944년 1월 20일 4,385명이 학업을 포기하고 일본 천황을 위한 전쟁을 위하여 입대하게 되었던 것이다.[82]

함경남북도·평안남북도 출신의 학병들도 1943년 창설된 평양사단에 입대하게 되었다. 이 사단에서 훈련받는 가운데 학병의거를 단행한 주체는 42보병부대의 학병들이었다. 의거 당시에는 50명 가량이 남아있었는데, 이들은 "일군에게 끌려가 죽기를 기다리느니 차라리 싸워서 죽음을 이기자"는 결심 속에 집단의거를 감행했던 것이다.

그리하여 42부대의 한국인 학병인 金完龍·朴性和·崔正守·全相燁 등은 틈만 있으면 의거 모의를 숙의하였고, 1944년 8월부터는 본격적인 활동을 전개하여 우선 동지 포섭과 조직강화에 착수하여 행동강령과 부서를 다음과

---

80) 森田芳夫, 앞의 책, 19쪽.

81) 兪鎭午, 〈片片夜話〉 47(《東亞日報》, 1974년 4월 29일).

82) 입대한 4,385명을 구체적으로 살펴보면 국내 재학생 959명(적격자 1,000명), 귀성중인 일본 유학생 1,431명(적격자 1,529명), 일본 잔류학생 719명(적격자 1,400명), 9월 단축졸업생 941명(적격자 1,574명), 취직 중 졸업생 335명(적격자 700명)이었다(20同志會中央本部, 《青春輓章》 1, 1972, 289~302쪽).

같이 결정하였다.[83]

〈행동강령〉

① 우리는 생명을 바쳐 조국의 독립을 쟁취한다.
② 우리는 일체 이데올로기를 초월하여 단결한다.
③ 우리는 우리의 조직 명령에 복종한다.
④ 우리는 지성과 관용으로 동지애를 굳힌다.

부 서

총책 : 김완룡(중앙대학 법학부) 참모장 : 박성화(조도전대학 이공학부)
참모(작전) : 전상엽(대동공전 채광과) 참모(보급) : 崔泓熙(중앙대학 법학과)
참모(정보) : 李度洙(궁기고농축산과) 제42대 조직책 : 최정수(동양대학 철학과)

이어서 제47포병부대에서 7명, 43·48·50부대에서 18명을 가입시켜 조직을 확대하고 거사작전도 수립하였으니 평양사단을 폭파하고 부대를 탈출, 한만국경지대와 부전고원 등 산악지대에서 게릴라전을 전개한다는 것이었다. 이 같은 계획하에 장비는 개인에게 지급된 3·8식 소총 1정, 대검 1개, 사격훈련 때 감추어둔 실탄·의약품·미숫가루 등과 작전에 필요한 지도·야전용 칼·전지·야광 나침반을 준비했고, 각자가 민간복과 자금을 마련토록 했다. 아울러 거사일을 10월 1일로 정하였다가 11월 1일로 변경하였다.[84]

모든 준비가 완료되고 거사일을 기다리고 있던 중 한인보조헌병 임○호의 밀고에 의하여 김완룡 등 70여 명이 체포되었다. 이들은 갖은 고문을 받고 〈치안유지법〉 제3조 국체변경을 목적으로 한 국가반란죄로 평양사단 군법회의에 회부, 주모자급 26명은 징역 13년에서 징역 3년의 언도를 받고 복역 중 1945년 8·15 해방으로 영어의 몸에서 자유를 얻었던 것이다.

평양사단의 학병의거와 함께 대구 24부대에서도 학병의거가 일어났다. 1944년 1월 20일 경상남북도 출신 학병 600여 명이 강제 입영되어 훈련을 받던 중 27명만 남고 모두 중국전선으로 출정했다. 남은 27명 중 權赫朝(중

83) 20同志會中央本部, 〈朴性和의 手記〉(위의 책), 53~77쪽.
84) 朴性和, 〈日軍平壤師團의 學生義擧〉(《新東亞》, 1969년 4월호).

앙대학생)·文漢雨(연희전문생)·金而鉉(명륙학원) 등이 중심이 되어 의거계획을 세웠으니 그것은 일본군을 살해하고 집단탈출을 감행한다는 것이었다.[85]

이를 추진하기 위하여 같은해 8월 8일 김이현·문한우·권혁조·權泰鏞·權重赫·金福顯이 탈출에 성공하였으나 문한우·권혁조·권태용·권중혁 등은 체포되어 문한우·권혁조는 징역 5년, 권태용·권중혁은 징역 4년을 언도받고 복역 중 해방을 맞이하여 자유의 몸이 되었다.[86]

〈金鎬逸〉

85) 20同志會中央本部, 〈金而鉉의 手記〉(앞의 책), 30~52쪽.
86) 20同志會中央本部, 〈金而鉉의 手記〉(위의 책), 30~52쪽.

Ⅲ. 1930년대 이후 해외 독립운동

1. 중국관내 독립운동정당의 활동
2. 만주지역 독립군의 무장투쟁
3. 미주·일본지역의 독립운동

Ⅲ. 1930년대 이후 해외 독립운동

1. 중국관내 독립운동정당의 활동

임시정부가 수립된 이후, 중국관내 지역에는 많은 독립운동단체들이 조직되었다. 이념을 같이하는 인물들이 하나의 틀을 만들어 각각의 단체에 집결하였고, 그 이념에 따라 상황에 알맞은 활동방향을 찾아 나갔다. 그 단체들이 상황 전개에 따라 성격을 달리하게 되는데, 가장 대표적인 변화가 바로 '정당' 조직체로 발전하여 갔다는 점이다. 임시정부를 중심으로 1920년대만 하더라도 鐵血團·義勇團·義烈團·大韓愛國婦人會 등 임시정부 주변에 60여 개의 단체들이 만들어지고 또 이합집산해 나갔다. 그러한 단체들이 점차 정당이라는 형태로 변했고, 또 그를 중심으로 임시정부를 운영하거나 독립운동을 펼치게 되었다.

정당을 조직하려는 움직임은 임시정부를 수립하던 단계에서 이미 나타났다. 정부가 아니라 정당을 조직하고 그를 중심으로 독립운동을 펼치자는 주장이었는데, 결국 정부조직체를 구성하는 것으로 결론이 난 것이다. 그 뒤 임시정부가 정부라는 이름에 걸맞은 '역할가치'를 해내지 못하고, 독립운동이 전반적으로 답보상태에 빠졌을 때, 이를 극복하는 방안으로 유일당·좌우합작·민족협동전선·민족대당 등으로 불리던 유일당운동이 일어났고, 그 연장선에서 독립운동정당이 결성되었다. 이후 임시정부 주변에는 이와 친소관계를 달리하면서 여러 정당들이 만들어지고 또 통합하거나 분리하면서 광복에 이르기까지 독립운동을 펼치는 가장 중요한 단의조직체로 자리잡았다.

1) 독립운동정당의 성립과 활동

(1) 한국독립당

1926년부터 1929년까지 중국관내에서 유일당운동이 펼쳐졌다. 대독립당북경촉성회를 출발점으로 하여 상해·광동·무한·남경 등에서 유일당촉성회가 결성되었고, 1927년 11월에는 이들 관내지역 유일당촉성회 대표들이 상해에 모여 '한국독립당관내촉성회연합회'를 결성함으로써 한 발자국 진전시켰다. 임시정부가 민족대당이 완성되면 최고의 권한을 모두 거기에 넘긴다는 내용이 든 개헌안을 통과시키고, 국무위원 전원이 유일당운동에 참여하는 파격적인 자세를 취했음에도 불구하고 결실을 맺지 못하였다. 1929년에 들어 분열의 기미를 보이다가, 결국 1929년 10월 26일에 좌파세력이 유일당상해촉성회를 일방적으로 해체하고 留滬韓國獨立運動者同盟(滬; 상해의 별칭)을 결성하여 중국공산당과 연대투쟁을 벌이거나 그 범주 안으로 들어가기 시작하면서 좌우합작운동은 일단 중단되고 말았다.

상해지역의 좌파세력이 이처럼 독자적인 길을 걸어가게 되자, 임시정부 유지세력은 독자적인 방안을 찾았다. 그 결과 1930년 1월 25일에 임시정부 청사에서 韓國獨立黨이라는 정당체를 결성한 것이다.[1] 유일당운동으로 추구된 단체가 정당이요 단일당이었지만, 좌파세력이 결별을 선언한 상태에서 임시정부를 유지할, 즉 이당치국의 존재로서 정당을 결성한 것이다.

이 한국독립당은 李東寧·安昌浩 등 임시정부 유지세력이 "종래의 지방적·파벌적 감정을 버리고 민족주의의 입장에서 新旗幟下에 전선의 통일"을 도모하려는 뜻에서 결성되었다. 안창호는 이를 '대독립당'이라거나 '한국독립운동을 위한 최고기관'이라고 표현하였다.[2]

한국독립당 결성의 주역은 이동녕을 비롯한 임시정부의 핵심세력과 홍사

---

1) 金正明,《朝鮮獨立運動》Ⅱ(東京: 原書房, 1967), 511쪽.
金正柱,《朝鮮統治史料》10(東京: 韓國史料硏究所, 1975), 697쪽.
朝鮮總督府 高等法院檢事局 思想部,《思想月報》3-11(1934), 16~17쪽.

2) 國會圖書館,《韓國民族運動史料》중국편(1976), 645쪽.

단의 안창호였다. 임시정부 핵심세력은 임시정부의 기능강화와 이에 따른 독립운동의 활성화를 도모코자 했고, 안창호는 임시정부를 해체하고 독립운동의 최고기관을 수립코자 했다. 그러나 임시정부를 어렵게 고수해 온 이동녕·金澈을 비롯한 임시정부의 간부들은 "과거 10여 년이란 역사를 가진 정부를 해산함은 불가하며, 설령 새로운 기관을 설립한다고 하더라도 반드시 이 보다 유리하다고는 할 수 없다"고 했다.[3] 이러한 상반된 견해가 조정되어 한국독립당이 결성되었다. 따라서 한국독립당은 유일당운동이 결렬되면서 민족주의세력이 임시정부를 강화하고 이를 중심으로 독립운동의 주도권을 장악하고자 조직한 것으로 임시정부의 여당이 되었다.

한국독립당은 1930년을 전후하여 결성된 제 정당과는 다소 그 성격을 달리했다. 즉 이 당은 정착된 정당조직의 모습을 갖추었는데, 그 이유는 정부와의 관계와 성숙성 및 정강·정책의 완성 때문이다. 한국독립당은 以黨治國의 체제를 갖춘 소위 '중국국민당정부'처럼 '한국독립당정부'를 구성하게 되었다. 1930년에 조직되어 1932년 5월 항주로 옮겨간 이 당은 1940년 重慶에서 조직된 같은 이름의 한국독립당과 달리 임시정부의 與黨이라기 보다 임시정부 그 자체였다.[4]

당의 중심인물은 모두 임시정부의 주요 직책을 갖고 있었다. 1927년 8월에 조직된 국무위원은 이동녕(국무회의주석 겸 법무장)·金九(내무장)·吳永善(외무장)·김철(군무장)·金甲(재무장) 등이었고, 1930년 6월에 오영선의 사직으로 趙素昂이 외무장으로 선출되었다. 그리고 같은 해 11월 8일 의정원 회의에서 임기(3년) 만료로 인한 국무위원 개선에 따라 선출된 국무위원은 이동녕(법무장·주석)·김구(재무장)·趙琬九(내무장)·조소앙(외무장)·김철(군무장) 등이었다. 그 외 주요직은 군사위원회위원장 尹琦燮, 외교위원회와 경제위원회 위원장에 안창호, 임시의장에 이동녕, 부의장에 車利錫이었다.[5]

---

3) 위와 같음.
4) 1930년대의 한국독립당이 임시정부의 여당이면서 유일당이었다. 때문에 임시정부와 한국독립당은 동일한 인물로 구성된 것이었다. 그러나 1940년대에 조직된 한국독립당은 제1 야당인 민족혁명당을 비롯하여 여러 야당을 경쟁상대로 둔 집권당이었다.
5) 독립운동사편찬위원회, 《독립운동사》 4(1972), 575~576쪽.

한국독립당은 그 이전에 전혀 볼 수 없던 성숙된 정강·정책을 마련했다. 한국독립당의 정강·정책을 입안한 자는 조소앙이었고, 따라서 그의 三均主義가 당 이념의 기본구조가 되었다. 이 내용의 골격은 결국 민주독립국가의 수립과 균등제도의 실현을 목표로 한다는 것이었다. 조소앙의 삼균주의를 기본골격으로 한 한국독립당의 이념을 살펴볼 때 세 가지의 특성으로 구분해 볼 수 있다. 민족주의·민주주의의 성격, 대일투쟁 방법으로 민중적 항일투쟁과 무력적 파괴의 두 가지를 제시한 점, 토지와 대생산기관을 국유로 한다는 사회주의적 성격 등이 그것이다. 한국독립당의 정강·정책은 1930, 1940년대에 조직된 대다수 정당의 본보기가 되었다는 사실에서 큰 의미를 가진다.

한국독립당은 투쟁방략으로 민중적 반항과 무력적 파괴를 제시했다. 이것은 만주의 한국독립당과 朝鮮革命黨처럼 군사조직을 갖추지 못한 상황에서 요인암살이나 적 기관의 파괴와 같은 소규모의, 그러면서도 효과 있는 투쟁을 전개할 수밖에 없었던 데에 기인하였다. 그러므로 1930년대 초 한국독립당의 항일투쟁활동은 이러한 무력적 파괴·요인암살 등이 주된 흐름이었고, 당시의 상황으로서는 최선의 방법이었다.[6] 그리고 이 투쟁방략은 한국노병회의 독립전쟁준비방략과 병인의용대의 의열투쟁방략을 계승한 것이었다.

한국독립당은 산하 각 부문단체를 통해 활동을 전개하기도 했다. 그 산하 부문단체로는 비밀결사인 한인애국단을 비롯하여 상해한인청년당·상해애국부인회·상해한인여자청년동맹 등이 있었다. 한국독립당의 활동 가운데 중요한 것이 중국국민당의 지원 획득이었다. 1930년 5월 초에 남경에서 개최된 제4차 중국국민당중앙집행위원회의 개회와 張學良이 남경을 방문한 기회를 맞아 중국 거주 한인문제에 관해 청원하기 위해 조소앙과 朴贊翊이 대표로 파견되었다. 이들은 남경에서 蔣介石·장학량을 비롯한 중국국민당의 요인을 방문하고 한국독립당의 주의·강령 등을 극력 주장했다.[7]

---

6) 소규모의 국부적인 무력적 파괴만으로 독립운동의 궁극적인 목표인 복국을 달성할 수 없었다. 따라서 윤봉길의거 이후 장개석과 면담했던 김구는 한국청년의 조직적 훈련과 군사력 양성을 위해 중국군관학교에 한국청년을 입교시켜 달라고 요청했고, 이 자리에서 양자합의에 의해 중국군관학교 낙양분교에 한인특별반이 만들어졌다.

7) 國會圖書館, 《韓國民族運動史料》 중국편(1976), 676쪽.

1931년 5월에 조완구·조소앙·이동녕·김철·김구 등 국무위원 명의로 선언서를 발표했다.[8] 이 선언은 남경에서 개최되고 있던 중국국민회의에 임시정부와 한국독립당의 방침과 정책을 알리기 위한 것으로 이 선언에서 임시정부와 한국독립당이 요구하는 것은 두 가지로 요약된다. 그 하나는 옛 한국영토에 민주독립국가를 확립하는 것이며, 또 하나는 역시 그 땅에 균등제도를 실현하는 것이었다. 전자는 과거의 시기로서 첫걸음의 공동목표이며, 후자는 건설시기의 궁극적인 목적이라고 했다.[9]

한국독립당의 성립은 한국독립운동사에서 큰 의의를 가진다. 왜냐하면 그것은 "민족유일독립당이라는 민족운동상의 요구를 구현하기 위해 시도된 중국관내에서 최초로 이루어진 본격적인 정당 활동이었다"[10]는 이유 때문이다. 그리고 한국독립당이 조직된 뒤에 임시정부를 중심으로 하거나 또는 그 범주를 벗어난 위치에서 여러 정당이 조직되었고, 이어서 점차 임시정부를 중심으로 하는 정당정치가 이루어지게 되었던 사실도 그러하다.

(2) 의열단

義烈團은 1919년 11월에 길림성에서 창단된 뒤 상해로 이동하여 1925년 상반기까지 파괴·암살 등의 의열투쟁에 힘을 쏟았다.[11] 의열단은 20년대 초에 무정부주의 이념을 표방하고 의열투쟁을 벌였으나 그것만으로 일제를 축출할 수 없다고 판단하고 1925년부터 활동방향을 바꾸었다. 의열단의 대표인 金元鳳은 여러 단체들과 함께 黃埔軍官學校 제4기에 입학하였다. 당시 이 학교의 교장은 장개석이었으나 북벌에 참가하고 있었고, 교장대리를 맡고 있던 鄧演達이 공산주의자였기 때문에 김원봉을 비롯한 의열단원들이 공산주의에 심취하게 되었다.[12]

1926년 10월에 황포군관학교를 졸업한 김원봉은 그해 겨울에 광주에서 의열단의 개조를 위한 전체회의를 개최하였다. 吳成崙·金山·柳子明 등이 함

8) 위와 같음.
9) 國會圖書館, 《韓國民族運動史料》 중국편(1976), 673~675쪽.
10) 秋憲樹, 〈日帝下 國內外 政黨活動〉(《韓國現代史의 諸問題》 II, 1987), 352쪽.
11) 金榮範, 《한국 근대민족운동과 의열단》(창작과비평사, 1997), 141쪽.
12) 김희곤, 《중국관내 한국독립운동단체연구》(지식산업사, 1995), 250쪽.

께 참석한 이 회의에서 의열단은 장차 '혁명정당'으로 전환할 것을 결정했다.[13] 이 결정을 바탕으로 의열단은 1927년 초에 조직을 개편하였다. 그것은 광동에 중앙집행위원회를 두고, 상해와 武昌 및 南昌에 지방집행위원회를 두는 내용이었다.[14]

'혁명정당'으로의 전환을 결정한 의열단은 다음해인 1927년 5월에 〈獨立黨促成運動에 대한 宣言〉을 발표하였다.[15] 이것은 이미 1926년 10월에 결성된 대독립당조직북경촉성회를 이어 1927년 4월에 상해에서 한국유일독립당촉성회가 조직된 직후였다. 이로써 의열단은 '민족협동전선운동'과 '혁명정당' 결성이라는 두 가지 활동방향을 정립했다. 그들은 우선 주요 활동지역에서 유일당촉성회를 조직했다. 1926년 황포군관학교 입교 무렵부터 김원봉과 김성숙 등이 활동하고 있던 광동에서 김성숙이 주도하여 1927년 5월 8일에 광동촉성회를 조직했다. 또한 당시 무한에도 1927년 4월 12일에 장개석이 중국공산당을 탄압하기 위해 전개한 '反革命淸黨運動'(상해쿠데타)을 피해 모여든 의열단원들이 많았는데, 박건웅을 중심으로 무한촉성회가 조직되었다.[16]

1927년 5월 이후 무한에서 활동하다가 그해 말에 상해로 돌아온 김원봉은 1928년 늦여름 이래 安光泉을 상해에서 만나 앞서 선언했던 두 가지 활동방향 가운데 민족협동전선운동을 추진하고,[17] 이와 함께 1928년 말에 들어 의열단을 정당조직체로 그 성격을 전환시켜 나가기에 이르렀다. 의열단이 1926년에 '혁명정당'으로의 전환을 결정한 이래 내용면에 있어 구체적인 변화를 보인 사실은 1928년 10월 4일에 발표한 〈朝鮮義烈團 제3차 全國代表大會宣言〉[18] 가운데에서 '정당체적 조직'으로의 전환을 암시한 20개항의 정강·정책이었다.[19] 이는 결국 의열단이 1926년 겨울에 결의한 '혁명정당 전

---

13) 水野直樹, 〈黃埔軍官學校と朝鮮の解放運動〉(《朝鮮民族運動史硏究》 6, 1989), 63쪽.
14) 水野直樹, 위의 글, 59쪽에서 재인용.
15) 朴泰遠, 《若山과 義烈團》(백양당, 1947), 206쪽.
16) 梶村樹秀, 〈1940年代 中國の抗日闘爭〉(《三千里》 31, 1982), 102쪽.
17) 韓相禱, 《韓國獨立運動과 中國軍官學校》(문학과지성사, 1994), 223쪽.
18) 金正明, 《朝鮮獨立運動》 Ⅱ(東京 : 原書房, 1967), 340~341쪽.
19) 강만길, 《조선민족혁명당과 통일전선》(和平社, 1991), 37쪽.
의열단의 이념과 정강을 보면, 사회주의 정책을 중점적으로 채택하고 있었음

환' 방침을 사실화하면서, 이와 함께 1927년에 표명한 '통일적 총지휘기관'의 확립을 위해 힘을 기울이는 일이었다. 그리고 이 선언이 나온 바로 다음 달인 11월에 의열단은 〈창립 9주년을 기념하면서〉라는 발표문을 통해 협동전선의 실천적 형태로 '통일적 정당'을 제안하였다.[20]

상해를 거쳐 북경에 도착한 김원봉은 ML파 간부인 安光泉과 제휴했다. 그들은 조선공산당재건동맹을 조직하고 전위투사의 양성을 위해 레닌주의 정치학교를 설립하고 청년들을 교육했다.[21] 그러다가 1930년에 상해에서 한국독립당이 창당될 무렵, 의열단의 중심세력은 1929년 봄 이래 상해를 떠나 북경으로 활동무대를 옮겼다.[22] 그러다가 1931년 9월에 일제의 만주침공을 접하면서 의열단의 중심세력은 남경으로 이동하기 시작했다. 이 시기 의열단 활동은 김원봉이 남경에서 군사간부를 양성한 일과 한일래와 박건웅이 중심이 되어 韓國對日戰線統一同盟을 결성하여 민족협동전선운동을 전개한 일로 나타났다.

김원봉은 남경에서 황포군관학교를 통해 맺어진 인연을 최대한 살려 국민당정부 군사위원회에 〈中韓合作에 관한 建議〉, 〈韓國革命의 現狀과 本團의 策略〉, 〈朝鮮義烈團의 政治決意案〉 등을 제출하고, 그 결과 장개석의 결재를 얻어 조선혁명군사정치간부학교를 열었다.[23] 이 학교의 설립목적은 청년간부들에게 항일투쟁정신을 계승시키고 근대적 군사교육을 시켜 한국의 절대독

을 쉽게 알 수 있다. 우선 1928년 10월에 조선의열단 제3차 전국대표대회선언을 통해 발표된 정강의 대강을 정리하면 다음과 같다. 그 내용은 ① 봉건제도 및 일체 반혁명 세력을 삭제하고, 진정한 민주국을 건설함, ② 소수인이 다수인을 착취하는 경제제도를 소멸시키고 조선인 각개의 생활상 평등한 경제조직을 건립함, ③ 대지주의 재산을 몰수함, ④ 농민운동의 자유를 보장하고 가난하여 고생하는 농민에게 토지·가옥·기구 등을 공급함, ⑤ 대규모의 생산기관 및 독점성의 기업(철도·광산·기선·전력·수리·은행 등)은 국가에서 경영함 등이었다.

20) 朝鮮總督府 慶北警察部, 《高等警察要史》(1934), 102~104쪽.

21) 金正柱, 《朝鮮統治史料》 10(東京：韓國史料硏究所, 1975), 704쪽.

22) 坪江汕二, 《鮮民族運動秘史》(東京：日刊勞動通信社, 1959), 65쪽.

23) 군사간부학교 운영에 대해서는 다음의 글을 참조.
韓相禱, 앞의 책, 255~296쪽.
金榮範, 앞의 책, 299~316쪽.

립을 달성하고 중국의 목표인 만주국 탈환도 도모한다는 것이었다. 그리하여 의열단은 1932년 10월부터 1935년 9월에 이르기까지 3기에 걸쳐 모두 125명의 청년간부들을 배출했다.

의열단이 전개한 또 하나의 중요한 활동은 앞에서도 본 것처럼 1920년대 후반기에 추진되다가 일단 실패한 민족협동전선체 구성에 관한 노력이었다. 1932년 10월 이래로 구체화된 이 활동은 의열단을 비롯하여 한국독립당・조선혁명당・한국광복동지회・신한독립당 등의 대표들이 상해에 모여 各團體聯合籌備委員會를 결성하고, 뒤이어 11월 10일에 한국대일전선통일동맹을 정식으로 발족시켰다.[24] 이로써 1926년 이후 상해 등 중국본토지역에서 추진된 민족협동전선운동이 한 단계 나아가 장차 '대동단결체'를 조직할 수 있는 발판을 만들었다. 의열단의 위치에서 볼 때, 이러한 결실은 1926년 겨울에 광주에서 열린 의열단 개조를 위한 전체회의와 1927년 5월에 발표한 〈독립당촉성운동에 대한 선언〉 등으로 시작하여 1935년 7월 5일에 성립되는 조선민족혁명당으로 연결되는 민족협동전선운동의 일련의 과정이었다. 이 과정에서 의열단은 당명을 사용하지 않았던 문제와는 관계없이 다른 독립운동정당과 동일한 자격과 위치에서 제 역할을 발휘했다.

(3) 신한독립당

新韓獨立黨은 만주의 한국독립당(상해의 것과 다름)과 남경의 한국혁명당이 1932년에 통합되어 조직되었다.

만주의 한국독립당은 1928년 12월에 조직된 혁신의회를 기반으로 하여 1930년 7월에 홍진・李青天・閔武・安勳・黃學秀・申肅・李章寧・金元植 등에 의해 결성되었다.[25] 만주의 한국독립당은 중앙에 6개 위원회를 두고 지방에는 支黨部와 區黨部를 두었다. 그리고 이 당은 동북 만주의 의병・유림・대종교 등의 집단을 망라하였다. 당의 간부를 보면 홍진이 중앙위원장이었으며, 신숙(총무)・南大觀(조직)・안훈(선전)・이청천(군사)・崔灝(경리)・이장녕(감찰) 등이 각각 6개 위원회의 위원장을 담당했고, 한국독립군 총사령은 이청

24) 國史編纂委員會, 《韓國獨立運動史 資料》 3, 473~474쪽.

25) 蔡根植, 《武裝獨立運動秘史》(大韓民國公報處, 1949), 156~157쪽.

천이 맡았다.26) 이 당은 당 내부에 총무·조직·선전·군사·경리·감찰 등 6종의 위원회를 두었고, 당의 조직체계는 중앙당부·지당부·구당부 등의 3급 조직을 두었다. 그리고 한국독립당은 이후 동·북만주의 의병출신과 유림 및 대종교 등의 집단을 망라하여 진영을 강화했고, 따라서 1931년에는 36개의 軍區를 가질 정도로 그 조직이 확대되었다.27)

한국독립당은 창당과 함께 다음과 같은 〈黨綱〉을 채택하였는데, 첫째 民本政治의 實現, 둘째 勞本經濟의 組織, 셋째 人本文化의 建設 등이 그것이다.28) 이 강령은 民·勞·人을 三本으로 삼는 정치·경제·문화정책을 의미하였다. 특히 여기에서 나타나는 '민'이나 '인'은 곧 당시 만주에서 농업에 종사하면서 독립운동의 인적·물적 바탕을 이루고 있던 동포들이었고, 따라서 한국독립당이 관심을 기울인 부분이 농민 위주의 경제정책이었다고 생각된다.

이 당은 소속 당군으로 한국독립군을 조직했다. 따라서 한국독립당은 자치기관으로서의 한족자치연합회와 군사기관으로서의 한국독립군을 정치적으로 지도하는 관계에 섰다.29) 이리하여 한국독립당은 한족자치연합회와 한국독립군을 주도·육성하면서 항일운동을 전개해 나갔다. 1931년 일제가 전격적으로 만주를 침공하자, 한국독립당은 1932년 11월 한국독립당 중앙의회의 결의를 통하여 한국독립군의 항일전선에 대한 총동원령을 내리는 한편, 중국의 길림성 당국과 연합 항일전쟁 방안을 협의하기도 하였다.30)

이후 일제의 침공이 더욱 격화되자, 한국독립군 부대는 중국관내로 이전하게 되었다. 이 때 임시정부가 이청천을 초대하여 이청천·趙擎韓·吳光鮮·公震遠 등이 상해로 이동하는 동시에 독립군 가운데 군관학교 입학지원자를 선발하여 상해에 보내기로 하였다.31) 이것은 1932년 1월 29일의 윤봉길의거를 계기로 蔣介石이 김구에게 면담을 요청했고 그 자리에서 김구의 요청과

26) 독립운동사편찬위원회, 《독립운동사》 5(1973), 598~599쪽.
27) 독립운동사편찬위원회, 《독립운동사》 5(1973), 596~597쪽.
28) 申 肅, 《나의 一生》(日新社, 1963), 94쪽.
29) 秋憲樹, 앞의 글, 343쪽.
30) 洪永道, 《韓國獨立運動史》(애국동지수호회, 1956), 281쪽.
31) 洪永道, 위의 책, 279쪽.

장개석의 찬성에 의해 중국군관학교 낙양분교에 한인특별반이 설치됨에 따른 것이다. 즉 중국관내로 이동한 만주 한국독립군들의 대다수가 여기에 입교하였다.[32)]

한편 韓國革命黨은 尹琦燮·申翼熙·延秉昊·成周寔·閔丙吉 등이 1929년 남경에서 조직한 정당이었다. 구성원은 임시정부에서 주류를 이루지 못했던 인물들이었는데 근거지를 남경으로 옮겨 임시정부나 한국독립당과는 별도의 정당을 조직했다. 이 당의 목적은 사상의 정화와 독립운동 진영의 단결을 꾀하는 것으로 동시에 산하에 철혈단을 두어 무력행동대로 삼았는데, 그 주요 인물은 安在桓·金昌華·羅月煥 등이었다. 이 당은 기관지로《우리 길》을 발간하여 독립사상을 고취하고 단원 훈련과 교양에 이바지하였다. 그리고 1932년 현재의 당원은 40명 정도였으며, 간부는 이사장에 윤기섭, 총무 鄭泰熙, 외무 신익희 등이었다.[33)]

1934년 2월 25일에 만주 한국독립당의 대표 홍진·김원식과 한국혁명당 대표 윤기섭·연병호가 남경에서 협의한 결과 각 당을 해체하고 '신한독립당'을 조직했다. 이어서 3월에 대표회의를 열어 간부선임과 운동방침을 결정했는데, 당수에 홍진, 당무위원에 김상덕·신익희·윤기섭 등이 각각 선임되었다.[34)] 신한독립당은 당의로 "민족주의를 기초한 정권, 생계문화의 독립과 민주적 신건설 완성, 전세계 인류의 평등·행복의 촉진"을 채택하고, 강령으로는 민주공화국·대의제·토지와 대생산기구의 국유제 등을 채택하여 한국독립당을 비롯한 다른 정당의 그것과 유사했다.[35)]

이러한 양당의 통합은 독립운동사에서 최초로 이루어진 '黨對黨 통합'이라는 데 의미가 있었고, 장차 독립운동계에 있어 정당간의 통합운동을 내다볼 수 있게 해 주었다.

이 당의 세력은 그리 확대되지 못했다. 이런 상황에서 만주의 한국독립당이 만주사변으로 북경으로 남하하게 되면서 합당의 교섭을 벌이게 되었다.

---

32) 낙양분교에 대해서는 白凡金九先生全集編纂委員會,《白凡金九全集》4(1999), 799~1066쪽.

33) 독립운동사편찬위원회,《독립운동사》4, 727쪽.

34) 金正柱,《朝鮮統治史料》10, 701쪽.

35) 金正柱,《朝鮮統治史料》10, 702쪽.

이것은 만주 한국독립당의 당세 만회와 한국혁명당의 세력확대 추구라는 목적이 합쳐져 이루어진 것이었다.

(4) 조선혁명당

朝鮮革命黨은 1929년 12월에 국민부가 기존의 민족유일당 조직동맹을 개편함에 따라 결성된 것이다. 그래서 조선혁명당은 국민부의 독립운동에 관한 사항을 관장하였고, 국민부의 무장조직을 조선혁명군의 산하에 편성하기로 했다.[36] 이것은 以黨工作·以黨統治라는 시대조류에 호응한 것으로, 국민부는 한인사회의 자치행정기관, 조선혁명군은 독립운동에 대한 군사적 임무를 담당하는 기관으로 역할을 분담하면서, 그 조직과 운영은 유일정당인 조선혁명당의 정치적 지도 아래 놓이게 되는 체제를 갖추었던 것이다.[37]

조선혁명당의 중심인물은 崔東旿·柳東說·高豁信·李雄 등이었다.[38] 구성간부들의 내용을 보면 玄益哲이 중앙책임비서였고, 7부 위원장에 玄正卿(정치부)·高而虛(조직부)·金輔安(교육부)·張承彦(체육부)·최동오(외교부)·고활신(선전부)·이웅(군사부) 등이 각각 선임되었다.[39]

이들은 대다수 민족주의자들이었고, 또 이 당도 민족주의 세력의 결집체였다. 그럼에도 불구하고 창당시 발표했던 선언은 사회주의적인 논리를 강하게 표방하고 있었다. 즉, 그들은 "일본제국주의를 박멸하고 아울러 내부의 일체 압박 및 착취세력을 파괴하고 조선의 절대 독립을 완성하여 노동·민주 정권을 확립하는 것과 동시에 대기업 기관을 몰수하여 국유로 하고 대토지 소유를 몰수하여 농민에게 분여하고 일체 노력 생활의 평형 발달을 도모하는데 있다"고 목적을 천명했다.[40] 이들이 '민족주의자들의 결사체'임에도 불구하고 이와 같이 선언에서 사회주의 논리가 주류를 이루고 있는 것은 당시 러시아 혁명의 성공에 따라 혁명적 사회주의 사상이 민족운동 내에 광범위하게 수용되고 있었으며, 또한 만주 한인사회의 대다수는 농민으로 구성되어

---

36) 國史編纂委員會, 《韓國獨立運動史》 5(1969), 736쪽.
37) 秋憲樹, 《資料 韓國獨立運動》 2(延世大出版部, 1975), 338쪽.
38) 金正柱, 《朝鮮統治史料》 10, 703쪽.
39) 洪永道, 앞의 책, 281쪽.
40) 國會圖書館, 《韓國民族運動史料》 중국편(1976), 669~672쪽.

있었기 때문에, 이러한 논리의 수용이 선전적 차원에서 보다 유리했기 때문이라고 볼 수 있다.[41]

조선혁명당은 실제 민족·사회주의 양파의 대립이 극심하였다. 그 결과, 민족주의 세력의 현익철이 사회주의 세력인 玄河竹 일파를 몰아내고 실권을 장악하였고,[42] 1935년에 조선민족혁명당에 참가함으로써 해체되었다.

조선혁명당은 한국독립당(만주)과 함께 1930년대 초 만주에서의 정당활동을 전개했다. 이들은 모두 당에 소속된 독자적인 군사력을 가짐으로써 활동의 주안점을 정책 제시 및 조직화의 측면에 두는 다른 정당과 달리, 오히려 항일전투활동의 정치적 지도를 위한 정당조직의 유지를 강조했다는 점에 그 특징이 있다. 그러나 이들이 만주사변 이후 1931~1933년 사이에 중국관내로 이동하게 됨으로써, 이후 만주지방에서의 민족주의 계열의 정당활동은 종료되었다.[43]

2) 제 정당의 통합노력과 양대 정당체제의 성립

(1) 조선민족혁명당

1932년 후반에 들어 독립운동정당들은 통합을 위해 노력하였다. 이 통합운동은 1920년대에 이루어졌던 유일당운동의 연장선상에서 통일운동의 재기로 해석된다. 그처럼 다시 통일운동이 일어날 수 있는 배경에는 만주사변과 상해사변에 의한 중국인의 대일 항전의식 고조, 李奉昌·尹奉吉 의거로 한국독립운동에 대한 중국인의 인식전환과 적극적인 지원, 그리고 미국과 일본, 혹은 소련과 일본 사이의 전쟁 예견 등이 작용하였다.

한국독립운동자들은 이러한 상황에 맞는 대응책으로 대동단결체의 결성을 모색하였다. 그 근저에는 이 목표가 이루어질 경우 효과적인 항일투쟁을 전개할 수 있고, 또한 중국의 지원을 확보할 수 있다는 계산이 작용했다. 그 결과 1932년 10월 12일에 한국독립당 대표 이유필·송병조·김두봉과 신한

41) 秋憲樹, 《資料 韓國獨立運動》 2(연세대 출판부, 1975), 339쪽.
42) 秋憲樹, 《資料 韓國獨立運動》 2(연세대 출판부, 1975), 67쪽.
43) 秋憲樹, 앞의 글, 345쪽.

독립당 대표 윤기섭·신익희, 조선의열단 대표 한일래·박건웅, 광복단 대표 김규식 등 9명이 모여 대일전선통일동맹을 결성하였다.[44] 이 동맹의 결성은 1920년대 후반에 추구되었던 유일당운동의 연결선상에서 이루어졌다.

그런데 이 동맹은 각 단체의 제휴에 불과했고, 따라서 보다 적극적인 투쟁역량 결집을 위한 단일대당 결성의 필요성이 제기되었다. 이 문제를 해결하기 위한 대책 논의가 1933년 3월 1일에 남경에서 열린 2차 대표대회 겸 한국혁명각단체대표자대회에서 이루어졌다. 여기에서 각 단체의 해체와 단일대당의 결성 및 임시정부의 해산이 제안되었다. 이후 상당한 진통을 거쳐 1935년 6월에 있었던 동맹의 제3회 대회에서 동맹의 발전적 해소와 신당, 즉 민족혁명당 창립을 결정하게 된 것이다.[45]

민족혁명당은 1935년 6월 29일부터 7월 4일까지 열린 신당창립정식회의를 통해 결성되었다.[46] 의열단의 김원봉과 신한독립당의 이청천은 윤봉길의거로 이후 중국의 대단한 지원과 보호를 받을 수 있었고, 동시에 일본의 추격을 피해 잠적중인 김구의 세력에 대응하면서 중국 국민당정부의 지원을 확보하기 위해 이를 적극적으로 추진하였다. 그러나 이와 반대로 김구가 이탈한 상태의 한국독립당의 경우는 단일 신당에 대한 의견이 통일되지 못하였기 때문에 비교적 적극적인 태도를 가지지 못하였다. 김두봉·강창제·박창세 등은 신당 참여에 찬성했으나 송병조·조완구·차이석 등은 끝내 반대하였다. 민족혁명당에 참가한 단체들은 7월 25일에 단체를 정리하고 사업·재정·당

---

44) 金正明, 《朝鮮獨立運動》 II, 513쪽.

45) 朝鮮總督府 高等法院檢事局 思想部, 《思想彙報》 5(1935), 89~91쪽.
당명이 처음에 민족혁명당·한국민족혁명당·조선민족혁명당으로 쓰이다가 1937년 1월에 남경에서 개최된 전당대표대회에서 조선민족혁명당으로 결정되었다.

46) 金正明, 《朝鮮獨立運動》 II, 537쪽.
민족혁명당은 창당선언을 통해 신당창당의 역사적 당위성을 밝혔는데 그것은 과거의 분산적 운동과 그 오류를 지적하고 투쟁역량의 결집을 주장한 내용이었다. 즉 그들은 제2차 세계대전을 예견하면서 "우리민족의 혁명역량을 급속으로 집중·공고하게 하고 중국민족과 절실히 제휴하며, 나아가 우리 독립운동에 동정하는 각 민족국가를 모두 우군으로 인정하고 반일전선의 전략 아래 최후에 승리를 획득할 때까지 희생적으로 분투한다"라고 했다(金正柱, 《朝鮮統治史料》 10, 757쪽).

원 및 소유비품 등을 신당에 인계하였다.

민족혁명당을 구성한 핵심인물은 물론 의열단·한국독립당·신한독립당의 중심인물이었다. 그러나 창당 2개월 뒤인 1935년 9월에 김원봉의 전권 장악에 반발한 조소앙·박창제 등의 한국독립당 출신들이 탈퇴하여 한국독립당의 재건을 선언하고, 이어서 신한독립당 출신의 閔丙吉·조성환·홍진 등도 탈퇴하게 되자, 남은 중심인물은 김원봉 등의 의열단계와 이청천·윤기섭 등의 신한독립당계, 그리고 최동오를 비롯한 조선혁명당계의 인물들이었다.

창당대회에서 선임된 간부는 내무부 겸 선전부장 김두봉, 외무부장 김규식, 군무부장 이청천, 재무부장 윤기섭, 교통부장 이범석, 특무부장 박창세, 감찰부장 양기탁 등이었다. 그러나 한국독립당 등의 세력이 이탈된 뒤, 1937년에 구성된 중앙위원은 김원봉·이청천·윤기섭·成周寔·신익희·윤세주·김상덕·최석순·千炳日·유동열·金弘敍·李景山·鄭八仙·鄭日明 외 2명으로 세 계열의 대표로 구성되었다.[47] 민족혁명당은 중앙에 중앙위원회와 7부 및 서기국·군사국·조직국·검사국의 4국으로 구성되는 중앙당부를 두었다. 그리고 1937년 초에 중앙의 7부를 조직부(부장 최석순)·군사부(부장 이청천)·선전부(부장 陳義路)·서기국(총서기 김원봉)의 3부 1국제로 고쳤다. 지부 조직은 처음에 상해지부(지부장 김홍서)·남경지부(지부장 최석순)·만주지부(지부장 김학규)로 구성되었다. 그 뒤 1936년 4월에는 화중·화동·화남·화서·화북지부와 국내외 특별1지부 및 만주의 특별2지부 등 7개 지부로 변경했다.[48]

민족혁명당의 이념은 당의와 당강 및 정책 등을 통해 쉽게 드러난다. 그 이념의 대강은 혁명적 수단으로 일제를 물리치고 정치·경제·교육의 평등에 기초한 민주공화국을 건설한다는 내용이다. 이것은 조소앙의 三均主義에 바탕을 두고 있는 것으로, 앞서 성립된 한국독립당이나 민족혁명당의 결성 직후에 성립되는 한국국민당의 내용과 거의 동일하다. 그러나 발표된 이념과는 달리 김원봉을 비롯한 의열단 세력은 공산주의 이념을 갖고 있었고, 다만 중국 국민당정부의 지원을 받는 과정에서 이를 나타내지 않고 있었다.

민족혁명당의 항일투쟁방략은 당의에서 나타나는 것과 같이 '혁명적 수단'

---

47) 金正明, 《朝鮮獨立運動》 Ⅱ, 601쪽.
48) 金正明, 《朝鮮獨立運動》 Ⅱ, 571~572쪽.

을 전개하는 일이었다. 아울러 민족혁명당은 일제의 견제를 피하면서 중국국민당정부의 지원을 받아 군관을 양성하고 이들을 국내와 만주 그리고 중국내 각지로 파견하여 적의 후방을 교란하고 인력을 확보하는 방략을 추구하였다. 그들은 상황에 따라 1·2·3차의 단계로 특무공작을 전개했다. 제1차 공작은 중국군관학교에서 한인군관을 양성하는 것으로 일본의 간섭에 의해 중지되었다. 제2차 공작은 1936년부터 각 당원을 희망에 따라 군사부(부장 이청천)·특무부(부장 이범석)·당무부(부장 김원봉)로 나누어 군사부가 무장군사훈련을, 특무부가 첩보·암살·파괴 활동을, 당무부가 특무부원 배치·당원밀파·선전활동 등을 각각 담당하는 것이었다. 이어서 제3차 공작은 같은 해에 파견된 요원으로 하여금 암살과 파괴활동을 전개하게 하고 또 남경에서 대기중이던 40·50명을 다시 파견하는 일이었다.[49] 민족혁명당은 중국국민당정부와 긴밀한 관계를 이루면서 활동했다. 이 당은 蔣介石이 이끄는 藍衣社(중국국민당의 비밀특무기관)와 정보를 교환하고 재정과 무기의 원조를 받았다.

민족혁명당은 대일전선통일동맹을 발전적으로 해소하고 제 정당의 통합운동으로 성립되었지만, 성립 무렵부터 상당한 문제와 한계를 갖고 출발했다. 그 이유는 다음의 세 가지에 근거한 것이었다. 첫째 독립운동계의 가장 큰 세력이었던 김구 계열과 임시정부를 고수하고자 했던 송병조·조완구 등이 불참한 것이었다. 둘째 통일전선을 이루었으면서도 사상적인 갈등을 극복하기가 어려웠다는 사실이었다. 셋째 항일투쟁의 대부분이 중국 국민당정부의 자금지원에 의해 이루어졌는데, 이를 둘러싼 실권장악의 투쟁이 논란거리로 남아 있었다는 사실이었다.

창당 2개월 뒤인 1935년 9월에 조소앙·박창세 등의 한국독립당 출신들이 탈퇴하여 한국독립당의 재건을 선언함으로써 미완성된 단일 신당의 모습마저 흔들리게 되었다. 이 현상은 중국의 재정지원을 김원봉이 독점함에 의해 나타났다.[50] 곧이어 신한독립당 계열의 민병길·조성환·홍진 등의 탈퇴로

---

49) 金正明,《朝鮮獨立運動》Ⅱ, 571쪽.

50) 중국국민당이 남의사를 통해 자금을 지원하였는데, 당시 남의사는 김원봉의 황포군관학교 동기생이 주축을 이루고 있었기 때문이었다. 김원봉은 남의사

1936년부터는 의열단과 조선혁명당 및 신한독립당의 잔류 세력만이 남게 된 상황이었다. 더구나 김원봉과 이청천의 대립은 갈수록 심각해졌다. 재정운용에서 김원봉의 독점, 특히 중국 공산주의자와의 일방적인 교섭 등에 대한 이청천의 불만이 그 원인이었다. 그런데 그 대립이 표면화된 발단은 1936년에 당의 기관지인《民族革命》3호에 黨旗 대신 의열단기를 게재했던 사건이었다.[51] 이로 말미암아 이청천 세력이 비상대회의 소집을 요구하면서 반격을 가하게 되자, 김원봉은 1937년 4월 상순에 간부회의를 열어 이청천·최동오·이광제 등 11명의 핵심인물을 제명시켜 버렸다.

민족혁명당은 1935년 7월에 김구 계열과 임시정부 고수파를 제외하고 성립된 통합 정당이었다. 따라서 1930년대 전반 중국 본토에 있어서의 독립운동계에는 독립운동정당이 정착했던 시기였고, 특히 정당의 통합운동이 전개된 시대였다. 그러나 민족혁명당이 성립된 4개월 뒤인 1935년 11월에 김구 세력이 한국국민당을 결성함으로써 양대 정당체제를 맞이하게 되었다.

(2) 한국국민당

1930년에 성립된 한국독립당은 임시정부의 여당이라기 보다는 그 자체라고 할 수 있다고 앞에서 서술한 바 있다. 그런데 대일전선통일동맹과 민족혁명당이 결성되는 1930년대 전반에 있어 한국독립당은 세 갈래로 나뉘어졌다. 첫 갈래는 이봉창·윤봉길 의거 직후에 쇄도한 중국인들의 의연금을 둘러싸고 일어난 시비 때문에 김구와 김철 사이에 대립이 생겼고, 이에 김구 세력이 임시정부 군무장직을 사임하고 떠남에 따라 만들어졌다.[52] 김구는 그 뒤 한인애국단과 군사활동에 주력하면서 한때 한국독립당과 임시정부에 관여하지 않고 고립적인 상태에서 독자적인 활동을 펼치고 있었다.[53] 둘째 갈래는 민족혁명당 결성에 가담했던 홍진·조소앙 등의 세력이었다. 앞에서도 본 바

로부터 매월 2천 5백불(원)을 지급 받았고, 기타의 자금 수입도 있었다(金正明,《朝鮮獨立運動》Ⅱ, 576쪽).

51) 金正明,《朝鮮獨立運動》Ⅱ, 577쪽.

52) 金正明,《朝鮮獨立運動》Ⅱ, 490~500쪽.

53) 노경채,〈한국독립당의 결성과 그 변천 : 1930~1945〉(《역사와 현실》1, 한울, 1989), 217쪽.

와 같이 이들은 민족혁명당 창당 직후에 탈퇴하여 한국독립당 재건을 선언하였다. 셋째 갈래는 임시정부를 사수하겠다는 의지를 표명한 이른바 '임시정부사수파'였다.

김구는 1935년에 이동녕·엄항섭 등과 제휴하고, 특히 임시정부 폐지론이 등장하게 되자 임시정부를 강력하게 뒷받침할 조직의 결성과 임시정부로의 복귀를 시도하였다. 김구는 우선 그와 타협이 가능한 세력인 한국독립당 재건파·임시정부 고수파와 제휴하고자 했다. 즉 세 갈래로 나뉘어졌던 한국독립당의 세력들이 다시 결집을 도모하게 된 것이다. "민족혁명당이 점차 독립운동의 주도적 위치를 확보하게 됨에 따라 그들은 '임정존치론'의 명분 아래 민족혁명당에 대항해야 할 공동의 입장에 놓이게 되었다. 따라서 그들은 임시정부를 둘러싸고 서로 간의 연합을 모색하였다."[54] 그러나 세 갈래 세력의 연합 모색 과정에서 김구 세력과 임시정부 고수파만이 의견을 합치시켰으니, 이로써 韓國國民黨이 결성된 것이다.

한국국민당은 민족혁명당 성립 후 4개월이 지난 11월 하순에 결성되었다. 이 당의 구성은 김구의 한인애국단을 비롯하여 임시정부 사수파 및 구 한국독립당 광동지부원 등으로 이루어졌다. 구성 간부진을 보면 이사장에 김구, 이사에 이동녕·송병조·조완구·차이석·김붕준·안공근·엄항섭, 감사에 이시영·조성관·양묵(양명진) 등이었다.[55] 한국국민당의 이념은 민족주의를 강조하고 무산계급혁명론을 배격하는 내용이었다. 이 당은 창당선언에서 일제의 박멸과 임시정부의 옹호 및 완전한 민주공화국의 수립 등을 주장했다.[56] 이 당의 당강은 국가의 주권을 회복하기 위해 혁명적 의식을 국민에게 고취하며 민족적 혁명역량을 총집중시킬 것을 주장하고 아울러 독립운동에 대한 사이비 불순적 이론과 행동을 배격할 것임을 천명하였다.[57] 그리고 광복 후 추구할 정책으로 민족혁명당의 경우와 마찬가지로 삼균주의를 채택하였다.

한국국민당은 항일투쟁방략으로 무장투쟁론을 당강에 제시했다. 그 내용은

---

54) 노경채, 《한국독립당연구》(신서원, 1996), 63쪽.

55) 社會問題硏究會 編, 《思想情勢視察報告集 : 中華民國在留不逞鮮人の動靜》 2(京都 : 東洋文化社, 1976), 42쪽.

56) 金正明, 《朝鮮獨立運動》 II, 545~547쪽.

57) 독립운동사편찬위원회, 《독립운동사》 4, 755쪽.

'민족적 반항'과 '무력적 파괴'를 적극 추구하는 것이었다. 이 방략은 한국노병회의 독립전쟁준비방략과 병인의용대의 의열투쟁방략에 이어 대두된 것으로, 특히 만주사변 이후 중일전쟁의 현실화가 예견되는 시기에 적절한 것이었다. 한국국민당의 활동은 기관지를 통한 선전활동, 부문 단체를 통한 조직력 강화, 의열투쟁(특무공작) 및 중국국민당과의 협조체제 유지 등이었다. 1936년 3월에 창간된 《韓民》은 국제정세의 분석과 민족적 항쟁을 고양시키는데 이용되었다. 한국국민당은 산하에 행동력을 가진 청년단체로 한국국민당청년단을 두었다. 이 단은 1936년 7월에 김구의 청년전위단체였던 한국특무대독립군에 이어 만들어진 것으로,[58] 당의 선전부장 嚴恒燮의 지도 아래 남경중앙군관학교 졸업생 17명과 응모청년 20명으로 조직되었다. 그리고 이단의 중심인물은 김구의 장남인 金仁과 安恭根의 장남인 安禹生이었다. 또 이들은 《韓靑》이라는 기관지를 1936년 8월에 창간했다.[59]

이 청년단의 구성원은 18세 이상 35세 이하의 남녀로 구성되었다. 이 단은 강령을 통해 "스스로 훈련하고 자체의 역량을 제고·강화하여 본당의 핵심이 되는 전위적 임무를 충실히 하는 외에, 국내외에 산재해 있는 각층 청년과 제휴하여 한국광복운동에 노력한다"[60]고 밝혔다. 즉 이들은 김구의 지도노선에 따라 활동하는 한국국민당의 전위활동조직이었다. 또한 한국국민당은 그 세력을 확장시키기 위해 1936년 10월에 안우생 등 수명을 민족혁명당의 지부활동이 전개되고 있던 광동으로 파견하였다. 그들은 그곳에서 청년들을 규합하여 한국청년전위단을 결성했다.

구 한국독립당의 조소앙·홍진 등과 이청천 세력과의 통합 모색은 1937년초에 가서야 가시권에 들게 되었다. 1937년 2월에 이청천 세력이 민족혁명당

58) 한국특무대독립군은 1934년 12월에 김구가 자신의 휘하에 있던 중국중앙육군군관학교 입교생을 중심으로 조직한 것으로 '김구구락부'라고도 불렸다. 이 조직은 1936년 1월에 金東宇(본명 盧鍾均)·吳冕稙·韓道源 등의 이탈로 해산되었다. 이들은 민족혁명당을 탈퇴한 金勝恩과 아나키즘계열의 金昌根 등을 규합하여 猛血團을 조직하고 한국독립당재건파와 제휴를 시도하다가 김동우를 제외한 대다수가 일제에 체포되어 해산되었다(金正明, 《朝鮮獨立運動》 Ⅱ, 560쪽). 한국특무대독립군에 대해서는 한상도, 앞의 책, 333~338쪽.

59) 金正明, 《朝鮮獨立運動》 Ⅱ, 562~563쪽.

60) 朝鮮總督府 高等法院檢事局 思想部, 《思想彙報》 20(1939), 267~268쪽.

을 탈퇴하고 4월에 조선혁명당을 다시 조직하게 되자 한국국민당의 송병조가 주축이 되어 제휴를 시도했다. 그 해 7월에 남경에서 제휴를 시도하는 과정에서 재미 독립운동단체도 함께 포함시키는 문제를 협의하는 동안 중일전쟁이 발발하여 마무리 매듭을 맺지 못하고 뒤로 미루었다.[61]

3) 양대 연합체제와 통합노력

(1) 한국광복운동단체연합회

1937년 7월에 중일전쟁이 터지자, 한국독립운동계는 정세변화에 적응하면서 돌파구를 찾아 나갔다. 양대 정당체제에서 좌우 세력이 각각 연합체를 결성한 것이다. 그 가운데 우파의 연합체가 바로 韓國光復運動團體聯合會(약칭 光復陣線)였다.

1935년에 민족혁명당으로 결집하고, 임시정부 사수파만 한국국민당을 결성하였다. 그 한국국민당을 이끄는 김구는 민족혁명당의 동정을 주시하고 있었다. 결성 두 달만에 조소앙이 이끄는 한국독립당 출신들이 김원봉의 독점에 반발하여 뛰쳐나와 (재건)한국독립당을 결성하자, 이를 다시 자신의 세력권 속에 포함시키려는 꿈을 가지게 되었다. 더구나 1937년 4월에 이청천마저 민족혁명당을 이탈하여 조선혁명당을 결성하게 되자, 김구는 이들 두 세력과 함께 우파 3당 통합을 모색하게 되었다.

임시정부를 사수하고 있던 김구가 이들 세력을 통합하는 구체적인 수순 밟기에 들어간 시기가 1937년 중반이었다. 미국의 이승만에게 서신을 보내 미주지역의 독립운동단체들도 참가하는 통합정당 창출에 나섰던 것이다. 그런데 갑자기 이 작업을 서두르게 만드는 사건이 발생하였다. 7월 7일에 터진 일본군의 중국본토 침략, 즉 중일전쟁의 발발이었다. 전시체제에 맞추어 중국군과 연합작전을 논의하자면, 먼저 통합체를 구성해야만 했다. 그래서 이승만의 답이 오기도 전에 그 사정을 8월 2일자 편지로 알렸다.[62] 이어서 8월

---

61) 金正明, 《朝鮮獨立運動》 II, 644쪽.
62) 白凡金九先生全集編纂委員會, 《白凡金九全集》 4(1999), 758쪽.

17일 남경에서 앞의 3개 정당과 미주지역의 대한인국민회(북미·멕시코; 玄楯)·대한인동지회(李承晩)·대한인단합회(全耕武)·한인애국단(韓始大; 미주 대한인애국단)·대한부인애국단(일명 대한인부인구제회; 朴信愛)·대한인독립단(일명 대한인독립군)의 6개 단체 등 9개 단체의 연명으로 선언을 발표하고 광복진선을 결성하였다.[63]

광복진선은 성립 선언을 통하여 세 가지 노선을 천명하였다. 하나는 강력한 光復戰線을 건립하고 확대한다는 것이고, 두번째는 합작하여 중요 당면 공작을 실행한다는 것이며, 끝으로 임시정부를 옹호하고 지지한다는 것이다.[64] 임시정부를 중심으로 본다면, 민족혁명당 창당으로 대부분이 합류한 뒤 극소수의 잔류자들에 의해 임시정부가 다시 우파 3당의 참여로 다시 활기를 찾는 길이었다. 특히 대당결성을 내다보는 김구로서는 한 단계 고비를 넘긴 셈이었다.

광복진선의 이념은 그를 주도하고 있던 한국국민당의 당강을 통해서 알 수 있다. 그 내용을 보면 "국가주권 광복의 혁명적 의식을 국민에게 고취·환기하여 민족적 혁명역량을 총 집중할 것"이라 하여 좌우 세력의 연합에는 원칙적으로 길을 터놓았다. 그러나 "독립운동에 대한 사이비 불순적 이론과 행동을 배격할 것"과 "임시정부를 옹호·진전시킬 것" 등의 사실을 규정하고 있어서 계급혁명적인 의식과 임시정부를 사실상 인정하지 않고 있던 朝鮮民族戰線聯盟(약칭 민족전선)과의 합작은 어려운 상황이었다.

광복진선은 중일전쟁이 터진 상황에서 강력한 연합전선을 형성하여 일본을 타도하는 공작을 실행할 것과 임시정부를 절대 옹호해 나갈 것을 방략으로 채택하였다. 따라서 그들은 중일전쟁을 한국과 중국 양 민족의 최후결전이라고 인식하면서 "양 민족이 연합하여 항일구국전선에 참여해서 왜적을 섬멸할 것"을 실행목표로 정했다.[65] 광복진선은 구체적인 활동방안으로 선전활동과 군사작전계획 수립을 채택했다. 광복진선은 선전활동을 위해 1937년

63) 金正明, 《朝鮮獨立運動》 Ⅱ, 559쪽.

64) 尹炳奭, 〈韓國光復運動團體聯合會〉(《韓國獨立運動史資料集》 趙素昻篇4, 한국정신문화연구원, 1997), 9~10쪽.

65) 尹炳奭, 〈韓國光復運動團體對中日戰局宣言〉(《韓國獨立運動史資料集》 趙素昻篇4, 한국정신문화연구원, 1997), 7~8쪽.

10월에 선전위원회를 구성했다. 이 위원회는 당면 공작의 방향을 간행물의 발간을 통해 일제의 붕괴과정과 정보를 우방과 약소민족의 혁명동지에게 제공하고 국제공론을 환기하며 일제에 대한 한·중 양국의 설욕으로 잃은 국토를 회복하는 데 두었다.[66)]

광복진선의 성립과 선전위원회 선전활동에 대한 중국의 반향은 상당히 컸다. 1937년 9월 3일자 중국의 신문에 "한국 각 당이 대연합하여 조국의 회복을 도모한다"라는 표제로 크게 보도하고, 끝으로 "국민당은 혁명영수 김구가 영도하는 유일대당으로, 김구는 1·28(상해사변) 당시 虹口공원사건(윤봉길 의거)의 주모자이다"라고 찬양했다.[67)] 또한 같은 해 11월 1일자 각 신문은 여기에 호응하여 선전위원회의 내용을 게재했고,[68)] 11월 6일자《上海大公報》에도 그러한 사실을 보도했다.[69)] 광복진선은 중일전쟁을 맞아 군사작전계획의 수립과 실행을 추구했다. 그러나 그것은 중국정부의 후퇴에 따라 임시정부도 이동할 수밖에 없었으므로, 그 실천은 다소 연기되어야만 했다. 그리하여 1938년 10월 廣西省 柳州에서 羅月煥을 대장으로 '한국광복진선청년공작대'를 조직했다.[70)] 하지만 본격적인 군사활동은 1940년 중경에서 결성된 광복군의 성립까지 기다려만 했다. 비록 군사활동이 본격화되지 못한 단계였으나 광복진선은 결사대 파견을 통한 공작, 무정부주의자와의 연결을 통한 대일 투쟁전개, 중국정부기관의 통신검열 및 상해·홍콩 등지를 통한 정보수집 등의 활동을 활발히 전개했다.[71)]

광복진선의 역사적 의의는 다음 세 가지이다. 첫째 광복진선이 우파세력인 3당의 연합체로 구성되어 장차 3당의 합당을 거쳐 좌파의 통합세력인 민족전선과의 합작을 내다볼 수 있게 했다는 점이다. 둘째 광복진선이 중일전쟁에 대응한 전시체제를 구축했다는 점이다. 셋째 이것이 임시정부를 옹호하는

66) 國史編纂委員會,《韓國獨立運動史》資料 3(1973), 468쪽.
67) 金正明,《朝鮮獨立運動》II, 599쪽.
68) 金正明,《朝鮮獨立運動》II, 600쪽.
69) 趙中孚·張存武·胡春惠 主編,《近代中韓關係史資料彙編》四(臺北：國史館, 1987), 436쪽.
70) 독립운동편찬위원회,《독립운동사》6(1979), 164쪽.
71) 金正明,《朝鮮獨立運動》II, 614쪽.

강력한 기초조직이며 여당의 기능을 수행했다는 사실이다. 광복진선이 이러한 의미를 가짐에도 불구하고 뚜렷한 한계점도 갖고 있었다. 1919년에 상해에서 임시정부가 출범한 이후 한국독립운동자들은 늘 독립을 달성할 수 있는 기회를 잡고자 했다. 기다리던 기회 가운데 중요한 한 가지가 중일전쟁의 발발이었는데, 막상 전쟁이 일어나고, 더구나 중국이 과거와 달리 전면전에 돌입한 상황임에도 불구하고 좌우파의 연합이 달성되지 못한 점은 광복진선이 가진 큰 한계임이 분명하다. 특히 한국국민당이 실제로 우파세력을 이끌면서도 당의 통합이 아닌 연합 단계에 머문 것도 그러하다.

(2) 조선민족전선연맹

민족혁명당은 한국대일전선통일동맹을 발전적으로 해소하고 이를 바탕으로 1935년 7월에 창당되었다. 그러나 민족혁명당은 창당 2개월 뒤인 9월에 조소앙·박창세 등의 한국독립당 출신들이 탈퇴하여 한국독립당 재건을 선언했고, 곧이어 신한독립당계열의 閔丙吉·曺成煥·홍진 등이 탈퇴하여 미완성된 단일 신당의 모습마저 흔들리게 되었다. 이 현상은 중국의 재정지원을 김원봉이 독점함에 의해 나타났다. 1936년부터는 의열단과 조선혁명당 및 신한독립당의 일부 잔류세력만 남게된 상황이었다.

민족혁명당은 이청천세력이 이탈한 1937년 4월 이후 더욱 약화되었다. 김원봉은 민족혁명당의 세력만회를 위해 연합 가능한 단체와의 교섭을 추진했다. 그는 우선 1936년 여름부터 광동지부원들이 중앙본부에 대해 반대의사를 표명하여 '조선민족해방동맹'을 결성한 데 대해 이들을 복귀시키고자 노력하였다.[72] 그는 이어서 무정부주의 단체인 朝鮮革命者聯盟[73] 및 孫斗煥·金炳斗가 중심이 된 남경한족회와의 연합에 노력하였다. 김원봉이 이들과의 제휴

---

72) 조선민족해방동맹은 민족혁명당에 참여하지 않은 좌파인물에 의해 결성되었다. 김성숙·박건웅·김산 등이 주역이었고, 중국공산당이나 코민테른에 참가하지 않음으로써 '민족주의적' 좌파 성향을 보였다(內務省 警報局, 《社會運動の狀況》 8, 1936, 東京 : 三一書房, 1972, 1572쪽).

73) 1930년에 상해에서 柳子明(본명 柳興湜)·柳基石 등이 '南華韓人靑年聯盟'이라는 무정부주의 단체를 조직했다. 이 단체가 1937년에 남경에서 '조선혁명자연맹'으로 재조직되었다.

를 통하여 김구 세력에 대항할 단일대당을 추구하고 있던 가운데, 중일전쟁 발발 직후인 8월에 우파진영이 광복진선을 성립시켰다.

김원봉도 중일전쟁이 터지자 7월 말에 간담회를 개최하고 민족혁명당·조선민족해방동맹·조선혁명자연맹의 대표 15인으로 구성되는 대표회의를 가졌다. 여기에서 조선민족전선통일촉성회가 조직되었다. 그런데 8월에 김구 쪽에서 먼저 광복진선을 발표함으로써 연합체 결성에 선수를 빼앗긴 꼴이 되었다. 이들은 남경 함락 직전인 11월, 대표회의를 통해 민족전선을 조직하기로 하고 규약·강령·선언 내용을 결정했다. 그러나 곧 남경이 함락되었으므로 12월 초에 漢口로 옮겨 창립을 선언했다.[74] 민족전선은 창립선언을 통하여 "조선민족의 유일 활로는 전 민족의 단결력에 의해 일본제국주의를 타도하고 조선민족의 독립자주를 완성함에 있다. 고로 조선혁명은 민족혁명이며 그 전선은 '계급전선'도 '인민전선'도 아니며, 또한 프랑스와 스페인 등의 소위 '국민전선'과도 엄격한 구별이 있다"[75]라고 하여, 현 단계의 조선혁명은 민족주의적 민족해방운동이지 사회혁명이 아님을 천명했다. 즉 민족전선은 민주주의적 독립국가건설과 민족의 자유·평등 실현을 공동의 정치강령으로 하면서 단체본위의 연합형식으로 결성된 연합전선체였다. 이처럼 민족전선에 공산주의자가 참여하고 있음에도 불구하고 민족의 과제를 강령으로 채택한 것은 식민지하에서 계급모순은 민족모순을 통해 관철되며, 한국에서의 총체적인 적은 일본제국주의라는 이해시각 때문이라 하겠다.[76]

이처럼 민족전선은 조선의 혁명이 민주주의적 민족해방운동이어야 한다고 하면서도 1940년까지 임시정부에 대한 不關政策을 가지고 있었다. 민족혁명당은 불관정책만이 아니라 심지어 임시정부가 조선의 復國에 유해한 존재이며, 하나의 군중기초도 없는 것이고, 통치권력이 결핍된 형식적인 몇 사람의

74) 金正明, 《朝鮮獨立運動》 II, 606~607쪽.
75) 金正明, 《朝鮮獨立運動》 II, 617쪽.
76) 이러한 경향은 金奎光(金星淑)의 주장에도 나타난다. "전체 민족이 똑같이 해방을 요구하고 있으며 반일의 임무를 갖기 때문에, 현 조선혁명의 주체는 어느 한 계급 혹은 어느 한 정당이 될 수 없다. 동시에 광대한 중소자산계급·민족상공업자·지주 등도 반일의 혁명성을 상당히 갖고 있고 전민족 해방투쟁에서 상당히 주요한 세력을 구성하고 있음을 인정해야 한다"(金奎光, 〈朝鮮民族反日革命 總力量問題〉, 《朝鮮民族戰線》 5·6, 1938).

망상이라고 혹평하였다.[77] 이것은 광복진선이 임시정부의 여당기능을 가진 것에 비해, 민족전선이 임시정부의 존재마저 부정하고 있었음을 보여준다.

민족전선의 조직은 선전부·정치부·경제부로 나누어졌다. 물론 민족전선이 동등한 자격을 가진 단체들의 연합체이기는 하지만, 財政權을 장악하고 있는 김원봉이 대표하고 그 아래에 세 개의 부서를 두었다. 선전부는 조선혁명자연맹 소속의 유자명을 대표로 약 50명, 정치부는 조선민족해방동맹 소속의 韓斌(일명 王志延)을 대표로 약 40명, 경제부는 민족혁명당의 李春岩을 대표로 약 10명의 인원으로 각각 구성되었다.[78] 민족전선은 투쟁강령으로 소수 민족반역자를 제외한 전 민족이 연합할 것과 무장투쟁을 전개하여 일본에 대해 직접 항전을 전개할 것, 중국 및 전세계 피압박민족과 연합하여 반파시스트운동을 전개함으로써 한국혁명의 세계적 연대성을 가질 것, 그리고 국내외 혁명역량을 연계할 것 등을 채택했다. 이러한 투쟁강령에 따라 민족전선은 중국군과 함께 일본군에 항전할 군사조직으로 朝鮮義勇隊를 결성하였다.

조선의용대의 당초 목적은 조선혁명군을 조직하여 중국항전에 직접 참가하는 것이었다. 그러나 인원이 크게 모자라서 우선 정치선전공작의 대오로 조직되었고, 적의 중국 공격과 한·중 양 민족에 대한 이간책을 분쇄하는 것, 조선동포와 일본군민을 쟁취하는 것, 중국항전에 참가하여 조선민족의 해방공작을 삼는 것 등을 활동방침으로 정했다.[79] 조선의용대의 공작내용은 대적선전공작·대적전투·정보수집과 포로교육·대원확충·중국군민과의 합작 등이었다.[80] 그런데 그들이 만주의 동북항일연군의 한인군대를 모델로 삼고 있었음이 주목된다.[81]

조선의용대의 조직내용은 중일전쟁 1주년 기념일인 1938년 7월 7일에 중국정부에 보내졌다. 조선의용대는 중국정부의 지지를 받아 같은 해 10월 10

77) 胡春惠, 《中國안의 韓國獨立運動》(단국대출판부, 1978), 115쪽.
78) 金正明, 《朝鮮獨立運動》 Ⅱ, 615쪽.
79) 金若山, 〈第二年的開始〉(《朝鮮義勇隊通訊》 7기 ; 국가보훈처, 《海外의 韓國獨立運動史料》 8), 276쪽.
80) 金喜坤, 〈조선의용대의 독립운동전략〉(《韓國近現代史硏究》 11, 1999), 15~27쪽.
81) 韋 明, 〈英勇戰鬪中的東北朝鮮革命軍〉(《朝鮮義勇隊》 39기 ; 국가보훈처, 《海外의 韓國獨立運動史料》 8), 485~486쪽.

일에 함락 직전에 놓인 漢口에서 조직되었다. 조선의용대는 동포와 파시스트 압제하의 민중을 연합하여 일제를 타도하고 세계의 영원한 평화를 완성하는 데 그 임무와 목표를 두었다.[82] 조선의용대는 성립 초기에 약 120명의 대원으로 이루어졌고, 인원이 가장 많았을 때는 약 340명에 이르렀다. 최초의 편제는 두 개의 區隊로 이루어졌고, 제1구대는 朴孝三의 지휘하에 호남·강서일대에서 활동하고, 제2구대는 李益鳳의 지휘하에 安徽·洛陽 일대에서 활동했다. 그리고 본부는 김원봉이 지휘하여 한구에 있다가 桂林을 거쳐 重慶으로 옮겨졌다.[83] 조선의용대의 성격은 투쟁강령에 따라 조직된 전투조직이었고, 중국 국민당정부로부터 지원을 받는 특수성 때문에 중국 군사위원회 정치부의 戰地工作隊에 예속되어 활동하는 국제지원군의 성격도 가지고 있었다.[84]

민족전선은 기관지로《朝鮮民族戰線》을 발간했다. 창간호는 1938년 4월 1일에 발간되었는데, 매월 10일과 25일에 발간키로 했다. 그리고 편집인은 김규광·유자명·韓一來(본명 千炳林) 등이었고, 발간처는 朝鮮民族戰線社였다. 이 기관지는 창간사에서 "금일 만약 중국의 항전이 실패하면 조선민족의 해방은 영원히 無望하며 따라서 조선민족의 노력은 중화민족의 최후승리에 영향을 끼쳐야 한다"라고 하여 항일전쟁에 있어 한중 양국의 결속을 촉구했다.[85]

민족전선은 1938년 중반에 들면서 분열현상을 보였다. 그것은 1938년 5월에 호북성 江陵에서 열린 제3차 전당대표회의에서 최창익이 김원봉의 지도권에 도전하는 형태로 나타났다. 崔昌益은 민족혁명당을 통해 조선공산당의 재건을 꿈꾸면서 민족통일전선에 대해서는 연맹조직론을 고수했으며 중국과의 연합은 중국공산당을 대상으로 해야 한다고 주장했다. 이에 비해 김원봉은 민주공화국의 건설을 목표로 하고 민족통일전선은 단일당의 형태여야 하며 중국국민당과 연합할 것을 주장했다. 이러한 두 세력의 갈등 때문에 최창

82) 胡春惠, 앞의 책, 138쪽.
83) 胡春惠, 위의 책, 138~139쪽.
84) 胡春惠, 위의 책, 141~142쪽.
이러한 성격은 1940년 9월 17일 중경에서 성립한 한국광복군의 경우와 같다.
85) 金正明,《朝鮮獨立運動》II, 620쪽.

익은 같은 해 7월에 金學武와 함께 조선의용대를 편성하기 위해 중국 각지에서 모인 중앙군관학교 星子分校 특별훈련반 졸업생 50명으로 朝鮮青年戰時服務團을 결성하고 민족혁명당을 이탈했다가, 자금난으로 곧 민족혁명당으로 복귀한 일이 발생했다. 하지만 최창익·허정숙 등은 그 해 10월에 전위동맹을 탈퇴하고 延安으로 떠났다.[86] 그리하여 한빈이 전위동맹의 주축이 되어 공산주의 청년들을 지도하였다.

민족전선은 중일전쟁 직후에 성립하여 김구가 이끄는 광복진선과 더불어 양대체계를 이루었다. 민족전선이 가진 역사적 의미는 민족전선이 좌파세력을 통일하고 나아가 우파의 광복진선과 광범한 연합전선론을 제기함으로써 이후 전국연합전선협회 구성으로 나아가는 기틀을 마련했다는 데 있다. 그 반면에 내부통제에 실패하여 조직이탈을 막지 못함으로써 대동단결로 나아가는 방향에 암운이 드리워졌다. 여기에서 우파 광복진선과의 타협과 통합을 모색하는 계기를 맞게 된다.

(3) 7당·5당 통일회의와 전국연합진선협회

양대 연합체인 광복진선과 민족전선은 중일전쟁의 와중에 통일점을 찾고자 나서고, 마침 중국 국민당정부의 적극적인 요구에 의해 통합을 시도하게 된다.[87]

蔣介石은 1938년 11월에 김구를, 이듬해 1월에 김원봉을 중경으로 초청하여 두 세력의 합작을 권유하였고, 이에 호응한 두 사람이 1939년 5월에 〈동지·동포 제군에게 보내는 공개통신〉을 발표하였다.[88] 그 주요 내용은 크게 세 가지였다. 첫째는 지난날의 활동에 대한 반성과 현 정세분석이고, 둘째는 현 단계의 정치강령이며, 셋째는 전민족적 통일기구의 조직방법에 대한 의견

86) 이정식·한홍구 엮음, 《항전별곡》(거름, 1986), 67~71쪽.

87) 진선협회가 결성되기 이전에 비록 실패하긴 했지만, 양대세력의 통합시도가 있기는 했었다. 그것은 1937년 11월에 김원봉이 민족전선을 결성하던 과정에서 김구의 광복진선에게 합류할 것을 권유했다가 거절당한 일이었다. 당시 김구는 김원봉 세력이 중국공산당에 접근해 있고 인민전선파적인 경향이 농후하다고 하여 합류에 반대했다(金正明, 《朝鮮獨立運動》 Ⅱ, 625쪽).

88) 內務省 警報局, 《社會運動の狀況》 11, 1047쪽.

이었다.[89] 두 사람은 서두에서 과거의 투쟁이 통일된 단결력을 보이지 못하고 아울러 민족혁명의 전략적 임무를 정확하게 파악하지도 못했다고 했다. 그래서 이제는 두 사람 모두가 조선민족의 해방이라는 대업을 완성하기 위해 협력할 것임을 밝혔다. 이어서 그들은 10개 항목의 정치강령을 밝혔는데, 주요한 내용은 자주독립국가의 건설·민주공화제 건설·국가적 위기에 기업의 국유화·농민에 대한 토지 분배와 매매금지·노동시간 감소와 보험제도 실시·기본권 보장·의무교육 등이었다.

끝으로 두 사람은 중국 안에서 전개되고 있는 독립운동단체의 통일체 조직방법에 대하여 '연맹조직론'이 아니라 '단일당조직론'을 주장했다. 두 사람이 합의점을 마련함에 따라 한국혁명운동통일7단체회의(이하 7당통일회의)가 1939년 8월 27일 四川省 綦江에서 열렸다. 광복진선의 3당(한국국민당·재건한국독립당·조선혁명당)과 민족전선의 4당(조선민족혁명당·조선민족해방동맹·조선혁명자연맹·조선청년전위동맹) 등 7당이 참가한 이 회의에서 김구·김원봉은 〈공개장〉에서처럼 연맹조직론의 단점을 들추면서 단일당 조직론을 주장했다. 그러나 민족전선에 소속된 조선민족해방동맹과 조선청년전위동맹이 연맹조직론을 주장하면서 민족주의와 결합할 수 없음을 밝히고 결국 통일회의를 탈퇴함으로써 유회되고 말았다. 나머지 5당은 조직방식에 일치하고 있었으므로 공동으로 5당 통일조직을 먼저 완성하고, 다시 기타 소단체를 포괄하기로 수순을 결정하였다. 그러나 이 회의마저 곧 중단되고 말았는데, 당시 중국 국민당정부는 결렬원인을 통일당의 당의·정책 등의 문제에 대한 의견불일치로 파악하였다.[90] 이 외에도 논쟁의 초점은 협동전선의 조직방식 및 기본이념에 대한 차이와 임시정부의 위상에 관한 것이었다.[91]

즉 7당통일회의가 결렬된 뒤, 5당회의에 의해 한 순간 전국연합진선협회가 결성된 것 같다. 1939년 9월 22일에 결성되었다고 전해지는 이 조직은 며칠이 지나지 않아 민족혁명당이 탈퇴를 선언함으로써 해체되고 말았던 것으로

---

89) 金正明, 《朝鮮獨立運動》 II, 637~640쪽.

90) 〈綦江韓國7黨統一會議經過報告書〉(《國民政府與韓國獨立運動史料》, 臺北 : 中央研究院近代史研究所, 1989), 20~22쪽.

91) 한상도, 《한국독립운동과 국제환경》(한울, 2000), 271쪽.

보인다.[92] 이것은 1920년대 후반기 유일당운동과 1932년의 한국대일전선통일동맹, 그리고 양대 연합체의 결성과 이를 통합하려는 일련의 민족협동전선운동의 흐름을 또 한번 주저앉게 만든 일이었다.

4) 양대 정당체제의 재현

(1) 한국독립당

1940년 5월에 민족주의 정당들이 통합하여 '韓國獨立黨'을 결성했다. 한국국민당·(재건)한국독립당·조선혁명당 등 우파 3당의 합당추진은 진선협회 이전인 광복진선 시기부터 논의되던 일이었다. 그런데 이것이 완결되지 못한 단계에서 좌파세력과 단일당을 추진하면서 진선협회를 결성하기도 했으나, 곧 좌절되자 결국은 다시 우파 3당만의 통합을 추진한 것이다. 여기에다가 한국국민당에 비해 나머지 두 당의 정치노선이 약간 진보적이기는 했으나 큰 차이점이 없어 이론적 장애물이 없었다.

3당통합의 직접적인 계기는 무엇보다 진선협회의 결렬이었다. 광복진선과 민족전선의 통합체인 진선협회의 결렬은 민족주의 3당으로 하여금 그들만의 통합을 촉진하는 계기를 마련해 주었다. 그리하여 임시정부는 진선협회가 결렬된 직후인 1939년 11월에 임시정부 국무회의와 임시의정원의 의결을 거쳐 그 해 말까지 3당통합을 실현하도록 촉구하는 내용이 담긴 〈독립운동방략〉을 발표했다.[93] 3당통합의 본격적인 움직임은 그 다음 해인 1940년 4월에 시작되었다. 4월 1일 중경 아래에 있는 綦江에서 3당 대표회의가 열려 광복진선의 3당을 통합하기로 결정하였다. 이어서 5월 8일에 3당은 〈해체선언서〉를 발표하고,[94] 다음날인 9일에 신당 창당을 선언했다. 이것이 중경의 한국독립당이다.

통합한 한국독립당의 간부는 역시 3당의 간부들로 이루어졌다. 집행위원장에 김구, 집행위원에 홍진·조소앙·趙時元·이청천·金學奎·유동열·安勳

92) 한상도, 위의 책, 279쪽.

93) 三均學會,《素昂先生全集》(횃불사, 1979), 136쪽.

94) 金正明,《朝鮮獨立運動》Ⅱ, 667~668쪽.

(趙擎韓)·송병조·엄항섭·金朋濬·楊墨·조성환·차이석·李復源 등이었다. 그리고 감찰위원장에 이동녕, 감찰위원에 이시영·공진원·金毅漢 등이었다.[95] 이들은 김구·조완구·박찬익 등의 보수파와 홍진·조소앙 등의 진보파로 구성되었는데, 후자는 전자에 비해 민족혁명당 등 다른 정당·단체와의 합작문제에 비교적 적극적이었다.[96]

3당 해체선언은 한국독립당이 임시정부 우파진영 정당의 적사를 계승하고 있다는 정신 아래, "3·1운동의 생명을 계승한 민족운동의 중심적 대표당임을 성명함"[97]이라고 선언했다. 그리고 당의 이념도 1930년다 이후 독립운동 진영에서 널리 수용되어 있던 삼균주의를 근간으로 이루어졌다. 黨義에 삼균주의 이론이 그대로 나타나 있다. 혁명적 수단으로 일본침략세력을 박멸하고 국토·주권을 완전히 광복하며 정치·경제·교육의 평등한 기초 위에 신민주국가를 건설하는 것과 안으로 균등생활을 확보하고 밖으로 世界一家의 노선으로 나아가는 것이 그 골자였다. 당강의 주요내용은 완전한 광복을 통한 대한민국의 건설, 보통 선거제 실시를 통한 정치적 균등, 토지와 대생산기관의 국유화를 통한 경제적 균등, 의무교육을 통한 교육적 균등, 그리고 광복군 편성과 의무병역 실시 등이었다. 또한 당책의 주요내용은 민족의 혁명의식 환기, 국내외의 민족혁명역량 집중, 광복군 편성, 대중적 반항과 무장적 전투의 확대, 임시정부의 옹호, 중국의 항일동맹군으로서의 구체적 활동 등이었다.[98]

3당이 통합한 1940년의 한국독립당은 임시정부 그 자체였다. 당의 간부가 임시정부의 국무위원과 임시의정원을 구성했을 뿐만 아니라 당의 정책이 곧 정부의 그것이었다. 따라서 당의 구체적인 활동이 임시정부의 운영과 한국광복군의 결성으로 나타났고, 그제서야 당·정·군 체계를 확립한 것이다.

민족전선이 이 보다 2년 앞선 1938년 10월에 조선의용대를 조직했다. 이에 임시정부의 독립운동 3개년 계획을 세우고 장교양성과 무장대의 편성 및

95) 秋憲樹,《資料 韓國獨立運動》2, 70쪽.
金 九,《白凡逸志》(光明出版社, 1947), 345쪽.
96) 秋憲樹,《資料 韓國獨立運動》2, 66쪽.
97) 金正明,《朝鮮獨立運動》II, 668쪽.
98) 秋憲樹,《資料 韓國獨立運動》2, 405~406쪽.

유격대의 조직에 전력을 기울이기로 하고 陝西省 西安에 군사특파단을 파견하였다.[99] 이어서 1940년 4월에 3당통합을 위한 대표회의에서 중국영토 안에서 한국광복군이 성립될 수 있도록 중국정부에 승인을 요구하는 안을 결의했다.[100] 다음 달인 5월에 장개석의 승인으로 준비는 진행되어 9월 17일에 重慶에서 광복군총사령부성립전례를 개최했다.

한국독립당은 한국광복군을 한국독립당의 '당군'이 아니라 한국의 '국군'임을 강조했다.[101] 그리고 이들은 중국 각지에 있는 모든 한국인 무장부대를 규합하여 통일적인 지휘 아래 공동으로 항일의 행렬에 참가하기로 하였다. 또한 이러한 통일의 목표대상은 西安에 있던 나월환의 한국청년전지복무대만이 아니라 김원봉의 조선의용대까지 포함하는 것이었다. 그런데 전자의 경우는 1940년 말에 이미 광복군 제5지대로 편입되었으나, 후자의 경우는 그 성립의 역사가 비교적 오래되고 동시에 김원봉이 조선의용대를 중심으로 한국인의 무장세력을 집중시키고자 하는 뜻이 있었으므로 오히려 광복군과 대결하는 구도를 보였다.[102]

광복군을 조직한 한국독립당은 다시 1941년에 들어 발전단계와 〈건국강령〉을 마련하였다. 5월에 제1차 전당대표회의를 통해 復國·建國·治國의 발전단계와 정책을 제시한 뒤, 이어서 정당의 차원에서 논의되고 정리되었던 독립운동에 대한 이론을 정부의 차원에서 다시 검토하고 수용하여 1941년 11월에 〈건국강령〉으로 발표했다. 이러한 과정은 당과 정부의 기능이 제자리를 찾고 있음을 보여주는 사례였다.[103]

(2) 조선민족혁명당

1939년 초부터 몰아친 제 정당·단체의 단일당 조직을 위한 노력이 실패하자 민족혁명당은 상당한 곤경에 빠지게 되었다. 장개석의 적극적인 요구가

---

99) 독립운동사편찬위원회, 《독립운동사》 4, 884쪽.
100) 金正明, 《朝鮮獨立運動》 Ⅱ, 740쪽.
101) 韓詩俊, 《韓國光復軍》(일조각, 1993), 88쪽.
102) 如松, 〈論朝鮮義勇隊在革命運動中的地位〉(《朝鮮義勇隊》 37기－2주년특집호 ; 국가보훈처, 《海外의 韓國獨立運動史料》 8), 444쪽.
103) 秋憲樹, 《資料 韓國獨立運動》 2, 156쪽.

수용되면서 추진되던 진선협회가 주저앉음에 따라 민족전선이 와해되어 버렸기 때문이다. 광복진선이 우파만의 3당통합을 이룬 것과는 정반대로 민족전선을 형성하던 4당 가운데 2개 당이 떨어져 나가버린 것이다. 이것은 곧 김원봉의 민족전선 장악력이 무너졌음을 의미하는 것이었다.

민족혁명당이 비록 진선협회에서 탈퇴했지만 그 이전만큼 민족전선의 구성단체들에게 지도력을 미칠 수 없었다. 그러한 구체적인 증상이 그 해 말부터 다음 해인 1940년 말까지 조선의용대의 분열인데, 3분의 2가 넘는 병력이 화북지역으로 이동해버린 것으로 나타났다. 조선의용대의 분열이란 결국 김원봉의 민족혁명당과 조선청년전위동맹의 괴리를 의미한다.[104] 조선의용대는 1939년 말에 세 개의 지대로 개편되었다. 이 가운데 申岳을 중심으로 하여 조선민족해방동맹원으로 이루어진 제1지대 50명이 1940년 3월에 洛陽으로 북상한 것을 비롯하여 그 해 말에 2지대도 북상하였으며, 민족혁명당 본부의 제3지대도 1941년 3월 상순에 낙양에 도착하였다. 중경에서 파견된 제3지대는 앞서 이동한 부대들을 김원봉이 확실하게 장악하기 위해 보낸 핵심부하들로 구성되었다. 그런데 3월 말에서 4월 사이에 황하를 건너 간 조선의용대 병력은 결국 중국국민당 작전지역을 뚫고 팔로군 지역으로 이동하였다.[105] 그러므로 김원봉이 장악하고 있던 조선의용대는 사실상 주력이 없는 존재가 되고 말았다.

한편 최창익과 달리 민족혁명당에 남아 있던 한빈은 김원봉으로부터 무기정권 처분을 받자 10여 명을 이끌고 1940년 여름에 민족혁명당을 탈당했다. 그는 김성숙·박건웅·李貞浩와 함께 그 해 말 조선청년전위동맹과 조선민족해방동맹을 합류하여 조선민족해방투쟁동맹을 결성하였다.[106] 이로써 민족혁명당은 크게 약화되었고, 이제 새로운 돌파구를 모색하지 않을 수 없었다.

---

104) 조선의용대의 분열원인은 김원봉의 민족좌파적인 사상성향과 전위동맹의 공산주의성향, 파벌적 갈등, 중국공산당과 군의 발전에 따른 충돌 및 활동근거지의 확보가능성 등인 것으로 일제 관헌은 분석했다(《特高月報》, 1942년 3월호, 211쪽).

105) 염인호, 《朝鮮義勇軍 硏究》(국민대 박사학위논문, 1994), 87~95쪽.

106) 염인호, 《조선의용군의 독립운동》(나남출판, 2001), 102쪽.

5) 임시정부로의 합류

(1) 한국독립당

중경시대 독립운동정당은 1942년 10월에 민족혁명당이 임시정부에 합류하면서 변화의 전기를 마련하였다. 1940년 통합 한국독립당이 성립되면서 임시정부를 독자적으로 운영했지만, 이 때부터는 강력한 야당을 대응세력으로 두는 여당이 된 것이다. 한국독립당이 출범한 1940년 5월부터 1943년 5월까지 3년 동안은 김구가 집행위원장을 맡는 소위 '김구체제'였다. 민족혁명당이 임시정부에 합류하면서 조소앙·홍진 등의 진보적인 인물이 대두하게 되었는데, 1943년 5월 8일에 개최된 제3차 전당대표대회에서 조소앙이 중앙집행위원장이 됨으로써 제2기를 맞게 되었다. 하지만 조소앙이 위원장을 맡기는 했으나 김구가 계속하여 財政權을 장악하고 있었기 때문에 김구의 세력은 지속되었다. 그리고 1945년 7월 제4차 전당대표대회에서는 위원장에 김구, 부위원장에 조소앙을 선출하여 소위 '김구·조소앙체제'를 이루었다.

당·정 관계도 민족혁명당이 합류하면서 당연히 크게 바뀌었다. 한국독립당과 임시정부의 관계는 1943년 1월 제14차 중앙집행위원회에서 무력은 광복군에, 정치·외교는 정부로 집중하여 독립운동을 일원화한다고 정리되었다.[107] 민족혁명당의 합류 이전에는 한국독립당의 간부가 임시정부의 직책들을 겸직하여, 당은 바로 정부 그 자체였지만, 이제는 그 성격이 바뀌어 야당에 대응되는 개념의 여당 성격을 띠게 된 것이다.[108]

이 과정에서 한국독립당은 분열의 양상도 보였다. 그것은 국무위원 배분문제 때문에 생겨난 것인데, 1943년 10월에 유동열이 이탈하여 조선민족혁명통일동맹을 조직했고, 이어서 1944년에 들면서 의정원 의장 홍진과 부의장 최

107) 國史編纂委員會,《韓國獨立運動史》資料 3(1973), 420쪽.

108) 이러한 모습은 국무위원이나 의정원 의원의 수치를 통해 나타났다. 그 예로 민족혁명당 참가 직후의 국무위원은 11명인데, 한국독립당과 민족혁명당이 각각 9석과 2석을 차지했고 의정원 의원수도 57석 가운데 25석과 13석을 각각 차지했던 사실을 들 수 있다(胡春惠, 앞의 책, 133쪽).

동오가 중간에서 조정역할을 맡겠다는 명분을 내걸고 탈당하여 '신한민주당'을 결성하는 등 다소 흔들리는 모습을 보이기도 했다.[109] 한국독립당의 이념은 앞에서 본 것처럼 삼균주의를 근간으로 삼았다. 그것은 대내적으로 민족내부에 정치·경제·교육의 평등을 실현함으로써 역사적이고 현실적인 모순을 제거하고 대외적으로 세계인류의 행복을 도모하기 위해 민족과 민족, 국가와 국가의 균등을 실현함으로써 평화를 파괴하는 화근을 제거하는 것이었다.[110]

한국독립당의 구성원 가운데 박찬익·조완구 등의 보수파는 사회주의에 대해 거부하는 자세를 보였다. 비록 당강에서 토지와 대생산기관의 국유를 선언하여 사회주의적인 요소를 나타내기는 했어도, 이들의 기본생각은 그렇지 않았다. 이들이 무산계급에 의한 계급혁명을 반대한 논거는 식민지 상태에 있는 국가에게 민족모순이 계급모순에 우선한다는 것, 국가와 민족이 불가분의 관계에 있음에도 불구하고 계급혁명이 이를 부인함으로써 민족혁명을 파괴한다는 것, 무산계급이라고 하더라도 그들이 속한 국가와 민족의 상황에 따라 그 역할이 다르다는 것 등이었다. 따라서 민족연합을 결성하는데 있어서도 이들 세력을 배제하고 민족혁명을 우선시하는 인사들만의 연합을 주장했던 것이다.

한국독립당의 조직변천상의 특징은 상층조직만으로 유지되었다는 것, 한국교민만을 조직기반으로 하고 대중조직을 지향하지 못했던 것, 다른 정당·단체와의 전선연합에서 극히 배타적인 입장을 취했다는 것 등이었다.[111] 아울러 한국독립당이 가진 역사적 의미는 임시정부의 바탕이 되고 이를 강화하여 장차 민족혁명당을 비롯한 독립운동을 위한 정당과 단체의 통합을 추진하는 기초를 마련한 데 있다.

---

109) 유동열 등의 탈당자 17명은 성명서를 통해 "우리는 당을 위하여 당을 需要하는 것이 아니라 혁명이익을 위하여 당을 수요하는 것이며, 통일을 위하여 통일을 주장하는 것이 아니라 민족이익을 위하여 통일을 주장하는 것이다"라고 하였다(秋憲樹, 《資料 韓國獨立運動》 2, 161쪽). 유동열은 당을 이탈하여 조직을 선언했던 조선민족혁명통일동맹을 취소하고 신한민주당을 조직했다(秋憲樹, 《資料 韓國獨立運動》 2, 188~189쪽).

110) 秋憲樹, 《資料 韓國獨立運動》 2, 141~142쪽.

111) 노경채, 앞의 책(1996), 234쪽.

(2) 조선민족혁명당

민족혁명당은 1939년 말에서 1940년 말까지 한빈·이정호 등이 탈당하고 조선의용대가 화북지역으로 북상함에 따라 매우 약화되었다. 이러한 상황 속에서 중국정부가 1941년을 전후하여 여러 단체에 대한 지원정책을 바꾸어 임시정부만을 유일한 지원대상으로 함에 따라 더욱 어려워지게 되었다. 때문에 민족혁명당은 돌파구를 마련하고자 했다. 그리하여 일본이 진주만을 폭격하여 태평양전쟁이 시작된 이틀 뒤인 1941년 12월 10일에 개최된 제6차 전당대표대회에서 임시정부에 대한 참여를 결의하고 한국독립당과의 통일협상을 추진하였다. 그들은 대회선언에서 "종래에는 임시정부에 대해 不關主義를 취해 왔으나 내외의 정세가 변하여 지난 5월 제5기 제7차 중앙의회에서 종래의 불관주의를 포기하고 임시정부에 참가하기로 결정하였다"고 밝혔다.[112]

1942년 10월 25일에 개최된 제34차 의정원회의에서 부족한 23명의 의원을 보선하는 과정에 민족혁명당의 인사들이 참여하게 되었다.[113] 그리고 9명이었던 국무위원수를 11명으로 늘렸는데, 민족혁명당의 金奎植과 張建相이 그 자리를 차지하였다.[114] 이어서 1943년 10월에 열린 제35차 의정원회의에서는 의원 48명 가운데 24석을 차지한 한국독립당을 이어, 민족혁명당이 12석을, 그리고 조선민족해방동맹 등 다른 세력이 나머지를 차지했다.[115] 민족혁명당은 약세를 만회하기 위해 단일당을 향한 통일운동을 다시 시작했다. 그러나 통일의 조건에 있어 심한 차이를 보이자, 민족혁명당을 탈당했던 세력을 다시 결집시키기 위해 노력했다. 그 결과 1943년 2월에 있은 제7차 전당대표대회에서 민족혁명당과 한국독립당통일동지회·조선민족혁명당해외전권위원회·조선민족해방투쟁동맹의 4당통일을 결의했다. 여기에서 그들은 임시정부의 확대·강화를 비롯한 지부 확충 등의 중요사업을 결정했다.[116] 이와 아울

112) 秋憲樹,《資料 韓國獨立運動》2, 211쪽.
113) 重慶《大公報》, 民國 31년(1942) 10월 26일(趙中孚·張存武·胡春惠編,《近代中韓關係史資料彙編》4, 臺北：國史館, 1987), 462쪽.
114) 胡春惠, 앞의 책, 120쪽.
115) 胡春惠, 위의 책, 122쪽.
116) 독립운동사편찬위원회,《獨立運動史資料集》7, 208쪽.

러 민족혁명당은 임시정부의 일원으로서 한국독립당의 일방적인 독주를 견제하고 발언권을 강화하기 위해 노력했다. 그러한 노력의 하나가 1945년 6월 11일 한국독립당에 임시정부 재정의 공개, 비밀외교 정지, 미국 의존 금지, 광복군 인사의 양당 사전 협의, 광복군 제반사항에 대한 총사령·참모장의 사전 협의 등을 요구했다.[117]

민족혁명당의 조직은 역시 한국독립당과 마찬가지로 중앙집권제였다. 전당대표대회가 최고의 권력기구였고, 그 아래에 중앙집행위원회가 있고, 또 그 아래에 각부가 있었다. 조직과 간부를 보면 1944년의 경우, 주석에 김규식, 총서기 김원봉, 비서처 주임 申基彦, 조직부장 金仁哲, 선전부장 孫斗煥, 재정부장 成玄園, 통계부장 申榮三, 미주 총지부장 金剛, 미주지부 총서기 李慶善 등으로 구성되었다. 그런데 한국독립당의 경우와 다른 점은 주석이 큰 힘을 갖지 못하는 반면에 모든 권한과 대외사무를 총서기가 담당했던 점이었다.[118]

민족혁명당은 비교적 공산주의에 접근한 이념을 갖고 있었다. 물론 그들은 조선민족해방동맹 등의 공산당계통과 행동을 같이 하였고 투쟁강령에서도 반제국주의, 봉건잔여세력의 타도, 토지혁명, 노동시간 단축 등을 강조하고 한국독립당이 취한 자유경제에 유보적인 태도를 취했다. 민족혁명당은 1942년 12월 제6차 전당대표대회에서 정강을 채택했다. 그 내용은 자주독립의 민주공화국 수립, 국민헌법 제정과 보통선거제 실시, 토지혁명 단행, 부녀권리 보장, 노동시간 단축과 사회보험, 반파시스트 조선인 기업가 보호육성, 기본권 보장 등이었다.[119] 이를 통해 민족혁명당이 노동자와 농민 그리고 소자산계급을 기초로 삼고자 했음을 알 수 있다.

(3) 조선민족해방투쟁동맹

조선민족해방동맹의 연원은 1929년 10월 유호한국독립운동자동맹에 이른

---

117) 秋憲樹, 《資料 韓國獨立運動》, 83쪽.
이 요구 가운데 미국에 附庸하지 말라는 것은 국내로의 침투를 위해 서안에 있던 미국공군으로부터 한국광복군이 훈련을 받고 있었는데, 이에 대한 반론이었다. 민족혁명당이 전쟁 진행상황을 알지 못한데서 나온 주장으로 보인다.

118) 胡春惠, 앞의 책, 209쪽.

119) 秋憲樹, 《資料 韓國獨立運動》 2, 209~210쪽.

다. 유호동맹원 가운데 일부가 민족혁명당으로 흡수되고 나머지는 중국공산당원으로서 활동하였다.[120] 민족혁명당에 가담했던 세력이 1936년에 이를 이탈하여 김성숙과 박건웅을 중심으로 조선민족해방동맹을 조직했다. 김성숙 등은 김원봉의 독주로 이루어지는 민족혁명당의 운영에 불만을 갖고 이를 이탈하여 동맹을 조직했는데, 그 구성원들은 중국공산당에 가입하지 않은 인물들로 이루어졌다.[121]

이 동맹은 1937년에 조직된 좌파의 연합조직인 민족전선에 합류했다. 이어서 이 동맹은 1939년 9월 7당통일회의에서 조직방법론의 차이를 내세워 조선청년전위동맹과 함께 이탈하였고, 1940년 말에는 한빈과 이정호 그리고 조선청년전위동맹과 합류하여 조선민족해방투쟁동맹을 조직했다. 그 뒤 한빈과 조선청년전위동맹원으로 구성된 조선의용대 1·2지대가 화북지역으로 이동하게 되자, 1941년 12월 1일에 임시정부의 지지를 선언하고 이에 참여하였다. 그리하여 김성숙은 1942년에 내무차장, 1943년에 국무위원이 되었다. 당시의 주요구성원은 김성숙을 비롯하여 박건웅, 신익희의 사위였던 金載浩(일명 胡建)와 그의 아내 申貞琓 등이었다.[122]

이 동맹의 성립이 갖고 있는 의의는 중국국민당 지구 내에 있던 공산주의자를 조직적으로 통일했던 점과 국제성보다는 민족혁명을 우선하여 임시정부를 강화시켰던 점이다. 한편 화북지역의 조선독립동맹과 긴밀한 관계를 형성하지 못했던 데에 그 한계가 있다고 할 수 있다.

(4) 조선무정부주의자연맹

중국에서의 한국 무정부주의운동은 1924년에 조직된 재중국조선무정부주의자연맹에 그 뿌리를 두고 있다.[123] 그 뒤 1930년 4월 20일에 柳子明·張道

120) 金正柱,《朝鮮統治史料》10(東京 : 韓國史料硏究所, 1975), 868쪽.
121) 김성숙은 한국의 공산주의자들이 대다수 중국공산당원이 된 상태인데, "중국공산당에 들지 않은 채 조선의 공산운동이나 조선의 혁명에 몸 바치려는 동지를 규합"하여 조직했으며, 이것은 공산주의보다 조국의 해방이 더욱 중요하기 때문이라고 했다(李庭植·金學俊,《혁명가들의 항일회상》, 民音社, 1988, 100쪽).
122) 李庭植·金學俊, 위의 책, 115쪽.
정정화,《녹두꽃 : 여자 독립군 정정화의 낮은 목소리》(未完, 1987), 162쪽.
123) 李庭植·金學俊, 위의 책, 274쪽.

善・鄭海里・柳基石 등이 남화한인청년동맹을 조직하여 결성했다.[124] 이어서 1931년 11월에는 동방무정부주의자연맹과 연합하여 흑색공포단을 결성하고 "현사회 대부분의 권력을 부정하고 세계 전인류가 자유와 평등을 향유할 수 있는 신사회의 수립"[125]을 강령으로 내걸고, 1933년 3월에 六三亭 의거를 일으키는 등 많은 활약을 보였다.[126]

유자명을 비롯한 무정부주의자들은 1937년에 남화한인청년동맹을 이어 조선혁명자연맹을 조직했다. 그리고 이들은 민족혁명당・조선민족해방동맹과 함께 민족전선을 결성했다. 또 1939년에는 진선협회에 가입하였고, 1940년 말에는 무정부주의 청년지도자인 나월환이 이끄는 한국청년전지공작대가 한국광복군 제5지대로 개편되었다. 조선혁명자연맹은 조선무정부주의자연맹으로 명칭을 바꾸고 임시정부에 참여했다. 그리하여 1942년 10월에 있은 제34차 의정원회의에서 유자명과 柳林이 의원이 되었고, 이 가운데 유림은 1945년 4월 제38차 의정원회의에서 다시 국무위원으로 선출되었다.

이들은 독립에 이르기까지 줄기차게 항일투쟁을 전개했지만 주도세력이 되지 못했다. 이념과 투쟁방법의 한계성 때문인 듯하다.[127] 그러나 무정부주의 세력이 민족전선에 참여한 일시적인 시기를 제외하면 대체로 한국독립당이나 임시정부와 관계를 긴밀하게 가지는 특성을 나타냈다.

(5) 신한민주당

新韓民主黨은 1945년 2월 7일에 한국독립당에 불만을 갖고 있던 인물들에 의해 조직되었다. 그 주요인물은 한국독립당에 합류했던 조선혁명당 출신의 유동열과 최동오, 재건 한국독립당 출신의 홍진, 진보적인 사상을 갖고 있던 소장파의 安原生, 그리고 민족혁명당에 불만을 갖고 이탈한 김붕준・신기

---

124) 金正柱, 《朝鮮統治史料》 10, 801쪽.
125) 金正柱, 《朝鮮統治史料》 10, 871쪽.
126) 六三亭의거는 白貞基와 李康勳이 유자명의 지도를 받아 상해의 중국요리점인 육삼정에서 일본공사 아리요시 아키라(有吉明)를 살해하려다 미수에 그친 사건을 말한다.
127) 신일철, 〈한국무정부주의운동〉(《한민족독립운동사》 4, 국사편찬위원회, 1988), 534쪽.

언・신영삼 등으로 특히 민족혁명당 이탈자가 많았다.[128)]

신한민주당의 조직은 3명으로 구성된 주석단 아래에 4명의 상무위원을 두고 그 아래에 4부를 둔 체제였다. 주석단의 구성원은 의정원 의장 홍진과 참모총장인 유동열 그리고 김붕준이었고, 상임위원이 4개 부의 부장을 맡았는데, 신기언이 비서부장, 金元叙가 조직부장, 안원생이 선전부장, 유진동이 재무부장을 맡았다. 그리고 집행위원은 손두환・이광제・신영삼 등이었다.[129)]

신한민주당의 강령은 한민족의 역량을 동원하여 일제를 전복하고 민주공화국을 건설하는 것과 자유와 평등의 원칙 하에 민주주의 신세계를 건설하는 것으로 정했다. 그리고 기본정책으로는 조국광복 후에 국민대표대회를 소집하여 공화국의 헌법과 국호 등을 제정하고 일제의 재산을 압류하는 것이었다.[130)] 이를 통해 신한민주당이 임시정부에 대한 한국독립당이나 민족혁명당의 기득권을 부정하고자 했던 점을 알 수 있다. 그러나 신한민주당은 조직된 지 반년만에 독립이 됨으로써 특별한 활동이나 세력의 확장을 이루지 못하였다.

6) 1930년대 이후 독립운동정당의 특성

1930~1940년대에 임시정부는 주변의 여러 정당조직에 의해 유지되거나 견제되는 현상을 보였다. 더러는 임시정부를 사수해 나가는 정당이었고, 또 더러는 임시정부의 존재 자체를 부정하는 것도 있었다.

1920년대 후반의 유일당운동을 계승한 정당조직들은 크게 보아 두 가지 성향을 뚜렷하게 나타냈다. 하나는 이당치국의 개념을 도입하여 정당을 조직하고 이를 통해 독립운동도 전개한다는 것이다. 그래서 이를 '독립운동정당'이라 일컫는 것이다. 물론 그것이 민족단일대당으로 조직된다면 임시정부는 대권을 그 기관에 넘긴다고 약헌에 못박기까지 하였다. 또 하나는 민족협동전선・민족통일운동・민족통일전선운동・좌우합작 등으로 불리는 통일운동이었다.

---

128) 秋憲樹, 《資料 韓國獨立運動》 2, 189쪽.
129) 위와 같음.
130) 秋憲樹, 《資料 韓國獨立運動》 2, 188쪽.

1930~1940년대의 정당들을 정리하면, 몇 단계로 나뉜다. 1930년 한국독립당 결성을 전후하여 의열단도 정당으로 변신하였고, 신한독립당·조선혁명당이 자리잡았다. 유일당운동이 깨지면서 중단된 통일운동은 다시 1932년 이후 추진되다가, 1935년 민족혁명당이 결성됨으로써 일단 결실을 거두었다. 하지만 이것은 김구를 비롯한 임시정부 유지세력이 불참한, 불완전한 것이었다. 게다가 바로 이탈세력이 생겨 통일운동은 일단 허물어졌다. 그 결과 김구 중심의 한국국민당과 김원봉의 민족혁명당이라는 양대 정당시기를 맞았다

양대 정당은 1937년 중일전쟁을 맞으면서 강력한 연합체를 만들어 갔다. 광복진선과 민족전선이 바로 그것이다. 이들 두 거대 연합체는 다시 통합노력에 들어갔고, 1939년에 7당·5당 통일회의를 거치면서 일순간 진선협회를 구성하기도 했지만, 일단 완전한 결실을 맺지 못했다. 그렇게 되자, 우파만의 통합체인 (중경)한국독립당이 1940년에 결성되어 임시정부의 여당이 되었다. 당(한국독립당)·정(임시정부)·군(한국광복군)의 완성된 체제를 갖춘 것이다. 민족혁명당과 양대 정당체제가 다시 형성되었지만, 제2차 세계대전이 터져 상황이 급박해지고 중국 국민당정부가 통합을 요구함에 따라 그 동안 임시정부를 부인하던 민족혁명당이 1942년에 임시정부에 합류하였다. 주변 군소정당은 이 보다 앞서 임시정부에 합류함으로써 1942년 이후 임시정부는 중국관내 독립운동세력이 명실상부하게 집결한 구심체가 되었다.

임시정부를 중심으로 이합집산을 벌인 독립운동정당은 우선 단체 성격 자체에서 발전적인 성향을 보였다. 여러 성격의 단체들이 우후죽순처럼 존재하다가 1930년 이후에는 정당조직이 대표성을 띠게 되었던 것이다. 그리고 이들 정당은 임시정부의 철저한 유지세력과 반대세력으로 구성되었는데, 의견의 차이를 불구하고 이들 사이에는 끊임없이 통일운동이 전개되었다. 1942년부터 모든 정당들이 임시정부에 합류할 수 있었던 배경에는 바로 1920년대 후반 이후 전개된 정당결성과 통일운동의 역사적 경험이 자리잡고 있었다. 이처럼 통합된 모습으로 광복을 맞을 수 있었다는 사실을 높이 평가할 필요가 있겠다.

〈金喜坤〉

2. 만주지역 독립군의 무장투쟁

1930～1940년대 초반 만주지역(중국동북)에서 한민족이 전개한 항일무장투쟁 등 여러 형태의 민족해방운동(독립운동)은 1931년 9월 일본제국주의의 만주 침략이 본격화하면서 여러 주체세력에 의해 다양하고 치열하게 전개되었다. 1930～1940년대 초 在滿韓人들의 일본제국주의 세력에 대한 일련의 저항과 투쟁은 우리민족의 독립운동사와 한국근대사에서 중요한 위상을 차지하고 있을 뿐만 아니라, 중국근·현대사에서도 상당한 의미를 갖는 것으로 볼 수 있다. 왜냐하면 이 시기 만주에서의 민족해방운동은 우리 민족 단독으로 추진되었던 것이 아니라, 중국국민당 계열의 중국의용군과 항일대중, 중국공산당 만주지부조직 등 중국측 지원세력과 연계되어 전개되었기 때문이다.

이러한 사실을 반영하여 이곳에서 전개된 1930～1940년대 초 한인들의 민족해방운동에 대한 연구는 중국(연변)이나 북한은 물론 한국에서도 적지 않게 진행되었다. 특히 1980년대 후반 이후 한국에서 소장학자들을 중심으로 이 분야에 대한 연구가 활성화되었다. 그러나 만주지역에서 재만한인들이 전개한 민족해방운동에 대한 연구는 아직 충분치 못한 실정이라 할 수 있다. 때문에 1930년대 이후 우리민족이 치열하게 전개한 만주지역에서의 민족해방운동은 별로 없었거나 30년대 초반을 고비로 쇠퇴한 것으로 오해하고 있는 경우도 있다.

1930년대 재만한인들의 항일무장투쟁에 대한 여러 지역의 연구경향은 연구자들의 입장이나 사관의 차이, 이념적 제약 등에 따라 연구대상이 되는 단체나 인물·시기, 그리고 사회경제적 배경이나 활동내용, 투쟁방법론 등의 분석과 평가에서 상당한 차이를 보이고 있는 실정이다. 이러한 상황은 최근 연변지역과 한국·일본 학계의 교류가 활발해지면서 어느 정도 해소되고 있지만, 경우에 따라 상당한 견해차를 드러내기도 한다.

1930～1940년대 초의 무장투쟁은 크게 보아 세 계열의 흐름으로 정리할 수 있다. 즉 남만주에서 國民府와 朝鮮革命黨 산하의 무장조직으로 성립된 조선혁명군,[1] 북만주에서 韓族自治聯合會와 한국독립당의 산하무력으로 창

건된 한국독립군,[2] 그리고 중국공산당 滿洲省委員會 산하 무장조직으로 편성・발전된 동북인민혁명군(후일의 東北抗日聯軍) 내[3] 한인 세력이 바로 그것이다.

몇년 전까지만 해도 중국공산당 조직의 구성원으로 동북인민혁명군(동북항일연군)에 가담하여 일제와 투쟁한 한인들의 활동을 독립운동사의 범위에 포함시킬 수 있는가 하는 문제가 논란이 되기도 했다. 그러나 1990년대 초 발간된 중국의 대표적 단행본은 동북항일연군이 실질적으로 중국과 한국(조선) 양민족의 연합부대였다는 견해를 밝힌 바 있다.[4] 또 최근 한국에서 출판된 개설서와 시대사류 서적에도 이들의 활동을 우리 민족해방운동사로 인정하여 서술하는 경향이 늘어가고 있다.[5] 그러므로 우리는 이 부대에 개

---

1) 조선혁명군과 조선혁명당・국민부에 관한 최근의 연구로 아래의 성과를 들 수 있다.
黃龍國, 〈'조선혁명군' 역사에 대하여〉(《國史館論叢》 15, 국사편찬위원회, 1990).
張世胤, 〈조선혁명군 연구－몇 가지 쟁점에 대한 비판적 검토〉(《한국독립운동사연구》 4, 독립기념관 한국독립운동사연구소, 1990).
———, 〈在滿 조선혁명당의 성립과 주요구성원의 성격〉(《한국독립운동사연구》 10, 1996).
———, 〈조선혁명군정부 연구〉(《한국독립운동사연구》 11, 1997).
———, 〈國民府 硏究－성립 및 憲章, 자치활동을 중심으로〉(《한국독립운동사연구》 12, 1998).
———, 《在滿 조선혁명당의 민족해방운동 연구》(성균관대 박사학위논문, 1997).
慶倫鎬, 〈조선혁명당의 성격 연구〉(《釜大史學》 19, 1995).
曹文奇, 《鴨綠江邊的抗日名將梁世鳳》(瀋陽 : 遼寧人民出版社, 1990).
———, 《同仇敵愾－遼東, 吉南地區朝鮮族抗日鬪爭史》(撫順 : 撫順市社會科學院新賓滿族硏究所, 1998).
辛珠柏, 《만주지역 한인의 민족운동사(1920～1945)》(아세아문화사, 1999).
2) 한국독립당 및 한국독립군에 관해서는 다음의 글들이 참고된다.
박 환, 〈在滿 한국독립당에 대한 一考察〉(《韓國史硏究》 59, 1987).
黃龍國, 〈조선독립군의 무장항쟁(1931～1937)〉(《한국무장독립운동에 관한 국제학술대회 논문집》, 1988).
장세윤, 〈한국독립군의 항일무장투쟁연구〉(《한국독립운동연구》 3, 1989).
3) 李德一, 《東北抗日聯軍 硏究》(숭실대 박사학위논문, 1998).
4) 《東北抗日聯軍鬪爭史》 編寫組, 《東北抗日聯軍鬪爭史》(北京 : 人民出版社, 1991, '出版說明') 참조.
5) 보기를 들면 다음과 같은 책이 있다.
망원한국사연구실, 《한국근대민중운동사》(돌베개, 1989).
한국사특강편찬위원회 편, 《한국사특강》(서울대학교 출판부, 1990).

별적으로 가입하여 일제와 투쟁한 한인들의 투쟁사를 우리 민족운동사의 한 부분으로 정립해야 할 것이다. 최근 조국광복회와 동북항일연군의 실상 및 역할이 새롭게 조명되면서 일부 논점이 제기되기도 했다. 즉 일부 연구자들이 동북항일연군의 민족연합적 성격을 부정하면서 논쟁이 일어나기도 했던 것이다.[6] 그러나 필자는 동북항일연군 역시 한민족 민족해방운동의 한 범주로 파악해야하며, 조국광복회 역시 1930년대 만주지역 민족통일전선운동의 주요 결실이라고 볼 수 있기 때문에 중요한 비중으로 서술되어야 한다고 본다.

이러한 시각에서 동북항일연군내 한인들의 투쟁과 조국광복회를 일정하게 우리 독립군 활동의 한 범주로 수용코자 한다. 따라서 1930년대 이후 만주지역 독립군의 무장투쟁을 위의 세 계열 무장세력 및 관련조직의 활동에 초점을 맞추어 서술하기로 한다.

1) 조선혁명군의 성립과 항일무장투쟁의 전개

(1) 조선혁명군의 성립과 초기 활동

가. 조선혁명군의 성립

1920년대 후반에 추진되었던 민족유일당 조직운동과 만주지방에 근거를 두고 있던 정의부·참의부·신민부 등 민족운동 단체의 통합운동은 큰 성과를 거두지 못하고 실패하였다. 그러나 남만주지방에는 국민부가 성립함으로

한국역사연구회, 《한국역사》(역사비평사, 1992).
강만길 외, 《한국사》 16(한길사, 1994).
강만길, 《고쳐쓴 한국현대사》(창작과 비평사, 1994).
한국독립운동사연구소, 《한국독립운동사사전》 총론편(독립기념관, 1996).
한국근현대사연구회 엮음, 《한국독립운동사강의》(한울아카데미, 1998).
강만길, 《통일지향 우리 민족해방운동사》(역사비평사, 2000).

6) 李德一은 〈民生團사건이 동북항일연군 2군에 미친 영향〉(《한국사연구》 91, 1995); 〈동북항일연군 창설배경에 관한 연구〉(《崇實史學》 9, 1996); 《동북항일연군 연구》(숭실대 박사학위논문, 1998) 등 일련의 연구를 통해 동북항일연군은 어디까지나 중국인 주도의 '계급연합부대'였을 뿐이라고 주장하였다. 그의 이러한 주장은 여러 면에서 비판의 여지가 있다.

써 이 지역의 민족해방운동은 상당한 성과를 거둘 수 있었다. 국민부는 종전의 정의부를 주축으로 하여 신민부 民政派 계열과 참의부 沈龍俊 계열의 인사들이 연합하여 이루어진 단체로서 1929년 4월에 성립하였다.

국민부는 이 해 6월 본부를 吉林에서 興京(1929년 이후 신빈으로 개칭)으로 옮겼다. 이 무렵 국민부의 중앙집행위원장은 玄益哲이었는데, 그 아래 民事・경제・외교・군사・교육・법무・교통 등의 7개 위원회가 있었다. 군사위원회(위원장 李雄, 본명 李俊植)에는 군사부와 사령부를 설치하고 각각 병무・훈련・경리・군수・인사과와 부관・참모・작전・훈련・경리・인사 등의 여러 부서를 두어 업무를 분장하였다. 또 엄정한 군법의 시행을 위해 軍法局을 두어 군법의 처리를 전담케 하였다.[7)]

조선혁명군 창건시의 규모와 편제, 인적 구성 등을 정확히 알 수는 없지만, 일본 관헌의 정보기록을 토대로 대체적인 윤곽을 파악할 수 있다. 즉 1929년 4월 이후 정의부를 주축으로 하여 국민부가 조직됨에 따라 정의부 소속 독립군 부대를 주축으로 하여 조선혁명군이 새롭게 개편되었던 것이다. 같은 해 5월 말 종래 정의부에 소속되었던 6개 단위부대를 개편하고 참의부와 신민부에 있었던 일부 병력을 통합하여 새로운 부대로 재편한 것으로 추정된다.[8)]

---

7) 金承學 編,《韓國獨立史》(독립문화사, 1966), 389쪽.

8) 〈昭和 6年 5月末 朝鮮總督府 警務局 調, 國民府ノ狀況〉(日本山口縣文書館 소장 林家史料), 6~7쪽.
같은 해 7월 경 조선혁명군 편성과 담당구역을 살펴보면 다음과 같다(국사편찬위원회,《한국독립운동사》5, 국사편찬위원회, 1968, 790~791쪽 ; 〈昭和 4년 9월 4일 朝保秘 第1659號 朝鮮革命軍新組織に關する件〉, 1~2쪽).
제1대 대장 李東勳, 寬甸 동・서 지방
제2대 대장 張喆鎬, 通化 동・남 지방
제3대 대장 柳光屹, 輯安 동・서 지방
제4대 대장 李允煥, 桓仁・撫順・ 本溪・홍경지방
제5대 대장 梁世鳳, 집안 서부 일부 및 통화 남부 지방
제6대 대장 金文學, 柳河・海原 지방
제7대 대장 趙雄杰, 樺甸・撫松・磐石 지방
제8대 대장 權永祚, 吉林・額穆・五常・安圖 지방
제9대 대장 安 鵬, 길림・길림 서부・懷德 지방
제10대 대장 金京根, 長白・臨江 지방

창건 초기 조선혁명군 각 부대 및 전체의 병력이 얼마나 되었는지 확실히 파악할 수는 없다. 하지만 이 무렵 1대의 규모를 30명 정도로 파악하는 일제측 자료가 있기 때문에[9] 초기 조선혁명군의 전체 숫자는 약 300명 정도로 추측된다. 담당구역을 보면 남만지역은 물론 五常縣 등 일부 북만지역까지 포함하는 넓은 지역을 세력범위로 설정하고 있다는 사실을 알 수 있다. 한인들이 거주하는 지역 가운데 북간도(연변)와 북만주 지역을 포함한 남만주의 주요 지역이 망라되어 있는 것이다. 그러므로 초창기 국민부와 조선혁명군의 準自治 및 작전구역이 주로 남만지역에 집중되고 있는 점을 확인할 수 있다.

조선혁명군은 출범 직후부터 대원을 모집하고 각 단체에서 통합된 병력을 재편성하여 새로운 진용을 갖추었다. 이에 따라 종전에 참의부에 소속되었던 부대는 별동대로 편성되었다.[10]

한편 재만한인들의 상당한 기대 속에 출범한 국민부는 1929년 9월 하순 제1회 중앙의회를 열어 장래의 방침을 결정하고 3부통일회의에서 제정한 강령 및 헌장의 일부를 개정했으며, 중앙간부를 선거하였다. 이로써 국민부가 정식으로 출범하였다. 이 회의의 주요 내용은 혁명(독립운동)과 자치를 분리하여 혁명사업을 '민족유일당조직동맹'에 맡기고, 국민부는 자치행정만 전담키로 한 것이었다. 그리고 중앙기관 중 군사부를 폐지하고 조선혁명군을 민족유일당조직동맹에 속하게 한다는 것이었다.[11] 그런데 같은 해 12월 20일 민족유일당조직동맹의 발전적 형태로 '조선혁명당'이 창립되었다. 이에 조선혁명군도 이 당에 소속하게 되었다.

조선혁명당은 비록 독립운동가들의 합의에 의한 '민족유일당'은 아니었지만, 남만주 일대의 유력한 정당으로서 '以黨治國'의 원칙에 입각한 혁명운동사업(조국의 독립과 민족의 해방)을 완성하는 것이 당면 과제였다. 조선혁명당은 남만주 한인 사회의 자치행정기관인 국민부, 그리고 무장조직으로서 군사임무를 전담하는 조선혁명군과 표리일체의 기관으로서 추후 국민부와 조선

9) 독립운동사편찬위원회 편, 《독립운동사자료집》 10(1976), 483쪽.
10) 《조선일보》, 1929년 8월 30일.
11) 국사편찬위원회, 《한국독립운동사》 5, 725쪽.

혁명군을 영도하였다.

나. 투쟁목표와 이념

조선혁명군은 조선혁명당의 지휘통제를 받는 당군이었다. 이 독립군 부대는 조선혁명당의 결의에 따라 1929년 12월 20일 조직의 내용과 편제를 크게 개편하였다. 이 때 군사위원회에서 총사령에 李辰卓, 부사령에 梁世奉, 참모장에 이웅이 선출되었다. 또 종전의 10개 부대가 7개 부대르 개편되는 한편 담당구역도 재조정되었는데, 주목되는 변화는 길림·액목·오상 등 북방구역이 제외되고 東滿 지방이 새로 추가된 점이었다.[12]

그 이유는 그곳이 본거지에서 멀리 떨어진 지역이어서 통제가 어렵기 때문이었다. 또 북만주의 葦河·오상 일대에서 한족총연합회와 生育社 등 기호지역 출신 민족주의계 인사들이 그곳을 기반으로 활동하고 있었던 연유도 있었다. 동만 지역이 추가된 것은 그곳에 거주하는 많은 한인들을 장악하려는 의도로 풀이할 수 있다. 그러나 이 시기 동만지역은 일제의 영향력이 강하게 미치고 있던 지역이었으며, 1920년대 후반 이후 공산주의운동이 급격히 성장하고 있던 곳이었기 때문에 조선혁명군이나 국민부의 활동이 만만한 지역은 아니었다.

이 무렵 조선혁명군은 한 지역에 집중되어 있지 않고 각 지역에 분산배치되어 있었다. 이는 재만한인들의 어려운 경제적 여건으로 다수의 병력이 집중되면 충분한 보급지원을 할 수 없던 원인이 크게 작용했기 때문이다. 그러나 교포사회의 보호와 독립전쟁의 수행, 의무금 징수 등 다른 필요성에 따라 각 지방에 분산 배치되기도 했다.

조선혁명군 창립 초기의 투쟁목표와 이념 등은 창립시 발표된 선언서를 통해 알아볼 수 있다.[13] 우리는 이 선언문을 통해 조선혁명군 등 만주 독립

12) 독립운동사편찬위원회, 《독립운동사》 5(1973), 592~593쪽.

13) 그 선언서의 내용은 다음의 자료를 참조.
姜德相·梶村秀樹 編, 《現代史資料－朝鮮 5》 29(東京 : みすず書房, 1972), 636~637쪽.
〈昭和 5年 吉林地方朝鮮人事情に關する件〉(일본외무성·육해군성 문서, 국회도서관 소장 복사제책본 제2299권), 10009~10010쪽.

군의 임무가 친일파 숙청과 교민보호, 국내 진입작전 전개에 의한 일제 기관 파괴, 일제 관헌 및 악덕부호 응징 등을 주요 임무로 하고 있었다는 것을 알 수 있다. 주목되는 사실은 '악질부호'를 응징해왔다고 선언한 점이다. 이는 만주 독립군이 단순히 항일투쟁만을 전개했던 것이 아니고, 경우에 따라 민족해방투쟁에 협조하지 않는 지주나 부호들도 처벌하는 등 계급투쟁 성격을 띠는 활동도 벌였다는 것을 의미한다. 특히 조선혁명군의 경우 활동범위 내에 거주하는 가난한 한인 농민들을 구제하는 活貧사업도 수행했던 사실이 새롭게 밝혀져 주목된다.[14)]

또 이를 통해 조선혁명군이 1920년대에 부단히 계속되었던 독립군의 항일 무장투쟁을 계승한 정통 무장조직이라는 인식을 갖고 있으며, 일본제국주의에 대한 철저한 무장폭력투쟁 노선을 견지하면서 제1의 투쟁목표를 우리 민족의 독립국가 건설에 두고 있다는 사실을 파악할 수 있다. 그리고 국내 진입작전과 함께 국내 대중과의 연대에 의한 총궐기 방략을 주요 투쟁방략으로 삼고 있었던 사실도 확인된다.

---

14) 조선혁명군(1934년 말 이후 조선혁명군정부)의 활동에서 주목되는 부분이 바로 反封建鬪爭 또는 계급투쟁적 성격으로 평가할 수 있는 일련의 활동이다. 즉 조선혁명군에서는 한인 농민 중 극빈자들에게 돈이나 곡식을 주어 구제하는 등 일종의 활빈사업을 전개하였다. 그리고 부호들로부터 군자금을 징수하는 형식으로 부를 재분배하거나, 민중에게 평판이 좋지 않은 악질적 부호를 처벌하는 경우도 있었다. 이는 조선혁명군 대원들의 대부분이 궁핍한 농민 등 하층계급으로 구성되었던 사정과 관련된 것이다(〈新派秘 第342號 昭和 12年 6月 19日 在新京服部昇治 朝鮮總督府 警務局長殿 朝鮮革命軍の狀況に關する件〉 795·797쪽 및 〈滿洲に於ける中國共産黨と共産匪〉,《思想情勢視察報告集》6, 京都：東洋文化社, 1973, 87쪽). 또 국민부나 조선혁명당에서 민족운동에 종사하던 주요 지도자들 역시 가난의 굴레에서 벗어날 수 없었다. 이 사실은 이 조직을 이끌었던 주요 지도자 후손들의 증언으로도 증명된다. 예를 들면 국민부 위원장을 지낸 梁基瑕는 집 한 칸 없이 여기저기 유랑하였고, 입을 옷이 없어 남의 옷을 빌어 입는 경우도 비일비재하였다고 한다(손녀 梁寬玉씨－46세－증언, 1997년 1월 22일 서울 자택에서 청취). 또 신빈 등지에 거주하며 당시 상황을 잘 알고 있던 鄭承國翁 역시 비슷한 증언을 하였다(1991년 11월 21일 중국 瀋陽에서 청취). 왜냐하면 남만지역은 연변지역과 달리 韓人들에게 토지소유권이 전혀 없었기 때문에 사실상 그들은 소작농민의 처지와 별로 다를 것이 없었다. 때문에 기존의 일부 연구(黃龍國)처럼 국민부와 조선혁명당·군의 성격을 '부르주아' 민족운동의 개념으로 평가하는 견해는 재고되어야 할 것이다.

그러나 같은 때 발표된 조선혁명당의 선언서는 '조선'의 절대독립 완성과 함께 노농민주정권의 확립, 대기업의 국유화, 대토지의 몰수와 농민에 대한 분배 등을 내세우며 다분히 좌경화된 내용을 밝혔다. 때문에 조선혁명당이[15] 한인 대중의 광범한 지지와 참여를 유도하고 있는 것과 비교하면 상당한 차이가 있는 것으로 보인다.

1930년 8월 경 국민부와 조선혁명당·군 내부에서 독립운동 및 자치의 방법론 등을 둘러싼 노선투쟁과 이념대립이 폭발하기 전까지 조선혁명군의 초기 활동은 鮮民府 등 일제 주구기관 및 친일파 처단, 국민부 의무금 징수 및 군자금 모집, 독립군 모병, 반공활동 등으로 대표된다. 이러한 활동은 국민부와 조선혁명군의 근거지인 남만주를 중심으로 이루어졌으나, 군자금 모집과 관련해서는 평안북도나 함경남도 등 국내에 대원을 밀파해서 국내외적으로 큰 반향을 일으키는 경우가 적지 않았다.

사실 조선혁명군의 성립 초기에는 일본 군경과의 직접 대결이나 국내진입 작전과 같은 독립전쟁 형태의 투쟁 비중이 크지 않았다. 이는 아직 조직체계가 정비되지 않았고 국내외적으로도 여건이 성숙치 않았기 때문에 본격적 항일무장투쟁을 전개하는 데 한계가 있었다는 사실에서 비롯된다. 따라서 이 시기 국민부와 조선혁명군 계열의 활동 가운데 항일무장투쟁이 별로 없었던 것처럼 알고 있는 경우가 있는데[16] 잘못된 것이다.

1920년대 후반에서 30년대 초반에 걸쳐 만주지역에 공산주의운동이 점차 확산되면서 한인 주도의 공산주의운동이 점차 활발해졌고, 일부 지역에서는 오히려 민족주의계열의 민족해방투쟁을 압도할 정도로 그 세력이 확산되었다. 이러한 추세 가운데 민족주의자들 가운데도 공산주의사상에 동조하고 전향하는 사람이 늘어났다. 사실 국민부와 조선혁명당·군 역시 창건과정부터 일부 공산주의자들이 참여했고, 민족해방운동 및 한인교포 사회의 진로와 방법론을 둘러싸고 다양한 논의가 이루어지면서 대립과 갈등이 표면화하였다. 이는 공산주의자와 이에 동조하는 인사들을 주축으로 한 비판세력이 무시

15) 독립운동사편찬위원회 편, 《독립운동사자료집》 10, 478쪽.
16) 黃龍國, 앞의 글(1990), 233쪽.

못할 정도로 형성되었기 때문이다. 그리하여 민족주의자(국민부와 조선혁명당·군 지지파)와 공산주의자 등 반대세력(국민부 반대파) 사이에 당·정·군의 진로와 운동방침을 둘러싸고 일대 충돌이 일어났다.

이러한 내부갈등으로 1930년 11월 경 조선혁명군 사령관이 공석이 되고 당시 5중대장으로 있던 李鍾洛 등의 소부대가 북만주 지부조직에서 이탈하여 '조선혁명군 吉江指揮部(나중에 동방혁명군, 世火軍으로 개명)'를 조직하는 등 일대 격변이 일어났다.[17] 특히 북만주 일대를 관장하고 있던 이종락의 이탈은 국민부와 조선혁명당 세력의 북만 장악에 큰 타격을 주는 것이었다. 따라서 국민부와 조선혁명당·군은 진용을 재정비할 필요성이 커졌다. 이에 10월 하순 조선혁명당 군사위원장 현익철이 총사령을 겸임하고 부대를 재정비 강화하였다. 이러한 내부투쟁 과정을 거쳐 조선혁명군은 조선혁명당과 국민부를 옹호하던 민족주의 세력에 의해 주도되었으며, 1934년 경까지는 대체로 반공적 성향을 띠게 되었다.

(2) 중국의용군과의 연합항전과 변천

가. 한중연합항전

중국 동북에서 활동하던 민족운동가들은 한국이 일제에 병합된 뒤 지속적으로 중국 동북의 군벌과 국민당 정권에 한중연합항전을 호소했다. 실제로 1931년 6월 경 국민부 吉黑특별위원회 위원장 金履大 등은 중국 길림성 당국자와 접촉하고 공산당의 소탕과 조선혁명 지원, 일제 驅逐 및 주구기관과 주구배 파괴·박멸 등을 밀약한 바 있었다.[18] 또 비슷한 시기 조선혁명당 중앙집행위원장겸 군 총사령 현익철은 길림에 가서 〈東北韓僑情勢一般〉과 〈中韓민족 합작의견서〉를 제출하고 한중연합투쟁을 제의하였다.[19]

하지만 그해 7월 萬寶山 사건이 발발하고 8월 말 현익철이 瀋陽에서 일제에 체포되는 등 상황이 악화되어 이 계획은 구체적으로 실현되지 못했다. 당

17) 독립운동사편찬위원회 편,《독립운동사자료집》10, 602~603쪽.
18) 독립운동사편찬위원회 편,《독립운동사자료집》10, 591쪽.
19) 金學奎,〈三十年來韓國革命運動在中國東北〉(《光復》1-4, 1941년 6월 : 독립기념관 한국독립운동사연구소 1987년 영인본), 28쪽.

시 중국인이나 중국 관헌들이 일제의 직접적 침략책동이 없는 한 일본과 충돌하여 복잡한 문제를 일으키려 하지 않았던 이유도 컸다. 그러나 1931년 9월 18일 일제가 만주를 전면 침공한 '9·18사변(만주사변)'이 일어난 뒤부터 한중합작문제는 큰 진전이 있었다.

조선혁명당과 군의 주요간부들은 1932년 1월 19일 新賓縣에서 당면 대책회의를 개최하다가 일본 경찰과 중국 관헌의 습격을 받고 대거 체포되는 불상사를 겪었다. 이 때 조선혁명당 중앙집행위원장 李浩源, 군 사령관 金保安(일명 金寬雄, 본명 金俊澤), 부사령관 張世湧(본명 張元濟), 국민부 공안부집행위원장 李鍾建(본명 李鍾淳), 朴致化·李奎星 등 핵심간부 10여 명이 체포되었다.[20] 또 이후 3월 초까지 계속된 일본 경찰의 검거로 국민부와 조선혁명당·군의 관계자들은 모두 9개 현에서 80여 명이 검거되는 커다란 타격을 받고 말았다.[21]

그러나 그러한 위기를 겪은 뒤에도 조선혁명당·군·국민부는 高而虛와 梁世奉·梁基瑕(호는 荷山) 등 피신한 간부들에 의해 곧 재건되었다. 이 '신빈사변' 이후 국민부 중앙집행위원장은 양기하, 당의 위원장은 고이허, 군사령관은 양세봉이 분담하였다.[22] 조선혁명군은 이후 신빈·통화·환인 등 지방부대에서 우수한 청년들을 선발하여 400여 명의 편제를 갖추고 사령부를 신빈현 왕청문에 두는 한편, 남만주 각지의 유력한 중국인사들과 연락을 취하며 연대를 모색하였다.

특히 9·18사변 이후 일제가 중국 동북을 점령하고 1932년 3월 1일 괴뢰국가인 '滿洲國'을 세우자 중국 동북 각지에서는 구 동북군벌계의 중국의용군은 물론 마적, 大刀會·紅槍會 등 종교집단 계통의 각종 항일부대까지 대거 봉기

---

20) 金學奎, 위와 같음.
〈中國九一八事變後朝鮮革命黨在東北工作經過狀況〉(《震光》 6호, 1934년 9월 : 한국독립운동사연구소 1988년 영인본), 15쪽.
〈李浩源 등 가출옥 관계서류〉(정부기록보존소 소장, 수원대 박환 교수 제공).
21) 독립운동사편찬위원회 편, 《독립운동사자료집》 10, 606·613~616쪽.
22) 金學奎, 앞의 글(1941), 29쪽.
《外事警察報》 121, 69쪽(李命英, 《權力의 歷史》, 성균관대출판부, 1983, 88쪽에서 재인용).

하는 국면을 맞이하였다. 양세봉을 비롯한 조선혁명군 간부들은 이러한 기회를 맞이하여 중국의용군과 공동투쟁의 방략을 적극적으로 강구하였다.

1932년 3월 초 조선혁명군 사령관 양세봉은 평소에 가깝게 지내던 중국인 王彤軒과 梁錫福 등 대도회 세력이 이끄는 의용군과 연대하여 공동투쟁키로 합의했다. 그리하여 같은 달 6일 조선혁명군은 이들과 함께 遼寧農民自衛團(일설에는 요녕민중자위단)이라는 한중연합의용군을 조직하여 남만의 유하현 四鋪炕에서 선포식을 거행하고 연합군의 봉기를 내외에 천명하였다.[23] 이 때 사령관은 왕동헌, 부사령관은 양세봉이 맡았는데, 전체 병력은 2,000여 명이나 되었다. 이 달 11일 조선혁명군은 요녕농민자위단 부대와 함께 근거지인 왕청문에서 한중연합 항일투쟁의 첫 출정을 단행하였다. 이후 조선혁명군은 신빈현 南陡嶺에서 신빈에 주둔하고 있던 괴뢰 만주국 공안대와 격전을 치른 뒤 신빈의 西永陵街를 점령했다. 그리고 계속해서 신변현의 木奇·黑牛·上夾河 등 여러 고을을 점령하고 큰 전과를 거두었다.[24] 이 같은 전투는 조선혁명군이 중국항일의용군과 연합항전을 개시하는 서전이라 할 수 있었다. 그러나 이러한 전투는 조선혁명군이 각 지방에서 분산활동하고 있던 병력을 집결시켜 체제를 재편성하고 한중연합군을 편성하여 본격적 항일무장투쟁의 길로 나서는 중요한 계기가 되었다.

조선혁명군이 요녕농민자위단의 일원으로 투쟁하고 있을 때 北京에서 결성된 '동북항일민중구국회'에서는 만주의 항일투쟁을 촉진하기 위해 환인현에 주둔하고 있던 구 동북군부대 지휘관 唐聚五 등 동북정권 관련자들에게 밀사를 파견하여 봉기를 촉구하였다. 특히 9·18사변 직후 관내로 피신했던 중국국민당의 동북군 수뇌 張學良은 항일의지가 굳은 당취오를 방어군(요녕육군 보병 제1단) 단장으로 임명하고 적극 후원하였다. 이리하여 국민당 특파원 王育文·李春潤 및 王鳳閣 등 유력자들과 동변도 10개현 대표 30여 명이 3월 21일 환인현에 모여 '遼寧民衆救國會'를 조직하게 되었다.[25] 이 조직 아

23) 曹文奇, 앞의 책(1990), 202쪽.
24) 金學奎, 앞의 글(1941), 29쪽.
25) 譚譯·王駒·邵宇春, 〈9·18사변 후 동북의용군과 한국독립군의 연합항일〉(《國史館論叢》 44, 1993), 201쪽.

래에는 정치 및 군사의 두개 위원회가 있었는데, 군사위원회 아래 '요녕민중자위군' 총사령부를 두었고, 당취오가 군사위원회 위원장 및 총사령을 겸직하였다. 이 때 신빈 東大營에 주둔하고 있던 구 동북군의 영장 이춘윤이 군사위원회 위원겸 제6로군 총사령이 되었다.[26]

조선혁명군이 참여해서 같이 싸우고 있던 요녕농민자위단 사령관 왕동헌은 추후 이 소식을 듣고 이 조직에 참여하였다. 그 결과 조선혁명군은 왕동헌 등의 부대와 함께 요녕민중자위군의 제11로군으로 편성되었다. 조선혁명군은 이 연합부대에 참가했지만, 독립군으로서의 독자적 지위를 분명히 하기 위해 새로운 작전협정을 요구하였다. 즉 4월 29일 참모장 김학규를 환인에 파견하여 요녕민중자위군 총수 당취오 등과 한·중 양 민족의 연대투쟁 문제를 협상케 했던 것이다.[27]

이 협정 가운데 주목되는 것은 제5항으로서, 조선혁명군이 장차 한국내로 진격하여 독립전쟁을 수행하고자 하는 원대한 목표를 세우고 있었음을 확인할 수 있다. 이러한 목표의 수립은 조선혁명군이 중국의용군과 같이 일제와 싸우는 한편, 지속적으로 국내침투작전을 추진하고 있었다는 사실로도 증명된다.

실제로 1932년 한해 동안 조선혁명군은 16차에 걸쳐 101명의 대원을 국내로 침투시켜 군자금의 모집과 일제 기관의 습격, 친일파 처벌 등의 투쟁

張洪軍, 《九·一入全史》 3(瀋陽 : 遼海出版社, 2001), 155쪽.

26) 曹文奇, 앞의 책(1990), 112쪽.
金學奎, 앞의 글(1941), 29쪽.
張洪軍, 위의 책, 181쪽.

27) 협정내용은 다음과 같다.
① 東邊道(압록강 건너편과 남만주 남쪽 일대) 일대(즉 당취오 관할지)에서 조선혁명군의 활동을 정식으로 승인할 것.
② 당취오군 관할 내에 예속하는 각급 관공서와 민중이 조선혁명군의 활동에 관한 일체에 대하여 적극 원조해 줄 것을 당취오군 사령부에서 지시할 것.
③ 조선혁명군의 군량 및 장비는 중국 당국에서 공급할 것.
④ 일본군을 향하여 작전할 때 쌍방이 호응원조함으로써 작전의 임무를 완성할 것.
⑤ 조선혁명군이 일단 압록강을 건너 한국 본토작전을 전개할 때 중국군은 그 전력을 기울여 한국독립전쟁을 원조할 것(金學奎, 〈白波自敍傳〉, 《한국독립운동사연구》 2, 1988, 586~587쪽).

을 벌였다.28) 이 수치는 일제 당국에 포착된 경우만 밝혀진 것이기 때문에 실제로는 훨씬 많았다고 볼 수 있다. 특히 주목되는 것은 1932년 3월 결사대원 李先龍을 국내로 파견하여 군자금을 모집케 한 경우였다. 이선룡은 양세봉의 특명을 받고 국내로 잠입하여 東一銀行 장호원 지점을 습격했다. 그는 13,000원에 달하는 거액의 자금을 빼앗았으며 충청·경기·강원 일대의 치안을 교란하는 쾌거를 이룩했다. 그는 일인 경찰과 교전하여 중상을 입히는 등 크게 활약했고, 비록 4월 5일 체포되고 말았으나 그가 일으킨 파문은 매우 컸다.29)

조선혁명군은 요녕민중자위군의 일원으로 투쟁하면서 자주적 협정을 체결하고 공동작전을 수행하였다. 그 뒤 이 부대는 요녕민중자위군의 특무대와 선전대대로 편성되었고, 총사령관 양세봉은 특무대 사령으로, 金光玉은 선전대대 대장으로 활동하였다. 이 독립군부대가 이렇게 편성된 것은 중국군에 비해 규모가 작지만 우수한 전투력을 보유하고 있었기 때문이다. 특무대는 8개 산하부대로 편제되었다. 이후 조선혁명군은 1932년 10월까지 다른 요녕민중자위군 부대와 함께 공동으로 거의 200여 차례의 대소전투를 치르며 크게 용맹을 떨쳤다.30) 조선혁명군은 이 무렵 요녕민중자위군 사령부이자 임시항일정부인 '요녕성정부' 소재지인 通化(江甸子)에 속성군관학교를 설치하여 400여 명의 장교 및 병사들을 양성하였다. 이 때 조선혁명군은 중앙군(현역, 정규군)과 지방군(예비역)으로 구분되어 있었는데, 중앙군의 규모는 300명 가량이었다.31)

가장 치열한 전투를 치렀던 1932년 한해 동안 조선혁명군이 중국의용군과 함께 전개한 주요 전투를 간단히 〈표 1〉로 정리하면 다음과 같다. 이러한 대

28) 朝鮮總督府 警務局, 《最近に於ける朝鮮の治安狀況》(京城, 1933), 213쪽.
29) 《조선일보》, 1932년 3월 31일·4월 13일.
《동아일보》, 4월 1·15일.
30) 金學奎, 앞의 글(1941), 29쪽.
———, 앞의 글(1988), 587쪽.
31) 桂基華, 〈3府·國民府·朝鮮革命軍의 독립운동 회고〉(《한국독립운동사연구》 1, 1987), 140쪽.
張洪軍, 앞의 책, 185쪽.

활약으로 남만일대에서 조선혁명군의 명성은 크게 높아졌다. 또 300여 명의 조선혁명군은 1932년 9월 양석복이 거느리는 대도회군과 함께 대도시인 撫順공략전에 참가하여 일·만군과 격전을 치렀다.[32] 물론 이밖에 상세히 알려지지 않은 전투도 많다. 우리는 이를 통해 조선혁명군이 중국의용군과 함께 매우 다양한 항일투쟁을 수행했음을 알 수 있다.

〈표 1〉 1932년 4월부터 8월까지 조선혁명군이 행한 주요 연합전투 및 단독전투

시기	지점	조선혁명군 부대	요녕민중자위군 부대	전과
未詳	신빈현 경내	대부대	李春潤 부대	克縣城을 여러번 공격
4~5월	신빈현 老城	崔允龜·趙化善部隊	〃	80여 명 敵 살상
〃	신빈현 永陵街	〃	〃	2일간 적과 교전
6월	신빈현성 부근	양세봉부대	〃	新賓縣城을 3차례 奪占
〃	청원현 경내	최윤구 부대	〃	일·만군과 10여 차례 교전
〃	輯安·臨江縣	金光玉 部隊	孫秀岩 부대	일·만군과 30여 차례 교전
〃	桓仁縣 雅河	文英燦 部隊	5로군	일·만군의 공격을 수차 격퇴
7월 상순	신빈현 石人溝	양세봉 부대	이춘윤 부대	일·만군 40여 명 살상
7월 중순	撫松縣 老溝台	未詳	불참	일·만군 거점을 습격
7월 하순	통화현 快大茂	최윤구·조화선부대	불참	일·만군 80여 명 섬멸
8월	淸原縣 馬山衛子	조화선부대	불참	일·만군 36명 섬멸

* 新賓滿族自治縣民委朝鮮族志編纂組 編, 《新賓朝鮮族志》(瀋陽 : 遼寧民族出版社, 1994), 27쪽.

조선혁명군이 중국의용군과 공동작전을 수행하는 기간인, 1932년 8월 경 조선혁명당·군의 본거지인 신빈 또는 통화에 국민부를 중심으로 하는 '독립정부'를 수립하려고 했던 사실은 우리에게 잘 알려져 있지 않다. 하지만 이러한 '독립정부 수립' 구상이야말로 조선혁명군 계열 인사들의 독자성과 자

32) 계기화, 위의 글, 410~411쪽.
張洪軍, 위의 책, 185쪽.

존심을 상징한다.[33] 왜냐하면 그들은 상해 임시정부의 존재에도 불구하고 만주 무장투쟁 세력이야말로 진정으로 민족해방운동(독립운동)의 정통성과 주류적 위상을 계승하고 있다는 자존의식을 갖고 있었기 때문이다. 이들은 임시정부를 존중했다기보다는 오히려 반임시정부적 인식을 갖고 있었다고 볼 수 있다. 그러나 이 같은 독립정부 수립계획은 1932년 10월 일본군이 신빈·통화·환인 지역에 대거 출동하고 공동투쟁하던 중국의용군이 패퇴함으로써 실천되지 못하였다. 일제측 기록에 따르면 조선혁명군 사령관 양세봉은 중국의용군 총수 당취오와 협상하여 장차 의용군의 지반이 공고해지면 식민지 조선의 독립을 위해 10만여 명의 병력과 무기를 대여하고 적극적 원조를 시행키로 하는 밀약을 체결했다고 한다.[34] 물론 이 정보의 사실여부는 정확히 알 수 없지만, 이는 조선혁명군의 원대한 독립전쟁 전략을 알아볼 수 있는 하나의 단서를 제공하는 것이다.

나. 조선혁명군정부의 성립과 활동

남만주의 동변도 지방에서 수많은 중국인 대중이 봉기하는 등 '反滿抗日運動(괴뢰 만주국의 성립을 인정치 않고 만주국 관헌에 저항하며, 일제의 침략에 반대하여 일어난 여러 형태의 저항운동)'이 치열하게 전개되자 일제는 1932년 10월부터 일본군과 만주국군 3만여 명을 동원하여 이곳 항일세력에 대한 대대적 탄압작전을 벌였다. 그 결과 통화·신빈·환인현 등의 주요 지역은 10월에 모두 일·만군에 점령되었고, 요녕민중자위군은 큰 타격을 받고 패퇴하게 되었다.[35] 특히 이 해 11월 당취오와 양석복 등이 이끌던 요녕농민

33) 1932년 8월 5일 신빈현 葦子谷에서 부근의 한인 농민대표와 조선혁명당 국민부 조선혁명군의 주요 영도자들이 모여 비밀회의를 개최하였다. 이 때 이들은 ① 국민부를 중심으로 하는 독립정부 조직, ② 독립정부의 군대편성, ③ 각현 행정기관 정비, ④ 재만 조선인 단체의 통일 및 중국 국민당정부와 연락, ⑤ 조선 현재의 사회·정치기구 교란·파괴, ⑥ 재정방침 및 징병제도의 확립과 임원선임 등의 주요방침을 결정했다(〈在滿朝鮮人の不逞行動及取締狀況〉,《日本外務省警察史》在滿大使館 第1, 국회도서관 소장 일본 외무성문서 제책본 제2268권, 2614~2616쪽).

34) 독립운동사편찬위원회 편,《독립운동사자료집》10, 607~608쪽.

35) 1932년 10월 13일 신빈, 15일 통화, 20일 환인현이 일본군에 점령되었다(張洪軍, 앞의 책, 188쪽).

자위군은 일·만군의 공격으로 통화에서 濛江縣으로 패퇴하여 거의 궤멸되었고, 당취오와 양석복 등은 關內로 도피하고 말았다. 다만 왕봉각과 이춘윤 등이 일부 부대를 지휘하며 항전을 계속하였다.[36] 또 국민부 위원장이던 양기하가 관전현에서 일본 경찰과 싸우다가 1933년 2월 10일 전사하고 말았으며,[37] 조선혁명군도 종전의 근거지인 왕청문으로 사령부를 다시 옮겼다.

조선혁명당·군은 일제의 압박이 가중됨에 따라 1933년 1월 신빈현 依木樹에서 주요간부 회의를 열어 진용을 재정비하는 한편, 새로운 진로를 모색하였다. 이 때 조선혁명군은 약 8개월간 편제되었던 요녕민중자위군의 특무대라는 명칭을 버리고 원래의 명칭을 다시 사용하기로 했다. 양기하의 후임 국민부 위원장에 金東山(본명 金鎭邦)이 새로 선임되었고, 조선혁명당 집행위원장 고이허, 군 사령관 양세봉은 그대로 유임되었다.[38] 이 때 조선혁명군은 총사령부 아래 5개 路 사령부로 개편되었다.[39] 그러나 군의 지도기관인 조선혁명당의 당강과 정책 등은 초기와 별로 다름이 없었기 때문에 이 부대의 투쟁목표와 이념 역시 별다른 변동은 없었다.

1932년 2월 제정된 조선혁명당의 당강에는 "혁명적 수단으로써 원수 일본 침략세력을 소멸하고 5천년래 독립자주의 국토와 주권을 회복하며, 정치·경제·교육의 평등을 기초로 한 진정한 민주공화국을 건립하고, 전체국민의 생활평등을 확보하며 세계인류의 평등과 행복을 진일보하도록 촉진한다[40]"고 하는 내용이 명시되어 있었다. 趙素昻의 三均主義 이념이 반영된 점이 주목

36) 金學奎, 앞의 글(1941), 30쪽. 당취오는 1932년 요녕성정부 대리주석으로 임명되었다(張洪軍, 앞의 책, 185쪽).

37) 黃龍國, 앞의 글(1990), 237쪽.
한편 梁基瑕의 처와 후손들은 1932년 1월 16일(음력, 양력으로는 2월) 양기하가 전사한 것으로 알고, 매년 음력 1월 15일 제사를 지내고 있다고 한다(양기하의 손녀 梁寬玉씨 및 손녀사위 金振洙씨 증언, 2001년 9월 9일 서울 사무실에서 청취).

38) 曹文奇, 앞의 책(1990), 153쪽.

39) 金學奎, 앞의 글(1941), 30쪽.

40) 〈新派秘 第342號 昭和 12年 6月 19日 在新京服部昇治 朝鮮總督府 警務局長殿 朝鮮革命軍の狀況に關する件〉(日本 : 山口縣文書館 소장 《林家史料》), 771~772쪽.

된다. 때문에 조선혁명당에서는 이러한 목표를 실현하기 위해 이 시기에 야기된 여러 난관에도 불구하고 농민대중에 대한 정치훈련과 강습을 강화하고 농민조합이나 청년회·부녀회·소년회·경호대 등을 조직하여 당의 외곽단체로 삼았으며, 국민부와 혁명군을 지원하는 기반이 되게 했다.[41] 이러한 바탕 위에서 조선혁명군은 활발한 투쟁을 전개할 수 있었다.

당시 조선혁명군의 5개 부대는 담당 작전구역과 임무가 약간 달랐다. 제1·5로군은 압록강 연안의 여러 지방을 담당하고 국내로 진격하여 일제의 시설을 파괴하는 등 진입작전이 주임무였다. 한편 3·4로군은 심양 및 길림과 연결되는 철도연변을 중심으로 한 항일투쟁을 전담했으며, 2로군은 사령부 일대를 경비하는 역할을 분담하였다.[42] 이에 따라 조선혁명군은 왕봉각 및 鄧鐵梅 등 중국의용군과 연합작전을 강화하고 소부대를 위주로 하는 유격전을 진행하며, 강전자군관학교에서 훈련받은 청년들을 편입시켜 군사력을 강화하였다. 그 결과 총병력이 400여 명에 달하고 각종 무기가 500여 자루나 되는 실력을 갖추게 되었다.[43]

조선혁명군은 1933년에도 요녕민중자위군의 잔존부대와 함께 남만주 일대에서 여러 차례의 연합전투를 치렀다. 특히 7월 8일 양세봉은 일부 부대를 거느리고 왕봉각 산하의 부대와 연합하여 신빈현성을 공략하여 한때 점거하는 전과를 거두었다. 이밖에도 조선혁명군은 끊임없이 국내진입작전을 전개하여 일제에 타격을 주었는데, 이 해의 국내진격전은 10여 차례에 걸쳐 142명의 대원이 참가한 것으로 파악된다.[44] 특히 1932년 말부터 이듬해 2월에 걸쳐서 평안도 일대에 진입한 邊洛奎 부대의 활약은 매우 주목된다. 조선혁명군 제3총대장 변낙규는 1932년 말 양세봉의 명령을 받은 뒤 부하 20여 명을 데리고 국내로 진입하였다. 이후 그는 군자금 및 항일투쟁 동지의 모집을 위해 활동하다가 이듬해 2월 평남 덕천에서 일제 당국에 체포되고 말았다.[45]

---

41) 金學奎, 앞의 글(1941), 30쪽.
42) 金學奎, 위의 글(1941), 30~31쪽.
43) 金陽 主編, 《항일투쟁 반세기》(瀋陽：遼寧民族出版社, 1995), 91쪽.
44) 姜德相·梶村秀樹 編, 《現代史資料－朝鮮 6》 30(1976), 341쪽.

또한 국내유격대장 徐元俊의 활약도 특기할만 하다. 그는 1933년 5월 국내로 침투하여 평양의 은행을 습격하고 군자금 1,600원을 빼앗은 뒤 황해도 봉산까지 진출했다. 그는 2주일간이나 각지에 출몰하며 추격하는 일인 경찰관을 사살하는 등 용맹을 떨쳤으나, 결국 일제 당국에 체포되어 순국하고 말았다.46)

1934년 경에도 조선혁명군은 중첩되는 온갖 어려움을 무릅쓰며 줄기차게 투쟁하였다. 그러나 일·만 군경의 계속되는 '토벌'과 회유공작, 소위 '匪民' 분리정책의 실시 등으로 인한 많은 손실과 존립기반의 상실 등으로 조선혁명군의 활동은 점차 위축되지 않을 수 없었다. 즉 종래 조선혁명군은 교포사회를 기반으로 軍區制를 실시하여 병력을 충원하고 군자금 징수와 보급품을 확보하였지만, 이 같은 연계관계가 차츰 차단되어 큰 타격을 받았던 것이다. 이에 조선혁명당에서는 그러한 난관을 타개하기 위해 5월 초 조선혁명군 참모장 金學奎를 관내에 파견하여 중국 국민당정부에 지원을 요청하였지만, 별 성과를 거두지 못했다.47) 더구나 이 해 9월 20일 일제의 비밀공작으로 총사령 양세봉이 피살된 뒤부터 조선혁명군의 활동은 크게 위축되었다. 사실 양세봉은 남만주 일대 교포사회의 큰 기대를 받으며 항일무장투쟁을 주도한 인물이었다.48)

이러한 상황에서 교포사회를 기반으로 한 준자치(행정) 기관으로서의 국민부와 지도기관으로서의 조선혁명당의 기능은 크게 약화된 반면, 무장투쟁의 중추조직인 군의 역할과 비중이 커지게 되었다. 이에 조선혁명당과 조선혁명군·국민부의 주요 지도자들은 1934년 11월 11일 軍民대표자회의를 열었다. 여기에서 국민부와 조선혁명군을 통합하여 '조선혁명군정부'를 조직하고 항

---

45) 朝鮮總督府 警務局, 《最近に於ける朝鮮の治安狀況》, 218쪽.
46) 朝鮮總督府 警務局, 위의 책, 219쪽.
《조선일보》, 1933년 6월 13일.
47) 金學奎, 앞의 글(1988), 590쪽.
48) 양세봉의 활동에 대해서는 다음의 글 참조.
丁原鈺, 〈梁世奉 : 조선혁명군 총사령의 연구〉(《國史館論叢》 8, 1989).
장세윤, 〈조선혁명군 총사령 양세봉 연구〉(《趙東杰선생 정년기념논총 한국민족운동사연구》, 나남출판, 1997).

일투쟁과 주민자치의 효율을 도모하기로 결의했다. 이 때 〈조선혁명군정부 선언서〉가 발표되었다.

이 선언서는 당시를 제국주의 열강들의 '상품시장' 재분할을 둘러싼 위기 상황이 고조되고 있는 때라고 전망하였다. 그리고 국제적으로 고립된 일본제국주의의 모순이 심화되면서 소련-일본간의 전쟁과 제2차 제국주의 전쟁이 필연적으로 발발할 것이라는 매우 정확한 정세인식을 담고 있었다. 때문에 조선혁명군정부는 중국혁명운동과 협동전선을 구축하고 다른 중국항일군과도 협조할 것이며 좌우합작 실현으로서 '조선민족혁명당'의 완성이라는 전략을 실천할 것이라고 밝혔다. 이에 1936년에 국제전쟁의 위기가 온다고 보고 조선혁명군정부야말로 유일한 '조선혁명전쟁(곧 독립전쟁)' 수행세력이라는 자신에 찬 내용을 공표하였다.[49] 조선혁명군정부의 이러한 구상은 실제로 1935년 관내에서 연합조직으로 민족혁명당이 성립했을 때, 김학규와 崔東旿 등 일부 인사가 참가하는 것으로 어느 정도 실현되었다.

우리는 이러한 내용을 통해 매우 어려운 조건에서 악전고투하고 있던 독립운동가들이 한민족과 민족해방운동 진영의 앞날을 낙관하고 있었으며, 반드시 일제가 패망할 것이라는 신념과 자부심을 갖고 독립전쟁에 임하고 있었다는 귀중한 사실을 확인할 수 있다.

조선혁명군정부의 조직은 상황에 따라 수시로 변했기 때문에 그 실체를 정확히 파악하기는 어렵다. 그러나 성립 직후인 1935년 경의 조직을 보면 아래의 〈표 2〉와 같다.[50]

---

49) 〈新派秘 第342號 昭和 12년 6월 19일 在新京服部昇治 朝鮮總督府 警務局長殿 朝鮮革命軍の狀況に關する件〉(日本 : 山口縣문서관 소장 《林家史料》), 816~819쪽.

50) 滿洲國軍政部 顧問部, 《滿洲共産匪の硏究》 1(1937), 411~412쪽.
이명영, 《권력의 역사》, 93~95쪽.
〈新派秘 第342號 昭和 12年 6月 19日 在新京服部昇治 朝鮮總督府 警務局長殿 朝鮮革命軍の狀況に關する件〉(日本 : 山口縣文書館 소장 《林家史料》), 772・822~823쪽.

〈표 2〉 조선혁명군정부 조직표

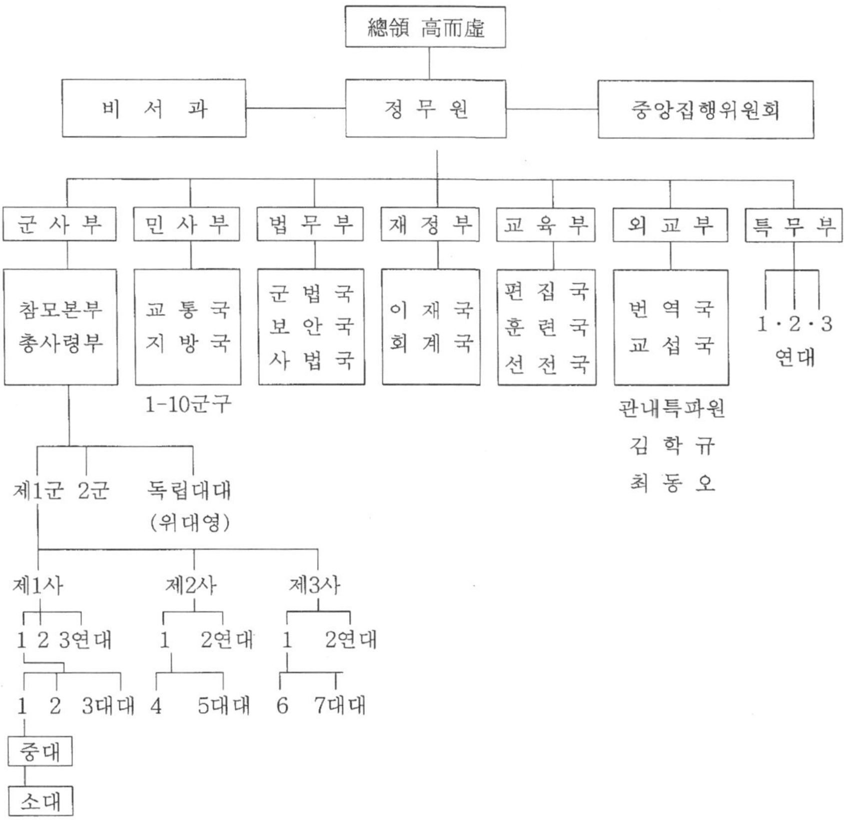

總領 高而虛

비 서 과 — 정 무 원 — 중앙집행위원회

군 사 부 / 민 사 부 / 법 무 부 / 재 정 부 / 교 육 부 / 외 교 부 / 특 무 부

- 군사부: 참모본부, 총사령부
  - 제1군, 2군, 독립대대(위대영)
    - 제1사: 1 2 3연대 — 1 2 3대대 — 중대 — 소대
    - 제2사: 1 2연대 — 4 5대대
    - 제3사: 1 2연대 — 6 7대대
- 민사부: 교통국, 지방국 — 1-10군구
- 법무부: 군법국, 보안국, 사법국
- 재정부: 이재국, 회계국
- 교육부: 편집국, 훈련국, 선전국
- 외교부: 번역국, 교섭국 — 관내특파원 김학규, 최동오
- 특무부: 1·2·3 연대

당시 군정부에서는 10개의 군구를 두고 있었는데, 1936년의 경우 각 군구에서 200원 가량의 군자금을 징수하여 납부하도록 되어 있었다. 물론 교포들 대부분이 농업으로 생계를 유지하고 있었기 때문에 흉년이 들거나 하는 특수한 경우는 의무금이 경감되거나 면제되었고, 재산정도에 따라 징수액을 조정하는 등 신축적으로 운영되고 있었다. 이 조직 참여자들의 출신지역은 대부분(2/3정도)이 평안북도였다.[51] 여기에 한인 대부분이 중국인의 소작농으로

51) 〈新派秘 第342號 昭和 12년 6월 19일 在新京服部昇治 朝鮮總督府 警務局長殿

생활하는 열악한 사회경제적 조건 등으로 인해 이들은 강한 민족주의 성향을 보였고, 굳건한 동지애로 결합하여 끈질긴 투쟁을 벌일 수 있었다.

조선혁명군의 지휘관과 사병들은 거의 20~30대의 청장년들이었고 기관총과 소총 등으로 무장하였는데, 무기가 부족하여 대원의 70% 정도만 소총을 휴대할 수 있었다. 특히 이 부대는 일본군과 비슷한 계급구분과 직제, 훈련을 하고 만주국군과 유사한 정규복장을 착용했다. 또 〈군기 21조〉를 제정하여 민폐를 엄금하고 교민을 보호하는 등 매우 엄격한 군율과 훈련을 통해 강한 전투력을 갖추고 있었다. 때문에 이들을 상대로 싸웠던 일본 군경들도 높은 평가를 내리고 있었다.[52] 이 같은 높은 평판은 그 무렵 조선혁명군과 연대투쟁을 모색하고 있던 중국공산당 만주조직 역시 마찬가지였다. 중국공산당 만주성위원회는 조선혁명군의 활동을 일찍부터 예의 주시하고 이미 1931년 3월 경부터 포섭과 합작의 대상으로 지목하였다. 특히 1936년 겨울에는 조선혁명군의 제1사 韓劍秋 부대를 남만주 유격운동에서 가장 명망 있는 세력이라고 인정하고 있었다.[53]

1935~1936년 경 조선혁명군은 다른 항일부대와 연합하여 동변도 지방은 물론 평안·함경도 지방까지 출몰하여 일제 경찰서 등 경비기관의 습격·파괴, 기타 소규모 전투 등을 벌여 일제에 충격을 주었다. 특히 제1사 사령 한검추(본명 崔錫鏞, 황포군관학교 출신)가 이끄는 조선혁명군 부대는 통화현 쾌대무자에서 1935년 8월 경 일본군 기병대와 접전하여 적 40여 명을 사살하고 최신 기관총 6정 등을 노획하는 전과를 거두었다. 이후에도 이 부대는 수많은 접전을 치렀는데, 이 과정에서 張明道·金光旭·安松 등 많은 장병들이 전사하는 희생을 치렀다.[54]

朝鮮革命軍の狀況に關する件〉(日本：山口縣문서관 소장《林家史料》), 789·821쪽.

52) 〈新派秘 第342號 昭和 12년 6월 19일 在新京服部昇治 朝鮮總督府 警務局長殿 朝鮮革命軍の狀況に關する件〉(日本：山口縣문서관 소장《林家史料》), 793~795쪽.

53) 〈中共滿洲省委給南滿特委指示信〉(《東北地區革命歷史文件滙集》 甲7, 中央·遼寧省·吉林省·黑龍江省檔案館 編, 1988), 168쪽.
〈中共吉東省下江特別委員擴大會議議決案〉(위의 책 51, 1990), 14쪽.

54) 이명영, 앞의 책, 96~97쪽.

조선혁명군정부는 앞에서 밝힌대로 일본이 전쟁을 확대할 것으로 예견하는 등 국제정세가 유리하게 나아가고 있다고 보았다. 때문에 이 기회를 포착하여 조국독립을 달성하기 위해서는 만주에서의 투쟁 이외에 널리 국내에서도 동지를 규합하고, 또 관내의 南京·上海 등지에서 활동하고 있던 민족운동 세력과도 연계하여 국내외에서 서로 호응하며 일시에 봉기하는 과감한 전술을 구사하려 하였다. 이에 따라 국내 독립운동 세력을 규합하는 기관으로 '조선내공작위원회'를 설치하고 1935년 7월과 10월에 柳光浩와 尹永配를 파견하여 농민과 노동자 대중을 포용하는 비밀공작을 추진했다. 이러한 대중동원 방략은 당시 공산주의자들의 방식과 비슷한 것이었지만, 광범한 대중의 참여와 지지를 유도할 수 있다는 측면에서 올바른 전술이었다고 볼 수 있다. 비록 이들이 일경에 체포되어 소기의 성과를 거두지는 못했으나, 만주 독립운동세력이 무력투쟁뿐만 아니라 다양한 전략을 구사하며 넓은 지역에 걸쳐 민족해방운동을 전개했다는 점에서 중요한 의의를 부여할 수 있다.

조선혁명군(정부)은 교육운동에 큰 관심을 기울였다. 1930년대 중반 일본제국주의 세력의 중국 동북 강점 이후 재만한인 자제들에 대한 민족교육과 당원양성소 역할을 해오던 신변현 왕청문의 化興中學이 폐교되고 말았다. 이에 조선혁명군을 이념적으로 지도하던 조선혁명당은 1934년 2월에 한인 농민들의 요청으로 개교한 왕청문 보통학교를 이용하여 민족교육 및 조선혁명당의 교육기관으로 활용하였다. 이 학교는 1935년 5월 친일주구배를 양성하는 보조학교라고 지목되어 조선혁명군에 의해 소각되어 버렸지만 그해 8월 다시 문을 열었다. 이 때 일본영사관과 조선인민회 등으로부터 각각 200원의 보조금을 받았다.[55] 그러나 이 학교는 이후 조선혁명군 제9군구장 金世浩 등과 연계하여 겉으로는 일제의 지원을 받는 척 가장하면서, 실제로는 비밀리에 민족교육을 실시하였다. 특히 종전에 화흥중학에서 사용하던 반일 민족교육 교과서에 조선총독부 발행 교과서의 표지만 붙여 재사용하

———, 〈일제의 만주침략과 反滿抗日運動〉(《성대논문집》 18, 1973), 95쪽.

55) 日本外務省 東亞局, 《昭和 11年度 執務報告(極秘資料)》 第2冊(1936), 451쪽.

는 방법으로 민족혁명운동과 조선혁명군의 투쟁을 지지·고무하는 교육을 실시하여 한 때 큰 성과를 거두었다. 사립 信成學校의 경우도 마찬가지 방법을 활용하였다. 그러나 1936년 3월 일제측에 이러한 사실이 발각되어 왕청문 보통학교 교장 田泰和(당시 60세)와 교사 桂志浩(당시 28세), 신성학교 교장 韓奉俊(당시 47세)과 교사 金昌成(당시 26세) 등이 구속됨으로써 민족교육은 실패하고 말았다.[56]

다. 중한항일동맹회의 결성과 해체

1935년 조선혁명군(정부)은 일제의 토벌정책과 초토화작전으로 매우 어려운 투쟁을 벌여야 했다. 그 해 가을에 적의 '대토벌'이 개시되자 생존을 위해서 다른 항일부대와 연대하여 싸울 필요가 커졌다. 이에 제1사 한검추 부대는 동변도 지방에서 요녕민중자위군의 명맥을 유지하며 싸우고 있던 대도회 계통의 왕봉각 부대와 같은 해 9월 20일 집안현에서 만나 中韓抗日同盟會를 조직하고 공동투쟁하기로 합의했다.

이 한중연합투쟁 조직은 선언 및 誓詞·政綱·細則과 군사조직 등을 발표하여 체제를 갖추었다. 이 조직의 정치위원회 위원장은 고이허가 맡았고, 군사위원회 위원장은 왕봉각, 군의 총사령관은 한검추가 담당했다. 전체 병력은 1,150명 정도였는데, 한검추 산하 조선혁명군 부대가 100여 명이었다. 조선혁명군 1사는 教導連으로 편제되었다.[57]

조선혁명군은 중한항일동맹회를 통해 부족한 무기와 식량·피복 등 보급문제를 해결하고 일부 참모와 전투원에 중국인을 편입시켰다. 이를 통해 많은 중국인 대중의 간접적 지원을 받게됨으로써 항전역량을 강화할 수 있었다. 특히 이 동맹회의 성립 직전인 9월 초에 중앙집행위원회의 결의에 따라 제1사 참모장으로 임명된 중국인 葉景山은 蔣介石의 중국 국민당정부에서 파견한 지하공작원이었기 때문에 한중합작 공작을 적극 주선하였다.[58] 중한

56) 日本外務省 東亞局,《昭和 11年度 執務報告(極秘資料)》第2冊, 450~453쪽.

57) 滿洲國軍政部 顧問部,《滿洲共產匪の硏究》1, 415~417쪽.
〈滿洲に於ける中國共產黨と共產匪〉(《思想情勢視察報告集 4》, 京都：東洋文化社, 1973), 85쪽.

58) 金學奎, 앞의 글(1988), 590쪽.

항일동맹회의 정강 2조는 "일본제국주의를 타도하고 동북실지를 회복하며, 조선독립을 완성한다"고[59] 명기하여 이 조직의 투쟁목적을 밝혔다. 조선혁명군이 자신의 부대규모보다 훨씬 많은 중국인 투쟁세력과 연합하면서 뚜렷이 '조선독립'을 양 세력 연합의 목표로 내세운 것은 나름대로의 자주성과 독자성을 관철시켰다는 점에서 그 의의가 크다.

중한항일동맹회 조직은 1년 정도 유지되었다. 그러나 일제의 공세가 강화되면서 1936년 말에서 이듬해 초까지 왕봉각 부대가 거의 궤멸되고, 1937년 3월 왕봉각이 체포·처형됨으로써 해체되고 말았다. 그러나 조선혁명군(정부)은 일·만 군경의 포위공격이 치열해지는 가운데도, 국내진입작전을 전개하여 일제의 치안을 교란하고 군자금을 모집하는 등 충격을 주었다. 보기를 들면 1936년 6월 張珍奉 등 10여 명의 소부대가 평북 초산에 진공했고, 같은 해 9월에도 압록강 연안의 위원·벽동 파출소를 기습했다. 10월에는 鄭雲俊 등 5명의 대원이 벽동의 한 경찰파출소를 기습공격하여 순사 4명을 사살하는 전투를 벌이기도 했다.[60]

(3) 조선혁명군(정부)의 해체와 동북항일연군 합류

만주를 점령하고 있던 일본 관동군은 1936년 2월 이후 소위 '제3기 치안숙정계획'을 세우고 반만항일세력을 제거하려 하였다. 이 같은 관동군의 계획에 호응해 괴뢰 만주국 軍政部측도 그 해 4월 〈치안숙정 3개년계획 요강〉을 제정했다. 이후 일·만 당국은 이 공작의 대상으로 남만의 동변도 지역을 지목하고 같은 해 10월부터 이듬해 3월까지 '동변도 治本공작'이라는 항일세력 말살공작을 추진하였다.[61] 이 때문에 왕봉각 등의 중국인 의용군과 조선혁명

〈新派秘 第342號 昭和 12년 6월 19일 在新京服部昇治 朝鮮總督府 警務局長殿 朝鮮革命軍の狀況に關する件〉(日本：山口縣문서관 소장 《林家史料》), 821쪽.

59) 〈新派秘 第342號 昭和 12년 6월 19일 在新京服部昇治 朝鮮總督府 警務局長殿 朝鮮革命軍の狀況に關する件〉(日本：山口縣문서관 소장 《林家史料》), 807쪽.

60) 조선총독부 고등법원 검사국 사상부, 《思想彙報》 10(1937년 3월), 31쪽.
이명영, 앞의 책, 100쪽.

61) 任城模, 〈1930년대 일본의 만주지배정책 연구〉(연세대 석사학위논문, 1990), 44쪽.

군(정부), 중국공산당 계열의 동북항일연군 등은 큰 타격을 받게 되었다.

조선혁명군은 1935년 9월 중한항일동맹회를 조직하여 왕봉각 등과 연대투쟁하였으나, 일제측의 끈질긴 탄압과 이간공작, 주민들과의 분리정책 등으로 날이 갈수록 어려운 조건에 처하지 않을 수 없었다. 사실 조선혁명군은 이미 그 해 1월 난관을 타개하기 위해 대표를 동북인민혁명군 제1군 사령부에 파견하여 연합작전을 요구했다.[62] 그 후 조선혁명군은 중국공산당 만주조직에서 영도하는 동북인민혁명군과 연대투쟁하기 시작했다. 보기를 들면 1935년 4월 중순 총사령 金活石이 군정부 직속 위수대대를 거느리고 桓仁縣 북쪽 崗山嶺에서 적군과 교전할 때, 동북인민혁명군 제1군 군장 楊靖宇 부대와 적을 협공하여 공동투쟁하였던 것이다.[63] 또 같은 해 10월 本溪縣에서 일부 부대가 동북인민혁명군과 함께 싸웠다.[64]

그 뒤 조선혁명군은 왕봉각 등의 의용군과 공동투쟁하는 한편, 동북인민혁명군(1936년 8월까지 동북항일연군으로 개편)과도 공동투쟁하였다. 이 부대는 1936년 2월 하순 통화현 上龍頭에서 동북인민혁명군 제1군 1사와 연합하여 만주국군 1개 중대와 격전을 치렀다.[65] 또 같은 해 3월 하순 조선혁명군 4중대장 金允杰이 지휘하는 부대는 동북항일연군 제1로군 사령관 양정우 부대와 같이 환인현 缺石嶺에서 이동중인 일본군경 합동 환인경비대를 기습하여 큰 손실을 입혔다. 4월 초에는 조선혁명군 제2군 참모 崔明이 50여 명의 대원을 거느리고 동북인민혁명군 1군과 왕봉각 휘하부대 등 3자의 회의에 참가하여 연합투쟁방침을 결의하였다.[66] 이 밖에 관전현 下露河 부근에서 배를 습격하여 1척을 격침시키는 등의 연합투쟁을 벌이기도 했다. 조선혁명군정부 중앙집행위원회에서 동북항일연군과 공동투쟁하기로 정식으로 결정한 것은 1936년 10월이었지만,[67] 이미 그 이전부터 이처럼 적지 않은 사례의 연대투쟁이 실

62) 〈東北抗日鬪爭的形勢與各抗日部隊的發展及其組織概況〉(《東北地區革命歷史文件滙集》甲 44, 1990), 351쪽.
63) 黃龍國, 앞의 글(1990), 241쪽.
64) 吉林省 公安廳 公安史硏究室 編譯,《滿洲國警察史》(長春, 1990), 510쪽.
65) 黃龍國, 앞의 글(1990), 242쪽.
66) 滿洲國 軍政部 顧問部,《滿洲共産匪の硏究》1, 418·447~448쪽.
67) 〈新派秘 第342號 昭和 12년 6월 19일 在新京服部昇治 朝鮮總督府 警務局長殿

현되었다.

조선혁명군정부는 일제와 만주국 군경의 탄압이 더욱 심해짐에 따라 그러한 위기를 타개하기 위해 고심하였다. 그리하여 1935년 9월 제14회 중앙집행위원회를 열고 종전의 민간인 출신 總領 고이허 대신 대한제국 무관(장교) 출신의 김동산을 새로운 총령으로 선출하여 군사부문 영도를 강화하였다.[68] 이를 계기로 조선혁명군의 비중이 더욱 커지게 되었다. 그러나 이러한 대응조치에도 불구하고 1936년 1월부터 3월까지 군정부의 지방지도원 및 후원자 118명이 일제 당국에 대거 검거되는 큰 손실을 입게 되었다.[69] 이는 군정부의 생존기반에 결정적 타격이었다. 또 같은 해 3월 총령을 지낸 핵심적 이론가 고이허가 체포되는 등 여건은 더욱 악화되었다. 더구나 조선혁명군의 국내 진입작전에 큰 타격을 받은 조선총독부 치안당국은 1937년 초부터 만주국측의 토벌공작에 부응하여 만주국 군경과 협동하여 조선혁명군에 대한 일대 공략을 도모하였다.

1937년 3월 중순 경 조선혁명군은 약 200명의 부대규모를 유지하며 신빈과 환인현의 접경지대에 있는 新開嶺에 튼튼한 산채를 구축하고 국내로 진격할 계획을 세우고 있었다.[70] 이러한 정보를 입수한 일제의 평북 경찰부는 초산과 위원경찰서에서 차출한 100여 명의 경관을 출동시키고, 만주국의 집안·환인 경찰 및 관동군 정보기관과 협동하여 조선혁명군 본부에 대한 일대 공격에 나섰다. 이들 합동 '토벌대'는 군용기까지 동원하여 3월 하순부터 약 10일 간에 걸쳐 조선혁명군 본부를 공격하였다.[71] 한편 조선혁명군 총사령 김활석은 1,004미터 고지에 위치한 요새지에서 이들 적을 상대로 100여 명의 부하들을 직접 진두지휘하며 완강히 저항하였다. 그러나 조선혁명군은

朝鮮革命軍の狀況に關する件〉(日本 : 山口縣문서관 소장 《林家史料》), 800쪽.

68) 〈新派秘 第342號 昭和 12년 6월 19일 在新京服部昇治 朝鮮總督府 警務局長殿 朝鮮革命軍の狀況に關する件〉(日本 : 山口縣문서관 소장 《林家史料》), 820~821쪽.

69) 吉林省公安廳 公安史硏究室 編譯, 《滿洲國警察史》(長春 : 1990), 318쪽.

70) 《조선일보》, 1937년 3월 23일.

71) 〈昭和 12년 3월 26일 平安北道 警察部長→朝鮮總督府 警務局長 報告〉(《昭和12年 2月~3月 國境討匪狀況》(韓國 國家報勳處 寫本所藏).

압도적으로 우세한 장비와 병력을 앞세운 일·만 군경에 중과부적으로 큰 손실을 입고 패퇴하고 말았으며, 오랫동안의 근거지였던 산채도 함락되었다. 특히 3월 25일의 전투는 10시간이나 계속되었는데, 이 전투에서 조선혁명군은 9명이 전사하고 산채 3개소가 불타고 말았다.[72)]

이 3월 하순 일제의 대공세로 조선혁명군은 치명적 타격을 받았고, 그 이후의 투쟁도 큰 어려움에 부딪히게 되었다. 그 결과 조선혁명군 제1사 사령 한검추와 교육부장 尹一波(본명 尹明浩, 황포군관학교 출신) 등 51명의 대원은 그해 4월 초순 일제에 투항하고 말았다.[73)] 또 5월 21일에는 조선혁명군정부 총령 김동산도 더 이상의 단독활동이 곤란하여 투항하였다. 김동산의 투항은 사실상 조선혁명군정부의 종말을 고하는 것이었다. 조선총독부 경무국은 그 뒤 "이에 따라 20여 년의 오랜동안 조선독립을 꿈꾸며 용맹무쌍하게 활동, 치안의 암이라고 일컬었던 조선혁명군도 드디어 재기불능에 빠졌다"라고 하며 그 성과를 매우 강조하였다.[74)]

그러나 조선혁명군의 활동이 이로써 끝난 것은 아니었다. 총사령 김활석이 100여 명의 남은 병력을 이끌고 투쟁을 계속했던 것이다. 하지만 이런 상황에서는 독자적 활동이 거의 불가능하였다. 이러한 곤란한 현실에 직면하여 일부 간부들은 남만주에서 활동하고 있던 중국공산당계 동북항일연군에 합류하여 싸울 것을 주장하였고, 다른 사람들은 그에 반대하였다. 결국 박대호와 최윤구 등은 1938년 2월 60여 명의 병력을 이끌고 양정우가 인솔하는 동북항일연군 제1로군에 참가하여 투쟁을 계속하게 되었다.[75)] 이 때 이들은 한인 獨立師로 편제되어 조선혁명군의 명맥을 일부나마 유지할 수 있었다.

한편 김활석은 30여 년이나 면면히 계승된 독립군으로서의 조선혁명군 전

---

72) 姜德想·梶村秀樹 編,《現代史資料 朝鮮 6》30, 351쪽.
《每日申報》, 1937년 3월 27일.
《조선일보》, 1937년 3월 30일.
73) 吉林省公安廳 公安史硏究室 編譯, 앞의 책, 318쪽.
74) 朝鮮總督府 警務局, 〈第73回諸國議會說明資料〉(1937), 59쪽.
75) 張世胤, 앞의 글(1990), 333쪽.
吉林省公安廳 公安史硏究室 編譯, 앞의 책, 335쪽.

통과 명의를 포기할 수 없어 20~30여 명의 부하를 이끌고 독자적으로 활동했다. 사실 김활석은 1935년 7월 5일 남경에서 성립한 통일전선체 조직 조선민족혁명당의 중앙집행위원이었고, 그가 이끈 조선혁명군은 명의상으로는 한때 이 당의 당군으로 편제되어 있었다.[76] 따라서 그는 중국관내에 있던 민족해방운동 세력과 협의 없이 장차 조선혁명전쟁(독립전쟁)을 수행할 이 독립군 부대를 해산시킬 수 없었다. 때문에 그는 만주 조선혁명당을 계승한 조선혁명군의 독자성을 유지하며 최후까지 고군분투했지만,[77] 1938년 9월 6일 결국 제7단장 鄭匡鎬와 함께 만주국 安東公署에 체포되어 항복하고 말았다.[78] 이로써 '조선독립'을 직접 표방한 만주 최후의 민족주의계 독립군인 조선혁명군도 종말을 고하게 되었다.

그러나 김학규와 최동오·柳東說 등 중국관내로 합류한 일부 인사들은 조선혁명당·군의 이념을 계승하며 민족해방운동을 지속하였다.

동북항일연군과 일정한 협조관계를 유지하거나 나중에 이 부대에 합류한 조선혁명군의 일부 참가자들은 경우에 따라 중국공산당 만주조직이 항일민족통일전선을 표방하며 조직한 독립운동 단체 '재만한인조국광복회'에도 가입하여 활동했다. 특히 조선혁명당과 조선혁명군의 주요간부들은 조국광복회가 창립되었다는 소식을 듣고 축하서신을 보내는 한편, 항일투쟁에서 긴밀한 연계를 유지하자고 요청하기도 했다.[79] 또 동북항일연군에 한인 독립사의 편

---

76) 朝鮮總督府 警務局, 《高等警察報》 5(1936), 84~85쪽. 재만 조선혁명당이 민족혁명당에 합류할 때 당원은 1,000여 명, 기관총·소총 등 각종 무기 400여 정, 무장대원(조선혁명군) 500명으로 파악되었는데, 약간 과장된 것으로 생각된다.

77) 1935년 말 재만 조선혁명당은 중국관내 민족운동세력의 만주투쟁세력 지원이 어렵게 되자 민족혁명당 가입사실을 부정하고 독자성을 유지하기로 했다(金學奎, 앞의 글, 1988, 594쪽).

78) 吉林省公安廳 公安史硏究室 編譯, 앞의 책, 318쪽.

79) 이에 대해 "조국광복회 창립이 선포된 직후 조선혁명군정부 참모장으로 있던 윤일파는 우리에게 서한을 보내여 조국광복회 창립을 축하하고 앞으로 반일전선에서 긴밀한 연계를 지을 것을 희망해왔다."고 회고한 기록이 있다. 이 서신은 조국광복회의 기관지 《3·1월간》 창간호(1936)에 수록되었다(《조선혁명박물관》도록, 평양 : 조선외국문출판사, 1963 ; 신주백, 〈과거 기억과 현재의 相存－1930년대 만주지역 항일무장투쟁사〉, 《한국민족운동사연구》 27, 2001, 315쪽에서 재인용).

제형태로 합류한 조선혁명군의 남은 대원들도 줄기차게 일제의 '토벌'에 대항하여 싸웠다. 그러나 동북항일연군 참모로 싸우던 최윤구가 1938년 12월 전사하는 등 대부분의 참가자들이 희생되고 말았다.[80] 그러나 박대호·조화선이 거느리는 조선혁명군 출신 대원들은 1941·1942년 경까지 완강하게 투쟁하는 기개를 보였다. 다만 김명준과 洪春秀 등 극소수의 조선혁명군 대원이 생존하여 1940년 경 소련으로 도피한 뒤,[81] 국제지원 세력의 도움을 받으며 조국의 해방을 준비하기도 했다. 일제가 패망한 뒤 김명준 등은 북한에 개선하였다.[82]

또 金應基와 金炳奎 등 일부 지사들은 조선혁명군이 해체된 뒤에도 중국인 孫廣厚가 조직한 항일무장대 '滿天紅' 부대에 조선혁명군 출신 대원을 이끌고 가담하여 1944년 경까지 항일투쟁을 전개하였다.[83] 이와 같은 1930년대 남만지역 조선혁명군의 활동은 투쟁강도나 그 끈질긴 지속성, 중국측 항일세력과의 연대투쟁 등 생존전략, 그리고 특정이념에 얽매이지 않는 폭넓은 포용성 등 우리에게 귀중한 역사적 교훈을 주고있다고 하겠다.

---

80) 현재 중국 길림성 樺甸市 柳樹河子에는 최윤구의 전사를 추모하는 기념비가 세워져있다. 즉 1990년 중국공산당 樺甸市위원회와 樺甸市 인민정부는 "동북항일연군 小柳樹河子 전적지"라고 새겨진 조그만 기념비를 세웠던 것이다. 다만 최윤구의 이름이 정확히 기재되지 못하고 崔雄國(최윤구의 중국식 발음 借字)이라고 잘못 각인되어 있는 실정이다. 이 비석의 뒷면에는 다음과 같은 내용이 새겨져 있다. "1938년 말 양정우가 거느리는 抗聯 1로군 警衛旅와 少年鐵血隊는 紅石砬子 강남 小柳樹河子에서 야간을 틈타 僞靖安軍(만주국군)을 기습하여 적군 100여 명을 섬멸하고 적기 1대를 격추시켰다. 전투중 1로군 참모 崔雄國이 장렬히 희생되었다"(최윤구 집안 崔仁彬씨 현장답사 후 사진 및 자료제공).

81) 辛珠柏, 앞의 책(1999), 417쪽.

82) 김명준은 1910년생으로 평안북도 출신이었다. 원래 농업에 종사했으며, 동북항일연군 제1군 警衛旅 소속으로 소련으로 월경하였다. 1938년 3월 동북항일연군에 가입한 뒤 그 해 8월 중국공산당에 입당하였다(楊昭全·李鐵環 編, 《東北地區朝鮮人革命鬪爭資料滙編》, 瀋陽：遼寧民族出版社, 1992, 940쪽). 그는 북한으로 귀환한 뒤 《항일빨찌산 참가자들의 회상기》 3권에 〈광명의 길을 찾아서〉 라는 회상기를 남겼다. 해방 이후 행적은 잘 알 수 없다(張世胤, 앞의 책, 1997, 275쪽).

83) 曹文奇, 앞의 책(1998), 318~319쪽.

2) 한국독립군의 성립과 항일무장투쟁의 전개

(1) 한국독립군의 성립 및 중국의용군과 연합항전

가. 한국독립군의 성립

남만주 지역에서 조선혁명당과 국민부·조선혁명군이 삼위일체로 중국 항일투쟁 세력과 연대하여 치열한 접전을 벌이고 있을 때 북만주와 동만주 일대에서도 한국독립당과 한족자치연합회·한국독립군이 1930년대 초반 활발한 항일투쟁을 전개하였다.

1930년 7월 북만주 葦河縣에서 창립된 한국독립당은 대부분 대종교 신자 및 유림·기호지방 출신 인사들, 그리고 漢學 수학이나 무관학교를 졸업한 양반·지주 출신 인사들에 의해 주도되었다.[84] 이에 따라 이 당은 대체로 민족주의 및 반공적 성향을 띠게 되었다. 사실 이 당의 창건배경에는 북만에서 활동하고 있던 민족주의 계열 운동세력의 위기의식이 크게 반영되어 있었다. 즉 한국독립당의 전신인 한족총연합회의 주요 지도자 金佐鎭이 1930년 1월 공산주의자에게 피살되고, 한인들이 대다수 거주하는 연변 및 북만지방에서 한인 중심의 공산주의운동이 급격히 확산되고 있어서 민족주의 세력의 결집이 필요했던 것이다. 여기에 남만지역에 국민부와 조선혁명당·군이 성립한 상황도 적지 않게 영향을 미쳤다. 때문에 이 당은 창립시 당과 군의 조직체계 확립, 반공대책의 수립 등을 긴급현안으로 판단하고 몇 가지 사항을 결의하여 구체적 활동을 전개하였다.[85]

한국독립당은 이러한 새 방침에 따라 독립운동 및 자치운동, 교육·산업진

---

84) 박 환, 앞의 글, 143~145쪽.

85) 이 때 아래의 사항에 결의되었다.

① 당의 지부는 縣 지부·區 지부 등 3칭체계를 둘 것.
② 軍은 당군으로 편성하되 전 만주를 15구로 나누어 신병을 모집하며 3개월씩 일기로 미리 훈련할 것.
③ 당원 및 청소년 훈련을 적극 추진하여 赤色(공산주의)의 오염을 방지할 것.
④ 농민 성인에 대한 강습은 농한기나 가을·겨울간 야간을 이용할 것(趙擎韓, 《白岡回顧錄》, 한국종교협의회, 1979, 91쪽).

흥운동, 한인 교민 보호 등의 여러 활동을 추진하였다. 그러나 초창기에는 공산주의자들을 상대로 한 반공투쟁이 적지 않은 비중을 차지하였다. 이들은 張作相과 같은 중국 군벌정권의 유력자와 연계하여 한인 공산주의자들을 '토벌'하였다.

이에 따라 이 곳에서 양 계열 사이에 바람직하지 않은 공방전이 벌어져 민족운동의 역량을 허비하기도 했다. 예를 들면 1930년 8월 초 180여 명의 한인 공산당원들이 海林站에 있던 한국독립당 본부를 습격했다. 반대로 한국독립당의 南大觀·權秀貞(본명 이종형, 후에 변절) 등은 길림성 당국의 허가를 받아 '探共隊'를 조직하고, 이듬해 6월 경 동·북만 일대에서 다수의 공산주의자들을 색출하여 처벌하였다.[86] 그러나 이 과정에서 무고한 한인들이 희생되는 경우가 있어 북만지역 한인 대중의 원성을 사고, 공산주의자들에게 반격의 명분을 제공하는 등 스스로의 존립기반을 무너뜨리는 사례도 있었다.

1931년 9월 일제의 만주 침략이 단행되자 항일투쟁의 좋은 기회가 온 것으로 판단한 한국독립당은 10월 5일 길림성(현재는 흑룡강성) 오상현 大石河子에서 긴급중앙위원회의를 열고 급박한 시국정세와 향후의 투쟁노선을 논의하였다. 이 때 일제의 침략이 만주에 그치지 않고 중국관내 등 다른 지역까지 미치는 것은 물론 세계대전으로 확대될 것이 예견되었고, 이에 따라 한국독립의 계기가 마련될 것으로 전망하는 주장도 제기되었다. 그리고 중국군과 공동작전을 펴 이들의 지원을 받으며 투쟁하면서 세계연합군의 교전단체로 참가하여 국내로 상륙작전을 전개하면 전후 강화회의에서 독립을 쟁취할 수 있다는 전략이 세워지게 되었다.[87] 이 회의에서 중요한 3가지 안건이 의결되었다.[88]

---

86) 〈昭和 6년 7월 2일 在間島岡田總領事發信幣原外務大臣宛報告要旨〉(《일본 외무성·육해군성 문서》, 국회도서관 소장 복사제책본 제321권), 7125~7129쪽

87) 趙擎韓, 앞의 책(1979), 94쪽.

88) 그 내용은 다음과 같다.
① 각 군구에 총동원령을 내려 정비된 군사행동을 개시할 것.
② 당내 모든 공작을 군사방면에 집중할 것.
③ 특파원을 길림성 항일군사당국에 파견하여 한중합작을 상의할 것(一靑(趙擎

한국독립당은 이 결의에 따라 하얼빈 근교의 中東線 철도 연변을 중심한 각 군구에 총동원령을 내려 재향군인의 소집과 청장년들의 징집을 실시하는 한편, 당 군사위원장 李青天(본명 池大亨)을 총사령으로 하는 한국독립군의 편제를 정했다. 11월 중순의 편제를 보면 부사령관에 남대관, 참모관에 申肅, 재무겸 외교관에 安也山, 의용군 훈련대장에 李光雲, 의용군 중대장에 吳光鮮, 별동대 대장에 韓光彬, 헌병대 대장에 裵成雲, 중국구국군 후원회장에 권수정 등이었다.[89]

창립 초기의 한국독립군은 지휘부 위주로 편성되었고, 실제 병력은 약 150명 정도였다. 연변이나 남만지역과 달리 북만지역은 한인 사회가 드문드문 산재한 데다가 500戶 이상 집단거주하는 한인사회가 거의 없어 그 기반이 취약한 한계가 있었기 때문이다. 초창기 한국독립군은 중국항일군과 연계관계가 없어 오히려 중국군의 탄압을 받는 등 곤경을 치렀다. 하지만 11월 28일 중국군에 체포된 권수정의 적극 해명에 힘입어 총사령관 이청천과 참모 신숙 등은 12월 초순 북만 중국항일 세력의 본거지인 賓縣에 가서 중국항일군과 연합을 위한 협상을 진행하였다.[90] 빈현에는 일제의 침략에 야합하여 성립한 熙洽의 괴뢰정부에 반대하던 誠允이 11월 12일 길림성정부를 세우고 부근 10개 현을 기반으로 적극 항전하고 있었던 것이다.[91] 이 때 양측에서 논의한 약속사항은 다음과 같다.[92]

① 한·중 양군은 어떤 열악한 환경을 막론하고 장기항전을 맹세한다.
② 中東鐵路를 경계로 하여 서부전선은 중국군이 맡고, 동부전선은 한국군이 담당한다.
③ 한·중 양군의 전시 후방교련은 한국군의 장교가 부담하고, 한국독립군의

韓), 〈'九一八'後韓國獨立軍在中國東北殺敵略史〉, 《光復》 2-1, 1942년 1월 ; 한국독립운동사연구소 1987년 영인본, 53쪽).

89) 독립운동사편찬위원회, 《독립운동사》 5(1970), 599쪽. 독립운동사편찬위원회 편, 《독립운동사자료집》 10, 619쪽.

90) 趙擎韓, 〈韓國獨立軍與中國義勇軍聯合抗日記實〉(《革命公論》 창간호, 洛陽, 1933 ; 독립기념관 소장 사본), 69쪽.

91) 郭廷以 編, 《中華民國事史日》 3(臺北: 中央硏究院 近代史硏究所, 1984), 106쪽.

92) 一靑(趙擎韓), 앞의 글, 53쪽.

소요일체 군수물자는 중국군이 공급한다.

위 협정에서 남만의 조선혁명군처럼 '한국(조선) 독립'이나 한국 독립전쟁의 지원과 같은 언급이 없는 것은 아쉬운 점이라고 하겠다. 하지만 북만지역은 한국에서 멀리 떨어져 있어 사실상 국내진입작전을 전개하기가 매우 어렵고 정착한 한인 교민의 숫자도 적었으며, 한국독립군 자체의 역량이 조선혁명군 세력에 비해 미흡하기 때문에 그러한 기대가 무리한 측면이 있다. 이는 초창기 한국독립당이 독자적 항일투쟁을 통해 조국의 독립을 쟁취하는 전략보다는 중국항일군과 연대투쟁하여 '교전단체'로 인정받으려는 현실적 방침을 우선 고려했기 때문이 아닌가 생각된다.[93] 때문에 우리는 소수의 무장조직이 다수의 중국군과 연대투쟁을 모색하여 난관을 타개하려 한 사실을 주목해야 할 것이다. 중동선 철도의 동쪽을 한국독립군이 맡은 이유는 그곳이 산악지대가 많았으므로 유격전을 수행하기 유리했기 때문으로 추정된다.

이후 한국독립군은 총사령부의 위치를 흑룡강성 依蘭縣으로 정하고 韓永浩 등을 당 중앙에 파견하여 위 내용을 보고했으며, 후방 각 군구의 조직들이 전선에 집중할 것을 촉구했다.[94] 이에 한국독립당은 동·북만의 각 지역을 縣 단위로 구분하여 趙擎韓·오광선·洪震(한국독립당 위원장) 등 12명의 징집책임자를 파견하고 각자 담당구역에서 새로 모집한 장정을 3·3제로 편성케 했다. 3·3제란 30명을 1개 소대, 3개 소대를 1중대, 3개 중대를 1대대, 3개 대대를 1연대로 편성하는 조직방침을 말한다. 또 한국득립군은 하사 이상 간부들을 소집한 재향군인 가운데서 우선 임명하여 초급훈련을 실시한 뒤, 총사령부의 명령에 따라 지정구역으로 이동케 하고 추후 무기 등을 지

---

93) 사실상 이러한 전략은 한국독립당·군의 취약한 현실적 상황을 반영한 것이라고 본다. 앞에서도 언급한 바, 한국독립군의 주요 간부로 활약했던 조경한은 후일 자신의 회고록(앞의 책)에서 한국독립군이 만주의 중국의용군은 물론 중국 중앙군과도 공동작전을 펴고, 나아가 세계연합군의 교전단체로 참가할 계획이었다고 밝혔다. 그러나 이러한 구상은 당시 현실과 동떨어진 것이었다고 하지 않을 수 없다.

94) 趙擎韓, 앞의 글(1942), 53쪽.

급받아 작전에 임할 것을 결정했다.[95] 이러한 분투 결과 1931년 말에는 약 300~500여 명의 대원을 동원할 수 있게 되었다. 그러나 무기와 장비 등은 별로 없어 실제 전투를 수행할 수 없었다.

나. 중국의용군과 연합항전

1932년 1월 일본군은 만주 서북단의 齊齊哈爾과 만주의 서쪽 끝 錦州를 공략하고 또 대병력으로 하얼빈을 침공하였다. 이에 맞서 李杜·丁超·馮占海 등의 항일의용군 부대는 일제히 이 도시에 집결하여 일본군과 격전을 치른 뒤 1월 28일 적을 격퇴시켰다. 이들 부대는 원래 중국 동북정권의 지방주둔군이었기 때문에, 誠允이 영도하는 항일 길림성정부에 가담할 것을 선언하고 이달 31일 吉林自衛軍을 조직·선포하였다.[96] 그리하여 이 항일세력은 약 1년 동안 괴뢰 만주국군 및 일본군과 격전을 치렀다.

이 해 1월 북만주의 오상·舒蘭 일대에서 조경한·權五鎭 등이 모병·편성한 한국독립군 1개 대대(270여 명 내외)는 본부가 있는 方正縣으로 이동하는 도중 약 2,000명 규모의 길림자위군 9사 謝復成 부대를 만나 이에 합류하였다. 이 부대는 '한국독립군 유격여단'으로 명칭을 붙이고 중국군으로부터 무기를 지원받아 공동투쟁하였다. 2월 초 이 합동부대는 한 지방성을 공격하여 점령하고 50여 일간 주둔하였다. 그러나 3월 말 경에는 오상현 一面坡 부근에서 일·만 연합군 대부대의 공격을 받고 패퇴하고 말았다.[97]

한편 이청천이 이끌던 한국독립군 사령부는 이 해 2월 초 延壽縣에서 길림자위군의 王之維 부대와 연합하여 투쟁했지만, 일본군의 협공을 받은 중국군이 먼저 투항하는 바람에 세불리하여 패퇴하고 말았다. 한국독립군은 소수인데다가 무기가 별로 없었던 연유가 컸다.[98] 그러나 3월 하순 풍점해 부대와 함께 싸우던 安鍾鳴 부대는 阿城 공격전에서 크게 활약하여 독립군의 명성을 드높였다. 총사령관 이청천은 독립군 부대가 각지에 분산되고 충분한

95) 趙擎韓, 앞의 책(1979), 96쪽.
96) 西村成雄, 《中國近代東北地域史硏究》(京都 : 法律文化社, 1984), 228~229쪽. 郭廷以 編, 앞의 책, 133쪽.
97) 張世胤, 앞의 글(1989), 338쪽.
98) 趙擎韓, 앞의 글(1933), 70쪽.

장비와 병력이 없어 고전하게 되자 참모장 李宇精(본명 이규보)을 북경과 상해 등지로 밀파하여 남경에 있던 중국 국민당정부의 원조를 요청케 했지만, 실제로 실행되지는 못했다.[99]

이후 한국독립군은 이청천 이하 400여 명의 병력으로 길림자위군의 考鳳林 부대와 함께 9월에서 11월에 걸쳐 1·2차 雙城堡 공방전을 치르는 등 크게 활약했다. 그러나 11월 하순 적의 대공세로 어려움을 견디지 못한 고봉림 등이 투항하는 돌발사태가 일어나자 한국독립군도 큰 난관에 부딪히게 되었다.[100] 이에 1932년 11월 하순 한국독립당 주요 인물들은 沙河子에서 당 중앙회의를 소집하고 새로운 방침을 결정하였다. 즉 북만지역에서 활동이 곤란해졌으므로 군사활동 구역을 동만(북간도 : 연변 4개현)과 東寧·寧安 등으로 전환하고 이 지역에서 봉기한 吉林救國軍과 한중합작을 논의하며 장병을 증모한다는 결정을 내린 것이다.[101]

1932년 2월 초 연변에서 봉기한 王德林의 길림구국군은 한때 기세를 올렸다. 그러나 한국에 주둔하고 있던 일본군 19사단의 간도파견군이 출동한 뒤 어려움을 겪었고, 특히 같은 해 12월 일본군의 대공세로 거의 궤멸되어 왕덕림은 시베리아로 도피하고 말았다. 그리하여 吳義成이 사령관 대리로서 姚震山·柴世榮 등의 잔존부대를 이끌고 동만의 산악지대에서 활동하고 있을 뿐이었다.[102]

한국독립군은 1933년 1월 요진산 및 시세영 부대와 연합하여 4가지 방책을 수립한 뒤, '中韓聯合討日軍'을 편성하고[103] 이후 6월까지 鏡泊湖전투, 四道河子 및 東京城전투 등을 치르며 동·북만주 일대에서 큰 전과를 거두었다. 이 기간에 군수물자와 군비 등은 대부분 중국군측에서 부담하였는데, 한국독립군측에서는 이러한 어려움에서 벗어나기 위해 신숙과 金尙德을 관내

99) 위와 같음.
100) 趙擎韓, 위의 글(1933), 74쪽.
101) 趙擎韓, 앞의 글(1942), 55쪽.
102) 〈間島及接壤地方共匪·不逞鮮人の行動情況〉(국회도서관 소장 《일본 외무성·육해군성문서》 복사제책본 329권), 8880쪽.
103) 趙擎韓, 〈韓國獨立軍與中國義勇軍聯合抗日記實〉(《革命公論》 1-4, 1934년 4월), 66~67쪽.

로 파견하여 군자금 지원을 요청하였다.104)

한국독립군은 이 해 6월 말에서 7월 초 사이에 500여 명의 군세로 2,000여 명의 시세영부대와 연합하여 大甸子嶺에서 철수하는 일본군 수송부대를 매복·기습하여 많은 군수물자를 빼앗는 대승을 거두었다. 군수물자의 노획이라는 측면에서 이 전투는 독립전쟁 사상 최대의 전과라 할 만했다. 1932년 4월 간도에 출동했다가 이듬해 6월 말 철수하는 일본군 75연대 등 보·포·騎·공병 혼성부대와 100여 대의 화물자동차, 500여 대의 우마차로 이루어진 수송부대를 太平嶺이라는 고개에서 저격하여 적을 섬멸했던 것이다.105) 이 전투에서 빼앗은 물자는 다음과 같았다.106)

> 박격포 등 각종 포 8문, 각종 기관총 110자루, 소총 580자루, 탄약 300상자, 수류탄 100상자, 권총 200자루, 도검 40자루, 군용지도 2,000여 매, 각종 문서 300여 부, 피복·담요·기타 군장비 2,000여 건, 장갑차 2량, 망원경 25개 및 약품 50상자 등(趙擎韓, 〈韓國獨立軍與中國義勇軍聯合抗日記實〉, 《革命公論》 창간호, 洛陽, 1933 ; 독립기념관 소장 사본, 71~72쪽).

대전자령 전투에서 대승한 한국독립군은 구국군과 협의하여 노획품을 분배한 후 약 40일간 羅子溝에 주둔하였다. 이 기간을 통해 무장을 강화하고 훈련을 실시하는 등 부대의 재편성과 전력강화에 매진할 수 있었다. 이러한 움직임을 감시하고 있던 일제 당국은 이 전투 후 한국독립군의 동향에 촉각을 곤두세우며, 경계를 강화하였다. 당시 일제의 간도총영사는 "민족파 불령단의 대두(樺甸縣) 지방에 근거하여 조선독립을 표방·행동해온 … 이청천 일파는 근래 공산파가 반만항일공작에 기울어 민족주의와 공통점이 있자 최근 다시 대두하여 … 동지 200명을 규합, 中韓革命軍 반일철혈단이

104) 위와 같음.
105) 張世胤, 앞의 글(1989), 353~355쪽.
106) 申益熙가 주도하던 한국혁명당 기관지로 추정되는 《革命公論》 4호에 실린 글이다. 이 글에 필자 이름은 없으나, 필자는 이 글을 쓴 사람이 조경한일 것으로 추정하고 있다. 그 이유는 조경한이 나중에 쓴 《백강회고록》의 내용과 줄거리가 거의 비슷하기 때문이다. 다만 대전자령전투의 전과에 과장된 부분이 없는지 우려되기도 하지만, 전투 참가 당사자의 양식을 믿고 그 전과를 그대로 인정하기로 한다.

란 것을 조직하여 액목현 都林河 지방에 근거하여 간도평야 진출의 기회를 엿봄"이라는 내용의 비밀보고를 올리며 한국독립군의 동향을 추적하고 있었다.[107]

한편 이무렵 백두산 근처의 안도현 일대에서 활동하고 있던 길림구국군 대리총사령 오의성은 대전자령전투에서 한중연합군이 대승했다는 소식을 듣고 부대를 이끌고 대전자 부근으로 이동해 왔다. 따라서 그 동안 독자적으로 활동해 온 시세영부대는 오의성 휘하에 통합되었다. 그러나 이 때부터 한국독립군과 중국군 사이에는 갈등이 심화되기 시작했다. 왜냐하면 이미 전리품 분배문제로 시세영 부대와 약간의 분쟁을 치른 뒤였고, 더구나 오의성 휘하에는 중국공산당에서 파견된 周保中 등 상당수의 공산주의자들이 존재하여 주요 직책을 맡고 있었기 때문이다.[108] 특히 이 부대에는 한인 공산주의자들로 구성된 별동대가 따로 편성되어 있었다. 또 주보중이 이 부대의 참모장이 되면서 구국군 각 부대는 중국공산당의 영향력이 커지고 있었다.[109] 이러한 경향은 동녕현성전투 이후 더욱 심해졌다.

(2) 한국독립군의 해체와 주도세력의 관내 이동

한국독립군은 오의성 휘하의 시세영·史忠恒 등의 부대, 중국공산당 계통의 琿春·汪淸유격대, 한인부대와 연합하여 중·소국경지대의 동녕현성을 공격하였다. 이 연합부대는 1933년 9월 6일 밤 이 성을 포위, 공략하여 거의 점령했으나, 만주국군과 일본군 연합부대가 대포와 장갑차 등 중화기를 동원한 격렬한 반격으로 한중연합군은 결국 패퇴하지 않을 수 없었다.[110] 한중연합군은 많은 적을 무찔렀지만 결국 패주하게 되었고, 적은 많은 병력을 투입

107) 〈昭和 9년 5월 17日附 在間島永井總領事發信在滿大使報告摘錄〉 중 〈昭和 8年中間島及接壤地方重要治安事項月別表〉 8月條(국회도서관 소장 《日本外務省文書》 복사제책본 329권), 8836~8837쪽.

108) 趙擎韓, 앞의 책(1979), 144~146쪽.

109) 劉文信 編, 《東北抗日聯軍 第5軍》(哈爾濱 : 黑龍江人民出版社, 1985), 19~20쪽.

110) 金東和 외 編著, 《연변당사 사건과 인물》(연길 : 연변인민출판사), 144~145쪽. 黑龍江省社會科學院 地方黨史研究所·東北烈士紀念館 編, 《東北抗日烈士傳》 2(哈爾濱 : 黑龍江人民出版社, 1981), 72~73쪽.

하여 계속 추격하였다. 그리하여 구국군 부대장 사충항이 부상당하는 등 중국군의 피해도 컸고, 한국독립군도 총사령 이청천이 부상당하고 군의관 姜振海 등 수십 명이 전사하는 피해를 입었다.[111]

동녕현성 전투 이후 한국독립군은 이들 부대와 함께 대전자에 주둔하였다. 그런데 이 때 참모장 주보중은 陳翰章 등 다수의 중국공산당원과 함께 구국군 부대의 공산화와 통일전선공작을 진행시키고 있었다.[112] 또 유격대에는 다수의 한인 공산주의자들이 있었기 때문에 한국독립군은 차츰 이들과 대립하게 되었고, 주보중의 영향력이 커지고 있던 오의성 부대내에서 고립되어 갔다. 여기에 연변지방 한인들의 다수가 좌경화하여 한국독립군의 활동은 더욱 어려워졌다.

같은 해 8월 초 오의성 등은 한국독립군에 대해 구국군에 합류·편성될 것과 무기의 절반 이상을 넘기라는 무리한 요구를 몇 차례나 강요하였다.[113] 이러한 요구는 대전자령 전투 이후 전리품 분배시 발생한 반감이 크게 작용하였다. 물론 이러한 요구는 거부되었다. 더욱이 주보중과 한인 공산주의자들은 한국독립군 장병들이 1932년 2월 龍井에서 성립한 친일반공단체 民生團과 내통하고 있다고 의심하며 음해하기까지 했다. 그러한 몇 가지 요인으로 오의성은 산하 부대를 동원하여 한국독립군을 포위하고 무장을 해제하며, 상당수의 장교와 사병들을 무고하게 구금하는 사태를 일으켰다.[114] 이른바 '민생단 사건'은 후일 중국공산당계 유격대와 동북인민혁명군에 적극 가입하여 투쟁하고 있던 다수의 한인들에게 '일제의 간첩'일지도 모른다는 억울한 누명을 씌워 한·중 양 민족 사이는 물론 서로 믿고 지내던 동지간에도 분열과 의심을 조장했던 중대한 사건이었다.[115] 이무렵 동만지역에서는 이미 유격대 안에서 소위 '反民生團' 투쟁이 전개되어 무고한 한인들이 다수 희생되고 있는 상황이었다. 그런데 그 여파가 한국독립군에게도 미치고 있다는

---

111) 趙擎韓, 앞의 책(1979), 212쪽.
112) 黑龍江省社會科學院 地方黨史硏究所·東北烈士紀念館 編, 앞의 책, 86쪽.
113) 池憲模, 《靑天將軍의 革命鬪爭史》(삼성출판사, 1949), 150~151쪽.
114) 趙擎韓, 앞의 글(1934), 72~73쪽.
115) 민생단 사건에 대해서는 金成鎬, 《1930년대 延邊 민생단사건 연구》(백산자료원, 1999) 참조.

사실은 놀라운 일이었다. 이 같은 위기는 시세영 등 일부 간부들의 변호와 독립군측의 항의로 가까스로 극복되었으나, 한국독립군이 중국의용군과 결별하는 중요한 계기가 되었다. 왜냐하면 구국군의 포위를 벗어나기 위해 다수의 장병이 흩어지거나 도주한 데다가, 구국군에 대한 반감이 깊어져 더 이상의 공동투쟁이 불가능했기 때문이다.

한국독립군은 8월 12일 경 그곳을 떠나 이후 동녕과 영안현 등 산악지대를 전전했다. 또 이무렵 간부회의를 열고 소규모 유격작전 위주로 적과 싸우며, 열악한 생존조건을 극복하기 위해 병사들 스스로 농사를 지으며 군사활동을 전개하는 屯田制를 실시하기로 결의했다.[116] 그러나 일제의 탄압이 가중되는 상황에서 이러한 전략은 실현되기 어려웠다.

한국독립군이 이처럼 악전고투하고 있을 때 관내에 있던 金九와 의열단을 이끌었던 金元鳳 등은 중국 국민당정부의 협조로 한인 청년들을 중국 군관학교에 입학시켜 군사교육을 받게함으로써 조국의 독립전쟁에 대비한 정예간부를 양성코자 하였다. 이에 따라 중국정부는 중앙육군군관학교 洛陽분교에 '한국청년군사간부 특별훈련반'을 설치하고 만주에서 활동하고 있던 독립군의 주요 간부들과 청년들을 관내로 이동시켜 교육시키려는 계획을 세웠다. 이 때 이청천이 교관겸 책임자로 선정되었다.[117]

김구는 일찍부터 만주지역 독립군의 활동을 예의 주시하고 있었다. 때문에 윤봉길·이봉창의 의거 이후 중국 국민당정부 요인들의 신임과 지원을 받고 있던 김구로서는 만주 독립군 요원들을 관내로 이동시켜 군사훈련을 시킴으로써 무장투쟁의 기반과 자신의 입지를 강화하고 반임시정부 계열에서 통합운동을 추진하고 있던 '對日戰線統一同盟' 세력을 견제하려고 하였다.[118] 김구의 군사훈련계획은 1933년 10월 초순 이규보·오광선 등을 통해 한국독립군에 전해졌다. 이에 따라 10월 20일 경 마침내 한국독립당 당수 홍진 및 총사령 이청천, 조경한·오광선·公震遠(본명 高雲起)·金昌煥 등 한국독립군 주

116) 趙擎韓, 앞의 글(1934), 74쪽.
117) 趙擎韓, 앞의 책(1979), 210·217쪽.
118) 한상도, 〈재만 한국독립당과 한국독립군의 관내지역 이동〉(《한국독립운동과 국제환경》, 한울아카데미, 2000), 156·170쪽.

요 간부들과 병사 가운데서 선발된 군관학교 입학지원자 등 40여 명은 중간 거점인 北京을 거쳐 중국관내로 먼저 이동하게 되었다.[119] 이들 중 홍진·이청천·조경한 등 일부 간부는 관내 이동 초기에는 조선혁명당과 민족혁명당 등 반임시정부 및 反김구 계열에서 활동했으나, 나중에는 결국 통합 한국독립당 및 임시정부에 합류하였다. 이 때 이동한 34명의 청년들은 중국군관학교 낙양분교 특별훈련반에 입교하여 군사교육을 받았다. 이들은 이 해 12월에 입학하여 1935년 4월 졸업하였다.[120] 관내지역 이동 직후 이들은 김구 계열과 이청천 계열 사이에서 갈등을 겪기도 했다.[121] 그러나 이들도 이후 조직된 조선의용대나 광복군에 참여하여 만주독립군의 무장투쟁론을 계승·발전시키며 관내지역 독립운동에 크게 이바지하였다.

사령관 등 주요 성원들이 만주를 떠나게 되자 사실상 한국독립군의 활동은 종말을 고하게 되었다. 崔岳과 安泰振 등이 거느리는 일부 지대가 密山·虎林 등의 산악지대에서 활동하며 항전을 지속했지만 이들의 활동은 오래 지속되지

119) 김 구, 《백범일지》(서문당, 1989), 309쪽.
신 숙, 《나의 一生》(日新社, 1963), 124~125쪽.
한상도, 위의 글, 168쪽.

120) 胡春惠·辛勝夏 譯, 《中國안의 韓國獨立運動》(단국대출판부, 1978), 52쪽.

121) 이청천과 김구의 갈등은 1934년 8월 김구가 자파계열의 입교생을 한인특별반에서 퇴교시킴으로써 파국을 초래하고 말았다. 김구는 南京지역의 다수 한인 민족운동가들이 '한국대일전선통일동맹'을 거쳐 유력한 독립운동 정당인 '조선민족혁명당' 창당을 가시화하고 있는데 대한 반발로 해석할 수 있다(한상도, 앞의 글, 162쪽). 우리는 이러한 사실을 통해 한국독립군 세력은 물론 김학규와 최동오 등 조선혁명당·군 출신 인사들도 관내지역으로 이동한 직후 임시정부와 별개로 조직되고 있던 통합정당 '민족혁명당'에 가담한 사실을 알 수 있다. 따라서 만주 독립군 세력이 관내지역으로 이동한 직후부터 임시정부에 합류했다는 기존의 통설이 잘못된 것을 알 수 있다. 이들은 관내지역에 이동한 뒤 다양한 행태를 보였지만, 그중 다수는 관내 민족운동 세력, 혹은 중국 관민과 연계하여 만주 지역의 무장투쟁을 지원·활성화하려는 "운동기반 확충과 기회포착"의 논리를 유지했다고 추측된다(한상도, 앞의 글, 163쪽 및 신주백, 앞의 책, 332~333쪽). 또한 임시정부는 1932년 4월 29일 윤봉길 의거 이후 上海를 떠나 유랑하다가 1939년 重慶에 정착하기 전까지는 거의 유명무실한 상태였다. 김구 역시 1932년 6월부터 1935년 10월까지 임시정부를 이탈한 상태였기 때문에 김구 개인차원에서 중국의 도움을 받아 운영한 군관학교 한인특별반이나 '한인특무독립군' 조직을 곧바로 임시정부 조직과 관련시킬 수는 없다고 본다(도진순 주해, 《백범일지》, 돌베개, 1997, 465~466쪽).

못했으며, 큰 성과를 거두지도 못했다. 이들은 얼마 후에 적과 싸우다 희생되거나 흩어져 버렸고, 일부 인사들은 중국공산당 계열의 유격대나 동북인민혁명군 등에 참가하여 투쟁을 계속했다. 결국 1932~1933년 북만과 동만 일대에서 적지 않은 전과를 거두었던 한국독립군이 해체됨으로써 북만주 지역 민족주의계열 독립군의 활동은 끝나고, 대신 적지 않은 한인들이 중국공산당 만주조직이 영도하는 항일부대에 참가하여 무장투쟁을 전개하였다.

3) 동북항일연군내 한인들의 활약과 조국광복회

(1) 한인들의 중국공산당 입당과 항일유격대의 성립

중국 동북지방에서 공산주의운동은 중국인보다 먼저 한인들에 의해 주도되었다. 朴允瑞와 朱青松 등은 이미 1923년 9월 연길현에 있는 東興중학교를 중심으로 '고려공산청년동맹'의 지부를 조직해서 활동했다.[122] 이들은 코민테른(Comintern, 국제공산당) 산하조직인 코르뷰로(고려국) 내의 한인 조직에서 파견된 사람들이었다. 또 1926년 5월에는 국내 조선공산당의 해외조직인 '조선공산당 만주총국'이 북만주 寧古塔에 세워졌다.[123]

반면 중국공산당은 1927년 10월에야 봉천(현재의 심양)에 '중국공산당 만주임시성위원회'를 결성했다. 그리고 그 해 가을에는 이 조직 아래 '중국공산당 동변도 특별위원회(동만특위)'를 세우고 1928년 2월에는 한인들이 많이 거주하는 용정에 중국공산당 용정촌 지부를 조직했다.[124] 그러나 1920년대 후반 만주에서의 공산주의운동은 한인들의 역량이 훨씬 우세했다. 이에 따라 중공당 만주성위원회는 성립 직후부터 한인 농민과의 연계 및 토지소유권 부여, 조선공산당 조직과의 연대강화 등을 당면 과제로 삼고 있었다.

한편 1928년 12월 코민테른 제6회 대회 이후 조선공산당은 승인이 취소되

---

122) 임경석, 〈20년대 중국동북지역의 조선인 만주 공청그룹〉(《이공범교수 정년기념논총》, 지식산업사, 1993), 695쪽.
123) 김준엽 · 김창순, 《한국공산주의운동사》 4(청계연구소, 1986), 284 · 301쪽.
124) 《조선족략사》 편찬조, 《조선족략사》(연길 : 연변인민출판사, 1986 ; 1989년 백산서당 재간본), 99쪽.

었고, 국내 공산당재건운동도 일제의 탄압과 운동역량의 미숙 등으로 실패했다. 조선공산당 만주총국은 이처럼 어려운 형편 가운데 코민테른과 중공당에서 '一國一黨原則'을 내세우고, 또한 1929년 말부터 내부에서도 중국공산당에 가입하여 '중국혁명'에 동참해야 한다는 주장이 나오자 결국 중국공산당에 합류하지 않을 수 없었다. 일국일당의 원칙이란 중국영토인 만주에는 중국공산당 조직만 인정될 수 있다는 공산당 조직상의 논리이다.

사실 한인 조선공산당원의 중공당 입당배경은 몇 가지 측면에서 설명할 수 있다. 1929년 세계대공황이 만주에도 미침에 따라 많은 농민들이 파산하고 계급별·민족별 대립이 심화되었던 상황, 중국인 지주와 한인 소작농으로 상징되는 모순관계의 심화, 그리고 장학량으로 대표되는 중국 군벌정권체제하에서 중국공산당과 무관한 조선공산당 만주총국이 드러낸 일정한 한계와 파벌대립 등을 지적할 수 있다.

1930년 4월에서 8월 사이에 조선공산당 각파 만주총국은 조직을 해체했고, 그 구성원들은 중국공산당 만주조직에 가입하게 되었다. 한인 당원들이 중공당에 가입하기 전에 만주지역 중공당원은 100여 명에 지나지 않았지만, 그 직후에는 2,000여 명으로 증가했다. 또 지방조직도 12개에서 55개로 확대되었는데, 당원의 85%가 한인이었다.[125] 특히 1930년 연변지방을 중심으로 전개된 '간도 5·30 봉기'와 吉敦봉기 및 추수투쟁 등 일련의 대중투쟁을 계기로 한인들이 대거 입당하고 중공당 만주조직의 영향력이 크게 확대되었다. 예를 들면 이 해 4월 경 길림지방 농민협회 회원은 2,000여 명에 달했고 대부분이 한인이었는데, 이들은 중공당 만주성위의 외곽단체 역할을 수행했다.[126]

1931년 9월 일본이 만주를 침략한 '9·18사변'이 일어나자 중공당 만주성위는 그 직후 각종 선언을 발표하고 적극 항전을 주장했다. 그러나 이 조직이 실제로 일제와 싸울 능력을 갖추고 있었던 것은 아니다. 이 때 중공당 만주성위 산하로 1930년 10월 성립한 동만특별위원회는 항일투쟁이 점

125) 김동화, 《중국조선족 독립운동사》(느티나무, 1991), 126쪽.
126) 金陽 主編, 앞의 책, 84쪽.

차 고양되는 정세에 부응하여 〈일제의 만주점령을 반대하는 긴급결의안〉과 〈농민운동결의안〉 등을 발표하여 한인들이 많은 동만지역을 중심으로 농민운동에 주력하였다.[127] 그리하여 이들은 1931년 가을의 추수투쟁과 이듬해 봄의 春荒투쟁 등의 대중봉기를 주도하며 절박한 농민들의 생존권 쟁취요구를 반제·반봉건투쟁으로 결합시켜 중공당 만주조직의 영향력을 강화하였다.

1931년 10월 남만주의 伊通에서 창건된 적위대(일명 개잡이대, 打狗隊)는 만주지역에서 중공당이 이끄는 첫 무장조직이었다. 이 적위대의 대장 李紅光을 비롯한 청년 7명은 모두 한인이었다. 남만에서는 이 작은 적위대가 바탕이 되어 1932년 6월 '磐石工農反日義勇軍(약칭 반석의용군, 반석유격대)'으로 발전했는데, 역시 대부분의 대원이 한인이었다. 이 유격대는 12월에 구동북군계 漢族 부대와 통합되어 '중국 노농홍군 제32군 남만유격대(약칭 남만유격대)'로 개편되었다.[128] 남만유격대는 1933년 1월 말부터 5월 초까지 3개월이 넘는 기간 동안 반석의 근거지를 포위 공격하는 일본군과 만주국군, 일제에 투항한 마적 등을 상대로 60여 차례의 공방전을 치렀다. 이를 계기로 새로운 근거지를 개척하는 성과를 거두었다. 이 무렵 이 유격대의 규모는 250여 명이었는데, 주요 간부 다수와 대원의 1/4 가량이 한인이었다.[129] 때문에 남만유격대는 사실상 한·중 양민족의 연합부대적 성격을 띠고 있었다. 이 같은 비율은 남만지역 당원의 경우도 마찬가지였다.[130]

한편 동만주에서도 적위대를 개편한 연길현 유격대가 1932년 결성되었다. 또 적위대와 평강유격대 등을 중심으로 하여 어랑촌 유격근거지에서 화룡유격대가 조직되었다. 그리고 왕청현에서는 18명으로 이루어진 돌격대를 바탕으로 유격대가 발족했고, 여기에 별동대·안도유격대 등이 편입되어 왕청유

---

127) 黃龍國 主編, 《조선족혁명투쟁사》(瀋陽 : 遼寧民族出版社, 1988), 217쪽.

128) 孫繼英·周興·宋世章, 《東北抗日聯軍 第1軍》(哈爾濱 : 黑龍江人民出版社, 1986), 20~22쪽.

129) 《東北抗日聯軍史料》編寫組 編, 《東北抗日聯軍史料》 上(北京 : 中共黨史資料出版社, 1987), 87쪽.
孫繼英·周興·宋世章, 앞의 책, 23·40쪽.

130) 김창국, 《남만인민항일투쟁사》(연길 : 연변인민출판사, 1986), 149쪽.

격대로 확대되었다. 훈춘에서는 이 해 9월 영북유격대와 영남유격대가 조직되었다가, 1933년 두 조직이 통합되어 훈춘유격대로 발전하였다. 1933년 경 동만지방 4개현 유격대의 대원은 360여 명이었는데, 이 가운데 90% 가량이 한인이었다.[131] 이들 4개현 유격대는 중국 노농홍군 제32군 동만유격대로 편제되었다가 이후 동북인민혁명군 제2군 독립사로 크게 발전하였다.[132]

또한 북만주의 경우 1933년 4월 경 許亨植 등이 湯原에서 유격대를 창건했으나, 일제의 탄압 등으로 한 달도 못되어 와해되고 말았다. 그러나 중공당 珠河중심현위원회는 같은 해 10월 동북의용군 계통의 패잔병과 李啓東 등 13명의 한인들을 바탕으로 珠河반일유격대를 창건하였다.[133] 대장은 한족 趙尙志였는데, 이 유격대는 1934년 6월 말 다른 항일의용군과 항일마적 등을 수용하여 '동북반일유격대 哈東지대'로 확대되었다. 이 무장조직이 확대・발전하여 1935년 1월 말 동북인민혁명군 제3군 제1독립사로 개편된다.[134] 동만이나 남만유격대와는 달리 북만지역의 유격대 가운데서 한인들의 비중은 크지 않았지만, 창설 초기 한인 간부진의 구성이나 이들의 활약은 큰 역할을 했다고 할 수 있다.

(2) 동북인민혁명군(동북항일연군)의 성립과 한인들의 활약

1930년대 초 중국공산당은 소위 李立三 노선과 王明 노선으로 불리는 잘못된 방침을 채택하여 당시의 정세에 효과적으로 대응하지 못했고, 좌경화된 전술을 채택하여 큰 어려움을 겪었다. 예를 들면 만주지역에서 '한인자치'나 '간도독립'・'한인 소비에트' 등의 독자적 요구와 일제의 침략에 저항하는 것이 중요하다는 문제가 제기되었을 때, 중국공산당 중앙은 이를 반대하고 관내지방과 마찬가지로 민중자치정권인 소비에트정권과 紅軍을 세우라고 무모하게 지시했던 것이다. 이 때문에 항일투쟁이 고양되는 정세하에서 중공당

---

131) 신주백, 〈1930년대의 만주지역 항일무장투쟁〉(《한국사》 16, 한길사, 1994). 277쪽.

132) 강만길, 앞의 책, 101쪽.

133) 劉 風, 《東北抗日聯軍 第3軍》(哈爾濱 : 黑龍江人民出版社, 1986), 15・20쪽.

134) 장세윤, 〈허형식 연구－동북항일연군내 주요 한인 지도자의 항일투쟁 사례검토－〉(《한국독립운동사연구》 7, 1993), 386쪽.

만주성위원회는 각종 항일부대를 적대하고 모든 지주나 자본가를 타도하여 그들의 재산을 몰수한다는 그릇된 방침을 세웠다. 그리하여 자신의 적을 만들어 입지를 약화시켰고, 곤란한 정세를 자초하였다.135)

그러나 이러한 잘못은 1933년 1월 말부터 어느 정도 시정될 수 있었다. 중국공산당 중앙은 만주성위원회에 지시한 〈만주의 각급 당부 및 전 당원에게 주는 편지－만주의 상황과 우리 당의 임무에 대하여〉에서 노동계급의 영도권 견지를 전제로 한 반제통일전선의 형성을 제기했던 것이다.136) 중공당 만주성위는 이에 따라 좌경오류의 시정, 모든 반일역량을 연합한 반일반제투쟁의 전개, 선출된 민중정부 및 인민혁명군의 건립 등을 긴급한 당면 과제로 설정하고 이를 위해 분투하였다. 이 과정에서 각 지역에 있던 반일유격대를 기초로 하여 항일민족통일전선의 성격이 강화된 '동북인민혁명군'을 건립하게 되었다.

하지만 중공당 만주성위의 이 같은 방침에도 불구하고 '좌경'의 오류는 1935년 경까지 완전히 극복되지 못했다. 특히 동만(연변) 지역에서 전개된 '반민생단 투쟁'으로 1932년 말부터 1935년 중반까지 이 지역에서 무고한 한인 독립운동가 431명이 밀정혐의를 받고 희생되는 참변이 있었던 것이다.137) 한인들은 '중국혁명'에 직접 참가하는 것을 통해 '조선혁명', 즉 조선(한국)의 독립과 민족해방이 이룩된다는 신념으로 반제투쟁에 참가했으나, 이 시기에는 중국인들의 배타주의와 중공당 만주성위 내부의 좌편향으로 자신들의 궁극적 이상인 '조선혁명'을 제기할 수조차 없었다. 그 결과 성립 초기 중공당계 무장조직의 핵심을 이루었던 한인 세력은 민생단 사건 이후 현저히 위축되고 영도간부의 다수가 漢族으로 교체되는 양상을 보였다. 이 무렵 상당수의 한인들이 박해를 피해 도주하거나 변절하는 사태가 일어났다.

중공당 만주성위는 이러한 사정에서도 중앙의 지시에 따라 동북인민혁명군을 건립하고 만주 각지에서 봉기한 항일의용군 등과 연합작전을 추진하였

135) 김동화, 〈중국조선족에 대한 중국공산당의 민족정책의 력사적 고찰〉(《당대 중국 조선족연구》, 연길 : 연변인민출판사, 1993), 15쪽.

136) 《東北抗日聯軍史料》編寫組 編, 앞의 책, 41～57쪽.

137) 김동화, 앞의 글, 16쪽.

다. 그 사례가 바로 앞에서 밝힌바 한국독립군도 참여한 1933년 가을의 동녕현성 전투이다. 이 전투에는 왕청·훈춘유격대원 100여 명이 참여하였다.

중국공산당 반석현위원회와 남만유격대는 항일투쟁이 점차 격화되고 유격대의 역량이 성숙함에 따라 1933년 8월 남만유격구와 유격대대표자회의를 열어 동북인민혁명군 제1군 독립사를 건립키로 했다. 그리하여 일제의 만주침략 2주년이 되는 그 해 9월 18일 반석에서 이 부대의 성립을 정식으로 선포했다.[138] 이 무장세력은 만주에서 가장 먼저 결성된 중공당 계통의 정규군인 셈이었다. 때문에 성립선언과 정강, 사병우대 조례, 각종 선언문 등을 발표하여 나름대로의 정당성을 밝혔다. 그러나 이들 문건 가운데 한국(조선) 독립(해방)이나 혁명의 지원을 직접 표방한 내용은 없었다. 사실 1931년 5월 중공당 만주성위원회는 〈만주 한국민족문제 결의안〉을 통과시켜 한국혁명을 원조해야 한다고 했지만,[139] 1930년대 초의 좌경화된 분위기하에서 위의 원칙은 구호에 지나지 않았다. 1군 독립사는 1934년 11월에 2개 사로 분화·발전하였다.

창건 당시 동북인민혁명군 제1군 독립사는 300여 명 규모였는데, 師長겸 정치위원은 한족 양정우였다. 반면 참모장 이홍광과 소년영장 朴浩, 3단 단장 韓浩 등 주요간부가 한인이었다. 이 조직의 1/3 가량은 한인들로 구성되어 있었다. 1군 독립사는 1933년 말에서 이듬해 초까지 많은 전투를 치렀으나, 이 가운데 유하현 三源浦 공략전과 凉水河子·八道江전투 등이 유명하다. 특히 1935년 2월 13일 새벽 이홍광이 200여 명의 병력을 이끌고 평안북도 후창군 동흥읍을 습격한 전투는 국내외에 큰 반향을 일으킨 국내진입작전으로 유명했다.[140] 이는 1930년대 만주 항일무장투쟁 세력 최초의 대규모 국내진입작전이라 할 수 있다.

한편 1934년 동만주에서 한인 朱鎭을 사장으로 성립한 동북인민혁명군 제2군 독립사는 안도현과 왕청현 일대에서 한 해 동안 900여 회의 전투를 치르며 유격근거지를 방어하였다. 이른바 일제의 '제3기 치안숙정계획'을 무산

138) 孫繼英·周興·宋世章, 앞의 책, 46~47쪽.
139) 楊昭全·李鐵環 編, 앞의 책, 733쪽.
140) 《조선일보》, 1935년 2월 15일.

시킨 것이다. 2군 독립사는 1,200여 명의 병력과 980여 정의 총을 갖고 있었는데, 그 병력의 2/3가 한인이었다. 따라서 사실상 이 항일부대는 조선혁명군이나 한국독립군과 같은 민족주의계 독립군과 이념을 약간 달리할 뿐, 일제타도라는 목표와 그를 위한 역할의 수행은 비슷했다고 할 수 있다. 때문에 중공당 반석현위원회는 1934년 3월 경 신빈일대에서 강고한 세력을 형성하며 완강히 일제와 싸우고 있던 조선혁명군과 국민부에 사람을 파견하여 병사들을 중심으로 한 연대공작을 진행하라고 1군에 지시했고,[141] 이후 양 부대는 일정한 연대를 모색하였던 것이다.

북만주의 密山에서는 1934년 3월 40여 명의 밀산 반일유격대가 조직되었는데, 역시 한인들이 중심이 되었다. 이 유격대는 그 해 9월 중국의용군과 연합하여 동북항일동맹군 제4군으로 편성되었다. 또 1932~1933년 경 탕원현에서 발족한 탕원유격대는 우여곡절을 겪으면서도 여러 차례 전투를 거치며 그 대원이 600여 명으로 늘어났다. 이후 이 유격대는 1936년 초 주변의 자위단·경찰 등을 흡수하여 동북인민혁명군 제6군으로 편제되었다.[142]

이상에서 서술한 것처럼 남만지방을 활동기반으로 하는 동북인민혁명군 제1군과 동만지방을 근거로 하는 2군은 한인이 주력을 이루었고, 사실상 이 시기 중공당계 산하부대의 핵심이었다. 따라서 1930년대 만주에서의 항일무장투쟁에서 재만 한인들의 역할이 매우 컸다고 할 수 있다. 그러나 이러한 투쟁은 많은 어려움을 수반했다. 더욱이 1933년에서 1935년 사이에 일제는 자체의 무력과 괴뢰 만주국 군경·관헌을 동원하여 혹심한 탄압을 자행했다. 이에 따라 동북인민혁명군은 적의 포위공격을 돌파하기 위해 남만과 북만의 평야지대로 진출하여 유격전을 벌이는 전술을 모색하게 되었다.

1935년 8월 1일 중국공산당 중앙위원회는 국민당정부군의 공격을 받고 쫓겨가고 있던 도중에 소위 〈8·1선언〉을 발표하고 내전중지와 거국적 국방정부의 구성을 제안했다. 또 이듬해 12월 장학량이 蔣介石을 구금하는 '西安事變'이 발생하여 관내에서 제2차 국공합작이 성사되는 중요한 계기가 되었다.

141) 〈中共磐石中心縣委員會給人民革命軍第1軍獨立師全體黨·團同志的信〉(《東北地區革命歷史文件滙集》 甲 36), 195쪽.

142) 강만길, 앞의 책, 101쪽.

특히 〈8·1선언〉은 항일민족통일전선의 결성을 구체적으로 제안하고 있었는데, 각 당파와 민족, 모든 계층을 망라한 항일연합군의 조직을 명시했다.[143] 이 선언에 따라 중국공산당 만주조직은 1936년 1월 회의를 소집하고 각 항일부대를 '東北抗日聯軍'으로 재편성키로 결정했다. 이리하여 종래의 동북인민혁명군과 여러 항일부대가 결집되고 중국공산당 만주조직이 영도하는 동북항일연군이 제1군부터 11군까지 결성된다.

이후 만주지역 무장투쟁은 새로운 국면을 맞이하였다. 즉 중공당 만주조직은 항일투쟁을 위해 각계 각층과 연대하는 것은 물론, 재만한인들의 조국광복운동 직접원조와 자치구 건설, 한인을 위한 항일전쟁의 원조를 결의하였던 것이다.[144] 이에 따라 한인으로만 조직된 독립부대의 창설도 고려되었지만, 한인 간부들 스스로 활동상의 어려움을 들어 이를 반대하고 종전처럼 중국인과 함께 혼합부대를 편성·유지키로 하였다. 동북항일연군 가운데 한인이 많았던 1군과 2군, 특히 2군은 한·중 양 민족의 연합을 실현한 '독립군'이라고 볼 수 있었다. 이는 일본 관헌 스스로도 인정하고 있었다. 이 사실은 3개師와 교도대, 기타 연계세력을 합쳐 2,000여 명으로 추정되던 동북항일연군 제2군의 경우 절반 가량이 한인이었고, 특히 金日成이 이끄는 제3사 병력의 대부분이 한인이었다는 점으로 뒷받침된다.[145]

그러나 일제의 '토벌'이 강화되자 동북항일연군 1군과 2군은 1936년 7월 통합되어 양정우를 총사령으로 하는 제1로군으로 재편성되었다. 이 때 제2군 1·2·3사는 각각 4·5·6사로 명칭이 바뀌었다. 이 가운데 한인이 많은 6사(사장 김일성)와 4사는 유격전을 전개하면서 백두산 일대로 진격하여 유격구를 건설하였다. 그 뒤부터 長白縣 등 백두산 일대는 1940년 경까지 재만한인 항일무장투쟁의 주요 중심지가 되었고, 항일민족통일전선 조직을 표

143) 日本國際問題硏究所中國部會 編, 《中國共産黨史資料集》 7(京都 : 勁草書房, 1973), 521~526쪽.

144) 김동화, 앞의 글, 19쪽.

145) 강만길, 앞의 책, 103쪽.
李鴻文 저, 양필승 옮김, 《만주현대사》(대륙연구소출판부, 1992), 120~121쪽. 吉林省檔案館 編譯, 《東北抗日運動概況(1938~1942)》(長春 : 吉林文史出版社, 1986, 41~42쪽).

방하며 조직된 '在滿韓人祖國光復會' 건설 및 국내진입작전의 근거지가 되었다.[146] 특히 6사는 1937년 6월 80여 명의 병력으로 함경남도 혜산군 普天堡를 기습하여 일제 통치기관을 파괴하는 등 큰 충격을 주었다. 이 전투 이후 동북항일연군내 한인 부대의 활약이 국내 대중들에게 더욱 널리 알려지게 되었다.[147] 그러나 이 사건을 계기로 조국광복회의 조직이 일제에 탄로되어 붕괴되는 손실을 초래했고, 일제 군경의 집요한 추격을 촉진하는 역기능을 가져오기도 했다.

1936·1937년 경 동북항일연군은 동·남·북만 등 각지에서 큰 세력을 이루고 치열한 접전을 벌이고 있었다. 물론 재만한인들도 여기에 대거 참가하여 많은 활약하였다. 이무렵의 주요 한인간부 현황을 살펴보면 〈표 3〉과 같다.[148]

---

146) 1930년대 중반 중국 동북에서 추진된 '항일민족통일전선' 조직으로서의 '조국광복회'는 추진주체도 다양했고, 그 명칭도 여러 가지가 있었다. 즉 東滿과 南滿·北滿, 혹은 조선 북부지방 등지에서 (反滿)항일투쟁을 전개하고 있던 한인 지도자들은 각 지역의 특수한 상황을 반영하여 여러 경로와 조직, 인물을 통해 광범한 항일투쟁 세력을 결집하려 했던 것이다. 따라서 각 지역마다 약간씩 차이가 있었다. 우선 명칭에서도 '재만(동만)조선인조국광복회'(동만, 중국공산당 문서), '재만한인조국광복회'(남만), '재만조선민족광복회'(북만), '한인조국광복회'(국내), 기타 한인민족광복회, 조국광복회, 조선조국광복회 등의 用例를 찾아볼 수 있다(周保中,《東北抗日遊擊日記》, 北京 : 人民出版社, 1991, 136·139·142쪽 ; 中央·遼寧省·吉林省·黑龍江省檔案館 編, 〈中共吉東省委寶淸巡視員給崔希亨同志的信－關于目前形勢及在滿朝鮮人祖國光復會群衆運動, 工作等問題〉,《東北地區革命歷史文件滙集》甲 28, 1989, 259~261쪽 ; 內務省警保局 保安課,《特高月報》1939년 8월호, 110~111쪽). 또 발기인으로 참여하거나 회장으로 추대된 인물에 대해서도 몇 가지 다른 기록이 있는 실정이다. 남만지역에서는 주지하듯이 吳成崙(가명 全光)·嚴洙明(본명 嚴弼順)·李相俊(가명 李東光) 등이 발기인으로 나서 이 조직을 주도하였다(《思想彙報》14호, 63~64쪽). 그러나 동만지역에서는 金東鳴(김일성의 가명)·이동백·呂運亨 등이 발기인으로 되어있고, 김일성이 회장에 추대되었다는 설도 있다(장덕순 외,《조국광복회운동사》, 지양사, 1989, 109쪽). 또 북만 지역에서 활동하던 김책은 1942년에 '북만조국광복회' 회장의 이름으로 선전물을 살포하기도 했다(〈대담 : 중국 연변, 민족해방운동사 연구의 고민과 과제〉,《역사비평》1993년 겨울호, 273쪽).

147) 강만길, 앞의 책, 104쪽.

148) 신주백,《만주지역 한인의 민족운동 연구(1925~1940)》(성균관대 박사학위논문, 1996), 392쪽.

〈표 3〉 1936·1937년 경 동북항일연군내 주요 한인 간부 현황

<table>
<tr><th colspan="2">부 대</th><th>결성날짜</th><th>주요 한인 직책과 명단</th></tr>
<tr><td rowspan="2">제1로군</td><td>1군</td><td>1936. 7</td><td>참모장 安光勳, 1사 참모장 李敏煥, 2사 참모장 李希敏·李興紹, 정치부 주임 全光(본명 오성륜), 8단장 玄基昌 3사 정치부 주임 柳萬熙</td></tr>
<tr><td>2군</td><td>1936. 3</td><td>정치부 주임 전광, 4사 사장 安鳳學, 참도장 朴得範, 1단장 崔賢, 정치위원 林水山, 제6사 사장 김일성, 7단장 金周賢, 정치위원 洪範·金在範, 독립려 1단장 崔春國</td></tr>
<tr><td rowspan="4">제2로군</td><td>4군</td><td>1936. 4</td><td>정치부 주임 黃玉淸, 정치주임 康山, 2사 부사 장겸 4단장 李學福, 정치부 주임 崔榮華, 참모장 崔庸健, 4사 정치부 주임 朴德山</td></tr>
<tr><td>5군</td><td>1936. 2</td><td>2사 4단 정치위원 金光俠, 5단 정치위원 朴東和, 3사 8단 정치위원 姜信泰, 경위려 1단 정치위원 姜信一</td></tr>
<tr><td>7군</td><td>1936.11</td><td>대리군장 최용건, 군장 이학복, 군·당 위원회 : 집행위원 金鐵宇·특별위원 金品三, 1사 정치위원 李佾平, 3단장 金昌海, 2사 참모장 金鐸, 4사장 金世昌</td></tr>
<tr><td>8군</td><td>1937. 7</td><td>1사 정치위원 및 3사 정치부 주임 金根</td></tr>
<tr><td rowspan="3">제3로군</td><td>3군</td><td>1936. 8</td><td>군장 許亨植, 정치부 주임 金策</td></tr>
<tr><td>9군</td><td>1937. 1</td><td>정치부 주임 허형식</td></tr>
<tr><td>11군</td><td>1937.10</td><td>정치부 주임 金正國</td></tr>
</table>

1938년 경 동북항일연군의 규모는 1,850명 정도였다. 여기에는 중국공산당 계통 직속부대 외에도 다수의 각종 항일부대가 포함되어 있었다. 그런데 많은 전투를 치르면서 상당수의 대원이 희생되었고, 일제의 탄압과 회유공작이 극심해짐에 따라 차츰 어려운 국면에 처하게 되었다. 이 때문에 의지가 굳지 못한 일부 참가자들이 변절하거나 도주·투항하는 경우도 있었다. 이러한 어려움에 처하여 항일연군 제1로군은 警衛旅와 3개 方面軍으로 편제를 바꾸어 무장투쟁을 계속했다. 이 가운데 4사와 5사가 통합되어 편성된 제3방면군은 60% 정도의 대원이 한인이었고, 역시 종래의 제6사가 개편된 제2방면군은 대부분의 구성원이 한인이었다.[149] 이 부대는 남만주와 백두산 일대에서 유

149) 강만길, 앞의 책, 104쪽.

격전을 전개하며 적에게 큰 타격을 가하였다. 남만주의 조선혁명군이 1937년 초·중반 일제의 공격으로 큰 피해를 입고, 결국 1938년 2월 동북항일연군에 편입된 상황을 고려해 볼 때 한인이 다수를 이루는 이 시기의 항일연군 제2·3방면군은 사실상 독립군의 성격을 띠고 있었다. 일본 관동군은 동북항일연군 제1로군에 한인 영도간부가 많고 특히 한인들을 대상으로 선전활동을 전개하는 등 민족주의성향이 농후하다고 평가하였다.[150] 이 때문에 한국인들은 물론 중국인들도 가끔 이 부대를 '조선인민혁명군'이나 '조선혁명군'으로 부르기도 하였다.[151]

(3) 조국광복회의 결성과 '항일민족통일전선'의 확산

코민테른은 1935년의 7차대회에서 식민지 피압박민족 민족해방운동의 지지와 식민지 및 종속국 인민의 해방을 결의했고, 반파시즘 통일전선의 결성을 채택했다. 이러한 방침은 중국공산당의 정책에도 큰 변화를 가져왔다. 중국공산당은 한민족의 독립쟁취를 지원하기 위해 항일연합군을 조직하는 것은 물론, 독립운동을 이끌어 갈 중추기관으로서 '항일민족혁명당'의 건설이 필요하다고 보았다.[152] 이에 따라 1936년 초부터 만주에서 동북항일연군이 조직되고 조국광복회라는 독립운동 조직이 통일전선 조직체를 표방하며 결성되었다.

한인이 다수를 차지했던 동북항일연군 제2군은 한·중 국경지대와 남만주 일대에서 활발한 투쟁을 벌여 조국광복회가 창건될 기초를 닦았다. 이에 중국공산당 만주조직(동만특별위원회)과 제2군의 주요 간부들은 한인의 자치문제와 항일민족통일전선 조직, 그 산하 대중조직의 결성문제, 그리고 민족별 무장부대와 중공당 하부조직의 편성문제 등을 집중적으로 논의하기 위한 일

---

150) 吉林省檔案館 編譯, 앞의 책, 86쪽.

151) 于　偉, 〈三年來東北義勇軍鬪爭的總檢閱〉(《東方雜誌》 32-6, 1935년 3월), 58쪽.
《重慶大公報》, 1939년 8월 3일.
秋憲樹 編, 《資料 韓國獨立運動》 4(下)(연세대출판부, 1975), 1594~1596쪽.

152) 〈中共吉林省委致饒河中心縣委給四軍四團的信-關于建立七軍, 對敵鬪爭的方式及城市工作策略問題的指示〉(《東北地區革命歷史文件滙集》 甲 28, 1936), 10쪽.

련의 회의를 개최하였다. 즉 항일민족통일전선 방침의 구체적인 정립과정으로서 北湖頭 회의(1936. 2. 5~6), 迷魂陣 회의(1936년 3월 상순), 東崗 회의(1936년 5월 初)의 결정에 따라[153] 1936년 5월 5일 조국광복회를 결성하였던 것이다.[154] 나중에 남만지역에서 1936년 6월 10일 오성륜(전광)·嚴洙明·李相俊(이동광) 등 세 사람의 발기인 명의로 발표된 〈재만한인조국광복회선언〉은 "전민족의 계급·성별·지위·당파·연령·종교 등의 차별을 불문하고 백의동포는 반드시 일치단결 궐기하여 원수인 왜놈들과 싸워 조국을 광복시킬 것"을 밝히며 광범한 항일민중의 참여를 촉구하였다.[155]

조국광복회는 먼저 남만주 지역에서 동북항일연군 제2군 3사를 중심으로 추진되었다. 1936년 7월 진행된 河里會議 결과 중국공산당 남만특별위원회와

153) 이러한 일련의 회의내용과 그 의미에 대해서는 신주백, 앞의 책(1999), 433~453쪽.
북한측 자료에 따르면 조국광복회는 15일간이나 계속된 동강회의 결과 1936년 5월 5일 창립되었다고 한다. 이 때 발표된 조국광복회 〈창립선언문〉에는 김동명·이동백·呂運亨 세 사람의 이름이 공동 발기인으로 기재되었다. 이에 대해 북한에서는 김일성이 이동백 등 주위 관계자의 권유에 따라 회장으로 추대되었으며, 너무 젊은 나이에 회장으로 추대되는 것이 어색해서 金東鳴이란 가명을 썼다고 주장한다.

154) 현재 조국광복회의 결성시기에 대해서는 크게 두 가지 주장이 엇갈리고 있는 실정이다. 즉 1936년 5월 初(5일) 결성되었다고 보는 시각과 1936년 6월 10일 결성되었다고 보는 시각이 바로 그것이다. 그러나 1936년 3월 경 벌써 東滿지역 항일투쟁 세력 사이에 '재만조선인조국광복회'의 명칭이 거론되고, 운동의 중심부에서 멀리 떨어진 북만지역에서조차 1936년 5월에 이미 "한국독립과 동포들의 이익을 위해" '한국인민통일전선'을 高唱하는 선전문건이 뿌려지고 있는 사실을 주목할 필요가 있다(滿洲國 軍政部 顧問部, 앞의 책, 126·729~730쪽). 따라서 전자가 더 설득력이 있을 것으로 판단된다. 물론 북한에서는 김일성의 주도로 1936년 5월 5일 이 조직이 결성된 것으로 널리 선전되고 있다(장덕순 외, 앞의 책, 100~109쪽). 한편 이명영·허동찬·서대숙 등 6월 10일 결성설을 주장하는 연구자들은 오성륜과 엄수명·이상즌이 발기인으로 표기된 〈재만한인조국광복회 선언〉 문건을 근거로 내세우고 있다. 그러나 최근 백동현은 각 지역마다의 특수한 여건과 상황의 차이에 따른 다양성은 인정되어야 하겠지만, 여러 가지 정황과 자료를 검토해볼 때 조국광복회는 동북항일연군 제2군에서 주도한 것이 틀림없으며, 1936년 5월 초 東崗會議 결과 동만에서 먼저 결성된 것이 틀림없다고 주장하였다(백동현, 〈한인조국광복회운동에 관한 연구〉,《백산학보》49, 1997, 225~226쪽). 필자 역시 5월 초 동만지역에서 먼저 결성된 것이 틀림없다고 본다.

155) 조선총독부 고등법원 檢事局 思想部,《思想彙報》14(1938), 60~61쪽.

동만특별위원회는 南滿省委員會로 통합되었다. 이에 따라 동북항일연군 제1군과 2군을 합쳐 제1로군을 결성했으며, 제2군의 3사를 제6사로 개편하고 식민지 조선에서 가까운 백두산 일대에서 활동하도록 하였다.[156] 따라서 제1로군 6사는 사실상 한민족의 해방을 위한 독립군적 성격과 역할이 부여된 것을 알 수 있다. 이는 만주 독립군의 오랜 이론적 기반이자 투쟁의 궁극적 목적이라 할 수 있는 '해외독립운동 기지건설론' 및 '독립전쟁론'과 일맥 상통하는 논리라고 할 수 있다.[157] 동북항일연군 6사는 유격근거지를 세우는 한편 漢族을 대상으로는 항일구국회, 한인을 대상으로는 (조선)조국광복회라는 명칭의 대중조직건립을 추진하였다.[158]

이렇게 성립한 조국광복회는 "광범위한 통일전선을 실현함으로써 일제의 통치를 전복하고 진정한 한인의 인민정부를 수립할 것, 한인의 참다운 자치를 실현할 것, 조선의 독립을 위해 싸울수 있는 혁명적 군대를 조직할 것" 등을 주장하는 10대 강령을 발표하고 군사활동뿐만 아니라 국내 민중과도 연계된 정치활동에도 적극 노력하였다.[159] 조국광복회는 창설 직후 조직확대

156) 辛珠柏, 앞의 책(1999), 451~453쪽. 신주백은 1936년 7월 개최된 河里會議결과 조국광복회가 실제로 공식 결성되기 시작했다고 보았다.

157) 백동현, 앞의 글, 247쪽.

158) 徐學新·王德貴 編寫,《吉林文史資料》21輯(東北抗日聯軍 第一軍簡史)(長春 : 政協吉林省委員會 文史資料硏究委員會, 1987), 98~99쪽.

159) 장덕순 외, 앞의 책, 109~110쪽. 조국광복회 10대 강령의 내용은 다음과 같다. 재만 조선혁명당의 강령은 물론 중국관내의 南京에서 1935년 7월 성립한 민족혁명당 강령과 매우 유사하며, 1941년 11월에 발표된 대한민국임시정부의 건국강령과 비교해도 비슷한 이념을 표방하고 있는 사실을 알 수 있다.

① 한국민족의 총동원으로 광범한 반일통일전선을 실현함으로써 일본 强盜의 통치를 顚覆하고 진정한 한국의 독립적 인민정부를 수립할 것.

② 韓·中 민족의 친밀한 연합으로 일본 및 走狗 滿洲國을 전복하고 중·한 인민이 자기가 선거한 혁명정부를 설립하여 중국 영토에 거주하는 韓人의 진정한 자치를 실행할 것.

③ 일본 군대·헌병·경찰 및 그 走狗들의 무장을 해제하고 일본군대를 우리 애국지사로 豹變·원조하며 전인민의 무장으로 한국인의 진정한 독립을 위해 싸우는 군대를 조직할 것.

④ 일본의 모든 기업·은행·철도·해상의 선박·농장·수리기관·매국적 친일분자의 모든 재산과 토지를 몰수하여 독립운동 경비에 소비하며, 일부 빈곤한 동포를 구제할 것.

⑤ 일본 및 그 走狗들의 인민에 대한 채권, 각종 세금, 전매제도를 취소하고 동

사업을 전개하여 압록강 건너편 장백현 일대와 국내의 함경남도 북부 및 평안북도 북부지방, 그리고 함흥·홍남·원산 등의 도시에도 여러 지부조직을 갖추었다.

또 국내로 파견된 權永璧·李悌淳 등은 朴達·朴金喆 등 국내 공산주의자들과 연계하여 1937년 1월 조국광복회 국내조직인 '조선민족해방동맹'을 조직하였다. 이 조선민족해방동맹은 조국광복회 강령을 수용하고 짧은 기간에 함경남도 갑산군 등지에 각종의 반일청년동맹·반일그룹·반일부인그룹·반일회·농민조합·결사대·야학회 등 35개의 하부 비밀조직을 형성하는 놀라운 발전을 보았다.[160] 또 조국광복회에는 남만일대에서 명성을 떨치던 조선

시에 대중생활을 개선하며 민족적 공·농·상업을 障害없이 발전시킬 것.

⑥ 언론·출판·사상·집회·결사의 자유를 戰取하고, 왜놈의 봉건사상을 장려하는 白地恐怖의 실현에 반대하며 모든 정치범을 석방할 것.

⑦ 양반·상민 및 기타 불평등의 排除, 남녀·민족·종교·교육 등의 차별을 하지 않으며, 일률적 평등과 婦女의 사회상의 대우를 提議하고 여자의 인격을 존중할 것.

⑧ 노예·동화교육에 반대하고 우리말과 글을 학습하며 의무적 免費教育을 실행할 것.

⑨ 8시간 노동제 실행, 노동조건의 개선, 임금의 인상, 노동법안의 확정, 국가기관으로부터 각종 노동자의 보험법을 실행하여 실업하고 있는 노동대중을 구제할 것.

⑩ 한국민족에 대하여 평등하게 대우하는 민족 및 국가와 친밀하게 연락하며, 우리 민족해방운동에 대해 선의·중립을 표시하는 국가 및 민족과 동지적 친선을 유지할 것(姜德相 編,《現代史資料－朝鮮》3, 東京 : みすず書房, 1976, 265~266쪽).

현재 조국광복회 10대강령의 原案에 대한 견해는 다양하지만, 위의 내용이 당시 발표된 내용과 가까울 것으로 추정된다. 왜냐하면 해방 직후에 崔昌益이 쓴《조선민족해방운동과 김일성장군》, 桂奉瑀가 1952년에 쓴《조선역사》3(개정판, 164~165쪽) 등에 모두 위의 내용과 흡사한 내용이 수록되어 있기 때문이다. 또 북한의 사회과학원 력사연구소에서 1981년에 간행한《조선전사》19(현대편), 100~101쪽에도 '한국민족' 대신 '조선민족'으로 표현된 것 외에는 위의 내용 거의 그대로 실려있는 것을 볼 수 있다.

160) 辛珠柏, 앞의 책(1999), 471쪽.
조선민족해방동맹에 관한 상세한 내용은 이준식, 〈항일무장투쟁과 당건설운동－조선민족해방동맹을 중심으로－〉(《일제하 사회주의운동사》, 한길사, 1991), 427~479쪽. 이 숫자는 일제측에 탐지된 하부조직만을 정리한 것이다. 따라서 실제로는 훨씬 더 많은 관련 조직이 있었을 것으로 추정된다.

혁명군의 일부 대원들도 참가하였다. 그리고 함경도와 평안도 일대의 천도교 세력과도 제휴하였으며, 朴寅鎭 등 지방 천도교지도자를 핵심세력으로 수용하는 데 성공했다.[161] 뿐만 아니라 천도교 중앙교단과도 연계를 시도하는 등 폭넓은 통일전선전술을 구사하여 광범위한 항일대중을 망라하였다.[162] 이로써 남만주와 한반도 북부지역이 연계된 항일민족통일전선 조직이 성립한 것이다.

그러나 항일연군 제1로군 6사의 보천보 진입전투를 계기로 일제는 한반도 북동부 지역에 대한 대대적 탄압을 자행하여 항일연군 및 조국광복회 관계자 739명을 검거하였다.[163] 이 때문에 항일연군과 조국광복회에 관계된 인사들이 대거 체포되고 산하조직의 대부분이 와해되고 말았다. 이러한 탄압에도 불구하고 1939년 6월 북만주 지역에서도 "조선민족광복회"란 이름으로 조국광복회 조직 결성이 추진되기도 했다.[164]

이후에도 항일연군 제2·3방면군은 함경북도 무산 진입전투(1939년 5월), 일본군과 만주국군 100여 명을 섬멸한 안도현 大沙河 전투(같은 해 8월), 악명높던 '마에다(前田) 토벌대' 120여 명을 궤멸시킨 화룡현 紅旗河 전투(1940

161) 이 사실은 다음의 기록으로 뒷받침된다. '천도 상급령수 모씨 우리 광복회 대표를 친히 방문'이라는 題下에 "… 대중적 지반을 가지고 있는 천도교 ××위원 모씨는 끓어넘치는 애국의 열정을 가지고 우리 대표 김사령 일성동지를 방문하였다고 한다. … 전기 모씨는 개인적으로 우리 광복회 정강과 일체의 주장에 대하여 찬동을 표시하고 아울러 천도교 청년당원 … 을 조선독립전선에 출동시킬 의향을 명시하고 장차 우리 광복회와의 보다 긴밀한 련계를 취할 것을 굳게 약속하였다고 한다"(《3·1월간》 창간호, 1936 ; 리웅필, 〈우리 당 출판물의 혁명적 전통〉, 《력사과학》 1967년 4호, 45쪽에서 재인용). 이 밖에 박인진에 대해 우호적이며 상세한 내용의 회고도 있다.

162) 천도교 세력의 조국광복회 참여문제에 대해서는 成周鉉, 〈1930년대 천도교의 반일민족통일전선운동에 관한 연구〉(《한국민족운동사연구》 25, 2000), 168~218쪽. 1936년 11월 경 백두산 부근의 밀영을 방문하여 김일성을 만난 박인진은 그해 12월 24일 서울로 가서 최린을 만나 조국광복회 결성에 대해 설명하고 참가를 제의하였다. 그러나 최린은 "김일성 등의 주의는 천도교의 주의에 반하는 것이기 때문에 제휴할 수 없다"고 말했다 한다(심국보, 〈천도교와 조국광복회-박인진 도정의 항일활동을 중심으로〉, 《新人間》 545, 1995, 35쪽).

163) 체포된 주요인사들에 대한 판결문 내용은 〈惠山事件 判決書〉(金正柱 編, 《朝鮮統治史料》 6, 東京 : 韓國史料硏究所, 1970), 543~841쪽.

164) 吉林省檔案館 編譯, 앞의 책, 103~104쪽.

년 3월) 등을 전개하여 최후까지 적에 큰 손실을 주었다. 하지만 동북항일연군 제1로군에 대한 일본 군경 및 만주국군의 토벌도 강화되어 마침내 1940년 2월 1로군 사령관 양정우가 전사하고 만주지역의 잔존 항일연군도 거의 소멸되고 말았다. 그 뒤 만주지방에서 조직적 군사활동이 어려워진 잔존 동북항일연군은 1940년 겨울부터 동·북만을 거쳐 소련(연해주)으로 이동하였다. 이들은 소련측의 도움을 받아 南野營과 북야영으로 불리우는 거점조직을 세웠으나, 1942년 7월 동북항일연군 교도려로 편제되었다. 교도려는 소련군 산하 국제홍군 제88특별여단이라고도 했다. 이 무렵 이들의 전체 대원은 600여 명이었는데, 이 가운데 한인은 140·180여 명이 있었다.[165]

대부분의 동북항일연군 잔존 세력은 1940년대 초반 소련으로 이동하였다. 그러나 김책과 허형식·朴吉松 등은 소련으로 들어오라는 상부의 지시도 거부한 채 북만주 지방에서 1942~1943년까지 완강하게 투쟁을 계속하였다.[166] 소련으로 철수한 동북항일연군내 한인 대원들은 만주에 소부대를 파견하여 정찰활동을 전개하고 철도와 도로를 파괴하는 등 소규모 전투도 간헐적으로 벌였다. 이들은 해방 직전까지 꾸준히 소규모 항일투쟁을 전개하는 한편, 조국광복회 재건활동을 전개하여 일제 당국을 놀라게 하였다. 실제로 1943년 봄 姜渭龍 등 동북항일연군 교도려 소속 부대원 16명은 소부대 활동을 전개하면서 조국광복회 조직활동을 전개하였다.[167] 이 때 결성된 開山屯지역 조국광복회 조직은 1944년 말 강위만(강위룡의 형)·김동길 등 30여 명의 관계자가 체포됨으로써 붕괴되고 말았다.[168] 또 중국공산당 조직과 별개로 추진

165) 와다 하루끼, 이종석 옮김, 《김일성과 만주항일전쟁》(창작과 비평사, 1992), 271·272·277쪽.
강만길, 앞의 책, 104쪽.
기광서는 100~190여 명으로 파악했는데, 1945년 8월 25일 경에는 103명이었다고 한다(기광서, 〈1940년대 전반 소련군 88독립보병여단 내 김일성 그룹의 동향〉, 《역사와 현실》 28, 1998, 266·280쪽).
구체적 대원명단과 이력은 楊昭全·李鐵環 編, 앞의 책, 936·972쪽.

166) 당시 허형식의 입장과 정치노선에 대해서는 장세윤, 〈동북항일연군과 허형식〉(《한국현대사와 사회주의》, 역사비평사, 2000), 206~259쪽.

167) 辛珠柏, 앞의 책(1999), 465~466쪽.

168) 리광인, 〈시련을 이겨낸 사람들〉(《결전》 중국조선민족발자취총서 4, 북경 : 민족출판사, 1991), 289~290쪽.

된 '東滿省委員會 撫松支部'사건은 이 시기 재만한인들의 끈질긴 조국독립운동을 뚜렷하게 보여주는 사례라고 할 수 있다. 즉 유격대원이었던 琴學貴의 지시를 받고 김일성을 동만성위원회 서기로 오인한 李光山(1892년생)은 한인 金光洙, 중국인 王鳳山 등과 소위 '동만성위 무송지부'를 조직하여 조선독립운동과 공산주의운동을 전개하였다. 그러나 1942년 5월 말까지 61명(한인 59명, 중국인 2명)이 체포되어 실패하고 말았다.[169] 그러나 이런 사례를 통해 무장투쟁 세력이 끊임없이 대중화사업을 추진하고 있었다는 사실을 확인할 수 있다. 그러한 의미에서 대중조직인 조국광복회 관련 하부조직이 여러 지역에서 다양한 양상을 보이며 무장투쟁세력과 연계하여 꾸준히 활동을 전개하였던 사실은 중요한 의미를 갖는 것이라고 하겠다.

1945년 8월 초 소련의 대일선전포고로 소·일전쟁이 발발하자 교도려의 일부 한인들은 작전에 참가하였다.[170] 그러나 다수의 한인 대원들은 직접 독립전쟁(조국해방전쟁)에 참가할 기회를 얻지 못하고 그해 9월 경 소련군을 따라 귀국하였다.

4) 1930년대 만주지역 독립군 무장투쟁의 의의

1930~1940년대 초반 재만한인들의 항일무장투쟁은 다른 시기나 다른 지역의 민족해방운동(독립운동)과 구별되는 뚜렷한 특징과 의의가 있다. 그 이유는 운동당사자들이 올바른 정세인식과 독립국가 건설에 대한 전망, 장기적 안목과 체계있는 조직을 유지하면서 다양한 형태로 치열하게 일제 및 만주국 관헌 등과 직접 싸웠기 때문이다. 특히 무장투쟁은 많은 사람들의 희생이

---

169) 吉林省檔案館 編譯, 앞의 책, 328~332쪽.

170) 교도려 소속 일부 한국인들의 참전 사실은 일본인의 다음과 같은 기록으로 증명된다.
"(1945년) 8월 8일 오후 11시 50분 조선인 一團 약 80명이 소련군과 함께 쾌속정을 타고 두만강을 건너 土里에 來襲했다. 이곳은 소련 영토를 指呼之間으로 바라볼 수 있는 곳이다. 먼저 土里의 경찰관 주재소가 습격받았다. 소련군은 土里駐在所의 경찰관과 교전하여 경계중인 金澤巡査 외에 警官 2명을 사살하고 …"(森田芳夫, 《朝鮮終戰の記錄》, 東京 : 巖南堂書店, 1964, 29쪽).

뒤따르고 생명의 위협을 무릅쓰면서 강대한 제국주의 세력과 싸워야 하기 때문에 매우 실현이 어려운 투쟁방법론이라고 할 수도 있다. 그러나 이 때문에 오히려 정치적 효과는 크다고 할 수 있다.

무장투쟁은 일제에 대해 무력투쟁을 벌이는 것을 의미할 뿐만 아니라, 광범한 대중의 참여유도와 지지기반의 구축, 이를 바탕으로 한 고도의 정치행위와 정치운동이라는 다양한 성격도 갖고 있다. 그러므로 총체적 민중운동의 성격과 특징을 갖는 것으로 이해되며, 여러 형태의 민족해방운동방법론 가운데서도 비교적 세련된 형태의 민족운동이라는 평가를 받기도 한다.

1930~1940년대 초 만주지역 무장투쟁의 특징은 다음과 같은 몇 가지로 정리할 수 있다.

첫째 이 시기 무장투쟁은 1931년 9월 일본의 만주침략이 격화되면서 본격화되었고, 각지에서 봉기한 중국측 무장투쟁 세력과 연대하거나 또는 중국인이 주도하는 조직(중국공산당)에 개별적으로 한인들이 참가하여 투쟁하는 특징을 보였다. 즉 한·중 양 민족의 연대에 의한 공동투쟁이 일정하게 실현된 것이다. 이 경우 시행착오도 있었고 갈등을 일으킨 경우도 있었지만, 재만한인들은 중국국민당이나 공산당·코민테른 등과 같은 국제지원 세력과 연대투쟁을 취함으로써 장기간 투쟁을 지속할 수 있었고 큰 효과를 거두었다.

둘째 한국독립당이나 한국독립군 주도세력은 공산주의계열 투쟁세력과 융화되지 못하고 1930년대 초 중국관내로 이동하고 말았으나, 조선혁명당과 조선혁명군 세력은 1930년대 중반부터 이념을 달리하는 중국공산당 만주조직과도 일정한 연대를 이룸으로써 항일투쟁을 위한 공동전선을 형성하였다. 또 중국공산당계열의 동북항일연군(특히 한인의 비중이 큰 1·2군)도 1930년대 후반부터 '조선독립'의 원조와 자치구 건설, 국내 유격전쟁수행 등의 임무가 부과되면서 '독립군'으로서의 성격과 역할이 강화되었으며, 조선혁명군 등 다른 투쟁세력과 제휴하였다. 즉 이 시기에 일제의 탄압이 가중되었기 때문에 민족해방운동의 좌·우파는 당시에 처한 위기를 극복하고 효과적 대응을 모색하기 위해 연대와 합작을 실현했다. 따라서 조선혁명군과 동북항일연군내 한인 세력은 초기의 대립을 극복하고 '항일민족통일전선'을 구체화함으로써 광범위한 투쟁세력을 결집시킬 수 있었다.

셋째 이 시기 만주 독립운동 세력은 효과적인 대일투쟁과 재만한인들의 생존도모를 위해 당·정·군의 세 조직체계를 갖추고 역할을 나눔으로써 상당한 성과를 거두었다. 즉 조선혁명당과 국민부·조선혁명군, 한국독립당과 한족총(자치)연합회·한국독립군, 중국공산당 만주조직과 유격근거지(소비에트·인민정부)·유격대(동북인민혁명군·동북항일연군) 등으로 성립한 조직체들은 서로 밀접한 혼연일체를 유지하며 비교적 오랜 기간 민족해방투쟁을 견지했던 것이다. 이러한 조직의 분화와 기능분담은 민족운동 세력들로 하여금 다양한 전략과 전술을 가능케 했으며, 또한 광범한 대중의 지원과 참여를 이끌어 냄으로써 항일무장투쟁을 튼튼히 뒷받침했다.

이 때 성립한 정당조직들은 구체적 강령과 정책을 수립하고 해방 후 독립국가 건설을 구상하는 등 1920년대의 민족해방운동 단체들보다 진보된 모습을 보였다. 이 조직들은 나름대로 자치권을 행사하는 준통치단체를 통해 상당기간 한인들을 대일항쟁에 결집·동원시키고 이념을 선도했다. 또 자체의 자위무장을 구비한 뒤 일정한 지역을 근거지로 해서 끈질기게 일본제국주의 세력과 싸울 수 있었다.

넷째 이 시기 만주지역의 민족해방운동 세력들은 중국 관내와 일정한 연계를 유지하면서 긴밀한 협동전선을 구축하는 한편, 대규모 국내진입작전 및 대중조직을 결성하여 일제 중추부를 타격하고 국내에 거점을 갖추려는 치밀한 전략을 구사하였다. 물론 이는 민족해방운동의 좌·우파를 막론하고 국내진격을 통한 독립전쟁의 실현, 즉 1910년대 이래 해외 망명지사들이 줄곧 가져온 이상을 더욱 발전시키고 적극 실천한 사실을 의미한다.

조선혁명군의 수십 차례 국내진입전투와 조선혁명군정부의 '조선내공작위원회' 운영, 동북인민혁명군 제1군의 동흥진입전투와 항일연군 제2군의 '조국광복회' 결성, 보천보전투 등은 바로 그러한 본보기라 할 수 있다. 이러한 사례들은 1930·1940년대 초 만주 무장투쟁 세력들이 무력항쟁만을 고집하지 않고 국내외에 많은 사람들이 참여하는 항일조직을 결성하고, 이들을 바탕으로 국내외에서 동시에 봉기하여 일제를 타도하려는 다양한 전술을 시도했다는 사실을 가리킨다.

끝으로 이 시기 만주지역 무장투쟁세력의 투쟁형태를 고찰해 보면 대규모 정규전보다는 소규모 부대로 각지를 이동하며 적을 타격하는 유격전(비정규전) 방식을 주로 채택한 것을 알 수 있다. 이는 재만한인 사회나 중국측 항일의용군 세력이 대규모 병력을 유지할 만한 여건을 갖추지 못한 원인이 컸고, 또한 자체 운동역량이 미흡한 탓도 있었다. 그러나 이들은 철저히 대중을 바탕으로 한 투쟁방식을 고수하여 많은 성과를 거둘 수 있었고, 적의 탄압이 가중되는 상황에서 비교적 오랜 기간 생존할 수 있었다.

그렇다면 이상과 같은 특징을 보이면서 주로 1930년대에 만주지역에서 투쟁한 독립군 등의 무장투쟁은 어떤 의미가 있다 할 수 있을까.

첫째 이 시기 무장투쟁은 1910년대와 20년대 각종 민족해방운동의 역량이 축적·계승·발전되고 그 성과가 바탕이 되어 많은 결실을 거두었기 때문에, 만주지역 민족해방운동의 총결산이라는 의미가 크다. 수많은 독립(민족)운동 조직들이 세 계열의 운동조직으로 정비되면서 진일보한 이념과 다양한 방법론을 갖추고 많은 대중들을 포용하였으며, 중국측 반제·반봉건 투쟁세력 및 조직과 연대함으로써 비교적 장기간의 생존과 항쟁이 가능했던 것이다. 조선혁명군이나 동북항일연군내 한인들의 경우처럼 10여 년의 오랜 기간을 온갖 악조건을 무릅쓰며 싸웠던 무장투쟁 세력도 우리 독립운동사에서 별로 없다고 판단된다. 물론 재만한인들의 이러한 고난에 찬 투쟁에도 불구하고 1940년대 초를 고비로 만주지역 무장투쟁은 쇠퇴하고 말았지만, 일제와 그 추종세력에 주었던 충격은 결코 무시할 수 없는 것이었다.

둘째 재만한인들의 투쟁역량은 상당한 한계가 있었다. 그러나 적지 않은 일·만군과 관헌 등을 살상하고 일제의 만주(중국동북) 통치를 타격하는 데 성공했다. 따라서 강대한 일본 군경과 만주국 관헌 등을 부분적으로 만주지역에 묶어둠으로써 일제의 중국관내 침략을 일정하게 견제하는 실질적 전과를 거두었다고 할 수 있다. 이 시기 만주에서의 민족해방운동이 우리 나라 근대사(독립운동사)에서 중요한 위치를 차지하는 것은 물론, 중국근현대사의 한 범주로 인정되는 이유도 바로 여기에 있다.

셋째 이 시기 재만한인들의 중국인과의 연대투쟁을 확대 해석하면 일제의 침략에 시달리던 동아시아 피압박민족 반제연합투쟁의 한 사례이며, 동시에 제2차 세계대전의 발발 전후 격화되던 세계 피압박민족 반파시즘투쟁의 한 부분을 이루었다고 볼 수 있다. 따라서 우리 민족의 민족해방투쟁은 우리에게만 중요한 것이 아니라 세계사적 시야에서 볼 때도 상당한 의의가 있는 것이다.

넷째 한국독립당·군이나 조선혁명당·군에서 활동하던 일부 인사들이 중국관내로 이동하여 크게 활동했기 때문에 관내 민족해방운등의 발전에 공헌한 사실을 들 수 있다. 즉 이청천·조경한·김학규·유동열·최동오 등 상당수 인사들은 관내로 진출하여 통일전선조직을 표방하며 형성된 '민족혁명당'에 참가했고, 이들이 후일 임시정부나 광복군에 합류하여 만주 독립군의 이념과 인맥, 무장투쟁론 등이 일부 계승되었다. 그리고 중국공산당에 가입하여 투쟁하던 일부 한인들도 조국독립이란 사명을 결코 등한시하지 않았다. 이들은 여전히 '민족주의적 성향'을 떨치지 못하고 있었다. 이들은 1940년대 전반기 연해주로 피신하여 재기를 도모하였는데, 이들이 해방 후 소련의 지원을 받으며 북한으로 진주한 뒤 북한정권의 핵심부를 이루었다. 따라서 중국 동북지역에서의 무장투쟁은 한국현대사를 올바로 이해하는 데 중요한 관건이 되기도 한다.

다섯째 1930년대 이후 재만한인들의 투쟁은 중국 동북의 상당수 중국인 대중을 각성시켜 항일투쟁을 고양시켰으며, 국내진입작전 역시 일제의 식민지 통치에 시달리던 대중들을 자극하여 한반도 북부의 민족해방운동을 격화시키는 효과를 낳았다.

또한 이 시기 재만한인들의 투쟁은 해방 후 중국 동북지역에서 중국공산당이 중국국민당을 물리치고 그곳을 장악할 수 있는 기초를 제공했다고 할 수 있다. 즉 한인 대중의 중국공산당 등 관련단체 참가, 항일유격대 및 근거지, 準자치조직의 경험과 치열한 무장투쟁의 경험 등이 중국공산당에 유리한 여건을 조성했던 것이다. 또 이 같은 일련의 상황은 해방 후 연변지역에 수립된 '연변조선족자치주' 탄생의 주요한 계기가 되었다. 곧 항일무장투쟁 과정에서 중국공산당이 제기한 '민족자치'의 원칙과 그 실현이 한인들의 '혁명전통(항일투쟁과 중국공산당 참여)'과 결합되면서 일정한 자치조직의 성립을 가능케 했던 것이다.

1930~1940년대 초 만주지역 독립군의 무장투쟁은 1910~1920년대 민족해방운동을 심화·발전시킨 양상을 보였기 때문에 우리 나라 민족해방운동의 精華 및 최고 결정체라고 할 수 있는 의미를 갖는다. 더구나 일부 독립군 참가자들과 동북항일연군 잔여세력들은 온갖 어려움을 무릅쓰며 1940년대 초반까지 완강하게 무장투쟁을 전개하는 한편, 대중조직과도 연대함으로써 주목되는 업적을 남겼다. 만주지역의 한인 독립군들의 최후 항쟁과 대중조직의 결성은 자유와 민주·정의·평등과 같은 인류보편의 가치를 실현하려는 일련의 투쟁이었다. 때문에 세계사적 보편성과 한민족 나름의 특수성을 갖는 민족해방운동이었다고 정의할 수 있다. 따라서 한민족에게 은연중 퍼져있는 '패배주의'와 '허무주의'적 인식을 극복할 수 있는 원동력을 제공한다. 이는 우리의 자존심과 정체성의 상징이며, 동시에 우리민족이 8·15 해방을 주체적으로 맞이할 수 있었다고 하는 유력한 논리적 근거가 된다는 점에서 더욱 중요한 의미가 있다 하겠다.

〈張世胤〉

3. 미주 · 일본지역의 독립운동

1) 미주지역의 독립운동

(1) 1930년대 하와이 한인사회의 통일운동과 독립운동

가. 1930년 전후 하와이 한인사회의 동향과 독립운동 단체 결성

일제하 한국 민족은 민족적 시련과 고통을 극복하기 위해 끊임없이 항일독립운동을 전개하였다. 이와 아울러 한국 민족은 독립을 달성하기 위한 민족 내부의 단결과 역량결집에도 부단히 노력하였다. 일제시기 독립이라는 대

목표를 달성하기 위해 치러야할 선결과제는 바로 민족 내부의 통합이었기 때문이다.

1930년대 하와이 한인사회는 외견상 두드러진 독립운동은 전개하지 못했지만, '광복'을 위해 민족 내부의 역량을 축적하고 결집시키는데 부단히 노력하였다. 그런데 이 시기의 통일운동은 하와이뿐만 아니라 북미지역과 중국 관내 지역의 민족진영에서도 활발히 전개되었기에, 1930년대 하와이 한인사회의 통일운동은 단순히 하와이 한인사회의 지역적인 특성 속에서만 고찰할 것이 아니다.[1] 이 시기 활발히 전개되었던 한민족 전체의 통일전선운동이라는 관점에서 주목해야 한다.

3·1운동으로 뜨거워진 독립운동의 열기가 점차 식어가자, 1920년대 미주 한인사회는 분열양상을 보이기 시작하였다. 하와이 국민회가 교민단으로 전환하여 국민회 중앙총회에서 떨어져 나가면서 미주 한인사회는 북미와 하와이로 분리되었고 하와이 내부 또한 여러 세력이 분열하고 있었다. 1920년대 하와이의 한인사회는 동지회와 교민단을 장악하고 있던 李承晩측 세력과 朴容萬을 지지하는 大朝鮮獨立團의 세력이 중심을 이루었다. 두 세력은 1910년대부터 쌓아온 좋지 않은 악감정으로 서로 화합하기 힘든 상대였다. 이밖에 하와이에는 두 세력에 비해 미약하였지만 점차 두 세력의 중개자 역할을 할 만큼 영향력이 증대하는 중립측 세력이 있었다.

가) 대한민족통일촉진회의 결성

1920년대의 하와이 한인사회가 점차 분열상태로 확대되자 여기에 대응한 통일운동도 활발히 전개되었다. 1920년대에 일어난 대표적인 통일운동의 움직임은 1928년 2월 16일 29명의 한인들이 모여 결성한 대한민족통일촉성회(이하 '촉성회'로 약함)이다.[2] 1928년 3월 이 단체는 166명이 연명한 〈한국민족

---

1) 1930년대 미주지역 통일운동에 대한 연구는 다음과 같다.
홍선표, 〈1930년대 재미한인의 통일운동〉(《한국독립운동사연구》 10, 1996).
———, 〈이승만의 통일운동 : －1930년 하와이 동지미포대표회를 전후로－〉(《한국독립운동사연구》 11, 1997).
———, 〈1930년대 후반 하와이 한인의 통일운동〉(《한국독립운동사연구》 12, 1998.

통일촉성선언서〉을 대내외에 발표하고 한민족이 통일해서 독립된 국가건설을 해야 한다는 3대 강령을 제정하였다.[3] 촉성회 조직은 서무부(부장 최창덕) · 선전부(부장 민찬호) · 의사부(부장 이복기)와 집행위원으로 구성하였다.[4] 집행위원의 인적 구성을 보면 대조선독립단 4인, 교민단 6인, 중립측 10인으로 되어 있어, 하와이 한인사회의 주요 세력들이 촉성회에 골고루 참여하여 한민족의 대동단결을 도모하려 했음을 보여준다. 이러한 촉성회는 1928년 5월 21일 호놀룰루(Honolulu)에서 개최한 제1차 대회 이후 뚜렷한 활동도 없이 해산되었다. 주요 원인은 먼저 지나치게 명분론에 치우쳐 구체적이고 현실적인 통일운동의 방식이 결여되어 있던 점과 1928년 10월 박용만의 갑작스런 죽음을 계기로 촉성회에 참가한 대조선독립단 단원들이 구심점을 잃고 크게 위축된 점을 들 수 있다. 촉성회 결성은 1930년대 이후 한인협회를 결성하고 이승만이 통일운동을 추진하는데 하나의 원동력이 되었다.

나) 한인협회의 결성

1930년이 되자 하와이 한인사회는 1929년 11월 3일 국내에서 일어난 광주학생운동의 소식이 북미를 비롯한 하와이에 전파되면서 통일운동에 대한 열기가 되살아났다. 이 때문에 하와이에서는 국내 독립운동을 응원하자는 분위기가 형성되고 한인들이 서로 결집해야 한다는 여론이 일어났다.[5] 이런 열기로 1930년 1월 13일 호놀룰루에서 과거 촉성회에 참여했던 대조선독립단과 중립측 인사들이 통일된 힘으로 독립운동을 전개할 목적으로 韓人協會를 발기하였다. 발기자들은 "임시정부로 집중시키는 것이 곧 독립의 정신이요 민족통일의 경로"임을 주장하는 취지서와 모든 민족운동을 임정으로 집중 · 통일하는 3대 강령을 발표하였다.

1930년 2월 6일 발표된 한인협회 조직은 위원제로서, 집행위원장 趙鏞夏, 재무 김윤배, 서기 김진호가 담당하였다.[6] 한인협회는 처음 회원이 40여 명

---

2) 《新韓民報》, 1928년 3월 15일, 하와이 〈한민족 통일을 위하여〉.
3) 《新韓民報》, 1928년 5월 24일, 〈한민족통일촉성회 선언서를 讀하고〉.
4) 《新韓民報》, 1928년 5월 3일, 하와이 〈합성시대를 다시 만난 한족통일독립당 촉성회〉.
5) 《태평양주보》, 1931년 5월 9일, 사설.

으로 출발하여 두 달도 채 못되어 80여 명으로 확대하였다.[7] 한인협회는 결성이후 《韓人協會公報》를 발간하는 등 활발한 활동을 모색했으나 회를 주도하던 조용하가 하와이를 떠나 일본으로 가면서 회의 구심점을 잃은데다 이승만이 새로운 통일운동을 주도하면서 해소되었다.

다) 한인자치회의 결성

한인협회 결성으로 나타난 1930년대 하와이 한인사회의 통일운동 바람은 1930년 3월 9일 가와이(Kawaii)島 거류 한인 150여 명이 韓人自治會를 결성하는데 영향을 주었다. 한인자치회의 主旨는 '自治互助'·'革命應援'·'敎育奬勵'에 두었고, 전 민족의 통일을 촉진하는 것과 대일항전을 위한 혁명군을 신속히 양성하는데 한인협회와 그 뜻을 같이하였다.[8] 자치회의 조직은 회장 이홍기, 부회장 김상호, 서기 한태경, 재무 정호영, 총무 조치삼 등이다. 이후 한인자치회는 이승만이 전개한 통일운동의 派爭을 계기로 1931년 4월 가와이 한인단합회로 회명을 바꾼 것으로 보인다.

나. 이승만의 통일운동

가) 동지회 부흥운동과 합동운동

이승만은 1929년 9월부터 다음해 1월까지 북미 대륙을 여행하고 하와이로 돌아온 뒤 한인사회의 통일운동에 뛰어 들었다. 당시 이승만은 북미여행을 통해 그 동안 경영상 어려움에 빠진 동지식산회사에 대한 한인들의 재정지원을 기대했으나 경제대공황의 여파로 예상했던 성과를 거두지 못하고 돌아왔다.[9] 이런 가운데 하와이내에서 광주학생운동을 계기로 일고 있던 민족운동의 열기가 고조되고, 한인협회와 한인자치회의 결성으로 통일운동 분위기가 확산하자 이승만은 이를 정치적으로 이용하려 했다.

6) 위와 같음. 또한 임시위원은 최두욱·조광원·이원순·신국겸·정운서·박상하·이상호·강영효·박종수·정원명·김리제였고, 그외 현순과 이정근도 한인협회 결성에 적극 참여하였다.

7) 《新韓民報》, 1930년 4월 3일.

8) 《韓人協會公報》 제5호, 1930년 3월 20일, 〈가와도소식〉.

9) 정두옥, 〈재미한인독립운동실기〉(《한국학연구》 3(별집), 인하대 한국학연구소, 1991), 77~78쪽.

이승만은 국내 광주학생운동을 계기로 고조된 민족운동의 붐을 다시 일으키려는 명분 아래 그 동안 침체된 동지회를 부흥시키는 동시에 동지회 중심의 통일운동에 착수하였다. 동지회는 이승만을 적극 지원하기 위해 만든 私的 機關이었지만 하와이내 주요 활동은 임시정부의 합법기관인 교민단에서 이루어지고 있었다. 사실 동지회 회원이나 교민단 단원의 구분은 당시로서는 무의미할 정도로 두 세력 모두 이승만의 관할하에 있었다. 하지만 당시 동지회는 1930년 7월까지 단독 사무실이 마련되어 있지 않았고, 기관지인 《태평양잡지(*Korean Pacific Magazine*)》도 오랫동안 휴간되다 1930년 2월부터 발행을 재개하고 있었다. 이런 상태에서 이승만이 기존의 교민단을 제쳐놓고 동지회 중심의 부흥계획을 세운 것은 개인적인 정치활동 추진에 동지회가 더 유리하다고 판단한 때문이었다.

이승만은 1930년 3월부터 김현구를 비롯한 교민단 핵심인물들에 대해 민중합동의 필요성을 인식시켜가면서 동지회 중심의 통일운등을 전개해 나갔다. 또 그는 대조선독립단에 대해 서로 주의와 주장이 동일하니 正義의 입장에 선다면 서로 합해질 수 있음을 주장하여 이상호 · 김윤배 · 이원순 등 5~6인의 독립단 인물을 끌어들이는데 성공하였다.[10] 이러한 노력으로 동지회는 날로 부흥되고 회원도 자연 크게 증가하게 되었다.

동지회가 부흥되기 시작하자 이승만은 1930년 7월 15일브터 24일까지 하와이 호놀룰루에 同志美布代表會를 개최하여 본격적인 동지회 중심의 통일운동에 박차를 가하였다.[11] 이 대회는 1924년 11월 17일부터 20일까지 호놀룰루에서 하와이한인대표회[12]를 개최한 이래 동지회 최대의 행사였다. 연

10) 《태평양잡지》(1930년 5월호), 〈하와이 한인합동〉.

11) 홍선표, 앞의 글(1997)에는 7월 21일까지 대회를 개최한 것 기록했으나, 〈동지미포대표회회록〉(《雩南李承晩文書(東文篇)》 12, 298쪽)을 보면 7월 24일 정식으로 폐회한 것으로 되어 있다.

12) 1924년 11월 23일에 개최했다고 기록한 〈布哇ニ於ケル朝鮮人不逞革命同志會ノ件〉(地檢秘 昭和 13년 6월 9일, 제932호) 등 일본측 기록은 사실과 다르다. 이 대회 결과 동지회는 1924년 11월 22일 3대 '정강'과 4개의 '조례'를 반포하여 향후 활동방침으로 삼았다. 홍선표의 위의 글(1997), 11~12쪽에 1930년에 이 '정강'과 '조례'를 제정한 것으로 되어 있는데 이는 사실과 다르기 때문에 여기서 수정한다. 그리고 1924년 대회에서 이승만이 동지호의 종신총재로 추대되었다고 하는 김원용의 글(《재미한인오십년사》, 203쪽)은 사실과 다르다.

800여 명이 참석한 이 대회에서 결정한 주요 내용은 첫째 동지회 헌장의 통과, 둘째 구미위원부와 임시정부와의 법통관계 정리, 셋째 구미위원부의 활동을 후원, 넷째 동지회 정강의 불변, 다섯째 동지회를 독립운동의 유일한 정치단체로 인정하는 것 등이다.[13)]

또 이번 대회를 기해 동지회는 중앙이사부를 설치하여 조직을 강화하였다. 중앙이사부는 이사장에 이용직, 재무 겸 상무원에 김원용을 선임하고 이밖에 7인의 이사원을 선임하였다. 선임된 인적 구성을 보면, 동지회 대표·미주 대표·교민단 대표·독립단 대표·중립측 대표 등에서 골고루 안배하고 있었다. 이는 동지회 중앙이사부가 외형상 북미와 하와이를 대표하는 최고기구로서의 성격을 나타내기 위함이었다.

이처럼 동지미포대표회를 계기로 동지회는 체제정비와 함께 민족운동의 유일한 정치단체로 자리잡게 되고 동지회 중심의 통일운동도 더욱 박차를 가하게 되었다.

나) 분쟁과 분열

동지미포대표회의 외형적인 성공과 달리 실제 내용면에서는 성공을 거두지 못하고 있었다. 대회 이후 본격적인 활동을 개시해야 할 동지회가 특별한 활동을 전개하지 못하였고, 중앙이사부의 조직도 발표되지 않고 미루어오다 대회가 종결된 지 두 달이 지난 9월 26일에야 겨우 그 결과를 공포하였다.[14)]

이런 내막은 그 동안 이승만이 추진한 동지회 부흥운동과 통일운동에 대한 불만들이 이번 대회에서 표출하고 있었음을 의미한다. 사실 이승만은 이미 동지미포대표회 이전에 한인기독교회 문제를 둘러싸고 이용직과 마찰을 빚고 있었고, 교민단 해체를 의심하고 있던 김현구와도 갈등을 지속하고 있

1924년 11월 22일로 발표된 〈하와이한인대표회선포문〉을 보면 이승만이 사실상 종신총재 역할을 했을 지 몰라도 이를 규정화 하진 않았다. 그러나 1930년 7월 동지미포대표대회에서 총재의 임기를 무기한으로 두자는 논의가 있었으나 '무기한'을 삭제하고 대신 '독재제'로 고치는 것으로 수정하면서 사실상 이승만의 종신 총재직과 함께 독재체제를 확정하였다고 볼 수 있다(《雩南李承晩文書》(東文篇) 12, 〈동지미포대표회회록〉, 237~250쪽).

13) 《태평양잡지》(1930년 9월호), 〈공포서〉.

14) 《태평양잡지》(1930년 9월호), 〈공문〉.

었다. 또 동지회 '3대정강'[15]이 보다 전투적인 독립운동을 구상하고 추진하려 했던 하와이 한인들과 일부 대조선독립단원들에게 독립운동의 방략으로 너무 미약하다는 반감을 사고 있었다. 그리고 동지회 부흥운동으로 교민단이 해체될 지 모른다고 우려한 교민단원들의 이승만에 대한 불신도 가중하고 있었다.

이러한 불만들은 대회 진행도중 청년운동사업문제로 교민단 단장 손덕인에 의해 폭발하였다. 손덕인은 청년운동은 이미 교민단에서 추진하려는 것인데 동지회에서 하겠다는 것은 교민단의 존재를 무력하게 만드는 처사임을 비판한 뒤 스스로 동지회 이사원에서 사직하였다.[16] 교민단의 불만분출은 단순히 청년운동사업 때문만은 아니었다. 이번 미포대표회에서 그 동안 유명무실 했던 동지회가 유일한 정치기관으로서 위상이 강화된 사실은 교민단측이 받아들이기 힘들었다. 교민단은 임시정부의 합법적인 기관인데 비해 동지회는 사설단체에 불과하다고 생각하였다. 따라서 교민단은 본격적인 분쟁이 전개될 때 이승만의 반정부적 행위를 집중 거론하는 등 임시정부와 이승만과의 법통관계 해명에 초점을 맞추어 그를 공격하였다.

이러한 내부 불만들이 표출되고 있음을 감지한 이승만은 모든 사태의 원인을 김현구에게 있다고 보고 그를 설득시키려 했으나 뜻대로 되지 않자 그의 교민단 서기 겸 재무 직임을 사직시키려 하였다. 이승만의 의도는 단순히 김현구만 제거한다면 불화가 교민단으로까지 확대되지 않을 것으로 보았던 것이다.

그런데 김현구의 사직권고에 대해 교민단측에서 강력히 비판하면서 분쟁은 이승만을 지지하는 동지회와 교민단 사이의 단체분쟁으로 확대되었다.[17]

---

15) 3대 '정강'의 내용은 다음과 같다.
① 우리 독립선언서에 공포한바 공약3장을 실시할지니, 3·1정신을 발휘하여 끝까지 정의와 인도를 주장하여 비폭력인 희생적 행동으로 우리 대업을 성취하자.
② 조직적 행동이 성공의 요소이니 우리는 개인행동을 일절 버리고 단체범위 안에서 질서를 존중하며 지휘를 복종하자.
③ 경제자유가 민족의 생명이니 자작자급을 함께 도모하자.

16) 〈*The Case of Korean National Association*〉(독립기념관소장자료), p. 5.

17) 이러한 분쟁내용에 대해서는 다음의 글이 참고된다.

두 단체의 분쟁은 교민단의 주인이 누구인가에 초점을 맞추어 법정소송으로 나아갔고, 막대한 비용이 소요된 재판의 결과 1931년 4월 16일 교민단측 승소로 끝났다. 그러나 이번 분쟁과 소송으로 교민단과 동지회는 서로 깊은 불화만 남긴 채 하와이 한인사회는 더욱 분열하고 말았다.

이번 분쟁으로 하와이 한인들은 통일이 지극히 어렵다는 사실을 인식하였지만 그럼에도 불구하고 민족의 독립을 위해선 반드시 한인들이 대동단결해야 한다는 통일의식을 심어준 것은 나름의 의의가 있었다. 그러한 영향은 1930년대 후반 하와이 한인들이 또다시 통일운동을 전개하는데 하나의 발판으로 작용하였다.

다. 1930년대 전반 한인사회의 독립운동

이승만의 통일운동 실패로 이후 하와이 한인사회의 인심은 극도로 분열되었다. 하지만 대한민국임시정부에 대한 후원 열기로 한인단체들의 독립운동은 새롭게 추진되었다. 여기에는 대한민국임시정부의 어려운 살림을 해결하기 위해 金九가 시도한 書信호소가 하와이를 비롯한 미주내 한인들에게 영향을 끼쳤다.[18] 1931년 4월 9일 가와이지역 한인들은 한인단합회를 조직하여 대한민국임시정부를 적극 후원하였다.[19] 이사원으로 玄楯·김상호·정원현·정준영·정호영이 담당하였고 40여 명의 회원으로 구성된 한인단합회는 설

홍선표, 앞의 글(1997).
金度亨, 〈1930년대 초반 하와이 한인사회의 동향〉(《한국근현대사연구》 9, 1998).

18) 도진순 주해, 《백범일지》(돌베게, 1997), 319~321쪽.

19) 단합회는 이전의 한인자치회를 발전적으로 해소하고 설립된 것으로 보인다. 그런데 단합회가 1939년 4월 29일 하와이애국단에 합류했다고 기록한 도진순 주해, 위의 책, 320쪽. 40번 주석은 잘못된 것이다. 단합회는 1941년 4월에 결성한 재미한족연합위원회를 참가하여 활동을 계속하였고, 워싱턴사무소 개설에 반대하면서 재미한족연합위원회를 탈퇴하였다. 그러나 이 탈퇴를 계기로 단합회는 1944년 5월 21일 가와이 군사후원회로 재편된 것으로 보인다. 이 때 재편된 가와이 군사후원회는 위원장 박근실, 부위원장 이경서, 총서기 겸 총재무 유경상, 서기 고운환이고 조직 직후 800달러를 임정에 송금하는 등 적극적으로 활동하였다. 회원은 50여 명 정도이고 회원구성은 소속단체를 불문하고 대한민국임시정부의 군사활동을 지원하는 목적에 찬동하는 사람들로 이루어졌다(《國民報》, 1944년 7월 12일, 〈가와이 군사후원회〉·9월 20일, 〈보고〉; 《독립》, 1944년 8월 23일, 〈가와이 동포군사후원회 조직〉 등 참조).

립 이후 임시정부에 600달러를 송금한 것을 비롯하여 尹奉吉의거 이후에 또 다시 300달러를 송금하였다.[20]

1931년 9월에 일어난 일제의 만주침략 소식은 침체되었던 하와이 한인사회에 독립운동 열기를 고조시켰다. 그리하여 당시 동지회와 교민단 어느 쪽도 가담하지 않고 중립적 입장에 서있던 임성우 · 김경옥 · 김예준 · 김성옥 · 현도명 · 김태정 · 김형기 · 김기순 등은 비밀리 김구의 특무공작을 후원하여 李奉昌 · 윤봉길 의거활동을 직접 후원하였다. 그리고 김구의 韓人愛國團을 계속 후원하고자 1934년 4월 10일 하와이애국단을 결성하여 조직적인 후원을 전개하였다.[21]

1932년 5월 22일 오아후(Oahu)섬 와히아와지역 한인들은 미감리교회에서 40여 명의 동지가 모인 가운데 임시정부후원회를 조직하였다.[22] 조직목적은 윤봉길의거를 계기로 물질적 · 정신적으로 임시정부를 더욱 후원하는데 두었으며 《시사근문》이라는 소식지도 발행하였다.[23]

대한민국임시정부에 대한 후원활동이 적극 전개되는 가운데 분쟁의 직접 당사자인 동지회와 교민단도 침체된 조직을 재정비하면서 임정후원과 함께 선전외교활동을 전개하였다. 먼저 동지회는 1931년 7월 만보산사건과 9월 일제의 만주침략으로 국제정세가 급변하자 같은해 12월 14일 임시정부를 공고케 할 것과 구미위원부 중심의 외교활동을 전개할 것, 그리고 이를 위한 자금모금운동의 추진을 결의하였다.

동지회의 구체적인 활동은 이승만의 외교활동을 통해 전개되었다. 이승만은 1931년 11월 21일 하와이를 떠나 1935년 1월 24일 다시 돌아올 때까지,

---

20) 《新韓民報》, 1932년 6월 2일, 〈가와이 후원회〉.
김원용, 앞의 책, 216쪽.

21) 《한국독립당하와이총지부자치규정》 중 〈애국단약사〉 참조. 그런데 김원용, 앞의 책, 215~216쪽에 1932년 2월 14일 하와이애국단이 정식 발족되었다고 기록한 것은 사실과 다르다. 이밖에 주요 활동인물은 조병요 · 안창호 · 이대진 · 최찬영 · 유진석 · 이봉수 · 김예윤 · 박이조 · 임영택 · 안영호 · 양성학 · 김현구 · 김원용 등이다. 하와이애국단은 중경에 한국독립당이 설립됨에 따라 1940년 5월 9일 한국독립당 하와이총지부로 변경하였다.

22) 《新韓民報》, 1932년 6월 2일, 〈임시정부 와히아와후원회〉.

23) 《新韓民報》, 1932년 6월 16일, 〈와히아와에 '시사근문' 신문 발행〉.

통일운동의 실패와 분쟁으로 인한 개인적인 상처를 씻으면서 워싱턴(Washington D. C)과 제네바(Geneva) 등지에서 활발한 외교활동을 전개하였다. 그러던 중 윤봉길의거로 인해 일제에 의해 무고한 한인들이 체포되자, 이승만은 구미위원부의 이름으로 1932년 5월 4일 프랑스대사관에 공문을 보내 상해거류 한인보호에 협조해 줄 것을 요청하여 프랑스 정부로부터 긍정적인 회신을 받아 내었다.[24)]

그런데 동지회는 이번 일을 계기로 과거 이승만탄핵사건으로 붉어진 임정에 대한 항명태도에서 벗어나 대한민국임시정부를 민족의 대표기관으로 인정하는 입장으로 돌아섰다. 그렇지만 구미위원부 문제에 대해서는 임정의 폐지명령에도 불구하고 모든 후원활동과 외교활동의 중심에 두어야 한다는 이중적인 태도를 취했다.

이런 분위기 속에 동지회는 외교활동을 합력하여 진행하는 것이 필요하다는 여론에 따라 1933년부터 제단체연합운동을 전개하였다.[25)] 같은해 4월 9일 동지회를 비롯하여 임시정부후원회·대조선독립단·동생회·조미구락부·와히아와공동회가 참여하여 한인연합협의회를 조직하고 15개조의 규칙과《협의회보》를 발간하였다.[26)] 설립목적은 한국 독립을 성취하려는 민중의 역량을 연락·집중케 하며 운동의 전선을 협의하는 것이었다.

한인연합협의회는 교민단과의 분쟁으로 침체에 빠진 동지회 부흥운동의 일환으로 조직된 점이 없지 않았다. 자료미비로 이 협의회가 구체적으로 어떤 활동을 전개했는지 알 수 없으나 동지회는 이를 계기로 그 동안 위축되었던 회세를 상당히 회복시킬 수 있었고 이후 하와이 한인사회의 중심적인 단체로 발돋움하는 큰 계기를 마련하였다. 한인연합협의회는 대조선독립단이 1934년 10월 국민회와의 합류를 선언함으로써 해소된 것으로 보인다.

---

24)《太平洋週報》, 1932년 6월 1일, 〈상해 체포한인 석방을 법국대사에 요구한 구미위원부 공문〉·〈상해한인 체포사건 선후책에 대한 동지회 태도〉.

25) 예컨대 최선주는 〈집단운동에 일치하고 분열행동을 배격하자〉라는 글에서 최근 임시정부를 추대하고 후원하기 위해 인구세와 특별의연을 거두는 일은 다행한 일이나 이 일이 개별단체의 분산적인 행동으로 진행됨이 무척 유감스럽다 하였다(《太平洋週報》, 1932년 6월 15·29일, 하와이 〈외교운동을 각 단체에서 따로〉).

26)《新韓民報》, 1933년 8월 10일, 하와이 〈한인연합협의회 조직〉.

한편 하와이 교민단은 극심한 재정적인 어려움으로 체제유지조차 어려울 정도였으나, 만주사변 발발을 계기로 적극적인 외교활동을 전개하였다. 1931년 10월 교민단은 자체 조직과 별도로 선전부장 정두옥, 서기 김현구, 재무 차신호, 교섭위원 韓吉洙, 그 외 김원용 · 이용직으로 구성한 선전부(Korean National Information Bureau)를 설치하였다.[27] 교민단 선전부는 후버(Hover, Herbert Clark) 미대통령에게 보내는 10월 28일자 공개서한을 비롯하여, 국제연맹의회 의장 아리스티드 브리앙에게 보내는 11월 2일자 공개서, 중국 남경의 국민당정부에게 보낸 12월 11일자 청원서 등을 통해 일제의 만주침략 저의를 폭로하고 한국 독립운동의 지원을 요청하였다. 또 선전부는 정두옥 · 김현구의 이름으로 1932년 11월 14일자로 국제연맹 사무총장 에릭 드럼몬드에게도 공한을 보내 한국의 독립과 세계평화를 위해 일제의 불법침략행위를 저지시켜 줄 것을 강력히 요청하였다.

이런 가운데 하와이 교민단은 1931년 1월부터 시작된 북미지역 한인사회의 통일운동에 영향을 받으면서 자체정비와 함께 국민회 재건운동을 전개하였다. 먼저 교민단은 1933년 1월 16일 교민단 해체를 결정하고 같은해 2월 1일 대한인국민회를 復設시켰다. 그런 다음 대조선독립단과의 통합운동을 전개해 1934년 10월 15일 두 단체의 통합을 정식 의결하였다.[28] 이르써 국민회는 외형상 안정을 되찾게 되고 하와이 한인사회에서 중심적인 역할이 가능해졌다.

라. 1930년대 후반 통일운동과 독립운동

가) 국민회 · 동지회의 통일운동

(가) 제1차 통일운동

임정후원활동과 선전외교활동의 시도는 1935년부터 하와이 한인사회의 기성세대들에게 다시금 통일운동의 필요성을 제기해 그 동안 소원했던 국민회

---

27) 정두옥, 앞의 글, 81쪽.

28) 《新韓民報》, 1934년 11월 8일, 하와이 〈합동축하의 성황〉. 그러나 그 이후에도 여전히 대조선독립단의 이름으로 활동한 것으로 보아 독립단과 국민회의 합동이 완전하게 성사되었다고 볼 수 없다. 이를 볼 때 이번 두 단체의 통합은 단지 대조선독립단에서 떨어져 나온 일부만이 국민회로 합류하였음을 알 수 있다.

와 동지회 사이의 합동여론을 불러일으켰다. 두 단체의 합동문제는 1935년 10월 중개자로 나선 김성옥·최선주·조병요·안창호가 동지회와 국민회 대표들을 초청해 합동문제를 정식 제기하면서 이루어졌다.[29] 하지만 양측 사이에 쌓인 상호불신이 충분히 순화되지 않았는데다 통합의 방식에 대한 구체적인 의견도 교환되지 않아 별 진전을 보지 못하였다.

잠시 소강상태를 보이던 하와이 한인사회의 통일운동 기운은 1937년 7월 중일전쟁의 발발로 독립운동의 열기가 고조되면서 본격적으로 전개되었다. 당시 중국에 있던 임시정부는 중일전쟁 발발을 계기로 7월 15일 군사활동을 위해 군사위원회 설치를 발표하고, 8월 1일 독립운동단체 통일을 위한 〈한국광복운동단체연합선언〉을 발표하는 등 본격적인 독립운동을 추진하고 있었다.[30] 이러한 중국내 독립운동의 열기는 하와이 한인사회에도 전파되어 국민회와 동지회 등 제단체들은 임시정부에 대해 적극 후원하였다.

중일전쟁을 계기로 임시정부에 대한 후원활동이 단체별로 독자적으로 전개되자 통일된 힘으로 효과적인 독립운동을 추진해야 한다는 여론은 마침내 1937년 8월 국민회와 동지회 사이의 통일운동으로 발전하였다. 국민회는 "임시정부를 봉대하고 독립운동을 적극 후원하기 위해 무조건 절대 합동할 것"을 동지회에 요구하였다.[31] 반면 동지회는 초기엔 광복사업을 위해 단순히 연합하는 방안을 모색하였는데 국민회가 완전통합을 강력히 주장하자 이에 호응해 통합 쪽으로 선회하였다. 그리하여 1937년 10월 10일 통합을 위한 두 단체 교섭위원회의에서 다음의 합동 〈결의안〉을 작성하였다.[32]

① 본 대표 등은 양 단체의 절대합동을 진행하라는 두 간부회의의 결의사명을 받아서 두 단체를 해결하기로 결정함.
② 두 단체의 행정부는 각각 헌장에 의지하여 각 지방회 대의원, 대표원에게 공함하여 절대 합동의 찬동을 받기로 함.

---

29) 《新韓民報》, 1935년 10월 3일, 국민회총임원회 〈합동문제에 대한 기정방침 불변〉·31일, 하와이 〈합동문제 토의〉 참조.
30) 《國民報》, 1937년 8월 18일, 〈대한민국임시정부 공보 제62호〉.
31) 《國民報》, 1937년 10월 6일, 〈합동 만찬의 성황〉·13일, 〈합동의 이유〉·11월 24일, 〈합동교섭의 전말〉 참조.
32) 《國民報》, 1937년 10월 10일, 〈국민회·동지회 양단체 대표결의안〉.

③ 두 단체는 지방의원의 합동찬성보고를 받은 뒤에는 두 단체가 각각 자기 단체의 사단법인 관허장을 청원 취소하기로 결의함.
④ 이상 3조를 경과한 뒤 두 단체 간부는 각각 위원 5인씩을 선정하여 각 지방 대의원과 대표원에게 교섭하여 민중의사에 만족한 통일단체를 성립하기로 함.

그런데 이러한 통합 〈결의안〉에 대해 국민회는 11월 26일 개최한 임시대의원회에서 법인관허장 취소와 관련한 제3조를 수용할 수 없으니 수정할 것을 동지회에 제의하였다. 동지회는 이미 합의한 제3조가 해결되지 않으면 더 이상 통합문제를 논의할 수 없음을 통지하여 통합문제는 더 이상 진전되지 못하고 말았다. 그렇지만 이번 통일운동을 계기로 아무런 충돌없이 양측 사이에 쌓인 악감정들을 서로 해소하고 이해할 자리를 만든 것은 적지 않은 성과였다.

(나) 제2차 통일운동

제1차 통일운동 이후 하와이 한인사회에서는 한동안 통일운동이 제기되지 않았다. 이는 통일의 대의에는 아무도 반대하지 않았지만 통합의 방법이 간단한 문제가 아니었음을 깨달았기 때문이다. 그렇지만 이미 광복대업을 위해 통일운동을 전개한 이상 하와이 한인사회의 통일문제는 반드시 해결해야 할 당면 과제였다.

잠시 잠잠해 있던 통일운동은 김구가 미주를 비롯한 해외 한인들에게 보낸 통일역량의 강화 호소와 하와이내 소수 한인들의 노력으로 다시 재개되었다. 먼저 김구는 《國民報》 편집인 황인환에게 보낸 1938년 6월 20일자 서신에서 광복전선의 통일과 해외 한인 전체의 통일, 나아가 전 민족의 대동단결을 호소하였다. 그런 가운데 당시 하와이 내 중립적인 위치에 있으면서 중일전쟁 이후 급변하는 국제정세를 독립의 기회로 삼아야 하는데 공통된 인식을 하고 있던 민찬호 · 최창덕 · 최선주가 1937년 7월 30일부터 국민회와 동지회 대표들을 비공식적으로 초청해 3차에 걸쳐 모임을 주선하였다.[33]

이런 분위기 속에 먼저 국민회가 1938년 8월 14일 〈공함〉을 동지회에 보

33) 《國民報》, 1938년 8월 17일, 〈합동주선의 진행〉.

내 통일문제 협의를 위해 공식모임을 가질 것을 제의함으로써 통일운동은 재추진되었다. 동지회는 이번 통합논의에 중립측 인사들도 참가시킬 것을 요구하였는데 이는 이번 통일운동이 단순히 국민회와 동지회만의 통합이 아닌 하와이 한인 전체의 통일까지 염두에 두려는 의도였다. 그리하여 국민회·동지회·중립측은 8월 23일 제1차 회의를 시작으로 제5차 회의까지 합동수속회의를 진행한 뒤 다음의 방안을 마련하였다.

> 양 단체의 법인관허장은 그대로 두고 합동하되, 이름을 公決하고 규칙을 수정하며, 임원을 公選하고, 회원의 권리와 의무를 꼭 같이 한다. 이후 어느 법인관허장을 취소할 필요가 있을 때는 법인관허장을 없앨 단체의 민국 20년도(1938년) 임원의 동의하에 진행하기 로 함(《國民報》, 1938년 9월 14일, 〈제5차 회의〉).

이와 같은 결의안은 1차 통합운동 때 문제가 된 법인관허장을 그대로 두고 합동의 진행을 쉬운 것부터 순차적으로 해 나가려는 뜻이 담겨있었다.

이상의 합동방안을 받아들인 국민회와 동지회는 구체적인 논의를 위한 연합의회를 개최하였다. 연합의회는 1938년 11월 18일부터 12월 7일까지 13차에 걸쳐 진행되었고, 참석자는 국민회측에서 16명, 동지회측에서 14명 등 30명이 모였다. 그리고 제2차 회의부터는 이번 회의가 두 단체만의 통합이 아니라 하와이 한인사회의 전체 통일을 위한 것임을 고려하여 가와이 단합회와 대조선독립단에 대해서도 참석을 요청하였다. 그런데 가와이단합회는 대표 파송이 여의치 않음을 들어 처음부터 참가하지 않았고, 독립단은 3차 회의부터 6차 회의까지만 참석하고 말았다.

통일을 위한 연합의회는 처음엔 순조롭게 진행되었다. 3차회의에서 두 단체는 통합 이후의 조직체계를 '민주제'로 결정하였고, 4차회의에서 기존의《國民報》는 그대로 두되《太平洋週報(Korean Pacific Weekly)》는 영문판으로 발행하기로 합의하였다.[34] 7차회의에서는 통합으로 탄생할 새 단체의 이름을 논란 끝에 '대한인회(Korean Association)'로 결정하였다. 이는 국민회의 공식 명칭인 '대한인국민회'와 동지회의 공식명칭인 '대한인동지회' 가운데

---

34) 《國民報》, 1938년 11월 23일, 연합의회 〈제3차 속회〉·〈제4차 속회〉.

공통된 글자인 '대한인'에서 따온 것으로 어느 한 편에도 치우치지 않으려는 의도에서 나왔다.

그렇지만 회의가 후반으로 진행되면서 난관에 부딪히기 시작했다. 먼저 두 단체는 이번 회의에 참가할 수 있는 자격문제를 두고 논쟁하기 시작하였고, 그 다음 국민회 · 동지회의 자산보고 문제와 이 문제와 결부되어 대두된 통합의 새 단체 지도자를 어떻게 선임할 것인가에 대한 선거방식이 문제였다. 이 가운데 연합의회에서 제기된 근본적인 문제는 두 단체 통합 이후 탄생할 새 단체의 총회장과 부회장을 어떻게 뽑을 것인가였다. 이는 새 단체의 주도권을 어느 단체에서 장악할 것인가 하는 문제였다. 총 · 부회장에 대한 선거 논의는 11월 30일 제9차 회의부터 시작하여 국민회에서 조병요를, 동지회에서 김리제를 각각 총회장 후보로 선출하였다.[35] 하지만 총회장 선거방식에 대해 국민회측은 소속단체에서 회비를 내고 의무를 이행한 순수한 회원만 선거자격이 있다고 주장한 반면, 동지회는 이번 회의가 하와이 한인사회의 전체 통일을 모색하는 자리이니 만큼 회원이냐 비회원이냐를 가리지 말고 하와이내 모든 한인들에게 투표할 자격을 주자고 하였다.

선거방식을 둘러싼 두 단체의 입장차이는 실제 회원수가 동지회에 비해 국민회의 것이 훨씬 많았던 데 있었다. 당시 국민회측은 회원수가 463명인데 비해 동지회의 것은 80명에 불과하다고 보았다.[36] 국민회의 이런 주장은 정확하다고는 할 수 없었으나 대체로 국민회 회원이 동지회 회원보다 많았다는 것은 사실인 것으로 보인다. 그렇지만 동지회의 입장이 단순히 회원수 때문에 국민회의 제안을 거부했다고 보기 어렵다. 동지회는 제2차 통일운동을 재개할 때 이미 하와이 한인 전체의 대동단결을 염두에 두고 시작하였고,[37] 그러한 영향은 연합의회 제2차 회의부터 가와이단합회와 대조선독립단에 대

35) 《國民報》, 1938년 12월 7일, 연합의회 〈제10차 속회〉.

36) 실제로 동지회원수는 약 300명 정도로 추정된다(《國民報》, 1938년 12월 14일, 사설 〈연합의회 정회〉).

37) 《太平洋週報》, 1938년 11월 26일, 〈임시대표회 순서와 결의사항〉을 보면 동지회는 국민회와의 통합운동 논의 시 가져야 할 활동방침 14개항을 결의하였다. 그 중에 보면 동지회는 이번 통합논의가 단순히 두 단체만의 통합이 아닌 제 단체의 통일전선으로까지 확대할 것을 밝히고 있었다.

해 대표 참가를 결정하는데까지 미치고 있었다. 따라서 비록 회원수는 국민회에 비해 적었을는지 모르나 하와이 한인사회의 전체 통일이라는 대의명분에서 만큼은 일관된 자세를 가지고 있어서 투표자격을 모든 한인들에게 주자고 한 데는 나름의 명분있는 논리였다.

이처럼 선거방식을 둘러싼 두 단체의 주장은 나름대로 정당성과 대의명분이 있었지만 통합의 성사가 바로 눈앞에 둔 상황에서 끝내 합의를 도출하지 못한 것은 두 단체의 주장이 순수했다고 볼 수 없었다. 즉 그 동안 양보하고 타협해 온 모든 과정이 결국 새 단체의 주도권 장악이라는 현실적인 이해 앞에서 두 단체 모두가 자신의 정당성만 내세움으로써 대동단결의 대의명분을 스스로 저버렸기 때문이다. 이에 따라 1938년 12월 7일에 개회된 제13차 회의를 끝으로 두 단체의 통일운동은 막을 내리고 말았다. 그러나 국민회·동지회가 추진한 통일운동이 특별한 충돌없이 종결되어 1940년대 연합활동과 해외한족대회를 개최하는데 좋은 여건을 마련해 준 점은 적지 않은 성과라 할 수 있다.

나) 한길수와 이승만의 선전외교활동

1930년대 후반 하와이 한인사회에서는 中韓民衆同盟團의 韓吉洙와 동지회의 이승만을 중심으로 활발한 대외활동을 전개하였다. 평소 일본의 하와이 점령과 하와이의 일본화를 우려하고 있던 한길수는 일찍부터 대외활동을 전개하고 있었다. 한길수의 존재가 하와이에 알려진 때는 1932년 10월 25일 정두옥을 중심으로 조직된 국민회 선전부에 교섭위원으로 활동하면서부터다.[38] 이후 1933년 3월 초 한길수는 하와이 국민회장 이정근과 선전부장 정두옥의 공동명의로 된 〈하와이 일본인 여론조사〉라는 보고서를 하와이 육군정보당국에 제출하는 등 미 당국을 긴장시키기도 하였다.[39] 1933년 4월 20일 한길

38) 鄭斗玉, 앞의 글, 81쪽.
"Koreans Here in Protest to Hoover on Manchuria", *The Honolulu Star Bulletin*, October 29, 1931.

39) 《미육군정보국문서(MID)》, 1766－S－146철 제2번 문서 ; 방선주, 〈1930년대의 재미한인독립운동〉(《한민족독립운동사》 8, 국사편찬위원회, 1990), 450쪽에서 재인용.

수는 이용직과 함께 40매에 달하는 호소문(Korea Appeal)을 미육군장관에게 전달했다. 두 사람의 이름을 합성하여 W. K. Lyhan(William Lee Yongchik & Kenneth Haan)의 이름으로 우송한 이 보고서 요지는 미일전쟁은 불가피한 것이니 反日性向이 강한 한인을 반드시 이용해야 한다는 것이었다.

한길수의 존재가 미주 한인사회에 크게 부상하는 시기는 1937년부터라 할 수 있다. 1937년 10월 하와이의 美國 州編入을 논의하기 위해 미연방 양원합동위원회 공청회가 호놀룰루에서 개최될 때, 한길수는 일본 정부가 하와이에 있는 일본계 시민들을 배후조정하여 인종분규를 일으키려 한다고 폭로하여 큰 사회적 반향을 일으켰다.[40] 이로 인해 한길수는 하와이내 일본인들의 맹렬한 비난을 받았고 일본계 신문인 《日布時事》측으로부터 명예훼손 고발을 받아, 한인단체들로부터 그에 대한 동정과 함께 강력한 배일운동을 일으키게 하였다. 한길수는 이번 사건을 계기로 자기 자신뿐만 아니라 중한민중동맹단의 존재까지 널리 알리는 성과를 내었다.

한길수의 활동은 이후 본격화하였다.[41] 1938년 9월 30일 하와이를 떠나 미 본토로 간 한길수는 중한민중동맹단을 대표하여 미국 정부와 국회, 그리고 미국민들을 대상으로 일본의 팽창위협과 전쟁음모를 폭로하는 등 활발한 강연활동과 외교활동을 전개하였다.[42]

한길수의 활발한 외교활동이 하와이 한인사회에 알려지는 때와 동시에 제2차 세계대전의 전운이 미국사회에까지 퍼져 국제환경이 급변해지자 동지회에서도 적극적인 대외활동을 추진하였다. 동지회는 1937년, 1938년 두 차례나 시도한 국민회와의 통일운동이 비록 성과를 거두지 못하였으나, 한인사회에 좋은 여론과 동정을 얻게 되었음을 自評하고 사기가 고무되어 있었다. 이런 가운데 동지회는 1939년 1월 25일에 열린 동지대표회 제9차 속회에서 그

40) 《國民報》, 1937년 10월 27일, 〈한길수씨의 대폭격〉.

41) 한길수에 대한 연구는 다음의 글이 참고된다.
稻葉 强, 〈太平洋戰爭中の在美朝鮮人運動－特に韓吉洙の活動お中心に－〉(《朝鮮民族運動史硏究》 7, 1991).
郭林大, 《못잊어 華麗江山》(대성문화사, 1973).

42) "Kilsoo Haan in Washinton" *The Korean Student Bulletin*, March-April, 1939 and "Korean Testifies Before the House Foreign Affairs Committee in Washington" *The Korean Student Bulletin*, May-June, 1939.

동안 활동하지 않던 구미위원부를 매월 100달러의 경비로 개소하여 이승만의 외교활동을 적극 후원하기로 결의하였다.[43] 그 결과 이승만은 같은해 3월 30일 하와이를 떠나 워싱턴에서 본격적인 선전외교활동에 뛰어들었다. 그리고 그는 《일본내막기(*Japan Inside Out*)》를 집필해 일본의 미국침략을 예고하여 큰 반향을 일으켰다.

(2) 1930년대 북미한인사회의 통일운동과 독립운동

가. 국민회의 침체와 한인공동회의 설립

북미 한인사회 최대 단체인 국민회는 1930년대에 들어서면서 급격히 침체하기 시작하였다. 1922년 3월 하와이 국민회가 임시정부의 〈교민단령〉에 의거 대한인교민단으로 재편되어 중앙총회에서 떨어져나가자 국민회는 북미지역 중심으로 재편하였다. 재편 후 국민회는 이승만과 같은 뚜렷한 지도인물이 없는 데다 1929년 10월부터 시작한 경제대공황으로 재정수입이 급격히 감소하는 등 크게 위축되어 자체 유지도 어려울 정도였다.

국민회가 침체에 빠지고 대공황으로 경제상 어려운 상터에 빠졌지만 독립운동의 열기는 식지 않았다. 재미한인들에게 활력을 불러일으키고 새로운 단체설립에 영향을 준 것은 국내에서 발생한 광주학생운동 소식이었다. 이 소식이 미주에 퍼지자 국내학생운동을 후원한다는 명분으로 1930년 1월 27일 뉴욕(New York)의 한인공동회를 비롯하여 시카고(Chicago)한인공동회(1930. 2. 3), 나성(Los Angeles)한인공동회(1930. 2. 9), 디트로이트(Detroit)한인공동회(1930. 2), 중가주한인공동회(1930. 3. 8) 등이 차례로 설립되었다.

이들 한인공동회는 모두 독자적인 활동기반을 갖고 있었으나 국내 혁명운동에 대한 후원과 선전활동을 위해 동일한 보조를 취하자는 뉴욕 한인공동회의 제의를 받아들여 1930년 3월 연합을 꾀하였다. 그 결과 각지의 한인공동회는 뉴욕에 한인공동회 중앙위원회를 설치하고 위원장 허정, 서기 오천석을 선임하였다.[44] 중앙위원회가 발표한 지난 1년간의 사업성적을 보면 ① 영

---

43) 《太平洋週報》, 1939년 1월 18일·2월 4일, 〈동지대표회록〉.

44) 《新韓民報》, 1931년 2월 5일, 〈공동회 중앙위원회 사업에 관하여 해외동포 제위에게 고함〉.

문책자 《*Korea Must Be Free*》 10,000여 권을 발간하여 미국의 각지를 비롯하여 세계 각국에 보낸 일, ② 학생회를 도와 학생영문보의 출판과 미국 각지에 배포한 일, ③ 미국의 언론과 접촉하여 국내 학생들의 항일운동사건을 선전한 일, ④ 자체적으로 통신부를 설치하여 학생운동 및 국내 사정을 설명케 한 일 등이었다. 그러나 1932년 중앙위원회에서 인물난과 비용문제로 계속 유지되기 어렵다는 사실을 공포한 것으로 보아 이후 한인공동회의 연합활동은 더 이상 지속되지 못한 것 같다. 한인공동회의 조직과 운영이 모두 독자적이고 개별적으로 이루어짐에 따라 재미한인사회는 더욱 분열되었다.

나. 미주 한인연합회의 조직과 활동

국민회의 침체와 한인공동회 설립으로 인한 분열상에 대해 북미 한인사회에는 자성의 기운과 함께 국민회와 학생총회, 《新韓民報》를 중심으로 다양한 통일론이 제기되었다.[45] 활발한 통일논의의 바탕에서 일제의 만주침략으로 상해 임정과 상해거류 한인사회로부터 대일항전을 위해 혁명역량을 결집하자는 요구가 밀려오자 광복을 위한 통일운동이 추진되었다. 이런 분위기 속에 중가주한인공동회는 1931년 10월 17일 임정후원과 역량집중을 위한 재미한교연합회 조직을 제안하였다.[46] 여기에 대해 국민회 총회장 白一圭와 선전부위원들은 1931년 11월 2일 중가주한인공동회 대표 김정진과 회의를 갖고 임시정부로 모든 힘을 합칠 것과 미주 한인연합회를 조직하는데 의견일치를 보았다. 그리고 11월 9일 두 단체의 이름으로 미주 한인연합회(이하 '한인연합회'로 약함) 발기문을 대외에 공포하였다.[47] 12월 5일부터 7일까지 개최한 국민회 · 나성한인공동회 · 중가주한인공동회 · 묵경자성단 대표들이 참석한 회의에서는 조직의 대강을 비롯해 선언서와 규칙 · 결의안 등을 제정한 뒤 한인연합회 설립을 공포하였다. 설립목적은 '한인 전체의 역량을 집중하여 임시정부를 후원하며, 국민의 선전에 노력' 하는데 있었다.

한인연합회는 1932년 1월 22일 임정 공문을 통해 공식기관으로 인준받는

45) 이러한 통일론에 대해서는 홍선표, 앞의 글(1996) 참조.
46) 《新韓民報》, 1931년 10월 22일, 〈중가주공동회결의안〉.
47) 《新韓民報》, 1931년 11월 12일, 〈미주 한인연합회발기문〉.

동시에 미·묵·큐 지역 동포의 인구세 수봉업무를 부여받았다. 아울러 1933년 2월 나성동지회가 한인연합회에 참가하면서 한인연합회의 위상은 북미 한인사회를 총괄하는 최고기관으로 부상하였다.

한인연합회는 크게 입법부와 집행부로 나누었으나 실질적인 업무는 집행부에서 담당하였다. 집행부의 구성은 사무장 1인, 재무 2인, 서기 1인, 선전부장 1인으로 구성되어 사무장이 모든 사무를 총괄하였다. 한인연합회의 주요 활동은 재미한인들로부터 인구세를 수봉하여 임시정부로 송부하는 것이었는데, 설립 이후 약 1년간 인구세 수봉실적을 보면 677달러였고 이 중 675달러를 임정으로 송금하였다.[48]

그런데 한인연합회는 단순한 연합체에 불과했기 때문에 회원, 단체들간의 결속을 단단하게 유지시킬 만한 조직력을 갖지 못하였다. 또 자체 유지를 위한 예산이 없어 전담 사무실이나 전담 사무원을 둘 수 없어 회원, 단체가 사무를 분담하였고, 활동근거지도 달라 선전부는 샌프란시스코에, 집행부는 로스엔젤레스에 위치하여 활동하기도 어려웠다.

무엇보다 한인연합회의 운영을 어렵게 만든 것은 국민회가 연합회에 대해 강한 소속감을 보이기 보다 비판적인 태도를 보인 점이다. 그 이유로는 국민회의 우월의식과 한인연합회의 이승만 지원에 대한 불만, 국민회의 한인연합회 가입절차상의 문제 그리고 국민회 내부 한인연합회에 대한 부정적 시각 등이 주요 요인이었다.

회원단체에 대한 강력한 지도력을 발휘할 수 없었던 한인연합회는 국민회가 1933년 4월 2일 단독으로 한국대일전선통일동맹 가입을 위해 탈퇴를 발표한 후 크게 위축되었다. 한인연합회는 1933년 4월 16일 중가주 리들리에서 국민회를 제외한 4개 단체 대표가 모여 특별대표회를 개최하였으나, 중가주 한인공동회와 나성한인공동회가 한국대일전선통일동맹에 참가한다는 이유로 大韓獨立黨[49]을 설립하면서 연합회는 유명무실해졌다. 이러한 대한독립당도

48) 《新韓民報》, 1933년 2월 23일, 〈미주 한인연합회 제2차 통상대표회 공포서〉.
49) 大韓獨立黨은 다음의 자체 규약을 정하였다.
제1조, 우리 단결은 대한독립당이라 함.
제2조, 우리는 혁명의 방법으로써 한국 독립을 완성하기 목적함(《新韓民報》, 1933년 4월 20일, 〈공동회가 독립당으로〉).

소속단체, 회원들에게 동의를 얻지 못해 외면받으면서 설립된지 한 달도 지나지 않아 임원들만 남은 이름뿐인 단체로 전락하였다.[50]

일제의 만주침략을 계기로 임시정부를 돕고 재미한인의 역량을 집중시키기 위해 설립된 연합회는 미주 한인사회에 외견상 하나의 통일체로서의 위상을 가졌으나, 국민회의 탈퇴와 대한독립당의 설립으로 그 의미를 상실하고 말았다.

다. 한국대일전선통일동맹 가맹운동

연합회로 운영되던 재미한인사회는 金奎植이 1933년 3월 10일 로스엔젤레스에 도착하면서 새로운 변화를 맞이한다. 김규식의 도미 목적은 미주지역 한인단체의 한국대일전선통일동맹(이하 '통일동맹'으로 약함)으로의 가맹과 재미 韓·中 양 민족의 연합을 통한 중한민중대동맹 미주지부를 결성하여 국제적인 연대를 꾀하는 일, 마지막으로 독립운동을 위한 미주동포의 의연금 모집과 선전활동에 있었다.[51]

국민회가 같은해 4월 2일 통일동맹 가입을 결의하자 나성한인공동회·대한독립당 등 여타의 단체들도 통일동맹에 가입하였다. 뉴욕의 한인들은 김규식의 뉴욕 방문을 계기로 6월 18일 뉴욕의 동지회·대한인교민단·국민회지방회 3개 단체 연합으로 통일동맹뉴욕지부를 결성하고 자체 규약과 임원을 선임하였다.[52] 또 뉴욕 한인들은 6월 24일 중국인과 연합하여 中韓民衆大同盟 뉴욕지부를 결성했다.

김규식이 북미지역에 머무른 약 4개월의 짧은 기간 동안 이처럼 북미 한인사회내 대부분의 단체가 통일동맹에 가입하였다. 또 하와이에 있는 국민회와 동지회도 1933년 7월 22일과 10월 30일에 각각 통일동맹에 가입하였는데 이로써 전체 미주 한인사회는 외견상 통일동맹으로 통일된 것처럼 보였다. 이 같은 현상에 대해 미주 한인들은 이번 기회를 미주 한인사회 통일을 위

50) 회장 송헌주와 서기 송창균만 남게 되었다(《新韓民報》, 1933년 5월 18일, 〈대한독립당의 소식〉).

51) 《新韓民報》, 1933년 5월 18일, 〈김박사의 사명〉.

52) 선임된 임원은 집행위원 고소암·이철원·조극·이진일·장신산 등 5인과 재무 고소암, 서기 장진산이다.

한 호기로 보았으나 통일동맹 가입은 어디까지나 한국 독립을 위한 대의에 찬성하고 동조한다는 표시이지 미주 한인단체의 연합이나 통일을 기대한 일은 아니었다. 오히려 통일동맹 가입을 계기로 통일운동의 산물인 연합회가 해체되고 대한독립당이 설립되는 등 미주 한인사회는 더 분열되었다. 統一同盟 가입현상이 준 의미는 光復이라는 한 목표 아래 모든 단체가 언제라도 힘을 결집할 수 있다는 가능성을 확인시켜준 점이라 하겠다.

라. 대한인국민회의 합동운동

1935년 3월 최진하가 새로 총회장이 된 이후 국민회 내부가 차츰 정비되었다. 최진하는 국민회의 당면과제를 2세 청년을 위하여 그들에게 필요한 것을 해야할 것과, 재미한인사회의 통일책 및 발전책 연구로 삼았다. 그는 이런 자신의 생각을 실행하기 위해 1936년 5월 17일 로스엔젤레스에서 각 단체 대표자들과 간담회를 개최하고 한인사회의 발전을 위해 노인구제·청년교양·임시정부 후원을 향후 핵심과제로 설정했다. 간담회에 참석한 주요 인사는 국민회 인물 외에 중가주한인공동회·나성한인공동회·나성동지회의 인물들이 다 포함되어 있었는데 이는 미서부지역 한인대표들이 다 모인 셈이었다. 간담회에서 참석자들은 재미한인사회의 발전을 위해 모두 하나로 뭉치는 것이 필요하다는데 인식을 같이 하고, 그 실현방법으로 역사와 전통이 가장 오래된 국민회를 부흥시켜 국민회 중심의 합동운동을 전개하는 것으로 결의하였다.[53]

이러한 분위기 속에 국민회는 7월 4일부터 5일까지 개최한 특별대의회에서 국민회 발전방향을 결의하였다. 주요 내용은 ① 본회 憲章을 고쳐 委員制를 채용함, ② 노인구제, ③ 2세 청년을 위한 국어학교 설립, ④ 임시정부에 대한 후원, ⑤ 총회관을 로스엔젤레스에 신축하는 것 등이다. 이중 위원제로 만드는 일은 총회장의 독단을 예방하기 위한 것이다. 즉 총회장 선거를 폐지하는 대신 능력 있는 위원들을 중심으로 민주적이고 투명한 합의제의 운영방식을 도입하는 것으로, 국민회 중심의 합동운동에 매우 중요한 의미를 갖고 있었다. 이 같은 헌장 개정은 능력 있는 지방유력자들에게 국민회 참가문

---

53) 《新韓民報》, 1936년 5월 28일, 〈대한인국민회총회 임원회의 결의안〉.

호를 확대시켰다.

합동운동 이후 국민회의 1년간 성적을 보면 다음과 같이 놀라울 정도로 부흥하였다.[54]

一. 중일대전으로 인한 임시정부의 후원과 중국 항일에 정신과 물질로 돕는 일에 재미한인이 국민회의 기치 아래 일치 행동을 취한 것.
一. 총회관을 나성에 건축한 일.
一. 국민회 회원이 3배로, 인구세 납부가 3배로 증가한 것과 지방회가 16곳으로 확장된 것.
一. 청년부가 미 · 묵 · 큐 각지에 설립된 것.

이처럼 진행된 국민회의 합동운동은 비록 북미내 모든 한인들을 국민회 회원으로 만들만큼 완성된 것은 아니었지만 북미 한인사회에 상당한 위상과 지도력을 회복시켜 주었다. 이에 따라 국민회는 光復事業 추진에 상당한 자신감을 갖게 되었다.

마. 중일전쟁 이후 한인사회의 독립운동

1930년대 후반 북미지역 한인사회는 국민회 중심의 합동운동이 성과를 보임에 따라 새로운 활기를 되찾았다. 이런 가운데 1937년 중일전쟁이 발발하자 국민회는 현 시국을 비상시기로 인식하고 임시정부후원활동을 추진하였다. 국민회는 1937년 9월 제4계 중앙집행위원회의에서 임정후원을 위한 특별의연금과 중국항일전쟁후원금(또는 '중국항일동정금'으로 불림) 그리고 광복 때까지 독립운동을 항구적으로 후원하기 위한 국민부담금 모금운동을 전개하기로 하고 이를 추진하였다. 1938년 9월 국민회 제3계 중앙집행위원회에서는 중앙상무부 안에 시사위원회를 두어 원동정세와 재미한인의 임무 및 대내외의 선전방침을 연구하게 하고 국민회 대표 1인을 원동으로 특파할 계획을 세우기도 하였다.[55] 또 국민회는 비상시기에 하와이 각 단체들과 일치된 행

---

54) 《新韓民報》, 1938년 2월 3일, 〈재미한인의 정형〉.

55) 이 때 선정된 시사위원 7인은 초기엔 한재명 · 김성락 · 임병직 · 김강 · 김탁 · 안정수 · 장세운으로 결정되었으나 최종적으로는 김성락 · 임병직이 빠지고 박재형 · 심행호로 대치되었다. 그리고 원동특파원 선정은 곽림대와 김강이 후보로 선임되었으나 경비부족으로 취소되었다(《新韓民報》, 1938년 9월 8일, 〈제3

동을 도모하고자 같은해 9월 14일로 하와이 국민회와 동지회에 공문을 보내 행동통일을 요청하였다.[56] 1939년 국민회는 임시정부에 인구세와 국민부담금 1,500원을 송금한 것을 비롯하여, 한인동포의 미국 입·출입 주선, 쿠바재류 동포에 대한 구제금 송부, 한인유학생의 미국 체류권 청원활동, 그리고 원동에 있는 한인 각 당들에게 통일 및 연합활동의 재촉 등 대내외적으로 활발한 활동을 전개했다.[57] 아울러 김용중 등 2세 한인청년들이 중심이 되어 재해로 경제적 어려움에 빠진 국내 한인들을 돕기 위해 1939년 12월 20일 발기한 內地旱災救濟會에 대해 국민회는 적극 지원하였다.[58]

한편 중일전쟁 발발 이후 북미 한인사회에는 국민회 조직과는 별도로 각지에서 한인 연합으로 설립한 중국후원회를 중심으로 활발한 독립운동이 전개되었다. 1937년 말부터 그 이듬해 초까지 뉴욕한인연합중국후원회·나성한인연합중국후원회·시카고한인연합중국후원회 등이 결성되어 일화배척운동과 후원금모집활동을 전개하였다.

각지에서 한인 연합으로 결성된 중국후원회는 결성 초기 후원회 안에 국민회 주요 임원들과 회원들이 대거 참가하면서 기존 국민회 조직과 불필요한 마찰을 일으키지 않으려 했다. 그런데 조선의용대 창설소식이 미주에 알려진 1938년 11월 이후부터,[59] 중국후원회의 개별활동은 강화되었다.

이러한 상황에 대해 국민회는 1939년 1월 22일과 2월 16일 중국후원회 문제를 검토한 뒤 국민회가 직접 후원회를 관할한다는 방침을 정하였다.[60] 하지만 중국후원회는 1939년부터 조선의용대 미주후원회(이하 '의용대후원회' 또는 '후원회'로 약함)로 개편하면서 국민회와 점차 분리해 나갔다.

회 중앙집행위원회 결의안〉과 1939년 1월 19일, 〈사업성적서〉·4월 13일, 논설 〈중앙집행위원회의 결의안에 대하여〉 참조).

56) 당시 하와이 국민회와 동지회가 합동운동을 전개하고 있었기 때문에 이에 대해 별다른 반응을 보이지 않았다. 여기에 대해서는 홍선표, 앞의 글(1998) 참조.

57) 《新韓民報》, 1939년 9월 14일, 〈사업성적보고서〉·12월 28일, 〈민21대사기〉 및 1940년 1월 18일, 〈민국이십일년도 사업성적서〉 참조.

58) 《新韓民報》, 1939년 12월 28일, 〈국민회총회 청원서〉·〈인준장〉·〈제이세 청년의 장거 내지한재구제회〉 참조.

59) 조선의용대 창설소식이 미주에 알려진 것은 《新韓民報》, 1938년 11월 3일, 〈한구에서 조선의용대 정식성립〉이라는 기사에서부터다.

60) 《新韓民報》, 1939년 3월 23일, 〈중앙상무위원회의 중요결의〉.

조선의용대 후원문제가 처음 대두되는 것은 1939년 6월 나성한인연합중국후원회를 대표한 변준호가 조선의용대 후원을 목적으로 로스엔젤레스에 한인 소집을 허락해 줄 것을 국민회 당국에 요청하면서다. 이것은 조선의용대 후원문제를 기존의 국민회 · 동지회와 같은 기성단체들과 연합해서 공동후원하자는 의도에서였다.[61]

하지만 기존의 북미 국민회와 동지회측은 조선의용대 창설문제에 별반응을 보이지 않았다. 그 이유는 그 동안 두 단체 모두가 처음부터 오직 임시정부 중심으로만 활동해 임시정부와 무관한 조선의용대에 대해 탐탐치 않게 생각한 때문으로 보인다. 이러한 배경에는 조선의용대를 창설한 朝鮮民族革命黨이 그 동안 임시정부를 否定 또는 不關해 온 현실이 미주 한인사회에 반영된 결과로 볼 수 있다. 그리고 조선의용대를 후원할수록 임시정부에 대한 후원이 줄어든다는 사실도 마땅치 않았다.

이에 따라 국민회는 6월 29일 중앙상무위원회를 열고 변준호의 제안을 거절했는데 이유는, 지난 4월 6일 국민회 제2계 중앙집행위원회 결의와 어긋난다는 것이다.[62] 즉 재미한인은 국민회의 통솔하에 인구세와 국민부담금을 거두어 임시정부로 상납하는 것이 원동활동을 돕는 바른 길이요 在來의 規例인데, 이 규례를 버리고 조선의용대를 직접 후원한다면 사무진행의 계통을 문란케 하는 것이므로 허락할 수 없다는 것이었다. 국민회 입장은 북미 한인사회를 철저하게 임시정부 중심과 국민회 중심으로 주도하려 했기 때문이다.

이러한 국민회의 태도에 대해 중국후원회는 간섭과 통제만 있고 활동이 미약한 국민회에 대해 불신하기 시작했다. 그리고 기존 단체로부터 호응을 얻지 못하자 중국후원회측은 활동범위를 점차 확대해 가면서 소속단체를 불문한 개인별 후원에 의존하였다. 그런 후 1939년 8월 27일 로스엔젤레스의 중국후원회는 안석중 등 40명의 명의로 자체를 해소하고 〈조선의용대후원회 성립선언문〉을 발표하였고,[63] 10월 7일 中 · 美人들과 함께 로스엔젤레스 일

---

61) 《의용보》, 1941년 3월호, 〈질의문답〉.

62) 《新韓民報》, 1939년 7월 6일, 〈의용대후원에 관한 중상결의〉 · 1940년 1월 18일, 〈민국 21년도 사업성적서〉 참조.

63) 〈朝鮮義勇隊後援會成立宣言〉, 《朝鮮義勇隊通訊》 제28기(1939. 11). 후원회 회원은 60여 명이었고, 집행위원으로는 위원장은 안석중, 위원 김강 · 최능익 · 신두

본영사관 앞에서 대대적인 시위운동을 전개하면서 후원회 설립을 대외적으로 기념하였다.[64]

조선의용대후원회 조직은 나성지역 외에 이미 1939년 4월과 9월에 뉴욕과 시카고에서도 각각 설립되고 있었지만 현재 자료미비로 그 정황을 정확히 알 수 없는 형편이다.[65] 다만 이들 후원회 단체들은 1940년 5월 로스엔젤레스에 있는 조선의용대 미주후원회연합회(이하 '조선의용대후원회'로 약함)로 통합되면서 통일된 활동을 전개하였다. 조선의용대후원회는 중한민중동맹단 대표인 한길수의 외교선전활동을 적극 후원하고, 반일시위운동이나 반일선전강연 등 대외활동과 조선의용대 지원을 위한 재정모금운동 등에 주력하였다.

조선의용대후원회는 조선의용대 후원을 주목적으로 하였지만 여기에만 한정하지 않으려 했다. 즉 독립을 위해 무장투쟁을 하는 모든 군사운동에 대해 후원한다는 목적을 갖고 있었다. 다만 임정의 광복군이 창설 중일 때 후원회의 입장은 기본적으로 광복군을 후원한다는 원칙을 가졌으나 이왕이면 이미 조직된 의용군을 확대, 강화하는 것이 더 낫다라는 견해를 갖고 있었다.[66]

조선의용대후원회는 스스로 특정한 목적을 위해 조직한 임시적인 기관이며 기존의 국민회와 전혀 대립적인 조직이 아니라고 강조하였지만, 자체 회관을 마련하고 1940년 1월부터 기관지 《의용보》를 발간하는 등 항구적인 정치단체로 자리잡아 갔다. 그 결과 의용대후원회는 1941년 4월 하와이에서 개

식·정지영·변준호·김혜란·곽림대·최봉윤·선우학원·이창희·최영순·이경선이었다(김혜란, 〈중일전쟁 이후 재미동포 해방운동의 회고〉(2), 《독립》, 1946년 9월 25일).

64) 《新韓民報》, 1939년 10월 12일, 잡보 〈조선의용대후원회의 나성 왜영사관에 피케팅〉. 그런데 김혜란의 위의 글에서는 조선의용대후원회 설립시기를 10월 18일로 보고 있고, 최기영, 〈조선의용대와 미주 한인사회〉(《한국근현대사연구》 11, 1999)에서는 최능익의 〈의용대후원회와 과거의 활동〉이라는 글을 통해 나성의 조선의용대후원회 설립시기를 1939년 10월 10일로 하여 모두 차이가 있다. 이 글에서는 당시 소식을 가장 가까이서 보도했던 《新韓民報》의 기사를 따랐다. 이 기사에 따르면 이날(1939년 10월 7일) 피케팅 행사는 조선의용대후원회 성립기념식으로 치러졌다고 한다.

65) 《의용보》, 1941년 1월호, 〈의용대후원회의 유래〉 참조.

66) 《의용보》, 1940년 3월호, 〈질의문답〉 참조.

최한 해외한족대회에 북미지역 한인사회의 한 대표로 국민회와 함께 참여하였고, 1942년 10월에는 자체를 해소하고 조선민족혁명당 미주총지부로 개편, 조직을 확대시켜 나갔다.[67]

(3) 1940년대 미주 한인사회의 독립운동

가. 하와이 한인사회의 연합활동과 독립운동

통일운동의 실패로 개별적으로 활동하던 하와이 한인단체들이 연합행동을 보인 때는 1940년이 되면서부터다. 이 때가 되면 유럽에서 발생한 제2차 세계대전이 점차 확대되어 미국의 참전분위기가 형성된다. 루즈벨트(Roosevelt, Theodore)대통령은 1940년 5월 26일 시국연설에서 현 전쟁을 대비해야 함을 역설하고 국방력 건설과 전쟁난민을 위한 적십자 구제금기부를 미국민들에게 요청하는 등 大戰참전을 위한 준비에 들어갔다.[68] 아울러 미국내에서는 장차 미일전쟁이 불가피하다는 여론도 고조되고 있었다.[69] 특히 하와이가 미일전쟁의 첫 발생지가 될 지 모른다는 우려가 하와이내에서 고조되고 있는 마당에 하와이 한인들은 이에 대처하지 않으면 안되었다. 또 당시 하와이는 미국정부가 하와이에 대한 국방설비를 한창 준비하는 중이어서 거류민 사회 전체가 국방준비를 대대적으로 후원하고 있었다. 이러한 때 동지회 외교원 이원순은 〈이 때 한인은 어떻게 할까〉라는 글에서 이번 시국을 계기로 하와이 한인들의 공동행동을 요구하였다.[70]

이러한 공동보조의 분위기 속에 하와이 한인들은 1940년 10월 13일 6개 단체의 대표들이 모인 가운데 연합한인위원회('한인연합위원회'라고도 불리움, 이하 '한인위원회'로 약함)를 조직하였다.[71] 10월 20일 발표한 〈연합한인위원선언서〉를 보면 연합한인위원회는 미국의 국방활동을 전적으로 후원할 목적으로 조직되었지만 이 후원활동을 통해 한민족이 목표하는 독립과 식민지 민족의

67) 《독립》, 1943년 10월 27일. 〈의용대 후원회와 과거의 활동〉.
68) 《太平洋週報》, 1940년 6월 1일, 〈국방에 대한 대통령연설〉.
69) 《太平洋週報》, 1940년 8월 3일, 〈1년래 미국 참전을 선언〉 · 10월 12일, 〈미일충돌이 일주일내에 날 듯〉 참조.
70) 《太平洋週報》, 1940년 10월 12일.
71) 재미한족연합위원회 편, 《해방조선》(나성과 하와이, 1948), 149쪽.

해방을 도모하려 하였다.

한인위원회에 대해선 자세한 자료가 없지만 조직은 하와이내 주요 단체 6개 대표 20명으로 구성하였다.[72] 10월 20일 주요 임원을 비롯하여 관리부·선전부·구호부·훈련부·조사부·재정부 등 6부의 임원을 선정하였다. 인원 선정은 참가한 단체 모두에게 골고루 안배되었다.

한인위원회는 비록 미국의 대전참전 분위기를 계기로 미국방원조라는 대의명분 속에 이루어졌으나 1930년대 하와이 한인들이 지속적으로 전개한 통일운동의 산물이라 할 수 있다. 한인위원회의 구체적인 활동은 자료상의 한계로 밝혀지지 않고 있지만 이후 해외한족대회 이후 미국방후원 사무가 재미한족연합위원회로 넘어감에 따라 1941년 5월 경 해소되었다.

한인위원회 결성을 계기로 하와이 한인들의 독립운동은 연합적으로 추진되었다. 중경 임시정부의 광복군조직 계획이 하와이를 비롯한 미주 한인사회에 알려지면서 하와이 한인사회는 북미와 마찬가지로 광복군후원문제에 큰 관심을 가졌다. 하와이에서 전개된 광복군후원활동은 자료상의 한계로 그 구체적인 내용은 알 수 없으나, 1941년 제단체 연합으로 거행된 3·1절 기념식을 통해 하와이 한인사회는 전례 없는 대동단결력을 보임과 동시에 광복군후원이라는 놀라운 성과를 거두었다.[73]

이런 성과에 힘입어 당시 3·1절 경축위원장이던 안원규는 3월 10일 각 단체에 보낸 〈윤첩〉에서 광복군후원활동을 상설화할 것을 요청하였다.[74] 그 결과 3월 13일 국민회·동지회가 연합한 대한광복군후원금관리위원회를 조직하여 본격적인 광복군후원금 모집활동을 전개하였다.

---

72) 참가단체와 대표를 보면 다음과 같다.
- 부인구제회(동지회) : 김순연·손노디·이유실
- 부인구제회(국민회) : 곽명숙·김차순·김매들린
- 중한민중동맹회[단] : 정두옥·차신호·손창희·김영선
- 대조선독립단 : 정태영·박성달·현순·이명선
- 동지회 : 손승운·이원순·안현경·도진호
- 국민회 : 안원규·김원용·김태원·김현구

(《太平洋週報》, 1940년 10월 29일, 〈각단체 대표대회〉).

73) 3·1절 연합행사를 통해 거둔 광복후원금이 2,000여 달러에 달했는데 이는 하와이 한인들 스스로도 놀라운 일이었다.

74) 《新韓民報》, 1941년 3월 27일, 〈윤첩〉.

이처럼 하와이 한인사회는 연합한인위원회와 광복군후원활동을 통해 단결력을 대외에 과시하면서 독립운동의 열기를 이어갔다. 이러한 분위기는 이후 북미 국민회와 함께 해외한족대회를 준비하는데 좋은 기반을 제공해 주었다.

나. 해외한족대회의 개최

가) 대회 추진과정

1930년대 북미와 하와이에서 이루어진 한인사회의 통일운동은 비록 완전한 결실을 주지 못했으나 미주 한인들로 하여금 광복을 위해 합력해야 한다는 분명한 통일 심리를 심어주었다. 1941년 4월에 개최된 해외한족대회는 바로 이런 1930년대 미주 한인사회에서 전개된 통일운동의 산물이었다. 광복대업을 위해 미주지역 9개 단체가 참가한 해외한족대회는 미주 한인 역사상 최대의 행사였다. 이 대회를 통해 미주 한인들은 그 동안 이루지 못한 한인사회를 한 군데로 결집시키고 재미한족연합위원회를 결성하는 등 본격적인 독립운동을 전개하였다.

해외한족대회는 중국후원회와 조선의용대후원회 결성으로 위축된 북미 국민회가 미주 한인사회에 지도력을 회복하는 과정에서 추진되었다. 북미 국민회는 중일전쟁 이후 당면과제를 광복대업을 위한 민족적 대단결을 도모하는 것과 국민회 중심의 합동을 완성하는 것에 두었다. 그러나 후자의 문제는 조선의용대후원회가 결성되면서 난관에 부딪쳤다. 민족적 대단결을 모색하려는 전자의 문제 또한 북미 국민회가 이미 1938년 9월 시국문제 협의를 위해 하와이 국민회와 동지회에 공함을 보내 교섭을 시도한 적이 있었으나 하와이 내부의 합동문제로 별 반응을 얻지 못하였다.

이런 가운데 1940년 1월 22일자 임시정부 재무총장의 공함을 통해 미주 한인사회에 전해진 광복군 창설소식은 북미 국민회로 하여금 광복군후원금 모금활동 등 활발한 대외활동 추진에 좋은 명분을 제공해 주었다. 이러한 광복군후원활동은 북미 못지 않게 하와이에서도 대대적으로 전개되었는데 그 성과는 상당하였다. 김구의 회고에 따르면 한국광복군 창설은 미주 · 하와이 동포들이 원조한 3~4만 달러 등 모든 역량을 다한 자력에 의한 창설이었다고 한 것으로 보아 재미한인들의 광복군후원활동은 막대했다고 볼 수 있다.[75]

국민회는 광복군후원활동으로 한인사회에서 큰 호응을 얻자 상당한 자신감을 갖게 되었다. 이에 따라 북미 국민회는 임정 아래 일치된 행동을 전개하고 시국문제 협의를 위한 내용으로 1940년 4월부터 하와이 국민회와 교섭하였다. 구체적인 교섭결과는 북미 국민회가 1940년 12월 29일부터 31일까지 개회된 제5차 대표대회 '立案'에 의거 1941년 1월 7일 하와이 국민회와 동지회에 대해 또다시 의견서를 보냄으로써 이루어졌다. 의견서 내용은 3개 단체가 대표 3인씩 선출해 시국문제를 공동 협의해 보자는 것이었다.[76] 이 제안을 찬성한 하와이 국민회와 동지회는 1월 16일과 17일 회신에서 경비절감을 위해 하와이 호놀룰루에서 모일 것과 참가경비는 3단체가 평균 분담할 것을 제안했다.[77]

이로써 해외한족대회 개최문제는 실질적인 준비작업에 들어갔다. 먼저 북미 국민회는 3월 9일 임시중앙집행위원회에서 논의할 주요 안건으로 먼저 무장운동과 외교 및 선전활동에 주력하기로 하고, 이를 위해 1년 예산을 2만 달러로 정하되 지출은 임정 1만 5,000달러, 미주 외교비 5,000달러로 정했다. 또 이번 대회를 북미와 하와이의 3단체 중심으로 개최한 뒤, 연합회를 조직하되 의사부는 하와이에, 집행부는 로스엔젤레스에 설치키로 했으며, 외교위원 1인을 선정하여 임정에 보고하는 것으로 하였다.[78] 이와 함께 국민회는 이번 대회의 방향을 임시정부 봉대, 광복군 후원 그리고 외교운동의 전개로 정하고 한시대·김호·송종익을 하와이 파견대표로 선임하였다.[79]

한편 하와이 국민회와 동지회도 이번 대회를 임정 중심의 대동단결과 광복대업의 촉성에 두었다. 그런데 하와이 두 단체는 이번 대회 참가단체의 범

---

75) 도진순 주해, 《백범일지》, 382쪽.

76) 《新韓民報》, 1941년 1월 9일, 〈중상회결〉·3월 6일, 〈중상결의〉 참조.

77) 이 때 회신한 내용은 다음과 같다.
미주 국민총회 대표 3인을 하와이로 파견하여 하와이 국민총회 대표와 동지회 중앙부 대표, 3개 단체의 대표회를 열어 미주와 하와이 재류동포의 광복군 후원과 외교진행의 일치를 협의할 일(《新韓民報》, 1941년, 3월 6일, 〈중상결의〉·13일, 〈임시중앙집행위원회 결의〉).

78) 〈임시중앙집행위원회 회록(1942. 3. 9)〉(《대한인국민회 중앙집행회의록(1941~1944)》, 연세대 현대한국학연구소 소장자료).

79) 《新韓民報》, 1941년 4월 10일, 〈미주국민총회대표 하와이로 전왕〉.

위와 출석대표의 자격을 임시정부를 신뢰하고 옹호하거나 또는 이를 서약하는 단체로서, 전권을 가진 신임장을 휴대하고 자격심사위원의 승인을 득한 자로 하였다.[80] 이러한 방침은 북미 국민회가 제기한 3단체 중심의 대회에서 벗어나 미주내 모든 한인단체로 참가대상을 확대시키는 것이다. 이상을 정리해 볼 때 해외한족대회는 임시정부를 옹호, 지지하는 모든 단체가 참가한 대규모 대회로 준비되었음을 알 수 있다.

해외한족대회는 북미 국민회 대표 3인이 4월 16일 호놀룰루에 도착하면서 본격적으로 준비되었다. 북민 국민회 대표는 하와이 국민회 대표 안원규 · 김현구와 동지회 대표 이원순 · 안현경 · 도진호를 중심으로 개회준비위원회를 구성하였다. 준비위원회는 美 · 布의 주요 단체에 대표 출석을 요구하는 한편 원동의 제 단체 참가를 중경 임시정부에 요청하였는데, 임시정부에 일이 많아서 떠날 수 없다는 김구의 회신으로 임정대표의 참가는 포기해야 했다.[81] 하지만 임정은 4월 20일로 대회준비회에 보낸 공함에서 이번 대회에 큰 기대를 표명하고 대미외교문제와 광복군후원문제를 특별히 당부하였다.

해외한족대회에 참가한 단체와 대표는 북미 두 곳, 하와이 7곳 총 9개 단체에 15명이었다.[82] 그런데 북미 국민회와 하와이 국민회 · 동지회는 각 3인

---

80) 위와 같음.

81) 재미한족연합위원회, 《해방조선》(여강출판사, 1986), 151쪽.

82) 참가한 각 단체와 대표자 명단은 다음과 같다.
- 북미 대한인국민회 대표 : 한시대 · 김호 · 송종익
- 동지회 대표 : 안현경 · 이원순 · 도진호
- 하와이 국민회 대표 : 안원규 · 김현구 · 김원용
- 중한민중동맹단 대표 : 차신호
- 대조선독립단 대표 : 강상호
- 한국독립당하와이총지부 대표 : 임성우
- 조선의용대미주후원회연합회 대표 : 권도인
- 하와이 대한부인구제회 대표 : 민함나 · 심영신

하와이 대한부인구제회는 국민회측(심영신)과 동지회측(민함나)으로 나누어져 있어 두 단체로 보아야 한다. 그 외 하와이 국민회장 조병요와 동지회 중앙부장 손승운은 정식 대표는 아니었지만 소속단체의 대표자격으로 참석하였다. 그리고 김원용의 앞의 책, 410쪽에 대한여자애국단 대표 이성례 · 박경신이 참가했다고 기록한 것은 잘못된 것이다(《新韓民報》, 1941년 5월 8일, 〈해외한족대회준비회〉 참조).

씩 대표로 초청된 반면 그밖의 단체는 대표 1인만 초청되어서 이번 대회는 처음부터 두 국민회와 동지회 중심으로 진행되었다.

나) 대회 내용과 성과

해외한족대회는 4월 19일 대회 진행 임원선정과 20일 대회 의장 안원규의 역사적인 개회식 선언과 함께 4월 29일까지 진행되었다.[83] 회의를 통해 나온 주요 사항은 4월 27일 공동대회를 통해 설명되어 조정되었고, 최종안은 〈해외한족대회 결의안〉(이하 〈결의안〉 으로 칭함)이라는 이름으로 4월 29일 발표되었다. 세측과 규정을 포함하여 총 7개조로 이루어진 〈결의안〉은 그 동안 진행한 해외한족대회의 모든 회의내용을 압축하였다. 주요 내용은 '독립전선의 통일'·'임시정부 봉대'·'군사운동'·'외교운동'·'미국방공작의 원조'·'재정의 통일'·'재미한족연합위원회의 조직' 등 일곱 가지이다.[84]

이번 대회는 대체로 순조롭게 진행되었지만 외교사업을 누가 담당할 것인가에 대한 인선문제로 진통이 있었다. 즉 대미외교를 담당할 사람을 1인으로 두느냐 3인으로 두느냐, 또 이와 관련해 누구를 선정할 것인가에 대해 의견이 분분했던 것이다. 대회 개회 전 임시정부는 대미외교문제에 대해 신설될 외교기관의 명칭을 대한민국임시정부 주미외교위원부로 하되 책임자를 3명 정도 임명할 것을 권유하고, 그 책임자는 무엇보다 순정한 정신과 인격을 갖춘 덕망있는 인사여야 함을 당부하였다.[85]

한편 동지회와 중한민중동맹단은 처음부터 외교사업 안건에 큰 관심을 갖고 있었다. 이미 중한민중동맹단의 한길수는 1938년부터 미국 정부와 국회를 대상으로 외교활동을 활발히 전개하고 있었고, 그 뒤를 이어서 동지회의 이승만도 1939년 구미위원부의 문을 연 후 적극 활동하고 있었다. 그렇지만 이들의 외교활동은 임시정부로부터 전혀 인정을 받지 못하였다. 임시정부는 본단의 존재와 한길수의 외교사업을 인준해 달라는 중한민중동맹단의 요청에

83) 그런데 해외한족대회는 4월 29일 완전히 종료되지 못하고 5월 1일까지 지속하였다.

84) 이하의 〈결의안〉 세부내용에 대해서는 재미한국연합위원회, 〈해외한족대회 결의안〉, 앞의 책, 153~156쪽.

85) 《太平洋週報》, 1941년 5월 31일, 〈재미한족에 대한 임정훈사〉.

대해, "外交目標와 宣傳主旨가 得當치 못하기" 때문에 그 교정을 지시하면서 허락하지 않았고,[86] 또 이승만의 외교활동을 위해 동지회가 요청한 歐美委員部 復活件에 대해서도 의정원에서 구미위원부를 이미 폐지하였으므로 허락할 수 없다는 입장이었다.[87]

이런 상황에서 해외한족대회에서 외교사업을 임시정부의 인준을 받아 실행하겠다고 한 것은 두 단체가 그 동안 시도한 외교활동의 정당성뿐만 아니라 소속단체의 대내외적 위상까지 고려할 수 있는 중요한 사안이었다. 이에 따라 동지회는 이승만을 외교대표로 강력히 추천하였고, 중한민중동맹단은 한길수를 쓴다는 조건으로 이번 대회에 참가하였다.[88] 이런 양측의 강력한 주장 때문에 이번 대회가 무산될 정도였으나 3일동안 인선문제에 매달린 끝에 북미 국민회 대표 김호의 노력으로 외교대표를 이승만으로 국방봉사원을 한길수로 정하는 것으로 해결했다. 그리고 외교사무를 1인이 專務하되 시국의 전개와 사무의 증가를 따라 인원을 증원시키며, 외교위원부에 관한 모든 것은 임시정부로부터 정식 승인을 받은 후 진행하는 것으로 하였다.

김호의 제안은 수용되었으나 임시정부가 기대했던 수준은 아니었다. 비록 외교기관의 명칭은 임정이 제시했던 주미외교위원부로 받아들였으나 외교원 1인의 선임은 임시정부의 3인案과는 맞지 않았던 것이다. 임정 봉대를 외쳤던 미주 한인들이 이해관계 앞에서는 결국 이상보다 현실의 논리에 따르는 모습을 보였던 것이다.

이런 인선과정에도 불구하고 전체적으로 볼 때 해외한족대회는 성공적으로 치루어진 대회였다. 해외한족대회 결과 미주 한인사회는 임시정부의 기치하에 완전히 통일되고 미주 한인사회를 통할할 최대의 연합기관인 在美韓族聯合委員會를 설립할 수 있었다. 이에 따라 이후 미주 한인사회는 재미한족연합위원회를 중심으로 대대적인 독립운동을 전개하게 되는데 이는 미주 한인 역사상 유례없는 성과였다.

---

86) 〈大韓民國臨時議政院 記事錄(大韓民國 21년~23년)〉(《韓國獨立運動史資料(臨政篇)》 1, 국사편찬위원회, 1983), 93쪽.

87) 위와 같음.

88) 〈제2계 중앙집행위원회 회록(1941. 5. 8)〉(《대한인국민회 중앙집행위원회의록, 1941~1944》, 연세대 현대한국학연구소 소장자료).

이런 성공적인 해외한족대회에 대해 임시정부를 비롯한 독립운동의 제단체들과 미주 한인들은 대대적인 환영과 찬사를 보냈다. 먼저 임시정부는 이번 대회로 인해 미주 한인사회가 임시정부로 통일된 데 대해 매우 높이 평가하였고,[89] 김구는 이번 대회가 미주 독립운동의 역사상 신광채를 표현한 것으로 축하하였다.[90] 중경의 민족전선연맹은 해외한족대회 의장 안원규에게 보낸 통신(1941. 8. 1)에서 성공적인 해외한족대회의 역사적 의의를 높이 평가하고, 아직까지 중국관내의 독립운동단체들이 통일되지 못한 것에 깊이 반성하며 미주 동포들의 본을 따라 통일운동에 공헌할 것임을 다짐하였다. 이를 볼 때 해외한족대회의 성공은 민족전선연맹측으로 하여금 임시정부의 한국독립당과 통일전선운동을 재추진하는데 적지 않은 영향을 끼쳤을 것으로 보인다.

한편 미주의 한인들은 이번 대회의 성공을 그 동안의 실패를 딛고 나온 '犧牲'의 산물이며, 그 중에서도 가장 어려운 '주장의 희생'으로 이루어진 값진 경험으로 평가하였다. 그리고 이번 대회를 계기로 미주와 하와이·멕시코·쿠바 재류동포의 통일전선을 완성하여 해외한족이 다같이 임시정부의 기치하에 서게 된 것은 해외한인 역사상 처음 있는 일로 평가하였다. 이와 같은 각계의 반응들을 살펴 볼 때 이번 해외한족대회는 일제시기 미주 한인사회 역사상 매우 자랑할 만한 업적 중 하나였다고 평가할 수 있다.

다. 재미한족연합위원회의 조직과 활동

재미한족연합위원회(이하 '연합회'로 약함)는 미주 한인사회의 분산된 독립운동을 한 군데로 집중하기 위해 9개의 주요 단체들이 연합해 결성한 독립운동기관이었다. 연합회의 설립목적을 보면 조국의 독립운동과 그 전선을 통일하여 항전 승리를 획득하는 동시에 동포사회의 발전을 위해 연락, 협조하는데 두었다. 즉 해외한족대회에서 결의한 독립전선의 통일, 임시정부의 봉대, 군사 및 외교운동의 전개, 미국방공작의 후원, 그리고 재정수합 등, 이 모든 일을 직접 실행하기 위해 연합회가 결성된 것이었다. 이런 연합회의 성격은

89) 〈第33回 議會議事錄〉(《韓國獨立運動史 資料(臨政篇)》 1), 117~118쪽.
90) 《新韓民報》, 1941년 6월 26일, 〈임시정부 당국은 한족대회를 가장〉.

연합회가 단순히 배후에서 독립운동을 지원하는 후원기관이 아니었음을 의미한다.

연합회는 〈해외한족대회결의안〉이 선포된 1941년 4월 29일 결성이 되었으나 이 날 발표는 형식상의 선언이었고 실제 결성은 의사부와 집행부가 각각의 조직을 갖추면서다. 연합회의 조직은 해외한족대회에서 그 대강이 결의됨에 따라 하와이 호놀룰루의 의사부와 북미 로스엔젤레스의 집행부로 구성한 2원체제의 위원제 방식으로 조직되었다.[91]

참가단체의 대표수는 회원수 비례에 따라 배분되어[92] 회원수가 많은 두 개의 국민회와 동지회가 사실상 연합회를 주도하였다. 해외한족대회 당시 회원비례의 원칙은 정확하지 않으나 100~150명을 기준한 것으로 보이며, 1943년 제2차 전체위원회(4. 28~5. 8)에서 회원 50명당 대표 1인으로 확대하였고, 그 이후엔 회원, 단체의 大小를 불문하고 평등한 참여로 나아갔다. 연합회 임원 임기는 결성 초기 정해져 있지 않다가 1942년 제1차 전체위원회(4. 3~7, 5. 4~7)에서 2년으로 확정하였다.[93]

연합회의 운영방침은 해외한족대회에서 결정된 대로 常例會가 없고 특별한 사정으로 의사부와 집행부 공통결의로 임시로 소집하는 것으로 하였다. 이에 따라 연합회는 별도의 중앙조직이 없이 매년 全體委員會를 열어 현안문제와 장래사업 등을 논의하였다. 연합회의 전체위원회는 총 3회(1942~1944) 시

---

91) 해외한족대회에서 결의된 연합회 설치 중 조직에 관한 사항을 보면 다음과 같다.
- ㅇ연합위원회는 의사부와 집행부로 하여 의사부는 하와이에 있는 대표원으로 집행부는 미주에 있는 대표원으로 각각 조직함.
- ㅇ본회는 재미한족의 정치단체로 구성함.
- ㅇ본회의 기관은 위원제로 하고 위원은 해외한족대표대회 출석대표 전수와 하와이 국민회 · 동지회 · 미주 국민회 수석으로 선출함.
- ㅇ하와이에 있는 위원 전부로 의사부를 조직하고 미주에 있는 위원 전부로 집행부를 조직하되, 각 위원의 결원보충은 각기 전임자 소속단체에서 행케함.
- ㅇ본회는 상례회가 없고 특별사정으로 의사부와 집행부 공통결의를 따라 임시로 소집케 함.

92) 여기에 대해서는 "What U.K.C. Stands For : Its Program," *The Korean National-Pacific Weekly*, Jan. 20, 1943.
柳一韓, 〈단체에 대한 인식 착오〉(《新韓民報》, 1943년 8월 12일).

93) 《新韓民報》, 1942년 5월 14일, 〈재미한족연합위원회 제1차 전체위원회 결의안〉.

행되었는데 회기를 정하지 않았는데도 시국사정에 따라 매년 봄철 정기적으로 개최되었다.

연합회의 재정사무는 해외한족대회에서 집행부에서 맡는 것을 원칙으로 하였으나 그대로 시행되지 못하고 각부가 독자적으로 재정을 관리하였다. 이것은 의사부와 집행부의 위치가 지역적으로 상호 멀리 떨어져 있는 관계로 각지에서 수봉한 재정을 한 곳으로 집중하기 어려운 일이었고, 실제 운영면에서도 통합관리할 중앙기관이 없는 연합회 속성상 시행하기 힘든 것이었다.

1943년 제2차 전체위원회에서 집행부와 의사부의 행정범위를 조정하여 전체적인 일은 집행부가 담당하고 지역적인 것은 각부가 자체적으로 담당하는 원칙을 결정하였다.[94] 이로 인해 연합회의 중경특파원 파견문제나 워싱턴사무소 설립 등 주요 사안에 대해 두 부가 공동으로 추진해 나갔다. 그렇지만 전체적으로 볼 때 연합회 조직과 운영은 일정한 원칙에 의해서라기보다 지역적 특성에 맞게 독자적으로 조직·운영되었고, 중요사항에 대해선 각부의 상호협의하에 추진하였다.

연합회의 활동은 각 방면에서 다양하게 전개되었다. 먼저 모든 재정을 獨立金으로 통일한 해외한족대회의 결의에 의거하여 임정과 주미외교위원부에 대해 재정을 지원하였다. 1941년 2만 달러의 1년 예산에서 시작한 뒤 그 이듬해는 연 6만 달러로 확대해 2/3는 임시정부에 1/3은 주미외교위원부에 지원하기로 하였다. 설립 이후 1948년까지 연합회가 임정에 지원한 금액은 5만 8,201달러이며, 주미외교위원부에 2만 6,520달러를 지원하였다. 그런데 이와 같은 지원금액은 전체 독립금 수입 14만 9,481달러의 38.9%와 17.7%에 해당되는 것으로 당초 계획했던 2/3를 임정에, 1/3을 주미외교위원부에 지원한다는 원칙대로 이루어지지 못한 것이었다.

이와 같은 현상은 먼저 1943년부터 주미외교위원부 개조문제를 둘러싸고 연합회와 이승만과 갈등을 빚으면서 독립금 수입이 급격하게 감소한 때문이었다. 그러나 보다 근본적인 것은 임정에 대한 재정후원을 무조건적으로 시

94) 《新韓民報》, 1943년 5월 13일, 〈재미한족연합위원회 제2차 전체위원회 결의안〉.

행한 것이 아니라 연합회의 요구조건이 충족되는 것에 따라 지원하려 했기 때문이었다. 이에 따라 연합회는 이승만과의 갈등에 대해 임시정부가 동지회 편중책을 펴 나가자 재정지원의 감소 및 중단으로 대응하였다. 이 때문에 임정에 대한 연합회의 재정지원도 1944년부터 급격히 감소하였다. 이러한 재정지원 모습은 독자적인 위상과 권위를 확보해 가려는 연합회의 의도를 잘 보여주는 것이었다.

연합회의 선전외교활동은 해외한족대회에서 결의한 주미외교위원부(이하 '위원부'로 약함)를 통해 전개하였다. 위원부는 해외한족대회에서 민간외교보다 정부외교로 실시한다는 계획하에 설립되었고 1941년 6월 임정의 승인을 얻으면서 공식적인 외교기관이 되었다. 위원부는 미국정부를 상대로 임정승인활동과 군사지원활동을 전개하였다. 그러나 전자의 임정승인활동은 미국이 임정을 비롯한 한국독립운동 단체들을 불신한 데다, 자국의 대한정책이 영국 · 중국 · 소련과의 협력을 통해 현 전쟁의 승리와 전후 안정에 더 치중해 신탁통치로 확정하면서 별 효과를 거두지 못하였다. 그리고 이승만의 무기대여요청도 미국정부의 임정승인문제와 결부되어 성과를 거두지 못하였다. 그런데 이승만이 제기한 재미한인의 군사훈련계획은 미 군부에 받아들여져 1942년부터 장석윤 · 장기영 등 38명이 카타리나섬에서 두 차례에 걸쳐 군사훈련을 받았다.[95] 이러한 군사훈련은 이후 미 군부가 납코(NAPKO)작전과 중경에서 추진된 독수리작전(Engle Project), 그리고 화북작전 등을 수행하는데 좋은 기반을 제공해 주었다.

연합회는 미국방후원공작활동의 일환으로 로스엔젤레스와 샌프란시스코(San Francisco) 그리고 호놀룰루에 각각 한인경위대를 설치하였다. 연합회는 1942년 3월 31일 임정으로부터 관리권을 받은 후 한인경위대를 광복군의 군사조직으로 편성하였고,[96] 1942년 4월 26일에는 가주정부로부터 맹호휘장을 받아

---

95) Clarence N. Weems, "*Washington First Steps Toward Korean－American Joint Action(1941～1943)*," 《韓國武裝獨立運動에 관한 國際學術大會 論文集》(한국독립유공자협회, 1988), 337～338쪽.

96) 《新韓民報》, 1942년 4월 30일, 〈임시정부의 한인경위대에 관한 전보〉 · 5월 7일, 〈재미한족연합위원회 집행부 보고〉 · 11월 5일, 〈임시정부 국무회의 중요기사〉.

일명 '맹호군'으로 부르게되는 등 활동기반을 확대해 나갔다.[97] 한인경위대는 1943년 6월 미육군부의 방침에 의거 그 권리를 상실할 때까지 각종 시위행렬과 방송선무활동 등에 참가하여 과거 박용만·盧伯麟 등에 의해 전개된 미주 한인의 무장독립운동정신을 이어갔다.

한편 연합회는 이승만과 위원부 사무확대문제로 마찰이 일자 단독으로 워싱턴사무소를 설치해 독자적인 선전외교활동을 전개하였다. 먼저 태평양협회(I. P. R)나 국제연합구제협회(UNRRA) 등 국제회의에 참가해 한국문제를 선전하였고, 미국내 한인포로의 전시활용을 교섭하였으며, 미국무부와 교육부 등 부서에 한국문제에 대한 보고서를 제출하였으며, 각종 집회에서의 연설을 통해 한국문제를 선전하는 활동을 전개하였다.[98] 해방 이후 연합회 대표단이 한국에 입국하려 할 때 미정부가 쉽게 허가를 내 줄 수 있었던 것은 바로 이런 활발한 활동을 계기로 미정부가 연합회의 존재를 인정하였기 때문이었다.

이밖에 연합회는 재미한인의 안녕과 복리를 위해 한인증명권 발급을 통한 생명 및 재산보호에 주력하였다. 그리고 미국방을 위한 인적·물적 지원을 위해 국방공채발매 및 승전후원금모금활동과 각종 위문활동, 미군 부대 내에서의 한인사역활동 등을 위해 크게 노력하였다.

연합회는 1943년 이승만과 연합회 사이에 제기된 위원부 사무확장문제로 갈등과 마찰을 빚은 후 동지회의 탈퇴로 이어지면서 약화되기 시작하였다. 이어서 1944년 10월 위원부개조를 위한 미주 한인 전체대표대회(10. 28~11. 5)의 결정이 동지회 불참을 이유로 임정에 의해 거부되자 연합회와 임시정부와의 관계 또한 악화되었다.

이러한 관계악화로 연합회는 임정 봉대를 외쳤던 설립 초기의 정신을 버리고 독자활동을 추진하였다. 이것은 1944년 4월 통일내각을 성립해 대내외적인 위상을 재정립하고 독립운동의 역량집중을 도모해 나갔던 중경 임정의 노력과 기대를 무산시키는 것이었다. 이러한 독자활동 모습은 1945년 4월 샌

97) 《新韓民報》, 1942년 4월 30일, 〈의기가 하늘에 닿은 한중비 3국인 경위대 관병식의 장관〉·〈맹호휘장의 연대기〉.

98) 도 984, Report UKC in America Washington Office of The Secretary of Public Relations(June 5, 1944-February 5, 1945), 독립기념관 소장자료.

프란시스코에서 개최된 국제연합창설대회에서 이승만이 중심이 된 정부대표와는 별도로 연합회가 한족대표를 조직해 추진함으로써 표면화하였다. 그리고 해방 후에는 연합회 단독으로 국내대표단을 조직해 미정부의 공식허가를 받아 통일국가수립운동을 전개하였다.

이와 같은 연합회의 모습은 과거 임정 및 기타 독립운동단체들의 재정후원과 이승만·안창호 등 특정인물의 외교활동에 대한 재정후원에만 주력했던 방식에서 벗어나 직접적이고 자주적인 독립운동방식으로 전환하는 것이었다. 이것은 연합회 결성 이후 나타난 새로운 모습이며 미주지역 독립운동의 큰 변화라 할 수 있으나, 전체 독립운동사상에서 볼 때 독립운동전선의 분열을 의미하는 아쉬움을 보여주는 것이다.

〈洪善杓〉

2) 일본지역 민족운동

재일조선인 민족해방운동은 1920년대 말 30년대 초를 거치면서 새로운 모습을 띠어 갔다. 물론 여기에는 내적인 요인보다도 외적인 요인이 우선적으로 작용했음은 물론이다. 그것은 당시 식민지·반식민지 민족해방운동이 배태할 수밖에 없었던 불가피한 상황인지도 모르겠다. 코민테른(Comintern)의 절대적인 권위에 당시의 혁명가들은 독자적인 노선을 견지하는 일이 거의 불가능했던 것이다.

조선인의 도일을 촉진시킨 요소는 1930년대에도 상존했다. 그것은 내부적인 요소와 외부적인 요소로 나누어 설명할 수 있다. 내부적인 요소로는 가뭄과 수해를 들 수 있고, 외부적인 요소로는 중국인 노동력의 수입을 거론할 수 있다.

먼저 내부적인 요소를 보면, 1930년대의 경우도 농가 영농수지나 부채상황은 더욱 악화되었고, 가뭄과 수해 등 자연환경이 농가에 미치는 피해도 1920년대와 크게 다르지 않았다. 수해와 가뭄은 1930년대에도 그치지 않았다. 1930년대 가장 큰 피해를 주었던 가뭄은 1932년과 1935년의 가뭄이었다. 1932년 가뭄은 이른 봄부터 시작되어 남부지방에 큰 타격을 주었다. 곡창지대로 수리시설이 잘 갖추어진 경상도·전라도에서도 수확의 절반이 감소한 것은 물론이고 수만 명의 이재민을 냈다. 조선총독부가 8월부터 구제를 시작했으나 경상남도의 경우에만 7만 명의 이재민이 발생했다.[1)]

1935년의 가뭄은 3월부터 5월까지 북부지방에, 6월부터 8월까지는 남부지방에 피해를 주었다. 피해는 전국적이었으나 이 가운데 충청도와 전라도의 피해는 가장 심했다. '30년만의 가뭄'이라고 할 정도의 재해로 전라남도에서만 10만 호의 이재농가가 발생했고, 전라북도에서는 6만 7,000호가 이재농가로 기록되었다. 이 가뭄의 여파는 이듬해까지도 가시지 않아 1936년의 춘궁기까지 이어졌다.[2)] 이러한 가뭄은 농민의 이촌을 촉진함은 물론 조선인의 도일에도 영향을 미쳤다.

외부적인 요소로는 중국노동자의 유입, 높은 실업률, 다양해진 직업구성 등으로 설명될 수 있는데, 이러한 요소는 1930년대 조선인의 도일을 재촉하였다. 조선총독부는 1930년 12월에 중국인 이민노동자 사용인원을 제한하는 법적인 규제를 시행하고, 전국 각지에 직업소개소를 설치하며, 궁민구제·토목사업을 실시하는 등 국내 사회를 안정시키기 위한 최소한의 노력을 기울였으나, 조선인의 도일을 진정시킬 수는 없었다. 이상과 같은 요소는 1930년대 재일조선인의 증가를 초래하는데 중요한 원인이 되었다.

1930년대 이후 재일조선인 민족해방운동은 방향전환기, 1930년대 전기와 후기, 그리고 강제연행기로 잠정적인 구분을 통해 운동의 양상을 정리해 볼 수 있다. 이 때 시대구분의 우선적인 고려의 축은 강제연행이 실시된 1939년이다.

(1) 1930년대 일본지역 조선인의 상태

가. 1930년대 전반

1930년대 일제의 도일정책은 조선인의 도일과 일본 생활에 결정적인 영향을 미쳤다. 1930년대의 도일정책은 일시귀선증명서제도와 도항소개장 발급제

---

1) 정혜경, 《일제하 在日한국인 민족운동의 연구－大阪지방을 중심으로－》(한국정신문화연구원 박사학위논문, 1999).

2) 《동아일보》, 1935년 8월 20·23일, 9월 7일, 11월 13일.

도로 대변된다.[3)]

1929년 8월에 내무성 경보국장이 각 부현에 내린 통첩 〈조선인노동자 증명에 관한 건〉을 통해, 조선인은 일시귀선증명서제도 아래 놓이게 되었다. 일본이 이 제도를 만든 것은 일본 내에서 필요한 조선인 노동자의 이동을 막고, 필요없는 조선인을 귀국시키려는 의도에 기인한다. 즉 그 대상을 어느 정도 확보할 필요가 있는 공장 및 광산노동자를 일시귀선증명서제도로 묶어두고, 그외 다른 직업의 일본거주 조선인이 일시 귀국한 경우에는 재도일을 막고자 하는 것이었다.

일시귀선증명서제도를 통해 도일조선인의 증가를 억제하는 효과는 있었으나, 아울러 도일조선인의 귀환율에도 영향을 주어 조선인의 정주화를 강화하는 결과도 낳았다. 따라서 1930년대 중반부터 일본 당국의 정책은 거주 조선인의 일본인화에 집중되었다.

일시귀선증명서제도는 1930년 7월에 약간의 보완을 거친 후 1930년대 전반에 걸쳐 조선인의 도일을 통제하는 제도로서 역할을 담당했다. 그러나 일시귀선증명서제도를 한층 강화한 1930년대 도일정책의 결정판은 1936년 5월에 경무국이 발송한 〈규례통첩〉이다.[4)] 이 통첩은 당시까지의 모든 도일관련 규제가 갖는 문제점을 보완한 것으로, 주요한 것은 도일을 원하는 조선인은 본적지나 주소지 소재 관할경찰서장으로부터 도항소개장을 발급받아야 한다는 점과 일본거주 조선인의 피부양자 도일과 관련한 여러 기준을 마련한 점 등이었다.

이 규정에 의하면 피부양자가 도일을 할 경우에 일본에서 조회를 거친 후 관할경찰서장이 발급하는 도항소개장을 소지해야 했다. 이 도일규제를 통해 일본은 조선인의 도일을 더욱 철저하게 저지하고자 했다. 이러한 규제는 강제연행기에 들어서면서 전면적으로 도일정책이 바뀔 때까지 도일정책의 근간을 이루었고, 이렇게 도일한 조선인은 다음과 같다.

---

3) 자세한 내용은 정혜경, 앞의 책 참조.

4) 內務省 警保局, 〈特高警察通牒〉(朴慶植 編, 《在日朝鮮人關係資料集成》 3), 20~23쪽.

〈표〉 1930년대 재일조선인의 추이

연 도	거주 조선인수		
	(1)	(2)	(3)
1930	298,091	419,009	419,009
1931	311,247*	437,519	427,275
1932	390,543	504,176	433,692
1933	456,217	573,896	500,637
1934	537,695	689,651	559,080
1935	625,678	720,818	615,869
1936	690,501	780,528	657,497
1937	735,689	822,214	693,138
1938	799,878	881,347	796,927

*《日本帝國統計年鑑》; 朴在一, 《在日朝鮮人に關する綜合調査硏究》(新紀元, 1957), 23~29쪽; 田村紀之, 〈內務省警報局調査による朝鮮人人口(1)〉(《經濟と經濟學》 46, 1981), 58쪽.

나. 1930년대 후반

일제시대 조선인은 강제연행되었다. 조선인은 강제연행되어 일본뿐만 아니라 만주·사할린·남양군도·남방지역으로 끌려 갔다. 선행연구에 기초해 조선인 강제연행의 역사는 연행방식에 따라 세 시기로 나누어 설명할 수 있다.[5)]

제1기는 1939년 9월부터 1942년 2월까지의 이른바 '모집'이라는 방식을 쓴 시기이다. 1939년 7월 28일자 내무·후생 양차관 명의의 통첩 〈조선인 노무자 내지(일본) 이주에 관한 건〉에 의해 탄광·광산·토건업 등을 하는 업자에게 조선인 집단연행이 허가되었다. 일본의 회사는 필요한 조선인 노동자 수를 정해 일본 정부의 허가를 받아 모집책임자를 조선에 파견, 조선총독부가 모집할 지역을 배당해 주었다. 1939년 9월 중순부터 조선총독부가 할당한 지역으로 출장간 모집책임자는 집단모집을 자행했던 것이다.

제2기는 1942년 3월부터 1944년 8월까지로 〈조선인 내지 이입 알선요강〉에 의거하여 조선총독부의 외곽단체인 조선노무협회가 노동자의 알선, 모집

5) 강제연행사에 대한 개략적인 내용은 김인덕, 〈일본지역 강제연행 연구－연구사에 대한 비판적 검토－〉(《한국민족운동사연구》 17, 1997) 참조.

사업의 주체가 되었던 이른바 '관알선' 시기이다. 이 시기에 노동자는 조선을 출발할 때부터 부대식으로 편성되었으며, 모집지역도 평안도와 함경도를 뺀 전지역으로 확대되었다. 1942년 경부터는 폭력적인 방법으로 연행이 진행되었다. 특히 이 시기에는 연행할 수 있는 사람은 할당된 수의 7·8할 정도밖에 되지 않아 본래 연행대상이었던 노동자의 연령이 20세부터 35세까지를 지키지 않았고, 13~15세의 소년과 50세 이상이나 되는 사람까지, 즉 어린이로부터 늙은이까지 확대 연행해 갔다.

제3기는 1944년 9월부터 1945년 8월 패전에 이르는 시기로 〈국민징용령〉이 적용되어 공공연히 무차별적으로 강제연행이 자행되었다. 이와 함께 학생과 여성노동자를 동원하는 일도 더욱 강화되어 8월에는 학도근로보국대와 여자정신대를 결성하여 조선인들을 전쟁에 강제동원했다.

이상의 내용에서 주목할 점은 이미 제1시기 모집단계에서부터 일본정부와 조선총독부 및 그 하부조직이 강제동원과정에 적극 개입하고 있었을 뿐만 아니라 그 모양이 노예노동의 성격을 띠고 있었다는 점이다.

강제연행에 대한 총수치는 자료에 따라 일정치 않으나 일제가 스스로 만든 자료에 의거해도 일본으로 노무동원된 수는 150여 만명으로 추산된다. 특히 琴秉洞은 일본 당국이 계산한 조선동포의 일본 도항자 수는 전반적으로 볼 때 실제 수보다 적다고 전제하고 각종 관청통계 중에서 각 연차별로 가장 높은 숫자를 골라 1939년부터 1945년까지의 총연행자 수를 151만 9,142명으로 추정하기도 했다.[6]

(2) 재일조선인 민족해방운동의 방향전환

가. 지속적인 재일조선인 민족해방운동

재일조선인 민족해방운동의 방향전환을 가져온 1929년에도 지역적·대중적 기반을 가진 재일조선인 민족해방단체는 지속적으로 투쟁했다. 재일본조선청년동맹 제2회 대회가 1929년 4월 열렸으며 '재건고려공산청년회 일본부'가 조직되었다. 그리고 무산자사·노동계급사가 활동했다.

---

6) 琴秉洞, 〈일본 제국주의의 조선동포 강제연행과 학살의 실태에 대하여〉 상(《月刊朝鮮資料》, 1974. 8).

특히 재일본조선노동총동맹은 1929년 결집력을 회복하고 활동을 부흥시키며 다수의 노동자를 획득했다. 토쿄(東京)·카나가와(神奈川)·교토(京都)·오사카(大阪)의 각 조선인노동조합대회가 열렸고, 도쿄에서는 800명, 카나가와에서는 600명의 노동자가 모였다. 1928년 12월 3일 창립대회 이후 니이가타(新潟)현조선노동조합이 재일본조선노동총동맹에 정식으로 가입했고 효고(兵庫)현에서도 1929년 4월 효고현조선노동조합이 성립되었다.

1929년 재일조선인 노동운동은 재일본조선노동총동맹의 해체가 거론되는 시기에도 다양한 활동을 전개했는데,[7] 1929년 4월 조직된 '재건고려공산청년회 일본부'의 플랙션에 의해 8월 시기까지 지도되었던 재일본조선노동총동맹은 1928년의 계속선상에서 투쟁을 전개했다.

주요한 활동은 일상적인 투쟁과 함께 조직정비를 위한 대회, 국내 및 일본 혁명운동 지지투쟁과 교육활동을 통한 선전·선동사업·기념일 계기 투쟁·출판사업 등을 지속적으로 전개했다.

1920년대 말 30년대 초 일본지역에서는 재일본조선노동총동맹과 함께 '재건고려공산청년회 일본부'·무산자사·'일본출판부'가 해체기에 직면한 재일조선인 민족해방운동을 주도했다. 특히 '일본출판부'는 1932년 하반기에 일본공산당 민족부 산하 조선인위원회와 연계하여 국내에서 당재건운동을 전개하기도 했다. 그러나 이것은 어디까지나 일시적이었다.

나. 재일조선인 민족해방운동 단체의 해체논의

재일조선인 민족해방운동의 방향전환을 야기한 해체논의는 재일본조선노동총동맹이 주도했고 내용에서는 일본공산당과 전협이 선도했다. 김두용·이의석·김호영 등은 1929년 9월부터 전협의 지도 아래 재일본조선노동총동맹 내에서 해체논의와 해체투쟁을 전개했다.

김두용은 프로핀테른(Profintern)의 식민지 노동자에 대한 인식에 따랐으며 일본지역의 조선인 노동자와 일본인 노동자의 노동조건이 일치한다고 전제하고 임금의 차별, 민족적 차별 등은 일본 노동계급을 위한 것이 아니라면서 차별의 철폐가 일본 노동계급과 공동투쟁하여 실현할 수 있다고 했다. 그리

7) 〈1929年の共産主義運動〉(金正明 編, 《朝鮮獨立運動》 4), 32쪽.

고 당시 일본의 유일한 혁명적 노동단체로 일본공산당의 지도를 받던 전협에 재일본조선노동총동맹이 해소하여 합류할 것을 주장했다. 이렇게 해체를 주도한 사람들은 재일조선인 민족해방운동을 어느날 갑자기 전면 부정했다. 이것은 재일조선인의 정서와 상태, 그리고 재일조선인 민족해방운동진영의 투쟁력을 전혀 고려하지 않은 논리였다.

국제노선이라는 후광을 입고 노동운동의 주류로 등장한 해체논의에 대해 재일본조선노동총동맹 카나가와조선노동조합의 이성백은 시기상조론을 주장하며 반대했다. 이성백은 민족적 결집점의 상실과 운동의 대중성, 진정한 조선과 일본의 연대에 의문을 제기했던 것이다.

오사카에서도 김문준을 중심으로 한 조직적인 반대가 있었다. 그러나 이것은 내용을 갖고 있지 않았다. 따라서 해체반대론자들은 합리적인 설명이 없이 단지 해체주도 그룹의 세몰이에 밀려 파벌주의자들로 규정되었다.

해체 주도그룹은 전국대표자회의 이후 동경에서 상임위원회를 열고 재일본조선노동총동맹 신중앙위원회, 상임위원회의 해체와 그에 대신할 기관으로 전협조선인위원회의 설치를 결정했다. 그러나 재일본조선노동총동맹의 해체는 곧바로 진행되지 않다가 1930년 1월 15일 '재조직 재건투쟁 주간'을 통해서야 전개되었다. 이렇게 전협조선인위원회는 지령·기관지·뉴스 등을 발행하여 가맹조합의 해체를 일상투쟁과 결합시켜 수행하고자 했다. 민족적인 차별을 감내해야 하던 재일조선인 노동자들은 해체를 지지할 수 없었다.

방향전환으로 재일조선인 노동운동을 몰고간 재일본조선노동총동맹의 해체논의는 일본지역 대중단체에게 직접적인 영향을 미쳐 재일본조선청년동맹·학우회도 해소를 결정했으며 이에 연동하여 신간회 동경지회도 자연 소멸되었다. 대중단체가 해체되는 과정에서 조직의 실체가 불분명했던 조선공산당 일본총국은 일본공산당의 지도로 1931년 10월 해체를 결정했다. 그리고 12월 23일 《赤旗》를 통해 해체성명을 발표했던 것이다.

> 대중 자신의 자연생장적 창의에 의해 실천에 옮겨져 日鮮프롤레타리아의 계급적 협동은 광범한 계급전선의 현실적 사태로서 나타났다. … 아직 일부 대중에는 우리 총국의 해체가 적의 압력에 의한 일시적 현상인 것처럼 인식하고 혹

은 지금 정치적 지도부대로서의 총국이 현존하는듯 환상을 가진 자가 없지 않다. 우리가 지금 해체성명을 하는 이유는 주로 여기에 있다. … 단지 해체가 단순한 진영의 해결이 아니고 새로운 투쟁으로의 전향임을 말하면 족하다. 우리는 日鮮프롤레타리아의 모든 혁명적 조직 속에서 자기의 계급적 임무를 발견할 것이다(《赤旗》 61, 1931년 12월 23일).

결론적으로 말하여, 일본지역 재일조선인 민족해방운동의 방향전환을 추동한 프로핀테른의 재일본조선노동총동맹의 전협으로 재편에 대한 지시는 계속적으로 발전한 재일조선인 노동운동과 민족해방운동을 시야에 넣지 못한 것이라고 하겠다. 결국 지역 단위 민족별 노동자의 독자성을 무시한 프로핀테른의 일방적인 시각은 자유노동자 중심의 재일조선인 노동자의 현실을 무시했을 뿐만 아니라 운동을 약화시켰고, 공황기를 맞이하여 재일본 조선인 노동운동은 산업별 체계를 강화하고 노동청년에 주목하여 노동조합 내로 노동청년을 흡수하는데 주력했다. 3·15 탄압과 일본총국에 대한 검거로 일시적으로 약화되었던 재일조선인 노동운동조직은 개건되었던 것이다.

(3) 1930년대 전반 일본지역 민족해방운동

가. 재일조선인 당재건운동

재일조선인 민족해방운동은 1929년 이후 변화기를 맞이했다. 이러한 변화기의 재일조선인 민족해방운동은 일본 사회운동 속에서 이중적 임무를 띤 형태와 일본 사회운동과 조직적으로 분리되어 민족주의적 경향을 노정하며 진행된 경우로 크게 나눌 수 있다. 특히 일본 사회운동과의 유기적인 관계 속에서 전개된 경우에서는 국내의 당재건운동과 보조를 함께 하기도 했다.

재일조선인 당재건운동은 노동계급사를 통해 설명할 수 있다. 노동계급사[8]는 재일조선인 당재건 조직이다. 조직이 결성될 때까지의 과정을 보면, 1931년 10월 초 김치정·김두정은 검거선풍을 피해 황학노·함용석과 조선의 노농대중에 대한 계몽적 출판활동을 전개하기 위해 출판사를 결성하기로 하고 같은 달 10월 김치정·김두정·문용하·최두한·함용석·김봉철 등과

8) 자세한 내용은 김인덕, 《식민지시대 재일조선인운동 연구》(국학자료원, 1996).

창립준비회를 개최했다. 이 자리에서는 다음과 같이 결의했다. ① 무산자사를 해체하고 새롭게 '노동계급사'라는 출판사를 결성하고 《노동계급》을 발행한다. ② 노동계급사가 결성될 때까지 준비활동을 통제하기 위해 임시기관으로 임시 상임위원회를 두고 그 책임자를 김치정, 위원을 나머지 출석자로 하며 각자 동지의 획득을 위해 노력한다. ③ 임시 서기국을 설치하여 책임자에 김치정, 국원에 김두정 · 한봉석으로 결정한다는 것이었다.

1932년 1월 중순에는 무산자사의 후신인 '노동예술사준비회'를 결성했다. 책임자 함용석 중심의 이 조직은 3월 중순 김두정 · 윤기청 · 박경호 · 김치정 · 문용하 등이 참가하여 위원회를 열어 '노동예술사'를 '노동계급사'로 개칭했다. 무산자사와 마찬가지로 표면상 출판사로 위장한 노동계급사는 별도로 편집부를 두었다.

'조선공산당재건투쟁협의회 일본출판부'의 표면조직으로 활동한 노동계급사는 '조선공산당재건투쟁협의회 일본출판부'의 플랙션에 의해 지도되었다. 이 노동계급사의 투쟁목표는 제국의 패권에서 벗어나 사유재산제도를 부인하고 무산계급의 독재를 경과하여 공산제사회를 실현하는 것이었다. 특히 이 조직은 동경에서 일시적으로 출판활동을 수행했다.

노동계급사는 각 기관이 1주 1회의 모임을 갖고 동지의 획득과 출판 준비, 재정 획득에 노력했다. 특히 취지대로 노동계급사는 출판활동을 적극적으로 전개하여, 첫째 김두정이 작성한 〈창립선언서〉를 《노동계급》 창간준비호에 발표했다. 둘째 《노동계급》 창간준비호를 1,000부 인쇄, 납본한 즉시 발매 금지당하지만 계획적으로 조선 · 일본지역의 배포망을 통해 발송 · 배포했다. 셋째 일문 선언서와 《노동계급》 임시호 200부를 인쇄하여 일본과 조선 각지에 배송했다. 이와 함께 노동계급사는 유봉섭이 입수한 〈朝鮮社會運動略史코스〉 50부를 인쇄하고 일문 선언서를 발행했다.

그런가 하면 1932년 9월 29일 김치정 등 20여 명은 회합에서 당재건 준비의 일부가 완료되었다면서 표면적으로 노동계급사를 해산한 것처럼 위장하여 조선공산당 재건의 오르그로 귀국하여 활동하기로 협의했고, 해체를 결의했다.

재일조선인 민족해방운동이 전환되어 가는 시기에 노동계급사의 존재에 대해 김두용 · 박석정 등은 반대했다. 이들은 재일본조선노동총동맹의 해체논의 때 해체를 주도하던 사람들로 일본 사회운동단체에 존재의 올바름과 출판사임을 인지시키기 위해 노력하기도 했다. 그러나 반제동맹을 제외하고 다른 모든 단체는 노동계급사를 인정하지 않았다. 일본공산당은 오히려 노동계급사의 해체를 종용했고, 조직 내 간부 사이에서는 해체가 결의되었다.

나. 일본사회운동과 재일조선인 운동

1930년대 재일조선인의 일본 사회운동 속의 활동을 설명할 때는 우선 일본공산당 조직 내로 조선인 공산주의자들이 대거 들어간 사실을 지적해야 할 것이다.

가) 일본공산당

조선공산당 일본총국이 해산된 이후 재일조선인 공산주의자들은 일본공산당에 가입했다. 일본공산당은 재일조선인 공산주의자를 지원하고 지도하기 위해 1931년 5월 이미 민족부를 설립했다. 민족부는 일본공산당의 중앙상임위원회 직속으로 설립되어 이와타 요시미치(岩田義道)와 마츠오 시케키(松尾茂樹)의 도움을 받은 카자마 죠키치(風問丈吉)가 주도했다. 이 조직에 있어서 조선부문의 지도자는 김치정이었다.

1931년 조선공산당 일본총국과 고려공산청년회 일본부를 해체하고 난 뒤, 일국일당주의에 따라 조직적으로는 일본공산당 세포에 속하여 일본공산당원의 당적을 갖게 되었다. 조선인 공산주의자들은 당 중앙과 지구당 조직의 말단 행동원으로 광범위하게 활동했는데, 도쿄·교토·오사카·고베(神戶) 등지와 조선인이 다수 거주한 아이치(愛知)·후쿠오카(福岡)·야마구치(山口)·히로시마(廣島) 등을 비롯해 전 조선인 사회에서 투쟁을 선도했다.

나) 전 협

전협은 일본 노동운동에 있어 일본공산당의 지도 아래 투쟁을 선도했던 조직이다. 그러나 전협은 재일조선인 노동자들이 다수 가맹했음에도 일본 혁명운동에 있어, 조선인들에게 지분을 주는데 망설였다.

1931년 전협은 일본 혁명운동에 조선인을 동원할 필요성에 대해 인식하였으나, 조선인의 민족문제에 대해서는 아무런 대책도 세우지 않았다. 아무런 대책을 세우지 않았을 뿐만 아니라 도리어 조선인의 민족의식이 계급의식 저해에 영향을 미친다고 비판하는 입장도 있었다. 그 결과 공장을 대상으로 한 조선인 조직화가 생각대로 이루어지지 않았으므로 나온 대책이 바로 민족부의 설치였다.9)

전협 중앙은 조선어부 설치와 관련하여 그 임무를 일본 노동시장에 몰려 있는 50만 이상의 재일조선인 노동자를 광범위하게 조직화하여 일선프로레타리아의 강한 결합 아래 과감히 투쟁을 전개해야 한다고 했다.10)

1932년 9월에 열린 제1회 중앙위원회는 결의에서 재일조선인 노동자가 본질적으로 가장 혁명적인 계급이라고 전제하고, 전협의 중대한 결함의 하나로 이들 중국·조선 및 대만의 혁명적 노동조합운동과의 결합이 결여되어 있음을 지적했다. 나아가 1933년 1월 전협 중앙상무위원회의 〈전국협의회 당면의 임무〉는 이 결의를 더욱 구체화했고, 제1회 중앙위원회는 '소연방 옹호·조선과 대만의 완전독립을 위한 투쟁, 천황제 폐지'를 행동강령으로 내걸고 특히 '제국주의전쟁반대·소동맹과 중국혁명의 옹호·대만과 조선의 독립운동 지지 등과 결부되어야 함'을 강조했다. 이러한 노력의 결과 전협 내에서 조선인 조합원의 수는 증가했다. 1931년에 일본 전국의 전협 조합원은 1만 700명이었는데, 그 가운데 4,100명이 조선인이었다.

실제로 1930년대 이후 일본 노동운동에 있어 가장 전투적 투쟁은 전협이 주도했다. 여기에 산하 조직으로 조선인위원회가 만들어졌는데, 이것은 조선인에 대한 특별조직이었다. 일부의 재일조선노동총동맹원은 조직적으로 해체하여 여기에 들어 갔고, 이후 전협 조선인위원회의 지령 아래 산업별 재조직 투쟁을 계속했다.

조선인 노동조합 해체를 주도한 조선인위원회는 지령·기관지·뉴스 등을 발행하여 가맹조합의 해체를 일상투쟁과 결합시켜서 해체활동을 전개했다. 1930년 4월이 되면 동경조선노동조합 산하 대부분의 조직과 교토·미에(三重)縣 조선노동조합은 해체되어 산업별조합으로 재편성되었다. 이후 전협 산

9) 정혜경, 앞의 책 참조.
10) 內務省 警保局, 〈社會運動の狀況〉(朴慶植 編, 《在日朝鮮人關係資料集成》 2), 460쪽.

하의 산별 조직에 다수의 조선인이 들어갔다.

주목할 만한 조직으로는, 전협 산하 토목건축노동조합[11]이 있다. 여기에는 다수의 조선인이 가입했는데, 재일본조선노동총동맹이 전협으로 해소하고 산업별로 조직되는 가운데 강력한 조직적 역량을 갖게 된 것이 바로 일본토목건축노동조합이었다. 여기에는 재일조선인의 역할이 지대했는데, 조선인으로는 일본토목건축노동조합 본부에 강유홍·이성백·김종선·김수만·김기주·김수혁·함춘성이 각각 위원으로 활동했다.

지역 단위 주요 조직으로는 토쿄·오사카·카나가와·야마나시(山梨)·토야마(富山)지부 등이 있었다. 도쿄지부는 일본토목건축노동조합의 전국적 결성을 계기로 관동자유노동조합이 해소, 흡수되어 조직된 것으로 1931년 10월 말에는 조합원 700명의 조합이 되었는데, 이 가운데는 재일조선인이 500명이었다. 1932년 말에는 약 1,000명의 조합원 가운데 재일조선인이 930명에 달하여 지부의 주도권을 재일조선인이 장악하게 되었다.

카나가와지부는 1931년 4월에 일본토목건축노동조합 본부의 츠네타카(平安名常孝)가 카나가와현조선노동조합의 김일성·김범윤·정호용·김영준 등과 협의하여 결성했다. 초기에 카나가와현조선노동조합은 재일본조선노동총동맹의 해체에 적극적이지 않았지만 대세의 흐름에 순응하게 되었다. 1931년 10월 말에는 조합원수 810명이었으며, 그 가운데 재일조선인이 780명이었다. 이 지부는 그 어떤 조직 보다 전투적이었던 것으로 유명했다.

야마나시지부의 경우를 보면, 야마나시현 국도수리사업에 동원된 재일조선인 가운데 손해수·박상준 등은 토쿄市 직업소개소 실업등록자 재일조선인 300명을 모아 1931년 1월 야마나시토건노동조합을 결성했다. 이 조합은 박상준·강용달 등의 지도로 투쟁력이 강화되었고, 8월에는 일본토목건축노동조합 山梨지부로 개편되었던 것이다. 개편 후 야마나시지부는 조합원이 500명에 이르기도 했다.

한편 오사카지부에서는 이성국·강상호·이상길·구재봉·현호진·이병

11) 자세한 내용은 다음의 책을 참조.
岩村登志夫, 《在日朝鮮人と日本勞動者階級》(校倉書房, 1972).
梁永厚, 《戰後大阪の朝鮮人運動》(未來社, 1994).

화 · 정암우 등의 활동이 두드러진다. 이 가운데 정암우는 1934년 3월부터 일시 와해된 대판지부의 재건을 목표로 직업소개소 노동자에 대해서 격문을 살포하고 박애회의 구성원인 박수봉 · 최봉식 등을 적극 견인했다.

다) 반제동맹

일본에서 반제운동이 현실운동에서 조직적인 내용을 갖게 되기 시작한 것은 1927년 5월 31일 조직된 대지비간섭동맹이라 하겠다. 이후 이 조직은 전쟁반대동맹으로 개조되었는데, 전쟁반대동맹은 1929년 11월 27일에 반제국주의민족독립지지동맹 일본지부로 되고 마침내 일본반제동맹[12]이 되었다.

일본반제동맹은 중앙기관지로 《반제신문》 · 《반제뉴스》 · 《반제자료》 · 《반제팜플렛》을 발행했고, 1934년부터는 《반제신문》 조선어판을 냈다. 특히 일본반제동맹은 재일조선인의 획득을 위해 이윤우를 《반제신문》 조선어판 책임자로 선정했고, 재일조선인은 적극적으로 일본반제동맹에 가입해 활동하게 되었다.

재일조선인 공산주의자들은 조선인만의 운동에 무력함을 느끼고 여기에 가입했으며, 재일조선인은 일본반제동맹이 개인이나 조직의 이해관계와 무관하게 민족 · 사회적 혁명을 재정 · 정치적으로 원조할 것이라는 내용에 매력을 느꼈던 것 같다. 이에 따라 재일조선인은 조직의 선두에 섰던 것이다. 결국 일본반제동맹 구성원의 60~70%는 재일조선인이 차지하게 되었다.

이러한 일본반제동맹은 다음의 내용을 목표로 활동했다. ① 공산주의운동의 일부를 담당한다. ② 제국주의를 반대한다. ③ 소비에트 · 러시아를 방위한다. ④ 중국 및 인도혁명을 지지한다. ⑤ 일본제국주의의 식민지를 해방시키는데 일조한다 등이었다.

특히 일본반제동맹 규약에서는 식민지 독립을 우선 강조했다. 즉 일본제국주의에 반대하고 조선지부, 기타 피압박민족의 정치적 · 사회적 해방투쟁을 지지하는 개인 및 조직을 단결시키고, 이와 함께 일본제국주의 내의 노동자 · 농민과 조선 · 대만 · 몽고 등 일본제국주의에 고생하는 식민지의 피압

---

12) 자세한 내용은 다음의 자료를 참조.
〈社會運動の狀況〉(金正明 編, 《朝鮮獨立運動》 4, 東京 : 原書房, 1967).
〈思想硏究資料〉 特輯71號(《朝鮮人の共産主義運動》, 東京 : 東洋文庫, 1973).

박 민중과 소비에트연방의 노동자·농민을 단결시키며, 조선·대만·몽고 등 식민지의 피압박 민중에 대한 민족적 억압, 차별대우에 맞서 해방을 위해 조선·대만·몽고 등의 민족·사회적 혁명을 재정·정치적으로 원조할 것이라고 했다. 즉 일본반제동맹은 제국주의 반대투쟁에 당면한 정치적 임무가 있다고 전제하고, 일본제국주의 타도를 목표로 하는 조선인과 일본인의 공동투쟁을 강조했다.

그런가 하면 1932년 일본반제동맹 중앙의 조직적인 투쟁으로 7월에 오사카지방위원회가 확립되었다. 오사카지방위원회는 8월에 동아통항조합에서, 9월 하순에는 泉南지방에서 조직원을 견인해 냈다. 또한 12월에는 동·서·남 및 농촌의 4지구에 약 400명의 재일조선인을 조직했다. 오사카지방위원회가 발간한 인쇄물로는 〈8·1 반전투쟁의 국제적 캠페인에 대한 재대판 혁명적 조선노동자는 선두에서 궐기하라〉·〈조선이 나은 반제국주의자 윤봉길의 총살에 대한 반대운동을 일으키라〉·〈神武天皇祭 및 반동의 시위운동을 분쇄하라〉 등의 문건과 팜플렛 《반제신문》(오사카판) 등이 있었다.

라) 코 프

일찍이 재일조선인 프롤레타리아 문화운동은 1927년 3월에 재일유학생인 洪曉民·조중랑·한식·고경흠·이북만 등이 제삼전선사를 조직한 이후 시작되었고, 이 조직은 조선프롤레타리아예술동맹(이하 : 카프) 동경지부로 해소되었다. 이후 이 동경지부는 1929년 11월 해체되어 무산자사로 합류했다. 그런가 하면 무산자사에서 활동하다가 검거를 피한 김두용·박정석·이북만 등은 1931년 11월 카프 동경지부 구성원, 동경조선프롤레타리아 연극연구회원과 도쿄의 조선인 유학생들과 일본프롤레타리아문화연맹과 조선프롤레타리아예술동맹를 적극적으로 지원, 지지하고 확대 강화를 위해 투쟁한다는 강령 아래 동지사를 결성했다. 동지사는 조직의 강화가 도모되고 활발하게 사업이 진행되는 가운데 일본에서 조선과 일본 예술의 공동전선수립의 원칙에 따라 조직을 해산하고 코프(일본 프롤레타리아 문화연맹)에 가입하기로 했다. 동지사는 해체선언을 발표했고, 그 구성원들은 일본프롤레타리아 연극동맹·미술가동맹·작가동맹·과학연구소·영화동맹·사진동맹·무신론자동맹 등에 가입했다.

코프 중앙협의회 서기국은 1932년 2월 조선협의회[13] 설치를 결정했다. 이 조선협의회는 그 목적을 다음과 같이 했다. 첫째로 조선협의회는 재일조선인 노동자를 문화를 통하여 획득하여 전 동맹의 활동을 통일시킴을 그 목적으로 했고, 카프의 확대 강화에 따라서 조선프롤레타리아문화연맹의 확립을 위해 조선 내의 문화단체·클럽 원조를 두번째 목적으로 했다. 그리고 셋째는 조선민족의 문화 연구에 그 목적을 두었다.

조선협의회는 코프 중앙협의회 산하의 청년·소년·부인·농민 등의 협의회와 동등한 지위를 갖았다. 여기에서는 이홍종·박영근·김용제·유정식·은무암·윤기청·정운상 등이 협의원으로 선출되었다.

조선협의회는 당면 임무로 다음과 같은 내용을 정리했다. 첫째 조직의 확립을 위해 각 동맹에서 유능한 일본인 동지를 끌어들여 조선인만이 모여 생기는 섹트적 투쟁을 극복할 것, 둘째 각 동맹의 조선위원회를 확립하여 그 위원회는 조선인에 대한 활동에서 전 동맹적 해결방법을 취하고 그것을 조선협의회에 반영시킬 것, 셋째 각 동맹이 조선인 구성원의 획득에 노력할 것, 넷째 각 동맹의 활동을 강화하고 써클활동을 전개하며 그곳에 뿌리를 박고 《우리동무》 독자회를 만들 것, 그리고 다섯째로 《우리동무》 편집국을 확립하고 여기에 일본인 편집위원을 가입시킬 것, 여섯째 통신원 획득에 힘쓰고 대중적 편집에 노력할 것, 일곱째로 각 동맹은 조선인 노동자에 대한 계몽적 선전선동적 출판물을 가질 것, 또한 대중적 계몽출판물에 적극적으로 조선인 노동자문제를 취급한 기사를 게재시킬 것, 마지막으로 《우리동무》 편집국이 주동이 되어 코프 문고에 조선문제에 관한 적당한 팜플렛을 발행하는 계획을 세울 것 등이었다. 여기에서 거론한 《우리동무》는 김용제·김두용·이홍종 등에 의해 편집된 조선인을 대상으로 한 기관지였다.

조선협의회는 반파시즘의 문화투쟁을 통해 재일조선인 노동자를 조직하고

---

13) 자세한 내용은 다음의 책을 참조.
〈思想硏究資料〉 特輯71號(《朝鮮人の共産主義運動》, 東京 : 東洋文庫, 1973).
고준석 지음, 김영철 옮김, 《조선공산당과 코민테른》(공동체, 1989).
田 駿, 《朝總聯硏究》(고려대 아세아문제연구소, 1972).

일본인 노동자에게 조선문제를 소개하여 관심을 고양시키며 조·일프롤레타리아의 혁명적 제휴를 강화하는 방침을 세우고 구체적인 투쟁을 전개했다.

다. 독자적인 재일조선인 운동

이상과 같이 일본 사회운동 속에서 전개된 재일조선인의 민족해방운동과 함께 민족주의적 경향을 띠며 독자적인 형태로 1930년대에는 재일조선인의 투쟁도 존재했다.

가) 동아통항조합

먼저 동아통항조합의 자주운항운동을 들 수 있다.[14] 이것은 오사카 거주 濟州人이 중심이 되어 제주를 위해 수행한 독자적인 운동이었다.

1923년 12월 15일 제주와 오사카 사이에는 직항로가 개설되었다. 이에 따라 제주인들은 대거 일본으로 도항하기 시작했는데, 1930년을 전후한 시기에는 오사카항을 이용하는 도일자와 귀환자 가운데 제주인들이 부산·목포 등 제주도 이외 지역 13개 항구에서 왕래하는 자들보다 그 수가 10배 이상이 되었다. 또한 이들 제주인 도일자와 귀환자를 합하면 해마다 4만 명을 넘었다. 따라서 제주-오사카 항로는 일본인 선박업자들에게는 황금노선으로 인식될 수밖에 없었다.

문제는 이 항로는 직항로가 개설된 이래 朝鮮郵船과 尼崎汽船 등이 독점적으로 운항하고 있었다는 점이다. 그런데 1928년이 되자 이들 선박업자들은 배삯을 전격적으로 대폭 인상했다. 장사가 됨으로 이들은 보다 많은 이익을 얻으려고 했고, 일제도 이것을 묵인했던 것이다.

배삯인상은 제주인들에게 큰 위협이 되었다. 도민들은 같은 해 4월 자유 도항과 운임인하를 요구하는 대회를 열고, 배삯을 내리도록 선박회사에 요구했다. 당연히 그들은 배삯인하 요구를 거절했다. 이에 신간회 오사카지회는 제주도민 대회를 열고, 배삯인하와 승객에 대한 대우개선을 요구하는 결의를 했다. 그리고 실행위원을 선출하여 교섭하였으나 원만한 해결을 보지 못했다.

한편 오사카 제주인들의 배삯인하 움직임을 감지한 고순흠 등은 자주운항

---

14) 자세한 내용은 김인덕, 〈1920년대 후반 재일제주인의 민족해방운동〉(《제주4·3연구》, 역사비평사, 1999) 참조.

운동을 전개하였다. 그들은 같은 해 12월에 '제주항해조합'과 '기업동맹기선부'를 설립하고 제주—오사카 간의 독립항로를 개설하겠다고 천명했다. 이들은 1928년 12월 1일부터 임대한 第二北海丸을 첫 출항시켰다. 그러나 조직적 기반이 약했던 이 운동은 곧바로 경영난에 빠지고 말았다. 가맹원이 16명, 출자액 300원의 약소한 조직으로 두 선박 회사에 대항하기에는 역부족이었던 것이다. 이에 고순흠은 1929년 3월부터 鹿兒島郵船會社의 하객취급 대리점 운영권을 인수받아 운영했다.

고순흠과는 달리 제주도민들을 조합원으로 하는 소비조합을 만들어 조합이 직접 선박을 운영할 것을 계획한 사람은 오사카지역 제주인의 중심인물인 김문준이었다. 그는 1929년 4월 제주도민 유지간담회를 열고 제주통항조합준비회를 조직할 것을 가결시켰다. 그러나 그는 재일본조선노동총동맹에서의 활동으로 인해 제주통항조합준비회의 일에는 거리를 둘 수밖에 없었다. 그 후 김문준의 뒤를 이은 것은 재일본조선노동총동맹에서 활동하다가 재일본조선노동총동맹이 전협으로의 해소 후 전협에 가맹치 않았던 문창래 · 김달준 · 현석헌 · 현길홍 · 김동인 · 성자선 등이었다. 그들은 "우리는 우리 배로"라는 구호를 걸고 조합 결성을 위해 활동하며, 《제주동아통항조합뉴스》를 발행하기도 하였다.

마침내 오사카의 제주인 4,500명을 조직한 준비회는 1930년 4월 21일에 오사카의 中之島공회당에서 421명의 대의원과 2,000여 명의 방청객이 참여한 가운데 창립대회를 열었다. 이 자리에서는 조합명을 개칭하고, 강령을 내걸었다.[15] 이 동아통항조합은 창립대회 후 개인가입 방식으로 바뀌었고, 그 결과 120개 지구가 참가해 조합원도 10,000명에 달하게 되었다.

나) 조선신문사

1934년 12월 16일 이운수 · 박태을 · 김천해 · 전윤필 등은 합법적인 투쟁을 위해 조선신문사[16]를 조직했다. 고려청년회 일본부에서 활동했던 이운수

---

15) 대회는 조합의 명칭을 '제주통항조합'에서 '동아통합조합'으로 바꿨다. 아울러 다음과 같은 강령을 내걸었다. ① 경영상의 기술과 방침의 정제, ② 민주적 자치적 운영, ③ 도항의 자유 획득, ④ 무산계급 운동의 지지.

16) 자세한 내용은 田 駿, 앞의 책 참조.

는 1934년 5월 출옥해 사회정세의 변화에 따라 합법적인 방법으로 재일조선인을 문화적으로 계몽하고, 민족·계급적 의식을 고양하는 것이 급선무라고 생각했으며, 코민테른 7차대회의 테제를 접하면서 소신을 보다 구체화시켰다. 그는 박태을과 논의하여 재일조선인 일반을 대중으로 하는 합법적 신문의 발간을 협의하고 김천해·전윤필과 1934년 12월 16일 조선신문사를 창립했던 것이다. 사장 겸 편집인쇄인은 이운수였고, 매월 2회 출간하기로 했다.

조선신문사의 활동은 크게 조직의 확대와 신문의 발간이라고 할 수 있다. 조직의 확대에 대한 내용을 보면, 1936년 1월 하순에 권오경·김주담·송인돌·이창린·이광찬·송성철·박서국 등의 7명을 사원으로 획득하고 같은해 2월 10일 제1회 사원전체회의를 열어 이운수·권오경·송성철·이광찬·박태을·김주담·박서국으로 진영을 편성했다. 1936년 2월 중순부터 5월에는 김두용·이북만이 신입사원으로 들어갔다.

같은해 7월에는 구성원들이 조직의 확대와 강화를 위해 노력했다. 특히 주식회사로 조선신문사를 확대하기 위해 이운수는 도쿄·요코하마(横濱)지방의 친일단체나 학생회 등에 들어가 독자 획득에 노력했다. 또한 박태을·송성철은 北陸지방의 재일조선인 기숙사를 순회하여 자금 및 지국 설치에 진력했다. 김천해도 카나가와·시즈오카(靜岡)·나가노(長野)·아이치·케이한(京阪)지방을 다니면서 출옥환영회 및 위안회 등을 지방의 재일조선인 혁명운동세력들이 개최하도록 지도하여 이 자리에서 조선신문사의 목적을 설명했다. 전윤필도 나가노·아이치·石川·富山 등지에서 지국 설치를 위해 노력했다.

《조선신문》에서는 이북만의 〈표리부동한 越境문제의 진상〉·〈외몽고문제에 대한 스탈린씨의 견해〉·〈상승 중국공산군 三東省 태반 점령〉·〈불란서 인민전선 대승리〉 등의 논문이 실렸고, 조선어 폐지 및 공학문제, 한일합방문제, 내선인 차별문제, 내지 도일문제, 주택문제, 실업문제 등을 취급했다. 《조선신문》은 1935년 12월 31일자로 창간호가 나와 약 3백 부가 배포되었는데 나머지 상당수는 차압당했다. 《조선신문》 제1호에서 제7호까지는 매호 약 5,000부를 인쇄했고, 발매금지를 당한 제4호를 제외하고는 각각 토쿄지방 지국에 약 1,500부, 지방 지국에 약 1,000부, 동경지방 각 단체에 약 2,000부, 재일조선인 유지들에게 약 570부, 국내에 약 640부 등이 배포되었다. 조선신문사의 활동은 1936년 7월 말 구성원이 검거되어 종결되었다.

다) 민중시보사

조선신문사와 함께 민족주의적 경향의 투쟁조직으로는 민중시보사를 들 수 있다.17) 《民衆時報》는 1935년 6월 창간되어 김문준·이신형이 주간을 맡았고, 김경중·정재영·김달환·박봉주 등이 구성원으로 활동했는데, 조선민중의 생활개선과 문화적 향상을 촉진하는 것을 강령으로 내걸었다. 특히 재일조선인의 생활권 옹호를 위해 건강상담·법률상담·생활상의 지침을 널리 선동했고, 의료위생·법률상담·공동구입 등은 같은 시기의 소비조합·친목회 등의 활동을 지면으로 옮겨 놓은 것과 같았다.

이렇게 민중시보사 조직이 생활권 투쟁에 힘을 쏟았던 것은 공산주의운동의 태도 변화, 그리고 패배, 생활난과 배외주의의 강화, 동화정책의 본격화를 배경으로 했다. 마침내 1936년 9월 21일 제27호로 《민중시보》는 폐간당하고 말았다.

라) 조선무산자진료소

조선무산자진료소는 질병 발생이 쉬운 열악한 환경에서 생활하는 오사카 거주 조선인들이 언어가 통하는 조선인 의사에게 치료를 받을 수 있도록 하기 위해 조선인 스스로가 만든 일종의 의료조합이었다.

1930년 1월 초에 오사카의대 출신의 정구충 등이 중심이 되어 실비진료소를 개설하기로 하고 30여 명으로 후원회를 조직했다. 1월 27일 동아통항조합준비회 사무소에서 열린 후원회 창립총회는 동아통항조합준비회 간부 현길홍의 사회로 열렸는데, 선출된 임원 가운데에는 동아통항조합준비회 간부가 다수 포함되어 있었고, 사무소는 《조선일보》 오사카 총판매소에 두었다. 조선무산자진료소는 정구충과 閔瓚鎬 등 의사와 조선인 간호사를 갖추고 2월

---

17) 《民衆時報》의 논조와 당시의 활동에 대해서는 다음의 글을 참조.
外村大, 〈1930年代中期の在日朝鮮人運動－京阪神地域·《民衆時報》を中心に－〉(《朝鮮史研究會論文集》 28, 1991). 外村大는 여기에서 1930년대 '민족적 생활권 투쟁'으로 재일조선인의 소비조합운동·교육운동·차가인운동·대판조선무산자진료소 설립·동아통항조합의 운동을 넣고 있다.

에 개업했는데, 개업 당일부터 60여 명이 몰려 성황을 이루었다.[18)]

조선무산자진료소는 1931년 2월 2일에 설립 1주년을 맞이하여 정구충이 진료소를 조선인 무산자대중에게 제공한다고 발표함에 따라 실행기관을 조직하여 운영하기로 하고 오사카조선인무산자진료소로 개칭되었다.[19)] 무산자진료소는 진료확장을 위한 자금확보를 위해 6월에 신재용을 국내에 파견하는 등 진료소 운영을 위해 노력했다.

또한 그 해 8월 21일에 열린 실행위원회 임시대회에서는 조선인이 다수 밀집한 서성구와 동성구에 분원을 설치하기로 했다. 이날 회의에서는 아울러 규약수정안이 검토되었는데, 이를 둘러싸고 의견의 대립이 두드러졌다. 이후 진료소는 일제의 폐쇄조치를 받았다.

마) 소비조합

소비조합운동은 일본 내 여러 지역에서 전개되었는데, 특히 주목되는 것이 오사카지역의 활동이다. 大阪消費組合 東大阪支部는 1933년 10월 1일에 결성되었다. 조합은 1936년 1월 13일에 유지위원회를 결성하고 적극적인 활동을 전개하기로 했는데, 유지위원회는 회원의 수를 늘리고 소비조합 유지를 위해 노력함은 물론이며, 유지회원의 역할을 통해 일반 민중의 사회적 신념을 집중시키는 데에도 역할을 담당하고자 했다.

東大阪消費組合의 적극적인 활동은 당국의 주목을 받아 1936년 1월 16일에 개최할 예정이었던 정기총회가 금지되기도 했다.[20)] 소비조합이 일반 민중의 사회적 신념을 집중하고자 활동을 개시한다는 점은 경우에 따라서 다양하게 해석될 수 있는 여지가 많았던 것이다.

바) 교육운동

일본 내에 조선인이 정주하면서 자녀교육 문제는 중요한 현안이 되었다. 따라서 조선인들은 교육기관을 자체적으로 마련하여 아동과 무학자에 대한 교육을 담당하고, 운동의 근거지로 삼았다.

---

18) 《조선일보》, 1930년 1월 25일, 2월 1·21일 및 1931년 3월 5일.
19) 《조선일보》, 1931년 3월 5일.
20) 《民衆時報》(13), 1936년 1월 1일·《民衆時報》(15), 1936년 1월 21일.

오사카에 설립된 대표적인 교육기관은 1930년대 초 關西共鳴학원이 있었다. 물론 이밖에도 조선촌을 중심으로 야학이 설립되었으나, 공명학원은 몇몇 조선촌이 연합하여 설립한 학교로서 조선인의 기금으로 교사를 마련하여 150명의 아동을 교육했다. 그 후 이 학원은 유지회의 후원 아래 오사카거주 조선인의 자랑이 되었는데, 1932년 2월 1일 당국에 의해 학생 3인이 검속된 후 7월 25일에는 폐쇄되었다.

오성무 · 김재수 · 방남희 · 정순제 등의 교사들은 노동사전, 자본주의 및 사회주의관련 서적을 구입하여 사상연구에 진력하고 아동에게 계급의식을 침투시켰다. 1932년 5월 중순 경에는 방남희와 김재수가 일본프롤레타리아음악가연맹 구성원 3명을 초청하여 연주회를 개최했으며, 러시아혁명가를 가르치거나 계급의식이 있는 영화를 보여주었다. 또한 8월 1일 반전데이를 맞아 학생 2명에게 격문살포 행동대원의 역할을 맡기도 했다.[21]

비록 조선인학교의 교육방향과 교육내용이 학생들을 직접적인 민족운동가로 양성하는 데까지 이르지는 못했으나, 조선어와 조선역사를 가르침으로 조선인으로서의 민족적 자부심을 고취하는데 기여했다.

사) 생활조합운동

1920년대 후반부터 일본에서는 각종 생활조합이 결성되었다. 특히 오사카에는 소비조합을 비롯해 생활조합이 활성화되었다. 이들 조합은 조선인의 생활권을 옹호하고 획득하기 위한 목적에서 결성되었으나 조선인의 경제력을 강화하고 나아가 민족적 정체성을 유지하며 운동의 토대로서의 역할을 하였으므로 이에 대한 일제의 탄압과 방해도 극심했다.

소비조합의 경우는 대부분 공동구매를 주요한 기능으로 담당했으나 그것만으로 만족한 것은 아니었다. 오사카소비조합 동부지부는 일본소비조합연맹에 가입하고 있었는데, 1935년 7월 1일에 소비조합운동의 국제기념일을 맞아 기념운동을 준비했으나 일제의 금지로 무산되었다. 이에 조합은 좌담회를 열기로 하여 1천여 명의 회원이 모였으나, 이것도 역시 해산당했다.

---

21) 內務省 警保局, 〈社會運動ノ狀況〉(朴慶植 編, 《在日朝鮮人關係資料集成》 2), 566쪽.

이와 같이 소비조합이나 생활조합은 그 본연의 기능 외에도 조합원들을 규합하고 민족의식을 고취하며, 반일운동도 전개하는 등 다양한 방법으로 시대적 사명감을 달성하고자 진력했다.

아) 차가운동

1930년대에 일어난 차가쟁의에 대한 통계는 일반적으로 1933년과 1937년 정도만이 알려져 있다. 그러나 주택분쟁이 1920년대 후반부터 발생하여 노동조합과 借家組合을 중심으로 적극적으로 대응한 것으로 볼 때 1930년대에도 주택분쟁의 사례는 적지 않았을 것으로 생각된다.[22)]

〈표〉 1930년대 조선인 주택분쟁 상황

	요구관철		거 절		요구철회		자연소멸		타 협		기 타		총 건 수	
	주택	토지	주택	토지	주택	토지	주택	토지	주택	토지	주택	토지	주택	토지
1933	984	18	113	21	13	7	734	3	–	–	622	14	3999	87
1937	6	1	18	–	1	–	1	–	31	5	8	9	65	15

1933년과 1937년의 분쟁상황은 비교하기에 적당한 통계는 아니지만 전체적인 면에서 보면, 분쟁의 수가 현격히 줄어든다는 점, 총 건수에 비해 자연소멸이나 타협의 수가 많다는 점을 특징으로 들 수 있다. 분쟁의 수가 현저한 차이를 보이는 것은 그만큼 일제의 탄압이 심했음을 의미한다. 1933년에는 자연소멸 건수가 많은 데 비해 1937년에는 타협이 많이 나타난다. 이 가운데 1933년의 경우만을 보면, 거절당한 건수가 3%에 불과하여, 24.6%의 요구관철의 비율과 대비된다.

한편 1930년대 중반에 들어서면 브로커에 의한 사기사건이 빈번히 발생한다. 《민중시보》에서도 브로커에게 사기를 당하지 않는 방법이나 사기사건이 발생했을 때 해결방안 등을 자주 소개하였다. 또한 1930년대 중반부터는 주택분쟁에 대한 일제의 대응도 달라져서 교섭을 통해 해결하기 보다는 무력으로 주택을 철거하는 방식을 자주 사용했다. 그러나 조선인들이 차가조합이

22) 오사카지역 차가쟁의의 내용은 朴慶植 編, 《在日朝鮮人關係資料集成》 2 참조.

나 차가동맹을 통해 대응하는 예는 별로 보이지 않는다. 차가조합은 차가인조합통일동맹 내선통제부와 오사카일반차가인동맹 등 1930년대 초반에 결성되었으나 구체적인 활동을 전개한 것으로 나타나지는 않는다.

자) 기타－선거투쟁과 의혈투쟁－

선거투쟁은 1930년대의 경우, 1933년부터 아이치현 町會의원선거에서 공산주의계 조선인들에 의해 시작되었다. 이후 나고야(名古屋) 등에서도 활발히 전개되었는데, 지방선거의 경우에 선거운동은 적극적으로 선거에 참여하고 선거운동을 통해 민중의 대표를 선출시키는 운동이었다. 이들은 〈노동자 농민의 町會로〉 등의 격문을 살포하면서 운동을 전개했다. 중앙에서의 선거투쟁은 기권운동이 주요한 내용을 이룬다.

한편 1930년대의 의열투쟁으로 주목되는 것은 李奉昌의거이다.[23] 이봉창은 1932년 1월 8일 천황이 관병식장에서 櫻田門 밖의 경시청 청사 앞으로 지날 때 수류탄을 던졌다. 이 자리에서 그는 "대한독립 만세"를 삼창하고, 체포되어 9월에 사형선고를 받고 10월 8일 순국했다.

(4) 1930년대 후반 · 40년대 일본지역 민족해방운동

1930년대 후반, 1940년대 재일조선인 민족해방운동은 강제연행에 대한 저항과 청년학생의 단체 조직을 통한 반일투쟁으로 대분할 수 있다.

강제연행에 의해 끌려간 조선인은 일본제국주의의 지배에 무기력하게 당하기만 했던 것은 아니었다. 1944년 10월 16일부터 10월 25일까지 불과 10일 만에 조선 전토에서 "징용령을 내렸으나 출두하지 않는 자"가 2만 3,166명에 달했다. 탄압과 저항에 대해 태업 · 파업 · 폭동 등과 노동기피를 통해 저항했다. 탄광을 비롯한 일본의 산업현장에 동원된 조선인 노동자들이 저항행위를 한 가장 중요한 원인은 일본인 감독자 및 노동자의 민족적 차별과 인격적 모욕이었다. 실제로 조선인 노동자들의 저항은 조직적이고 계획적인 저항이 많았다.[24]

---

23) 이현희, 《이봉창의사의 항일투쟁》(국학자료원, 1997).

24) 강만길, 〈침략전쟁기 일본에 강제동원된 조선노동자의 저항〉(《한국사학보》 2,

그런가 하면 1930~1940년대 유학생의 운동을 보면, 1936년 메이지大學의 조선유학생연구회사건, 나고야의 민족부흥회사건, 교토의 평안그룹사건들이 있었다. 아울러 1940년대의 경우도 부단히 소그룹별 운동은 지속되는데, 사고 조선청년막스주의연구회, 와세다대학(早稻田大)유학생그룹, 1940년 나고야의 민족주의그룹사건, 1943년의 토쿄의 우리독립운동그룹사건, 이밖에도 오사카와 고베 등지에서 계림동지회·조선인민족주의사건·전진회사건·민족주의집단충성회사건·조선학생민족주의집단사건·조선인직공민족주의집단사건 등이 있었다. 이 가운데 주목되는 조직의 활동을 보면 다음과 같다.

가. 사고조선청년막스주의연구회

1941년 2월 조옥래·박응포·최동명·金城基億·金山和琪 등은 마르크스주의를 연구하기 위해 사고조선청년막스주의연구회[25]를 조직했다.

조직의 리더 박응포는 공산주의 관련서적을 탐독한 후 자본주의 아래에서의 빈부의 격차가 보다 심화될 것과 노동자와 농민은 자본가의 착취의 대상에 지나지 않게 될 것임을 인식했다. 이와 함께 조선의 노동자·농민의 경우는 일본 내의 노동자·농민의 처지보다 열악하다고 전제하고 조선동포의 구제의 길은 공산주의사회에 의한 일본제국주의의 통치로부터 벗어나는 길밖에 없다면서 적극적인 선전·선동활동을 전개했다. 이런 가운데 1941년 2월 조옥래가 박응포에게 마르크스주의 독서연구회의 조직을 제안하고 여기에 최동명·金城基億·金山和琪가 가담하여 조직되었다. 이 조직은 富山고등학교의 최정률과 富山약학전문학교 노성완 등과 연계를 갖기도 했다.

박응포가 주도한 이 조직은 약칭을 C.Y.M.S(조선청년마르크스주의연구회)로 하고 조선의 사회혁명을 목적으로 했다. 그리고 주 1회 토요일 독서회, 조선출신 유학생으로 전원의 승인 아래 가입, 월 1원의 회비를 부담하기로 하고, 회원은 각자의 번호를 가졌다. 1에서 5호까지의 번호는 박응포·최동명·조옥래·김산화기·김성기억 순이었다.

1997), 262~263쪽.

25) 자세한 내용은 다음의 자료를 참조.
朴慶植 編,《在日朝鮮人關係資料集成》4-2.
金正明 編,《朝鮮獨立運動》4(共産主義運動 編).

아울러 본부를 카나자와(金澤)에 두고 토쿄로 조직원이 이동할 때는 토쿄에도 회를 설치하기로 했다. 특히 독서회의 경우 교재를 河上肇의 《近世經濟思想史》를 사용했는데 전술한 조직원 5명 이외에 장차 조용달 · 原山薰 · 泉昇煥 등을 참가시키기로 하고 매주 토요일 최동명의 하숙에서 개최하기로 했다.

이들은 일상적인 유학생들의 모임인 독서회 · 환송회 · 환영회 등을 적극적인 선전 · 선동의 장으로 활용했다. 아울러 창씨개명의 문제 · 언어의 문제 · 의무교육제의 문제 · 납세의 문제 · 지원병제도의 문제 등과 사회주의적 방식의 독립의 길, 민족적 차별이 없는 러시아의 상황, 중일전쟁의 전망 등에 대해 논의했다.

나. 와세다대학유학생그룹

1930년대 후반 와세다大學 내의 우리동창회를 중심으로 한 공산주의적 유학생그룹으로 와세다대학유학생그룹[26]이 조직되었다.

와세다대학에는 와세다대학우리동창회가 있어 학생운동의 구심적인 역할을 수행했다. 이 조직은 민족주의적인 색채를 띠며 유지되어 오다가 1937년 고준석을 대표로 송군찬 · 전덕연 · 김경희 · 이성우 등이 주도했는데, 이후 와세다대학우리동창회는 조선공산당과 일본공산당 재건의 한 부대로 그 역할을 수행했다.

와세다대학 유학생들의 활동은 도쿄를 비롯해 오사카에서도 전개되는데, 고준석은 조직의 확대를 위해 1938년 1월 오사카에서 홍군중 · 김인택 등과 모임을 갖고 상호정보를 교환하기도 했다. 또한 고준석 · 송군찬 · 황병인 등은 와세다대학 社會事情硏究會에 가입하여 일본인 학생들과도 이론적 교류를 갖으며 활동을 전개했고, 특히 고준석은 이 모임의 간사를 맡아 회를 선도했다.

와세다대학 유학생들의 활동 가운데 주목되는 것은 조선공산당 재건에 관

26) 자세한 내용은 다음의 자료를 참조.
金正明 編, 《朝鮮獨立運動》 4(共産主義運動).
早稻田大學우리同窓會, 《韓國留學生運動史 - 早稻田大學우리同窓會70年史 -》, (1976).

계한 것이었다. 1938년 5월부터 고준석·송군찬·황병인·박천석·황봉노 등은 조선공산당 재건을 위해 비합법적인 모임을 지속적으로 갖고 이청원과 연락하며 문건을 작성했다.

당시 이들이 작성한 문건은 〈조선혁명론〉·〈조선에 있어서의 프롤레타리아운동의 과거와 장래〉·〈조선사회운동약사와 금후의 전망〉 등이었는데, 이 문건들은 독서회의 교과서가 되어 조선혁명의 이론적 지침서의 역할을 했다.

이상과 같은 이들 혁명적 전위들의 활동은 도쿄 내 다양한 유학생 조직을 획득했는데, 法政大學에서는 박노섭·박제섭·윤수동·윤감모·송군섭·양정봉 등을 결집시켜 조선문제연구회를 조직하기도 했다.

다. 계림동지회

1940년대 개별 단체로 오사카에서 조직된 재일조선인 민족운동단체인 鷄林同志會[27]에 주목할 필요가 있다. 일련의 회합에서 김봉각·김병목·강금종·고봉조·한만숙 등은 민족의식을 서로 확인하고, 5월 초 金城製作所에서 "조선청년이 나갈 길은 오직 하나, 민족의 해방을 위해 헌신하는데 있을 뿐"이라고 결론지었다. 이후 독서회를 갖고 상호수양하며 실력의 앙양에 노력하기로 하여 흥아연구회를 조직했다. 이 조직은 수차례 회합하여 조선독립의 이론과 실체에 관해 연구를 계속했는데, 국내외 정세에 대한 본격적인 연구와 사회주의 이론 학습을 줄기차게 수행했다. 특히 당시 일본에서 유행하던 사회주의 이론의 교과서격인 河上肇의 《貧乏物語》를 읽고 토론하기도 했다. 흥아연구회는 1940년 5월 중순에 이르러 일본 내의 정세가 점차 쇠퇴한다는 인식 아래 김봉각의 주창하에 발전적으로 해소되었고, 같은해 5월 26일 새롭게 비밀결사로 조직되었다. 이것이 계림동지회였다. 이렇게 계림동지회원은 투쟁 속에서 단련되어 새롭게 조직을 결성했던 것이다.

계림동지회는 5월 26일 모임에서 조직의 결성과 함께 다음의 행동방침을 결의했다. ① 현하 긴박한 국제정세에 즈음하여 조선민족의 해방을 위해 조

---

27) 平林久枝, 〈鷄林同志會のこと－戰時下の抵抗の一例－〉(《在日朝鮮人史研究》 7, 1980).
金奉角 編著, 〈鷄林同志會〉(《獨立運動과 三·一獨立運動紀念塔建立》, 1992).
朴慶植, 《在日朝鮮人運動史－8·15解放前－》(三一書房, 1979).

선 독립을 탈환하도록 만전을 다할 것, ② 조선독립운동을 달성하기 위해서는 동지의 공고한 결합을 급무로 함. 동지의 결집에는 우선 인텔리겐차를 획득해서 지도체를 확립 강화할 것, ③ 마르크스주의·삼민주의를 중심과제로 연구할 것, ④ 당면 日本大學·오사카專門學校 관계자들을 중심으로 활동하고 학내 구성원의 획득에 매진할 것.

계림동지회는 기록을 남기지 않기 위해 강령·규약 등을 작성하지 않아 그 내용을 확인할 수 없다. 그러나 주요 활동의 내용을 보면, 첫째 조선의 현실에 대한 구체적인 토론을 전개했다. 둘째로 조직강화를 도모했다. 특히 조직위원회에서 잡지회람소를 개설하여 동지의 획득에 노력하기로 하고 김봉각이 그 책임을 맡기로 했다. 이후 김봉각은 자신의 집에 홍아잡지회람소를 설치하여 독자망의 확충을 도모하여 십수 명의 회원을 획득했다.

계림동지회는 민족해방운동이 침체되었던 전시하에도 불굴의 의지를 갖고 이론 학습과 조직적 강화를 통해 제국주의 일본에 끝까지 반대했던 것이다.

방향전환을 통해 새로운 지형에서 민족운동을 전개한 1930년대 이후의 재일조선인 민족해방운동은 두 가지 방식으로 전개되었는데, 일본 사회운동으로부터 독자성을 갖기도 했다. 지역사회의 운동과 개별적인 형태로 전개된 1930년대 이후 재일조선인의 민족해방운동은 일본에서만 나타난 현상은 아니었다. 특히 만주나 중국관내지역의 경우 비슷한 내용들이 있다. 이 시기의 민족해방운동의 경우 민족문제와 일상적인 생활과 관련한 문제가 다른 어느 시기보다 투쟁의 주요한 계기가 된 점은 주목된다고 할 수 있다.[28]

1930년대 재일조선인 민족해방운동은 1920년대와 여러 가지 면에서 차이를 보인다. 그것은 운동의 지형이 달라졌고, 이에 대응하는 조선인의 태도도 달라졌기 때문이다. 강화되는 일제의 탄압 아래에서 민족해방운동이 시위를 통해 단기간 내에 해결할 수 있는 문제가 아니라는 점을 조선인들은 인식했고, 장기적인 전망을 갖게 되었다.

1930년대 재일조선인 민족해방운동의 특징을 들면, 첫째 운동지형의 변화, 둘째 운동양상의 변화, 셋째 독자적인 지역운동의 존재, 넷째 투쟁의 단절성,

---

28) 반전운동의 내용이나 강제연행시기의 민족운동에 대한 연구는 아직 일천하기에 보다 연구가 진전되어야 성격규명이 가능할 것으로 보인다.

다섯째 대중추수주의적인 경향성 등이다. 이와 함께 부분적이지만 조·일연대가 고민되고, 부단히 현실투쟁에서 그것이 실현되었던 사실을 기억해야 할 것이다.

재일조선인의 민족해방운동은 한국민족운동사에서 보편적으로 나타나는 반제적인 성격을 띠며, 동시에 지역적 특수성에 기초하여 독자성을 갖고 전개된 반일투쟁이었다.

〈金仁德〉

Ⅳ. 대한민국임시정부의 체제정비와 한국광복군의 창설

1. 대한민국임시정부의 체제정비
2. 한국광복군의 창설과 활동
3. 임시정부로의 통일전선 형성

Ⅳ. 대한민국임시정부의 체제정비와 한국광복군의 창설

1. 대한민국임시정부의 체제정비

1) 한국독립당의 창당

대한민국임시정부(이하 임시정부)는 1940년 重慶에 정착하면서 정부의 조직과 체제를 정비하는 한편, 한국광복군을 창설하며 전시태세를 갖추어 나갔다. 1932년 상해를 떠난 이래 임시정부는 중국대륙 각지로 소재지를 옮겨다녀야 했다. 특히 중일전쟁 이후에는 피난길이나 다름없었다. 임시정부가 전란으로부터 비교적 안정된 지역에 정착한 곳이 중경이었다. 중경은 당시 중국 국민당정부의 임시수도였다. 이곳에 정착하면서 임시정부는 조직과 체제를 정비하기 시작하였다.

임시정부가 서둘러 추진하였던 대표적인 사업의 하나는 민족주의 세력을 통일하여 한국독립당을 창당한 일이다. 1930년대 중반 이후 민족주의 세력은 크게 3당으로 나뉘어 있었다. 金九의 한국국민당, 趙素昂·洪震 등이 주도하고 있던 한국독립당(재건), 李靑天·崔東旿 등 만주지역에서 활동하던 인사들이 중심을 이룬 조선혁명당이 그것이다. 이들 3당은 1937년 8월 임시정부를 옹호, 유지한다는 전제하에 한국광복운동단체연합회를 결성하여 연합을 이루고 있었지만, 각기 독자적인 조직과 세력을 유지하며 활동하고 있었다.[1)]

임시정부는 이들 3당의 통합을 추진하였다. 3당 사이에 통합에 대한 문제는 이미 長沙에 있을 때 논의된 적이 있었다. 1938년 5월 남목청에서 3당 대

---

1) 韓詩俊, 〈重慶韓國獨立黨의 성립배경 및 과정〉(《尹炳奭敎授華甲紀念 韓國近代史論叢》, 지식산업사, 1990), 954쪽.

표들이 참석한 가운데 통합을 위한 회의가 개최된 것이다. 그러나 조선혁명당 당원인 李雲煥이 회의장에 들어와 김구·이청천·玄益哲 등을 권총으로 저격한 이른바 長沙事件이 발생하면서,[2] 3당 통합을 위한 시도는 중단되고 말았다.

중단되었던 3당 통합이 다시 추진된 것은 기강에서 개최된 7당 통일회의가 결렬된 후였다. 7당 통일회의는 좌우익 독립운동 세력들이 1939년 綦江에 집결하게 되면서, 우익진영의 3당과 좌익진영의 4당 사이에 개최된 통일운동이었다. 1939년 5월 김구와 金元鳳이 〈同志同胞에게 보내는 公開信〉을 통해, 좌우익진영의 정당·단체들을 해소하고 單一黨을 조직할 것에 합의하였다.[3] 이에 따라 8월 27일부터 좌우익 진영의 7개 정당·단체의 대표가 참석하여 통일회의를 개최한 것이다. 그러나 통일의 방법과 독립운동 최고기구 문제, 즉 임시정부냐 아니면 새로이 결성될 단일당을 최고기구로 할 것이냐 하는 문제를 둘러싸고 대립, 결국 결렬되고 말았다.

좌우익 세력의 통일운동이 결렬되자, 임시정부는 우익진영 3당의 통합을 추진하였다. 3당의 통합분위기는 어느 정도 성숙되어 있었다. 7당 통일회의가 결렬된 직후인 1939년 10월 2일 3당은 대표를 선정하여 통합문제를 논의하기 시작하였다. 한국국민당의 趙琬九·金朋濬·嚴恒燮, 재건한국독립당의 홍진·조소앙·趙時元, 조선혁명당의 이청천·최동오·安勳 등이 대표로 참가한 가운데, 기강에서 光復陣線遠東三黨統一代表會議를 개최한 것이다.[4]

임시정부는 3당 통합에 대해 상당한 기대를 걸고 있었다. 1939년 11월 국무회의에서 적극적인 독립운동을 전개한다는 방침하에 이를 위한 구체적 계획으로 〈獨立運動方略〉을 발표하면서, 3당 통합에 대한 기대와 통합의 연내 실현을 다음과 같이 촉구하고 있다.

> 광복진선 소속단체는 대한민국의 기본세력이 되어 있고 수3년래로 통일운동을 위시하여 일체 행동에 분투하여 왔으므로 自黨을 해소하고 新黨을 창립함에

---

2) 독립운동사편찬위원회, 《독립운동사》 4(1975), 682~683쪽.

3) 대한매일신보사, 《白凡金九全集》 6(1999), 25~40쪽.

4) 〈光復陣線遠東三黨統一代表會議經過大略〉(한국정신문화연구원 편, 《韓國獨立運動史資料》 趙素昻篇 4, 1997), 15~30쪽.

> 하등 支節이 없을 뿐만 아니라, 3당의 對立局面을 統一局面으로 전환하게 함은 黨·政·軍·外·宣·財 등 각종 활동에 중대한 영향을 줄 것이므로 임시정부는 있는 역량을 기울여 금년 이내로 3당 통일의 숙제를 해결하도록 할 것이며 … (三均學會, 《素昂先生文集》 상, 횃불사, 1979, 136쪽 ; 金正明, 《朝鮮獨立運動》 2, 1967, 700쪽).

3당의 통합이 임시정부가 향후 추진해 나갈 독립운동 전반에 걸쳐 중대한 영향을 끼칠 것이고, 이를 위해서는 3당이 연내에 통합을 이루어야 한다는 것이었다. 임시정부는 3당 통합의지를 강력하게 표명하였지만, 3당 통합은 연내에 실현되지 못하였다.

3당 통합을 위한 대표회의는 해를 넘겨, 1940년에 들어와 다시 개최되었다. 1940년 3월 24일 3당의 대표들이 참가한 가운데, 3당 통합을 위한 제2차 대표대회가 소집된 것이다. 이 회의는 5월 8일까지 계속되었고, 여기서 당명은 韓國獨立黨으로, 그리고 黨義·黨綱·黨策·黨憲 등에 대한 합의를 이루었다. 신당창립에 필요한 준비가 완료되면서, 5월 8일 3당의 해체와 신당의 창립을 알리는 다음과 같은 내용의 〈3당해체선언〉을 발표하였다.

> 新黨의 前身이었던 3당은 이제부터 다시 존재할 조건이 소멸되었을 뿐 아니라 각기 解消될 것을 전제로 하고 신당 창립에 착수하였다. 과거 3당의 모든 사업과 혁혁한 역사를 이로 奚아 신당이 완전히 繼承匯合한 것이다. 그러므로 신당은 보다 큰 권위와 보다 많은 인원, 보다 광대한 聲勢, 보다 高級的 지위를 가지고 우리 독립운동을 보다 유력하게 추진케 할 것을 확실히 믿고 바라며 3당 자신은 이에 해소를 선언한다(삼균학회, 〈三黨解體宣言〉, 《素昂先生文集》 상, 264쪽).

3당을 완전히 해체하고, 신당을 창당한다는 것이었다. 3당의 세력들이 신당에 결집됨으로써 신당은 큰 권위, 많은 인원, 광대한 성세, 고급적 지위를 갖게 되었고, 이를 배경으로 보다 유력한 독립운동을 추진할 수 있게 되었다고 하였다.

우익세력 3당의 통합과 신당의 창당이 선언되었다. 5월 9일 한국독립당 창당대회를 개최하고, "한국국민당·한국독립당·조선혁명당 3당의 과거

조직을 공동 해소하고 통일을 이룬 새로운 한국독립당을 창당한다"는 내용의 〈韓國獨立黨創立宣言〉을 발표한 것이다.5) 이로써 우익진영 3당의 세력이 통일을 이룬 새로운 한국독립당이 창당되었다. 당의 조직은 중앙집행위원장제를 채택하였고, 다음과 같은 간부를 선출하여 당의 조직을 갖추었다.

중앙집행위원장 : 金　九
중앙집행위원 : 洪　震·趙素昻·趙時元·李青天·金學奎·柳東說·安　勳·宋秉祚·嚴恒燮·金朋濬·楊　墨·曺成煥·車利錫·李復源
중앙감찰위원장 : 李東寧
중앙감찰위원 : 李始榮·公震遠·金毅漢(金九 저, 도진순 주해, 《백범일지》, 돌베개, 1997, 381쪽).

한국독립당이 창당되면서 우익세력의 통일이 이루어졌고, 또한 임시정부로 결집하게 되었다. 한국독립당은 임시정부의 여당으로서 임시정부를 옹호, 유지하는 기초세력이었던 것이다. 이로써 1930년대 중반 이래 한국국민당을 기초세력으로 유지, 운영되었던 임시정부는 한국독립당(재건)과 조선혁명당 세력을 결집시켜 보다 확대된 세력기반을 갖게 되었다.

2) 정부 조직의 확대와 개편

1930년대 중반 이래 임시정부는 한국국민당에 의해 유지, 운영되고 있었다. 한국국민당은 1935년 민족혁명당의 결성으로 임시정부가 무정부상태에 빠지게 되었을 때, 김구가 주도하여 결성한 정당이었다. 김구는 이를 기반으로 임시정부의 무정부상태를 수습하였고, 이후 임시정부는 한국국민당의 주도하에 유지, 운영되고 있었다.6) 임시정부는 기강에 도착하면서, 앞에서 언급한 우익진영 3당의 통합을 추진함과 동시에 정부의 조직과 진용을 확대하는 작업도 추진하였다.

---

5) 國史編纂委員會, 《韓國獨立運動史》 資料 3(1968), 404~406쪽.
秋憲樹, 《資料韓國獨立運動》 2(연세대 출판부, 1972), 136~138쪽.

6) 韓詩俊, 〈후기 임시정부의 위상 강화와 金九〉(《도산사상연구》 4, 도산사상연구회, 1997), 173~174쪽.

정부의 조직과 진용을 확대하는 작업은 한국독립당(재건)과 조선혁명당 세력을 임시정부에 참여시키는 것으로 추진되었다. 그 동안 임시정부는 한국국민당 주도하에 운영되어 왔다. 1937년 8월 한국독립당(재건)과 조선혁명당이 임시정부의 옹호, 유지를 전제로 한국국민당과 함께 광복진선으로 연합을 이루었지만, 임시정부의 조직과 운영에는 거의 참여하지 못하고 있었다. 3당 통합을 추진하면서 한국독립당(재건)과 조선혁명당의 인사들을 임시정부에 참여시키기 시작한 것이다.

한국독립당(재건)과 조선혁명당 인사들의 임시정부 참여는 임시의정원 회의를 통해 이루어졌다. 1939년 10월 3일 기강에서 제31회 임시의정원 회의가 소집되었다. 12월 5일까지 계속된 의정원 회의에서 임시의정원 의원에 대한 보결선거를 실시하고 임기만료된 국무위원을 새로이 선출하였는데, 한국독립당(재건)과 조선혁명당의 인사들이 의정원 의원과 국무위원에 선출된 것이다.

제31회 임시의정원 회의가 소집되기 직전까지 임시의정원은 주로 한국국민당 인사들로 구성되어 있었고, 재적의원수는 17명이었다. 헌법에 규정된 의정원 의원수가 57명이었다는 점을 생각한다면,[7] 당시 의정원 의원은 3분의 1도 채워지지 않았던 것이다. 제31회 의정원 회의에서는 모두 18명의 의원을 새로이 선출하였다. 이 과정에서 한국독립당(재건)과 조선혁명당의 인사들이 의원으로 선출된 것이다. 당시의 재적의원과 補選의원을 정리하면 다음과 같다.

재적의원 : 조완구 · 조소앙 · 이시영 · 조성환 · 엄항섭 · 민병길 · 안공근 · 안경근 · 왕중랑 · 차이석 · 김붕준 · 박창세 · 양 묵 · 문일민 · 송병조 · 이동녕 · 김 구

보선의원 : 조시원 · 홍 진 · 황학수 · 안 훈 · 신 환 · 이상만 · 손일민 · 유동열 · 최동오 · 신공제 · 이복원 · 방순희 · 공진원 · 이홍관 · 이청천 · 박찬익 · 이준식 · 김학규

---

7) 헌법에 규정된 임시의정원 의원은 경기도 · 충청도 · 경상도 · 전라도 · 함경도 · 평안도 · 중령 · 아령에서 각각 6인씩, 그리고 강원도 · 황해도 · 미주에서 각각 3인씩 선거하도록 되어 있다(韓詩俊 편, 《大韓民國臨時政府法令集》, 국가보훈처, 1999, 56쪽).

재적의원 17명 가운데 조소앙만 한국독립당(재건) 당원이었고, 나머지 의원은 모두 한국국민당 당원이었다. 여기에 조시원·홍진을 비롯한 한국독립당 당원과 최동오·이청천 등 조선혁명당 당원들이 의정원 의원으로 선출되어, 이들이 임시의정원에 참여하게 된 것이다. 이들의 참여로 임시의정원은 크게 확대되었다. 18명의 의원이 선출됨으로써, 의정원 의원수가 종래 두 배가 넘는 35명이 된 것이다.

국무위원과 정부의 조직에도 한국독립당(재건)과 조선혁명당 인사들을 선출하였다. 의정원 회의에서는 10월 23일 임기만료된 국무위원을 선임하면서, 국무위원의 수를 〈임시약헌〉에 규정된 최대수 11명으로 확대하기로 하였다. 그리고 한국국민당의 이동녕·김구·이시영·조성환·송병조·차이석·조완구와 더불어, 한국독립당(재건)의 홍진·조소앙, 조선혁명당의 이청천·유동열을 각각 국무위원으로 선출한 것이다.[8] 이로써 한국독립당(재건)과 조선혁명당의 인사들이 임시정부에 참여하게 되었고, 임시정부의 국무위원은 3당이 7 : 2 : 2의 비율을 이루었다.

국무위원을 선출한 후 정부의 조직도 정비하였다. 선출된 국무위원이 참여한 가운데 10월 25일 국무회의를 개최하고, 임시정부의 조직을 새로이 구성한 것이다. 정부의 부서는 내무·외무·군무·참모·법무·재무의 6부를 두기로 하고, 각 부서의 책임자를 다음과 같이 결정하였다.[9]

主　席 : 李東寧
內務長 : 洪　震, 外務長 : 趙素昂, 軍務長 : 李靑天
參謀長 : 柳東說, 法務長 : 李始榮, 財務長 : 金　九, 秘書長 : 車利錫

주석을 비롯한 6개 부서로 정부조직을 정비한 것이다. 그리고 주석과 각 부서의 책임자는 3당의 인사들로 구성하였다. 주석 이동녕을 비롯하여 이시영·김구·차이석은 한국국민당, 홍진과 조소앙은 한국독립당(재건), 이청천과 유동열은 조선혁명당 소속이었다. 한국국민당 주도하에 운영되던 임시정

8) 국회도서관, 《大韓民國臨時政府議政院文書》(1974), 249쪽.
9) 《大韓民國臨時政府公報》 제65호, 1940년 2월 1일(한국정신문화연구원 편, 《韓國獨立運動史資料集》 趙素昂篇 3, 1997, 167쪽).

부가 '3당 연립내각'을 구성한 것이다.

기강에서 정부조직을 확대 정비한 임시정부는 중경에 정착하면서, 헌법을 개정하였다. 임시정부가 기강에서 중경으로 옮긴 것은 1940년 9월이었다. 중경은 중국 국민당정부가 임시수도로 정하고 있던 곳으로, 중일전쟁의 戰區로부터 비교적 안정된 지역이었다. 중경에 정착한 임시정부는 헌법을 개정하여 정부조직을 개편하였다.

임시정부가 중경에 정착하면서 헌법을 개정하고자 한 데는 여러 가지 이유가 있다. 그 중에서도 행정부의 지위를 강화하는 것이 무엇보다도 필요했다. 임시정부가 중경에 정착하던 당시에는 중일전쟁이 중국대륙 각지로 확산되어 있었고, 유럽에서는 제2차 세계대전이 일어났다. 이러한 국제정세 변화에 따라 임시정부는 뒤에서 언급할 한국광복군을 창설하는 등 적극적인 독립운동을 전개하고자 하였다.

그러나 임시정부의 조직체제는 국무위원제로서 강력한 지도력을 발휘하기가 어려웠다. 1927년 개정된 헌법에서는 國務委員制를 채택하고 있었다. 국무위원제는 행정수반이 없었다. 국무회의에서 선출하는 主席이 있었으나, 이는 국무위원들이 교대하여 맡는 회의 주관자에 불과하였다. 그리고 국무위원회는 의정원에서 결정되는 사항을 집행하는 기구에 지나지 않을 정도로, 의정원에 비해 행정부의 지위가 크게 약화되어 있었다. 일종의 관리정부 형태였다고 할 수 있다.[10]

임시정부는 정부의 조직을 행정부가 강력한 지도력을 행사할 수 있는 체제로 개정하고자 하였다. 이에 따라 임시정부는 행정부가 강력한 지도력을 발휘할 수 있는 내용의 〈大韓民國臨時約憲改正案〉을 마련하여 임시의정원에 제출하였고, 이 안은 1940년 10월 8일 임시의정원 회의에서 통과되었다.[11] 1919년 임시정부 수립 당시 〈대한민국임시헌장〉이 제정된 이래 5차헌법이었고, 전시체제에 부응하기 위하여 개정된 헌법이었다.

10) 趙東杰, 〈대한민국임시정부의 헌법과 이념〉(《대한민국임시정부수립80주년기념논문집》 상, 국가보훈처, 1999), 675쪽.

11) 《大韓民國臨時政府公報》, 1940년 10월 9일, 號外(한국정신문화연구원 편, 《韓國獨立運動史資料集》 趙素昻篇 3, 174쪽).

개정된 〈임시약헌〉의 핵심은 종전의 국무위원제를 주석제로 전환한 것이었다. 종래 국무위원회에서 선출하여 국무위원이 교대하여 맡았던 주석을 임시의정원에서 선거하도록 하였고, 주석은 임시정부를 대표하며 국군의 統帥權을 행사하는 행정수반으로서의 지위를 갖도록 하였다.[12] 주석은 곧 국가원수와 같은 존재로서, 주석이 정부의 행정권을 장악하여 강력한 지도력을 발휘하도록 한 것이다. 그리고 임시의정원 회의에서는 김구를 주석으로 선임하였다.

이로써 임시정부는 새로운 중경시대를 열게 되었다. 중경 임시정부는 민족주의 세력이 통일을 이룬 한국독립당을 기초세력으로 삼고, 이를 기반으로 정부조직을 확대하였다. 그리고 헌법개정을 통해 국무위원제를 주석제로 바꾸어, 행정부가 강력한 지도력을 발휘할 수 있는 체제를 갖추게 되었다.

3) 건국강령의 제정 반포

임시정부는 중경에 정착한 이후 한국독립당을 창당하여 세력기반을 확고히 하고, 헌법을 개정하여 강력한 지도체제를 확립하면서, 독립운동 최고기구로서의 위상을 되찾아 갔다. 이러한 체제정비와 더불어 임시정부는 광복 후 민족국가건설에 대한 총체적 계획으로 〈大韓民國建國綱領〉을 제정·반포하였다.

임시정부가 광복 후 건설할 민족국가의 모습을 제시한 것은 1919년 수립 당시의 헌법인 〈大韓民國臨時憲章〉을 통해서였다. 〈임시헌장〉 제1조에 "대한민국은 민주공화제로 함"이란 것이 그것이었다. 이는 일제로부터 독립을 쟁취하여 민주공화국을 건설한다는 대원칙을 천명한 것으로, 임시정부의 독립운동 이념이자 목표이기도 했다. 그러나 민주공화국을 건설한다는 원칙만 천명하였을 뿐, 이에 대한 구체적이고 체계적인 방안은 제시하지 못하고 있었다.

임시정부가 보다 구체적인 민족국가 건설계획을 밝힌 것은 1931년 4월 〈大韓民國臨時政府宣言〉을 통해서였다. 이는 그해 5월 南京에서 개최된 중국 國民

12) 韓詩俊 편, 《大韓民國臨時政府法令集》(국가보훈처, 1999), 65쪽.

會議에 제출하기 위해 작성한 것으로, 여기서 임시정부와 한국독립당(상해)이 추구하는 建國原則의 大綱을 다음과 같이 천명하고 있다.

> 民族均等主義란 것은 사람과 사람이 利權을 고루히 누리는 것을 의미한다. 무엇으로 고루히 할 것인가. 普選制로써 政權을 고루히 하며, 國有로써 利權을 고루히 하고, 公費로써 學權을 고루히 한다. 국외에 대하여는 民族自決의 권리를 보장하여 民族과 민족, 國家와 국가와의 불평등을 가지런히 한다. 이와 같이 하여 국내에 실현하면 特權階級이 곧 消亡하고 소수민족이 그 侵凌을 免하며 정치·경제·교육을 물론하고 그 권리를 고루히 하며 … (국사편찬위원회, 《韓國獨立運動史》 資料 2, 1968, 216~220쪽 ; 국회도서관, 《韓國民族運動史料》 中國篇, 1976, 62~66쪽).

개략적이긴 하지만, 임시정부가 건설할 민족국가의 대강을 밝힌 것이다. 민족균등주의에 입각하여 특권계급이 존재하지 않는 균등사회를 건설한다는 것이고, 그 방안으로 보통선거제·국유제·공비교육제를 통해 政權(정치)·利權(경제)·學權(교육)의 균등을 실현한다는 것이었다.

이는 한국독립당(상해)의 政綱·政策을 구체화한 것이다. 잘 알려져 있듯이, 임시정부 인사들은 1930년 1월 정부를 옹호, 유지하기 위한 기초세력으로 한국독립당을 조직하였고, 한국독립당의 정강·정책은 三均主義를 채택하고 있었다.[13] 임시정부가 천명한 건국원칙도 삼균주의에 기초한 것이었다. 삼균주의는 이후 김구의 한국국민당을 비롯하여 조소앙의 한국독립당(재건), 그리고 좌익진영의 조선민족혁명당 등 1930년대 정당들에 의해 수용되어 갔다. 삼균주의가 좌우익 진영의 공통된 독립운동 이념으로 정립되고 있었던 것이다.[14]

중경에 정착하여 정부의 조직과 체제를 정비한 임시정부는 이러한 내용을 더욱 체계화시켜 광복 후 민족국가건설에 대한 구체적인 계획을 정립, 〈大韓民國建國綱領〉이란 이름으로 발표하였다. 건국강령은 삼균주의의 창안자로 알려진 조소앙이 기초하였고, 1941년 11월 28일 국무회의에서 약간의 수정을

13) 韓詩俊, 〈上海韓國獨立黨 研究〉(《龍巖車文燮敎授華甲紀念 史學論叢》, 신서원, 1989), 617~619쪽.

14) 姜萬吉, 〈民族運動·三均主義·趙素昂〉(《趙素昂》, 한길사, 1982), 317~321쪽.

거쳐 국무위원회 명의로 발표되었다.[15)]

〈건국강령〉은 總綱·復國·建國의 3장 24개항으로 구성되어 있다. 제1장 총강은 민족의 과거 내력과 민족국가 건설에 대한 방향을 제시한 것이고, 제2장 복국은 독립운동의 단계와 임무를 규정한 것이다. 〈건국강령〉의 핵심은 제3장 건국에 있다. 여기에는 광복 후 건설할 국가의 政體는 민주공화국이고, 균등사회를 실현한다는 전제하에 이를 위한 구체적이고 세부적인 방안들을 정리하였다. 내용은 크게 정치·경제·교육의 세 분야로 요약할 수 있다.

정치적으로는 인민의 기본권리와 의무를 보장하고, 어떤 한 정권이나 특권계급에 의한 독재를 철저히 배격하여 정치적 균등을 실현한다고 하였다. 인민의 기본권리와 의무는 헌법에 규정하고 있다. 보통선거제를 실시하고 참정권을 부여하되, 다만 적에게 附和한 자나 독립운동 방해자 등에게는 선거권과 피선거권을 부여하지 않는다는 규정도 두었다. 그리고 지방자치제를 실시한다는 원칙하에 중앙정부는 국무회의가 최고 행정기관으로 국무를 집행한다고 하면서, 행정분담을 위해 내무·외무·군무·법무·재무·교통·실업·교육의 8부로 구성한다고 하였다. 지방에는 각 지방행정단위에 따른 地方政府와 議會를 구성하여 지방자치를 실시한다는 계획이었다.

경제분야는 토지와 대생산기관은 국유화한다는 전제하에, 생산의 국가적 지도 및 계획조정, 그리고 분배의 합리성을 통해 경제균등을 실현한다는 것을 기본원칙으로 삼고 있다. 적의 官公私有地는 물론이고, 附敵者의 일체 소유자본 및 부동산을 몰수하여 국유로 한다고 하였다. 그리고 토지는 自力自耕人에게 분배한다고 하면서, 그 순서는 고용농·자작농·소지주농 등 저급으로부터 우선권을 준다는 것이다. 그리고 대생산기관 역시 국유를 원칙으로 하되, 소규모 및 중소기업은 私營으로도 한다고 하였다.

교육분야는 民族正氣를 발양하며 국민도덕·생활기능·자치능력을 배양하여 완전한 국민을 양성한다는 데 목적을 두고, 國費義務敎育 실시를 원칙으로 하고 있다. 그 방안으로 6세에서 12세까지의 초등교육은 물론이고, 12세 이상의 고등교육에 대한 일체 비용을 국가에서 부담한다고 하였다. 그리고

15) 韓詩俊, 〈大韓民國臨時政府의 光復후 民族國家建設論〉(《한국독립운동사연구》 3, 1989), 527쪽.

지방에는 인구·교통 등의 형편에 따라 교육기관을 시설하되, 최소한 1읍 1면에 5개 소학교와 2개 중학교를, 1군 1도에 2개 전문학교를, 1도에 1개 대학을 설치한다는 것이다. 이외에 교과서의 편집·발행 등은 국영으로 하고, 교과서는 학생들에게 무료로 분급할 것이라 하고 있다.

〈건국강령〉은 한마디로, 임시정부가 광복 후 건설할 민족국가상을 제시한 것으로, 개인이나 특정계급에 의한 독재를 철저히 배격하는 민주공화국을 건설하며, 정치·경제·교육적으로 국민전체가 균등한 생활을 향유할 수 있는 균등사회를 실현한다는 것이었다. 그리고 새로운 민족국가가 지향할 최고 목적은 민족전체의 발전과 행복을 실현하는데 두었다.

임시정부가 〈건국강령〉을 제정·반포한 것은 크게 두 가지 의미가 있었다. 하나는 민족의 독립운동 역량을 임시정부로 총집중시키기 위한 것이었다. 임시정부는 전시체제를 갖추면서 무엇보다도 독립운동 역량을 임시정부로 집중시키고자 하였고, 이를 위해서는 공통적인 독립운동의 목표와 이념을 정립할 필요가 있었다. 이러한 의도는 1942년 〈3·1절기념선언〉을 발표하면서, 〈건국강령〉을 제정·공포하게 된 이유를 9개항으로 설명한데서 잘 나타나 있다.[16] 그 핵심은 전민족 최대다수의 공동요구에 부응하는 하나의 독립운동 지도이념을 확립하고, 이 기치하에 민족의 총역량을 집결하여 광복을 실현하고자 〈건국강령〉을 제정·반포하였다는 것이다. 이후 임시정부는 각종 선언문을 통해 〈건국강령〉을 선전하는 한편, 민족의 독립운동 역량의 결집을 촉구하였다.

또 하나는 임시정부의 강력한 지도이념을 확립하기 위한 것이었다. 임시정부는 한국광복군이나 임시의정원 의원들에게 〈건국강령〉의 준수를 서약하도록 하였다. 한국광복군 〈公約〉과 〈誓約文〉에 "한국광복군의 군인 될 자는 건국강령과 광복군 지도정신에 위배되는 主義를 軍내외에 선전하고 조직하지 못함"(공약 제2조)이라 한 것이나, 광복군들에게 "건국강령을 절실히 취행하겠음"을 서약토록 한 것 등이 그것이다.[17] 의정원 의원들에게도 〈건국강령〉의

16) 臨時政府宣傳委員會, 《韓國獨立運動文類》(1942), 52~54쪽.
17) 《大韓民國臨時政府公報》 제72호, 1941년 12월 8일, 〈韓國光復軍公約〉·〈韓國光復軍誓約文〉.

준수를 요구하였다. 제34차 의정원회의 때 李光濟의원이 "선거시 登記證上에 건국강령 준수여부를 강박적으로 요구한 것은 정부의 실수"라고 지적하고 있는 것에서,[18] 그 실상을 짐작할 수 있다.

〈건국강령〉은 광복 후 민족국가 건설에 대한 계획을 발표한 것이다. 임시정부가 〈건국강령〉을 제정·공포한 것은 민족 최대 다수의 공동요구에 부응하는 독립운동 이념과 목표를 설정하고, 이 기치하에 민족의 독립운동 역량을 총결집하려는 의도도 포함되어 있었다.

〈韓詩俊〉

2. 한국광복군의 창설과 활동

1) 광복군의 창설

임시정부가 중경에 정착할 무렵에는 중일전쟁이 중국대륙 전체로 확산되어 있었고, 유럽에서는 1939년 제2차 세계대전이 일어났다. 이러한 국제정세 변화에 따라 임시정부는 대일전쟁을 위한 준비를 서둘렀고, 이를 위해 전시태세를 갖추기 시작하였다. 임시정부가 전시태세를 갖추기 위해 추진한 대표적인 사업이 韓國光復軍(이하 광복군으로 약칭)의 창설이었다.

임시정부가 광복군의 창설을 적극 추진하기 시작한 것은 1939년 기강에 도착한 직후부터였다. 임시정부는 1937년 7월 중일전쟁이 발발하자 군사위원회를 설치하고, 초급장교 양성과 1개 연대 규모의 군대를 편성한다는 군사활동에 대한 계획을 세웠다.[1] 그러나 일본군의 점령지역이 확대되면서 임

---

18) 국회도서관, 《大韓民國臨時政府議政院文書》(1974), 292쪽.

1) 군사위원회는 '속성 군관학교를 설립하여 최단 기간 내에 초급장교 200명을 양성하고, 기본군대로 1개 연대를 편성한다'는 계획을 세우고, 이를 위한 사업비로 37만 원의 예산을 책정하였다. 당시 37만 원이란 금액은 임시정부 1년 예산의 65%에 해당되는 것으로 임시정부가 군사사업에 많은 비중을 두고 있었음을 보여주고 있다(국회도서관, 《大韓民國臨時政府議政院文書》, 247쪽).

시정부는 중국대륙 여러 곳으로 옮겨다녀야 했고, 계획한 군사활동은 제대로 추진되지 못하였다. 기강에 도착하면서 이를 추진하기 시작한 것이다.

광복군의 창설은 한국독립당에 의해 계획, 추진되었다. 기강에서 3당이 통합을 추진하면서 광복군 창설을 주요 현안으로 결정하였다. 당이 추진해 갈 장단기 정책을 논의하면서 "國防軍을 편성하기 위해 국민의무병역을 실시한다"(당강 6조), "장교 및 무장대오를 통일 훈련하여 광복군을 편성할 것"(당책 3조)이라 하여,[2] 광복군 편성을 한국독립당이 추진해 나갈 당면 목표의 하나로 결정한 것이다.

광복군 창설 준비는 크게 세 방향으로 전개되었다. 하나는 병력을 모집하는 일이었다. 당시 임시정부에는 군대를 편성할 만한 인적 자원이 없었다. 1920년대 이래 黃埔軍官學校·洛陽軍官學校 등을 비롯한 각종 군관학교를 통해 양성한 군사인재들이 있었지만, 이들 중 상당수는 중국군에 복무하고 있었다. 그리고 李青天·李範奭·金學奎 등과 같이 만주에서 활동하던 독립군들이 중국관내로 이동하여 임시정부에 참여하였지만, 이들은 대부분 군사간부들이었다. 실제 병력이 될만한 인적 기반이 없었던 것이다.

임시정부가 병력을 확보할 수 있는 거의 유일한 방안은 일본군 점령지역에 이주해 있던 한인청년들을 모집하는 일이었다. 당시 일본군 점령지역인 北京·天津·石家莊 등을 비롯하여 화북지역에는 약 20만에 달하는 한인들이 이주해 있었다.[3] 이들을 대상으로 병력을 모집한다는 것이 임시정부의 방안이었다. 1939년 7월 국무회의에서는 일본군 점령지역에 들어가 한인청년들을 모집하기로 하고, 이를 위한 기구로 軍事特派團을 구성하였다. 曺成煥을 단장으로 한 군사특파단은 대부분 만주에서 독립군으로 활약하였던 군사간부들과 중국의 군관학교 출신들로 구성되었고, 이들은 그해 11월 陝西省 西安으로 파견되었다. 서안은 화북지역과 최전선을 이루고 있는 지역이었다. 이곳을 거점으로 삼아 특파원들을 일본군 점령지역으로 들여보내 한인청년들을 모집하고자 한 것이다.

---

2) 國史編纂委員會, 《韓國獨立運動史》 資料3(1968), 405쪽.

3) 葛赤峰, 〈朝鮮革命記〉(秋憲樹, 《資料韓國獨立運動》 1), 114쪽.
韓志成, 〈目前環境與朝鮮義勇隊今後工作〉(《朝鮮義勇隊》 제37기, 1940. 5).

서안에 도착한 군사특파단은 화북지역의 한인교포들을 대상으로 병력을 모집하는 招募活動을 시작하였다. 1940년 6월 李俊植을 주임으로 하여 盧泰俊·安椿生 등의 단원들이 山西省으로 진출하였고, 이들은 중국군 第2戰區 사령관인 閻錫山의 지원을 받아 일본군 제41사단이 주둔하고 있던 臨汾·克難坡 등지를 중심으로 초모활동에 들어갔다.[4] 초모활동은 일종의 비밀지하 공작이었다. 단원들이 비밀리에 일본군 점령지역으로 들어가 그곳에 거점을 확보하고, 이를 근거로 그곳에 있는 한인청년들을 포섭하여 오는 일이었다. 이러한 초모활동을 통해 병력을 확보하였던 것이다.

둘째는 재정을 마련하는 일이었다. 재정의 마련은 주로 미주동포들에게 지원을 요청하는 방법으로 이루어졌다. 임시정부는 광복군 창설을 추진하면서 1940년 2월 외무부장 명의로 大韓人國民會를 비롯한 미주지역 여러 단체들에 공문을 보내, 임시정부가 광복군을 창설한다는 것을 알리고, 이에 필요한 재정적 지원을 요청하기 시작하였다.[5]

임시정부의 재정지원 요청에 대해 미주동포들은 적극적으로 후원하였다. 국민회의 기관지인 《新韓民報》는 "광복군 조직은 3·1운동 이후 처음 있는 큰 사건"이라며 광복군 창설에 대해 큰 의미를 부여하고, "힘이 있으면 힘을, 돈이 있으면 돈을 내라"고 하면서,[6] 모금활동을 전개해 나갔다. 그리고 1940년 5월 한국독립당이 창당된 후 하와이 愛國團과 團合會가 한국독립당 하와이 지부로 개편되면서, 이들 단체는 그 조례에 "경제적 책임을 부담함"이라 하여[7] 광복군 창설에 대한 경제적 후원을 자임하기도 하였다.

셋째는 중국정부를 대상으로 광복군 창설에 대한 인준과 지원교섭을 전개하였다. 중국 영토내에서 군대를 편성하는 데는 중국정부의 승인과 양해를 얻어야 했고, 또 광복군 편성과 운영에 많은 경비가 소요됨에 따라 중국측에 재정적 원조를 요청할 필요도 있었다. 중국과의 교섭은 주로 중국국민당의 한국 담당자들을 대상으로 광복군 편성이 중국의 抗日戰에 유익하다는 것을

4) 〈1942년 軍務部 軍事報告〉(국회도서관, 《大韓民國臨時政府議政院文書》), 776쪽.
5) 《新韓民報》, 1940년 2월 29일.
6) 《新韓民報》, 1940년 6월 20일.
7) 金元容, 《在美韓人50年史》(독립운동사편찬위원회, 《독립운동사자료집》 8, 1976, 734~735쪽).

강조하는 방법으로 추진되었다. 김구는 朱家驊를 비롯한 중국측 인사들에게 "임시정부가 광복군을 편성하여 대일전을 수행하고, 일본군에 있는 韓籍士兵들을 빼내면 敵의 힘을 약화시킬 수 있다"는 것과 "화북을 안정시키려면 먼저 東北을 수복해야 하고, 동북을 수복하려면 한국독립을 원조해야 한다"고 하면서,[8] 광복군의 창설과 이에 대한 원조를 교섭하였다.

이러한 교섭은 중국의 한국담당자들에게 상당한 공감을 불러 일으켰다. 주가화·徐恩曾·康澤 등 한국담당자들 사이에서 오고간 공함들에서 "한적사병을 책동해서 우리에게로 돌아오게 한다면, 이것은 직접 우리 나라의 抗日戰爭에 유익할 것"이라는 것과 이를 위해 임시정부를 원조해주자는 쪽으로 의견이 모아지고 있었던 것이다.[9] 한국담당자들은 이러한 의견을 蔣介石에게 보고하였고, 장개석은 이를 인준하였다. 한국담당 책임자인 주가화는 "한국의 여러 정당이 통일되기 전이라도 저들로 하여금 즉시 공작을 전개하도록 해주는 것이 옳을까 합니다"라는 의견을 개진하였고, 이에 대해 장개석은 중국 군사위원회 참모총장인 何應欽과 접촉하여 처리하라는 지시를 내린 것이다.[10]

임시정부는 광복군 창설계획서를 작성하여 중국정부에 제출하였다. 1940년 5월 한국독립당 중앙집행위원장 김구 명의로 〈韓國光復軍編練計劃大綱〉을 주가화를 통해 장개석에게 제출한 것이다.[11] 이 계획대강의 핵심은 임시정부가 광복군을 편성하여 韓中聯合軍으로 중국군과 함께 연합작전을 전개한다는 것이고, 중국정부에 광복군 창설에 대한 인준과 재정적 원조를 해 줄 것을 요구한 것이었다. 장개석은 이러한 계획을 승인하였다. 5월 중순 "한국광복군이 중국항전에 참가한다"는 전제하에 광복군 창설을 승인한다고 하면서, 중국 군사

8) 1940년 2월 25일자로 徐恩曾이 朱家驊에게 보낸 공함(中央硏究院近代史硏究所, 《國民政府與韓國獨立運動史料》, 대만, 1988), 206~207쪽.

9) 1940년 2월 21일자로 康澤이 徐恩曾에 보낸 공함(中央硏究院近代史硏究所, 《國民政府與韓國獨立運動史料》), 205쪽.
1940년 2월 25일자로 徐恩曾이 朱家驊에게 보낸 공함(中央硏究院近代史硏究所, 《國民政府與韓國獨立運動史料》), 206~207쪽.

10) 1940년 3월 2일자로 朱家驊가 蔣介石에게 보낸 공함(中央硏究院近代史硏究所, 《國民政府與韓國獨立運動史料》), 209쪽.

11) 〈韓國光復軍成立經過事實〉(《韓國獨立運動史資料集》 趙素昻篇 4, 한국정신문화연구원), 326쪽.

위원회 軍政部로 하여금 이에 대한 조속한 조치를 하도록 지시한 것이다.[12] 이로써 광복군 창설계획은 중국 최고 영수인 장개석의 비준을 얻게 되었다.

이와 함께 임시정부는 내부적으로 광복군 창설에 필요한 구체적인 작업을 진행하였다. 만주에서 독립군을 조직하여 활동하였던 이청천·유동열·이범석·김학규 등을 중심으로 한국광복군창설위원회를 조직하고, 이들로 하여금 광복군 창설에 대한 구체적인 실무작업을 추진하도록 한 것이다. 이들은 우선 임시정부에서 활동하고 있던 만주독립군 출신의 군사간부들과 중국의 군관학교를 졸업하고 중국군에 복무하고 있는 한인청년들을 소집하여 총사령부를 구성한다는 것과, 이를 기반으로 하여 1년 이내에 3개 사단을 편성한다는 부대편성 방안을 마련하였다.[13]

광복군 창설 준비가 완료되자, 임시정부는 광복군 창설을 대내외에 공포하였다. 1940년 9월 15일 임시정부 주석 겸 한국광복군창설위원회 위원장 김구 명의로 발표한 〈한국광복군선언문〉이 그것이다.[14] 이 선언을 통해 임시정부는 9월 17일 광복군 총사령부를 창설한다는 것을 공식적으로 표명하였다. 그리고 1940년 9월 17일 重慶의 嘉陵賓館에서 임시정부와 한국독립당·임시의정원을 비롯하여 중국측 인사와 각국 외교사절들이 참여한 가운데 한국광복군총사령부성립전례식을 거행하였다.[15] 총사령부성립전례식이 곧 한국광복군 창설을 의미하는 것이었다.

광복군은 지휘부인 총사령부를 구성하여 창설된 것이고, 이후 병력을 모집하여 단위부대로 支隊를 편성해 나간다는 방침이었다. 창설 직후 광복군은 총사령부와 3개 지대를 편성하였다. 총사령부는 총사령 이청천, 참모장 이범석을 중심으로 구성되었고, 제1지대장 이준식, 제2지대장 공진원, 제3지대장 김학규 등이 임명되어 단위부대 편제를 갖추었다. 당시 총사령부의 간부와 지대장들은 모두 만주지역에서 독립군을 조직하여 활동하였던 군사간부들로서, 독립군 출신들을 근간으로 하여 광복군을 창설한 것이다.

---

12) 〈韓國光復軍成立經過事實〉: 1940년 5월 18일자로 朱家驊가 金九에게 보낸 공함(독립운동사편찬위원회, 《독립운동사》 6), 653~654쪽.
13) 韓詩俊, 《韓國光復軍硏究》(일조각, 1993), 86~87쪽.
14) 대한매일신보사, 《白凡金九全集》 6, 294쪽.
15) 한시준, 앞의 책, 89~90쪽.

2) 중국관내 무장세력의 광복군 편입

(1) 한국청년전지공작대의 편입

광복군이 창설되기 이전에, 중국관내 지역에서 결성되어 활동하던 무장세력들이 있었다. 韓國靑年戰地工作隊(이하 전지공작대)와 朝鮮義勇隊가 그것이다. 이들 무장세력은 광복군이 창설된 후, 각기 다른 과정을 거쳐 광복군에 편입하였다. 전지공작대의 편입이 먼저 이루어졌다.

전지공작대는 무정부주의계열의 청년들이 중심이 되어 결성한 무장세력이다. 1939년 중국관내 독립운동 세력들이 기강에 집결하였을 때, 그 동안 여러 곳으로 흩어져 있던 무정부주의계열의 청년들도 한 곳에 모이게 되었다. 이를 계기로 중국군에 복무하거나 무정부주의자연맹에서 활동하던 羅月煥·李何有·朴基成 등은 자신들의 독자적인 활동방향을 모색하였고, 그 결과 1939년 11월 11일 重慶에서 대원 30여 명이 나월환을 대장으로 하여 전지공작대를 결성하였다.[16]

전지공작대는 결성 직후 섬서성 서안으로 이동하였다. 중국인 아나키스트의 소개로 서안에 있던 중국 제34집단군 사령관 胡宗南과 연계를 맺고, 대원들이 모두 서안으로 이동한 것이다. 서안으로 이동한 전지공작대는 호종남의 지원과 협조를 받게 되었다. 전지공작대 대원들은 제34집단군에서 운영하는 중앙전시간부훈련단 제4단에 한국청년특별훈련반으로 입교, 3개월 과정의 군사훈련을 받고 중국군과 함께 활동하였다.[17]

전지공작대는 중국 제34집단군의 지원을 받아 초모활동을 전개하면서 세력을 확대하였다. 1940년 5월부터 金東洙·李海平 등의 대원들이 제34집단군 太行山 유격대에 배속되어, 일본군 점령지역에 들어가 한인청년들을 대상으로 병력을 모집하기 시작한 것이다. 이들의 초모활동은 대단한 성과를 거두었다. 이들은 일본군 제36사단의 주둔지인 潞安縣을 중심으로 新鄕·焦作·

16) 李在賢, 〈韓國光復軍第2支隊의 太行山敵後工作〉(《光復》96, 1991년 6월 15일).
17) 위와 같음.

修武 등지에서 초모활동을 전개하였고, 1940년 말 약 100여 명에 달하는 대원을 확보하게 되었다.[18]

이와 같이 전지공작대가 서안을 거점으로 적후방에서 초모활동을 전개하며 세력을 확대하고 있을 무렵, 임시정부에서 광복군을 창설하였다. 광복군을 창설한 임시정부에서는 전지공작대를 광복군으로 끌어들이기 위한 교섭을 전개하였던 것 같다. 그 과정은 정확히 알려져 있지 않지만, 대장인 나월환을 중경으로 불러 전지공작대의 포섭을 시도하였다고 한다.[19]

결국 전지공작대는 광복군으로 편입하였다. 전지공작대에서는 "우리의 軍事力量을 國軍인 광복군에 집중하여 그를 健全發展시키는 데서만 우리의 혁명목적을 달할 수 있다"고 하면서,[20] 광복군 편입을 결정한 것이다. 전지공작대의 광복군 편입은 1941년 1월에 이루어졌다. 1월 1일 新年 團拜式이 끝난 후, 서안시내에 있는 전지공작대 본부에서 임시정부 군무부장 曺成煥과 서안총사령부 총사령 대리 黃學秀를 비롯하여, 광복군 총사령부 간부와 전지공작대 대원들이 참가한 가운데 제5지대 성립식을 거행하였다.[21] 전지공작대는 광복군에 편입, 제5지대로 편제되었다.

전지공작대의 편입과 이에 따른 제5지대의 편성은 창설 초기 광복군이 거둔 가장 커다란 성과였다. 100여 명의 대원을 확보하고 있던 전지공작대가 광복군에 편입됨으로써 광복군의 병력이 크게 증강된 것이다. 그리고 제5지대가 성립됨으로써 광복군은 창설 초기에 단위부대로 4개 지대를 갖추게 되었다.

(2) 조선의용대의 편입

전지공작대에 이어 朝鮮義勇隊도 광복군에 편입되었다. 조선의용대는 1938년 10월 漢口에서 조선민족전선연맹이 결성한 무장조직이었다. 조선민족전선

---

18) 독립운동사편찬위원회, 《독립운동사》 6, 229쪽.
19) 鄭華岩, 《이 조국 어디로 갈 것인가》(자유문고, 1982), 217쪽.
20) 笑 鵬, 〈中國西北으로 猛進하는 韓國光復軍의 새로운 動態〉(《光復》 창간호, 1941년 2월).
21) 〈韓國青年戰地工作隊爲韓國光復軍第5支隊〉(《光復》 창간호, 1941년 2월).
〈韓國青年戰地工作隊의 光復軍第5支隊 編入〉(秋憲樹, 《資料韓國獨立運動》 3, 연세대출판부), 210쪽.

연맹은, 앞에서 언급했듯이, 우익진영이 한국광복운동단체연합회를 결성한 후, 조선민족혁명당·조선민족해방동맹·조선혁명자연맹·조선청년전위동맹이 연합을 이룬 좌익진영의 연합체였다.

조선민족전선연맹은 임시정부와 관계없이 독자적으로 활동하고 있었다. 이 연맹을 사실상 주도하고 있던 金元鳳을 비롯하여 그 구성원들은 대부분 義烈團과 黃埔軍官學校를 통해, 가까이는 朝鮮革命幹部學校와 星子軍官學校를 통해 양성된 군사간부들이었다. 민족전선연맹은 이를 기반으로 1938년 10월 10일 김원봉을 대장으로 한 조선의용대를 결성하였다. 조선의용대는 중국관내에서 결성된 최초의 군사조직으로, 창립 당시 100여 명의 규모였고, 2개 區隊로 편제되었다.[22]

창설 직후부터 조선의용대는 중국 군사위원회의 지원을 받으며, 중국군과 함께 활동하였다. 대원들은 제1구대가 중국군 제9전구사령부로 배속된 이래, 제1전구·제5전구 등을 비롯하여 일본군과 대치하고 있는 중국 각 戰區에 배속되었다. 중국전선에 배속된 의용대 대원들은 중국군과 함께 대일전쟁을 수행하였다. 일본어를 능숙하게 구사할 수 있었던 대원들은 陣地宣傳과 遊擊宣傳에서 뛰어난 능력을 발휘하였고, 鄂北會戰을 비롯하여 일본군과 벌어진 각종 전투에 참여하고 있었다.

중국군과 함께 대일전쟁을 수행하면서 조선의용대의 병력은 크게 증강되었다. 중국에 나와 있던 한인청년들이 참가해오기도 하였고, 중국군에 포로된 한적사병들을 인수받아 이들을 훈련시켜 대원으로 편입시킨 경우도 적지 않았다. 이로써 창설 당시 100여 명의 대원이었던 조선의용대는 1940년 2월에 이르러 대원수가 약 330여 명에 달하게 되었고, 조직도 대본부와 2개 구대에서 대본부를 비롯하여 3개 지대로 편성되었다.[23] 결성 이후 1년여 만에 대원수가 3배 이상 늘어난 무장세력으로 발전한 것이다.

중국군에 배속되어 활동하는 과정에서, 대원들 사이에 조선의용대의 활동에 대한 반성과 새로운 진로를 모색하려는 논의가 일어났다. 조선의용대는

---

22) 金榮範, 〈朝鮮義勇隊 硏究〉(독립기념관 한국독립운동사연구소, 《한국독립운동사연구》 2, 1988), 483쪽.

23) 金榮範, 위의 글, 484쪽.

중국항전의 승리가 조선민족의 독립과 직결된다는 논리하에 중국군과 공동작전을 전개하고 있었다.[24] 그렇지만 독자적인 활동영역이 확보된 것은 아니었고, 중국군에 대한 지원의 범위를 크게 벗어나지 못하였다.

이러한 논의에는 일제가 점령한 지역에 한인들이 급격하게 증가하고 있는 환경변화가 크게 작용하였다. 일제가 점령지역에 한인들을 이주시키면서 화북지역 일대에만도 약 20만에 달하는 한인들이 거주하고 있었다.[25] 이러한 정보에 의해 조선동포가 다수 거주하는 곳으로 진출하여 활동근거지를 마련하고, 거대한 항일무장대오를 건립하여 활동하자는 의견이 대두된 것이다.

대원들 사이의 논의는 화북진출로 모아졌다. 중경에 있던 대본부 인원을 제외한 의용대 대원 대부분이 이에 동조하였고, 각 전구에 분산되어 있던 대원들은 화북으로 이동하기 위해 낙양으로 집결하였다. 낙양에 집결한 대원들은 4개 그룹으로 나뉘어 1941년 3월과 5월에 걸쳐 황하를 건넜다. 이들의 화북진출은 극히 비밀리에 이루어졌고, 중경에 있던 김원봉을 비롯한 대본부 인원과 일선공작원을 제외한 대원 약 80%가 이에 참여하였다.[26]

이러한 조선의용대 대원들의 화북진출사건은 조선의용대가 광복군에 편입되는 하나의 계기로 작용하였다. 대원들의 화북진출은 중국 당국에서도 사후에 알았을 정도로 비밀리에 이루어졌고, 조선의용대를 지원하고 있던 중국군사위원회에서는 이에 대해 큰 충격을 받게 되었다. 자신들이 지원하던 무장세력이 중국공산당 지역인 화북으로 이동한 것이다.

이를 계기로 중국 당국은 한국독립운동 무장세력을 확실하게 장악하고자 하였다. 조선의용대의 화북진출을 보고받은 蔣介石은 1941년 10월 30일 중국군사위원회 참모총장인 何應欽에게 "한국광복군과 조선의용대를 동시에 중국 군사위원회에 예속케 하고, 참모총장이 직접 통일, 장악하여 운영하도록 하라"는 지시를 내린 것이다.[27] 화북으로 진출하지 않고 남아있는 조선의용대는 물론이고, 임시정부의 국군인 한국광복군도 장악하라는 명령이었다. 곧

24) 金榮範, 위의 글, 477쪽.

25) 韓志成, 〈目前環境與朝鮮義勇隊今後工作方向〉(《朝鮮義勇隊》 제34기, 1940), 2~4쪽.

26) 李庭植, 〈韓人共産主義者와 延安〉(《史叢》 8, 1963), 138쪽.

27) 胡春惠 저, 辛勝夏 역, 《中國안의 韓國獨立運動》(단국대 출판부, 1979), 147쪽.

바로 광복군을 장악하기 위한 조치가 내려졌다. 11월 15일 중국 군사위원회는 광복군의 관할과 행동을 제한하는 〈韓國光復軍行動9個準繩〉을 임시정부에 요구한 것이다. 이로써 중국관내 주요 무장조직인 광복군과 조선의용대가 중국 군사위원회의 통할을 받게 되었다.

광복군과 조선의용대가 중국 군사위원회의 통할을 받게 되면서, 이들 양대 무장조직 사이에서는 군사통일이 추진되었다. 군사통일을 추진하게 된 데에는 양대 무장조직을 단일화하려는 중국 군사위원회의 의도가 크게 작용하였다. 조선의용대측에서는 양대 무장조직을 합병하여 朝鮮民族革命軍을 편성하자는 의견을 내놓았다. 임시정부측에서는 이를 받아들이지 않고, 1942년 4월 20일 국무회의에서 "조선의용대를 광복군으로 합편할 것"을 결의하였다. 조선의용대로 하여금 광복군에 편입하라는 것이었다. 이와 함께 임시정부에서는 5월 13일 광복군 부사령직을 증설하고, 조선의용대 대장 김원봉을 부사령으로 선임하면서,[28] 조선의용대의 광복군 편입에 대한 정지작업을 진행하였다.

군사통일 문제가 양측 사이에서 해결되지 못하자, 중국 군사위원회가 개입하였다. 1942년 5월 15일 중국 군사위원회는 '김원봉을 광복군 부사령으로 파견한다는 것과 조선의용대는 광복군의 제1지대로 개편한다'는 내용의 조선의용대의 광복군 편입 및 광복군의 개편에 관한 명령을 발동한 것이다.[29] 이로써 임시정부의 의도대로 조선의용대의 광복군 편입이 이루어지게 되었다.

조선의용대는 광복군 편입을 공식적으로 천명하였다. 중국 군사위원회의 명령이 있은 지 두 달 후인 1942년 7월 "조선의용대는 한국광복군 제1지대로 개편한다"는 내용의 〈朝鮮義勇隊改編宣言〉을 발표하고, 광복군으로의 편입을 선언한 것이다.[30] 조선의용대가 광복군에 편입함으로써 1941년 1월 무정부주의계열의 전지공작대의 편입과 더불어 중국관내에서 활동하던 무장독립운동 세력이 모두 광복군으로 군사통일을 이루게 되었다.

---

28) 《大韓民國臨時政府公報》 제75호, 1942년 8월 20일.

29) 〈朝鮮義勇隊의 光復軍編入〉(秋憲樹, 《資料韓國獨立運動》 3), 112쪽.

30) 〈朝鮮義勇隊改編宣言〉(國史編纂委員會, 《韓國獨立運動史》 資料3), 523~525쪽.

3) 연합군과의 공동작전

광복군이 창설되어 활동을 시작한 1940년대는 세계정세가 급변하면서 독립운동의 객관적 조건이 유리하게 조성되고 있었다. 1937년 중국대륙을 침략한 일제는 戰線을 동남아시아 일대로 확대해가고 있었으며, 1941년 12월에는 미국의 해군기지인 진주만을 기습공격하여 태평양전쟁을 도발한 것이다. 미·일간에 전쟁이 발발하자, 임시정부는 즉각 일본과의 전쟁을 선포하였다. 1941년 12월 10일 主席 김구와 외무부장 조소앙 명의로 〈大韓民國臨時政府對日宣戰聲明書〉를 발표,[31] 임시정부도 일본과 전쟁에 돌입한다는 것을 대내외에 선언한 것이다.

임시정부의 군사활동 방향도 연합군과의 공동작전으로 설정되었다. 군무부의 군사계획이 "광복군을 확대하여 속히 동맹군과 配合作戰한다"는 전제하에, "태평양 방면에서는 미국과 연계한다"거나, "한국과 일본본토에 지하공작을 진행하며 미국과 배합작전하여 해상으로 조선반도에 진입한다"는 등[32] 연합군과 연계하여 대일전쟁을 전개한다는 것으로 설정되어 있었던 것이다. 광복군으로 하여금 연합군과 함께 대일전쟁을 전개하게 함으로써 戰後 연합국의 지위를 획득한다는 것이 임시정부의 戰略이었다고 할 수 있다.

광복군은 당시 일본과 전쟁을 수행하고 있던 중·영·미 등의 연합군들과 그 절차나 형태는 각기 달랐지만, 일정한 관계를 맺으며 함께 활동하였다. 중국군과는 창설 당시부터 긴밀한 관계를 맺고 있었다. 광복군 창설 자체가 중국측의 양해와 협조하에 이루어진 것이였고, 광복군은 중국 군사위원회에 사실상 예속되어 중국군과 함께 활동한 것이다.

영국군과도 함께 대일전쟁을 전개하였다. 인도·버마(미얀마)전선에 광복군 공작대원들을 파견하여 영국군과 함께 대일전쟁을 수행한 것이 그것이다. 인도·버마지역에서는 영국군과 일본군이 대접전을 벌이고 있었다. 버마는 연

31) 대한매일신보사, 《白凡金九全集》 5, 102~103쪽.

32) 〈韓國光復軍建軍及作戰計劃〉(《韓國獨立運動史資料集》 趙素昂篇 4, 한국정신문화연구원), 478~482쪽.

합군이 중국에 전쟁물자를 수송하는 주요 통로였는데, 일본군이 이를 점령함으로써 수송로가 차단되었다.[33] 영국군이 이를 타개하기 위한 임무를 맡아 인도·버마지역에서 일본군과 전쟁을 전개하고 있었던 것이다.

영국군과의 공동작전은 영국군측의 요구에 의해 이루어졌다. 일본군과 치열한 접전을 벌이고 있던 영국군은 일본어를 구사할 수 있는 인원이 필요하였고, 이를 광복군측에 요청하였다. 광복군에서는 韓志成·文應國 등 영어와 일본어를 구사할 수 있는 공작대원 9명을 선발, 1943년 8월 인도 캘커타(Calcutta)로 파견하였다.[34] 이를 계기로 광복군은 영국군과 함께 인도·버마전선에서 활동하게 되었다.

광복군 공작대원들은 인도주둔 영국군 총사령부에서 교육을 받은 후, 전선에 투입되었다. 이들은 4개월 동안 영어와 방송기술 등에 대한 교육을 받았고, 1944년 초 영국군에 분산 배속되어 활동하기 시작하였다. 당시 영국군은 임팔(Imphal)전선에서 일본군과 치열한 접전을 벌이고 있었고, 띠마플·티딤·비센플 등 각지에서도 계속 전투가 이어졌다. 광복군 공작대원들은 영국과 함께 이러한 전투에 참여하였고, 영국군이 하기 어려운 대적방송·포로심문·적문서번역 등 주로 정보활동을 담당하였다. 이들의 활동은 1945년 초 버마에 대한 총반격작전을 비롯하여, 버마 수도인 랑군(Rangoon, 양곤)을 완전히 탈환하여 일본군을 패퇴시키는 1945년 7월까지 계속되었다. 2년여에 걸쳐 영국군과 함께 인도·버마전선에서 대일전쟁을 전개한 것이다.[35]

광복군은 중국에 주둔하고 있던 미국의 OSS(Office of Strategic Services)와도 합작하여 국내진공작전을 계획 추진하였다.[36] OSS와의 합작은 연합군의 일원으로 참전하려는 광복군측의 의도와 한국인들을 대일전쟁 첩보활동에 이용하려는 미국측의 이해관계가 맞물려 이루어졌다. 광복군과 OSS의 합작

33) 당시 중국측에 제공되던 전쟁물자는 주로 버마 남쪽의 랑군 港으로부터 북부의 라시오를 거쳐 중국 昆明으로 전달되었다. 이 통로는 '버마公路'라 하기도 하고, 蔣介石을 원조한다는 뜻에서 '援蔣루트'라고도 불렀다.

34) 《독립》,1945년 6월 13일, 〈인도에서 활약하는 조선용사들〉.

35) 韓詩俊, 앞의 책, 266~271쪽.

36) 광복군과 OSS와의 합작훈련에 대해서는 金光載의 《韓國光復軍의 活動 硏究 －美 戰略諜報局(OSS)과의 合作訓練을 중심으로－》(동국대 박사학위논문, 1999)라는 상세한 연구가 있다.

은 독수리작전(Eagle Project)으로 구체화되었다. 독수리작전이란 광복군 대원들을 선발하여 첩보훈련을 실시하고, 이들을 한반도에 침투시켜 적후방공작을 전개한다는 것이었다.

이러한 계획은 OSS측에서 입안되었다. 그리고 OSS측과 광복군 사이에 구체적인 내용들이 협의되었고, 1945년 4월 임시정부 주석 김구는 이를 최종적으로 승인하였다. 이로써 독수리작전이란 명칭하에 광복군과 OSS와의 합작이 실현을 보게 되었고, 5월부터 3개월 과정의 OSS훈련에 들어갔다. OSS훈련은 무전교신과 게릴라 활동을 위한 특수훈련으로 일종의 첩보훈련이었다.

OSS훈련은 두 곳에서 이루어졌다. 하나는 西安에서 제2지대 대원들이 참여한 가운데 훈련이 실시되었다. 훈련책임자는 싸전트(Clyde B. Sargent) 대위였고, 제1기생으로 金俊燁·張俊河 등 50명이 선발되어 훈련에 참가하였다. 또 안휘성 立煌에서도 OSS훈련이 실시되었다. 이는 부양에 있던 제3지대 대원들을 대상으로 한 것으로, 尹永茂·金永逸 등 20여 명이 훈련을 받았다. 훈련책임자는 윔쓰(Clarence N. Weems) 대위였다.

한편 제1기생의 훈련이 8월 4일 완료되자, 서안의 광복군 제2지대는 이들을 국내에 침투시키는 국내진입작전을 추진하였다. 8월 7일 임시정부 주석 김구를 비롯하여 李青天·李範奭 등 광복군 간부와 OSS측 책임자인 도노반(William B. Donovan) 소장 등이 참여한 가운데, 서안에서 국내진입작전을 위한 작전회의가 개최되었다. 이 자리에서 도노반 소장은 "오늘부터 아메리카 합중국과 대한민국임시정부 사이에 적 일본에 항거하는 비밀공작이 시작된다"고 하여,[37] 한미간에 공동작전이 실행된다는 것을 선언하였다.

그러나 OSS대원들의 국내침투는 실현되지 못하였다. 이들을 국내에 침투시키기 위한 국내진입작전의 세부적인 계획과 출동준비가 갖추어졌을 바로 그 순간에 일제가 항복을 선언한 것이다. 일제의 항복소식을 접한 것은 대략 8월 9일 경이었다. 일제의 항복으로 국내진입작전이 좌절된 광복군에서는 곧바로 이범석을 책임자로 한 국내정진대를 구성하였다. 국내정진대는 8월 18일 OSS측과 함께 비행기로 국내에 진입, 여의도 비행장에 착륙하였다가 서

37) 金 九, 《백범일지》, 345쪽.

안으로 다시 돌아왔다.[38]

광복군이 중국군·영국군·미국군과 함께 활동한 것은 임시정부의 독립운동 전략이었다. 객관적 상황으로 볼 때, 한민족의 독자적인 힘만으로 일본군과 전면적 전쟁을 수행하거나 일본을 패망시킨다는 것은 불가능한 일이었다고 하겠다. 그렇다고 할 때 최선의 전략은 연합군의 일원으로 참전하여 대일전쟁을 전개함으로써, 전후에 연합국의 지위를 획득하는 것이었다. 광복군이 중국군을 비롯하여 인도·버마전선에서 영국군과, 그리고 미국의 OSS와 합작하여 공동작전을 추진한 것은 이러한 시도였다고 할 수 있다.

〈韓詩俊〉

3. 임시정부로의 통일전선 형성

1) 좌익진영의 임시정부 참여

1940년대 중국관내 독립운동전선에서 일어난 대표적인 성과의 하나는 좌익진영이 임시정부에 참여, 좌우 독립운동세력이 임시정부를 중심으로 통일을 이루었다는 점이다. 조선민족혁명당을 비롯한 좌익진영은 임시정부의 존재를 인정하지 않고 있었다. 임시정부가 "각 혁명단체와 인민의 합법적 선거에 의해 조직된 것이 아니고, 국토와 인민이 없는 상황에서 政權을 행사할 수 없다"는 것이 주된 이유였다.[1] 이런 이유로 임시정부에 대해 不關主義 노선을 고수하면서, 독자적으로 활동하고 있던 좌익진영의 세력들이 1942년 임시정부에 참여한 것이다.

좌익진영이 임시정부 참여를 결정한 데는 몇 가지 이유가 있었다. 우선 태평양전쟁 발발이라는 국제정세의 변화를 주요한 요인으로 들 수 있다.

38) 〈報告 ; 今番國內進入經過에 關한 件〉(1945년 9월 8일자로 제2지대장 李範奭이 총사령 李青天에게 보고한 문건).

1) 秋憲樹, 《資料韓國獨立運動》 2(연세대 출판부, 1972), 211쪽.

1941년 12월 8일 발발한 미일간의 전쟁은 대일항전을 전개할 수 있는 절호의 기회로 인식되었고, 이를 위해 민족의 독립운동 역량을 한 곳으로 집중시킬 필요성이 절박해진 것이다.

중경에 정착한 후 임시정부가 세력을 결집한 반면, 좌익진영은 그 세력이 분열되었다는 것도 적지 않은 요인으로 작용하였다. 앞에서 언급했듯이 민족진영 세력들은 임시정부를 중심으로 세력을 결집하여 정부의 조직과 체제를 확대 강화하고 있었지만, 좌익진영은 그 기초세력인 조선의용대 대원 대부분이 화북으로 이동하여 세력이 크게 약화되어 있었다. 민족의 독립운동 역량을 한 곳으로 집중한다고 하면, 그것은 임시정부가 될 수밖에 없는 상황이 된 것이다.

중국측의 지원방향이 임시정부 쪽으로 기울어지고 있었던 것도 주요한 요인이 되었다. 중국측은 1930년대 이래 金九와 金元鳳을 중심으로 한 두 개의 창구를 통해 한국독립운동을 지원하고 있었다.[2] 그런데 중국에서 지원창구를 단일화시키고자 하였다. 1941년 중국 외교부장 郭泰祺가 임시정부의 국제적 승인문제를 거론하면서, 지원창구를 임시정부로 단일화한다는 방침을 표명한 것이다.[3]

이러한 여러 요인들이 좌익진영으로 하여금 임시정부에 참여하도록 작용하였다. 좌익진영에서 임시정부 참여를 선도한 것은 조선민족해방동맹이었다. 金星淑이 주도하던 조선민족해방동맹은 1941년 12월 1일 "反日革命力量을 임시정부로 집중시켜 전민족 총단결을 이루자"는 내용의 〈擁護韓國臨時政府宣言〉을 발표,[4] 임시정부 참여를 공식적으로 천명하였다.

뒤를 이어 조선민족혁명당도 임시정부 참여를 결정하였다. 태평양전쟁 발발 직후인 1941년 12월 10일에 개최된 제6차 전당대표대회에서 그 동안 임시정부에 대해 고수해 왔던 不關主義 노선을 포기하고, 임시정부에 참여할 것을 결정한 것이다.[5] 민족의 독립운동 역량을 임시정부로 결집하자는 것이

---

2) 朱家驊, 〈나와 韓國과의 關係 槪要〉(독립운동사편찬위원회, 《독립운동사》 6), 625쪽.

3) 韓詩俊, 〈1940년대 전반기 독립운동의 특성〉(독립기념관 한국독립운동사연구소, 《한국독립운동사연구》 8, 1994), 450쪽.

4) 朝鮮民族解放同盟 中央書記局, 〈擁護韓國臨時政府宣言〉(素昻文類 610).

그 명분이었다. 그리고 1942년 3·1절을 맞아 발표한 〈敬告中國同胞書〉를 통해 "임시정부는 각 혁명집단을 받아들여 임시정부를 조선혁명의 최고기구로 할 것"과 임시정부에서 이들의 참여에 대한 조처를 강구해 주도록 요구하였다.[6)]

이로써 좌익진영의 임시정부 참여문제가 주요한 현안으로 대두되었다. 그러나 그 절차나 과정에 있어 의견이 같지 않았다. 좌익진영에서는 '先정치통일 後군사통일'을 주장하였고, 임시정부측에서는 '先군사통일 後정치통일'을 주장한 것이다. 통일의 절차와 방법에 대한 차이로 좌익진영의 임시정부 참여는 난항을 겪게 되었다. 그러나 앞에서 언급한 것처럼, 1942년 7월 조선의용대가 광복군 합편을 결정함으로써, 군사통일이 먼저 이루어졌다.

군사통일에 이어 좌익진영의 인사들이 임시의정원 의원으로 선출되면서 정치적으로도 통일을 이루었다. 임시정부에서는 1942년 8월 〈임시의정원 의원 선거규정〉을 개정,[7)] 좌익진영의 인사들도 의정원 의원에 선출될 수 있는 여건을 마련하였다. 그리고 이에 의해 10월 20~23일에 걸쳐 의정원 의원 선거를 실시하였다. 이 선거에서 새로이 23명의 의원이 보선되었는데, 그 중 김원봉·金尙德 등 조선민족혁명당 인사 10명을 비롯하여 柳子明 등 조선혁명자연맹 2명, 조선민족해방동맹 2명(朴健雄·金在浩) 등 좌익진영의 인사들이 의원에 선출된 것이다.[8)] 이들 좌익진영의 의원들은 10월 25일 개회한 제34차 임시의정원 회의에 참석, 좌우세력들이 공동으로 참여한 '통일의회'를 개최하였다. 이로써 좌우 양진영의 정치통일도 이루어졌다. 그 형식은 좌우 양진영의 각 정당 및 단체들에서 임시의정원 의원을 선출하고, 이들을 중심으로 임시의정원을 구성하게 된 것이다.

좌익진영 인사들이 의정원에 참여하면서 의정원 의원의 증강은 물론이고 임시의정원 운영에 있어서도 많은 변화를 가져왔다. 우선 종래 23명이었던 의원수가 두 배인 46명으로 대폭 확대된 것이다. 그리고 의정원의 운영형태

---

5) 〈第六屆代表大會宣言〉(秋憲樹, 《資料韓國獨立運動》 2), 204~211쪽.
6) 秋憲樹, 《資料韓國獨立運動》 3, 110~112쪽.
7) 韓詩俊 편, 《大韓民國臨時政府法令集》(국가보훈처, 1999), 389~391쪽.
8) 독립운동사편찬위원회, 《독립운동사》 4(1975), 963~964쪽.

도 한국독립당의 일당체제에서 양당체제로 변화되었다. 전체 의원 46명 중 한국독립당이 29명으로 62%를, 조선민족혁명당을 비롯한 좌익진영과 무소속이 17명으로 38%를 차지하고 있다.[9] 한국독립당과 좌익진영이 의정원에서 양대 세력을 이루면서, 각각 여당과 야당으로 역할하게 되었다. 이러한 양당체제의 성립과 이에 의한 의정원의 운영은 의정원 설립 이래 새로운 경험이었으며, 한국의 정당발달 및 정당정치의 기원을 이룬 것이었다.

2) 좌우연합정부 구성

좌익진영의 임시정부 참여는 그 절차나 과정상에서 보면, 軍(광복군)·黨(임시의정원)·政(임시정부)의 순으로 이루어졌다. 1942년 7월 조선의용대가 광복군에 합편하였고, 그 해 10월에는 좌익진영 인사들이 임시의정원 의원에 선출된 것이다. 군과 당에 이어 좌익진영 인사들이 정부에도 참여, '좌우연합정부'를 구성하였다.

좌익진영 인사들이 임시정부 조직에 직접 참여하여 '좌우연합정부'를 구성하게 된 것은 1944년 4월에 개최된 제36차 임시의정원 회의를 통해서였다. 제36차 의정원 회의에서 해결해야 될 문제는 크게 두 가지였다. 하나는 임시정부의 헌법을 개정하는 문제였고, 다른 하나는 주석을 비롯한 국무위원의 선출이었다. 헌법개정은 1940년 10월에 제정된 〈大韓民國臨時約憲〉을 개정하자는 것으로, 좌익진영의 인사들이 의정원에 참여하면서부터 헌법개정에 대한 논의와 준비가 이루어졌다. 그리고 국무위원 선출문제는 〈임시약헌〉에 의해 선출된 주석과 국무위원의 임기가 3년이었고, 그것이 1943년 10월로 만료되고 있었다.

이러한 문제는 1943년 10월에 개최된 제35차 의회에서 결정되어야 했다. 그렇지만 1942년 좌익진영 인사들이 의정원에 참여한 이래 헌법개정 문제가 좌우 세력들 사이에 첨예한 대립을 보이면서, 회기내에 합의를 이루지 못하였다. 결국 35차 의회의 회기를 넘겨서야 의정원에서 합의를 이루었고, 1944

9) 韓詩俊, 〈重慶時代 臨時政府의 活動〉(《仁荷史學》 3, 1995), 391쪽.

년 4월 초 개정 헌법인 〈大韓民國臨時憲章〉이 마련되었다. 이를 통과시키기 위하여 1944년 4월 20일 제36차 의회가 소집되었다.

헌법을 개정하게 된 주요한 이유의 하나는 정부의 조직과 기능을 확대하기 위한 것이었다. 좌익진영이 참여해 옴에 따라 정부의 조직을 확대할 필요가 있었던 것이고, 좌익진영을 수용하기 위한 정치적 배려도 작용하였다. 핵심은 주석을 보좌하고 주석 유고시에 그 직권을 대행하기 위해 副主席制를 신설한다는 것, 국무위원 수를 종전의 6~10인에서 8~14인으로 증원하는 것, 그리고 5개 부서였던 행정부의 조직을 7개 부서로 증설한다는 것 등이었다.10)

이와 같이 정부의 조직을 확대 강화하는 과정에서 좌익진영의 인사들이 임시정부 주석단 및 국무위원에 선출, 좌우연합정부를 구성하였다. 주석은 종전대로 한국독립당의 김구가, 신설된 부주석에는 조선민족혁명당의 金奎植이 선임되었다. 국무위원에도 좌익진영 인사들이 선임되었다. 국무위원은 모두 14명이 선임되었는데, 그 중 한국독립당이 9명(李始榮·曺成煥·黃學秀·趙琬九·車利錫·朴贊翊·趙素昂·金朋濬·安勳)이고, 나머지는 조선민족혁명당 3명(김원봉·成周寔·張建相), 조선민족해방동맹 1명(김성숙), 두정부주의자총연맹 1명(柳林) 등 좌익진영 인사가 5명이었다.11)

정부의 각 부서에도 좌익진영 인사들이 참여하였다. 종전의 행정부서는 내무·외무·군무·법무·재무의 5부서였는데, 여기에 문화부와 선전부의 2개 부서를 증설하고, 좌익진영의 인사들을 부장에 선임한 것이다. 당시 선임된 주석·부주석을 비롯한 행정부서의 책임자는 다음과 같다.

주 석 : 金 九
부주석 : 金奎植
내무부장 : 申翼熙, 외무부장 : 趙素昂, 군무부장 : 金元鳳
법무부장 : 崔東旿, 재무부장 : 趙琬九, 선전부장 : 嚴恒燮
문화부장 : 崔錫淳

부주석 김규식을 비롯하여 군무부장 김원봉과 문화부장 최석순은 모두 민

---

10) 《大韓民國臨時政府公報》 제81호, 1944년 6월 6일.
11) 독립운동사편찬위원회, 《독립운동사》 4, 1009쪽.

족혁명당 당원이었다. 부주석제는 아마도 민족혁명당의 정부 참여를 위한 정치적 배려라는 차원에서 신설되었던 것이 아닌가 생각된다. 좌익진영의 인사들이 부주석과 정부 부서의 책임자에 선임됨으로써, 임시정부는 좌우연합정부를 구성하게 된 것이다.

정부 부서의 일반 직원들도 좌익진영 인사들이 참여하였다. 새로이 개정된 임시헌장에 의해 정부의 기구가 확대되었고, 그 내용은 5월 25일 〈大韓民國臨時政府暫行中央官制〉로 공포되었다. 이 관제에 따른 당시 임시정부의 직원은 대략 96명 정도였는데, 이 중 좌익진영 정당 단체에 소속된 사람이 모두 43명에 이르고 있다.[12] 좌익진영 인사들이 임시정부 직원의 거의 절반을 차지한 것이나 다름없다.

좌익진영의 인사들은 1942년 광복군과 임시의정원에 참여하기 시작한 이래, 1944년 4월 제36차 의회를 계기로 임시정부의 조직에도 주요 구성원이 되었다. 부주석을 비롯하여 국무위원, 행정부서의 책임자에 좌익진영의 지도자들이 임명된 것이다. 그리고 정부의 직원 중 절반에 가까운 인원이 좌익진영의 인사들이었다. 좌우익 세력이 임시정부를 중심으로 통일을 이루고, 공동으로 임시정부를 유지, 운영한 것이다.

이러한 좌우연합정부의 구성은 1930년대 이래 독자적인 조직과 세력을 유지하며 활동하던 좌우익 정당 및 단체들이 임시정부를 중심으로 통일을 이룬 것이었다. 제36차 임시의회 선언에서는 통일을 이룬 임시정부의 성격을 "우리 민족의 각 혁명정당과 사회주의 각 당의 권위있는 지도자들이 연합일치하여 생산한 전민족 통일전선의 정부"로 규정하고 있다.[13] 그리고 같은 선언에서 "우리들의 임시정부는 대내적으로는 일체 반일세력을 통일적으로 지도할 수 있고, 대외적으로는 전민족의 의사와 권력을 대표하게 된 것"이라 하여, 임시정부가 독립운동을 통일적으로 지도, 통할할 수 있는 최고기구이자 민족의 대표기구임을 천명하였다. 임시정부가 수립 당시와 같은 위상과 권위를 회복한 것이다.

---

12) 독립운동사편찬위원회, 《독립운동사》 4, 1020~1023쪽.

13) 〈대한민국임시의정원 제36차 임시의회선언〉(대한매일신보사, 《白凡金九全集》 5), 397~398쪽.

3) 국내외 독립운동 단체와의 통일운동

좌우연합정부를 구성한 후 임시정부는 국내외 독립운동 단체와의 통일을 모색하였다. 당시 독립운동전선은 중경의 임시정부와 더불어 延安을 중심으로 한 朝鮮獨立同盟과 朝鮮義勇軍, 그리고 국내의 朝鮮建國同盟이 주요 세력을 형성하며 활동하고 있었다. 임시정부는 이들과의 통일을 모색하기 시작하였고, 그 중에서도 독립동맹과는 서신과 대표 파견을 통해 상당한 논의가 이루어지기도 하였다.

임시정부와 독립동맹은 지역적 기반이나 정치적 이념이 달랐지만, 그 실체를 서로 인정하며 존중하고 있었다. 1941년 10월 연안에서 개최된 東方各民族反파쇼大會에서 임시정부 주석 김구를 명예주석단에 추대한 것이나, 독립동맹 晉西北分盟 성립대회에서 김구의 초상화를 孫文·蔣介石·毛澤東의 것과 함께 대회장에 내걸었다는 것이[14] 그것의 일단을 짐작케 한다. 그리고 독립동맹은 임시정부에 대해 대립적·경쟁적 입장을 표명하지 않았다. 강령에 "본 동맹은 조선독립을 쟁취하기 위한 하나의 지방단체"로 명시한 것이 그것이다.[15] 독립동맹이 자신의 위상을 '하나의 지방단체'로 자임한 것은 중경의 임시정부를 민족운동의 중앙으로 여기고 있음을 나타내는 것이라 할 수 있다.

그리고 임시정부와 독립동맹 사이에는 지속적인 연락이 이루어지고 있었던 것 같다. 독립동맹의 간부인 金學武가 중경과 연안을 오가며 임시정부 주석 김구와 독립동맹 위원장 金枓奉의 서신연락을 담당하였다고 한다.[16] 조직적인 연락체계는 아니었지만, 적어도 인편을 통해 상호간에 연락이 이루어지고 있었던 것이다. 이 외에 중경에 있던 민족혁명당의 김원봉도 연안의 김두봉·武亭과 별도의 연락을 취하고 있었다고 한다.[17]

---

14) 염인호, 《조선의용군의 독립운동》(나남출판, 2001), 154~155쪽.
15) 〈華北朝鮮獨立同盟綱領〉(金正明, 《朝鮮獨立運動》 5), 992~993쪽.
16) 韓洪九, 〈華北朝鮮獨立同盟의 조직과 활동〉(서울대 석사학위논문, 1988), 67쪽.
17) 鄭秉峻, 〈해방 직전 임시정부의 민족통일전선운동〉(《대한민국임시정부수립80주년기념논문집》 하, 국가보훈처, 1999), 576쪽.

이러한 상호간의 신뢰와 연락에 기초하여 임시정부는 독립동맹과의 통일을 추진하였다. 좌익세력이 참여한 이후 임시정부가 대내적으로 추진한 과제의 하나는 민족독립운동의 최고 영도기관으로서의 위상을 확립하는 일이었고, 이를 위한 방안들이 다양하게 제기되고 있었다. 임시정부와 임시의정원의 확대 개조, 독립운동자대표대회 소집, 5당 통일회의 등의 논의가 바로 그것이었다.[18] 다양한 방안들이 논의되는 과정에서 연안의 독립동맹, 국내의 건국동맹 등과의 통일문제가 제기되었다.

임시정부는 1944년에 들어와 독립동맹과의 통일을 모색하기 시작하였다. 그 과정에 대해서는 구체적으로 알려져 있지 않지만, 1944년 3월 임시정부 주석 김구가 독립동맹 위원장인 김두봉에게 서신을 보낸 것이 그러한 시도였다. 이 서신에서 "老身이 一次赴延하면 中韓兩方面이 歡迎할 可望이 있겠는지"라 하여,[19] 김구는 자신이 직접 연안에 갈 뜻을 밝히고 있다. 김구가 연안에 가고자 한 것은 임시정부와 독립동맹의 통일문제를 논의하기 위한 것이었다.

독립동맹측에서도 통일전선에 대한 희망을 표시하였다. 1944년 4월 임시정부가 좌우연합정부를 구성하였을 때, 독립동맹은 이를 축하하면서 "일체의 혁명세력이 모두 완전히 통일되고 단결하여 대규모의 항일투쟁을 전개하게 되기를 바란다"고 한 것이다.[20] 이것이 김구가 제안한 연안행에 대한 독립동맹측의 화답이었는지는 단언할 수 없지만, 적어도 양측이 모두 통일에 대한 희망을 갖고 있었던 것이라 할 수 있다.

1944년 말에 이르면 통일에 대한 논의는 좀더 구체화된 단계로 발전하였던 것 같다. 1944년 10월 16일 김두봉이 김구에게 보낸 서신이 그것을 짐작케 한다. 김두봉은 김구의 연안행을 환영한다고 하면서 "지역·파별을 불문하고 誠心團結할 것과 서로 연락을 취하여 압록강에서 군대를 조직할 수 있

18) 鄭秉峻, 위의 글, 563~573쪽.

19) 당시의 서신은 전하고 있지 않지만, 1948년 2월 김구가 김두봉에게 남북협상을 제의하는 편지를 보내면서 1944년에 두 사람 사이에 오고 간 서신의 내용을 회상하고 있다(〈金九 金奎植이 金枓奉에게 보낸 서신〉, 대한매일신보사, 《白凡金九全集》 8, 1999, 721~726쪽).

20) 독립운동사편찬위원회, 《독립운동사》 8, 198~199쪽.

다면 자신이 나서서 알선해보겠다"는 내용을 언급하고 있다.[21] 임시정부의 광복군과 독립동맹의 조선의용군이 압록강에서 만나 군대를 조직하여 국내로 진입하자는 제안이었던 것이다.

논의가 구체화되자 임시정부는 연안으로 대표를 보냈다. 연안에 파견될 인사로는 국무위원 장건상이 선임되었고, 그는 1945년 5월 서안을 거쳐 연안에 도착하였다.[22] 장건상은 연안에서 독립동맹 위원장 김두봉을 비롯한 간부들을 만났다. 양측의 제안이나 교섭내용은 구체적으로 알려져 있지 않지만, 장건상은 당시의 상황을 다음과 같이 설명하고 있다.

> 김두봉을 만나 좌우 통일전선을 중경에서 결성하자고 제의했더니 찬성해요. 자기가 중경으로 가겠다는 겁니다. 다른 간부들도 모두 찬성이었어요. 그 때는 일제의 패망이 얼마 남지 않았음을 확신할 수 있을 때였으니까 우리가 하루빨리 뭉쳐 해방에 대비해야 한다는 생각을 쉽게 가질 수 있던 때였습니다(李庭植 면담, 金學俊 편집 해설, 《혁명가들의 항일회상》, 민음사, 1988, 211쪽).

단편적이긴 하지만 적어도 임시정부와 독립동맹 사이에는 중경에 모여 통일전선문제를 협의하자는 데 합의를 이루었고, 김두봉 자신이 중경으로 가서 이 문제를 협의하려고 하였다는 사실을 알 수 있다. 그러나 중경에서의 회의는 성사되지 못하였다. 일제의 패망소식이 먼저 전해진 것이다. 즉 임시정부와 독립동맹이 중경에 모여 회의를 개최한다는데 합의를 이루었지만, 그 회의가 개최되기 전에 일본이 항복을 선언한 것이다.

연안의 독립동맹과 더불어 임시정부는 국내와도 긴밀한 연계를 추진하고자 하였다. 1944년 10월 3일 국내비밀공작을 진행하기 위하여 주석이 주관하는 國內工作委員會를 설치하기로 결의한 것으로 보면,[23] 적어도 임시정부는 국내와의 연계를 도모하고 있었다. 그리고 國內工作員을 파견하기도 하였던 것 같다. 白昌燮이 임시정부 요인들의 동의를 얻어 1945년 4월 국내에 잠입하였다는 증언이 있고,[24] 文德鴻은 국내공작원으로 파견되었다가 부산에서

---

21) 대한매일신보사, 《白凡金九全集》 8, 722쪽.
22) 鄭秉峻, 앞의 글, 578쪽.
23) 〈國內工作委員會設置案〉(國史編纂委員會, 《韓國獨立運動史》 資料 1, 527쪽).
24) 鄭秉峻, 앞의 글, 582쪽.

체포되었다고 한다.[25] 아직 구체적인 실상이 드러나지는 않지만, 적어도 임시정부에서는 국내와의 연계를 위한 기구를 설치하고, 공작원들을 국내로 파견하고 있었다는 사실은 짐작할 수 있다.

임시정부가 국내와 연계하려는 노력을 추진한 것과 더불어, 국내에서도 임시정부와의 연계를 도모하고 있었다. 1944년 8월 呂運亨의 주도로 결성된 朝鮮建國同盟이 그러한 단체였다. 건국동맹은 북만주·북경·연안 등 중국 여러 지역에 연락원들을 파견하였다고 한다. 이러한 연락원들을 통해 건국동맹은 화북의 독립동맹과 연계를 맺는 한편, 임시정부와도 접촉을 시도하고 있었다. 1945년 5월 말 "重慶 臨時政府 요인에게 국내사정을 전달하고 내외가 상응하여 協同戰線을 형성할 연락을 하기 위하여 崔謹愚를 파견하였는데"라고 한 것이 그것이다.[26] 임시정부와의 연락을 위해 건국동맹은 최근우를 북경에 파견하였지만, 임시정부와의 직접적인 연결은 이루어지지 못하였다.

연안의 독립동맹, 국내의 건국동맹과 통일 및 연계를 추진하고자 했던 임시정부의 노력은 일제의 패망으로 중단되고 말았다. 유효한 성과를 거두지 못하고 말았지만, 이는 한국독립운동사에서 중요한 의미를 갖는다. 우선 임시정부가 중경에서 좌우연합정부를 구성하였고, 이를 배경으로 국내외 독립운동 세력과의 통일을 추진하였다는 점이다. 1940년대 일제의 패망을 예견하면서 국내외 독립운동 세력들이 상호 통일을 이루려는 노력과 시도를 하고 있었다는 점도 주목해야 할 것이다. 그리고 이러한 역사적 사실은 향후 민족통일을 추진하는데 있어 주요한 민족적 자산이자 경험이 될 것으로 생각된다.

〈韓詩俊〉

25) 鮮于鎭 선생의 증언(백범김구선생기념사업협회에 국내공작원으로 파견된 사실을 보여주는 文德鴻의 사진이 소장되어 있다).

26) 李萬珪, 《呂運亨先生鬪爭史》(民主文化社, 1946), 173쪽.

집 필 자

Ⅰ. 전시체제와 민족말살정책

Ⅱ. 1930년대 이후의 대중운동

Ⅲ. 1930년대 이후 해외 독립운동

Ⅳ. 대한민국임시정부의 체제정비와 한국광복군의 창설

한국사 50
전시체제와 민족운동

편찬간행 **국사편찬위원회**

초판1쇄 2003년 11월 30일
2쇄 2013년 6월 4일

번각발행 **탐구당**

등록일 1950년 11월 1일
등록번호 서울 제 03-00993 호

주소 서울특별시 용산구 한강대로 62 나길 6
전화 (02) 3785-2211(대표)
팩스 (02) 3785-2272
홈페이지 www.tamgudang.co.kr
전자우편 tamgudang@paran.com

ISBN 978-89-8236-616-1
978-89-8236-566-9(세트)

값 19,500 원